财政部"十三五"规划教材

CAIZHENGBU SHISANWU GUIHUA JIAOCAI

政府和
非营利组织会计

ZHENGFU HE FEIYINGLI ZUZHI KUAIJI

（第二版）

主　编　王金秀

副主编　白志远

中国财经出版传媒集团

经济科学出版社

Economic Science Press

图书在版编目（CIP）数据

政府和非营利组织会计（第二版）/王金秀主编.—北京：
经济科学出版社，2017.1
ISBN 978－7－5141－7714－5

Ⅰ.①政…　Ⅱ.①王…　Ⅲ.①单位预算会计
Ⅳ.①F810.6

中国版本图书馆 CIP 数据核字（2016）第 324519 号

责任编辑：于海汛　张　萌
责任校对：杨晓莹
责任印制：潘泽新

政府和非营利组织会计

（第二版）

主　编　王金秀

副主编　白志远

经济科学出版社出版、发行　新华书店经销

社址：北京市海淀区阜成路甲 28 号　邮编：100142

总编部电话：010－88191217　发行部电话：010－88191522

网址：www. esp. com. cn

电子邮件：esp@ esp. com. cn

天猫网店：经济科学出版社旗舰店

网址：http：//jjkxcbs. tmall. com

北京汉德鼎印刷有限公司印装

787×1092　16 开　33.5 印张　770000 字

2017 年 2 月第 1 版　2017 年 2 月第 1 次印刷

ISBN 978－7－5141－7714－5　定价：68.00 元

前　言

　　政府和非营利组织会计是各级政府及其有关部门、单位核算政府资金运行过程和结果的会计。我国的政府和非营利组织会计主要包括行政单位会计、事业单位会计、国有建设单位会计、民间非营利组织会计、财政总预算会计、国库会计、税收会计、社会保险基金会计、住房公积金会计、财政专户会计，等等。每个会计系统都相对独立、自成体系又相互联系，共同构成我国政府和非营利组织会计体系。我国自2000年以来开展了一系列重大预算改革，扩大政府预算管理的范围，改变了预算资金运行的流程，近两年全面更新了财政总预算会计、行政单位、事业单位的财务规则和会计制度，颁发了部分政府会计准则，形成了新一轮的政府财务和会计改革。本教材以现行最新法规为依据更新教学内容，将财务和会计有机融合，为了行文方便，笔者在此将二者合并简称为财务会计或财会管理。本教材的内容还包括新近试行的行政事业单位内控制度、试编权责发生制政府综合财务报告制度改革，将单位内部管理与外部报告融为一体，是一部以管理会计为理念而编制的中国政府和非营利组织会计，其内容涵盖了我国过去惯称的"预算会计"。

　　本教材总体上是按总论、单位会计和总会计三大支撑部分来组书，主要包括行政单位会计、事业单位会计、财政总预算会计、国库会计、税收会计、社会保险基金会计、住房公积金会计、财政专户会计等会计系统；较为全面地体现了政府预算资金支用、出纳和筹措等不同构成环节的运行情况，并与当前新《预算法》确立的"四本预算账本"相对应，形成了相对完整的政府和非营利组织会计体系，有利于矫正人们对政府和非营利组织会计偏狭性的误解。本教材适用于财政学、公共管理、社会保障、会计学等诸多专业的大学本科、专科的教学，也可以供研究人员以及实际部门工作者参考。使用者在学习时无须遵循教材现有篇章顺序，可以根据专业特点和需要进行取舍、自主选择教学内容。为了便于教学，本教材各篇章还配有思考与练习题。总体来看，整个教材具有新颖性、完整性、全面性、准确性、综合性、便于教学的特点。

本教材主编就职的学校为国家"211"工程重点建设大学，所在的财政学科是首批国家级重点学科，享誉全国，该学科开设政府和非营利组织会计课程（此前长期称为预算会计）的历史悠久。主编长期致力于本课程的教学与研究工作，迄今约30年，曾编写过多本预算会计、政府和非营利组织会计教材，并多次承担相关课题的研究。本教材是主编于2011年中标的财政部教材建设研究项目成果的基础上，依据近年政府会计最新规范，进一步修改完善而成的。本教材的出版凝结了许多人的智慧和辛劳，包括彭浪教授、王银梅副教授、张澜副教授、柳宇燕博士、王小平副教授、李文沁副教授、江鸿博士；博士生滕赋骋、梅霞以及硕士生王晨辰、付智鹏、张婧霞、鄢子盛、李晨蕾等，笔者在此对各位的付出一并致谢，并特别感谢经济科学出版社的大力支持。

由于时间仓促，本教材难免有疏漏和错误之处，敬请指正，以便修订完善。

王金秀　白志远
中南财经政法大学晓南湖畔
2016 年 12 月

目　录

第一篇　总　论

第二篇　行政单位财务与会计

第三篇　事业单位财务与会计

第四篇　财政总预算会计

第一篇

总　　论

第一章

政府和非营利组织会计概述

第一节 政府和非营利组织会计的界定

政府和非营利组织会计在我国古代称为官厅会计。政府和非营利组织会计是以价值为手段，以货币为计量单位，以预算执行为中心，对各政府和非营利组织会计主体活动的财务数据进行连续、系统、全面、完整地记录核算、监督控制和分析报告的一种管理活动，以促进国家预算收支计划的圆满实现。

一、政府和非营利组织会计的主体

（一）政府和非营利组织会计主体主要为各级政府和行政事业单位

1. 总会计的主体

总会计主要是核算政府收入筹措、支出资金分配以及出纳保管等业务活动的会计，包括政府财政总预算会计、税收会计、国库会计，等等。其中政府财政总预算会计设置在财政部门，法理主体是各级政府。国家是由各级政府组成的一个组织系统，为了全面反映和控制政府活动以及资金运用情况，保证国家有效履行职能，各级政府设财政部门作为专司理财职责的机构，具体组织政府收支，办理政府预决算，因此，每一级政府都有总预算会计，反映各级政府经济活动情况，总预算会计设置在各级财政部门，会计的法理主体应该是各级政府。

2. 行政单位会计的主体

各级政府本身是一个组织系统，由相应的职能部门组成。每个职能部门履行政府职责的某种分工，单位会计是核算各职能部门和机构花钱办事、履行政府各特定职能过程中的资金活动过程和结果的会计，主要包括行政单位会计和事业单位会计。行政单位会计的主体是行政单位——各级政府的职能机构。行政单位是以国家政治权力为依托，进行国家行政管理，组织经济、文化建设，维护社会公共秩序的公共机构。行政单位会计主要是反映政府职能部门经济活动情况的会计。

3. 事业单位会计的主体

事业单位会计的主体是事业单位。事业单位是以业务优势为依托、直接或间接为生产建设和人民生活服务的独立核算的非营利组织。事业单位主要提供混合商品，事业单位的许多业务活动实际上是政府职能的延伸，即履行或代行政府的部分职能。事业单位会计就是反映事业单位经济活动情况的会计。

各级政府和非营利组织会计主体从事的经济活动都具有非市场经济的特征，它们的活动都不以营利为目的，它们的"经营成果"不能取得收入或取得的收入不足以补偿它们的消耗。

（二）政府和非营利组织会计主体的存在具有客观必要性

经济领域中最基本的问题是资源配置，即有效运用稀缺资源。社会主义市场经济体制由两种效率资源配置机制组成：一是市场机制，它在社会主义市场经济体制中处于基础地位；二是非市场机制，它是为了克服市场机制的缺陷而存在的。非市场机制的存在形成政府和非营利组织会计的必要性。资源配置的非市场机制是通过行政程序进行的，政府是执行主体，因此可以简称政府资源配置。政府资源配置的目的是提供市场不能提供或不能有效提供的公共商品（或劳务），并参与混合商品的资源配置。

政府提供的公共商品包括纯公共商品和混合商品。纯公共商品的消费具有非竞争性、非排他性，当市场配置机制失灵时，其资源配置主要依靠非市场机制配置，由财政拨款满足资金需要；混合商品是既有公共商品性质又有私人商品性质的消费品，因此，这类商品的资源配置也是"混合"型的，即由市场机制和非市场机制共同配置。混合商品通常由事业单位提供，在资源配置的基本特征上具有非市场机制的特征，但又可以靠其活动从市场领域获得收入，因此事业单位和政府的经济活动不完全相同。非市场机制的经济活动领域是异常广泛的，但非市场机制的执行主体是政府。即使是事业单位的经济活动，就其性质上看也是政府活动的延伸。

依靠非市场机制进行资源配置所提供的消费品都具有公共商品的特征，居民消费时一般不需付费，即使付费也不能使提供者盈利。但公共商品的提供是需要耗用经济资源的，因此同样存在经济核算的问题。典型的非市场机制活动主体的财务状况是收支两条线，一方面政府通过强制方式取得收入，另一方面通过行政程序无偿供应资金。因此，非市场机制活动主体的"资金循环"和企业的资金循环是不一样的，这是形成其独特会计系统的根本原因。政府和非营利组织会计与企业会计相比，在定义、内涵以及核算领域和核算方法等各方面具有独立性。

二、政府和非营利组织会计核算的对象

政府和非营利组织会计核算的对象是政府和非营利组织会计的课题，也是会计反映和控制的内容，体现会计主体业务活动的范围和方向，反映其财务预算活动中投入产出、资产负债等变动情况。

（一）从经济社会领域看是生产流通领域之外的资金运行

企业会计在我国古代称为民间会计，在现代社会，企业会计对社会生产和再生产过程发挥基础性、决定性的作用。企业会计主要核算和监督社会再生产过程中生产、流通领域中各类企业的生产经营活动的过程和结果。企业会计的主体是市场主体，从事各项经营性活动，具有生产性，为社会提供物质资料并创造价值，实现资金的增值，以追求利润最大化。

政府和非营利组织会计则核算和监督社会中分配领域、社会福利领域和精神产品生产领域的财政预算资金和行政事业单位资金运行的过程和结果。政府和非营利组织会计适用于各级人民政府财政部门、行政单位和事业单位等非市场主体，它们基本上不从事生产经营活动，不直接生产物质产品，而是通过分配并耗费资金为企业和人们生活服务，影响生产和流通，在社会再生产过程中起着基础和先行作用。

（二）从资金性质看是财政资金运动的情况

从政府和非营利组织会计核算与管理的实体考察，政府和非营利组织会计的对象是政府财政部门、行政单位和事业单位的资金活动过程和结果，既包括财政预算资金活动，也包括单位预算资金及其业务活动。从资金的来龙去脉来看，政府和非营利组织会计的对象是有关资金来源、运用以及结果；从资金运行的方向和特点来看，这些资金来源及运用不仅包括财政和上下级之间调拨资金的情况，而且包括单位开展业务活动而直接面向社会形成的资金运动情况，对事业单位来说还包括从市场领域获得的其他资金的运动情况；资金运动结果则包括各种类型收支的结余结转及结余分配，或赤字及其弥补方式。

（三）从预算流程看是预算执行的过程与结果

政府和非营利组织会计以预算执行为中心，为预算执行服务，促进政府依法理财、依法行政、强化预算约束，有效提供公共服务，同时为国家预决算编制提供基础性数据资料。政府和非营利组织会计是国家的宏观管理信息系统，是政府预算管理和单位财务预算管理的基本手段。由于政府财政部门、行政单位和事业单位主要是执行国家预算任务的预算单位，其资金运动一般表现为预算执行的过程和结果。

三、政府和非营利组织会计的目的

政府和非营利组织会计作为一种专业性的管理活动，有其特定的目的。

政府和非营利组织会计的直接目的是促进国家预算收支计划的圆满实现。国家预算体现政府的基本职责，具有计划预测性，计划实现的关键在于落实，即执行预算，政府和非营利组织会计以国家预算执行为中心，以实现政府收支计划。政府预算的基础是单位预算，政府和非营利组织会计的主体范围涵盖实施政府预算的所有主体，政府和非营利组织会计的客体是政府预算执行的过程和结果，强化政府和非营利组织会计工作可以在预算执行环节促进国家预算的圆满实现，同时，由于政府资金的每一笔收支都要经过政府和非营利组织会计加以核算反映和控制，因此，政府和非营利组织会计不仅仅体现对政府预算执行过程的管理，而且还为国家预算和决算提供基础的数据资料，为政府决策服务。

政府和非营利组织会计的根本目的是提高政府资金运行的效率，其核算必须具备完整性、连续性和系统性。任何经济管理活动都以提高效率为中心，政府和非营利组织会计作为一项经济管理工作，其目的应是加强财务预算管理，提高预算资金的分配和使用效率。会计作为一项经济管理工作，不是消极地、机械地进行反映，而是对属于会计对象的全部经济活动都予以记录，在反映时也必须对各项相互关联的数据资料进行科学分类和加工整理，以便掌握经济活动的过程和结果。因此，会计反映的完整性、连续性和系统性特征是提高会计信息质量的重要保证。

总体而言，绩效管理的理念与方法贯穿于政府和非营利组织会计运行的整个过程，而是否符合效率则通过会计审查和评价监督工作进行判断。

第二节 政府和非营利组织会计的特点

一、政府和非营利组织会计具有非营利性

政府和非营利组织会计是以预算管理为中心，以经济和社会事业发展为目的，适用于各级政府和各类行政事业单位；企业会计是以资金循环和周转为中心，以营利为目的，适用于各类企业单位的会计。

政府财政部门、行政单位和事业单位基本上是非物质生产部门，它们进行业务营运的目标是以尽可能少的费用提供在市场机制领域不能获得或不能有效率获得的消费品或劳务，而不是也不应以营利为目标。

政府和非营利组织会计主体在提供公共劳务的过程中虽然可以按一定价格或收费标准供应它们的货物或劳务，存在向用户收费并将其作为资金来源从而获得资财的情况，但这些收费并不是按利润原则来决定的，而是为了提高公共劳务的使用效率，比如为了使公共劳务的使用不拥挤或使公共劳务的成本和收益之间的对应性加强。有些非营利组织可能按大于或等于成本的价格销售货物或劳务，但许多非营利组织经常以低于成本的价格甚至免费供销其货物或劳务。因此，对公共劳务付费只是承担了公共劳务成本的一部分或只以公共劳务的成本来征收。所开出的价格足以收回成本而有余者，又常在组织内部利用销售所积资财来贴补其他活动，但非营利组织一般不需要也不被期望通过销售补偿其全部成本。它们所依恃的绝大部分还是其他连绵不断的财源，例如，一些非营利组织拥有征集会费、税捐或其他强制性捐款的权力，而另一些组织则主要依靠自动捐献。就政府和非营利组织会计主体来说，没有企业利润之类的用来衡量业绩的指标，其业绩一般也不像企业那样直接受市场竞争的考验。

二、出资者与其所得具有经济非对称性

以政府和非营利组织会计主体来说，供给资财的人和受其货品或劳务之益的人，可能不是同一个人或同一团体。出资者并不期望按照其所供资财的比例收回资财或获得经济利益，而是为了提供服务或完成一定业务量。政府和非营利组织会计主体也不存在可以通过出售、转让、赎回、买卖或机构清算分享剩余资财的明确的所有者利益。

政府和非营利组织会计主体的大部分资金来源要靠强制性手段获得或靠财政资助，这是因为政府和非营利组织会计主体提供的公共劳务不能取得收入或取得的收入不足以补偿其成本费用，因此，要使政府和非营利组织会计主体延续，就必须通过非交易方式得到资金补充。政府有独特的权力，它可以通过税收、执照、许可证、罚没等强制手段获得资金。事业单位不能运用强制方式取得资金，但事业单位作为政府职能的延伸，要靠政府财政资助来解决全部或部分成本费用所需的资金。这等于间接获得了强制性收入。

会员、捐赠人、纳税人以及其他各个方面的出资者并不冀求经济利益，也不期望所

得利益与其出资额相称。供给资财，往往出自他们对这些组织实现其宗旨目标的关心，也可能出于文化、教育、经济、科学、社会、慈善等方面的考虑。

三、资金用途往往具有限制性

由于非营利性，出资者不求经济回报，但资财供应者和管理机关通常要限制或规定非营利组织所得资财的用途，一般限制方式是专用预算拨款，也有直接来自捐赠人、赠与人的限制。这些限制或规定形成了非营利组织经理人员必须严格履行的特殊责任。

资金用途上的限制性体现为政府和非营利组织会计的支出有严格的规定，即规定专门的用途，不得随意改变使用方向。这是因为政府和非营利组织会计主体都要履行政府的职责，或其承担的职能是政府职能的延伸，所以其资金的使用方向均受到严格限制，不像以营利为目标的市场主体那样在资金的使用上可以根据需要调度。

四、预算和法规具有刚性约束力

政府和非营利组织会计具有统一性和政策性特点，其目的是实现政府预算，会计主体的行为可以被看作是"国家意志"的体现，或者说是民众意志通过国家意志的方式来实现。政府内部的组织结构、人事制度、经费使用标准及程序、资金来源等都由法规规定或受法规控制。各主体内部存在行政等级，并以预算级次体现，在全国形成政府和非营利组织会计的统一体系和信息系统。

对那些以强制方式供给资财的社会组织，预算不仅是在组织内部分配资财的关键，在取得资财方面的作用也不容忽视。例如，会员组织和政府单位的预算，在确定所征会费、税捐或收费水平、所供劳务的标准以及两者关系上都举足轻重。对于那些主动捐款的人们，在决定是否向非营利组织供应资财以及确定出资额多寡时，预算也是重要的依据。同时，经理人员负有执行预算、遵从预算的责任，否则，可能会减少某一组织的财务业绩，或者会损害其供应令人满意的劳务的能力。因而，预算成了评价经理人员履行操持经管责任的重要根据。

政府和非营利组织会计要与国家预算管理相互适应，政府和非营利组织会计的指标体系、会计科目和会计报表的设置等要同预算的收支科目保持一致，以反映国家预算的执行情况。只有按照预算收支科目组织核算，才能保证各单位核算口径一致，顺利汇总全国预算收支情况，编报预算执行结果的决策报告，以满足国家预算管理的需要。尽管在决算报告中也要反映企业缴拨款项，但并不要求企业会计必须适应预算管理的要求，更不要求与预算收支科目相一致。企业会计主要为企业管理服务，具有相对较大的独立性和灵活性。

第三节　政府和非营利组织会计的功效

会计职能是指会计在其主体的经济管理中所具有的功能，它源于会计活动，是会计本质的体现。会计的作用便是会计职能的具体表现。

一、政府和非营利组织会计的职能

马克思曾经指出，会计是对生产"过程的控制和观念总结"。这是对会计职能的科学概括。以此论断为依据，可将政府和非营利组织会计的职能概括为：核算反映职能和监督管理职能。

（一）核算反映职能

核算反映职能就是用会计核算的方法反映会计主体的经济活动情况，为会计主体的经济管理提供完整的、以财务信息为主的经济信息。和其他经济管理形式相比较，会计核算是会计最典型的标志，即通过核算记录反映财务信息。核算反映职能是会计自身固有的特点，具有本源性，是传统的会计职能。核算反映职能的实现方式如下：

1. 利用货币量度，从数量方面反映会计主体的经济活动情况

从数量方面反映经济活动情况，可以采用实物、劳动和货币三种量度标准。实物量度用于反映不同经济资源的实物数量，对于提供经济管理上所需要的实物数量指标、保护各种物资的安全完整具有重要的意义，但不能总括计算不同种类物资的价值量，也无法综合反映会计主体发生的各项经济活动。劳动量度用于反映会计主体经济活动中消耗的工作时间，有助于具体计量某一工作过程中的劳动耗费。

为了按统一的表现形式综合反映不同的经济活动中财产物资的增减变化、劳动和物资的耗费，以及价值的实现、回收和分配等，会计必须在实物量度和劳动量度的基础上，以货币作为统一计量尺度进行综合的价值核算，即货币量度，这是由货币商品的特殊使用价值和更好地加强会计主体经营管理的要求所决定的。

2. 主要进行事中和事后反映，也为预测未来提供信息

会计的反映，首先是对已发生的经济活动进行如实反映，这是会计职能最直接的表现形式。随着社会经济的发展，经济活动日趋复杂，这就在客观上要求经济管理方面增强预见性，而会计之所以成为经济管理工作的重要组成部分，就在于它能够提供信息资料，反映经济活动的历史轨迹和现实态势。有了反映经济活动现状和历史的各项资料，也就能够预测未来经济活动可能达到的效果，同时可以满足国家宏观经济调控对经济信息的需求。因此，对已经发生的经济活动进行事中、事后反映，是政府和非营利组织会计更好地发挥职能作用的重要基础。

（二）监督管理职能

监督管理职能，就是利用会计信息资料对经济活动加以控制、指导，进行监督、管理，提高预测能力，促进决策科学、行为规范、结果有效，使会计主体能够按既定的目标和要求开展活动。会计监督管理职能具有以下特点：

1. 将价值管理和实物管理相结合，确保资产的安全和完整

价值指标具有综合性特征，因此利用价值指标进行货币监督，可以全面控制会计主体经济活动的过程和结果，综合考核预算执行情况。会计监督也要在一定程度上进行实物监督，例如依凭证收发材料物资、按规定盘点资产等。

2. 监督经济活动的合法性、合理性和有效性

合法性指符合财经政策、财会制度的规定，遵守财经纪律；合理性指通过所费与所

得的比较，能够取得最佳的宏观经济效益和社会效益；有效性指通过提供会计信息，促使会计主体挖掘潜力、堵塞漏洞、提高效率。

会计的核算反映职能和监督管理职能是密切联系、相辅相成的。核算反映是监督管理的必备条件和基础，监督管理是核算反映的前提和继续。核算反映和监督管理是会计的两大基本职能，在实际工作中不能将二者截然分开。

传统体制下，政府和非营利组织会计侧重于记账、算账、报账，因而可以仅用核算反映和监督管理予以概括。随着社会主义市场经济的建立和经济、社会的发展，财政的职能发生了重大转变，政府和非营利组织会计的职能也相应拓宽和发展，它的事前预测、事中控制、事后反映监督以及参与决策的职能逐步得到加强。因此，在社会主义市场经济条件下，政府和非营利组织会计具有核算、反映、监督、预测、调控和参与决策的职能。但核算反映和监督管理仍不失为会计的基本职能，否则预测、决策、控制、考核也就无从谈起。

二、政府和非营利组织会计的作用

（一）准确及时地向决策者提供有效信息

决策者和政府官员需要了解有关信息，以便对政府和非营利组织会计主体的经济活动做出正确的评估，决定未来活动的方向。政府和非营利组织会计是一种管理系统，包括从数据的收集、加工和控制到汇总、发送和说明等一系列环节，因此是保证政府正确决策的重要手段，可以为政府宏观调控提供预算执行所需的基础资料，并为下年预算的编制提供参考。

（二）不断改善和提高政府及事业单位的绩效

政府和非营利组织会计主体的经济活动要占用稀缺资源，必然要讲求经济效率，即"投入"和"产出"的比较关系。政府和非营利组织会计是记录、分析和预测成本与收益的工具，对提高政府和非营利组织会计主体的效率是至关重要的，这包括尽可能地节约开支和尽可能地提供更多更好的公共劳务。需要指出的是，由于政府和非营利组织会计主体的经济活动存在成本、收益的外部性特点，因此在成本、收益方面的核算一直没有引起足够的重视。这种状况需要改变，而政府和非营利组织会计可以在这方面有所作为。

（三）合理有效地使用公共资源以取信于民

政府和非营利组织会计主体提供的公共劳务，其所用的财政资金主要是通过税收方式取得的，因此必须保证公共资金的使用符合公众的利益，必须保证公共资产完好无损。健全的会计核算、报告和审计标准及程序有助于确保政府资源完好无损和合理使用，便于使社会各界充分相信财政拨款不会被滥用、侵吞，公共资源能被合理使用。

第四节 政府和非营利组织会计制度改革

我国政府和非营利组织会计从新中国成立以来，经过 60 多年的改进和完善，已经形成了较为完整的政府和非营利组织会计组织体系和制度体系，形成了比较符合我国国情的政府和非营利组织会计理论和方法体系，在预算管理工作中发挥了重要的作用。

一、新中国成立后确立预算会计体系

新中国成立后，政府和非营利组织会计工作的首要任务是建立全国统一、新型的预算会计制度，以适应迅速恢复国民经济和有计划地进行经济建设的需要。财政部制定了《各级人民政府暂行总预算会计制度》和《各级人民政府暂行单位预算会计制度》，首次明确预算会计的名称及其体系，并统一规定了会计科目、会计年度、记账方法和会计报表等内容。

这两个预算会计制度基本适应了我国计划经济时期政府和非营利组织会计工作的需要，为我国经济建设和事业发展、加强财政预算管理发挥了重要作用，其基本框架自1951年起实施。国民经济调整时期，财政部根据中央、国务院的指示精神修订、补充了上述两个预算会计制度。1965年由"借贷记账法"改为"资金收付记账法"。

二、20 世纪 90 年代末期启动管理型会计模式改革

随着我国市场经济体制改革的逐步深入，财政分配格局和单位财务管理形式都在发生重大变化，需要改革传统的报账型会计模式，建立新型的管理型会计模式，逐步建立具有中国特色、科学规范管理型的政府和非营利组织会计模式，面向基层、面向实际，有利于加强单位财务管理，促进自我发展、自我约束机制的建立，提高资金使用效果，促进社会事业发展，使政府和非营利组织会计更好地为预算管理服务，强化预算管理，保护公共财产，防止国有资产流失。

这次改革是对预算会计制度根本性的改造，不是在一些枝节问题上的修修补补，而是全新制度的建立，会计体系、记账方法、会计科目、账簿凭证和会计报表等都有重大变化，是新中国成立以来最深刻、最广泛的一次全面改革。改革重点是：调整政府和非营利组织会计的组织体系；规范政府和非营利组织会计核算方法，以提高政府和非营利组织会计信息质量。改革的具体内容如下：

1. 单位会计一分为二，构建三个会计主系统

随着市场经济逐步建立和完善，我国事业单位会计和行政机关会计核算的内容与管理方式差别越来越大，对管理的要求也越来越不同。这次政府和非营利组织会计改革在原预算会计体系的基础上，将单位会计分解为事业单位会计和行政单位会计，并制定了不同的制度。将原财政总预算会计覆盖范围延伸到乡（镇）级财政预算。预算会计制度改革将事业单位和行政单位分离，再将原两个会计系统重新划分三个会计系统，由财政总预算会计、行政单位会计和事业单位会计三个系统所构成，保持政府和非营利组织会计体系完整统一。

2. 会计要素划分与国际接轨，由三项调整为五类

将原有的资金来源、资金运用和资金结存三项调整为资产、负债、净资产、收入和支出五个会计要素。根据国际通行的做法和企业财务会计制度改革的基本经验进行会计要素的确认，各要素的具体内容由制度或准则加以确定。

3. 改资金收付记账法为借贷记账法，统一记账方法

记账方法在改革前主要采用资金收付记账法，这次改革采用国际上通用的会计语

言，将记账方法统一改为借贷记账法，以适应市场经济的需要，有利于国内通用和国际交流。

4. 改预算内外资金分别核算为统一核算与平衡

原来的会计处理既不利于单位对资金统筹规划、统一安排，也不利于负责人掌握单位的全部资金的运动情况。新制度将原预算会计对各种不同来源的资金分别核算、各自平衡改为在对各项资金分设相应科目的基础上统一核算、统一管理、综合平衡，即对财政拨款安排的支出不再单独核算，将原来预算内、外资金分设会计科目、分别核算、各自平衡改为预算内外资金统一核算。当时取消预算外资金单独核算的做法，目的是实现会计信息完整性，据此，对会计报表、会计科目都相应做出新的规定。

5. 按单位性质确定统一预算管理办法

长期以来，国家财政对事业单位和行政单位以拨款量为依据实行全额预算管理、差额预算管理、自收自支管理三种预算管理形式，也不利于规范政府行为。改革后，事业单位财务制度上实行定收定支、差额补助（上缴）、超支不补、结余留用的预算管理办法；行政单位实行收支统一管理、定额定项拨款、超支不补、结余留用的预算管理办法。

6. 规范会计记账基础，总预算会计以拨作支

改革根据三大主要会计系统的特点，分别确定不同的记账基础：财政会计和行政单位会计统一实行收付实现制；事业单位会计可根据单位实际情况和核算要求，分别采用收付实现制或权责发生制。会计基础一经确定，不得随意变更。

在普遍实行预算包干的条件下，为了真实反映财政结余和简化会计核算，财政总预算会计对于各项包干经费支出的列报支出口径，由过去的银行支出数改为财政拨款数列支，实行以拨作支。单位一律以实际支出数列报支出。上下级财政或部门之间转拨的资金应与本单位直接支出区别反映。

7. 改进会计报表体系，统一规范主表种类和格式

统一和强化预算执行情况报告是提高会计信息质量、加强宏观经济管理的前提条件。原报表种类繁多、过于具体、重点不突出，缺乏可比性和通用性；新报表体系由资产负债表（资金平衡表）和收入支出表两个主表和有关的一些附表及必要的文字说明、预算报告情况分析说明书等组成。报表的统一有利于上级汇总和分析考核以及各级决策机关的参考利用。

第五节　当前政府和非营利组织会计改革

一、构建政府和非营利组织会计规范

财政部不仅先后修订发布了《事业单位财务规则》《事业单位会计准则》《事业单位通用会计制度》《行政单位财务规则》《行政单位会计制度》《财政总预算会计制度》；2015 年还开始制定政府和非营利组织会计准则，政府和非营利组织会计准则由基本准则、具体准则及其应用指南、政府和非营利组织会计制度等构成。

二、推进管理会计发展

2014 年起要求单位建立内控制度。2016 年发布《管理会计基本指引》，确定管理会计指引体系包括基本指引、应用指引和案例库，用以指导单位管理会计实践。管理会计基本指引在管理会计指引体系中起统领作用，是制定应用指引和建设案例库的基础。

三、加强会计核算完整与细化性

长期以来，我国会计核算范围狭窄，偏重于预算收支的核算，政府部分资产负债核算不全、反映不准确，难以揭示债务风险。近年的会计制度改革增加资产负债的科目，例如，2014 年实行的行政单位会计新制度用存货科目取代材料科目，增加无形资产、公共基础设施、在建工程、政府储备物资、长期应付款等科目，要求基本建设单位会计定期合并到行政事业单位会计的大账，2016 年起实施的新财政总预算会计制度增加了"股权投资"，扩大了资产核算的范围，细分了负债科目，设置了长期应付款、短期应付款等科目，这些变化不仅推进了会计信息的完整性，也使得会计核算更加细化、准确，有利于提高会计管理水平。

四、更多引入权责发生制

中外政府会计传统的会计基础是实行收付实现制，为了支持 20 世纪 80 年代以来推进的新公共管理运动，许多成熟的西方市场经济国家在政府会计领域大力引入权责发生制。新中国成立后政府会计基本采用"收付实现制"，例如，行政单位的固定资产不计折旧，导致资产不实，很难准确核算和反映政府资产的状况；2014 年行政单位会计改革后虽然坚持"收付实现制"，但设置了"累计折旧"和"累计摊销"科目，加大引入权责发生制的程度，使得固定资产、公共基础设施以及无形资产核算的信息更加真实、客观。

五、反映预算制度创新的要求

2000 年以来，为了提高预算的完整性、细化性和科学性，我国先后推进了部门预算制度、国库集中收付制度、政府采购制度、全口径四本预算体系、政府收支分类制度等一系列预算管理制度改革，这些预算改革改变了资金管理方式，也要求政府和非营利组织会计与之相适应，进行会计核算制度的调整。

各项预算改革中对会计影响最为明显的是国库集中收付制度，因为它改变了资金运行流程和管理方式。国库集中收付制度是指将政府所有财政性资金都通过国库单一账户体系集中在国库或在财政指定的代理银行开设账户，所有财政收入直接缴入这一账户，所有财政支出直接通过这一账户进行拨付的财政资金管理制度。国库集中收付制度要求所有政府财政收入直接缴入国库，而不通过有关部门或单位设置的收入过渡账户；所有政府财政支出资金在实际使用时从国库账户直接划给供货商或劳务提供者，而不通过有关部门或单位设置的财政资金管理账户。国库集中收付制度从根本上解决了有关部门滥设过渡单位账户和财政专户、随意截留和挪用财政资金的行为，扭转了由于财政资金分散管理而形成的财政资金使用效率和效益不高、财政宏观调控能力不强等问题。

国库单一账户体系由央行国库存款户、财政部门在代理银行开设零余额账户以及财政专户组成，具体如下。

1. 财政部门开设的银行账户

（1）国库存款账户。该账户为在中国人民银行开设的国库单一账户，用于记录、核算和反映纳入预算管理的财政收入和支出活动，并用于与财政部门在商业银行开设的财政零余额账户以及财政部门为预算单位在商业银行开设的预算单位零余额账户进行清算，实现支付。

（2）财政部门零余额账户。该账户简称财政零余额账户，即在商业银行开设的财政零余额账户，用于财政直接支付以及与国库单一账户进行清算。该账户为过渡性质的账户。在代理银行根据财政部门开具的支付指令向有关货品或劳务供应商支付款项，并按日向国库单一账户申请清算后，该账户的余额即为零。因此，称为财政零余额账户。

（3）财政专户。该账户在商业银行开设，用于记录、核算和反映实行财政专户管理的资金收入和支出，并用于财政专户管理资金的日常收支清算。

2. 财政部门为预算单位开设的零余额账户

财政部门为预算单位在商业银行开设的零余额账户简称预算单位零余额账户。该账户为过渡性质的账户，是预算单位的一个授权支付用款额度，用于财政授权支付，以及与国库单一账户进行清算。代理银行根据预算单位开具的支付指令向有关货品或劳务供应商支付款项，并按日向国库单一账户申请清算后，该账户的余额即为零。因此，称为预算单位的零余额账户。

根据相关规定，财政部门原则上只能为预算单位开立一个预算单位零余额账户。财政部门在同一家代理银行原则上只能开立一个财政部门零余额账户。财政部门零余额账户和预算单位零余额账户的用款额度具有与人民币存款相同的支付结算功能。财政部门零余额账户可以办理转账等支付结算业务，但不得提取现金。预算单位零余额账户可以办理转账、汇兑、委托收款和提取现金等支付结算业务。

六、确认双基双分录双报告的"二元"会计模式

政府和非营利组织会计准则确立了政府和非营利组织会计由预算会计和财务会计构成，其中：预算会计，是指以收付实现制为基础对政府和非营利组织会计主体预算执行过程中发生的全部收入和全部支出进行会计核算，主要反映和监督预算收支执行情况的会计。政府预算会计要素包括预算收入、预算支出与预算结余。预算会计实行收付实现制会计基础。

财务会计是指以权责发生制为基础对政府和非营利组织会计主体发生的各项经济业务或者事项进行会计核算，主要反映和监督政府和非营利组织会计主体财务状况、运行情况和现金流量等的会计。政府财务会计要素包括资产、负债、净资产、收入和费用，财务会计实行权责发生制会计基础。

与此相应，政府和非营利组织会计主体要编制决算报告和财务报告，即"双"报告。

第六节　政府和非营利组织会计管理系统

一、会计管理体制

1. 会计分级自管制

会计分级自管制是指会计机构按级次分别设置在各级单位，单位具有相对独立的理财权、资金支配权和财务预算管理权，银行账户自设，单位自行办理资金收缴、支付、结算，统一发放工资，集中进行会计核算、集中管理会计档案和统一财务公开。

2. 会计集中核算制

会计集中核算制是指在不改变单位内部理财机制、资金支配权和财务管理职能的情况下，取消单位的现有银行账户，由财政部门统一在银行开设账户，集中办理资金支付结算，会计人员隶属于本单位，由各单位各自分别开展会计核算工作，会计档案分散到各单位自管。

这项改革的突破性进展如下：一是改变了资金的管理方式，取消了行政事业单位的银行账户，所有财政资金都集中在财政部门统一开设的账户；二是改变了收支的管理方式，单位所有的资金由财政部门直接收付，单位财务收支行为受财政部门的全方位监控；三是改变了会计的核算方式，由过去单位各自核算变为财政部门集中统一核算。

3. 会计委派制度

1998 年中央纪委提出要改革会计人员管理体制、进行会计委派制度试点后，中央纪委和国务院在 2000 年明确要求在党政机关、财政拨款的事业单位及有政府授权收费或罚没职能的事业单位，继续试行会计委派制度，并以党政机关、财政拨款的事业单位及有政府授权收费或罚没职能的事业单位为重点，坚持稳步推进、逐步规范和分类指导、注重实效的原则，有组织、有秩序地继续抓好试点工作。

会计委派制从改革会计人员管理体制入手，由政府部门或产权单位作为所有者，向国有单位或集体企业委派会计人员，受委派人员代表委派部门监督被委派单位的会计行为和经济活动，并在业务上受被委派单位领导，通过会计核算参与其内部管理。

会计委派制度明确了委派会计人员相对独立的监督地位，注重加强对委派会计人员的日常管理，有利于全面发挥会计人员的职能作用，保证会计信息的真实、完整，提高会计信息质量；有利于帮助被委派部门和单位依法理财，规范预算管理和财政资金使用，加强国有资产管理；有利于强化内部制约和外部监督，堵塞财务管理漏洞，从源头上预防和治理腐败。

与会计委派制配合，要建立健全委派会计人员的选拔任（聘）用制度、重大事项报告制度、轮岗制度、继续教育制度、业务考核制度、奖惩制度等，加强对委派会计人员的后续管理，推进会计人员依法监督和管理。

二、内部控制制度

1. 内部控制制度的含义

内部控制制度是指单位为了保护其资产的安全完整，保证其经营活动符合国家法律、法规和内部规章要求，提高经营管理效率，防止舞弊，控制风险等，而在单位内部采取的一系列相互联系、相互制约的制度和方法。

2. 单位风险评估的内容

(1) 预算管理情况。这包括在预算编制过程中单位内部各部门间沟通协调是否充分，预算编制与资产配置是否相结合、与具体工作是否相对应；是否按照批复的额度和开支范围执行预算，进度是否合理，是否存在无预算、超预算支出等问题；决算编报是否真实、完整、准确、及时。

(2) 收支管理情况。这包括收入是否实现归口管理，是否按照规定及时向财会部门提供收入的有关凭据，是否按照规定保管与使用印章和票据等；发生支出事项时是否按照规定审核各类凭据的真实性、合法性，是否存在使用虚假票据套取资金的情形。

(3) 政府采购管理情况。这包括是否按照预算和计划组织政府采购业务；是否按照规定组织政府采购活动和执行验收程序；是否按照规定保存政府采购业务相关档案。

(4) 资产管理情况。这包括是否实现资产归口管理并明确使用责任；是否定期对资产进行清查盘点，对账实不符的情况及时进行处理；是否按照规定处置资产。

(5) 建设项目管理情况。这包括是否按照概算投资；是否严格履行审核审批程序；是否建立有效的招投标控制机制；是否存在截留、挤占、挪用、套取建设项目资金的情形；是否按照规定保存建设项目相关档案并及时办理移交手续。

(6) 合同管理情况。这包括是否实现合同归口管理；是否明确应签订合同的经济活动范围和条件；是否有效监控合同履行情况，是否建立合同纠纷协调机制。

(7) 其他情况。

3. 单位内部控制方法

(1) 内部授权审批控制。明确各岗位办理业务和事项的权限范围、审批程序和相关责任，建立重大事项集体决策和会签制度。相关工作人员应当在授权范围内行使职权，办理业务。

(2) 归口管理。根据本单位实际情况，按照权责对等的原则，采取成立联合工作小组并确定牵头部门或牵头人员等方式，对有关经济活动实行统一管理。

(3) 预算控制。强化对经济活动的预算约束，使预算管理贯穿于单位经济活动的全过程。

(4) 财产保护控制。建立资产日常管理制度和定期清查机制，采取资产记录、实物保管、定期盘点、账实核对等措施，确保资产安全完整。

(5) 会计控制。建立健全本单位财会管理制度，加强会计机构建设，提高会计人员业务水平，强化会计人员岗位责任制，规范会计基础工作，加强会计档案管理，明确会计凭证、会计账簿和财务会计报告处理程序。

(6) 单据控制。要求单位根据国家有关规定和单位的经济活动业务流程，在内部管理制度中明确界定各项经济活动所涉及的表单和票据，要求相关工作人员按照规定填制、审核、归档、保管单据。

(7) 信息内部公开。建立健全经济活动相关信息内部公开制度，根据国家有关规定和单位的实际情况，确定信息内部公开的内容、范围、方式和程序。

4. 单位内部分离制衡的控制机制

（1）单位经济活动的决策、执行和监督应当相互分离。单位应当建立健全集体研究、专家论证和技术咨询相结合的议事决策机制。

（2）重大经济事项领导班子集体决策。重大经济事项的内部决策，应当由单位领导班子集体研究决定。重大经济事项的认定标准应当根据有关规定和本单位实际情况确定，一经确定，不得随意变更。

（3）不相容关键岗位相互分离。单位应当建立健全内部控制关键岗位责任制，明确岗位职责及分工，确保不相容岗位相互分离、相互制约和相互监督。单位应当实行内部控制关键岗位工作人员的轮岗制度，明确轮岗周期。不具备轮岗条件的单位应当采取专项审计等控制措施。

内部控制关键岗位主要包括预算业务管理、收支业务管理、政府采购业务管理、资产管理、建设项目管理、合同管理以及内部监督等经济活动的关键岗位。单位应该合理设置内部控制关键岗位，明确划分职责权限，实施相应的分离措施，形成相互制约、相互监督的工作机制。

三、单位管理会计

1. 管理会计的目标与要素

管理会计的目标是促进单位（包括企业和行政事业单位）提升内部管理水平。管理会计的目标是通过运用管理会计工具方法，参与单位规划、决策、控制、评价活动并为之提供有用信息，推动单位实现战略规划。管理会计应用主体视管理决策主体确定，可以是单位整体，也可以是单位内部的责任中心。单位应根据管理模式确定责任主体，明确各层级以及各层级内的部门、岗位之间的管理会计责任权限，制定管理会计实施方案，以落实管理会计责任。

单位应用管理会计，应包括应用环境、管理会计活动、工具方法、信息与报告四要素。

2. 管理会计原则

（1）战略导向原则。管理会计的应用应以战略规划为导向，以持续创造价值为核心，促进单位可持续发展。

（2）融合性原则。管理会计应嵌入单位相关领域、层次、环节，以业务流程为基础，利用管理会计工具方法，将财务和业务等有机融合。

（3）适应性原则。管理会计的应用应与单位应用环境和自身特征相适应。环境是单位应用管理会计的基础，包括内外部环境，其中：内部环境主要包括与管理会计建设和实施相关的价值创造模式、组织架构、管理模式、资源保障、信息系统等因素；外部环境主要包括国内外经济、市场、法律、行业等因素。单位自身特征包括单位性质、规模、发展阶段、管理模式、治理水平等。

（4）成本效益原则。管理会计的应用应权衡实施成本和预期效益，合理、有效地推进管理会计应用。

3. 管理会计活动

管理会计活动是单位利用管理会计信息，运用管理会计工具方法，在规划、决策、控制、评价等方面服务于单位管理需要的相关活动。

（1）单位应用管理会计，应做好相关信息支持，参与战略规划拟订，从支持其定位、目标设定、实施方案选择等方面，为单位合理制定战略规划提供支撑。

（2）单位应用管理会计，应融合财务和业务等活动，及时充分提供和利用相关信息，支持单位各层级根据战略规划做出决策。

（3）单位应用管理会计，应设定定量定性标准，强化分析、沟通、协调、反馈等控制机制，支持和引导单位持续、高质、高效地实施单位战略规划。

（4）单位应用管理会计，应合理设计评价体系，基于管理会计信息等评价单位战略规划实施情况，并以此为基础进行考核，完善激励机制；同时，对管理会计活动进行评估和完善，以持续改进管理会计应用。

4. 管理会计工具方法

管理会计工具方法是实现管理会计目标的具体手段。管理会计工具方法是单位应用管理会计时所采用的战略地图、滚动预算管理、作业成本管理、本量利分析、平衡计分卡等模型、技术、流程的统称。

管理会计工具方法主要应用于以下领域：战略管理、预算管理、成本管理、营运管理、投融资管理、绩效管理、风险管理等。

（1）战略管理领域应用的管理会计工具方法主要包括战略地图、价值链管理等。

（2）预算管理领域应用的管理会计工具方法主要包括全面预算管理、滚动预算管理、作业预算管理、零基预算管理、弹性预算管理等。

（3）成本管理领域应用的管理会计工具方法主要包括目标成本管理、标准成本管理、变动成本管理、作业成本管理、生命周期成本管理等。

（4）营运管理领域应用的管理会计工具方法主要包括本量利分析、敏感性分析、边际分析、标杆管理等。

（5）投融资管理领域应用的管理会计工具方法主要包括贴现现金流法、项目管理、资本成本分析等。

（6）绩效管理领域应用的管理会计工具方法主要包括关键指标法、经济增加值、平衡计分卡等。

（7）风险管理领域应用的管理会计工具方法主要包括单位风险管理框架、风险矩阵模型等。

5. 信息与报告

管理会计信息包括管理会计应用过程中所使用和生成的财务信息和非财务信息。

（1）单位应充分利用内外部各种渠道，通过采集、转换等多种方式，获得相关、可靠的管理会计基础信息。单位生成的管理会计信息应相关、可靠、及时、可理解。

（2）单位应有效利用现代信息技术，对管理会计基础信息进行加工、整理、分析和传递，以满足管理会计应用的需要。

（3）管理会计报告是管理会计活动成果的重要表现形式，旨在为报告使用者提供满足管理需要的信息。管理会计报告按期间可以分为定期报告和不定期报告，按内容可以分为综合性报告和专项报告等类别。

（4）单位可以根据管理需要和管理会计活动性质设定报告期间。一般应以公历期间作为报告期间，也可以根据特定需要设定报告期间。

思考与练习题

1. 简述政府和非营利组织会计的内涵。
2. 简要说明政府和非营利组织会计的特点。
3. 论述我国政府和非营利组织会计制度改革历程及其基本内容。
4. 说明我国当前新一轮政府和非营利组织会计改革的内容。
5. 简述政府和非营利组织会计管理体制。
6. 内部控制制度的重点和方法有哪些？
7. 简要说明管理会计工具及其运用。

第二章

政府和非营利组织会计体系

政府和非营利组织会计的组成体系包括政府和非营利组织会计的组成及其分级。它反映了政府和非营利组织会计各组成部分之间的关系，体现了政府和非营利组织会计业务活动运行的方向，并规定了预算级次。此外，设置不同的政府和非营利组织会计系统体现了对不同政府和非营利组织会计主体的管理实行不同的政策导向。

第一节　政府和非营利组织会计的组成

政府和非营利组织会计的组成可以按照不同的口径和标准进行划分。1997 年，我国对政府和非营利组织会计体系在局部做了重新划分，形成了新的政府和非营利组织会计系统。

一、按预算范围分为总预算会计和单位会计

政府和非营利组织会计是为预算管理服务的，因此，预算管理体系决定政府和非营利组织会计体系。国家预算以收支范围为依据划分为总预算和单位预算，与此相适应，政府和非营利组织会计也包括总预算会计和单位会计两部分。

总预算会计是由各级财政部门负责组织实施、反映总预算执行过程和结果的会计。

单位会计是由各级各类行政事业单位负责组织实施、反映单位预算执行过程和结果的会计，包括行政单位会计和事业单位会计。1997～1998 年预算会计制度改革之前，我国的政府和非营利组织会计体系由总预算会计和单位会计两部分组成，预算会计制度也是按总预算会计和单位会计两部分分别进行规范的。1997～1998 年的预算会计制度改革将单位会计一分为二，分成行政单位会计、事业单位会计，行政单位、事业单位都是具体花钱办事的单位，行政单位会计和事业单位会计都是反映财政资金的使用而不是分配的专业会计。从财政资金运行阶段来看，我国政府和非营利组织会计体系是由分配资金的会计和使用资金的会计两大部分构成，分别对应于财政总预算会计和单位会计两部分。因此，政府和非营利组织会计如果按预算范围可以分为总预算会计和单位会计两部分。

二、按组织属性分为政府和非营利组织会计

广义的政府包括事业单位、行政单位和一些公立的非营利组织，狭义的政府仅指行政机构。目前，我国政府和非营利组织会计的主要构成系统应该包括财政总预算会计和

行政单位会计，这两个会计系统的会计主体都是政府，包括各级政府核心机关和同级政府职能机构，二者构成政府和非营利组织会计。其中，财政总预算会计的主体是政府的核心机关，行政单位会计的主体是由政府各行政单位——各级政府的各职能部门组成的。

我国的事业单位类似于西方国家的公立非营利组织，如果将民间社会组织包括在非营利组织范围内，我国广义的政府和非营利组织会计还可以包括民间非营利组织会计，形成政府和非营利组织会计、事业单位会计、民间非营利组织会计。

三、根据会计制度分为三主三辅会计系统

为了更有效地实行分类管理，目前我国的政府和非营利组织会计体系由各级政府财政总预算会计、行政单位会计、事业单位会计和参与总预算执行的国库会计、收入征解会计、基本建设会计等共同构成。

各级政府财政总预算会计、行政单位会计、事业单位会计构成政府和非营利组织会计的三个主系统，通常将其称为狭义的政府和非营利组织会计体系。

在预算资金的出纳、收入和支出等环节参与总预算执行的会计分别为国库会计、收入征解会计和基本建设会计，这三者形成政府和非营利组织会计的辅助会计系统。其中，收入征解会计包括税收会计、关税会计等；基本建设会计还可以细分为建设单位会计，建设银行的基本建设拨、贷款会计。政府和非营利组织会计体系的三个主系统与三个辅助会计系统一起构成中口径的政府和非营利组织会计体系。

广义的政府和非营利组织会计体系还包括社会保险会计、特别资产储备会计、农业综合开发资金会计、国际金融组织贷款会计等。其中，社会保险会计包括按主要险种分别核算和平衡的社会保险基金会计、财政专户管理资金的会计、新型农村合作医疗基金会计、新型农村社会养老保险基金会计；特别资产储备会计包括国家物资储备资金会计、土地储备资金会计；国际金融组织贷款会计包括国际金融组织贷款转贷会计、世界银行贷款项目会计等。

第二节　政府和非营利组织会计的分级

一、财政总预算会计系统分五级

（一）总预算会计系统划分的依据是政府级次

总预算会计是反映和控制各级政府财政收支情况的会计。各级政府财政总预算会计组成和分级的依据为政权结构和行政区划，并遵循责权利相结合的原则，实行一级政府、一级财权、一级预算、一级总预算会计。国家组织由中央政府和地方政府组成，我国政府具体设五级：中央政府；省级政府（包括自治区和直辖市）；设区的市级政府（包括自治州，以下简称市级政府）；县级政府（包括自治县、不设区的市和市辖区）；乡级政府（包括民族乡、镇）。省以下均属地方政府。中央政府和地方政府之间有职责分工，在中央和地方各级政府之间存在行政等级关系，中央政府是政府最高权力机构。由此，从中央到地方的财政部门分别设置了中央、省、市、县、乡五级政府总预算会

计，包括中央财政总预算会计和地方财政总预算会计。但有些不具备条件的乡级政府经省级政府认定后可暂不设立乡总预算会计。各级政府总预算会计设置在本级政府财政部门的预算管理机构，即中央政府总预算会计由财政部执行、省级政府总预算会计由财政厅执行、市县级政府总预算会计由财政局执行、乡级政府总预算会计由财政所执行。

（二）五级总预算会计的核算内容

（1）中央总预算会计负责反映和控制中央政府履行其经济职能时的财政收支及运用情况，即财政资金运用及相应资金来源的情况，包括中央政府对其直属机构及下级政府的财政拨款，直属机构及下级政府对中央政府的财政上缴收入情况。

（2）省总预算会计负责反映和控制省级政府履行其经济职能时的财政收支及运用情况，即财政资金运用及相应资金来源的情况，包括省级政府对其直属机构及下级政府的财政缴拨款、省级政府与中央政府的财政解拨款。

（3）市总预算会计负责反映和控制市级政府履行其经济职能时的财政收支及运用情况，即财政资金运用及相应资金来源的情况，包括市级政府与其上级政府、直属机构和下级政府的财政解缴拨款情况。

（4）县总预算会计负责反映和控制县级政府履行其经济职能时的财政收支及运用情况，即财政资金运用及相应资金来源的情况，包括县级政府与其上级政府、直属机构和下级政府的财政解缴拨款情况。

（5）乡总预算会计负责反映和控制乡级政府履行其经济职能时的财政收支及运用情况，即财政资金运用及相应资金来源的情况，包括乡级政府与其所属机构的财政缴拨款、乡级政府与上级政府的财政解拨款以及乡级政府自筹资金收入。

二、单位会计系统分级

根据现行的行政管理体制和预算领拨款关系，单位会计管理一般分为主管会计单位、二级会计单位和基层会计单位三级。

1. 主管会计单位，简称主管单位

凡是与同级财政部门直接发生经费领报关系或建立财务预算关系（预算资金审批关系、财务收支计划与会计决算审批关系），并有所属会计单位的，为主管会计单位。主管会计单位是执行政府具体职能的机构，同时也管理所属的单位会计。主管会计单位直接与同级总预算会计发生财政收支关系，负责核定直属单位的资金来源和运用计划，并核定其财政拨款或补助数额。

主管单位一定是一级预算单位，一级预算单位不一定就是主管单位。只有有下一级预算单位，并直接从财政部门领拨经费的，才是主管单位；如果没有下一级预算单位的则是基层单位。

2. 二级会计单位，简称二级单位

凡是与主管会计单位或上级会计单位直接发生经费领报关系、财务收支计划与会计决算审批关系，并有所属会计单位的，为二级会计单位。二级会计单位下面没有所属会计单位的，视同基层会计单位。二级会计单位是主管会计单位所属的独立从事公共劳务活动的经济核算单位，它与主管会计单位发生延伸的财政关系，并与下属单位发生财政延伸关系以及管理下属的单位会计。这就是说，二级会计单位并不与财政部门直接发生关系，而是通过主管会计单位间接联系。

3. 基层会计单位，简称基层单位

凡是与主管会计单位或二级会计单位直接发生经费领报关系、财务收支计划与会计决算审批关系，下面没有附属会计单位的，为基层会计单位，也称三级会计单位。基层会计单位是二级会计单位的所属单位，下面不再有其管辖的会计单位。基层会计单位是独立从事公共劳务活动的经济核算单位，通常与二级会计单位或主管会计单位发生直接的财政关系。

各级会计单位都应建立独立的单位预决算，实行比较完整的会计核算制度。一些单位人员少，业务种类单一，不具备独立核算条件，实行单据报账制度，也称为报账单位或报销单位。报账单位往往采取定额备用金制度进行管理。每个主管会计单位、二级会计单位和基层会计单位都可设置报账单位。

三、事业单位会计系统

事业单位是指由政府批准的，并与财政部门发生资金往来和管理关系，独立提供某种社会公共劳务的经营单位。例如学校提供教育劳务、医院提供医疗劳务等。

事业单位会计反映该单位从事公共劳务经营的资金运用及来源情况，包括获得财政资金、上下级单位之间的资金调拨以及其经营过程中从市场领域获得的资金来源及运用情况。事业单位会计按行业和部门可以划分为科学事业单位会计，中小学会计、高等院校会计、医院会计等。

事业单位会计是指各级政府有关主管部门所属事业单位的会计。事业单位会计也存在主管单位、二级单位和基层单位三级预算级次。

四、国库会计系统

1. 国库管理体制有三种类型

国家金库简称"国库"，负责办理国家预算资金的收纳和拨付，故常常被人们称为财政资金的出纳机构。国家的一切预算收入全部缴入国库，国家的一切预算支出全部通过国库拨付。国库工作是国家预算执行中的一个重要组成部分，国库会计负责对预算资金的收纳、划解和支付的核算。

国库库款的支配权归属于财政部门，国库管理包括现金、债务管理，以及库底资金的调度。各国国库管理体制大体划分为存款制、独立金库制和委托金库制三种类型。根据《国家金库条例》规定，我国国库业务由中国人民银行（即央行）经理，实行中央银行经理国库制，因此国库的分级与中央银行一致。

2. 中央银行设置的国库划分为四级

各国央行分支机构的设置大体为两种模式：按经济区划设置分支机构；按行政区划设置分支机构。1998年之前，我国央行按行政区划设置分支机构，从中央、省、市、县分别设置中国人民银行总行、省分行、市中心支行、县支行四级。央行相应级次的国库机构分设总库、分库、中心支库和支库四级，包括中央国库和地方国库两个层次。四级国库机构与国家分级财政管理体制的设立一致，原则上一级财政设立一级国库。支库之下设国库经收处，代理部分财政收支事项，但国库经收处不是一级独立的国库。乡（镇）一级财政，有的设有国库，大部分地方尚未设国库。在不设中国人民银行机构的地方，其国库业务可委托当地的中国工商银行或中国农业银行办理，业务上受上级国库领导。

3. 大区银行体制下"一行经理多库"

按大区设分行对中国人民银行经理国库业务而且实行一级财政设立一级国库提出了挑战。目前，在大区的中国人民银行形成了"一行经理三库"等现象。

4. 国库会计归属预算会计序列

国库会计主要是为预算管理服务的，同时也为金融管理提供某些资料。操作的实际情况是：国库部门每月要给中国人民银行的会计部门报一个资金平衡表，对财政部门则要报日报表、旬报表和月报表；送银行的报表是根据银行的十几个会计科目编报的，送财政部门的报表是有多少个预算科目就要按多少个科目编报，预算科目调整或增减，国库会计要相应作调整或增减。因此，国库会计虽然设在银行但它应属于预算会计序列。

五、收入征解会计系统

我国的收入征解会计是组织征收机构核算财政性收入收缴的会计，包括税收会计、关税会计等。

1. 税收会计

税收是国家预算的重要组成部分，税收会计是对工商税收资金运用进行反映和监督的必要手段。国家税务总局发布《税收会计制度》，决定从 1998 年起在全国税务系统范围内全面进行税收会计改革。改革的主要内容如下：一是扩大核算范围，从应征款开始，对税源进行全过程核算；二是分户核算，按纳税人设立专户，全程监控；三是采用国际上通用的"借贷记账法"。税收会计适用于各级国税、地税机构征管的工商税收类、企业所得税类等诸种税收。

2. 关税会计

海关总署主管对外税收，依据《中华人民共和国海关法》和《中华人民共和国进出口关税条例》征收关税，监督货物进出口，打击走私，同时，对进口环节增值税、消费税，予以代征。关税是按照国家规定，对进出国境的货物和物品所征收的一种税收，它是中央预算收入的一个组成部分。关税在贯彻国家的对外贸易政策、维护国家主权和民族利益、促进对外交往等方面，具有重要的作用。

按照海关系统财务管理体制规定，主管对外税收的海关系统，如同税务机构的管理体制一样也实行垂直领导体制。海关总署为一级关税会计单位，有所属单位的直属海关为二级会计单位，无所属单位的海关为基层会计单位。例如，海关总署下设广东分署、24 个局级海关、17 个副局级海关和 300 多个处级以下海关。海关一般设在对外开放口岸和货物进出口、人员进出境业务比较集中的地点，其设置不受行政区划的限制，这与税务系统的机构设置有所不同。当地无国库或国库经收处的海关，所征税款汇解上一级海关记账，不作为关税会计单位管理。

六、基本建设会计系统

1. 建设单位会计

我国是发展中大国，财政资金中基本建设占比高，为了规范基本建设行为，加强基本建设项目的管理，对财政用于基本建设的资金专门制定了财务和会计管理制度，进行相对独立的会计核算和管理。早在 1986 年，财政部就印发了《国营建设单位会计制度——会计科目和会计报表》，自 1987 年 1 月 1 日起施行。之后，随着投资体制、财税体制和财务制度的变化，财政部统一修改形成《国有建设单位会计制度》，自 1996 年 1 月 1 日起施行至今。

2. 基本建设拨贷款会计

基本建设拨贷款会计是反映和核算预算内用于基本建设支出的专门会计，主要核算基本建设有偿资金、无偿投资和资本金的投入使用情况。基建支出预算在国家预算中占有较大比重，正确分配和执行国家基建预算对调整产业结构，进行生产力布局，合理分配和使用预算资金，有计划地吸引和引导社会资金投向基础设施、基础产业，保证国民经济稳定发展，有着十分重要的作用。多年来，基建支出预算由财政部委托中国建设银行负责组织实施。建设银行根据财政部门确定的年度基建支出预算，按限额管理的办法核定各部门、各单位的用款限额，并负责办理建设资金的拨付与管理。

1994 年，财政部成立基本建设司，收回原由建设银行代理的财政职能。为加强中央预算内基建资金的管理，规范资金拨付程序，根据基建支出预算管理特点和资金管理的要求，在总结限额拨款、划拨资金等拨款方式的基础上，提出规范基建资金拨贷款资金支付程序的意见，并制定了资金拨付的操作办法。1998 年和 2000 年，财政部门进行机构改革后成立经济建设司，其职能包括管理预算安排的基本建设资金。

第三节　政府和非营利组织会计的关系

在国家预算执行中，政府和非营利组织会计的每一个构成系统及其分级机构的共同目的都是为圆满完成中央预算和地方预算服务，但其发挥的作用有所不同。

一、总预算会计和单位会计之间的关系

行政单位会计和事业单位会计与财政总预算会计有着直接而紧密的联系。其主要表现在：

（1）单位财务收支是同级政府预算的重要组成部分。政府预算核拨的事业费、行政经费和从财政专户核拨的资金，是同级行政事业单位收入的主要来源。单位会计与财政总预算会计相互配合，共同为促进社会事业的发展服务。

（2）总预算会计和单位会计之间存在行政管辖关系，在五级总预算会计之间以及三个级次的单位会计之间也存在行政等级管辖关系。二级会计单位要汇总基层会计单位

的会计报表；主管单位会计要汇总二级会计单位的会计报表；财政总预算会计要汇总主管会计单位的会计报表；高一级次的总预算会计要汇总下一级次总预算会计的会计报表。

（3）二者在缴拨款上有着直接的联系。单位应上缴财政公共预算的收入要按规定缴入国家金库，应上缴的其他非税预算资金要按规定及时缴入同级财政专户。各级财政应拨付的事业费、行政经费和从财政专户核拨的预算资金，要按计划及时拨给主管部门和单位。上述缴款、拨款手续，均通过各级财政总预算会计和单位会计办理。

（4）二者在会计报告的报送、审核和汇编上有着直接的联系。各单位在预算执行过程中，平时要向主管部门和同级财政部门编制月报或季报，年终要编制年报。财政总预算会计要对同级各单位或主管部门的月报、季报、年报进行审核，并据以编制预算执行月报、季报和财政决算报表。

（5）财政总预算会计对单位会计具有指导和监督关系。行政事业单位作为会计主体，具有一定的自主权，但必须接受同级财政总预算会计的管理与监督，按照本级财政部门提出的检查意见贯彻执行。各级财政总预算会计也要加强对单位会计的工作指导，提高单位会计的管理水平。

二、财税库三者会计间的关系

（1）收入征解会计、国库会计和财政总预算会计同属于预算会计序列，都是财政预算管理的重要基础工作。不过，财政总预算会计是核算、反映和监督本级财政预算资金集中和分配的职能机构，掌握本级财政预算收支的全面情况和结果，因此处于综合的地位。收入征解会计是核算、反映和监督中央预算和地方预算中各项税收征管、缴库过程的资金运动，负责核算各项税收的组织、实现与缴纳；国库会计机构（包括中央国库和地方金库）是办理各级预算收支缴拨的机关，由于一切预算收入都由国库收纳，一切预算支出都由国库拨付，国库会计机构也是各级预算执行的重要部门。因此，收入征解会计和国库会计都处于专业的地位。

（2）财、税、库三方是组织财政预算收支实现的重要部门，工作上必须互相配合、互通情况。它们必须相互提供有关资料、文件和报表，或定期召开三方联席会议，研究解决工作中的问题。在现行《中华人民共和国国家金库条例实施细则》中还明确财政、税务征收机关应及时向同级国库提供下列资料：有关预算执行的文件规定（包括国家预算收支科目、各级预算收支划分范围和预算收入分成留解比例）；有关预算缴退库的国有企业名单、计划（包括企业名称、隶属关系、预算级次、适用科目、开户银行及账号）；有关调整预算收入分成比例，改变企业隶属关系等资料，以及与国库有关的财政、预算、税收、财务等规章制度和文件等。同时，各级国库应向财政、税收机关提供有关国库业务文件，以及按规定提供各种收入报表。财政总预算会计在财政预算执行工作中，对参与预算执行的国库会计、收入征解会计等之间的业务关系负有协调之责。

（3）财、税、库三者在会计核算业务上联系密切，凭证的同一性要求财、税、库建立对账制度。首先，缴款书是收入的共同凭证，如税收会计的缴款书（多联式）由国库收纳后，既是税务部门的实际入库凭证，又是国库入库的原始凭证，同时也是财政总预算会计收入记账的原始凭证。其次，数据具有一致性，即财政、国库的收入数字和库款余额应当经常保持一致。税收会计的"实际缴库款"，同各级国库的实际入库数以及财政总预算会计相应的预算收入数应当是一致的。这是因为，我国预算收支统一实行"收付实现制"，一切预算收入以本年度缴入基层国库为准，由于平时月份有在途款，月报不划期，只反映报列数，财、税、库的收入数字可能不一致，但在年终经过清理、核对和签证，三方的预算收入数字必须一致。在财、税、库的对账工作中，国库有着重要作用，按现行《中华人民共和国国家金库条例》及其实施细则规定，国库主要核算、反映和监督各级财政预算的收纳，划分已汇解入库的收入以及库款的退付，并根据同级财政的拨款凭证办理同级财政库款的支拨。因此，各级国库除每日向各级征收机关（税收会计）报送预算收入日报表外，还同时向财政总预算会计报送预算收入日报表。财政总预算会计凭国库编制的收入日报表登记预算收入账及明细账，并根据财政库存日报表核对预算支出拨款及库存余额。由于财政总预算会计的预算收入完全以国库的数据为准，拨款完全按财政的凭证支付，财政、国库的收入数字和库款余额应当经常保持一致。

思考与练习题

1. 简述我国不同口径的政府和非营利组织会计构成体系。
2. 简述财政总预算会计的分级及其业务核算的内容。
3. 简述行政单位会计的分级及其业务核算的内容。
4. 简述总预算会计和单位会计之间的关系。
5. 简述我国国库管理体制。

第三章

政府和非营利组织会计标准

第一节　现行政府和非营利组织会计法规

我国现行的政府和非营利组织会计法规主要是由国家最高立法机关和行政机关以及管理部门批准发布的会计法规。国务院主管部门以及省、自治区、直辖市财政部门根据会计法和有关法规、条例、规章制度，结合部门和地方的实际，制定的补充规定和实施办法，也构成政府和非营利组织会计法规体系的组成内容。

一、法律性规范（包括会计法和预算法）

政府和非营利组织会计工作遵循的基本法律是由全国人民代表大会常务委员会制定颁发的《中华人民共和国会计法》（以下简称《会计法》）、《中华人民共和国预算法》（以下简称《预算法》）。作为会计工作，政府和非营利组织会计工作必须以《会计法》为依据；作为预算管理的组成部分，政府和非营利组织会计工作又必须以《预算法》为依据。同时，还必须遵循《中华人民共和国政府采购法》《中华人民共和国招投标法》等其他有关法律，并以财政部、部门主管单位确定的各项预算、财务、会计管理的规章、制度以及其他有关法规和法令等为工作依据。

二、单位财务规范（包括规则和制度）

单位财务规范包括规则和制度，用于规范事业单位和行政单位的财务活动。具体而言，单位财务规范由三个层次构成：

1. 单位财务规则

这是单位财务制度体系中最基本的、最高层次的法规。从其适用范围看，它适用于行政单位和国有事业单位。从其法律效力看，财务规则是经国务院批准，由财政部部长令发布的财务管理法规，它既是所有单位从事财务活动必须遵循的行为规范，也是制定其他具体财务制度的基本法规依据。现行财务规则为新修订的《行政单位财务规则》和《事业单位财务规则》，二者分别是行政单位、事业单位财务制度体系中的统帅，分别从 2013 年 1 月 1 日、2012 年 4 月 1 日起施行。

2. 行业事业单位财务制度

《事业单位财务规则》对事业单位从事财务活动所应遵循的基本原则和管理方式做出全面、明确的规定，一般事业单位都可以直接执行。但教育、科研、卫生等某些事业单位情况相对复杂，其行业特点相对突出，而《事业单位财务规则》无法把所有行业特点突出的事业单位财务活动完全涵盖进去，因此，需要对个别行业特点突出的事业单位制定行业财务制度。需要制定行业事业单位财务制度的行业由财政部与有关中央主管部门研究确定，目前进行了行业性规范的事业单位分别执行《医院财务制度》《测绘事业单位财务制度》《高等学校财务制度》《中小学校财务制度》《科学事业单位财务制度》《农业事业单位财务制度》等。

3. 地方财务管理办法和事业单位内部财务管理具体规定

我国地域辽阔，各地经济和事业发展的情况差别较大，省、自治区、直辖市人民政府可根据《事业单位财务规则》的规定，并结合本地区实际情况制定具体财务管理办法，作为《事业单位财务规则》和行业事业单位财务制度的必要补充。事业单位在执行《事业单位财务规则》和行业事业单位财务制度统一规定的前提下，可根据事业单位内部有关项目财务活动的具体情况制定具体的财务管理规定，以建立健全事业单位内部的财务约束机制，促进事业单位健康、有序地发展。在事业单位制定内部会计制度时，必须以发布的财务规则、会计准则、会计制度以及各项有关规定为依据。

上述三个层次构建了我国事业单位财务会计规范，即以《事业单位财务规则》为统帅、以行业事业单位财务制度为辅助、以地方财务管理办法和事业单位内部财务管理具体规定为补充、具有中国特色的事业单位财务制度体系。

行政单位财务会计规范包括《行政单位财务规则》、行政单位地方财务管理制度、行政单位内部财务管理规章三个层次。

三、会计规章（包括行政法规和规章制度）

会计规章是会计行政性法规和规章制度等规范的总称。我国会计的行政性规章是由国家最高行政机关——国务院发布或者国务院批准、财政部发布的单项规定。我国的政府和非营利组织会计管理实行"统一领导，分级管理"的原则，其职能的具体划分如下：

1. 全国统一的会计制度

全国统一的会计制度由财政部负责制定。现行会计制度包括适用于各级人民政府财政部门的《财政总预算会计制度》；自 2014 年 1 月 1 日起全面施行的适用于国家机关、各民主党派和人民团体的《行政单位会计制度》；自 2013 年 1 月 1 日起施行的《事业单位会计准则》《事业单位会计制度》等。

2. 行业事业单位会计制度

行业事业单位会计制度，由财政部会同有关主管部门制定。由于事业单位涉及的行业较多，情况各异，为了既能统一，又能适应各行各业的实际情况及今后发展的需要，财政部制定了《事业单位会计准则》和《事业单位会计制度》，个别特殊行业确需单独制定会计制度的，由财政部会同有关主管部门制定特殊行业的会计制度，主要包括《医院会计制度》《测绘事业单位会计制度》《高等学校会计制度》《中小学校会计制度》《科学事业单位会计制度》等十余个行业事业单位会计制度。

3. 参与预算执行的专门会计规章制度

参与预算执行的专门会计规章制度，由财政部发布或财政部商有关执行部门制定并联合发布，或由国务院主管业务部门制定、财政部同意的具体制度和具体规定，包括事业单位的行业会计核算制度、税务会计核算制度、国库会计核算制度、基本建设拨款会计核算制度等。

在会计工作管理体制上，财政总预算会计按照预算管理体制分级管理，分级核算，实行一级政府一级预算一级总预算会计。事业单位会计和行政单位会计由各级财政部门和同级主管部门负责管理。国库会计、税收会计、关税会计、基本建设拨款会计，由有关执行部门分别按系统进行管理。

4. 普适性会计规范

普适性会计规范的适用范围广泛，包括适用于所有会计的会计基础工作规范、会计电算化工作规范、会计档案管理办法，会计人员的任免及技术职称评定的规范。例如，国务院颁发的《总会计师条例》，等等。

5. 近年会计规范新规

财政部 2012 年印发的《行政事业单位内部控制规范（试行）》自 2014 年 1 月 1 日起施行，作为单位内部控制制度建设的基本规范执行。2014 年底，国务院发布《关于批转财政部权责发生制政府综合财务报告制度改革方案的通知》。财政部 2015 年发布的《政府和非营利组织会计基本准则》以及各项具体准则，2016 年发布的《管理会计基本指引》等。

第二节　政府和非营利组织会计基础

一、收付实现制

收付实现制也称现收现付制或现金制，是指会计主体确认每一会计期间的收入和费用是以发生货币收付时的会计期间为依据，而不是以收付权责发生的会计期间为依据。凡是在当期发生的货币收入或费用支付，在会计上都作当期收付处理，而不论其权责是否发生在当期；但对于一些赊欠、往来会计事项，则不列作当年收支。收付实现制的优点是会计记录简单客观，有利于政府对现金资源的管理，但不能正确反映会计期间的经济活动情况，不能体现收入、成本的配比，不能提供非财务资产方面的信息，在可比性方面与政府财政统计数据及国民账户体系不一致。

预算单位不以营利为目的，应以本期实收的收入和实付的支出作为本期收支，而不能把本期应收未收或应付未付的款项列作本期预算收支，以便正确反映报告期的预算收支执行情况，及时编制会计报表和落实年度预算收支结余。我国总预算会计、行政单位会计和部分事业单位会计应以收付实现制为结账基础。事业单位除附属独立核算的经营单位和部分经营性业务外，一般不进行成本核算。政府和非营利组织会计实行收付实现制的国家较多，这种做法会计操作简便，最能反映现金的流量与存量，但由于无法全面准确反映政府费用和债务，容易掩盖政府财政财务上的问题。

二、权责发生制

权责发生制是指会计主体确认每一会计期间的收入和费用是以取得收入的权利和支

付费用的责任发生为依据。凡是当期已经发生的收入权利和费用责任，不论是否发生货币收付都作为当期的收入和费用处理；凡不在当期发生的收入权利和费用责任，不论是否发生货币收付都不作为当期的收入和费用处理。各国企业会计为了核算成本、计算盈亏，一般实行权责发生制。我国事业单位会计在从事市场生产经营活动中，为了对收支进行配比核算、考核业务成果，可采用权责发生制。

权责发生制有助于使用者更加客观地评价报告主体的运营业绩、财务状况和现金流量，评价报告主体执行预算的情况，为使用者制定是否向报告主体提供资源或进行业务往来的决策提供更充分的依据，但权责发生制执行成本较高，核算相对复杂。采用权责发生制的政府和非营利组织会计可以客观、准确地核算政府提供公共产品和服务的成本费用，正确评价政府活动的成本，同时确认各项资产和负债。

自 20 世纪 80 年代西方国家兴起新公共管理运动以来，很多国家也先后开展了政府和非营利组织会计改革，共同特点是更多引入权责发生制。政府和非营利组织会计改革的重要标志和核心内容是建立以权责发生制为基础的政府财务报告制度。一些已实施政府和非营利组织会计改革的国家，日常核算仍以收付实现制为主，年终按照权责发生制原则对有关数据进行调整、转换，编制以权责发生制为基础的政府年度综合财务报告。这种做法既全面反映政府"家底"和运营成本，又适度减轻了日常会计核算工作量。

第三节　政府和非营利组织会计前提和信息质量

一、会计假设

会计假设，也称会计假定或会计核算的基本前提规定，是行为主体选择会计方法的重要依据。会计假设是对会计实践反复观察得到的认识，是对会计核算规律性认识的必要前提，是会计准则存在的背景条件，也是制定会计制度的重要前提之一。

会计假设的内容有会计主体、持续经营、会计分期和货币计量四项。会计主体假设明确其核算的空间范围，是指假设会计所核算的是一个特定的企业或单位的经济活动，即为谁记账。持续经营，是指会计主体的生产经营活动将无期限持续下去，在可以预见的将来不会倒闭进行结算。会计分期是指将一个单位持续经营的生产经营活动划分为一个个连续的、长短相同的期间，以便据以分期结算账目、按期编制会计报表和财务报告，从而及时地向有关方面提供会计信息。会计期间可以分为年度、半年度、季度和月度。货币计量是指会计主体在会计核算过程中采用货币作为计量单位，记录、反映会计主体的经营情况。

二、会计信息质量要求

1. 真实性

政府和非营利组织会计主体应当以实际发生的经济业务或者事项为依据进行会计核算，如实反映各项会计要素的情况和结果，保证会计信息真实可靠。

2. 全面性

政府和非营利组织会计主体应当将发生的各项经济业务或者事项统一纳入会计核

算，确保会计信息能够全面反映政府和非营利组织会计主体预算执行情况和财务状况、运行情况、现金流量等。

3. 有用性

政府和非营利组织会计主体提供的会计信息，应当与反映政府和非营利组织会计主体公共受托责任履行情况以及报告使用者决策或者监督、管理的需要相关，有助于报告使用者对政府和非营利组织会计主体过去、现在或者未来的情况做出评价或者预测。

4. 及时性

政府和非营利组织会计主体对已经发生的经济业务或者事项，应当及时进行会计核算，不得提前或者延后。

5. 可比性

政府和非营利组织会计主体提供的会计信息应当具有可比性。同一政府和非营利组织会计主体不同时期发生的相同或者相似的经济业务或者事项，应当采用一致的会计政策，不得随意变更。确需变更的，应当将变更的内容、理由及其影响在附注中予以说明。

不同政府和非营利组织会计主体发生的相同或者相似的经济业务或者事项，应当采用一致的会计政策，确保政府和非营利组织会计信息口径一致，相互可比。

6. 明晰性

政府和非营利组织会计主体提供的会计信息应当清晰明了，便于报告使用者理解和使用。

7. 实质重于形式

政府和非营利组织会计主体应当按照经济业务或者事项的经济实质进行会计核算，不限于以经济业务或者事项的法律形式为依据。

第四节 政府和非营利组织会计要素

会计要素是会计对象的基本内容，我国政府和非营利组织会计要素由资产、负债、净资产或基金、收入、支出或费用五个要素组成。

一、预算会计要素

政府预算会计要素包括预算收入、预算支出与预算结余。

1. 预算收入

预算收入是指政府和非营利组织会计主体在预算年度内依法取得的并纳入预算管理的现金流入。预算收入一般在实际收到时予以确认，以实际收到的金额计量。

2. 预算支出

预算支出是指政府和非营利组织会计主体在预算年度内依法发生并纳入预算管理的现金流出。预算支出一般在实际支付时予以确认，以实际支付的金额计量。

3. 预算结余

预算结余是指政府和非营利组织会计主体预算年度内预算收入扣除预算支出后的资

金余额，以及历年滚存的资金余额。预算结余包括结余资金和结转资金，其中：结余资金是指年度预算执行终了，预算收入实际完成数扣除预算支出和结转资金后剩余的资金；结转资金是指预算安排项目的支出年终尚未执行完毕或者因故未执行，且下年需要按原用途继续使用的资金。

符合预算收入、预算支出和预算结余定义及其确认条件的项目应当列入政府决算报表。

二、财务会计要素

政府财务会计要素包括资产、负债、净资产、收入和费用。

（一）资产

1. 资产的含义

资产是指政府和非营利组织会计主体过去的经济业务或者事项形成的，由政府和非营利组织会计主体控制的，预期能够产生服务潜力或者带来经济利益流入的经济资源。

服务潜力是指政府和非营利组织会计主体利用资产提供公共产品和服务以履行政府职能的潜在能力。

经济利益流入表现为现金及现金等价物的流入，或者现金及现金等价物流出的减少。

2. 资产的分类

政府和非营利组织会计主体的资产按照流动性，分为流动资产和非流动资产。

流动资产是指预计在1年内（含1年）耗用或者可以变现的资产，包括货币资金、短期投资、应收及预付款项、存货等。

非流动资产是指流动资产以外的资产，包括固定资产、在建工程、无形资产、长期投资、公共基础设施、政府储备资产、文物文化资产、保障性住房和自然资源资产等。

3. 资产确认的条件

符合资产定义的经济资源，在同时满足以下条件时，确认为资产：一是与该经济资源相关的服务潜力很可能实现或者经济利益很可能流入政府和非营利组织会计主体；二是该经济资源的成本或者价值能够可靠地计量。

4. 资产的计量属性

资产的计量属性主要包括历史成本、重置成本、现值、公允价值和名义金额。政府和非营利组织会计主体在对资产进行计量时，一般应当采用历史成本。采用重置成本、现值、公允价值计量的，应当保证所确定的资产金额能够持续、可靠计量。

在历史成本计量下，资产按照取得时支付的现金金额或者支付对价的公允价值计量；在重置成本计量下，资产按照现在购买相同或者相似资产所需支付的现金金额计量；在现值计量下，资产按照预计从其持续使用和最终处置中所产生的未来净现金流入量的折现金额计量；在公允价值计量下，资产按照市场参与者在计量日发生的有序交易中，出售资产所能收到的价格计量。无法采用上述计量属性的，采用名义金额（即人民币1元）计量。

符合资产定义和资产确认条件的项目，应当列入资产负债表。

（二）负债

1. 负债的定义

负债是指政府和非营利组织会计主体过去的经济业务或者事项形成的，预期会导致经济资源流出政府和非营利组织会计主体的现时义务。

现时义务是指政府和非营利组织会计主体在现行条件下已承担的义务。未来发生的经济业务或者事项形成的义务不属于现时义务，不应当确认为负债。

2. 负债的类别

政府和非营利组织会计主体的负债按照流动性，分为流动负债和非流动负债。

流动负债是指预计在 1 年内（含 1 年）偿还的负债，包括应付及预收款项、应付职工薪酬、应缴款项等。

非流动负债是指流动负债以外的负债，包括长期应付款、应付政府债券和政府依法担保形成的债务等。

3. 负债确认的条件

符合规定的负债定义的义务，在同时满足以下条件时，确认为负债：一是履行该义务很可能导致含有服务潜力或者经济利益的经济资源流出政府和非营利组织会计主体；二是该义务的金额能够可靠地计量。

4. 负债的计量属性

负债的计量属性主要包括历史成本、现值和公允价值。政府和非营利组织会计主体在对负债进行计量时，一般应当采用历史成本。采用现值、公允价值计量的，应当保证所确定的负债金额能够持续、可靠计量。

在历史成本计量下，负债按照因承担现时义务而实际收到的款项或者资产的金额，或者承担现时义务的合同金额，或者按照为偿还负债预期需要支付的现金计量。

在现值计量下，负债按照预计期限内需要偿还的未来净现金流出量的折现金额计量。在公允价值计量下，负债按照市场参与者在计量日发生的有序交易中，转移负债所需支付的价格计量。

符合负债定义和负债确认条件的项目，应当列入资产负债表。

（三）净资产

净资产是指政府和非营利组织会计主体资产扣除负债后的净额。净资产金额取决于资产和负债的计量。净资产项目应当列入资产负债表。

（四）收入

收入是指报告期内导致政府和非营利组织会计主体净资产增加的、含有服务潜力或者经济利益的经济资源的流入。

收入的确认应当同时满足以下条件：一是与收入相关的含有服务潜力或者经济利益的经济资源很可能流入政府和非营利组织会计主体；二是含有服务潜力或者经济利益的经济资源流入会导致政府和非营利组织会计主体资产增加或者负债减少；三是流入金额能够可靠地计量。

符合收入定义和收入确认条件的项目，应当列入收入费用表。

（五）费用

费用是指报告期内导致政府和非营利组织会计主体净资产减少的、含有服务潜力或者经济利益的经济资源的流出。

费用的确认应当同时满足以下条件：一是与费用相关的含有服务潜力或者经济利益的经济资源很可能流出政府和非营利组织会计主体；二是含有服务潜力或者经济利益的经济资源流出会导致政府和非营利组织会计主体资产减少或者负债增加；三是流出金额能够可靠地计量。

符合费用定义和费用确认条件的项目，应当列入收入费用表。

第五节　政府和非营利组织会计准则

一、制定政府和非营利组织会计具体准则的部署

具体准则的制定遵循《基本准则》，与现行行政事业单位国有资产管理办法、财务规则制度等相关规章制度的协调。存货、投资、固定资产和无形资产等准则的适用范围、资产确认标准和计量要求等均与《基本准则》保持一致。

政府储备物资（的取得、调拨、管理、处置、权属确定等）、收储土地等规模较大且一般存货大不相同，将单独制定相关准则。PPP 模式中政府的投资涉及的核算内容较为复杂，拟单独制定相关准则。公共基础设施、政府储备物资、保障性住房为政府和非营利组织会计主体经管的资产，其使用目的和管理方式不同于一般固定资产，且这类资产规模大，有关管理办法还在研究制定，拟根据具体情况制定相关准则。

自然资源资产的定义和内涵尚不明确，是否需要制定相关准则，需要做进一步研究。

（1）研究制定固定资产折旧年限表。关于政府固定资产折旧年限，是权责发生制政府综合财务报告制度改革的一个关键问题。此前财政部会同相关部门规定了医院和科学事业单位的固定资产折旧年限，但对其他事业单位和行政单位至今尚未明确。有必要增加关于各类固定资产折旧年限的规定，以满足行政事业单位日常核算和编制政府财务报告的需要。

目前，固定资产准则仅做了原则性规定，即"政府和非营利组织会计主体应当根据相关规定以及固定资产的性质和使用情况，合理确定固定资产的使用年限"。同时，着手研究制定行政事业单位固定资产折旧年限表，公开征求意见，待成熟后以固定资产准则应用指南或补充规定形式单独印发。

（2）研究制定公共基础设施或有事项等具体会计准则、政府合并财务报表准则；启动政府或有事项、租赁、土地、政府储备物资、政府收入、政府成本费用等项目的研究工作。

（3）研究制定《政府和非营利组织会计制度——行政事业单位会计科目和报表》。

考虑到具体准则与政府和非营利组织会计制度（会计科目和报表等）的配套，与现行会计准则制度的衔接，以及与政府财务报告编制试点工作协调等因素，将进一步研究四项具体准则的实施范围。

二、政府和非营利组织会计具体准则的创新

（1）进一步明确资产的会计确认和披露要求。现行行政事业单位会计准则制度对

于存货、固定资产、无形资产的会计核算进行了规范，现行财政总预算会计制度和事业单位会计准则制度对于对外投资的会计核算也进行了相应规范，但是主要侧重于相关资产的会计计量和记录问题，特别是会计记录问题，即会计科目的设置及账务处理，很少涉及会计确认和披露问题。

具体准则遵循基本准则，对存货、投资、固定资产和无形资产的确认、计量和披露问题进行了系统规范，为将符合存货、投资、固定资产和无形资产定义和确认条件的相关资产纳入会计账簿和财务报表提供了统一的会计处理原则，提高了不同政府和非营利组织会计主体对同一经济业务和事项会计处理的可比性，丰富了政府和非营利组织会计信息的内容，有利于权责发生制政府财务报告的编制。

（2）健全完善资产的计价和入账管理要求。现行行政事业单位会计准则制度对接受捐赠、无偿调入和盘盈等方式取得资产入账价值的确定进行了规范，但实际执行中操作性不强。

四项具体准则遵循《基本准则》关于资产计量属性的规定，立足实务需要，兼顾资产管理规定，分别对接受捐赠、无偿调入和盘盈取得资产的初始入账问题进行了规范，比现行制度更科学。

固定资产准则对接受捐赠的固定资产，其成本应当依次按照相关凭据注明的金额、评估价值、市场价格和名义金额四个层次判断确定；对于无偿调入的资产，其成本按照调出方账面价值确定；对于盘盈的资产，按规定需要评估的，其成本按评估价值确定，其他情况下其成本按照重置成本确定。

（3）全面确立"实提"折旧和摊销的政策要求。现行行政事业单位会计准则制度对单位计提固定资产折旧、无形资产摊销进行了规范，但除医院会计制度和其他少数行业事业单位会计制度外，均规定了"虚提"折旧和摊销的做法，即在按期计提折旧或摊销时冲减非流动资产基金（或资产基金），而非计入支出或费用。这种规定兼顾了预算管理和财务管理的双重需要，在以收付实现制为主要核算基础的现行预算会计制度体系中具有一定的现实意义。但"虚提"折旧和摊销的规定在实际工作中执行得并不好，没有充分发挥折旧和摊销在单位内部成本费用管理和资产管理中的作用。固定资产和无形资产准则基于权责发生制会计核算要求，分别对政府和非营利组织会计主体固定资产折旧和无形资产摊销做出统一规范，要求固定资产应计提的折旧（或无形资产的摊销金额）根据用途计入当期费用或者相关资产成本。相对于现行规定，这是一种"实提"折旧和摊销的做法，有利于客观真实地反映资产价值，有利于推进政府成本会计核算与管理，有利于权责发生制政府财务报告的编制。

（4）全面引入长期股权投资权益法核算。现行事业单位会计制度规定长期股权投资采用成本法进行核算，即长期股权投资的账面余额通常保持不变，仅在追加或收回投资时，相应调整其账面余额，而现行财政总预算会计制度规定股权投资采用权益法核算。为了加强政府资产管理，真实全面反映政府长期股权投资及其变动情况，投资准则中规定，长期股权投资持有期间通常采用权益法进行核算，即投资最初以投资成本计量，以后根据政府和非营利组织会计主体在被投资单位所享有的所有者权益份额的变动对投资的账面余额进行调整。但是，投资准则在明确规定长期股权投资通常采用权益法的同时保留了成本法。主要考虑的是，如果政府和非营利组织会计主体没有决定或参与被投资单位的财务和经营政策的权力，股权投资对政府和非营利组织会计主体的财务影响仅限于取得所分配的股利或利润，这种情况下采用成本法核算，不对被投资企业净资产的变动调整长期股权投资账面余额和确认投资损益，将使会计核算结果更符合相关性原则。

（5）着力强化自行研发无形资产入账成本的核算。现行行政事业单位会计准则制度规定，自行开发并按法律程序申请取得的无形资产，按照依法取得时发生的注册费、聘请律师费等费用确认初始成本，导致自行研发的无形资产账面成本远小于单位实际投入，不利于科研成果绩效评价、促进科技成果转化以及按规定实施科技成果奖励，也不利于落实《改革方案》所提出的"推行政府成本会计"的要求。鉴于此，无形资产准则引入了企业会计中关于自行研发无形资产的会计处理规定，但为便于实务操作，对相关内容进行了适度简化，即：政府和非营利组织会计主体自行研究开发项目的支出，应当区分研究阶段支出与开发阶段支出。政府和非营利组织会计主体自行研究开发项目研究阶段的支出，应当于发生时计入当期费用。政府和非营利组织会计主体自行研究开发项目开发阶段的支出，先按合理方法进行归集，如果最终形成无形资产的，应当确认为无形资产；如果最终未形成无形资产的，应当计入当期费用。同时，为了与现行行政事业单位会计制度中的相关规定有效衔接，无形资产准则规定，自行研究开发项目尚未进入开发阶段，或者确实无法区分研究阶段和开发阶段的支出，但按法律程序申请取得无形资产的，可以按照依法取得时发生的注册费、聘请律师费等费用确定无形资产的成本。

（6）立足权责发生制会计核算基础，合理划分资本化支出和费用化支出的界限，凡符合资产确认条件的支出均计入相关资产成本，不符合资产确认条件的支出均计入当期费用。

思考与练习题

1. 简述我国政府和非营利组织会计法规的构成体系。
2. 说明会计准则、制度与财务规则之间的关系。
3. 简述西方会计规范建设对我国的启示。
4. 说明政府和非营利组织会计信息质量要求。
5. 解析会计基础的含义与优缺点。
6. 简述我国政府和非营利组织会计规范的构成体系。
7. 简要说明政府和非营利组织会计基础的选择。
8. 解析政府和非营利组织会计假设前提及其含义。
9. 说明我国政府和非营利组织会计信息质量要求。
10. 简述政府和非营利组织会计核算流程和会计周期。
11. 解析政府和非营利组织会计要素。
12. 说明我国政府和非营利组织会计具体准则的制定。

第四章

政府和非营利组织会计账务组织

第一节　会 计 科 目

一、会计科目的定义

会计科目，简称科目，是对会计对象的具体经济内容进行科学分类的项目。它是设置账户、组织会计核算的依据。

每一个经济类型就是一个会计科目，且每一个会计科目都规定名称和核算内容。会计对象根据经济活动的内容进行分类，有利于反映和控制其经济活动。在会计核算中，会计科目是对设置账户赋予的名称，因此会计科目和账户名称是一致的。会计科目由财政部制定颁布，统一实施。

二、会计科目的类别

会计科目按核算层次分为总账科目和明细账科目。

1. 总账科目

总账科目亦称总分类科目或一级科目，是在会计要素下根据经济活动的内容对会计对象进行的总括性分类。总分类科目由财政部制定，政府和非营利组织会计必须按总分类科目核算。

2. 明细账科目

明细账科目，亦称明细分类科目或细目，是对总分类科目的经济内容进一步分类的科目。有时为了避免细目过多，明细分类科目可先对总分类科目的经济内容再总括性地分类，称为二级科目，然后再在二级科目下面设细目。明细分类科目也由财政部制定，但如果单位确有需要的话，也可自己设计明细分类科目。

第二节　借贷记账方法

记账方法是指根据一定的原理和原则，以货币为计量单位，利用文字和数字在账户中登记经济业务的方法，一般包括记录经济业务的方式、记账原理、记账符号、平衡公式、记账规则和试算平衡方法等要素。"借贷记账法"是世界各国通用的一种记账方法。

"借贷记账法"是以"借"和"贷"为记账符号，对每一笔经济业务在两个或两个以上账户的相反方向以相等金额，全面地、相互联系地进行记录的一种专门方法。

一、记账符号

"借贷记账法"是以"借""贷"为记账符号，在经济业务引起资金变动的双方账户中作方向相反、金额相等的资金变动情况记录。所有账户分为"借方"和"贷方"，左边为"借"，右边为"贷"。

"借""贷"记账符号具有抽象的双重含义，在不同的账户中有不同的定义。

在会计要素实行五要素会计模式下，其中：负债类、净资产类、收入类账户中，"借"被定义为减少，"贷"被定义为增加；在原资金占用账户，现资产类、支出类账户中，借贷双方被作与此相反的定义。

在会计要素实行二要素模式下，"借方"记录资金占用（包括资金运用和资金结存）的增加和资金来源的减少，"贷方"记录资金占用的减少和资金来源的增加。

二、记账规则

对于每笔经济业务，都要在两个或两个以上账户的相反方向作等额反映。借贷记账法的规则是：有借必有贷，借贷必相等。根据该记账规则及其借贷方定义，形成如下恒等式：

（1）余额平衡公式：所有账户的借方余额合计 = 所有账户的贷方余额合计。

（2）发生额平衡公式：所有账户的借方本期发生额合计 = 所有账户的贷方本期发生额合计。

三、会计要素平衡式

（1）在会计要素实行五要素会计模式下，余额在借方的账户为资产类和支出类，余额在贷方的账户为负债类、净资产类和收入类，记账规则平衡式转化为：

$$资产 + 支出 = 负债 + 净资产 + 收入$$
$$资产 = 负债 + 净资产$$

会计主体在日常运作过程中每发生一项经济业务，都必然对资产、负债、净资产、支出和收入等会计要素产生一定的影响，可能使两个或两个以上会计要素同时发生等量的增减变动，也可能使同一会计要素内的两个或两个以上不同的具体项目同时发生等量的增减变动。任何经济业务的发生，都不会破坏会计要素之间的数量平衡关系。

（2）在会计要素实行二要素模式下，借贷记账法的会计要素平衡公式为：

$$资金来源 = 资金占用$$

第三节　会　计　凭　证

会计凭证是记录经济业务、明确经济责任的书面证明，也是登记账簿的依据，还是监督预算执行的重要环节。任何一项经济业务都应取得和填制合法的凭证，做到收有凭、支有据。会计账簿也必须根据审核无误的会计凭证进行登记。因此，正确地、严格地填制会计凭证，成为防止收支不清、手续不完备的一项重要监督制度。会计凭证的监督作用主要体现在以下三个方面：一是保证经济业务的合法和真实可靠。二是明确经济责任。三是为分析预算执行情况提供原始资料。

会计凭证，按其填制程序和用途，可以分为原始凭证和记账凭证。会计原始凭证是记录业务发生的最初书面证明。会计记账凭证是根据审核无误的原始凭证或原始凭证汇总单加以归类整理编制，确定会计分录作为登记会计总账及其明细账的依据。

一、原始凭证

原始凭证是在经济业务发生时所取得或填制的、载明业务的执行和完成情况的书面证明，是进行会计核算的原始资料，也是填制记账凭证和登记明细账的重要依据。

（1）原始凭证按其来源不同，可分为自制原始凭证和外来原始凭证。自制原始凭证，是由本单位经办业务的部门和人员，在执行或完成某项经济业务时所填制的凭证。外来原始凭证，是会计主体与其他单位或个人发生业务关系时由对方开给本单位的原始凭证。例如供应单位的发票、银行收款通知、支款通知、上缴税金的收据等，都属于外来原始凭证。外来原始凭证一般是一次凭证。

（2）原始凭证按其反映业务的方法和填制手续不同，可分为一次凭证、累计凭证和汇总凭证。一次凭证是反映一项经济业务或同时反映若干项同类经济业务的凭证，凭证填制手续是一次完成的。绝大多数原始凭证是一次凭证。例如现金收据、银行结算凭证、收料单、发货票等，都是一次凭证。累计凭证是为了便于加强管理、简化手续，用来连续反映一定时期内若干项不断重复发生的同类经济业务的原始凭证，例如限额领料单。这种凭证的填制手续不是一次完成的，而是把经常发生的同类业务连续登记在一张凭证上，可以随时计算发生额累计数，便于同定额、计划、预算数比较，可以起到控制有关费用定额、控制计划或预算范围内的开支、节约支出的作用。汇总凭证是根据许多相同的原始凭证或会计核算资料汇总填制的凭证，例如发料汇总表。汇总凭证既可提供经营管理所需要的总量指标，又可大大简化核算手续。

二、记账凭证

记账凭证是根据原始凭证或原始凭证汇总表的经济内容、应计科目和复式记账法加以归类整理编制，直接作为记账依据的凭证。由于原始凭证来自各个方面，种类繁多，数量很大，格式不一，而且不能清楚地表明应记入账户的名称和方向，如不经过必要的归纳和整理，就难以达到记账的要求。编制记账凭证有利于保证账簿记录的正确性。

1. 记账凭证的格式

会计应根据审核无误的原始凭证，归类整理编制记账凭证，其格式参见表 4 - 1、表 4 - 2。会计记账凭证是由会计人员根据原始凭证做账务处理的基本载体，会计记账凭证的各项内容必须填列齐全，经复核后凭以记账。制证人必须签名或盖章，据以明晰权责。

表4－1

记账凭证

_____总号   年   月   日   分号

对方单位	摘要	借方		贷方		金额	记账符号	
		科目编号	科目名称	科目编号	科目名称			

会计主管   记账   稽核   制单

表4－2

记账凭证

_____总号   年   月   日   分号

摘要	总账科目	明细科目	借方金额	记账符号
合计				

会计主管   记账   稽核   制单

记账凭证应按照会计事项发生的日期，顺序整理制记账。按照制证的顺序，每月从第一号起编一个连续号。记账凭证每月应按顺序号整理，连同所附的原始凭证加上封面，装订成册保管。

2. 记账凭证日期的填列

记账凭证的日期，按以下规定填列：

（1）月份终了尚未结账前，收到本月份的收入凭证，可填列所属月份的最末一日。结账后，按实际处理账务的日期填列。

（2）根据支出月报的银行支出数编制的记账凭证，填列会计报表所属月份的最末一日；办理年终结账的记账凭证，填列实际处理账务的日期，并注上"上年度"字样。凭证编号仍按上年12月份的顺序号连续编列。

（3）其余会计事项，一律按发生的日期填列。

3. 记账凭证的分类

（1）按其反映经济业务内容的不同，记账凭证可分为收款凭证、付款凭证、转账凭证或通用记账凭证。

收款凭证和付款凭证是用来记录现金和银行存款收付业务的记账凭证，作为登记库存现金、银行存款日记账和有关账簿的依据。转账凭证是用来记录除现金、银行存款收付业务以外的其他转账业务的记账凭证，根据转账业务的原始凭证填制，作为登记有关账簿的依据。

为简化凭证，会计人员少的单位可只使用一种通用记账凭证，作会计分录记录发生的各种经济业务。

（2）按其编制方法的不同，记账凭证可分为复式记账凭证和单式记账凭证。

复式记账凭证就是在一张凭证上至少登记两个互相对应的会计科目的凭证。复式记账凭证具有在一张凭证上反映经济业务全貌的优点，便于查账，减少了制证的工作量，但不便于分工记账和汇总。在实际工作中，应根据单位业务繁简和会计人员分工情况选择确定。

单式记账凭证是在一张凭证上只记一个会计科目的凭证，其对方科目不凭此记账，只供参考，一笔经济业务涉及多少会计科目，就填制多少张凭证。单式记账凭证内容单一，便于按科目汇总，有利于分工填制和记账，但制证工作量大，不利于在一张凭证上反映经济业务的全貌，不便于分析考核，出现差错不便于查找。

（3）按其是否经过汇总，记账凭证可分为汇总记账凭证和非汇总记账凭证。

汇总记账凭证按汇总方法不同，可分为分类汇总和全部汇总两种。分类汇总是定期根据收款凭证、付款凭证、转账凭证分别汇总编制汇总收款凭证、汇总付款凭证、汇总转账凭证。全部汇总是将会计主体一定时期内编制的记账凭证全部汇总在一张记账凭证汇总表（亦称科目汇总表）上。

非汇总记账凭证即为记账凭单。

第四节　会 计 账 簿

会计账簿是以会计凭证为依据，按照会计科目，运用会计账户形式，全面、系统和连续地记录税收资金活动情况的簿籍。它是编制会计报表的主要依据。会计账簿可以划分为日记账、分类账（总账账簿、明细账账簿），此外还有辅助账账簿，包括登记簿、备查账簿等，辅助账是对在总账、明细账和日记账中未能记载的事项或记载不够详细的税收业务进行补充登记的簿籍。

一、日记账

日记账是按业务发生时间的先后顺序逐笔进行登记，记录业务往来的账本簿籍。当政府和非营利组织会计主体发生业务往来时，在会计处理中第一步就要把它记入日记账。日记账有普通日记账和特殊日记账两类。特殊日记账有现金收入日记账、现金支出日记账、支付工资日记账和购货日记账等；不列入特殊日记账的均记入普通日记账。日记账的记录内容有日期、账目抬头、借贷双方的货币数量、页码、过账凭证和说明。

二、分类账

在记录日记账后，随即应把日记账的内容转录到分类账的相应账户中。将日记簿中所记载的会计事项过入各种分类账的有关科目，总账和明细账平行登记，同时，进行成本核算。分类账包括总分类账或明细分类账，是由许多账户组成的账簿。

1. 总分类账

总分类账又称总账，它是按总账科目设置，考核资金活动总括情况，平衡账务，控制和核对各明细账的簿籍。总账按照总账科目设置账户并进行登记，根据记账凭证进行记账。总账是编制资产负债表的依据。总账一般采用三栏式账簿记账，格式参见表4-3。

表4-3   总账（或明细账）

本账页数		会计科目:					
本户页数		户名:					
年		凭证号	摘要	借方金额	贷方金额	余额	
月	日					借或贷	金额

2. 明细分类账

明细分类账又称明细账，它是按明细科目设置，用以对总账有关科目进行明细核算，是具体核算总账科目有关明细项目的簿籍。明细账按照明细科目、根据原始凭证或记账凭证进行登记。明细账可选用多栏式或三栏式账簿，格式见表4-3和表4-4。

表4-4   明细账

年		号	摘要	借方金额	贷方金额	余额		借、贷余额分析		
月	日					借或贷	金额			

分类账的账户设置由会计主体的性质、经济活动范围和被要求的会计信息详细程度所决定。账户要有索引编号，以便与日记账对应和查考。分类账中的账户次序和平衡表的科目次序应保持一致。权威性的账目次序称为会计科目表。

分类账有四种：一是普通分类账，即由普通账户组成的分类账；二是附属分类账，即根据不同性质详细设置各种业务往来账户的分类账；三是成本分类账，即反映会计主体各种费用开支及收入来源的分类账，由收入分类账和支出分类账组成；四是应付分类账和应收分类账，这是记录业务往来已经发生但货币收支尚未发生的分类账。会计单位应根据需要设置各种分类账。

第五节 会 计 报 告

一、会计报表

1. 政府和非营利组织会计报表的分类

会计报表是会计主体在一定期间内价值运动的过程及其结果的反映，也是会计主体在一定期间财务状况的书面文件。政府和非营利组织会计报表是国家宏观管理者和微观管理者制定政策和进行调控的信息来源，它既是本期预算执行情况的反映，又是编制下期预算的参考资料。因此，各级领导、管理部门和单位管理人员，对会计报表都非常重视。

政府和非营利组织会计报表按时间可分为旬报、月报和年报（即决算）；按编报主体可划分为财政总预算会计报表、行政单位会计报表和事业单位会计报表；按内容划分，一般包括资产负债表（静态表，反映一定日期的财务状况）、预算执行情况表、收入支出表（动态表，反映会计期间的收、支、余等状况）、附表及说明书等。附表一般列示报表中某些科目的明细内容或未列入报表中的重要经济业务活动或基础材料；说明书是对报表中某些事项的补充及情况说明。

2. 政府和非营利组织会计报表表外科目披露

会计报表是以账簿资料和有关资料为依据的指标体系。对于某些不经常发生的经济业务活动，在报表科目中是没有反映的。为使报表增列这一情况，有关部门可制定表外科目，要求单位在报表下方填列上报。

会计报表必须坚持客观真实性原则，其指标必须按账簿的记载数字产生，保持账表一致，不能估计数字列报。但有时领导部门需要了解会计科目以外的某些指标，而这一指标又不能从账簿上产生，只能利用有关账簿的数字，用统计的方法，计算出需要的数字，附于报表之后，谓之表外披露。

3. 政府和非营利组织会计报表编报的要求

为了充分发挥会计报表的作用，编制时必须遵循"正确、及时、完整"的原则，此外，会计凭证、会计账簿、会计报表和其他会计资料的内容与要求必须符合国家统一会计制度的规定，不得伪造、变造会计凭证和会计账簿，不得设置账外账，不得报送虚假会计报表。各会计主体对外报送的会计报表格式由财政部统一规定。实行会计电算化的单位，对使用的会计软件及其生成的会计凭证、会计账簿、会计报表和其他会计资料的要求，应当符合财政部关于会计电算化的有关规定。

二、政府决算报告

1. 政府决算报告的编报要求

政府决算报告是综合反映政府和非营利组织会计主体年度预算收支执行结果的文件。政府决算报告应当包括决算报表和其他应当在决算报告中反映的相关信息和资料。政府决算报告的编制主要以收付实现制为基础，以预算会计核算生成的数据为准。

2. 政府决算报告的目标

政府决算报告的目标是向决算报告使用者提供与政府预算执行情况有关的信息，综合反映政府和非营利组织会计主体预算收支的年度执行结果，有助于决算报告使用者进行监督和管理，并为编制后续年度预算提供参考和依据。政府决算报告使用者包括各级人民代表大会及其常务委员会、各级政府及其有关部门、政府和非营利组织会计主体自身、社会公众和其他利益相关者。

三、政府财务报告

1. 政府财务报告的界定

政府财务报告是反映政府和非营利组织会计主体某一特定日期的财务状况和某一会

计期间的运行情况和现金流量等信息的文件。政府财务报告应当包括财务报表和其他应当在财务报告中披露的相关信息和资料。

财务报告的目标是向财务报告使用者提供与政府的财务状况、运行情况（含运行成本）和现金流量等有关的信息，反映政府和非营利组织会计主体公共受托责任履行情况，有助于财务报告使用者做出决策或者进行监督和管理。政府财务报告使用者包括各级人民代表大会常务委员会、债权人、各级政府及其有关部门、政府和非营利组织会计主体自身和其他利益相关者。

2. 政府财务报告的构成

政府财务报告包括政府综合财务报告和政府部门财务报告。政府综合财务报告是指由政府财政部门编制的，反映各级政府整体财务状况、运行情况和财政中长期可持续性的报告。政府部门财务报告是指政府各部门、各单位按规定编制的财务报告。

财务报表是对政府和非营利组织会计主体财务状况、运行情况和现金流量等信息的结构性表述。财务报表包括会计报表和附注。会计报表至少应当包括资产负债表、收入费用表和现金流量表。政府和非营利组织会计主体应当根据相关规定编制合并财务报表。

资产负债表是反映政府和非营利组织会计主体在某一特定日期的财务状况的报表。

收入费用表是反映政府和非营利组织会计主体在一定会计期间运行情况的报表。

现金流量表是反映政府和非营利组织会计主体在一定会计期间现金及现金等价物流入和流出情况的报表。

附注是对在资产负债表、收入费用表、现金流量表等报表中列示项目所做的进一步说明，以及对未能在这些报表中列示项目的说明。

政府财务报告的编制主要以权责发生制为基础，以财务会计核算生成的数据为准。

四、权责发生制政府综合财务报告

建立权责发生制政府综合财务报告制度具有重要意义。

我国目前的政府财政报告制度实行以收付实现制为基础的决算报告制度，主要反映政府年度预算执行情况的结果，对准确反映预算收支情况、加强预算管理和监督发挥了重要作用。但随着经济社会发展，仅实行决算报告制度，无法科学、全面、准确地反映政府资产负债和成本费用，不利于强化政府资产管理、降低行政成本、提升运行效率、有效防范财政风险，难以满足建立现代财政制度、促进财政长期可持续发展和推进国家治理现代化的要求。因此，必须推进政府和非营利组织会计改革，逐步建立以权责发生制为基础，以编制和报告政府资产负债表、收入费用表等报表为核心的、全面反映政府资产负债、收入费用、运行成本、现金流量等财务信息的政府综合财务报告制度，提升政府财务管理水平，促进政府和非营利组织会计信息公开。

政府和非营利组织会计科目设置要实现预算会计和财务会计双重功能。预算会计科目应准确完整地反映政府预算收入、预算支出和预算结余等预算执行信息，财务会计科目应全面准确地反映政府的资产、负债、净资产、收入、费用等财务信息。条件成熟时，推行政府成本会计，规定政府运行成本归集和分摊方法等，反映政府向社会提供公共服务支出和机关运行成本等财务信息。

五、政府部门财务报告的编报

1. 清查核实资产负债

各部门、各单位要按照统一要求有计划、有步骤地清查核实固定资产、无形资产以及代表政府管理的储备物资、公共基础设施、企业国有资产、应收税款等资产，按规定界定产权归属、开展价值评估；分类清查核实部门负债情况。清查核实后的资产负债统一按规定进行核算和反映。

2. 编制政府部门财务报告

各单位应在政府和非营利组织会计准则体系和政府财务报告制度框架体系内，按时编制以资产负债表、收入费用表等财务报表为主要内容的财务报告。各部门应合并本部门所属单位的财务报表，编制部门财务报告。

3. 开展政府部门财务报告审计

部门财务报告应保证报告信息的真实性、完整性及合规性，接受审计。

4. 报送并公开政府部门财务报告

部门财务报告及其审计报告应报送本级政府财政部门，并按规定向社会公开。

5. 加强部门财务分析

各部门应充分利用财务报告反映的信息，加强对资产状况、债务风险、成本费用、预算执行情况的分析，促进预算管理、资产负债管理和绩效管理有机衔接。

六、政府综合财务报告的编报

1. 清查核实财政直接管理的资产负债

财政部门要清查核实代表政府持有的相关国际组织和企业的出资人权益；代表政府发行的国债、地方政府债券，举借的国际金融组织和外国政府贷款、其他政府债务以及或有债务。清查核实后的资产负债统一按规定进行核算和反映。

2. 编制政府综合财务报告

各级政府财政部门应合并各部门和其他纳入合并范围主体的财务报表，编制以资产负债表、收入费用表等财务报表为主要内容的本级政府综合财务报告。县级以上政府财政部门要合并汇总本级政府综合财务报告和下级政府综合财务报告，编制本行政区政府综合财务报告。

3. 开展政府综合财务报告审计

政府综合财务报告应保证报告信息的真实性、完整性及合规性，接受审计。

4. 报送并公开政府综合财务报告

政府综合财务报告及其审计报告，应依法报送本级人民代表大会常务委员会备案，并按规定向社会公开。

5. 应用政府综合财务报告信息

政府综合财务报告中的相关信息可作为考核地方政府绩效、分析政府财务状况、开展地方政府信用评级、编制全国和地方资产负债表以及制定财政中长期规划和其他相关规划的重要依据。

第六节　会 计 循 环

一、会计核算环节

会计核算，包括会计确认、计量、记录和报告各个环节，涵盖填制会计凭证、登记会计账簿、编制报告全过程。会计工作有循环周转的特点，一个会计循环过程就是一个周期。会计周期包括对会计事项的鉴别、记录、总结、解释和交流信息等阶段。会计程序是指一个单位处理会计业务的先后顺序。会计程序的步骤如下：

1. 审核原始单据

会计凭证包括原始凭证和记账凭证。原始凭证是证明会计事项发生的凭据，也是会计记账的依据。发生的业务往来要以原始凭证为依据。原始凭证有外部凭证和内部凭证两类。外部凭证是指由业务往来对方单位开出的合法凭证，如发货票等商业票据。内部凭证是指会计主体方的合法凭证，如购货订单等。在会计工作中鉴别业务往来和原始凭证是进行会计记录前的准备工作。

2. 填制会计凭证

在审核原始凭证、确认经济业务发生后，根据审核后的原始凭证编制记账凭证，同时，在日记簿中进行序时登记。设置会计科目、确定记账方法是为了正确地分类和记录预算资金收支活动情况。

3. 登记会计账簿

在记录日记账后，随即应把日记账的内容转录到分类账的相应账户中。将日记簿中所记载的会计事项过入各种分类账的有关科目，总账和明细账平行登记，同时，进行成本核算。日记账只是把业务往来按时间顺序记录，而分类账则按收支的不同性质设置各类账户。

4. 核对会计账目

期末，要进行账单、账物、账账相互核对，对存货、资产进行盘点，并对结果进行处理，正确计算收支和结转结余。

5. 编制调整结算前的试算平衡表

期末，根据总分类账各科目编制调整前试算平衡表，检查总分类账各科目余额是否正确。试算表是根据试算平衡公式设计的，反映的是资金运动的平衡关系。编制结算前试算平衡表便于检查账目的记录是否有误。通常，试算平衡表要标明单位名称和分类账上的日期。除了验证作用之外，试算平衡表还反映该期间经济活动和预算执行的概况，而且经必要的调整之后可作编制会计报表的重要依据。

6. 编制结账后试算平衡表

会计年度终了时，检查调整分录及其过账是否正确，收支账户的余额必须转入基金或净资产账户，这种转账过程称为结算分录。因此，收支账户只是净资产账户中用来分类和汇总的临时账户。结算分录的步骤是：第一，编制试算表，达到每种收支账户的平衡；第二，结算收入账，即将每笔进款账记入借方，并同时记入基金或净资产的贷方，使进款账达到零基平衡；第三，结算支出账，即将每笔支出账记入贷方，并同时记入基金或净资产的借方，使支出账达到零基平衡。

7. 编制财务报表

结算分录完成后要准备结算后试算表。根据结算后的试算平衡表编制报表，包括资产负债表、收支表及现金流量表等财务与会计报表并进行财务分析，如实反映报告或财务状况。编制结算后试算表的目的是确保在新的会计周期一开始就是平衡的。结算后试算表的账户和数字应该与年度终了时列示在平衡表中的账户和数字保持一致。

会计可采用记账凭证和科目汇总表两种核算程序。但一个核算单位在一个会计年度内，只能采用其中的一种程序，而不能交叉使用两种程序。

二、记账凭证核算程序

第一，根据原始凭证或原始凭证汇总单填制记账凭证；

第二，根据记账凭证登记日记账；

第三，根据原始凭证或原始凭证汇总单和记账凭证，登记明细账和有关的辅助账；

第四，根据记账凭证登记总账；

第五，总账和有关的明细账、日记账核对，明细账与有关的辅助账核对；

第六，根据总账、明细账和有关的辅助账编制会计报表。

记账凭证核算程序如图4-1所示。

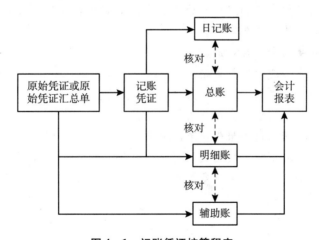

图4-1　记账凭证核算程序

三、科目汇总表核算程序

第一，根据原始凭证或原始凭证汇总单填制记账凭证；

第二，根据记账凭证登记日记账；

第三，根据原始凭证或原始凭证汇总单和记账凭证，登记明细账和有关的辅助账；

第四，根据记账凭证定期按科目借方和贷方发生额汇总编制科目汇总表；

第五，根据科目汇总表登记总账；

第六，总账和有关的明细账、日记账核对，明细账与有关的辅助账核对；

第七，根据总账、明细账和有关的辅助账编制会计报表。

科目汇总表核算程序如图4－2所示。

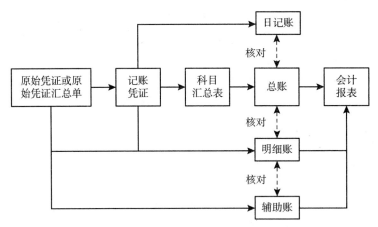

图4－2　科目汇总表核算程序

思考与练习题

1. 简要回答政府和非营利组织会计科目的含义与分类。

2. 说明会计凭证的含义与类别。

3. 说明会计账簿的含义与类别。

4. 解释借贷记账法的含义和记账规则。

5. 说明政府和非营利组织会计要素及其平衡关系。

6. 简述政府和非营利组织会计报表的分类。

7. 说明我国政府综合财务报告改革的要求。

8. 为什么我国要编制权责发生制政府综合财务报告？

9. 说明权责发生制政府综合财务报告的构成及其编报。

10. 说明会计核算环节和流程。

第二篇

行政单位财务与会计

第五章

行政单位财会管理概述

第一节　行政单位财会管理体制

一、行政单位财会规范的执行范围

行政单位是实现国家各项职能的专职机构。行政单位应当对其自身发生的经济业务或者事项进行会计核算，我国行政单位会计主体为各级各类国家机关、政党组织，具体包括国家各级立法机关、行政机关、司法检察机关及其派出机构、接受国家预算拨款的党派和社会团体等。

（1）国家权力机关，即全国人民代表大会和地方各级人民代表大会及其常委会。

（2）国家行政机关，即国务院和地方各级人民政府及其工作机构。

（3）各级审判机关和检察机关。

（4）政党组织。政党组织就其本身性质而言不是行政单位，但由于其财务活动的特点与行政单位相同或相近，其所需经费全部或大部分由国家财政供给，其财务管理应纳入行政单位财务管理体系。

（5）社会团体。我国有部分社会团体被列为行政编制并接受财政拨款，明确规定这些单位要纳入行政单位的管理范围，如工会、青年团、妇联组织。

（6）行使行政管理职能的单位。一些单位虽未被列为行政编制但完全行使行政管理职能，如审计署派出机构、特派办、财政部监察专员办，这些单位要执行行政单位的财务管理制度。

行政单位所属的独立核算的企业和事业单位，不行使国家行政职能，在业务活动、资金来源及资金运行方式等方面与行政单位具有较大差异，这些单位已经被纳入企业和事业单位财务制度体系，分别执行相应的财务制度，不执行行政单位财务规则。

二、行政单位财会管理的基本任务

1. 执行国家法规，健全财会管理体系

行政是国家的组织活动，而行政单位则是国家组织活动的载体。行政单位的一切活动包括财政活动都必须维护国家的根本利益。作为行政单位整体活动的有机组成部分，行政单位财务与会计活动必须贯彻执行国家有关法律、法规，依据国家统一规定的财务会计规章制度，建立健全内部财会管理制度，指导、控制和监督单位的财会活动。行政单位必须依据规则、准则、制度及有关规定，结合本单位实际情况，通过建立健全内部财会管理制度，在具体财会工作中有章可循，便于实现规范化管理的要求。行政单位通过各种财会管理手段，对单位的业务活动全面、系统地进行监督检查，及时发现和解决问题，保证各项业务和财会活动合理、有序进行。

此外，对行政单位所属并归口行政财务管理的单位的财务活动实施指导、监督，加强对非独立核算的机关后勤服务部门的财务管理，实行内部核算办法。

2. 量入为出，合理编制单位预算

由于我国国家财力有限，行政单位对财力的需求和财政供给之间的矛盾长期存在；而行政经费支出具有社会消费性，应抑制其支出速度过快增长，以节约资金用于经济建设。为使有限的资金最大限度地发挥作用，行政单位应合理编制单位预算，量入为出、收支平衡，保证重点、兼顾一般，按照各项工作的轻重缓急，区分主次先后，本着节俭、高效的原则，合理安排和使用预算资金。

行政单位预算是行政单位顺利行使职能、圆满完成各项工作任务的重要保证，也是单位财务会计管理工作的基本依据。因此，行政单位应该保障机构正常运转的资金需要量，压缩非必需的开支，不得编制赤字预算。单位预算一经批准，要严格执行，并采取各种措施，统筹安排各项必要开支。

3. 规范收入来源，强化支出管理

行政单位收入的政策性强，社会影响力大。1997 年改革前，行政单位趋利性强，单位部分收入及其使用脱离财政管理和监督，行政单位自己组织的收入直接与本单位支出挂钩，有损于依法行政，形成权钱交易，带来行业不正之风，助长乱收乱罚现象，应缴财政款难以及时足额上缴，坐支现象时有发生，增发各种补贴、奖金等乱支滥用现象十分严重，扰乱了国家财政分配秩序，加剧了消费基金膨胀，助长了不正之风和腐败现象。1997 年行政单位会计制度的改革将收入界定为依法取得的非偿还性资金，行政单位收入划分为财政拨款收入、其他收入，并对不同性质的收入实施不同的管理办法，使行政单位各项收入活动得到全面反映，有利于加强收入的管理和监督。行政单位依法取得的罚没收入、行政性收费收入等应缴财政资金，应当及时足额地上缴财政预算，不能直接作为单位的收入，不列入单位预算。2014 年行政单位会计制度改革后，行政单位收入包括财政拨款和其他收入，单位要依据国家法律、法规和具有法律效力的规章收取行政性收费、基金和附加收入，与此同时，要加强对收入合法性和支出合理性的控制和管理。

单位自己组织的收入要与财政预算拨款统一管理，统筹安排各项支出。行政单位的各项支出按照管理要求划分为基本支出、项目支出，要求讲求支出效益，严格支出管理。具体规定如下：一是建立健全各项支出管理制度。各项支出由单位财务部门按照批准的预算和有关规定办理，要保证单位正常运转的支出需要；要严格支出审批手续，严格执行国家规定的开支范围和开支标准。二是针对行政单位支出管理中的问题和薄弱环节，提出加强管理的要求，明确专项支出的管理办法。

4. 推进绩效管理，注重资金使用效益

行政单位的经费来源于国家税收，经费的使用只能用于纳税人管理及服务所必需的消耗，行政单位要以对人民高度负责的精神，合理安排预算收支，加强资产管理，合理配置、有效利用、规范处置资产，防止国有资产流失，充分发挥资金、资产的使用效益。行政单位属非物质生产部门，是管理国家事务的行政机关，行政单位的性质和地位决定其行为具有极强的"示范"效应，这要求各级党政机关保持和发扬艰苦奋斗、勤俭节约的优良传统和作风，制止奢侈浪费，提高经费使用效益。

5. 定期编制财务报告，如实反映财务状况

行政单位财务报告是主管单位和财政部门了解行政单位财务状况的主要信息来源，也是行政单位加强内部管理、进行管理决策的重要依据，单位须认真做好财务管理的各项基础工作，真实、准确地反映单位预算执行情况，并对单位财务活动进行科学的整理、归纳和概括，按规定的时间和要求编报财务报告，同时，运用有关资料对一定时期内的单位财务活动进行比较、分析和研究，做出客观的总结和评价，以指导单位财务活动，提高财务管理水平。

三、行政单位财会管理改革的方向

（一）会计信息要满足多方使用者的需要

行政单位会计核算目标是向会计信息使用者提供与行政单位财务状况、预算执行情况等有关的会计信息，反映行政单位受托责任的履行情况，有助于会计信息使用者进行管理、监督和决策。行政单位会计信息使用者包括人民代表大会、政府及其有关部门、行政单位自身和其他会计信息使用者。

（二）会计核算重点从预算支出扩大到资产

1. 以国家财政拨款为主渠道，强调预算支出和资产管理

行政单位的收入来源较为单一，经费主要由国家财政供给，不会形成收入来源多元化的体系，其财务管理的主要任务是履行政府职能，提供公共服务，不在于组织和筹集资金，而在于加强预算支出管理和资产管理，用好、管好有限的经费，提高资金使用效益。行政单位的资产是行政单位顺利行使其职能、圆满完成各项工作任务的物质基础。长期以来，行政单位存在重钱轻物、重购轻管的思想，配置固定资产的随意性比较大，损失浪费比较严重。某些单位违反国家政策，利用单位资产盲目进行经营活动，造成国有资产不同程度的流失，影响单位的正常工作。

2. 资产范围从单位资产扩大到社会性资产，资产核算更完整

要保障国有资产的安全，提高资产效益，必须做到以下两点：一是建立健全资产管理制度，要求单位遵循合理、节约、有效的原则按规定配置和处置固定资产，增加无形资产及其摊销、在建工程、固定资产累计折旧等科目，以免资产价值不实；增设"政府储备物资""公共基础设施"科目，单独核算反映为社会提供公共服务的资产情况，与行政单位自用资产相区分，弥补相关信息缺失，有利于政府摸清家底，加强此类资产的管理。此外，基建会计信息要定期并入行政单位会计"大账"。二是禁止单位在银行多头开户，规定单位应当由财务部门统一开设和管理银行存款账户，单位开设银行存款账户应当履行报批手续，防止资金管理不严、财产物资账务不清、账实不符。行政单位要按照国家关于国有资产管理的规定，加强国有资产管理，防止国有

资产浪费与流失。

（三）会计核算基础采取"双基"模式

1. 一般采用"收付实现制"，以实际支出数为列支依据

行政单位会计核算基础一般采用"收付实现制"，特殊经济业务和事项应按规定采用权责发生制核算。行政单位会计主体是某一具体行政单位，是花钱办事的单位，会计列支基础为实际支出数。财政是分配资金的机构，财政总预算会计服务于国家或某一级政府，在普遍实行经费包干的条件下，财政总预算会计实行以拨作支（以拨款数列报支出），即对需要结算的经费，先以拨出数列报支出，在结算或年终收回余额时，将收回的部分冲减已列报的支出数。

2. 资产负债采取"双分录"核算方法，避免虚增结余

采取"双分录"核算方法实际上是由行政单位会计核算目标决定的。正如前面谈到的，行政单位会计核算的目标是，提供的信息既要全面反映行政单位财务状况，也要准确反映预算执行情况。"双分录"核算方法的本质就是为了解决会计核算目标的实现问题。由于我国预算编制基础是收付实现制，实际收支也只有采用收付实现制基础进行确认和报告，才能与预算形成有效对比，准确反映预算执行情况。如果将"双分录"的应用范围限定为非流动资产，则无法实现行政单位会计核算目标，也不利于部门决算和财政决算口径的一致，还会虚增单位结转结余资金。例如，单位发生预付账款时，做会计分录"预付账款"，不记支出，造成单位资金已经支付，但仍反映在账面的结余中，虚增了结余。此外，对"应付账款"和"长期应付款"这两项负债采用"双分录"核算，是为了在真实反映单位负债的同时，不影响预算执行的准确反映。如果不采用"双分录"，就会面临"两难"：反映单位负债，就无法准确反映单位预算执行情况；准确反映单位预算执行情况，就无法反映单位负债。

3. 净资产类增设"资产基金"和"待偿债净资产"科目，有别于结转结余

由于行政单位采用"双分录"核算方法，在收付实现制基础上核算收入和支出的同时，还要全面核算资产、负债。因此，在净资产类增设"资产基金"和"待偿债净资产"科目，分别用于有关资产和负债的有关科目进行"双分录"核算，以便和结转结余相区分。其中，"资产基金"科目用于核算行政单位的非货币性资产在净资产中占用的金额，"待偿债净资产"科目用于核算行政单位因发生应付账款和长期应付款而相应需在净资产中冲减的金额。

4. 增设固定资产折旧和无形资产摊销，兼顾双重信息需求

原制度采用收付实现制会计基础，不要求对固定资产计提折旧，也缺乏无形资产的核算规定。新制度增加了固定资产折旧和无形资产摊销的会计处理规定，明确要求在计提折旧和摊销时冲减相关净资产，而非计入当期支出。这种处理方法能兼顾行政单位预算管理和财务管理的双重信息需求，在准确反映预算支出的同时，真实体现资产价值，有利于编制权责发生制政府综合财务报告，也为下一步核算反映行政成本奠定基础。同时，考虑到固定资产种类较多，折旧年限暂时还没有统一规定，为便于操作，财政部还将另行发文明确行政单位是否对固定资产计提折旧以及相关具体要求。

四、行政单位会计信息的质量要求

1. 真实性

行政单位应当以实际发生的经济业务或者事项为依据进行会计核算,如实反映各项会计要素的情况和结果,保证会计信息真实可靠。

2. 可用性

行政单位提供的会计信息应当与行政单位受托责任履行情况的反映,会计信息使用者的管理、监督和决策需要相关,有助于会计信息使用者对行政单位过去、现在或者未来的情况做出评价或者预测。

3. 全面性

行政单位应当将发生的各项经济业务或者事项全部纳入会计核算,确保会计信息能够全面反映行政单位的财务状况和预算执行情况等。

4. 及时性

行政单位对于已经发生的经济业务或者事项,应当及时进行会计核算,不得提前或者延后。

5. 可比性

行政单位提供的会计信息应当具有可比性。

同一行政单位不同时期发生的相同或者相似的经济业务或者事项,应当采用一致的会计政策,不得随意变更。确需变更的,应当将变更的内容、理由和对单位财务状况、预算执行情况的影响在附注中予以说明。

不同行政单位发生的相同或者相似的经济业务或者事项,应当采用统一的会计政策,确保不同行政单位会计信息口径一致、相互可比。

6. 明晰性

行政单位提供的会计信息应当清晰明了,便于会计信息使用者理解和使用。

五、行政单位财务会计机构的设置

行政单位的财务活动应在单位负责人领导下,由单位财务部门统一管理,不能由单位其他职能部门替代。长期以来,有些单位资金管理分散,账外设账,形成了部分资金在单位财务之外循环,脱离了财务监督,比如多头开户,单位由于各职能部门有自己的账户开支渠道,搞成了多个财务部门,造成了单位支出管理混乱和资金使用效益不高,影响行政单位正常工作的开展。因此,行政单位财务部门对单位财务活动进行统一管理,有利于充分发挥单位财务管理职能,统一规范内部财务制度,保证各项资金合理有效使用。

单位应单独设置财务机构,配备专职财务会计人员,进行独立核算。人员编制少、财务工作量小的单位,可不单独设置财务机构,但应配备专职财会人员,也可实行单据报账制度,但必须接受归口单位财务部门的监督、指导和管理。

第二节　行政单位会计的账簿组织

一、行政单位会计科目的设置

行政单位会计科目分为资产、负债、净资产、收入和支出五要素（见表5-1）。

表5-1　　　　　　　　　　　行政单位会计科目

序号	编号	科目名称	序号	编号	科目名称
一、资产类			21	2301	应付账款
1	1001	库存现金	22	2302	应付政府补贴款
2	1002	银行存款	23	2305	其他应付款
3	1011	零余额账户用款额度	24	2401	长期应付款
4	1021	财政应返还额度	25	2901	受托代理负债
	102101	财政直接支付	三、净资产		
	102102	财政授权支付	26	3001	财政拨款结转
5	1212	应收账款	27	3002	财政拨款结余
6	1213	预付账款	28	3101	其他资金结转结余
7	1215	其他应收款	29	3501	资产基金
8	1301	存货		350101	预付款项
9	1501	固定资产		350111	存货
10	1502	累计折旧		350121	固定资产
11	1511	在建工程		350131	在建工程
12	1601	无形资产		350141	无形资产
13	1602	累计摊销		350151	政府储备物资
14	1701	待处理财产损溢		350152	公共基础设施
15	1801	政府储备物资	30	3502	待偿债净资产
16	1802	公共基础设施	四、收入类		
17	1901	受托代理资产	31	4001	财政拨款收入
二、负债类			32	4011	其他收入
18	2001	应缴财政款	五、支出类		
19	2101	应缴税费	33	5001	经费支出
20	2201	应付职工薪酬	34	5101	拨出经费

二、行政单位的会计凭证

（一）行政单位的原始凭证

1. 行政单位原始凭证的种类

原始凭证是证明会计主体经济业务发生的原始资料，其种类如下：

（1）收款凭证。收款凭证是会计单位在取得收入时开给交款单位或个人的书面证明。收款凭证使用统一规定的收据，并按规定的要求使用和保管。收据一式三联，第一联为记账凭证，第二联由交款人或单位收执，第三联为存根。

（2）借款凭证。借款凭证是会计单位各项资金往来结算的书面证明。借款凭证分三联，第一联为付款凭证，第二联为还款结算凭证，第三联为借款人借款结算回执。借款结清应将第三联撕下交原借款人，表明借款已经结清。

（3）支出报销凭证。支出报销凭证是会计主体办理各项支出时从有关单位或个人那里取得的书面证明，通常是收款收据、发票及其他合法收款证明。

（4）银行结算凭证。银行结算凭证是证明会计主体的银行存款增减的原始资料，包括现金支票、转账支票、银行信汇凭证、转账进账单、现金进账单等。

（5）缴拨款凭证。缴拨款凭证即缴款凭证和拨款凭证的简称。缴款凭证是会计单位向上级单位或财政部门上缴收入或缴还拨款时开出的凭证。拨款凭证是会计单位接受拨款时由拨付单位或财政部门开出的凭证。缴拨款凭证有一般缴款书、收入退还书等。

（6）材料收付凭证。材料收付凭证是由会计主体的物资财产保管部门开出的证明材料实际收发的书面证明。

（7）固定资产凭证。固定资产凭证包括购置固定资产时供应商开具的发票、固定资产调剂的有关凭证，固定资产出库、入库以及领用单据等有关凭证。

（8）其他，即除上述凭证之外能够证明经济业务发生的合法凭证。

只有合法的支出报销凭证才能作为实际支出报销的依据，其他只能作为款项收付或材料收发的依据。

2. 原始凭证的基本要求

（1）原始凭证的内容必须具备：凭证的名称；填制凭证的日期；填制凭证单位名称或者填制人姓名；经办人员的签名或盖章；接受凭证单位名称；经济业务内容；数量、单位和金额。

（2）从外单位取得的原始凭证，必须盖有填制单位的公章；从个人取得的原始凭证，必须有填制人员的签名或者盖章。自制原始凭证必须有经办单位领导人或者其指定的人员签名或者盖章。对外开出的原始凭证，必须加盖本单位公章。

（3）凡填有大写和小写金额的原始凭证，大写与小写金额必须相符。购买实物的原始凭证，必须有验收证明。支付款项的原始凭证，必须有收款单位和收款人的收款证明。

（4）一式几联的原始凭证，应当注明各联的用途，只能以一联作为报销凭证。一式几联的发票和收据，必须用双面复写纸（发票和收据本身具备复写纸功能的除外）套写，并连续编号。作废时应当加盖"作废"戳记，连同存根一起保存，不得撕毁。

（5）发生销货退回的，除填制退货发票外，还必须有退货验收证明；退款时，必须取得对方的收款收据或者汇款银行的凭证；不得以退货发票代替收据。

（6）职工公出借款凭据，必须附在记账凭证之后。收回借款时，应当另开收据或者退还借据副本，不得退还原借款收据。

（7）经上级有关部门批准的经济业务，应当将批准文件作为原始凭证附件。如果批准文件需要单独归档的，应当在凭证上注明批准机关名称、日期和文件字号。

（8）原始凭证不得涂改、挖补。发现原始凭证有错误的，应当由开出单位重开或者更正，更正处应当加盖开出单位的公章。

（9）原始凭证不得外借，其他单位如因特殊原因需要使用原始凭证时，经本单位会计机构负责人、会计主管人员批准，可以复制。向外单位提供的原始凭证复制件，应当在专设的登记簿上登记，并由提供人员和收取人员共同签名或者盖章。

（10）从外单位取得的原始凭证如有遗失，应当取得原开出单位盖有公章的证明，并注明原来凭证的号码、金额和内容等，由经办单位会计机构负责人、会计主管人员和单位领导人批准后，才能代作原始凭证。如果确实无法取得证明的，如火车、轮船、飞机票等凭证，由当事人写出详细情况，由经办单位会计机构负责人、会计主管人员和单位领导人批准后，代作原始凭证。

（二）行政单位的记账凭证

1. 行政单位记账凭证的分类

会计机构、会计人员要根据审核无误的原始凭证填制记账凭证。记账凭证有记账凭单和总账科目汇总表两种。

（1）记账凭单。记账凭单的样式根据记账方法的要求设计。记账凭证可以分为收款凭证、付款凭证和转账凭证，见表5-2、表5-3、表5-4。也可以使用通用记账凭证，见表5-5。记账凭单要登记造册，以备查考。

表5-2 　　　　　　　　　　　　**收款凭证**　　　　　　　　　　　出纳编号

借方科目：　　　　　　　　　　　　年　月　日　　　　　　　　　　制单编号

对方单位（或缴款人）	摘要	贷方科目		金额										记账符号
		总账科目	明细科目	千	百	十	万	千	百	十	元	角	分	
合计金额														

会计主管　　　　　记账　　　　　稽核　　　　　出纳　　　　　制单

表5-3 　　　　　　　　　　　　**付款凭证**　　　　　　　　　　　出纳编号

贷方科目：　　　　　　　　　　　　年　月　日　　　　　　　　　　制单编号

对方单位（或缴款人）	摘要	借方科目		金额										记账符号
		总账科目	明细科目	千	百	十	万	千	百	十	元	角	分	
合计金额														

会计主管　　　　记账　　　　稽核　　　　出纳　　　　制单　　　　领款人

表 5 - 4 　　　　　　　　　　　　　　　**转账凭证**　　　　　　　　　　　　　　出纳编号

借方科目：　　　　　　　　　　　　　　　年　月　日　　　　　　　　　　　　　制单编号

对方单位 （或缴款人）	摘要	贷方科目		金额										记账符号
		总账科目	明细科目	千	百	十	万	千	百	十	元	角	分	
		合计金额												

会计主管　　　　记账　　　　稽核　　　　出纳　　　　制单　　　　领（缴）款人

表 5 - 5 　　　　　　　　　　　　　　　**记账凭单**

年　月　日　　　　　　　　　　　　　　　　　　　　　　____字____号

摘要	借方科目名称	贷方科目名称	金额
提现	库存现金	银行存款	3 000
合计			3 000

会计主管　　　　　　记账　　　　　　稽核　　　　　　制单

（2）科目汇总表。科目汇总表是登记总账的汇总记账凭证。科目汇总表的编制方法是在汇总期内把每天的记账凭单按总账科目分别借方和贷方加计出发生额合计数以后填入汇总表，并分别计算出有关平衡金额，核对无误后记入总账。

2. 记账凭证的基本要求

（1）记账凭证的内容必须具备：填制凭证的日期；凭证编号；经济业务摘要；会计科目；金额；所附原始凭证张数；填制凭证人员、稽核人员、记账人员、会计机构负责人、会计主管人员签名或者盖章。收款和付款记账凭证还应当由出纳人员签名或者盖章。以自制的原始凭证或者原始凭证汇总表代替记账凭证的，也必须具备记账凭证应有的项目。

（2）填制记账凭证时，应当对记账凭证进行连续编号。一笔经济业务需要填制两张以上记账凭证的，可以采用分数编号法编号。

（3）记账凭证可以根据每一张原始凭证填制，或者根据若干张同类原始凭证汇总填制，也可以根据原始凭证汇总表填制。但不得将不同内容和类别的原始凭证汇总填制在一张记账凭证上。

（4）除结账和更正错误的记账凭证可以不附原始凭证外，其他记账凭证必须附有原始凭证。如果一张原始凭证涉及几张记账凭证，可以把原始凭证附在一张主要的记账凭证后面，并在其他记账凭证上注明附有该原始凭证的记账凭证编号或者附上原始凭证复印件。

一张原始凭证所列支出需要几个单位共同负担的，应当将其他单位负担的部分，开给对方原始凭证分割单，进行结算。原始凭证分割单必须具备原始凭证的基本内容：凭证名称、填制凭证日期、填制凭证单位名称或者填制人姓名、经办人的签名或者盖章，接受凭证单位名称、经济业务内容、数量、单价、金额和费用分摊情况等。

（5）如果在填制记账凭证时发生错误，应当重新填制。已经登记入账的记账凭证，在当年内发现填写错误时，可以用红字填写一张与原内容相同的记账凭证，在摘要栏注明"注销某月某日某号凭证"字样，同时再用蓝字重新填制一张正确的记账凭证，注明"订正某月某日某号凭证"字样。如果会计科目没有错误，只是金额错误，也可以将正确数字与错误数字之间的差额，另编一张调整的记账凭证，调增金额用蓝字，调减金额用红字。发现以前年度记账凭证有错误的，应当用蓝字填制一张更正的记账凭证。

（6）记账凭证填制完经济业务事项后，如有空行，应当自金额栏最后一笔金额数字下的空行处至合计数上的空行处划线注销。

实行会计电算化的单位，对于机制记账凭证，要认真审核，做到会计科目使用正确，数字准确无误。打印出的机制记账凭证要加盖制单人员、审核人员、记账人员及会计机构负责人、会计主管人员印章或者签字。

（三）会计凭证的填制、传递与保管

1. 会计凭证的填制要求

填制会计凭证，字迹必须清晰、工整，并符合下列要求：

（1）阿拉伯数字应当一个一个地写，不得连笔写。阿拉伯金额数字前面应当书写币种符号或者货币名称简写。币种符号与阿拉伯金额数字之间不得留有空白。凡阿拉伯数字前写有币种符号的，数字后面不再写货币单位。

（2）所有以元为单位（其他货币种类为货币基本单位，下同）的阿拉伯数字，除表示单价等情况外，一律填写到角分；无角分的，角位和分位可写"00"，或者符号"—"；有角无分的，分位应当写"0"，不得用符号"－"代替。

（3）汉字大写数字金额如零、壹、贰、叁、肆、伍、陆、柒、捌、玖、拾、佰、仟、万、亿等，一律用正楷或者行书体书写，不得用一、二、三、四、五、六、七、八、九、十等简化字代替，不得任意自造简化字。大写金额数字到元或角为止的，在"元"或"角"字之后应当写"整"字或者"正"字；大写金额数字有分的，分字后面不写"整"或"正"字。

（4）大写金额数字前未印有货币名称的，应当加填货币名称，货币名称与金额数字之间不得留有空白。

（5）阿拉伯金额数字中间有"0"时，汉字大写金额要写"零"字；阿拉伯数字金额中间连续有几个"0"时，汉字大写金额中可以只写一个"零"字；阿拉伯金额数字元位是"0"，或者数字中间连续有几个"0"、元位也是"0"，但角位不是"0"时，汉字大写金额可以只写一个"零"字，也可以不写"零"字。

2. 会计凭证的传递与保管

各单位会计凭证的传递程序应当科学、合理，具体办法由各单位根据会计业务需要自行规定。会计凭证应当及时传递，不得积压。会计机构、会计人员要妥善保管会计凭证。

（1）会计凭证登记完毕后，应当按照分类和编写顺序保管，不得散乱丢失。

（2）记账凭证应当连同所附的原始凭证或者原始凭证汇总表，按照编号顺序，折叠整齐，按期装订成册，并加具封面，注明单位名称、年度、月份和起讫日期、凭证种类、起讫号码，由装订人在装订线封签外签名或者盖章。

对于数量过多的原始凭证，可以单独装订保管，在封面上注明记账凭证日期、编号、种类，同时在记账凭证上注明"附件另订"和原始凭证名称及编号。

各种经济合同、存出保证金收据以及涉外文件等重要原始凭证，应当另编目录，单独登记保管，并在有关的记账凭证和原始凭证上相互注明日期和编号。

三、行政单位的会计账簿

（一）会计账簿的种类

各单位应当按照国家统一会计制度的规定和会计业务的需要设置会计账簿，行政单位的会计账簿包括总账、各种明细账和各种日记账。

1. 总账

这是在明细账和日记账基础上总括地反映单位资金活动情况的账簿。行政单位会计主体必须根据会计制度的统一规定，结合本单位业务的实际情况设置总账。总账一般采用三栏式账簿。

业务量小的单位，可依据记账凭单直接逐笔登记总账；业务量大的单位，可根据编制的总账科目汇总表定期登记总账。

2. 明细账

明细账是记录资金来源和运用详细情况的账簿，对总账起分析说明作用。明细账采用活页式。行政单位明细账的种类有：

（1）收入明细账。这是用来反映和控制其各项业务收入或其他收入的明细账。收入明细账可根据需要设置拨入经费明细账、其他收入明细账。

（2）支出明细账。这是用来反映和控制各类开支项目的明细账。支出明细账可根据需要设置经费支出明细账、拨出经费明细账。

（3）往来款项明细账。这是反映和控制暂存、暂付、应收、应付款项的明细账，主要应设置暂付款项明细账和暂存款项明细账。

（4）固定资产明细账。这是反映和控制各类固定资产变化情况的明细账。

（5）材料明细账。这是反映和控制各种材料收发和库存情况的明细账。

3. 日记账

日记账又称出纳账，是按时间顺序反映和控制各种货币资金收、支及余存情况的账簿，包括库存现金日记账和银行存款日记账。日记账必须采用订本式账簿，必须逐日结出余额，不得用银行对账单或者其他方法代替日记账。银行存款日记账根据记账凭单和所附的银行结算凭证一单一记，并在期末与银行对账；库存现金日记账根据现金收付款记账凭证及所附原始凭证序时登记，并做到日清月结。

（二）会计账簿的启用

启用会计账簿时，应当在账簿封面上写明单位名称和账簿名称。在账簿扉页上应当附启用表，内容包括：启用日期；账簿页数；记账人员和会计机构负责人、会计主管人员姓名，并加盖名章和单位公章。记账人员或者会计机构负责人、会计主管人员调动工作时，应当注明交接日期、接办人员或者监交人员姓名，并由交接双方人员签名或者盖章。

启用订本式账簿，应当从第一页到最后一页顺序编定页数，不得跳页、缺号。使用活页式账页，应当按账户顺序编号，并须定期装订成册。装订后再按实际使用的账页顺序编定页码。另加目录，记明每个账户的名称和页次。

（三）会计账簿的登记

会计人员应当根据审核无误的会计凭证登记会计账簿。登记会计账簿的基本要求是：

（1）登记会计账簿时，应当将会计凭证日期、编号、业务内容摘要、金额和其他有关资料逐项记入账内，做到数字准确、摘要清楚、登记及时、字迹工整。

（2）登记完毕后要在记账凭证上签名或盖章，并注明已经登账的符号，表示已经记账。

（3）账簿中书写的文字和数字上面要留有适当空格，不要写满格；一般应占格距的1/2。

（4）登记账簿要用蓝黑墨水或者碳素墨水书写，不得使用圆珠笔（银行的复写账簿除外）或者铅笔书写。

（5）下列情况，可以用红色墨水记账：

第一，按照红字冲账的记账凭证，冲销错误记录；

第二，在不设借、贷等栏的多栏式账页中，登记减少数；

第三，在三栏式账户的余额栏前，如未印明余额方向的，在余额栏内登记负数余额；

第四，根据国家统一会计制度的规定可用红字登记的其他会计记录。

（6）各种账簿按页次顺序连续登记，不得跳行、隔页。如果发生跳行、隔页，应将空行、空页划线注销，或注明"此行空白"、"此页空白"字样，并由记账人员签名或者盖章。

（7）凡需要结出余额的账户，结出余额后，应在"借或贷"等栏内写明"借"或者"贷"等字样。没有余额的账户应在"借或贷"等栏内写"平"字，并在余额栏内用"0"表示。

（8）每一账页登记完毕结转下页时，应结出本页合计数及余额，写在本页最后一行和下页第一行有关栏内，并在摘要栏内注明"过次页"和"承前页"字样；也可将本页合计数及金额只写在下页第一行有关栏内，并在摘要栏内注明"承前页"字样。

对需要结计本月发生额的账户，结计"过次页"的本页合计数应当为自本月初起至本页末止的发生额合计数；对需要结计本年累计发生额的账户，结计"过次页"的本页合计数应当为自年初起至本页末止的累计数；对既不需要结计本月发生额也不需要结计本年累计发生额的账户，可以只将每页末的余额结转次页。

（9）实行会计电算化的单位，总账和明细账应定期打印。发生收款和付款业务的，在输入收款凭证和付款凭证的当天必须打印出库存现金日记账和银行存款日记账，并与库存现金核对无误。用计算机打印的会计账簿必须连续编号，经审核无误后装订成册，并由记账人员和会计机构负责人、会计主管人员签字或盖章。

（四）会计账簿的错误更正

账簿记录发生错误，不准涂改、挖补、刮擦或者用药水消除字迹，不准重新抄写，必须按下列方法进行更正：

（1）登记账簿时发生错误，应当首先将错误的文字或者数字划红线注销，但必须使原有字迹仍可辨认；然后在划线上方填写正确的文字或者数字，并由记账人员在更正处盖章。对于错误的数字，应当全部划红线更正，不得只更正其中的错误数字。对于文字错误，可只划去错误的部分。

（2）由于记账凭证错误而使账簿记录发生错误，应当按更正的记账凭证登记账簿。

（五）会计账簿的核对

各单位应当定期对会计账簿记录的有关数字与库存实物、货币资金、有价证券、往来单位或者个人等进行相互核对，保证账证相符、账账相符、账实相符。对账工作每年至少进行一次。

1. 账证核对

核对会计账簿记录与原始凭证、记账凭证的时间是否相符；凭证字号、内容、金额是否一致，记账方向是否相符。

2. 账账核对

核对不同会计账簿之间的账簿记录是否相符，包括：总账有关账户的余额核对；总账与明细账核对；总账与日记账核对；会计部门的财产物资明细账与财产物资保管和使用部门核对。

3. 账实核对

核对会计账簿记录与财产实有数额是否相符，包括：库存现金日记账账面余额与现金实际库存数相核对；银行存款日记账账面余额定期与银行对账单相核对；各种财产物资明细账账面余额与财产物资实存数额相核对；各种应收、应付明细账账面余额与有关债务、债权单位或个人相核对等。

第三节　行政单位的预算管理

一、行政单位预算管理办法改革

（一）行政单位预算管理办法的变迁

单位预算管理办法是指国家规范行政事业单位和财政之间对预算资金缴拨款关系的处理办法。计划经济时期，我国财政体制高度集权，财政对行政事业单位实行"统收统支、结余上缴"的预算管理办法；改革开放后，实行预算包干制。到1997年以前，我国财政对行政事业单位实行全额预算管理、差额预算管理和自收自支管理三种预算管理办法，规定对包干经费结余可以提取职工福利基金和奖励基金，以便调动单位增收节支的积极性，但容易诱发单位为计提职工福利基金和奖励基金而压缩必不可少的经常性开支，或是假借维修、购置的名义申请专项经费，解决一些本应由正常经费安排的支出，以形成虚假结余。

1997年取消预算包干结余提取职工福利基金和奖励基金的做法，实行结余留用的办法，即预算包干结余可全额结转下年使用，行政单位预算统一实行"收支统一管理，定额、定项拨款，超支不补，结余留用"的预算管理办法，要求对单位的各项收支全部纳入单位预算统一管理，统筹安排支出，行政单位预算全面反映财务收支全貌，全面规范行政单位财务收支行为，有利于强化预算约束力，保障单位各项工作的顺利完成，推动廉政建设，从总体上控制行政经费的过快增长。"超支不补"，是指行政单位收支预算一经财政部门或主管预算单位核批，除特殊因素外，预算执行中的超预算支出，财政部门或主管预算单位不再追加财政拨款，这有利于增强单位预算的约束力，强化控制支出的责任，调动单位节支的积极性，便于形成自我约束、自我完善的预算管理机制。"结余留用"意指行政单位的收支结余，留归单位结转下年继续使用，财政不予收回，这一规定具有激励性，却助长了单位扩张预算，结余滥用，消减了国家宏观财政政策调控效果。

由此，2013 年，行政单位预算统一实行"收支统一管理，定额、定项拨款，超支不补，结转和结余按规定使用"的预算管理办法，"结转和结余按规定使用"有利于促使单位统筹合理安排资金，强化预算的约束性，增强单位管理的责任，规范行政行为，使行政单位有限的资金能够切实用于业务工作，保证行政任务的完成，同时及时发挥宏观政策效果。

（二）现行的行政单位预算管理办法

1. 收支统一管理

收支统一管理是指行政单位的各项收入和支出应当全部纳入单位预算统一管理，统筹安排使用。收支统一管理要求将单位取得的财政拨款收入和其他收入全部编入收入预算，并根据全部收入情况统筹兼顾。合理安排各项支出，即行政单位在编制支出预算时，要确保国家统一规定的工资、津贴、补贴等"刚性"支出和维持机关正常运转所需的公务费、业务费等必不可少的支出。行政单位其他收入作为经费来源的补充，要与财政拨款收入统筹安排使用，主要用于安排经常性支出和必要的专项支出。

实行收支统一管理，有利于统筹合理安排各项资金，全面反映行政单位预算的收支状况，提高资金使用效益，并为财政部门核实行政单位预算提供可靠依据。

2. 定额、定项拨款

定额、定项拨款就是根据行政单位的工作任务和特点，结合财力情况确定合理的支出定额或开支水平的一种方法，是财政部门确定行政单位财政预算拨款和财政专户拨款额度的方法。

定额是指财政部门根据行政单位工作的性质和特点，结合国家财政状况，对行政编制或实有人数及人均支出标准确定的公务费、差旅费等，按车辆数和标准消耗确定的汽车燃修费等。对行政单位基本支出预算的测算和拨付一般采用定额办法。

定项是指财政部门对行政单位为完成某一专项或特定工作任务专门安排的经费拨款额度。一般情况下，对行政单位的专项会议费、专项修缮费、专项购置费和专项业务费等专项支出预算采取定项拨款办法。专项经费采取"按项报批、专款专用、专门核算、追踪问效"的管理办法。行政单位在申请专项经费时，要按规定程序，分项单独申请，财政部门或主管预算单位按项审查核定。行政单位收到专项经费预算后还必须按批准的项目和预算安排使用资金，进行专门核算，未经批准不得随意更改项目和挪用资金。行政单位还需按有关规定编报资金使用情况，有关部门要对专项经费进行追踪监督，以保证专项资金的专款专用。定项拨款一般是根据行政单位的特殊工作任务确定的，并非所有行政单位都有定项拨款。定项拨款并非固定不变，当行政单位没有专项或特殊工作任务时，可以不实行定项拨款。

定额拨款和定项拨款两种办法可互相结合使用，专项经费预算也可依据定额方法确定。

定额、定项拨款办法有利于合理分配预算经费，既保证行政单位的基本开支需要，又能够满足特殊或专项任务的支出要求，促使行政单位各项任务的完成。

3. 超支不补，结转和结余按规定使用

结转资金是指当年预算已执行但未完成，或者因故未执行，下一年度需要按照原用途继续使用的资金。结余资金是指当年预算工作目标已完成，或者因故终止，当年剩余的资金。结转资金在规定使用年限未使用或者未使用完的，视为结余资金。

2012年以来，单位的财政拨款结余不再留给单位使用，财政拨款结转和结余的管理应当按照同级财政部门的规定执行，按规定使用。

二、定员定额管理办法

定员定额，是指按照国家的方针、政策要求，根据行政单位的工作任务和业务活动的实际情况，在人力、财力、物力等方面所规定的指标额度。定员定额管理是制定、控制、管理定员定额工作的总称。定员定额包括定员和定额两个部分。

1. 定员

这是指国家对行政事业单位规定的人员编制和定员比例。

在编制管理中，必须坚持按编制控制人员。要加强人员变动中的编制管理工作。坚持"先出后入"，实行"编制包干"，增人不增加经费，减人不减少费用。限期处理超编人员。同时，加强工资基金的管理。工资支出在人员经费中占很大比重，是人员经费管理的重点。要严格核定工资基金计划，按计划执行。职工转正、定级、升级需增加工资时，应报上一级主管部门审批。要严格执行各种津贴、补贴、奖金和福利待遇方面的规定。

2. 定额

这是指国家根据单位工作的性质、特点和任务所规定的财力、物力的获取、消耗、补偿、配备或利用等方面的指标额度。

定额按性质分为收入定额和支出定额。收入定额是指为合理组织收入所规定的定额。支出定额是指为合理掌握各项支出所规定的定额，分为人员经费定额和公用经费定额。人员经费定额是指人员经费中各项费用的定额；公用经费定额是指公用经费中各项费用的定额。

定额按反映效果分为人工工效定额、设备工效定额和成果费用定额。人工工效定额是指职工负担的工作量定额；设备工效定额，是指各项设备的利用定额，这类定额一般以利用率表示，主要用于考核设备的使用情况，以确定设备的配备数量；成果费用定额，是指单位提供一定业务工作量或公共商品所需开支费用的定额。

定额按涵盖的范围分为单项定额、综合定额和扩大衡量定额。单项定额是指每一单项收支的定额；综合定额是指在同类型、同性质的项目中某几个单项定额的汇总；扩大衡量定额是指若干综合项目的汇总定额，表现为某一扩大计算单位收支总额的定额。

定额按运用的进展环节分为预算定额和执行定额。预算定额是指为设计、编制、核定预算而使用的定额，是正确、合理编制和核定预算的主要依据；执行定额，是指为执行预算而使用的定额，是检查预算执行结果和资金使用效益情况的一种定额。

定额按计量标准分为货币定额和实物定额。货币定额是指直接以货币计算和按实物折算的定额；实物定额是指按实物数量确定的配备量或消耗量的定额。以实物数量计算的定额比直接以货币数量计算的定额科学合理，其优点有三：一是以实物数量计算的定额，可以保证各地区同一类型机构的同一性质的需要得到同样的满足，以免发生宽严不一的情况；二是在一定年度期间具有相对的稳定性，不因物价的变动而经常调整；三是较之直接用货币数量计算的平均定额更切合实际，有助于避免因盲目采购而造成资金、物资的积压浪费。

第四节　行政单位预决算编报

一、行政单位预算的编制

行政单位预算是行政单位根据其职责和工作任务编制的年度财务收支计划。它是对单位一定时期财务收支规模、结构、资金来源和去向所做的预计，是行政单位财务工作的基本依据。行政单位预算由收入预算和支出预算组成。

1. 收入预算的编制

收入预算包括财政拨款收入和其他收入。行政单位在编制预算时，应按规定合理划分不同类型的收入，将应列入预算的各项收入（其他收入按"节"级科目分项填列）全部列入预算，不得遗漏，但没有收入数额的项目可以空置。

2. 支出预算的编制

行政单位支出预算要在合理分类的基础上根据要求分别编列。支出预算包括基本支出、项目支出。基本支出中，人员经费支出应按编制人数和规定标准计算编列；公用经费支出应按支出定额计算，没有支出定额的，应按上年实际支出数并考虑本年度增减变化因素编列。项目支出按支出用途分别编列有关项目，并按专项工作任务分项编列，参考有关的开支水平和定额标准编列。项目资金安排的支出，应有详细的说明。

单位应按统筹兼顾、确保重点的原则安排各项支出，即在保证人员支出和开展公务活动必不可少的开支的前提下，安排其他各项支出。财政拨款收入应根据管理要求用于经常性支出和专项支出，尤其要优先安排用于保证人员基本工资和开展公务活动必不可少的开支，在此前提下统筹安排其他各项支出，用于职工待遇方面的支出必须符合国家规定的范围和标准。基本建设支出应严格控制，确有必要的，应在保证正常工作支出需要、保持正常预算收支平衡的基础上统筹安排，并报主管部门和财政部门核批。基本建设资金纳入基本建设财务管理，并在年度预算中单独反映。

3. 单位预算的编制原则

单位预算的编制有三点原则：一是量入为出，收支平衡，不列赤字预算；二是统筹安排，保障重点，兼顾一般；三是各项收支全部纳入单位预算，统一核算，统一管理。

二、行政单位预算的编审程序

行政单位预算编报和审批实行"自下而上、自上而下、两上两下、上下结合"的程序，可简要地概括为"两上两下"，具体如下：

1. 单位提出概算

行政单位根据预算年度工作计划、工作任务和相应支出需求，以前年度预算执行情况，以前年度结转和结余情况，资产占有和使用情况以及其他影响收支增减的因素进行收支测算，提出预算建议数，编制概算，逐级汇总报送同级财政部门。

2. 财政部门下达预算指标

财政部门根据本级人民代表大会批准的财政概算进行测算，审核行政单位提出的预算建议数，分配并下达单位预算控制指标数。

3. 单位编报正式年度预算

行政单位根据财政分配的预算控制指标数核实调整单位各项收支，按照预算编报的要求，正式编制年度收入和支出预算，经主管预算单位审核并逐级汇总后报送同级财政部门。

4. 财政部门正式批复预算

财政部门对上报的行政单位预算，应认真进行审核，经法定程序批准后，财政部门在规定期限内批复下达行政单位预算。行政单位预算经财政部门、主管预算单位批准后作为预算执行的依据。

对行政单位实行"两上两下"的预算编报和审批程序，有利于提高单位预算的科学性和准确性，可使财政部门与行政单位相互交流信息，沟通情况，使预算更加符合单位实际情况，以保证预算执行的严肃性。

三、行政单位预算报表

行政单位预算报表包括：行政单位收支预算总表；行政单位支出预算明细表；行政单位其他收入预算明细表；行政单位基本支出预算计算表；行政单位预算基本数字表等。主管部门向行政单位布置时，可根据管理需要增添内容，但向财政部门汇总报送单位预算时必须使用该预算报表格式。

1. 行政单位收支预算总表

行政单位收支预算总表总括反映行政单位年度财务收支计划情况，既反映收入各栏目数额，又反映收入各项目用于各项支出的具体情况，格式如表5-6所示。其中，"上年结余结转"数反映上年收支结余（包括返还上年经费限额结余、拨入经费结余和其他收支结余）按规定转入本预算年度使用的数额及具体用途；"本年收入"是指预算年度取得的各项收入以及用于各项支出的情况，其中，"财政拨款收入"反映财政拨给行政单位的经费数额及用途，拨入的专项经费要在财政拨款收入项下单列反映，"其他收入"反映固定资产有偿转让收入、出租出借收入、报损残值变价收入、利息收入、非独立核算单位的刊物发行收入、服务性收入等其他收入的数额及用途。

表 5 – 6　　　　　　　　　　　　行政单位收支预算总表

部门：　　　　　　　　　　　　　　年　月　日　　　　　　　　　　　单位：万元

预算科目			总计	上年结余结转	本年收入			
					财政拨款收入			其他收入
款	项	名称			小计	其中：项目拨款收入		
		行政管理费						
	2102	政府机关经费						
		基本支出						
		基本建设支出						

注：本表按预算科目款项填列，项下按支出大类填列。

2. 行政单位支出预算明细表

行政单位支出预算明细表反映预算年度支出的明细项目情况，分基本支出、项目支出和基本建设支出三大类。其中，基本支出、项目支出要根据财政部颁发的政府预算收支科目中的支出"目"级科目及填列说明填列。格式如表 5 – 7 所示。项目支出项目还可根据管理需要填列具体项目。基本建设支出只填列合计数。

表 5 – 7　　　　　　　　　　　　行政单位支出预算明细表

预算科目			合计	基本工资	……	办公费	……	退休费	……
款	项	名称							
		一、基本支出							
		二、项目支出							
		1.							
		2.							
		三、基本建设支出							

注：本表按预算科目款项填列，项下按支出大类填列。

3. 行政单位其他收入预算明细表

行政单位其他收入预算明细表反映预算年度其他收入明细项目，可由主管部门或行政单位根据收入的性质和特点，按预算科目分项填列。格式如表 5 – 8 所示。

表 5 – 8　　　　　　　　　　行政单位其他收入预算明细表

部门：　　　　　　　　　　　　　　年　月　日　　　　　　　　　　单位：万元

预算项目			其他收入明细项目					
款	项	名称	合计					

4. 行政单位基本支出预算计算表

行政单位基本支出预算计算表反映行政单位基本支出预算的计算依据。本表按政府支出经济分类"款"级科目填列。车辆燃修费按每年支出填列。格式如表 5 – 9 所示。

表 5 – 9　　　　　　　　　　行政单位基本支出预算计算表

部门：　　　　　　　　　　　　　　年　月　日

项目	上年执行		本年支出预算		本年支出预算比上年执行		本年支出预算计算依据及说明
	总额（万元）	人均支出（元）	总额（万元）	人均支出（元）	总额增长（%）	人均支出增长（%）	
合计							
一、人员经费小计							
1. 基本工资							
2. 津贴							
……							
二、公用经费小计							
1. 公务费							
……							
三、对个人和家庭的补助小计							
1. 离休费							
……							

5. 行政单位预算基本数字表

行政单位预算基本数字表反映行政单位的基本数字及补充资料。格式如表 5 – 10 所示。其中，"离退休人员"填列仍由行政管理费和公检法支出经费开支的离退休人员数，不含已划转社保机构管理在"行政单位离退休经费""公检法部门离退休经费"开支的离退休人员；"应缴财政预算收入"是指本年取得的，按规定应上缴财政预算的资金。

表 5 - 10   行政单位预算基本数字表

部门：   年　月　日

预算科目			国家职工（人）		离退休人员（人）	机动车船数（辆、艘）		房屋建筑物（平方米）		取暖面积（平方米）	应缴财政预算收入（元）
款	项	名称	编制数	实用数		编制数	实有数	合计	其中：办公用房		

四、行政单位预算的核批

（1）财政部门在收到经主管部门审核汇总（或一级预算单位）报送的行政单位预算后，应进行审核，对符合预算编制要求的，应在规定的期限内予以批复。对有主管部门的行政单位的预算，财政部门一般只核批到主管部门，具备条件的，也可以核批到具体单位。

（2）财政部门在批复行政单位预算时，应按新的预算管理办法，统一核定行政单位各项收入和支出预算。对收入预算，应明确核定财政拨款收入、由财政专户拨付的预算资金收入和其他收入等各项收入指标；对支出预算，要统筹兼顾、确保重点，在核定款项总支出的同时，还要按支出经济分类进一步核定到"款"级科目。

（3）财政部门在核定行政单位预算时，财政预算拨款标准应根据以保证行政单位基本工作任务需要，并结合国家财政政策和财力可能确定。对其他收入，应根据收支统一管理的要求，与财政拨款收入一并核定，统一下达，其数额应根据财政部门从财政专户核拨给行政单位的预算资金收入数额确定；对财政拨款收入和其他收入，必须指定用途的，财政部门在核批行政单位收支预算时应予以明确。

五、行政单位预算执行及其结果

（一）行政单位预算执行工作的管理要求

（1）遵循预算，强化约束。行政单位预算经财政部门和主管部门核批以后，即成为预算执行的依据。行政单位应当严格执行预算，按照收支平衡的原则，合理安排各项资金，不得超预算安排支出。

行政单位要加强收入管理工作。取得的各项收入要及时入账，不得坐支。按规定应上缴财政预算的要及时足额上缴，不能直接作为单位收入。主管部门和财政部门对行政单位应缴未缴财政预算或财政专户的资金要督促催缴。

行政单位在预算执行中要严格控制各项支出。各项支出要严格执行国家有关财务规章规定的开支范围和开支标准，不得随意改变资金用途和支出规模。财政拨款收入和其他收入有指定用途的，应按规定的支出项目开支。

（2）预算在执行中原则上不予调整。因特殊情况确需调整预算的，行政单位应当按照规定程序报送审批。

（二）行政单位预算的调整

预算调整是指行政单位预算经财政部门和主管部门批复后，在执行中因特殊原因需要增减收支，使原批准的预算发生的变更。

经财政部门和主管部门正式批复的行政单位预算，行政单位不得随意调整。在执行过程中确因出现特殊情况需要调整预算时，应按以下规定处理：

（1）行政单位在预算执行过程中，国家对财政拨款收入一般不予调整。但因上级下达的工作任务有较大调整，或者根据国家有关政策增加或减少支出，对预算执行影响较大时，行政单位可以报请主管部门和财政部门调整预算。

（2）行政单位的其他各项收入预算需要调整时，可根据收支平衡的原则自行调整收支预算，但必须报送主管部门和财政部门备案。

（3）收入预算调整后，要相应调增或者调减支出预算。

（三）行政单位决算的编制

（1）按照规定编制决算，逐级审核汇总后报同级财政部门审批。

（2）加强决算审核和分析，规范决算管理工作，保证决算数据的完整、真实、准确。

思考与练习题

1. 行政单位财务与会计规范的执行范围有哪些？
2. 行政单位会计具有哪些特点？
3. 行政单位财务与会计管理的基本任务有哪些？
4. 简述行政单位财务会计规范的基本框架和特点。
5. 简述行政单位预算管理方式及其改革。

第六章

行政单位的资产（一）

第一节 资产管理概述

一、行政单位资产的内涵

资产是指行政单位占有或者使用的，能以货币计量的经济资源。所谓占有，是指行政单位对经济资源拥有法律上的占有权。由行政单位直接支配，供社会公众使用的政府储备物资、公共基础设施等，也属于行政单位核算的资产。行政单位的资产包括流动资产、固定资产、在建工程、无形资产等。

（1）流动资产是指可以在1年以内（含1年）变现或者耗用的资产，包括库存现金、银行存款、零余额账户用款额度、财政应返还额度、应收及预付款项、存货等。

（2）固定资产是指使用期限超过1年（不含1年）、单位价值在规定标准以上，并在使用过程中基本保持原有物质形态的资产。单位价值虽未达到规定标准，但是耐用时间超过1年（不含1年）的大批同类物资，应当作为固定资产核算。

（3）在建工程是指已经发生必要支出但尚未达到交付使用状态的建设工程。在建工程达到交付使用状态时，应当按照规定办理工程竣工财务决算和资产交付使用。

（4）无形资产是指不具有实物形态而能够为使用者提供某种权利的非货币性资产，包括著作权、土地使用权等。

二、资产的计价

（一）资产计价的类型

资产的计价主要有四种：原始价值（账面余额）、折余价值（账面价值）、重置完全价值和名义金额。

（1）账面余额，是指某会计科目的账面实际余额，即原始价值，又称历史成本或原始成本。例如固定资产的账面原价，即为单位购建某项资产并使其达到可使用状态前所发生的一切合理、必要的支出。

（2）账面价值，即折余价值，又称账面净值，是指某会计科目的账面余额减去相关备抵科目（如"累计折旧""累计摊销"科目）账面余额后的净值。例如固定资产账面价值，即为固定资产原始价值或重置完全价值减去已计提折旧后的净额。这种计价方法主要用于计算投资、转让、毁损、报废的固定资产。

（3）重置完全价值，又称现时重置成本，是指在当时的生产技术条件下，重新购建同样的固定资产所需要的全部支出。这种计价方法仅在确定盘盈固定资产、接受捐赠以及投资者投入固定资产时采用。

（4）名义金额是指无法采用重置成本确定的入账价值，该名义金额通常按1元作为资产的入账价值。这种计价方法主要用于接受捐赠、无偿调入固定资产的核算。

（二）行政单位资产的计价

行政单位资产应当在取得与其相关的权利并且能够可靠地进行货币计量时确认，应当列入资产负债表。

（1）行政单位的资产应当按照取得时实际成本进行计量。除国家另有规定外，行政单位不得自行调整其账面价值。

（2）应收及预付款项应当按照实际发生额计量。

（3）以支付对价方式取得的资产，应当按照取得资产时支付的现金或者现金等价物的金额，以及所付出的非货币性资产的评估价值等金额计量。

（4）取得资产时没有支付对价的，其计量金额应当按照有关凭据注明的金额加上相关税费、运输费等确定；没有相关凭据但依法经过资产评估的，其计量金额应当按照评估价值加上相关税费、运输费等确定；没有相关凭据也未经评估的，其计量金额比照同类或类似资产的市场价格加上相关税费、运输费等确定；没有相关凭据也未经评估，其同类或类似资产的市场价格无法可靠取得的，所取得的资产应当按照名义金额（人民币1元，下同）入账。

（5）行政单位应当按照规定对无形资产进行摊销；对无形资产计提摊销的金额，应当根据无形资产原价和摊销年限确定。

（6）行政单位资产有原始凭证的，按照原始凭证记账；无原始凭证的，应当依法进行评估，按照评估价值记账。

三、行政单位资产管理的规则

（1）行政单位应当建立健全单位资产管理制度，加强和规范资产配置、使用和处置管理，维护资产安全完整。

（2）行政单位应当按照科学规范、从严控制、保障工作需要的原则合理配置资产。

（3）行政单位应当加强资产日常管理工作，做好资产建账、核算和登记工作，定期或者不定期进行清查盘点，保证账账相符、账实相符。年度终了，应当进行全面清查盘点。对资产盘盈、盘亏应当及时处理。

（4）行政单位的资产增加时，应当及时登记入账；减少时，应当按照资产处置规定办理报批手续，进行账务处理。

（5）行政单位不得以任何形式用占有、使用的国有资产对外投资或者举办经济实体。对于未与行政单位脱钩的经济实体，行政单位应当按照有关规定进行监管。

（6）除法律、行政法规另有规定外，行政单位不得举借债务，不得对外提供担保。

（7）未经同级财政部门批准，行政单位不得将占有、使用的国有资产对外出租、出借。

（8）行政单位应当按照国家有关规定实行资源共享、装备共建，提高资产使用效率。

（9）行政单位资产处置应当遵循公开、公平、公正的原则，依法进行评估，严格履行相关审批程序。

第二节 货币资金

一、加强货币资金管理的意义

货币资金是指行政单位所拥有的处于货币形态的资产，它是流动资产的重要组成部分，包括现金、各种存款。货币资金是流动性最大的资产，可以自由流通，在资产负债表中是列在流动资产首位的项目。

货币资金作为标准的支付手段，其主要特点是具有可接受性和最强的流动性，可以不受任何限制地立刻用于购买物资或偿还债务。由于货币资金是社会一般财富的代表，是唯一能够转化成其他任何类型资产的资产，所以极易被盗窃、挪用或发生其他舞弊行为。货币资金的流动是否合理和恰当，对单位的资金运作影响极大。因此，加强对货币资金的管理和核算，对防止职员的不法行为和其他意外事件发生，保证行政单位财产安全完整，促使管好、用好货币资金，具有十分重要的意义。

二、货币资金的管理要求

为了加强货币资金管理和核算，应健全货币资金内部控制制度。要使货币资金内部控制制度有效，必须建立处理货币资金收支业务的日常规程、合理分工、钱账分管和进行经常性检查的控制系统。行政单位货币资金的内部控制，必须达到如下要求：

（1）建立货币资金收支业务处理的会计程序，明确责任分工，严格凭证手续。

（2）贯彻会计内部牵制原则，实行钱账分管，收支分线。把掌管货币资金与记录货币资金的工作分开，将货币资金支付业务与货币资金收入业务分开。掌管货币资金的人员不能记账，记录货币资金事项的人员不能掌管货币资金，以利相互验证、相互制约。

（3）规定现金使用范围，控制现金库存额度。银行是我国现金管理的执行机关，是全国现金出纳的中心。中国人民银行总行制定了《现金管理暂行条例》及其实施细则，规范行政单位的现金收支活动。行政单位在经济往来中，凡是直接用现金进行结算的，称现金结算；通过银行划拨转账的，称转账结算。行政单位只能在下列范围内支付现金：

①支付职工个人的工资、津贴。

②支付城乡居民个人的劳务报酬。

③支付给个人的各种奖金，包括根据规定颁发给个人的科学技术、文化艺术、体育等各种奖金。

④各种劳保、福利费用以及国家规定的对个人的其他支出。

⑤向个人收购农副产品与其他物资的价款。

⑥出差人员必须随身携带的差旅费。

⑦结算起点以下的零星支出。结算起点为 1 000 元，结算起点的调整由中国人民银行确定，报国务院备案。

⑧中国人民银行确定需要支付现金的其他支出。

除了上述范围以外的款项支付，都要通过银行办理转账结算。但为了方便单位日常零星开支，行政单位可以经常保持一定数额的库存现金，现金库存限额由开户银行根据行政单位的实际情况核定，一般为 3~5 天日常零星开支的正常需要量。边远地区或交通不便地区的单位库存现金限额，可以多于 5 天但不超过 15 天的日常零星开支。单位超过规定限额的现金均应送存开户银行。

（4）严格银行结算纪律。每个单位均应在银行的一个分支机构或其他金融机构开立存款户，以便办理银行存款的存取及转账结算业务。为了保证银行存款的安全性，单位应在开户银行预留有效印章，以便验证单位开出的银行结算凭证的真实性和有效性。大额往来结算业务应通过银行办理转账结算。单位不得出租或出借银行账号；不得签发空头支票或远期支票；不得套取银行信用。

（5）实行本位币和外币分户制度。随着我国经济不断发展，改革开放不断深入，经济主体的货币资金除本币资金——人民币资金以外，还会涉及相当数量的外币资金。由于不同货币之间存在不同的汇率，而且国际市场汇率波动也将对单位产生极大影响。因此会计上必须将人民币资金与外币资金分别予以核算。

（6）开展对货币资金账款的经常性检查和突击性检查，核对账实是否相符，及时查明长、短款的原因，做出正确处理。

通过上述货币资金的管理和控制措施，可以保证会计信息的准确性、货币资金的安全性、业务活动的有效性。

三、库存现金的核算

行政单位的库存现金核算分序时核算和总分类核算两种。

（一）库存现金的序时核算

库存现金的序时核算采用库存现金日记账进行。库存现金日记账一般采用收、付、余三栏式订本账。其中收入栏和支出栏根据库存现金收付款凭证，按照经济业务发生的先后时间顺序，由出纳人员逐日逐笔登记。每日终了，应计算出本日库存现金收入、支出的合计数与结存数，并与现金的库存实际金额核对，确保现金收支平衡。库存现金日记账的格式和内容如表 6-1 所示。

表 6-1 库存现金日记账

20××年		凭证		摘要	对方科目	收入	支出	结余
月	日	种类	编号					
9	1			期初余额				200
				提现备用	银行存款	300		500
				其他收入	其他收入	500		1 000
				购办公用品	经费支出		800	200

（二）库存现金的总分类核算

库存现金属于资产类科目，借方反映库存现金的增加数，贷方反映库存现金的减少数；借方余额表示库存现金的结存金额，反映行政单位实际持有的库存现金。

收到现金时，作会计分录：

借：库存现金

　　贷：有关科目

支出现金时，作会计分录：

借：有关科目

　　贷：库存现金

"库存现金"账户可以直接根据现金收付款凭证和银行存款付款凭证逐笔登记。如果单位日常现金收支业务量较多，为了简化登记工作，可以采用汇总记账凭证或科目汇总表等核算形式，定期或月终根据汇总收付凭证或科目汇总表等登记"库存现金"总账及有关账户。

（三）库存现金的主要账务处理

（1）从银行等金融机构提取现金，按照实际提取的金额记账，作会计分录：

借：库存现金

　　贷：银行存款、零余额账户用款额度、其他收入等

【例6-1】以现金收到按规定不需要上缴财政的零星杂项收入380元。

借：库存现金　　　　　　　　　　　　　　　　　　　　　　　380

　　贷：其他收入　　　　　　　　　　　　　　　　　　　　　　380

【例6-2】开出"财政授权支付凭证"，提取6 000元现金。

借：库存现金　　　　　　　　　　　　　　　　　　　　　　6 000

　　贷：零余额账户用款额度　　　　　　　　　　　　　　　　6 000

将现金存入银行等金融机构，作会计分录：

借：银行存款

　　贷：库存现金

将现金退回单位零余额账户，作会计分录：

借：零余额账户用款额度

　　贷：库存现金

（2）因支付内部职工出差等原因所借的现金，作会计分录：

借：其他应收款

　　贷：库存现金

出差人员报销差旅费，结余时，作会计分录：

借：有关科目（应报销金额）

　　库存现金（差额）

　　贷：其他应收款（实际借出的现金额）

预借差旅费不足时，作会计分录：

借：有关科目（应报销金额）

贷：其他应收款（实际借出的现金额）

库存现金（差额）

【例6-3】王宏出差，经过批准预借差旅费3 000元。

借：其他应收款——王宏　　　　　　　　　　　　　　　3 000

贷：库存现金　　　　　　　　　　　　　　　　　　　3 000

【例6-4】王宏报销差旅费2 800元，余款退回。

借：经费支出——基本支出（公用经费）　　　　　　　　2 800

库存现金　　　　　　　　　　　　　　　　　　　　200

贷：其他应收款——王宏　　　　　　　　　　　　　3 000

（3）因开展业务或其他事项收到现金，作会计分录：

借：库存现金

贷：有关科目

因购买服务、商品或者其他事项支出现金，作会计分录：

借：有关科目

贷：库存现金

【例6-5】张三报销邮寄费580元，付给现金。

借：经费支出——基本支出——公用经费（邮电费）　　　580

贷：库存现金　　　　　　　　　　　　　　　　　　　580

（4）收到受托代理的现金时，作会计分录：

借：库存现金

贷：受托代理负债

支付受托代理的现金时，作会计分录：

借：受托代理负债

贷：库存现金

【例6-6】收到受托代理的现金300 000元。

借：库存现金　　　　　　　　　　　　　　　　　　300 000

贷：受托代理负债　　　　　　　　　　　　　　　　300 000

支付受托代理的现金，作相反的会计分录。

（四）库存现金清查的核算

行政单位应当设置"库存现金日记账"，由出纳人员根据收付款凭证，按照业务发生顺序逐笔登记。每日终了，应当计算当日的现金收入合计数、现金支出合计数和结余数，并将结余数与实际库存数核对，做到账实相符。

每日终了结算现金收支，核对库存现金时发现有待查明原因的现金短缺或溢余，应通过"待处理财产损溢"科目核算。

清查库存现金是出纳人员的日常工作，此外还有清查小组的定期或不定期清查。清查中若发现库存现金有长款（溢余）、短款（短缺），应及时查明原因并进行处理。现金长、短款的会计处理方式是，在库存现金科目下加设"现金短款或长款"明细科目，待查明原因之后，长款作现金收入处理，短款作现金支出处理。

（1）发现现金短缺时，作会计分录：

借：待处理财产损溢

　　贷：库存现金

发现现金溢余时，作相反的会计分录。

（2）对短缺的现金待查明原因之后再作会计分录：

借：其他应收款［由责任人赔偿］

　　经费支出［无法查明原因，报经批准］

　　贷：待处理财产损溢

（3）对溢余的现金待查明原因之后再作会计分录：

借：待处理财产损溢

　　贷：其他应付款

　　　　其他收入

行政单位有外币现金的，应当分别按照人民币、外币种类设置"库存现金日记账"进行明细核算。有关外币现金业务的账务处理参见"银行存款"科目的相关规定。

四、银行存款的核算

银行存款属于资产类科目，核算行政单位存入银行或者其他金融机构的各种存款。借方反映银行存款的增加数，贷方反映银行存款的减少数；期末借方余额反映行政单位实际存放在银行或其他金融机构的款项。

行政单位的银行存款主要来自财政拨款，是单位行使行政职权的财力保证。为了确保存款安全可靠、存取及时、易于监管，行政单位原则上只能在财政部门指定的国家银行开设一个存款账户，所有收入都须存入该账户，禁止多头开户，不得自行转移资金。确需增设账户的行政单位，必须经同级财政部门批准。

（一）银行转账结算方式

银行转账结算是通过银行将款项从付款单位账户转到收款单位账户的货币收支。

现行的银行转账结算方式是以票据（汇票、本票、支票）为主体的结算体系，具体有银行汇票、银行本票、支票、汇兑、委托收款、托收承付、信用卡和商业汇票等。结算方式可分为三大类：异地结算方式，如银行汇票、汇兑和托收承付；同城结算方式，如支票和银行本票；同城异地两用结算方式，如商业汇票、委托收款。行政单位使用最多的结算方式是支票，其次是汇兑，原则上不用商业汇票，作为收款人也不会采用托收承付，其他几种形式使用得也较少。

（二）银行存款核算

银行存款核算是对银行存款收付业务的核算。同现金核算一样，银行存款也必须进行序时核算和总分类核算。序时核算通过"银行存款日记账"核算，总分类核算通过"银行存款"账户核算，核算的数额以收到银行的收付款凭证为准。

"银行存款日记账"的格式与库存现金日记账基本相同，一般也采用三栏式订本账；所不同的是，银行存款日记账要设置一栏"结算凭证种类及编号"，以利对账。银行存款日记账应按开户银行、存款种类分别设置。

（三）银行存款的主要账务处理

（1）将款项存入银行或者其他金融机构，借记"银行存款"科目，贷记"库存现金""其他收入"等有关科目。

（2）提取和支出存款时，借记有关科目，贷记"银行存款"科目。

（3）收到银行存款利息，借记"银行存款"科目，贷记"其他收入"等科目；支付银行手续费或银行扣收罚金等时，借记"经费支出"科目，贷记"银行存款"科目。

（4）收到受托代理的银行存款时，借记"银行存款"科目，贷记"受托代理负债"科目；支付受托代理的银行存款时，借记"受托代理负债"科目，贷记"银行存款"科目。

（四）银行存款的清查

为保证银行存款的账账、账实相符，行政单位会计应定期（每月至少一次）对银行存款进行清查核对。对账方法是单位将其"银行存款日记账"与开户银行的对账单进行逐笔清查核对，经核对无误，将对账单的回执联加盖财务公章送还银行；如核对出单位账面余额与银行对账单余额不符，应及时查找原因，分别情况处理。因存在未达账项，而使单位账面余额与银行对账单余额不符，需要按月编制"银行存款余额调节表"（见表6-2）进行调节，以消除未达账项的影响，进而查明双方账目是否相符。

1. 未达账项

未达账项是指由于结算凭证在单位与银行之间传递上所存在的时间差造成单位与银行入账时间不一致，形成同一笔业务一方已入账而另一方尚未入账的款项。未达账项一般有四种情况：

（1）银行已收款入账，但单位因结算凭证未到而尚未收款入账；

（2）银行已付款入账，但单位因结算凭证未到而尚未付款入账；

（3）单位已收款入账，但银行尚未办妥结算划款手续而尚未将款项记入单位账户；

（4）单位已付款入账，但银行尚未办妥结算划款手续而尚未将款项从单位账户划出。

这四种情况可简化为：银行已收单位未收；银行已付单位未付；单位已收银行未收；单位已付银行未付。还可进一步归纳为：一是单位未达账项，即银行的收付账已经发生，但行政单位的同一笔收付账却尚未发生；二是银行未达账项，情况正好相反。

【例6-7】7月底银行送来对账单余额为16 460元，该单位月底银行存款账面余额为16 280元。经逐笔核对后，查明有以下几笔未达账项：

（1）单位委托银行收款700元，3月31日银行已办理收款入账，单位尚未收到凭证故未入账；

（2）3月30日单位收到支票一张2 500元，已入账，银行尚未进账；

（3）3月31日银行代单位支付电费1 200元，单位尚未收到结算凭证和电费收据，故未入账；

（4）3月31日单位签发转账支票一张3 180元，支付维修费，但持票人尚未到银行办理转账划款手续，故银行未入账。

本例中的未达账项如下：

银行已收单位未收　　　700

银行已付单位未付　　1 200

单位已收银行未收　　2 500

单位已付银行未付　　3 180

2. 对未达账项进行调节的方法

（1）补记收付调节法。编制"银行存款余额调节表"的基本办法是"补记收付调节法"，又称"平衡法"，这种方法是将本单位银行存款日记账账面余额和银行对账单余额各自加上对方已收而对方未收的未达账项，减去对方已付而对方未付的未达账项以后，检查调节后的余额是否相等。用公式表示如下：

单位银行存款账面余额 + 银行已收单位未收的款项 − 银行已付单位未付的款项 =

银行对账单余额 + 单位已收银行未收的款项 − 单位已付银行未付的款项

经调整后的银行存款余额左右两边若相等，即为平衡余额，说明双方账簿记录是正确的，该余额是单位可以动用的银行存款实有数。如果余额仍不相等，表明记账有差错，还需进一步查对，应主动同开户银行联系，找出原因，更正错误记录。对银行已入账单位未入账的未达账项，一定要待结算凭证到达后才可进行账务处理。续上例：

平衡余额 = 16 280 + 700 − 1 200 = 16 460 + 2 500 − 3 180 = 15 780（元）

银行存款余额调节表如表6 − 2所示。

表6 − 2

银行存款余额调节表

20 × ×年3月31日　　　　　　　　　　　　　　　　　　单位：元

项目	金额	项目	金额
单位银行存款账面余额	16 280	银行对账单余额	16 460
加：银行已收单位未收	700	加：单位已收银行未收	2 500
减：银行已付单位未付	1 200	减：单位已付银行未付	3 180
调节后余额	15 780	调节后余额	15 780

在实际工作中，对未达账项进行调节还可以采用别的方法。但应当说，其他方法都是以上基本方法的演变。

（2）冲减余额调节法。这种方法是将单位银行存款账面余额和银行对账单余额各自冲减己方已收而对方未收的未达账项，加上己方已付而对方未付的未达账项以后，检查调节后的余额是否相等。这是将"补记收付调节法"公式左、右方的未达账项交换位置，即：

单位银行存款账面余额 + 单位已付银行未付的款项 − 单位已收银行未收的款项 =

银行对账单余额 + 银行已付单位未付的款项 − 银行已收单位未收的款项

续上例：

平衡余额 = 16 280 + 3 180 − 2 500 = 16 460 + 1 200 − 700 = 16 960（元）

（3）补记冲销结合法。这种方法是从单位银行存款或银行对账单一方的余额出发，补记对方已入账而己方未入账的会计事项，冲减己方已入账而对方未入账的会计事项，将调节后的余额与对方的余额核对，如相符则核对无误。这是将"补记收付调节法"公式中的全部未达账项移至等式的一边，即：

单位银行存款账面余额 + 单位已付银行未付的款项 − 单位已收银行未收的款项

+ 银行已收单位未收的款项 − 银行已付单位未付的款项 = 银行对账单余额

续上例：

平衡余额 = 16 280 + 3 180 − 2 500 + 700 − 1 200 = 16 460（元）

（4）差额核对法。这种方法即将未达账项移到等式一边，单位银行存款账面余额和银行对账单余额移到等式另一边，是把四种未达账项的数额相抵减后的差额，与双方余额的差额相对照，看其是否相等，如相符则核对无误，即：

银行已收单位未收的款项 − 银行已付单位未付的款项 + 单位已付银行未付的款项

− 单位已收银行未收的款项 = 银行对账单余额 − 单位银行存款账面余额

续上例：

平衡余额 = 700 − 1 200 + 3 180 − 2 500 = 16 460 − 16 280 = 180（元）

（五）银行存款外币业务的核算

会计制度规定我国会计核算以人民币为记账本位币，发生外币收支的，应当按照国家银行颁布的当日人民币外汇汇率折算为人民币记账。业务收支以外币为主的，也可以选定某种外币报批后为记账本位币，但编制财务报告时，应按报告期日的汇率折算为人民币反映。

1. 外汇业务的账簿设置

行政单位的外汇业务采取外汇统账制。外汇统账制是以本国货币为记账本位币的一种会计记账方法，即以人民币为记账本位币记录所进行的外汇业务，将所有与外币相关的经济业务，均折合为人民币加以反映，同时对外币作辅助记录。外币业务常见的账簿格式如表 6 − 3 所示。

表 6 − 3　　　　　　　　　　　　　　　外币账簿

年		凭证字号	摘要	借方			贷方			借或贷	余额		
月	日			原币	折合率	人民币	原币	折合率	人民币		原币	折合率	人民币

根据会计制度和外汇管理制度的规定，单位应在"库存现金""银行存款"总账下分别人民币、各种外币设置"库存现金日记账"和"银行存款日记账"进行明细核算。

2. 外币收付业务的核算

行政单位发生外币业务的，应当按照业务发生当日或当期期初的即期汇率，将外币金额折算为人民币金额记账，并登记外币金额和汇率。外币折合人民币记账时，应按业务发生时的国家银行人民币外汇汇率折算。

（1）付出外币时的会计核算。以外币购买物资、劳务等，按照购入当日或当期期初的即期汇率将支付的外币或应支付的外币折算为人民币金额。付出外币时，作会计分录：

借：有关科目（折合的人民币额）

　　贷：银行存款、应付账款等科目——外币户

（2）收取外币时的会计核算。以外币收取相关款项等，按照收入确认当日或当期期初的即期汇率将收取的外币或应收取的外币折算为人民币金额。收取外币时，作会计分录：

借：银行存款、应收账款等科目——外币户

　　贷：有关科目

【例 6-8】收到外宾通过银行转账预付 1 000 美元租车定金时，汇率为 6∶1，作会计分录：

借：银行存款——外币户（如美元户）（折合的人民币额）　　　　　6 000

　　贷：其他应付款　　　　　　　　　　　　　　　　　　　　　　　　6 000

（3）期末调整外币汇兑损益的核算。会计期末（月末、季末、年末）时，应将各种外币账户余额按期末的即期汇率重新折合为人民币，作为外币账户调整后的期末人民币余额。由于人民币记账价和调整汇价通常是不一致的，这样就产生调整前后余额的不一致，产生汇兑损益。期末，对各种外币账户按期末汇率调整后的人民币余额与原账面人民币余额的差额，作为汇兑损益计入当期支出，借记或贷记"银行存款""应收账款""应付账款"等科目，贷记或借记"经费支出"等科目。

外币户期末余额计算调整的会计处理程度和方法如下：

第一，计算出各外币业务账户账面原币余额和账面本位币余额；

第二，根据外币业务账户期末的原币余额和期末的汇价计算出调整后的本位币余额；

第三，计算调整后的本位币余额与调整前的本位币余额的差额；

第四，根据各账户应调整折合为本位币的差额和金额，计算发生的汇兑损益数额；

第五，根据汇兑损益情况，作调整差额的会计记录。

若出现汇兑损失，作会计分录：

借：经费支出（人民币额）

　　贷：银行存款　——外币户（人民币额）

若出现汇兑收益，作会计分录：

借：银行存款——外币户（人民币额）

　　贷：经费支出（人民币额）

（六）购买有价证券的核算

【例 6-9】用结余资金购买年利率为 3.56% 的国债 10 000 元。

借：其他应收款——有价证券　　　　　　　　　　　　　　　　　　10 000

　　贷：银行存款　　　　　　　　　　　　　　　　　　　　　　　　　10 000

【例 6-10】2 个月后将上例购买的国债全部转让，进款 10 800 元。

借：银行存款　　　　　　　　　　　　　　　　　　　　　　　　　　10 800

　　贷：其他应收款——有价证券　　　　　　　　　　　　　　　　　　10 000

　　　　其他收入——利息　　　　　　　　　　　　　　　　　　　　　　800

五、零余额账户用款额度的核算

（一）零余额账户用款额度的概念和管理

零余额账户用款额度是指执行国库集中支付制度的单位，在办理财政授权支付业务时，通过零余额账户核算的用款额度。

零余额账户用款额度是指实行国库集中支付的行政单位根据财政部门批复的用款计划收到和支用的零余额账户用款额度。这是实行财政国库管理制度改革试点单位对财政授权支付资金的有关事项所增设的科目。实行国库支付制度改革的单位的资产类"银行存款"科目，核算内容改变为预算单位的自筹资金收入、以前年度结余和各项往来款项等。

（二）零余额账户用款额度的主要账务处理

（1）收到零余额账户用款额度时，行政单位根据代理银行盖章的"财政授权支付额度到账通知书"与分月用款计划核对后，根据通知书所列数额作会计分录：

借：零余额账户用款额度
  贷：财政拨款收入——财政授权支付

【例6-11】收到代理银行盖章的"财政授权支付额度到账通知书"，本月财政授权支付额度为90 000元。

借：零余额账户用款额度   90 000
  贷：财政拨款收入——财政授权支付   90 000

（2）行政单位按规定从零余额账户支取用款额度时，作会计分录：

借：经费支出、存货等
  贷：零余额账户用款额度

【例6-12】行政单位开出授权支付凭证，购买零星办公用品560元。

借：经费支出——基本支出——公用支出（办公费）   560
  贷：零余额账户用款额度   560

（3）当从单位零余额账户提取现金和支用时，作会计分录：

借：库存现金
  贷：零余额账户用款额度
借：经费支出、存货等
  贷：库存现金

（三）财政直接支付的核算

行政单位根据财政国库支付执行机构委托代理银行转来的"财政直接支付入账通知书"及原始凭证（工资支出凭代发工资银行盖章转回的工资发放明细表），作会计分录：

借：经费支出等
  贷：财政拨款收入——财政直接支付

如果财政直接支付的支出构成新增资产的，应同时登记固定资产账，作会计分录：

借：固定资产、存货等

　　　贷：资产基金

　　实行财政直接支付和财政授权支付后，主管部门和上级单位在汇总资产负债表时，将所属预算单位的数字相加，不作将上级的"拨出经费"与下级的"拨入经费"相抵冲的处理。

　　（四）四方对账制度

　　财政部国库管理机构、财政国库支付执行机构、预算单位、代理银行都应建立全面的对账制度，在认真处理各项账务的基础上，加强对账工作，定期、及时地与有关部门和单位核对账务。

　　（1）财政部国库管理机构在处理完当月账务后，分别与中国人民银行国库部门和财政国库支付执行机构核对账务。

　　①与中国人民银行国库部门核对月末存款余额，对账单由中国人民银行国库部门提供，对账内容为"国库单一账户"结存数、支出数。

　　②与财政国库支付执行机构核对预算支出按部门分"类""款""项"的支出数。

　　（2）财政国库支付执行机构在处理完当月账务后，分别与财政国库管理机构、代理银行和一级预算单位核对账务。

　　①与财政国库管理机构核对按部门分"类""款""项"的支出数，对账单由财政国库支付执行机构提供，内容主要包括分"类""款""项"的财政支出的当月发生数和当年累计发生数。

　　②与代理银行对账，对账内容为代理银行提供的"财政零余额账户"当月分"类""款""项"的支出数和预算单位的财政直接支付数；同时与各代理银行核对各预算单位"财政授权支付额度""财政授权支付额度支用数"和"财政授权支付额度结余数"，对账内容为"单位零余额账户"代理银行按"类""款""项"提供的相关数据。

　　③与一级预算单位对账，对账内容为该一级预算单位及所属各级预算单位汇总的分"类""款""项"的预算支出总数，其中包括财政直接支付数、财政授权支付（零余额账户和小额现金额度）的额度、支出数、额度结余数，对账单由财政国库支付执行机构提供。

　　④每月15日前，一级预算单位汇总其所属各级预算单位上月小额现金账户分"类""款""项"实际支出数，报财政部国库支付执行机构。

　　（3）预算单位在处理完当月账务后，应就"单位零余额账户"与代理银行核对财政授权支付的额度、支出数、额度结余数，对账单由代理银行提供。双方确认无误后签字盖章的对账单由预算单位随同月份会计报表逐级上报。每日终了，预算单位应计算当日现金收入合计数、现金支出合计数和结余数，并将结余数与实际库存数核对，做到账实相符，编制"库存现金日报表"。

　　（4）年终，财政部和预算单位设置10天的整理期，用于处理未达账项等事宜。在整理期结束后，财政国库管理机构、财政国库支付执行机构、预算单位之间、上下级预算单位之间的各有关账务必须完全一致，不应再有未达账项。

　　以上办法适用于财政国库管理制度改革中，由于支付管理改变和资金流转变化引起的会计核算改变的核算内容，支付管理和资金流转未改变的，仍按现行《财政总预算会计制度》《行政单位会计制度》《事业单位会计制度》执行。预算单位结余资金的会计处理另行规定。试行财政国库管理制度改革的事业单位的会计核算与行政单位相似。

（五）年末代理银行注销额度的相关账务处理

（1）年末，根据代理银行提供的对账单作银行注销额度的相关账务处理，作会计分录：

借：财政应返还额度——财政授权支付
　　贷：零余额账户用款额度

如果单位本年度财政授权支付预算指标数大于财政授权支付额度下达数，根据两者间的差额，作会计分录：

借：财政应返还额度——财政授权支付
　　贷：财政拨款收入

（2）下年度年初，行政单位根据代理银行提供的额度恢复到账通知书作恢复额度的相关账务处理，作会计分录：

借：零余额账户用款额度
　　贷：财政应返还额度——财政授权支付

行政单位收到财政部门批复的上年未下达零余额账户用款额度时，作会计分录：

借：零余额账户用款额度
　　贷：财政应返还额度——财政授权支付

零余额账户用款额度科目期末借方余额，反映行政单位尚未支用的零余额账户用款额度；年终注销单位零余额账户用款额度后，零余额账户用款额度科目应无余额。

六、财政应返还额度的核算

财政应返还额度属于资产类科目，核算实行国库集中支付的行政单位应收财政返还的资金额度。借方登记财政应返还额度的增加数，贷方登记财政应返还额度的减少数，期末借方余额反映行政单位应收财政返还的资金额度。

财政应返还额度科目应当设置"财政直接支付""财政授权支付"两个明细科目进行明细核算。

（一）财政直接支付的账务处理

（1）年末国库集中支付尚未使用资金额度的账务处理。

行政单位根据本年度财政直接支付预算指标数与财政直接支付实际支出数的差额，作会计分录：

借：财政应返还额度——财政直接支付
　　贷：财政拨款收入

（2）行政单位使用以前年度财政直接支付额度发生支出时，作会计分录：

借：经费支出
　　贷：财政应返还额度——财政直接支付

（二）财政授权支付的账务处理

年末，财政授权支付尚未使用资金额度注销、下年度年初恢复以前年度财政资金额度以及使用以前年度财政授权支付额度发生支出时的账务处理，参见"零余额账户用款额度"科目。

第三节 应收及预付款项

一、应收账款的核算

（一）应收账款的科目设置

"应收账款"科目核算行政单位出租资产、出售物资等应当收取的款项。行政单位收到的商业汇票，也通过"应收账款"科目核算。

应收账款属于资产类科目，借方登记应收款项的增加数，贷方登记收回数以及结转数，借方余额反映行政单位尚未收回的应收账款。

应收账款科目应当按照购货、接受服务单位（或个人）或开出、承兑商业汇票的单位等进行明细核算。

应收账款应当在资产已出租或物资已出售且尚未收到款项时确认。

（二）应收账款的主要账务处理

1. 出租资产发生的应收账款

（1）出租资产尚未收到款项时，按照应收未收金额，作会计分录：

借：应收账款

　　贷：其他应付款

（2）收回应收账款时，作会计分录：

借：银行存款等

　　贷：应收账款

同时，作会计分录：

借：其他应付款

　　贷：应缴税费

　　　　应缴财政款（扣除应缴税费后的净额）

【例6-13】某单位出租办公用房20间，月租金200 000元，每月收租一次，房子已经出租1个月，但仍然没有收到租金。

月末，对尚未收到的租金，作会计分录：

借：应收账款	200 000
贷：其他应付款	200 000

收到租金时，按5%的税率计算应缴营业税，作会计分录：

借：银行存款	200 000
贷：应收账款	200 000
借：其他应付款	200 000
贷：应缴税费	10 000
应缴财政款	190 000

2. 出售物资发生的应收账款

（1）物资已发出并达到约定状态且尚未收到款项时，按照应收未收金额，作会计分录：

借：应收账款

　　贷：待处理财产损溢

（2）收回应收账款时，作会计分录：

借：银行存款等

　　贷：应收账款

【例6-14】某单位出售一批旧电脑，电脑账面原价200 000元，变价130 000元，电脑已经发出，但款项尚未收到。

电脑发出时，作会计分录：

借：应收账款	130 000
贷：待处理资产损溢——处理净收入	130 000

当收到款项时，作会计分录：

借：银行存款或库存现金	130 000
贷：应收账款	130 000

同时，将电脑变价作为应缴财政款，作会计分录：

借：待处理资产损溢——处理净收入	130 000
贷：应缴财政款	130 000

如果单位对电脑没有计提折旧，则注销电脑账面原价或账面余额，作会计分录：

借：待处理资产损溢——待处理财产价值	200 000
贷：固定资产	200 000
借：资产基金——固定资产	200 000
贷：待处理资产损溢——待处理财产价值	200 000

如果单位电脑计提折旧，假设已累计折旧70 000元，作会计分录：

借：待处理资产损溢——待处理财产价值	130 000
累计折旧	70 000
贷：固定资产	200 000
借：资产基金——固定资产	130 000
贷：待处理资产损溢——待处理财产价值	130 000

3. 收到商业汇票

（1）出租资产收到商业汇票，按照商业汇票的票面金额，作会计分录：

借：应收账款

　　贷：其他应付款

出售物资收到商业汇票，按照商业汇票的票面金额，作会计分录：

借：应收账款

　　贷：待处理财产损溢

（2）商业汇票到期收回款项时，作会计分录：

借：银行存款等
　　贷：应收账款

其中，出租资产收回款项的，还应当同时作会计分录：

借：其他应付款
　　贷：应缴税费
　　　　应缴财政款（扣除应缴税费后的净额）

行政单位应当设置"商业汇票备查簿"，逐笔登记每一笔应收商业汇票的种类、号数、出票日期、到期日、票面金额、交易合同号等相关信息资料。商业汇票到期结清票款或退票后，应当在备查簿内逐笔注销。

（三）应收账款的核销

逾期 3 年或以上、有确凿证据表明确实无法收回的应收账款，按规定报经批准后予以核销。核销的应收账款应在备查簿中保留登记。

【例 6 - 15】单位将 3 年前应收未收的公务车出租收入款 160 000 元按规定确认为确实无法收回的应收账款，转入待处理财产损溢时，按照待核销的应收账款金额，根据有关凭证作会计分录：

借：待处理财产损溢　　　　　　　　　　　　　　　　　160 000
　　贷：应收账款　　　　　　　　　　　　　　　　　　　　　160 000

注：3 年前出租资产尚未到款项时，按照应收未收金额，已作如下会计分录：

借：应收账款　　　　　　　　　　　　　　　　　　　　160 000
　　贷：其他应付款　　　　　　　　　　　　　　　　　　　160 000

【例 6 - 16】按规定报经批准，同意将转入待处理财产损溢的逾期未收的公务车出租款 160 000 元予以核销时，作会计分录：

借：其他应付款——应收账款核销　　　　　　　　　　　160 000
　　贷：待处理财产损溢　　　　　　　　　　　　　　　　　160 000

【例 6 - 17】已核销的应收账款 160 000 元在以后期间收回的，作会计分录：

借：银行存款　　　　　　　　　　　　　　　　　　　　160 000
　　贷：应缴财政款　　　　　　　　　　　　　　　　　　　160 000

二、预付账款的核算

（一）预付账款的科目设置

"预付账款"科目核算行政单位按照购货、服务合同规定预付给供应单位（或个人）的款项。行政单位依据合同规定支付的定金，也通过"预付账款"科目核算。行政单位支付可以收回的订金，不通过"预付账款"科目核算，而应当通过"其他应收款"科目核算。

预付账款属资产类科目，借方登记预付款项的增加数，贷方登记收回数以及结转数，借方余额反映行政单位实际预付但尚未结算的款项。"预付账款"科目应按供应单位（或个人）进行明细核算。

预付账款应当在已支付款项且尚未收到物资或服务时确认，采用"双分类"核算。

（二）预付账款的主要账务处理

（1）发生预付账款时，作会计分录：

借：预付账款

  贷：资产基金——预付款项

同时，作会计分录：

借：经费支出

  贷：财政拨款收入、零余额账户用款额度、银行存款等

（2）收到所购物资或服务时，按照相应预付账款金额，作会计分录：

借：资产基金——预付款项

  贷：预付账款

发生补付款项的，按照实际补付的款项，作会计分录：

借：经费支出

  贷：财政拨款收入、零余额账户用款额度、银行存款等

收到物资的，同时按收到所购物资的成本，作会计分录：

借：有关资产科目

  贷：资产基金及相关明细科目

【例6-18】 签发转账支票，预付材料定金7 000元。

借：预付账款   7 000

  贷：资产基金——预付款项   7 000

借：经费支出   7 000

  贷：银行存款   7 000

【例6-19】 收到所购材料，材料验收入库，实际价款31 000元，补汇货款24 000元。

借：资产基金——预付款项   7 000

  贷：预付账款   7 000

借：经费支出   24 000

  贷：银行存款   24 000

借：存货   31 000

  贷：资产基金——存货   31 000

【例6-20】 借用其他单位车辆一天，原预付定金800元，现将800元其他应收款转列支出。

借：经费支出   800

  贷：预付账款   800

【例6-21】 单位与甲公司约定购买设备一台，价款150 000元，单位先预付40%的价款。公司在收到预付款3个月后将设备运抵单位并负责调试到位，单位验收合格后当日支付剩余60%的价款。

单位预付40%的价款时，作会计分录：

借：预付账款   60 000

  贷：资产基金——预付款项   60 000

借：经费支出   60 000
　　贷：零余额账户用款额度   60 000

3 个月后，收到设备并支付剩余 60% 的价款时，作会计分录：

借：资产基金——预付款项   60 000
　　贷：预付账款   60 000

借：经费支出   90 000
　　贷：零余额账户用款额度   90 000

借：固定资产   150 000
　　贷：资产基金——固定资产   150 000

（3）预付账款退回的核算。

①发生当年预付账款退回的，作会计分录：

借：资产基金——预付款项
　　贷：预付账款

同时，作会计分录：

借：财政拨款收入、零余额账户用款额度、银行存款等
　　贷：经费支出

②发生以前年度预付账款退回的，作会计分录：

借：资产基金——预付款项
　　贷：预付账款

同时，作会计分录：

借：财政应返还额度、零余额账户用款额度、银行存款等
　　贷：财政拨款结转、财政拨款结余、其他资金结转结余等

（三）预付账款的核销

逾期 3 年或以上、有确凿证据表明确实无法收到所购物资和服务，且无法收回的预付账款，按照规定报经批准后予以核销。核销的预付账款应在备查簿中保留登记。

（1）转入待处理财产损溢时，按照待核销的预付账款金额，作会计分录：

借：待处理财产损溢
　　贷：预付账款

（2）按规定报经批准，核销预付账款时，作会计分录：

借：资产基金——预付款项
　　贷：待处理财产损溢

（3）已核销的预付账款在以后期间又收回的，作会计分录：

借：零余额账户用款额度、银行存款等
　　贷：财政拨款结转、财政拨款结余、其他资金结转结余等

三、其他应收款的核算

（一）其他应收款的科目设置

其他应收款属于资产类科目，核算行政单位除应收账款、预付账款以外的其他各项

应收及暂付款项，如职工预借的差旅费、拨付给内部有关部门的备用金、应向职工收取的各种垫付款项等。其他应收款科目期末借方余额，反映行政单位尚未收回的其他应收款。

其他应收款科目应当按照其他应收款的类别以及债务单位（或个人）进行明细核算。

（二）其他应收款的主要账务处理

（1）发生其他应收及暂付款项时，作会计分录：

借：其他应收款

　　贷：零余额账户用款额度、银行存款等

（2）收回或转销上述款项时，作会计分录：

借：银行存款、零余额账户用款额度、经费支出等

　　贷：其他应收款

【例6－22】 李斌出差，经过批准预借差旅费5 000元。

借：其他应收款——李斌　　　　　　　　　　　　　　5 000

　　贷：库存现金　　　　　　　　　　　　　　　　　　　5 000

【例6－23】 李斌报销差旅费5 800元，余款付给现金。

借：经费支出——基本支出——公用经费　　　　　　　5 800

　　贷：库存现金　　　　　　　　　　　　　　　　　　　800

　　　　其他应收款——李斌　　　　　　　　　　　　　5 000

（三）行政单位备用金制度

行政单位内部实行备用金制度的，有关部门使用备用金以后应当及时到财务部门报销并补足备用金。

财务部门核定并发放备用金时，作会计分录：

借：其他应收款

　　贷：库存现金等

根据报销数用现金补足备用金定额时，作会计分录：

借：经费支出

　　贷：库存现金等

报销数和拨补数都不再通过"其他应收款"科目核算。

（四）其他应收款的核销

逾期3年或以上、有确凿证据表明确实无法收回的其他应收款，按规定报经批准后予以核销。核销的其他应收款应在备查簿中保留登记。

（1）转入待处理财产损溢时，按照待核销的其他应收款金额，作会计分录：

借：待处理财产损溢

　　贷：其他应收款

（2）按规定报经批准，核销其他应收款时，作会计分录：

借：经费支出——其他应收款核销

　　贷：待处理财产损溢

（3）已核销的其他应收款在以后期间又收回的账务处理。

如属于在核销年度内收回的，作会计分录：

借：银行存款等

　　贷：经费支出

如属于在核销年度以后收回的，作会计分录：

借：银行存款等

　　贷：财政拨款结转、财政拨款结余、其他资金结转结余等

第四节　存　　货

一、存货的核算内容

1. 存货核算范围的界定

"存货"科目核算行政单位在开展业务活动及其他活动中为耗用而储存的各种物资，包括材料、燃料、包装物和低值易耗品及未达到固定资产标准的家具、用具、装具等的实际成本。存货应当在其到达存放地点并验收时确认。

行政单位随买随用的零星办公用品等，可以在购进时直接列作支出；接受委托人指定受赠人的转赠物资，应通过"受托代理资产"科目核算。这两种情况都不通过"存货"科目核算。

2. 存货的科目设置

存货属于资产类科目，借方登记存货因验收入库等而增加的金额，贷方登记存货因领用出库等而减少的金额。期末借方余额反映行政单位存货的实际成本。

"存货"科目应当按照存货的种类、规格和保管地点等进行明细核算。行政单位有委托加工存货业务的，应当在"存货"科目下设置"委托加工存货成本"科目。出租、出借的存货，应当设置备查簿进行登记。

二、取得存货的账务处理

存货在取得时，应当按照其实际成本入账。

1. 购入存货的核算

购入的存货，其成本包括购买价款、相关税费、运输费、装卸费、保险费以及其他使得存货达到目前场所和状态所发生的支出。购入或调入的存货在入库时，由实物保管人员验收后，填制"入库单"一式两份，一份送会计部门，一份本部门留存，分别作为核算的原始凭证。

购入的存货验收入库，按照确定的成本，作会计分录：

借：存货

　　贷：资产基金——存货

同时，按照实际支付的金额，作会计分录：

借：经费支出

　　贷：财政拨款收入、零余额账户用款额度、银行存款等

对于尚未付款的，应当按照应付未付的金额，作会计分录：

借：待偿债净资产

　　贷：应付账款

【例6－24】购买甲材料一批，材料总价款63 000元由财政直接支付，通过财政授权支付运杂费2 000元。

借：存货　　　　　　　　　　　　　　　　　　　63 000

　　贷：资产基金——存货　　　　　　　　　　　　　　63 000

同时，按照实际支付的金额，作会计分录：

借：经费支出　　　　　　　　　　　　　　　　　65 000

　　贷：财政拨款收入　　　　　　　　　　　　　　　　63 000

　　　　零余额账户用款额度　　　　　　　　　　　　　　2 000

【例6－25】购进乙材料一批，计价76 000元，材料已经验收入库，款项未付。

借：存货——库存材料——乙材料　　　　　　　　76 000

　　贷：资产基金——存货　　　　　　　　　　　　　　76 000

借：待偿债净资产　　　　　　　　　　　　　　　76 000

　　贷：应付账款　　　　　　　　　　　　　　　　　　76 000

【例6－26】为了购买丙材料（非政府采购项目），向某公司预付货款8 000元，开出财政授权支付凭证，通知代理银行付款。

借：预付账款——丙材料　　　　　　　　　　　　8 000

　　贷：资产基金——存货　　　　　　　　　　　　　　8 000

借：经费支出——基本支出——公用支出　　　　　8 000

　　贷：零余额账户用款额度　　　　　　　　　　　　　8 000

【例6－27】购买的丙材料到货，实际含税金额8 600元，另外支付运费300元，开出授权支付凭证，通知代理银行支付差价。

借：资产基金——存货　　　　　　　　　　　　　8 000

　　贷：预付账款——丙材料　　　　　　　　　　　　　8 000

借：经费支出——基本支出——公用支出　　　　　900

　　贷：零余额账户用款额度　　　　　　　　　　　　　900

借：存货——库存材料——丙材料　　　　　　　　8 900

　　贷：资产基金——存货　　　　　　　　　　　　　　8 900

【例6－28】从C公司购买办公用品一批，计价金额7 000元，验收入库，约定10天后付款。

借：经费支出——基本支出——办公费　　　　　　7 000

　　贷：应付账款——C公司　　　　　　　　　　　　　7 000

借：存货　　　　　　　　　　　　　　　　　　　7 000

　　贷：资产基金——存货　　　　　　　　　　　　　　7 000

开出授权支付凭证，通知代理银行支付办公用品价款时，作会计分录：

借：应付账款——C公司　　　　　　　　　　　　7 000

　　贷：零余额账户用款额度　　　　　　　　　　　　　　　　　　　　7 000

　2. 置换换入存货的核算

　置换换入的存货，其成本按照换出资产的评估价值，加上支付的补价或减去收到的补价，加上为换入存货支付的其他费用（运输费等）确定。

　换入的存货验收入库，按照确定的成本，作会计分录：

　借：存货

　　贷：资产基金——存货

　同时，按实际支付的补价、运输费等金额，作会计分录：

　借：经费支出

　　贷：财政拨款收入、零余额账户用款额度、银行存款等

　3. 接受捐赠、无偿调入存货的核算

　接受捐赠、无偿调入的存货，其成本按照有关凭据注明的金额加上相关税费、运输费等确定；没有相关凭据可供取得，但依法经过资产评估的，其成本应当按照评估价值加上相关税费、运输费等确定；没有相关凭据可供取得、也未经评估的，其成本比照同类或类似存货的市场价格加上相关税费、运输费等确定；没有相关凭据也未经评估，其同类或类似存货的市场价格无法可靠取得，该存货按照名义金额入账。

　接受捐赠、无偿调入的存货验收入库，按照确定的成本，作会计分录：

　借：存货

　　贷：资产基金——存货

　同时，按实际支付的相关税费、运输费等金额，作会计分录：

　借：经费支出

　　贷：财政拨款收入、零余额账户用款额度、银行存款等

　4. 委托加工存货的核算

　委托加工的存货，其成本按照未加工存货的成本加上加工费用和往返运输费等确定。

　委托加工的存货出库，作会计分录：

　借：存货——委托加工存货成本

　　贷：存货及其相关明细科目

　支付加工费用和相关运输费等时，作会计分录：

　借：经费支出

　　贷：财政拨款收入、零余额账户用款额度、银行存款等

　同时，按照相同的金额，作会计分录：

　借：存货——委托加工存货成本

　　贷：资产基金——存货

　委托加工完成的存货验收入库时，按照委托加工存货的成本，作会计分录：

　借：存货及其相关明细科目

　　贷：存货——委托加工存货成本

三、存货减少的核算

（一）存货发出的计价方法

存货发出时，应当根据实际情况采用先进先出法、加权平均法或者个别计价法确定发出存货的实际成本。计价方法一经确定，不得随意变更。

先进先出法是假定先收到的商品先售出或先收到的材料先耗用，并根据这一假定的成本流转顺序来确定发出、领用存货和期末存货的计价。在这种方法下，每次发出、领用的存货都假定是最先入库的存货，期末存货的价值比较接近市价。采用这种计价方法，在存货发出时就进行计价，有利于均衡核算工作，并可随时取得存货的结存数量和金额。但如果发出的存货不是一批收到的，各批单价又不同，则要用两个或两个以上的单价计价，因此，在存货收发业务频繁、单价经常变动的情况下，采用这种计价方法，核算工作比较烦琐。

加权平均法是以本期期初存货和本期收入存货的成本总额为依据，以其相对应的数量总和为权数，计算存货的平均单位成本，并据以确定本期发出、领用存货和期末存货的计价。

（二）存货发出的账务处理

1. 开展业务活动等领用、发出存货的核算

开展业务活动等领用、发出存货，按照领用、发出存货的实际成本，作会计分录：

借：资产基金——存货
　　贷：存货

各单位在领用存货时，要填写"领料单"，保管部门根据"领料单"填制"发出存货汇总表"，会计部门根据表中所列存货实际耗用数填制记账凭证。行政单位大多采用全月一次加权平均法计算发出存货的单价。

加权平均法是以加权平均计算的单位成本为依据，计算期末结存存货和发出存货实际成本的方法。其计算公式为：

$$存货平均单价 = \frac{期初存货库存金额 + 本期购入存货总金额}{期初存货库存数量 + 本期购入存货总数量}$$

$$期末结存材料实际成本 = 期末存货库存数量 \times 存货平均单价$$

$$发出存货实际成本 = 发出存货数量 \times 存货平均单价$$

【例6-29】某行政单位5月甲材料的明细账参见表6-4，要求计算本期发出材料实际成本，并编制会计分录。

表6-4　　　　　　　　　　甲材料的明细账

日期	凭证	摘要	收入			发出			结存		
			数量（千克）	单价（元/千克）	金额（元）	数量（千克）	单价（元/千克）	金额（元）	数量（千克）	单价（元/千克）	金额（元）
1		期初结存							100		2 000
5		购进	300	15	4 500				400		

日期	凭证	摘要	收入			发出			结存		
			数量（千克）	单价（元/千克）	金额（元）	数量（千克）	单价（元/千克）	金额（元）	数量（千克）	单价（元/千克）	金额（元）
11		发出				200			200		
18		购进	100	16	1 600				300		
26		发出				100			200		
28		发出				100			100		
30		本期发生额及余额	400		6 100	400	16.2	6 480	100	16.2	1 620

$$甲材料平均单价 = \frac{2\,000 + 6\,100}{100 + 400} = 16.2\ （元/千克）$$

期末结存甲材料实际成本 $= 100 \times 16.2 = 1\,620$（元）

本期发出甲材料实际成本 $= 400 \times 16.2 = 6\,480$（元）

领用时，根据上述资料，编制会计分录：

借：资产基金——存货   6 480

    贷：存货——甲材料   6 480

【例 6 - 30】办公楼维修，从仓库领取维修用丁材料 200 千克，加权平均单价 15 元/千克。

借：资产基金——存货   3 000

    贷：存货——库存材料   3 000

采用全月一次加权平均法计算发出材料的单价，平均单价的计算工作要到月末才能进行，在材料平均单价尚未计算以前，平时领料并不计价，材料管理人员只登记材料明细账的发出数量，在月末材料平均单价计算出来后一次登记发出金额。领料单平时由材料管理部门保存，月末根据领料单汇编发出材料汇总表，连同领料单送会计部门审核、记账，会计部门根据发出材料汇总表的发出材料金额进行总分类核算。

2. 经批准对外捐赠、无偿调出存货的核算

经批准对外捐赠、无偿调出存货时，按照对外捐赠、无偿调出存货的实际成本，作会计分录：

借：资产基金——存货

    贷：存货

对外捐赠、无偿调出存货发生由行政单位承担的运输费等支出，作会计分录：

借：经费支出

    贷：财政拨款收入、零余额账户用款额度、银行存款等

四、存货的清查盘点

行政单位的存货应当定期进行清查盘点，每年至少盘点一次。对于发生的存货盘盈、盘亏，应当及时查明原因，按规定报经批准后进行账务处理。

1. 盘盈存货的核算

盘盈的存货，按照取得同类或类似存货的实际成本确定入账价值；没有同类或类似存货的实际成本，按照同类或类似存货的市场价格确定入账价值；同类或类似存货的实际成本或市场价格无法可靠取得，按照名义金额入账。

盘盈的存货，按照确定的入账价值，作会计分录：

借：存货

　　贷：待处理财产损溢

2. 盘亏存货的核算

盘亏的存货，转入待处理财产损溢时，按照其账面余额，作会计分录：

借：待处理财产损溢

　　贷：存货

3. 经批准对外出售、置换换出存货的核算

经批准对外出售、置换换出的存货，应当转入待处理财产损溢，按照相关存货的实际成本，作会计分录：

借：待处理财产损溢

　　贷：存货

4. 毁损、报废存货的核算

毁损、报废的存货，应当转入待处理财产损溢，按照相关存货的账面余额，作会计分录：

借：待处理财产损溢

　　贷：存货

【例 6 - 31】月末，盘盈甲材料，重置价 1 600 元，作会计分录：

借：存货　　　　　　　　　　　　　　　　　　　　　　　　　1 600

　　贷：待处理财产损溢　　　　　　　　　　　　　　　　　　　　1 600

【例 6 - 32】月末，盘亏丁材料 100 千克，加权平均单价 15 元/千克，原因待查，作会计分录：

借：待处理财产损溢　　　　　　　　　　　　　　　　　　　　1 500

　　贷：存货　　　　　　　　　　　　　　　　　　　　　　　　1 500

经过报批核销，作会计分录：

借：资产基金——存货　　　　　　　　　　　　　　　　　　　1 500

　　贷：待处理财产损溢　　　　　　　　　　　　　　　　　　　1 500

思考与练习题

某行政单位 10 月份发生如下现金收支业务，要求据此编制会计分录：

1. 开出现金支票从银行提取现金 600 元备用。

2. 本机关工作人员王欣因公出差预支现金 200 元。

3. 用现金 120 元购买办公用品。

4. 王欣报销差旅费 150 元，退回现金 50 元。

5. 将本日超库存现金 80 元送交银行。

6. 盘点库存现金发生如下会计事项：

（1）盘点库存现金，发现库存数比账面数少 18 元，原因待查。

（2）经查明分析，短缺的现金是由于工作失误所致，经单位领导批准，同意作经费支出报销。

（3）盘点库存现金，发现库存数比账面数多 30 元，暂时无法查明原因。

（4）经查明，多余的现金不属本单位所有，也没找到失主，经领导批准作无主款处理，转作应缴财政款。

7. 月底，银行送来对账单余额为 3 760 元，单位银行存款账面余额为 3 920 元，经过逐笔核对，发现有下列未达账项：

（1）单位委托银行收款 120 元，银行已办理收款入账，单位尚未收到收款单据。

（2）银行代单位支付邮电费 80 元，单位尚未收到结算凭证和电费收据，因而尚未入账。

（3）单位收到信汇支票一张计 600 元，单位已入账，而银行尚未入账。

（4）单位已签发转账支票一张 400 元，付款入账，但持票单位尚未到银行办理转账手续。

根据以上资料，编制"银行存款余额调节表"。

8. 用经费结余资金购入 10 000 元国库券，以转账方式支付。

9. 原购入的 10 000 元国库券到期，利息为 4 200 元。

10. 李华出差借款 2 000 元，实际开支 1 780 元，回来后报销，退回多余现金 220 元。

11. 张立出差预借差旅费 750 元，以现金支付。

12. 为购买办公设备，用银行存款预付 12 000 元。

13. 行政单位下属报账单位领用备用金 1 000 元，以银行存款支付。

14. 购买的办公设备实际支出 12 500 元，抵冲原来暂付的设备款 12 000 元后用现金补足余额。

15. 购入材料 400 千克，每千克 15 元，共计 6 000 元，税款 1 020 元，款项已用支票付讫，又用现金支付装卸费 200 元。材料已验收入库。

16. 以银行存款预付大华公司 6 000 元购进甲材料。待材料验收入库时，支付其余的 5 700 元。

17. 购进乙材料，价款（含税）35 100 元，款未付，另以现金支付运杂费 1 000 元。

18. 根据"发出材料汇总表"，所列材料实际耗用数 23 000 元。

19. 出售积压的甲材料 150 千克，收到价款 1 400 元，存入银行。该材料的实际成本为 1 500 元。

20. 根据年终财产清查盘点结果，盘盈甲材料，账面价值 700 元；盘亏丙材料，原价 1 000 元。按规定程序批准后，分别予以补账和销账。

第七章

行政单位资产（二）

第一节　固定资产

一、行政单位固定资产的范围

固定资产是指使用期限超过 1 年（不含 1 年）、单位价值在规定标准以上，并在使用过程中基本保持原有物质形态的资产。其基本含义为：

（1）固定资产的单位价值要在规定标准以上。行政单位固定资产的单位价值历来都是由国家统一规定的。目前，规定固定资产的单位价值在 1 000 元以上，其中专用设备单位价值在 1 500 元以上。单位价值虽未达到规定标准，但是耐用时间超过 1 年（不含 1 年）的大批同类物资，应当作为固定资产核算。

（2）固定资产的使用期限要超过 1 年（不含 1 年）。与流动资产中一次消耗的材料和 1 年内转变为现金的其他流动资产不同，固定资产能够多次使用，且使用期限比较长，规定的使用期限要超过 1 年（不含 1 年），属于持久、耐用性的资产。

（3）固定资产在使用过程中要基本保持原有物质形态。与流动资产在使用中不断改变原有物质形态，且价值一次消耗、转移或者实现不同，固定资产在使用过程中能够基本保持原有物质形态，其价值在多次使用的过程中，随着固定资产的磨损程度而逐步或多次消耗、转移或者实现。

（4）固定资产一般分为六类：房屋及构筑物；通用设备；专用设备；文物和陈列品；图书、档案；家具、用具、装具及动植物。

二、固定资产的计价及其调整

（一）固定资产计价的方法

行政单位的固定资产按实际价格或市场价格计价入账。凡未通过市场交易获得的固定资产，按有关凭据计价，或按市场估价入账。具体计价方式如下：

（1）购入、调入的固定资产，按照实际支付的买价或调拨价以及运杂费、保险费、安装费、车辆购置附加费等记账。改革前固定资产的运杂费不计入计价范围。

（2）自制的固定资产，按开支的工、料、费记账。

（3）在原有固定资产基础上进行改建、扩建的固定资产，应按改建、扩建发生的支出减去改建、扩建过程中的变价收入后的净增加值，增计固定资产原价。凡自建的固定资产，按建造过程中实际发生的全部支出计价。

（4）接受捐赠的固定资产，按照同类固定资产的市场价格或根据所提供的有关凭据记账。接受固定资产时发生的相关费用，应当计入固定资产价值。

（5）无偿调入和旧存的固定资产，不能查明原价的，估价入账。

（6）盘盈的固定资产，按重置完全价值入账。

（7）已投入使用但尚未办理移交手续的固定资产，可先按估计价值入账，待确定实际价值后，再进行调整。

购置固定资产过程中发生的差旅费不计入固定资产价值。

固定资产减少时，按账面原价注销。

（二）固定资产账面价值的调整

固定资产入账后，不得随意更改变动。但有下列情况的可做调整：

（1）根据国家规定对固定资产重新估价。

（2）增加补充设备或改良装置的。

（3）将固定资产一部分拆除的。

（4）根据实际价值调整原来估价的。

（5）发现原来记录固定资产价值有错误的。

（三）固定资产有关后续支出的处理

（1）为增加固定资产使用效能或延长其使用寿命而发生的改建、扩建或修缮等后续支出，应当计入固定资产成本，通过"在建工程"科目核算，完工交付使用时转入本科目。有关账务处理参见"在建工程"科目。

（2）为维护固定资产正常使用而发生的日常修理等后续支出，应当计入当期支出但不计入固定资产成本，借记"经费支出"科目，贷记"财政拨款收入""零余额账户用款额度""银行存款"等科目。

三、固定资产核算的要求

（一）固定资产的核算范围

（1）购入需要安装的固定资产，应当先通过"在建工程"科目核算，安装完毕交付使用时再转入"固定资产"科目核算。

（2）行政单位的软件，如果其构成相关硬件不可缺少的组成部分，应当将该软件的价值包括在所属的硬件价值中，一并作为固定资产，通过"固定资产"科目进行核算；如果其不构成相关硬件不可缺少的组成部分，应当将该软件作为无形资产，通过"无形资产"科目核算。

（3）行政单位购建房屋及构筑物不能够分清支付价款中的房屋及构筑物与土地使用权部分的，应当全部作为固定资产，通过"固定资产"科目核算；能够分清支付价款中的房屋及构筑物与土地使用权部分的，应当将其中的房屋及构筑物部分作为固定资产，通过"固定资产"科目核算，将其中的土地使用权部分作为无形资产，通过"无形资产"科目核算；境外行政单位购买具有所有权的土地，作为固定资产，通过"固定资产"科目核算。

（4）行政单位借入、以经营租赁方式租入的固定资产，不通过"固定资产"科目核算，应当设置备查簿进行登记。

（二）固定资产的确认

（1）购入、换入、无偿调入、接受捐赠不需安装的固定资产，在固定资产验收合格时确认。

（2）购入、换入、无偿调入、接受捐赠需要安装的固定资产，在固定资产安装完成交付使用时确认。

（3）自行建造、改建、扩建的固定资产，在建造完成交付使用时确认。

（三）固定资产计价

取得固定资产按成本入账。

（1）购入的固定资产，其成本包括实际支付的购买价款、相关税费、使固定资产交付使用前所发生的可归属于该项资产的运输费、装卸费、安装费和专业人员服务费等。以一笔款项购入多项没有单独标价的固定资产，按照各项固定资产同类或类似固定资产市场价格的比例对总成本进行分配，分别确定各项固定资产的入账价值。

（2）自行建造的固定资产，其成本包括建造该项资产至交付使用前所发生的全部必要支出。固定资产的各组成部分需要分别核算的，按照各组成部分固定资产造价确定其成本；没有各组成部分固定资产造价的，按照各组成部分固定资产同类或类似固定资产市场造价的比例对总造价进行分配，确定各组成部分固定资产的成本。

（3）自行繁育的动植物，其成本包括在达到可使用状态前所发生的全部必要支出。

（4）工程完工交付使用时，按照自行建造过程中发生的实际支出入账；已交付使用但尚未办理竣工决算手续的固定资产，按照估计价值入账，待确定实际成本后再进行调整。

（5）置换取得的固定资产，其成本按照换出资产的评估价值加上支付的补价或减去收到的补价，加上为换入固定资产支付的其他费用（运输费等）确定。

（6）接受捐赠、无偿调入的固定资产，其成本按照有关凭据注明的金额加上相关税费、运输费等确定；没有相关凭据可供取得，但依法经过资产评估的，其成本应当按照评估价值加上相关税费、运输费等确定；没有相关凭据可供取得、也未经评估的，其成本比照同类或类似固定资产的市场价格加上相关税费、运输费等确定；没有相关凭据也未经评估，其同类或类似固定资产的市场价格无法可靠取得，所取得的固定资产应当按照名义金额入账。

（四）固定资产核算科目的设置

固定资产属于资产类科目，借方登记购入、调入、盘盈等增加的固定资产价值，贷方登记变卖、报废、盘亏减少的固定资产价值。期末借方余额反映行政单位固定资产的原价。

固定资产核算采用双分录，即除按取得和清理时的收支记账以外，同时加记"固定资产"和"资产基金"。

行政单位应当根据固定资产定义、有关主管部门对固定资产的统一分类，结合本单位的具体情况，制定适合本单位的固定资产目录、具体分类方法，作为进行固定资产核算的依据。

行政单位应当设置"固定资产登记簿"和"固定资产卡片"，按照固定资产类别、项目和使用部门等进行明细核算。出租、出借的固定资产，应当设置备查簿进行登记。

四、取得固定资产的账务处理

（一）取得固定资产的核算

（1）购入不需安装的固定资产，按照确定的固定资产成本，作会计分录：

借：固定资产

　　贷：资产基金——固定资产

同时，按照实际支付的金额，作会计分录：

借：经费支出

　　贷：财政拨款收入、零余额账户用款额度、银行存款等

（2）购入需要安装的固定资产，先通过"在建工程"科目核算。安装完工交付使用时，作会计分录：

借：固定资产

　　贷：资产基金——固定资产

同时，作会计分录：

借：资产基金——在建工程

　　贷：在建工程

（3）购入固定资产分期付款或扣留质量保证金的，在取得固定资产时，按照确定的固定资产成本，作会计分录：

借：固定资产［不需安装］

　　在建工程［需要安装］

　　贷：资产基金——固定资产、在建工程

同时，按照已实际支付的价款，作会计分录：

借：经费支出

　　贷：财政拨款收入、零余额账户用款额度、银行存款等

按照应付未付的款项或扣留的质量保证金等金额，作会计分录：

借：待偿债净资产

　　贷：应付账款、长期应付款

【例7-1】单位拟采购计算机30台，按规定将采购所需资金120 000元划入政府采购资金专户。

借：预付账款　　　　　　　　　　　　　　　　　　　　　　　120 000

　　贷：资产基金——预付款项　　　　　　　　　　　　　　　　　　120 000

借：经费支出——基本支出——公用支出（专用设备购置费）　　120 000

　　贷：银行存款　　　　　　　　　　　　　　　　　　　　　　　　120 000

【例7-2】10天后，先后收到供货单位的货物和发票，货款120 000元，货物验收合格后使用。

借：资产基金——预付款项　　　　　　　　　　　　　　　　120 000
　　　贷：预付账款　　　　　　　　　　　　　　　　　　　　　120 000
借：固定资产　　　　　　　　　　　　　　　　　　　　　　120 000
　　　贷：资产基金——固定资产　　　　　　　　　　　　　　　120 000

【例7-3】通过政府采购购买打印机2台，价款7 000元，款项由财政授权支付。

借：固定资产　　　　　　　　　　　　　　　　　　　　　　7 000
　　　贷：资产基金——固定资产　　　　　　　　　　　　　　　　7 000
借：经费支出——基本支出——公用支出（办公设备购置费）　7 000
　　　贷：零余额账户用款额度　　　　　　　　　　　　　　　　　7 000

【例7-4】通过政府采购购买车辆1台，价款129 800元，车辆购置税11 033元，款项140 833元由财政直接支付。

借：固定资产　　　　　　　　　　　　　　　　　　　　　　140 833
　　　贷：资产基金——固定资产　　　　　　　　　　　　　　　140 833
借：经费支出——基本支出——公用支出（交通工具购置费）　140 833
　　　贷：财政拨款收入　　　　　　　　　　　　　　　　　　　140 833

【例7-5】开出财政授权支付凭证支付购入6个文件柜的价款，共计2 600元，文件柜经验收合格，交付使用。

借：经费支出——基本支出——公用支出（办公设备购置费）　2 600
　　　贷：零余额账户用款额度　　　　　　　　　　　　　　　　　2 600
同时，作会计分录：
借：固定资产　　　　　　　　　　　　　　　　　　　　　　2 600
　　　贷：资产基金——固定资产　　　　　　　　　　　　　　　　2 600

【例7-6】开出财政授权支付凭证支付从上级有偿调入1辆小汽车的价款67 000元。

借：固定资产　　　　　　　　　　　　　　　　　　　　　　67 000
　　　贷：资产基金——固定资产　　　　　　　　　　　　　　　　67 000
同时，作会计分录：
借：经费支出——基本支出——公用支出（交通工具购置费）　67 000
　　　贷：零余额账户用款额度　　　　　　　　　　　　　　　　　67 000

（二）自行建造固定资产的核算

工程完工交付使用时，按照自行建造过程中发生的实际支出，作会计分录：
借：固定资产
　　　贷：资产基金——固定资产
同时，作会计分录：
借：资产基金——在建工程
　　　贷：在建工程

已交付使用但尚未办理竣工决算手续的固定资产，按照估计价值入账，待确定实际成本后再进行调整。

（三）自行繁育动植物的核算

（1）购入需要繁育的动植物，按照购入的成本，作会计分录：

借：固定资产（未成熟动植物）

　　贷：资产基金——固定资产

同时，按照实际支付的金额，作会计分录：

借：经费支出

　　贷：财政拨款收入、零余额账户用款额度、银行存款等

（2）发生繁育费用，按照实际支付的金额，作会计分录：

借：固定资产（未成熟动植物）

　　贷：资产基金——固定资产

同时，作会计分录：

借：经费支出

　　贷：财政拨款收入、零余额账户用款额度、银行存款等

（3）动植物达到可使用状态时，作会计分录：

借：固定资产（成熟动植物）

　　贷：固定资产（未成熟动植物）

（四）固定资产改建、扩建、修缮的核算

将固定资产转入改建、扩建、修缮时，按照固定资产的账面价值，作会计分录：

借：在建工程

　　贷：资产基金——在建工程

同时，作会计分录：

借：资产基金——固定资产（固定资产的账面价值）

　　累计折旧（已计提折旧）

　　贷：固定资产（固定资产的账面余额）

工程完工交付使用时，按照确定的固定资产成本，作会计分录：

借：固定资产

　　贷：资产基金——固定资产

同时，作会计分录：

借：资产基金——在建工程

　　贷：在建工程

【例7-7】经批准决定对一栋办公楼房进行改造，原价500 000元，累计折旧200 000元。

借：资产基金——固定资产	3 000 000
累计折旧	2 000 000
贷：固定资产	5 000 000
借：在建工程	3 000 000
贷：资产基金——在建工程	3 000 000

【例7-8】为旧办公楼进行改造，采取财政授权支付分期购进各种材料（非政府采购）670 000元。

借：经费支出	670 000

　　贷：零余额账户用款额度　　　　　　　　　　　　　　　　　670 000

　　借：在建工程　　　　　　　　　　　　　　　　　670 000

　　　　贷：资产基金——在建工程　　　　　　　　　　　　　　670 000

【例7－9】为旧房进行改造，支付人工费用30 000元。

　　借：经费支出　　　　　　　　　　　　　　　　　30 000

　　　　贷：零余额账户用款额度　　　　　　　　　　　　　　　30 000

　　借：在建工程　　　　　　　　　　　　　　　　　30 000

　　　　贷：资产基金——在建工程　　　　　　　　　　　　　　30 000

【例7－10】办公楼维修工程完工交付使用，开支数3 700 000元，办理竣工结算并转账。

　　借：资产基金——在建工程　　　　　　　　　　3 700 000

　　　　贷：在建工程　　　　　　　　　　　　　　　　　3 700 000

　　借：固定资产　　　　　　　　　　　　　　　　3 700 000

　　　　贷：资产基金——固定资产　　　　　　　　　　　　　3 700 000

（五）置换取得固定资产的核算

置换取得固定资产，其成本按照换出资产的评估价值加上支付的补价或减去收到的补价，加上为换入固定资产支付的其他费用（运输费等）确定，作会计分录：

　　借：固定资产［不需安装］

　　　　在建工程［需要安装］

　　　　贷：资产基金——固定资产、在建工程

按照实际支付的补价、相关税费、运输费等，作会计分录：

　　借：经费支出

　　　　贷：财政拨款收入、零余额账户用款额度、银行存款等

（六）接受捐赠、无偿调入固定资产的核算

接受捐赠、无偿调入的固定资产，按照确定的成本，作会计分录：

　　借：固定资产［不需安装］

　　　　在建工程［需要安装］

　　　　贷：资产基金——固定资产、在建工程

按照实际支付的相关税费、运输费等，作会计分录：

　　借：经费支出

　　　　贷：财政拨款收入、零余额账户用款额度、银行存款等

五、固定资产减少的核算

行政单位固定资产减少必须以规定的程序报经主管机关批准。

1. 出售、置换换出以及毁损、报废的固定资产的核算

经批准出售、置换换出以及毁损、报废的固定资产转入待处理财产损溢时，作会计分录：

　　借：待处理财产损溢（固定资产的账面价值）

累计折旧（已计提折旧）

　　贷：固定资产（固定资产的账面余额）

【例 7 – 11】经批准报废空调 1 台，原价 8 200 元，累计折旧 8 000 元，残值收入 200 元现金。

借：待处理财产损溢	200
累计折旧	8 000
贷：固定资产	8 200
借：资产基金——固定资产	200
贷：待处理财产损溢	200
借：库存现金	200
贷：待处理财产损溢	200
借：待处理财产损溢	200
贷：应缴财政款	200

【例 7 – 12】经批准报废汽车 1 辆，原价 270 000 元，未提折旧。

借：待处理财产损溢	270 000
累计折旧	0
贷：固定资产	270 000
借：资产基金——固定资产	270 000
贷：待处理财产损溢	270 000

2. 无偿调出、对外捐赠固定资产的核算

经批准无偿调出、对外捐赠固定资产时，作会计分录：

借：资产基金——固定资产（固定资产的账面价值）

　累计折旧（已计提折旧）

　　贷：固定资产（固定资产的账面余额）

无偿调出、对外捐赠固定资产发生由行政单位承担的拆除费用、运输费等，按照实际支付的金额，作会计分录：

借：经费支出

　　贷：财政拨款收入、零余额账户用款额度、银行存款等

【例 7 – 13】经批准将闲置的计算机 5 台变价出售，原价 25 000 元，变价款 10 000 元，未提折旧。

借：待处理财产损溢	25 000
累计折旧	0
贷：固定资产	25 000
借：资产基金——固定资产	25 000
贷：待处理财产损溢	25 000
借：银行存款	10 000
贷：待处理财产损溢	10 000
借：待处理财产损溢	10 000

贷：应缴财政款　　　　　　　　　　　　　　　　　10 000

六、固定资产清查盘点的核算

行政单位的固定资产必须每年盘点一次。对盘盈、盘亏、毁损的固定资产，应查明原因后填制"固定资产盘盈、盘亏报告表"，写出书面报告，按规定程序报经批准后处理。

行政单位的固定资产应当定期进行清查盘点，每年至少盘点一次。对于固定资产发生盘盈、盘亏的，应当及时查明原因，按照规定报经批准后进行账务处理。

1. 盘盈固定资产的核算

盘盈的固定资产，按照确定的入账价值，作会计分录：

借：固定资产

　　贷：待处理财产损溢

2. 盘亏固定资产的核算

盘亏的固定资产，按照盘亏固定资产的账面价值，作会计分录：

借：待处理财产损溢（固定资产的账面价值）

　　累计折旧（已计提折旧）

　　贷：固定资产（固定资产的账面余额）

七、固定资产的管理要求

1. 认真把握固定资产的配置原则

行政单位配置设备时，应坚持勤俭节约的原则，对国家有规定配置标准的设备，如交通工具、通信工具等，应严格遵照执行；对国家没有规定配置标准的设备，应据切实需要和财力可能，计划供应。在购置设备时，应充分考虑利用原有设备的价值、所购置设备的性能和单位财力。

2. 严格执行固定资产登记和处置的管理规定

固定资产登记是指行政单位资产管理部门对购置的固定资产按设置的固定资产明细账登载入账。固定资产处置是指行政单位对其使用的固定资产进行产权转让以及注销其产权的行为，包括调出、出售、报废、报损等。

3. 认真落实固定资产管理的组织分工

财务部门应通过资金管理做好固定资产的统管工作，并协调各部门建立健全内部管理制度。资产管理部门应配置好管理人员，建立健全固定资产的采购、维修、保管、使用、报废报损制度，登记固定资产明细账和固定资产卡片，做到账实、账卡相符。资产管理部门还应实行物品分工负责制，并对贵重物品制定操作规程。

第二节　累计折旧

一、累计折旧科目的设置

"累计折旧"科目核算行政单位固定资产、公共基础设施计提的累计折旧。累计折旧属于资产类科目，贷方登记应计提的折旧金额，借方登记处置有关资产的抵冲金额；期末贷方余额，反映行政单位计提的固定资产、公共基础设施折旧累计数。

"累计折旧"科目应当按照固定资产、公共基础设施的类别、项目等进行明细核算。占有公共基础设施的行政单位，应当在"累计折旧"科目下设置"固定资产累计折旧"和"公共基础设施累计折旧"两个一级明细科目，分别核算对固定资产和公共基础设施计提的折旧。

行政单位计提折旧的范围是固定资产、公共基础设施。目前，行政单位对固定资产、公共基础设施是否计提折旧由财政部另行规定。行政单位对文物及陈列品，图书、档案，动植物，以名义金额入账的固定资产，境外行政单位持有的能够与房屋及构筑物区分、拥有所有权的土地等固定资产不计提折旧。

二、固定资产计提折旧的方法

1. 平均年限法

平均年限法，又称直线法，是将固定资产的价值均衡分摊到使用寿命各会计期的一种方法。其折旧的计算可采取三种方法：

（1）残值率法。

$$固定资产年折旧率 = \frac{1 - 预计净残值率}{固定资产预计折旧年限} \times 100\%$$

$$固定资产月折旧率 = 固定资产年折旧率 \div 12$$

$$固定资产月折旧额 = 固定资产原值 \times 固定资产月折旧率$$

（2）使用寿命法。

$$固定资产年折旧率 = \frac{固定资产原值 - 预计残值 + 预计清理费用}{固定资产预计折旧年限}$$

$$固定资产月折旧率 = 固定资产年折旧率 \div 12$$

$$固定资产月折旧额 = 固定资产原值 \times 固定资产月折旧率$$

（3）折旧率法。

实际工作中，每月计提的折旧额是根据固定资产原值乘以折旧率来计算的。

$$固定资产年折旧率 = 固定资产年折旧额 \div 固定资产原值$$

$$固定资产月折旧率 = 固定资产年折旧率 \div 12$$

$$固定资产月折旧额 = 固定资产原值 \times 固定资产月折旧率$$

固定资产折旧率可以分为个别或单项折旧率、分类折旧率和综合折旧率。固定资产个别折旧率是指某固定资产在一定期间的折旧额与该项固定资产原值的比率，即按单项固定资产计算的折旧率；固定资产分类折旧率是指固定资产分类折旧额与该类固定资产原值的比例，采用这种方法，应先把性质、结构和使用年限接近的固定资产归纳为一类，再按类计算平均折旧率；固定资产综合折旧率是指某一期间单位全部固定资产折旧额与全部固定资产原值的比例。

2. 工作量法

这是按固定资产完成其工作总量中的实际工作量计提折旧额的一种方法。此方法主要适用于大型精密贵重设备、仪器。工作量法对折旧的计算可采取工作小时和工作量两种方法：

$$每工作小时折旧额 = (固定资产原值 - 预计净残值) \div 预计总工作小时$$

$$固定资产每一工作量折旧额 = \frac{固定资产原值 \times (1 - 预计净残值率)}{预计总工作量}$$

$$每一工作量折旧额 = [固定资产原值 \times (1 - 预计净残值率)] \div 预计总工作量$$

$$某固定资产月折旧额 = 该项固定资产当月工作量 \times 每一工作量折旧额$$

固定资产提完折旧后，不管其能否继续使用，均不再提取折旧。提前报废的固定资产也不补提折旧。

$$应计提折旧总额 = 固定资产原值 - 预计净残值 + 预计清理费用$$

3. 固定资产折旧额的计算

在实际工作中，折旧的计算通过编制折旧计算表进行，参见7-1、表7-2。

表7-1 　　　　　　　　　　固定资产折旧计算表

使用单位：××科室　　　　　　　　200×年×月×日　　　　　　　　单位：元

固定资产类别	固定资产原值	月分类折旧率	上月折旧额	上月增加固定资产		上月减少固定资产		本月折旧额
				原值	折旧额	原值	折旧额	
房屋及建筑物	567 250	0.004	2 269					2 269
机器设备	150 000	0.005	750	8 000	40			790
运输工具	90 000	0.0048	432					432
其他设备	50 000	0.006	300			2 000	12	288
合计	857 250		3 751	8 000	40	2 000	12	3 779

表7-2 　　　　　　　　　　固定资产折旧计算总表

200×年×月×日　　　　　　　　单位：元

使用部分	固定资产类别				合计
	房屋及建筑物	机器设备	运输工具	其他设备	
×科室	2 269	790	432	288	3 779
×部门	12 000	3 000	6 000	2 700	23 700
合计	14 269	3 790	6 432	2 988	27 479

三、行政单位计提折旧的要求

固定资产、公共基础设施计提折旧是指在固定资产、公共基础设施预计使用寿命内，按照确定的方法对应折旧金额进行系统分摊。

（1）按照规定对固定资产、公共基础设施计提折旧的，折旧金额应当根据固定资产、公共基础设施原价和折旧年限确定。行政单位应当根据固定资产、公共基础设施的性质和实际使用情况，合理确定其折旧年限。省级以上财政部门、主管部门对行政单位固定资产、公共基础设施折旧年限做出规定的，从其规定。

（2）行政单位一般应当采用年限平均法或工作量法计提固定资产、公共基础设施折旧。

（3）行政单位固定资产、公共基础设施的应折旧金额为其成本，计提固定资产、公共基础设施折旧不考虑预计净残值。

（4）行政单位一般应当按月计提固定资产、公共基础设施折旧。当月增加的固定资产、公共基础设施，当月不提折旧，从下月起计提折旧；当月减少的固定资产、公共基础设施，当月照提折旧，从下月起不提折旧。

（5）固定资产的各组成部分具有不同的使用寿命、适用不同折旧率的，应当分别将各组成部分确认为单项固定资产。

（6）固定资产、公共基础设施提足折旧后，无论能否继续使用，均不再计提折旧；提前报废的固定资产、公共基础设施，也不再补提折旧；已提足折旧的固定资产、公共基础设施，可以继续使用的，应当继续使用，规范管理。

（7）固定资产、公共基础设施因改建、扩建或修缮等原因而提高使用效能或延长使用年限的，应当按照重新确定的固定资产、公共基础设施成本以及重新确定的折旧年限，重新计算折旧额。

四、行政单位计提折旧的账务处理

1. 按月计提的核算

行政单位按月计提固定资产、公共基础设施折旧时，按照应计提折旧金额，借记"资产基金——固定资产、公共基础设施"科目，贷记"累计折旧"科目。

【例7-14】经批准某单位2014年1月通过政府采购购回复印机一台，货款21 000元，增值税3 570元，款项24 570元由财政直接支付。复印机预计使用年限5年，试计算每月应该计提的折旧，并进行账务处理。

借：经费支出——基本支出——公用支出（专用设备购置费）　　24 570
　　贷：财政拨款收入——财政直接支付——基本支出拨款　　　　24 570

同时，作会计分录：

借：固定资产——专用设备　　　　　　　　　　　　　　　　　24 570
　　贷：资产基金——固定资产　　　　　　　　　　　　　　　　24 570

2014年2月起对复印机按月计提折旧：

按月计提折旧 = 24 570 ÷ 5 ÷ 12 = 409.5（元）

借：资产基金——固定资产　　　　　　　　　　　　　　　　　409.5
　　贷：累计折旧——固定资产　　　　　　　　　　　　　　　　409.5

2. 固定资产、公共基础设施处置的核算

行政单位固定资产、公共基础设施处置时，按照所处置固定资产、公共基础设施的账面价值，借记"待处理财产损溢"科目（出售、置换换出、毁损、报废、盘亏）或"资产基金——固定资产、公共基础设施"科目（无偿调出、对外捐赠），按照固定资产、公共基础设施已计提折旧，借记"累计折旧"科目，按照固定资产、公共基础设施的账面余额，贷记"固定资产""公共基础设施"科目。

第三节　在建工程

一、在建工程核算的特点

（1）单独核算。为了反映和监督行政事业单位的基本建设投资的取得及使用情况，按照《行政单位会计制度》和《事业单位会计制度》的规定，基本建设投资应当按照国家有关规定单独建账、单独核算。

（2）定期并账。单位的基本建设投资按规定至少按月由基建会计账套并入单位会计"在建工程"科目及其他相关科目反映。在建工程达到交付使用状态时，应当按照规定办理工程竣工财务决算和资产交付使用。

（3）行政事业单位应当在"在建工程"科目下设置"基建工程"明细科目，核算由基建账套并入的在建工程成本。有关基建并账的具体账务处理另行规定。

（4）在建工程应当在属于在建工程的成本发生时确认。

（5）在建工程账务处理包括建筑工程、设备安装、信息系统建设、在建工程毁损的核算。

二、在建工程的科目设置

行政单位在建工程核算行政单位已经发生必要支出，但尚未完工交付使用的各种建筑（包括新建、改建、扩建、修缮等）、设备安装工程和信息系统建设工程的实际成本，不能够增加固定资产、公共基础设施使用效能或延长其使用寿命的修缮、维护等，不通过"在建工程"科目核算；事业单位在建工程核算已经发生必要支出，但尚未完工交付使用的各种建筑（包括新建、改建、扩建、修缮等）和设备安装工程的实际成本。

在建工程属于资产类科目，借方反映增加数，贷方登记减少数。期末借方余额，反映行政事业单位尚未完工的在建工程的实际成本。

"在建工程"科目应当按照具体工程项目等进行明细核算；需要分摊计入不同工程项目的间接工程成本，应当通过本科目下设置的"待摊投资"明细科目核算。

三、行政事业单位建筑工程的核算

（1）将固定资产转入改建、扩建或修缮等时，按照固定资产的账面价值，作会计分录：

借：在建工程
　　贷：资产基金——在建工程［行政单位］
　　　　非流动资产基金——在建工程［事业单位］
同时，作会计分录：
借：资产基金——固定资产（固定资产的账面价值）
　　累计折旧（已计提折旧）

贷：固定资产（固定资产的账面余额）

（2）将改建、扩建或修缮的建筑部分拆除时，按照拆除部分的账面价值记账；没有固定资产拆除部分的账面价值的，比照同类或类似固定资产的实际成本或市场价格及其拆除部分占全部固定资产价值的比例确定并记账。作会计分录：

借：资产基金——在建工程

　　贷：在建工程

改建、扩建或修缮的建筑部分拆除获得残值收入时，作会计分录：

借：银行存款等

　　贷：经费支出

同时，作会计分录：

借：资产基金——在建工程

　　贷：在建工程

（3）根据工程进度支付工程款时，按照实际支付的金额，作会计分录：

借：经费支出［行政单位］

　　事业支出［事业单位］

　　贷：财政拨款收入、零余额账户用款额度、银行存款等［行政单位］

　　　　财政补助收入、零余额账户用款额度、银行存款等［事业单位］

同时按照相同的金额，作会计分录：

借：在建工程

　　贷：资产基金——在建工程［行政单位］

　　　　非流动资产基金——在建工程［事业单位］

单位取得"在建工程"变价收入时应冲转相应的支出账户。

（4）根据工程价款结算账单与施工企业结算工程价款时，按照工程价款结算账单上列明的金额（扣除已支付的金额），作会计分录：

借：在建工程

　　贷：资产基金——在建工程［行政单位］

　　　　非流动资产基金——在建工程［事业单位］

同时，按照实际支付的金额，作会计分录：

借：经费支出

　　贷：财政拨款收入、零余额账户用款额度、银行存款等

行政单位按照应付未付的金额，作会计分录：

借：待偿债净资产

　　贷：应付账款

（5）支付工程价款结算账单以外的款项时，例如为建筑工程借入的专款而支付的利息，属于建设期间的应计入在建工程成本，支付利息时，作会计分录：

借：在建工程

　　贷：资产基金——在建工程［行政单位］

　　　　非流动资产基金——在建工程［事业单位］

同时，作会计分录：

借：经费支出［行政单位］

　　其他支出［事业单位］

　　　贷：财政拨款收入、零余额账户用款额度、银行存款等

（6）工程项目结束，需要分摊间接工程成本的，按照应当分摊到该项目的间接工程成本，作会计分录：

借：在建工程（××项目）

　　　贷：在建工程（待摊投资）

（7）建筑工程项目完工交付使用时，按照交付使用工程的实际成本，作会计分录：

借：资产基金——在建工程［行政单位］

　　非流动资产基金——在建工程［事业单位］

　　　贷：在建工程

同时，作会计分录：

借：固定资产、无形资产（交付使用的工程项目中有能够单独区分成本的无形资产）

　　　贷：资产基金——固定资产、无形资产［行政单位］

　　　　　非流动资产基金——固定资产、无形资产［事业单位］

（8）建筑工程项目完工交付使用时扣留质量保证金的，按照扣留的质量保证金金额，作会计分录：

借：待偿债净资产

　　　贷：长期应付款等

（9）为工程项目配套而建成的、产权不归属本单位的专用设施，将专用设施产权移交其他单位时，按照应当交付专用设施的实际成本，作会计分录：

借：资产基金——在建工程

　　　贷：在建工程

（10）工程完工但不能形成资产的项目，应当按照规定报经批准后予以核销。转入待处理财产损溢时，按照不能形成资产的工程项目的实际成本，作会计分录：

借：待处理财产损溢

　　　贷：在建工程

四、行政事业单位设备安装的会计处理

（1）购入需要安装的设备，按照购入的成本，作会计分录：

借：在建工程

　　　贷：资产基金——在建工程［行政单位］

　　　　　非流动资产基金——在建工程［事业单位］

同时，按实际支付的金额，作会计分录：

借：经费支出［行政单位］

　　事业支出、经营支出等［事业单位］

　　　贷：财政拨款收入、零余额账户用款额度、银行存款等［行政单位］

财政补助收入、零余额账户用款额度、银行存款等［事业单位］

（2）发生安装费用时，按照实际支付的金额，作会计分录：

借：在建工程

贷：资产基金——在建工程［行政单位］

非流动资产基金——在建工程［事业单位］

同时，作会计分录：

借：经费支出［行政单位］

事业支出、经营支出等［事业单位］

贷：财政拨款收入、零余额账户用款额度、银行存款等［行政单位］

财政补助收入、零余额账户用款额度、银行存款等［事业单位］

（3）设备安装完工交付使用时，按照交付使用设备的实际成本，作会计分录：

借：资产基金——在建工程［行政单位］

非流动资产基金——在建工程［事业单位］

贷：在建工程

同时，作会计分录：

借：固定资产、无形资产（交付使用的设备中有能够单独区分成本的无形资产）

贷：资产基金——固定资产、无形资产［行政单位］

非流动资产基金——固定资产、无形资产［事业单位］

（4）事业单位融资租赁需要安装的设备，作会计分录：

借：在建工程（确定的成本）

贷：长期应付款（租赁协议或合同确定的租赁价款）

非流动资产基金——在建工程（差额）

同时，按照实际支付的相关税费、运输费、途中保险费等，作会计分录：

借：事业支出、经营支出等

贷：财政补助收入、零余额账户用款额度、银行存款等

五、行政单位信息系统建设的会计处理

（1）发生各项建设支出时，按照实际支付的金额，作会计分录：

借：在建工程

贷：资产基金——在建工程

同时，作会计分录：

借：经费支出

贷：财政拨款收入、零余额账户用款额度、银行存款等

（2）信息系统建设完成交付使用时，按照交付使用信息系统的实际成本，作会计分录：

借：资产基金——在建工程

贷：在建工程.

同时，作会计分录：

借：固定资产、无形资产
　　贷：资产基金——固定资产、无形资产

六、在建工程毁损的会计处理

毁损的在建工程成本应转入"待处理财产损溢"科目进行处理。转入待处理财产损溢时，作会计分录：

借：待处理财产损溢
　　贷：在建工程

第四节　无形资产与摊销

一、无形资产的特点

无形资产是指无实物形态的，用于生产商品或提供劳务、出租给他人，或为了管理目的，使用年限超过 1 年的非货币性资产，包括专利权、商标权、著作权、土地使用权、非专利技术、商誉以及其他财产权利。

1. 不具有实物形态

无形资产是指不具有实物形态而能为使用者提供某种权利的资产，这是无形资产区别于固定资产的鲜明标志。无形资产应当在完成对其权属的规定登记或其他证明单位取得无形资产时确认。

2. 具有垄断性

无形资产通常属于特定事业单位独占的权利，为该单位所垄断，而不能同时属于其他单位。这一特征表明，无形资产与特定的主体有关，在法律或契约的保护下禁止非所有权人无偿取得。

3. 收益具有很大的不确定性

无形资产所能带来的收益很难预计，可能很大，也可能很小。同时，由于无形资产价值存在的依赖性，使得无形资产与其他相关资产带来的收益很难区分，从而无法单独确定它们所带来收益的数额。

4. 可以长期使用

单位无形资产可以在许多会计期间为单位使用，这一特征使之区别于流动资产。

无形资产属于资产类科目，核算行政单位各项无形资产的原价。借方反映增加数，贷方反映减少数；期末借方余额，反映行政单位无形资产的原价。无形资产科目应按其类别、项目等进行明细核算。

二、取得无形资产的账务处理

取得无形资产时，应当按照其实际成本入账。

1. 外购无形资产的核算

外购的无形资产，其成本包括实际支付的购买价款、相关税费以及可归属于该项资产达到预定用途所发生的其他支出。单位购入的不构成相关硬件不可缺少组成部分的软件，应当作为无形资产核算。

购入的无形资产，按照确定的成本，作会计分录：

借：无形资产
　　贷：资产基金——无形资产

同时，按照实际支付的金额，作会计分录：

借：经费支出
　　贷：财政拨款收入、零余额账户用款额度、银行存款等

购入无形资产尚未付款的，取得无形资产时，按照确定的成本，作会计分录：

借：无形资产
　　贷：资产基金——无形资产

同时，按照应付未付的款项金额，作会计分录：

借：待偿债净资产
　　贷：应付账款

2. 委托开发无形资产的核算

委托软件公司开发软件，视同外购无形资产进行处理。

（1）软件开发前按照合同约定预付开发费用时，作会计分录：

借：预付账款
　　贷：资产基金——预付款项

同时，作会计分录：

借：经费支出
　　贷：财政拨款收入、零余额账户用款额度、银行存款等

（2）软件开发完成交付使用，并支付剩余或全部软件开发费用时，按照软件开发费用总额，作会计分录：

借：无形资产
　　贷：资产基金——无形资产

按照实际支付的金额，作会计分录：

借：经费支出
　　贷：财政拨款收入、零余额账户用款额度、银行存款等

按照冲销的预付开发费用，作会计分录：

借：资产基金——预付款项
　　贷：预付账款

3. 自行开发无形资产的核算

自行开发并按法律程序申请取得的无形资产，按照依法取得时发生的注册费、聘请律师费等费用确定成本。

取得无形资产时，按照确定的成本，作会计分录：

借：无形资产
　　贷：资产基金——无形资产

同时，按照实际支付的金额，作会计分录：

借：经费支出

　　贷：财政拨款收入、零余额账户用款额度、银行存款等

依法取得前所发生的研究开发支出，应当于发生时直接计入当期支出，但不计入无形资产的成本，作会计分录：

借：经费支出

　　贷：财政拨款收入、零余额账户用款额度、财政应返还额度、银行存款等

4. 置换取得无形资产的核算

置换取得的无形资产，其成本按照换出资产的评估价值加上支付的补价或减去收到的补价，加上为换入无形资产支付的其他费用（登记费等）确定。

置换取得的无形资产，按照确定的成本，作会计分录：

借：无形资产

　　贷：资产基金——无形资产

同时，按照实际支付的补价、相关税费等，作会计分录：

借：经费支出

　　贷：财政拨款收入、零余额账户用款额度、银行存款等

5. 接受捐赠、无偿调入无形资产的核算

接受捐赠、无偿调入的无形资产，其成本按照有关凭据注明的金额加上相关税费确定；没有相关凭据可供取得，但依法经过资产评估的，其成本应当按照评估价值加上相关税费确定；没有相关凭据可供取得，也未经评估的，其成本比照同类或类似资产的市场价格加上相关税费确定；没有相关凭据也未经评估，其同类或类似无形资产的市场价格无法可靠取得，所取得的无形资产应当按照名义金额入账。

接受捐赠、无偿调入无形资产时，按照确定的无形资产成本，作会计分录：

借：无形资产

　　贷：资产基金——无形资产

同时，按照发生的相关税费，作会计分录：

借：经费支出

　　贷：零余额账户用款额度、银行存款等

6. 无形资产有关后续支出的核算

与无形资产有关的后续支出，分以下情况处理：

（1）为增加无形资产使用效能而发生的后续支出，如对软件进行升级改造或扩展其功能等所发生的支出，应当计入无形资产的成本，作会计分录：

借：无形资产

　　贷：资产基金——无形资产

同时，作会计分录：

借：经费支出

　　贷：财政拨款收入、零余额账户用款额度、银行存款等

（2）为维护无形资产的正常使用而发生的后续支出，如对软件进行的漏洞修

补、技术维护等所发生的支出，应当计入当期支出但不计入无形资产的成本，作会计分录：

借：经费支出

贷：财政拨款收入、零余额账户用款额度、银行存款等

三、无形资产的摊销

（一）累计摊销科目的设置

行政单位应当对无形资产进行摊销，以名义金额计量的无形资产除外。摊销是指在无形资产使用寿命内，按照确定的方法对应摊销金额进行系统分摊。

"累计摊销"科目核算行政单位无形资产计提的累计摊销。贷方反映计提的摊销数，借方反映处置数；期末贷方余额，反映行政单位计提的无形资产摊销累计数。"累计摊销"科目应当按照无形资产的类别、项目等进行明细核算。

（二）无形资产摊销年限确定的原则

（1）法律规定了有效年限的，按照法律规定的有效年限作为摊销年限。

（2）法律没有规定有效年限的，按照相关合同或单位申请书中的受益年限作为摊销年限。

（3）法律没有规定有效年限、相关合同或单位申请书也没有规定受益年限的，按照不少于 10 年的期限摊销。

（4）非大批量购入、单价小于 1 000 元的无形资产，可以于购买的当期，一次将成本全部摊销。

（三）无形资产摊销的方法

（1）行政单位应当采用年限平均法计提无形资产摊销。

（2）行政单位无形资产的应摊销金额为其成本。

（3）行政单位应当自无形资产取得当月起，按月计提摊销；无形资产减少的当月，不再计提摊销。

（4）无形资产提足摊销后，无论能否继续带来服务潜力或经济利益，均不再计提摊销；核销的无形资产，如果未提足摊销，也不再补提摊销。

（5）因发生后续支出而增加无形资产成本的，应当按照重新确定的无形资产成本，重新计算摊销额。

（四）累计摊销的主要账务处理

（1）按月计提无形资产摊销时，按照应计提的金额，作会计分录：

借：资产基金——无形资产

贷：累计摊销

（2）无形资产处置时，作会计分录：

借：待处理财产损溢［出售、置换换出、核销］（无形资产的账面价值）

资产基金——无形资产［无偿调出、对外捐赠］（无形资产的账面价值）

累计摊销（已计提摊销额）

贷：无形资产（无形资产的账面余额）

四、无形资产减少的账务处理

1. 出售、置换换出以及无偿调出、对外捐赠无形资产的核算

报经批准出售、置换换出以及无偿调出、对外捐赠无形资产转入待处理财产损溢时，作会计分录：

借：待处理财产损溢（无形资产的账面价值）
　　累计摊销（已计提摊销）
　　贷：无形资产（无形资产的账面余额）

无偿调出、对外捐赠无形资产发生由行政单位承担的相关费用支出等，按照实际支付的金额，作会计分录：

借：经费支出
　　贷：财政拨款收入、零余额账户用款额度、银行存款等

2. 无形资产核销的核算

无形资产预期不能为行政单位带来服务潜力或经济利益的，应当按规定报经批准后将无形资产的账面价值予以核销。

待核销的无形资产转入待处理财产损溢时，按照待核销无形资产的账面价值，作会计分录：

借：待处理财产损溢（无形资产的账面价值）
　　累计摊销（已计提摊销）
　　贷：无形资产（无形资产的账面余额）

第五节　社会性资产

一、政府储备物资

（一）政府储备物资的科目设置

"政府储备物资"科目核算行政单位直接储存管理的各项政府应急或救灾储备物资等。

负责采购并拥有储备物资调拨权力的行政单位（简称"采购单位"）将政府储备物资交由其他行政单位（简称"代储单位"）代为储存的，由采购单位通过"政府储备物资"科目核算政府储备物资，代储单位将受托代储的政府储备物资作为受托代理资产核算。

政府储备物资属于资产类科目，借方登记增加数，贷方登记减少数。"政府储备物资"科目期末借方余额，反映行政单位管理的政府储备物资的实际成本。

"政府储备物资"科目应当按照政府储备物资的种类、品种、存放地点等进行明细核算。

政府储备物资应当在其到达存放地点并验收时确认。

（二）政府储备物资的主要账务处理

1. 取得政府储备物资时，应当按照其成本入账

（1）购入的政府储备物资，其成本包括购买价款、相关税费、运输费、装卸费、

保险费以及其他使政府储备物资达到目前场所和状态所发生的支出；单位支付的政府储备物资保管费、仓库租赁费等日常储备费用，不计入政府储备物资的成本。

购入的政府储备物资验收入库，按照确定的成本，作会计分录：

借：政府储备物资

　　贷：资产基金——政府储备物资

同时，按实际支付的金额，作会计分录：

借：经费支出

　　贷：财政拨款收入、零余额账户用款额度、银行存款等

（2）接受捐赠、无偿调入的政府储备物资，其成本按照有关凭据注明的金额加上相关税费、运输费等确定；没有相关凭据可供取得，但依法经过资产评估的，其成本应当按照评估价值加上相关税费、运输费等确定；没有相关凭据可供取得、也未经评估的，其成本比照同类或类似政府储备物资的市场价格加上相关税费、运输费等确定。

接受捐赠、无偿调入的政府储备物资验收入库，按照确定的成本，作会计分录：

借：政府储备物资

　　贷：资产基金——政府储备物资

由行政单位承担运输费用等的，按实际支付的相关税费、运输费等金额，作会计分录：

借：经费支出

　　贷：财政拨款收入、零余额账户用款额度、银行存款等

2. 政府储备物资发出时，计价方法不得随意变更

政府储备物资发出时，应当根据实际情况采用先进先出法、加权平均法或者个别计价法确定发出政府储备物资的实际成本。计价方法一经确定，不得随意变更。

（1）经批准对外捐赠、无偿调出政府储备物资时，按照对外捐赠、无偿调出政府储备物资的实际成本，作会计分录：

借：资产基金——政府储备物资

　　贷：政府储备物资

对外捐赠、无偿调出政府储备物资发生由行政单位承担的运输费等支出时，作会计分录：

借：经费支出

　　贷：财政拨款收入、零余额账户用款额度、银行存款等

（2）行政单位报经批准将不需储备的物资出售时，应当转入待处理财产损溢，按照相关储备物资的账面余额，作会计分录：

借：待处理财产损溢

　　贷：政府储备物资

3. 盘盈、盘亏或毁损、报废政府储备物资

行政单位管理的政府储备物资应当定期进行清查盘点，每年至少盘点一次。对于发生的政府储备物资盘盈、盘亏或者毁损、报废，应当及时查明原因，按规定报经批准后进行账务处理。

（1）盘盈的政府储备物资，按照取得同类或类似政府储备物资的实际成本确定入账价值；没有同类或类似政府储备物资的实际成本，按照同类或类似政府储备物资的市场价格确定入账价值。

盘盈的政府储备物资，按照确定的入账价值，作会计分录：

借：政府储备物资

　　贷：待处理财产损溢

（2）盘亏或者毁损、报废的政府储备物资，转入待处理财产损溢时，按照其账面余额，作会计分录：

借：待处理财产损溢

　　贷：政府储备物资

二、公共基础设施

（一）公共基础设施的科目设置

"公共基础设施"科目核算由行政单位占有并直接负责维护管理、供社会公众使用的工程性公共基础设施资产，包括城市交通设施、公共照明设施、环保设施、防灾设施、健身设施、广场及公共构筑物等其他公共设施。

与公共基础设施配套使用的修理设备、工具器具、车辆等动产，作为管理公共基础设施的行政单位的固定资产核算，不通过"公共基础设施"科目核算。

与公共基础设施配套、供行政单位在公共基础设施管理中自行使用的房屋构筑物等，能够与公共基础设施分开核算的，作为行政单位的固定资产核算，不通过"公共基础设施"科目核算。

公共基础设施属资产类科目，借方登记增加数，贷方登记减少数。"公共基础设施"科目期末借方余额，反映行政单位管理的公共基础设施的实际成本。"公共基础设施"科目应当按照公共基础设施的类别和项目进行明细核算。

行政单位应当结合本单位的具体情况，制定适合于本单位管理的公共基础设施目录、分类方法，作为进行公共基础设施核算的依据。

公共基础设施应当在对其取得占有权利时确认。

（二）公共基础设施的主要账务处理

1. 公共基础设施在取得时，应当按照其成本入账

（1）行政单位自行建设的公共基础设施，其成本包括建造该公共基础设施至交付使用前所发生的全部必要支出。

公共基础设施的各组成部分需要分别核算的，按照各组成部分公共基础设施造价确定其成本；没有各组成部分公共基础设施造价的，按照各组成部分公共基础设施同类或类似市场造价的比例对总造价进行分配，确定各组成部分公共基础设施的成本。

公共基础设施建设完工交付使用时，按照确定的成本，作会计分录：

借：公共基础设施

　　贷：资产基金——公共基础设施

同时，作会计分录：

借：资产基金——在建工程

  贷：在建工程

已交付使用但尚未办理竣工决算手续的公共基础设施，按照估计价值入账，待确定实际成本后再进行调整。

（2）接受其他单位移交的公共基础设施，其成本按照公共基础设施的原账面价值确认，作会计分录：

借：公共基础设施

  贷：资产基金——公共基础设施

2. 公共基础设施的后续支出

（1）为增加公共基础设施使用效能或延长其使用寿命而发生的改建、扩建或大型修缮等后续支出，应当计入公共基础设施成本，先通过"在建工程"科目核算，完工交付使用时转入"公共基础设施"科目。

（2）为维护公共基础设施的正常使用而发生的日常修理等后续支出，应当计入当期支出，作会计分录：

借：经费支出

  贷：财政拨款收入、零余额账户用款额度、银行存款等

3. 公共基础设施的处置

行政单位管理的公共基础设施向其他单位移交、毁损、报废时，应当按照规定报经批准后进行账务处理。

（1）经批准向其他单位移交公共基础设施时，作会计分录：

借：资产基金——公共基础设施（公共基础设施的账面价值）

  累计折旧（已计提折旧）

  贷：公共基础设施（公共基础设施的账面余额）

（2）毁损、报废的公共基础设施，转入待处理财产损溢时，按照待处理公共基础设施的账面价值，作会计分录：

借：待处理财产损溢（公共基础设施的账面价值）

  累计折旧（已计提折旧）

  贷：公共基础设施（公共基础设施的账面余额）

第六节　待处理财产损溢

一、待处理财产损溢的科目设置

待处理财产损溢核算行政单位待处理财产的价值及财产处理损溢。行政单位财产的处理包括资产的出售、毁损、报废、盘盈、盘亏，以及货币性资产损失核销等。

待处理财产损溢属双重性质的科目，借方登记待处理财产损失的增加数或待处理财产溢出的减少数，贷方登记待处理财产损失的减少数或待处理财产溢出的增加数；本科目期末如为借方余额，反映尚未处理完毕的各种财产的价值及净损失；期末如为贷方余

额，反映尚未处理完毕的各种财产净溢余。年度终了，报经批准处理后，"待处理财产损溢"科目一般应无余额。

"待处理财产损溢"科目应当按照待处理财产项目进行明细核算；对于在财产处理过程中取得收入或发生相关费用的项目，还应当设置"待处理财产价值""处理净收入"明细科目，进行明细核算。

行政单位财产的处理，一般应当先记入"待处理财产损溢"科目，按照规定报经批准后及时进行相应的账务处理。年终结账前一般应处理完毕。

二、待处理财产损溢的主要账务处理

（一）按照规定报经批准处理无法查明原因的现金短缺或溢余

（1）属于无法查明原因的现金短缺，报经批准核销的，作会计分录：

借：经费支出

　　贷：待处理财产损溢

（2）属于无法查明原因的现金溢余，报经批准后，作会计分录：

借：待处理财产损溢

　　贷：其他收入

（二）按照规定报经批准核销无法收回的应收账款、其他应收款

（1）转入待处理财产损溢时，作会计分录：

借：待处理财产损溢

　　贷：应收账款、其他应收款

（2）报经批准对无法收回的其他应收款予以核销时，作会计分录：

借：经费支出

　　贷：待处理财产损溢

对无法收回的应收账款予以核销时，作会计分录：

借：其他应付款等

　　贷：待处理财产损溢

（三）按照规定报经批准核销预付账款、无形资产

（1）转入待处理财产损溢时，作会计分录：

借：待处理财产损溢

　　累计摊销［核销无形资产］

　　贷：预付账款、无形资产

（2）报经批准予以核销时，作会计分录：

借：资产基金——预付款项、无形资产

　　贷：待处理财产损溢

（四）出售、置换换出存货、固定资产、无形资产、政府储备物资等

（1）转入待处理财产损溢时，作会计分录：

借：待处理财产损溢（待处理财产价值）

　　累计折旧［出售、置换换出固定资产］

　　累计摊销 ［出售、置换换出无形资产］

　　　　贷：存货、固定资产、无形资产、政府储备物资等

　（2）实现出售、置换换出时，作会计分录：

　借：资产基金及相关明细科目

　　　　贷：待处理财产损溢（待处理财产价值）

　（3）出售、置换换出资产过程中收到价款、补价等收入，作会计分录：

　借：库存现金、银行存款等

　　　　贷：待处理财产损溢（处理净收入）

　（4）出售、置换换出资产过程中发生相关费用，作会计分录：

　借：待处理财产损溢（处理净收入）

　　　　贷：库存现金、银行存款、应缴税费等

　（5）出售、置换换出完毕并收回相关的应收账款后，按照处置收入扣除相关税费后的净收入，作会计分录：

　借：待处理财产损溢（处理净收入）

　　　　贷：应缴财政款

　如果处置收入小于相关税费的，按照相关税费减去处置收入后的净支出，作会计分录：

　借：经费支出

　　　　贷：待处理财产损溢（处理净收入）

（五）盘亏、毁损、报废各种实物资产

　（1）转入待处理财产损溢时，作会计分录：

　借：待处理财产损溢（待处理财产价值）

　　累计折旧 ［处置固定资产、公共基础设施］

　　　　贷：存货、固定资产、在建工程、政府储备物资、公共基础设施等

　（2）报经批准予以核销时，作会计分录：

　借：资产基金及相关明细科目

　　　　贷：待处理财产损溢（待处理财产价值）

　（3）毁损、报废各种实物资产过程中取得的残值变价收入、发生相关费用，以及取得的残值变价收入扣除相关费用后的净收入或净支出的账务处理，比照（四）有关出售资产进行处理。

（六）核销不能形成资产的在建工程成本

　转入待处理财产损溢时，作会计分录：

　借：待处理财产损溢

　　　　贷：在建工程

　报经批准予以核销时，作会计分录：

　借：资产基金——在建工程

　　　　贷：待处理财产损溢

（七）盘盈存货、固定资产、政府储备物资等实物资产

　转入待处理财产损溢时，作会计分录：

借：存货、固定资产、政府储备物资等

　　贷：待处理财产损溢

报经批准予以处理时，作会计分录：

借：待处理财产损溢

　　贷：资产基金及相关明细科目

第七节　受托代理资产

一、受托代理资产的科目设置

"受托代理资产"科目核算行政单位接受委托方委托管理的各项资产，包括受托指定转赠的物资、受托储存管理的物资等。行政单位收到受托代理资产为现金和银行存款的，不通过"受托代理资产"科目核算，应当通过"库存现金""银行存款"科目进行核算。

受托代理资产属资产类科目，借方反映增加数，贷方反映减少数；期末借方余额，反映单位受托代理资产中实物资产的价值。"受托代理资产"科目应当按照资产的种类和委托人进行明细核算；属于转赠资产的，还应当按照受赠人进行明细核算。

受托代理资产应当在行政单位收到受托代理的资产时确认。

二、受托代理资产的主要账务处理

1. 受托转赠物资

（1）接受委托人委托需要转赠给受赠人的物资，其成本按照有关凭据注明的金额确定；没有相关凭据可供取得的，其成本比照同类或类似物资的市场价格确定。

接受委托转赠的物资验收入库，按照确定的成本，作会计分录：

借：受托代理资产

　　贷：受托代理负债

受托协议约定由行政单位承担相关税费、运输费等的，还应当按照实际支付的相关税费、运输费等金额，作会计分录：

借：经费支出

　　贷：银行存款等

（2）将受托转赠物资交付受赠人时，按照转赠物资的成本，作会计分录：

借：受托代理负债

　　贷：受托代理资产

（3）转赠物资的委托人取消了对捐赠物资的转赠要求，且不再收回捐赠物资的，应当将转赠物资转为存货或固定资产，按照转赠物资的成本，作会计分录：

借：受托代理负债

　　贷：受托代理资产

同时，作会计分录：

借：存货、固定资产

　　贷：资产基金——存货、固定资产

2. 受托储存管理物资

（1）接受委托人委托储存管理的物资，其成本按照有关凭据注明的金额确定。接受委托储存的物资验收入库，按照确定的成本，作会计分录：

借：受托代理资产
　　贷：受托代理负债

（2）支付由受托单位承担的与受托储存管理的物资相关的运输费、保管费等费用时，按照实际支付的金额，作会计分录：

借：经费支出
　　贷：银行存款等

（3）根据委托人要求交付受托储存管理的物资时，按照储存管理物资的成本，作会计分录：

借：受托代理负债
　　贷：受托代理资产

思考与练习题

某行政单位 10 月份发生如下现金收支业务，要求据此编制会计分录：

1. 建成办公楼 1 幢，造价 1 000 000 元，经验收合格并交付使用。

2. 购买电脑 2 台，价款 11 000 元，价款用支票付讫，货已验收。

3. 自制文具柜 20 个，支付料工费 3 000 元，用银行存款支付。

4. 自制的 20 个文具柜现已全部制成，共耗用料工费 3 500 元，经验收合格，交付使用，同时以银行存款补付 500 元。

5. 经主管部门批准，在系统内有偿调入计算机一台，价值 9 000 元。

6. 接到国外友好单位赠送的轿车一辆，价值 1 000 000 元，同时该机关支付关税和国内运杂费 50 000 元，已转账付款。

7. 将一台价值 8 000 元的计算机有偿调给兄弟单位，价款 6 000 元，兄弟单位已转账付款。凭"调拨单"填制记账凭证。

8. 将一辆原价 200 000 元的闲置汽车，作价 100 000 元出售，已办清有关银行转账手续，凭"调拨单"和"送款单"填制记账凭证。

9. 经批准报废一台计算机，原价 18 000 元，变价收入 1 200 元，并以现金支付清理费 150 元，已办理完毕，根据"固定资产报废单"和"送款单"填制记账凭证。

10. 对职工专用接送车进行大修理，共支付修理费 3 000 元。

11. 采用临时性租赁方式租出房屋，预收本年度租金 50 000 元。

12. 根据年终财产清查盘点结果，盘盈电风扇 2 台，重置完全价值 400 元；盘亏打印机 1 台，原价 1 000 元。按规定程序批准后，分别予以补账和销账。

13. 新建写字间 1 幢，造价 50 000 000 元，已经竣工，经验收合格并交付使用。

14. 接受某施工企业移交竣工的基础设施项目，工程造价 6 780 000 元。

15. 按照规定报经批准后核销 67 000 元的预付账款。

第八章

行政单位的负债

行政单位的负债是由于行政单位承担了一些代收任务及资金运行中发生的结算应付未付事项形成的。这些代收、应缴和应付的资金，不属于本单位所有，在未上缴或未付出时就表现为负债。

第一节　负债概述

一、负债的内容与分类

负债是指行政单位所承担的能以货币计量，需要以资产等偿还的债务。行政单位的负债按照流动性，分为流动负债和非流动负债。

1. 行政单位的流动负债

行政单位的流动负债是指预计在 1 年内（含 1 年）偿还的负债，包括应缴财政款、应缴税费、应付职工薪酬、应付及暂存款项、应付政府补贴款等。

（1）应缴财政款是指行政单位按照规定取得的应当上缴财政的款项。

（2）应缴税费是指行政单位按照国家税法等有关规定应当缴纳的各种税费。

（3）应付职工薪酬是指行政单位按照有关规定应付的职工工资、津贴补贴等。

（4）应付及暂存款项是指行政单位在开展业务活动中发生的各项债务，包括应付账款、其他应付款等。

（5）应付政府补贴款是指负责发放政府补贴的行政单位，按照有关规定应付给政府补贴接受者的各种政府补贴款。

2. 行政单位的非流动负债

行政单位的非流动负债是指流动负债以外的负债，目前主要是长期应付款。长期应付款是指行政单位发生的偿还期限超过 1 年（不含 1 年）的应付款项。

二、负债的计量与确认

1. 行政单位负债的确认与计量

行政单位的负债，应当在确定承担偿债责任并且能够可靠地进行货币计量时确认。行政单位的负债，应当按照承担的相关合同金额或实际发生额进行计量。

2. 行政单位负债项目的披露

符合负债定义并确认的负债项目，应当列入资产负债表；行政单位承担或有责任

（偿债责任需要通过未来不确定事项的发生或不发生予以证实）的负债，不列入资产负债表，但应当在报表附注中披露。

三、负债的管理

1. 应缴款项的管理

应缴款项是指行政单位依法取得的应当上缴财政的资金，包括罚没收入、行政事业性收费、政府性基金、国有资产处置和出租出借收入等。各项应缴款应当按照国库集中收缴的有关规定及时足额上缴，不得隐瞒、滞留、截留、挪用和坐支。

2. 暂存款项的管理

暂存款项是指行政单位在业务活动中与其他单位或者个人发生的预收、代管等待结算的款项，不得将应当纳入单位收入管理的款项列入暂存款项。

行政单位应当加强对暂存款项的管理，对各种暂存款项以少量、短期、必需、安全为原则；暂存应付款项和暂付应收款项具有对应性，要健全手续，建立责任制，制定相应的审批制度，完善审批手续，经常检查、督促经办人员按规定及时清理、结账、结算，认真审查，不得长期挂账，防止造成呆账。

第二节　应缴款的核算和管理

一、应缴财政款

（一）应缴财政款的科目设置

1. "应缴财政款"科目的核算内容

"应缴财政款"科目核算行政单位取得的按规定应当上缴财政的款项，是行政单位按照法律、法规的规定代收的属于财政的各种预算款项，包括罚没收入、行政事业性收费、政府性基金、国有资产处置和出租收入、无主财物变价款、赃款赃物变价款、其他按照规定应该上缴预算的款项等。

行政单位按照国家税法等有关规定应当缴纳的各种税费，通过"应缴税费"科目核算，不在"应缴财政款"科目核算。

2. "应缴财政款"科目的运用

行政单位应设置"应缴财政款"科目，用以核算应缴财政款的解缴情况。应缴财政款属负债类科目，贷方登记应缴财政款的增加数，即收到的应缴款，借方登记上缴款或减少数。本科目贷方余额反映行政单位应当上缴财政但尚未缴纳的款项。年终清缴后，"应缴财政款"科目一般应无余额。

3. 应缴财政款明细科目的设置

"应缴财政款"科目应当按照应缴财政款项的类别进行明细核算。

4. 应缴财政款的确认

应缴财政款应当在收到应缴财政的款项时确认。

（二）应缴财政款的主要账务处理

取得按照规定应当上缴财政的款项时，会计分录为：

借：银行存款等

　　贷：应缴财政款

将本级直接收纳或下级上缴的应缴预算款上缴上级主管部门或财政部门时，按照实际上缴的金额作相反的会计分录。

【例8-1】发放许可证照，收取工本费、手续费15 000元，款项送存银行。

借：银行存款　　　　　　　　　　　　　　　　　　　　15 000

　　贷：应缴财政款——行政性收费收入　　　　　　　　　　15 000

填列"缴款书"，将上述款项上交国库时，作相反的会计分录。

处置资产取得应当上缴财政的处置净收入的账务处理，参见"待处理财产损溢"科目。

（三）应缴财政款的管理

应缴财政款应该及时足额上缴国库，不得列入暂存不缴。每月月末不论是否达到缴款额度，均应清理结缴，任何单位不得缓缴、截留、挪用，也不得分成、提留和坐支，其所需要的办案费用，应单独编报预算，报财政部门领款支用。

行政单位取得应缴赤字款后，应在规定的时限内解缴入国库。具体的上缴方式、缴款期限及其他缴款要求，按照同级财政的规定办理。其缴库方式主要有直接缴库和集中汇缴两种方式，由单位填写"一般缴款书"，将其应缴款项缴入当地有关的国库或国库经收处。

二、应缴税费

（一）应缴税费的科目设置

1. 应缴税费的核算内容

"应缴税费"科目核算行政单位按照税法等规定应当缴纳的各种税费，包括营业税、城市维护建设税、教育费附加、房产税、车船税、城镇土地使用税等。行政单位代扣代缴的个人所得税，也通过"应缴税费"科目核算。

2. "应缴税费"科目的运用

应缴税费属负债类科目，贷方登记增加数，即收到的应缴款，借方登记上缴款。"应缴税费"科目期末贷方余额，反映行政单位应缴未缴的税费金额。

3. 应缴税费明细科目的设置

"应缴税费"科目应当按照应缴纳的税费种类进行明细核算。

4. 应缴税费的确认

应缴税费应当在产生缴纳税费义务时确认。

（二）应缴税费的主要账务处理

（1）因资产处置等发生营业税、城市维护建设税、教育费附加等缴纳义务的，按照税法等规定计算的应缴税费金额，作会计分录：

借：待处理财产损溢

　　贷：应缴税费

实际缴纳时，作会计分录：

借：应缴税费

　　贷：银行存款等

（2）因出租资产等发生营业税、城市维护建设税、教育费附加等缴纳义务的，按照税法等规定计算的应缴税费金额，作会计分录：

借：应缴财政款等

　　贷：应缴税费

实际缴纳时，作会计分录：

借：应缴税费

　　贷：银行存款等

（3）代扣代缴个人所得税，按照税法等规定计算的应代扣代缴的个人所得税金额，作会计分录：

借：应付职工薪酬［从职工工资中代扣个人所得税］

　　经费支出［从劳务费中代扣个人所得税］

　　　　贷：应缴税费

实际缴纳时，作会计分录：

借：应缴税费

　　贷：财政拨款收入、零余额账户用款额度、银行存款等

【例8－2】外单位租借本单位礼堂，收到租金6 000元，按规定应缴税费300元。

借：银行存款　　　　　　　　　　　　　　　　　　　　　6 000

　　贷：应缴财政款　　　　　　　　　　　　　　　　　　　　5 700

　　　　应缴税费　　　　　　　　　　　　　　　　　　　　　 300

第三节　应付款的核算和管理

一、应付职工薪酬

（一）应付职工薪酬的科目设置

1. 应付职工薪酬的核算内容

"应付职工薪酬"科目核算行政单位按照有关规定应付给职工及为职工支付的各种薪酬，包括基本工资、奖金、国家统一规定的津贴补贴、社会保险费、住房公积金等。

2. "应付职工薪酬"科目的运用

应付职工薪酬属负债类科目，贷方登记应付职工薪酬款的增加数，借方登记支付数。"应付职工薪酬"科目期末贷方余额，反映行政单位应付未付的职工薪酬。

3. 应付职工薪酬明细科目的设置

"应付职工薪酬"科目应当根据国家有关规定按照"工资（离退休费）""地方（部门）津贴补贴""其他个人收入"以及"社会保险费""住房公积金"等进行明细核算。

4. 应付职工薪酬的确认

应付职工薪酬应当在规定支付职工薪酬的时间确认。

（二）应付职工薪酬的主要账务处理

（1）发生应付职工薪酬时，按照计算出的应付职工薪酬金额，作会计分录：

借：经费支出

　　贷：应付职工薪酬

（2）向职工支付工资、津贴补贴等薪酬时，按照实际支付的金额，作会计分录：

借：应付职工薪酬

　　贷：财政拨款收入、零余额账户用款额度、银行存款等

从应付职工薪酬中代扣为职工垫付的水电费、房租等费用时，按照实际扣除的金额，作会计分录：

借：应付职工薪酬（工资）

　　贷：其他应收款等

从应付职工薪酬中代扣代缴个人所得税，按照代扣代缴的金额，作会计分录：

借：应付职工薪酬（工资）

　　贷：应缴税费

从应付职工薪酬中代扣代缴社会保险费和住房公积金，按照代扣代缴的金额，作会计分录：

借：应付职工薪酬（工资）

　　贷：其他应付款

（3）缴纳单位为职工承担的社会保险费和住房公积金时，作会计分录：

借：应付职工薪酬（社会保险费、住房公积金）

　　贷：财政拨款收入、零余额账户用款额度、银行存款等

二、应付账款

（一）应付账款的科目设置

1. 应付账款的核算内容

"应付账款"科目核算行政单位因购买物资或服务、工程建设等而应付的偿还期限在1年以内（含1年）的款项。

2. "应付账款"科目的运用

应付账款属负债类科目，贷方登记应付账款的增加数，借方登记支付数。"应付账款"科目期末贷方余额，反映行政单位尚未支付的应付账款。

3. 应付账款明细科目的设置

"应付账款"科目应当按照债权单位（或个人）进行明细核算。

4. 应付账款的确认

应付账款应当在收到所购物资或服务、完成工程时确认。

（二）应付账款的主要账务处理

（1）收到所购物资或服务、完成工程但尚未付款时，按照应付未付款项的金额，作会计分录：

借：待偿债净资产

　　　　　　贷：应付账款

（2）偿付应付账款时，作会计分录：

　　借：应付账款

　　　　贷：待偿债净资产

同时，作会计分录：

　　借：经费支出

　　　　贷：财政拨款收入、零余额账户用款额度、银行存款等

（3）无法偿付或债权人豁免偿还的应付账款，应当按照规定报经批准后进行账务处理。经批准核销时，作会计分录：

　　借：应付账款

　　　　贷：待偿债净资产

核销的应付账款应在备查簿中保留登记。

【例8-3】购进材料一批，计价2 000元，材料验收入库，款未付。

材料验收入库时，作会计分录：

　　借：存货——库存材料　　　　　　　　　　　　　　　　　2 000

　　　　贷：资产基金——存货　　　　　　　　　　　　　　　　　　2 000

　　借：待偿债净资产　　　　　　　　　　　　　　　　　　　2 000

　　　　贷：应付账款　　　　　　　　　　　　　　　　　　　　　　2 000

偿付应付账款时，作会计分录：

　　借：应付账款　　　　　　　　　　　　　　　　　　　　　2 000

　　　　贷：待偿债净资产　　　　　　　　　　　　　　　　　　　　2 000

　　借：经费支出　　　　　　　　　　　　　　　　　　　　　2 000

　　　　贷：零余额账户用款额度　　　　　　　　　　　　　　　　　2 000

三、应付政府补贴款

（一）应付政府补贴款的科目设置

1. 应付政府补贴款的核算内容

"应付政府补贴款"科目核算负责发放政府补贴的行政单位，按照规定应当支付给政府补贴接受者的各种政府补贴款。

2. "应付政府补贴款"科目的运用

应付政府补贴款属负债类科目，贷方登记应付政府补贴款的增加数，借方登记支付数。"应付政府补贴款"科目期末贷方余额，反映行政单位应付未付的政府补贴金额。

3. 应付政府补贴款明细科目的设置

"应付政府补贴款"科目应当按照应支付的政府补贴种类进行明细核算。行政单位还应当按照补贴接受者建立备查簿，进行相应明细核算。

4. 应付政府补贴款的确认

应付政府补贴款应当在规定发放政府补贴的时间确认。

（二）应付政府补贴款的主要账务处理

（1）发生应付政府补贴时，按照规定计算出的应付政府补贴金额，作会计分录：

借：经费支出

　　贷：应付政府补贴款

（2）支付应付的政府补贴款时，作会计分录：

借：应付政府补贴款

　　贷：零余额账户用款额度、银行存款等

四、其他应付款

（一）其他应付款的科目设置

1. 其他应付款的核算内容

"其他应付款"科目核算行政单位除应缴财政款、应缴税费、应付职工薪酬、应付政府补贴款、应付账款以外的其他各项偿还期在1年以内（含1年）的应付及暂存款项，如收取的押金、保证金、未纳入行政单位预算管理的转拨资金、代扣代缴职工社会保险费和住房公积金等。其中个人住房公积金应设辅助账进行登记。

2. "其他应付款"科目的运用

其他应付款属负债类科目，贷方登记应付及暂存款项的发生数，借方登记应付及暂存款项的减少数，即冲转或结算退还数。"其他应付款"科目期末贷方余额，反映行政单位尚未支付的其他应付款。

3. 其他应付款明细科目的设置

"其他应付款"科目应当按照其他应付款的类别以及债权单位（或个人）进行明细核算。

（二）其他应付款的主要账务处理

（1）发生其他各项应付及暂存款项时，作会计分录：

借：银行存款等

　　贷：其他应付款

【例8-4】收到甲单位通过银行汇来的预定业务资料的定金9 000元。

借：银行存款　　　　　　　　　　　　　　　　　　　　9 000

　　贷：其他应付款——甲单位　　　　　　　　　　　　　　　　9 000

结算退还时作相反记录。

【例8-5】将甲单位预定的业务资料寄出，实际价款8 000元，余款通过银行汇退。

借：其他应付款　　　　　　　　　　　　　　　　　　　9 000

　　贷：经费支出　　　　　　　　　　　　　　　　　　　　　8 000

　　　　银行存款　　　　　　　　　　　　　　　　　　　　　1 000

【例8-6】收到外单位汇入的在本单位进修学习人员的工资57 000元。

借：银行存款　　　　　　　　　　　　　　　　　　　57 000

　　贷：其他应付款　　　　　　　　　　　　　　　　　　　57 000

【例8-7】甲单位租借本单位车辆，交来保证金6 000元。

借：银行存款　　　　　　　　　　　　　　　　　　　6 000

　　贷：其他应付款　　　　　　　　　　　　　　　　　　　6 000

（2）支付其他各项应付及暂存款项时，作会计分录：

借：其他应付款

    贷：银行存款等

【例8-8】甲单位租借本单位车辆的租用期结束，经结算，租金收入6 000元，其中应缴纳财政账户3 800元，应该缴纳税款200元，其他余款以银行存款收讫。

借：其他应付款   6 000

    贷：银行存款   2 000

          应缴财政款   3 800

          应缴税费   200

（3）因故无法偿付或债权人豁免偿还的其他应付款项，应当按规定报经批准后进行账务处理。经批准核销时，作会计分录：

借：其他应付款

    贷：其他收入

核销的其他应付款应在备查簿中保留登记。

【例8-9】经过批准，将原收到的外单位定金1 000元核销，转作收入。

借：其他应付款   1 000

    贷：其他收入   1 000

第四节　长期应付款的核算和管理

一、长期应付款的科目设置

1. 长期应付款的核算内容

"长期应付款"科目核算行政单位发生的偿还期限超过1年（不含1年）的应付款项，如跨年度分期付款购入固定资产的价款等。

2. "长期应付款"科目的运用

长期应付款属负债类科目，贷方登记长期应付及暂存款项的发生数，借方登记应付及暂存款项的减少数，即冲转或结算退还数。"长期应付款"科目期末贷方余额，反映行政单位尚未支付的长期应付款。

3. 长期应付款明细科目的设置

"长期应付款"科目应当按照长期应付款的类别以及债权单位（或个人）进行明细核算。

4. 长期应付款的确认

（1）因购买物资、服务等发生的长期应付款，应当在收到所购物资或服务时确认。

（2）因其他原因发生的长期应付款，应当在承担付款义务时确认。

二、长期应付款的主要账务处理

（1）发生长期应付款时，按照应付未付的金额，作会计分录：

借：待偿债净资产
　　贷：长期应付款
（2）偿付长期应付款时，作会计分录：
借：经费支出
　　贷：财政拨款收入、零余额账户用款额度、银行存款等
同时，作会计分录：
借：长期应付款
　　贷：待偿债净资产
（3）无法偿付或债权人豁免偿还的长期应付款，应当按照规定报经批准后进行账务处理。经批准核销时，作会计分录：
借：长期应付款
　　贷：待偿债净资产
核销的长期应付款应在备查簿中保留登记。

第五节　受托代理负债

一、受托代理负债的科目设置

1. 受托代理负债的核算内容
"受托代理负债"科目核算行政单位接受委托，取得受托管理资产时形成的负债。
2. "受托代理负债"科目的运用
受托代理负债属负债类科目，贷方登记发生数或增加数，借方登记减少数，即冲转或结算退还数。"受托代理负债"科目期末贷方余额，反映行政单位尚未清偿的受托代理负债。
3. 受托代理负债明细科目的设置
"受托代理负债"科目应当按照委托人等进行明细核算；属于指定转赠物资和资金的，还应当按照指定受赠人进行明细核算。

二、受托代理负债的确认与核算

受托代理负债应当在行政单位收到受托代理资产并产生受托代理义务时确认，账务处理参见"受托代理资产""库存现金""银行存款"等科目。

思考与练习题

某行政单位12月份发生如下业务，要求据此编制会计分录：
1. 将长期无人认领的无主暂存款1 500元转作应缴财政款。
2. 收到应缴罚没款2 000元，款项已存入银行。
3. 将按规定收取的行政性收费款5 000元存入银行。

4. 将追回的赃物变价出售，收入 1 500 元存入银行。

5. 将本年应缴款 10 000 元上缴财政。

6. 收到某单位欲租用本单位礼堂而交来的押金 20 000 元，存入银行。

7. 购入材料一批，共计 23 400 元，已验收入库，货款未付。

8. 上月出差的林刚领取上月未领的工资 450 元，付给现金。

9. 租入固定资产的其他单位退回向本单位所借的固定资产，本单位从其押金 20 000 元中扣除 12 000 元作为租金，其余退还。

10. 以银行存款支付第 7 题的购料款 23 400 元。

11. 经过研究决定将长期挂账的其他应付款 650 元办理核销。

12. 收到应上缴财政的附加收入共计 58 000 元，并按规定上缴财政。

13. 经批准将 1 辆原价为 180 000 元的旧汽车卖给其他单位，售价为 65 000 元，其中应缴纳税款 1 800 元，款项已存入银行。

第九章

行政单位的收支

第一节　行政单位收支管理概要

一、支拨经费的原则

行政单位按批准的经费预算和规定的手续，向财政部门或主管会计单位申请支付经费，收到财政拨款收入后，可能还会向所属单位转拨经费。在支拨经费活动中要遵守以下原则：

1. 按预算和计划支拨经费

预算年度开始之前，行政单位必须制定年度经费预算，报上级或财政部门。核定的年度预算是财政拨款的基础，在实际支拨经费时，行政单位还需编制季度分月用款计划（见表9-1），经财政或上级主管部门核定后，作为支拨经费的依据。财政不能办理无计划或超计划拨款。

2. 按进度支拨经费

既要保证完成行政工作任务的资金需要，又要防止资金积压，提高预算资金使用效果，因此，财政或上级部门拨付经费时必须根据行政工作任务的进展情况，灵活调度资金。工作进展快、急需资金的可以适当提前多拨，工作进展慢、暂不急需资金的可以推后拨付。

3. 按用途支拨经费

支拨经费必须按预算和计划规定的用途申请支付和转拨，不得随意改变资金用途，保证预算资金的专款专用。不同预算科目的资金要流用，必须经过批准；未经批准，随意改变经费用途，不予核销。

表 9-1   季度分月用款计划

编制单位：   年　第　季度   单位：元

预算科目	编号	款	2102		
		项			
	名称		行政管理费	政府机关经费	
全年预算数					
分月用款计划	合计	计划数			
		核定数			
	月份	计划数			
		核定数			
	月份	计划数			
		核定数			
	月份	计划数			
		核定数			
编制说明					

单位负责人：　　　　　会计：　　　　　　制表：　　　　　审核：

注：表内计划数由行政单位填报，核定数由审批单位填列。

4. 按预算级次支拨经费

各单位要按国家规定的预算级次支拨经费。主管会计单位直接与财政机关发生经费领报关系，它们从财政部门取得的预算经费，既包括本单位的经费，也包括其所属单位的经费，由主管单位逐级向下转拨。不能越级支拨经费，二级单位和基层单位不能直接向财政领报经费；在有二级单位的情况下，主管单位也不能越过二级单位直接向基层单位拨款。此外，同级主管部门之间，不得发生横向经费领拨；没有隶属关系的单位之间，除少数专项经费如公费医疗经费、住房基金之外，一般也不得发生经费领拨。

此外，财政部门除了遵循上述"四按"原则外，还需要坚持按库款情况调度资金的原则。

二、行政单位收支的界定

1. 行政单位收入的范围

行政单位收入是指依法取得的非偿还性资金，包括财政拨款收入和其他收入。财政拨款收入是指行政单位从同级财政部门取得的财政预算资金。其他收入是指行政单位依法取得的除财政拨款收入以外的各项收入。

行政单位依法取得的应当上缴财政的罚没收入、行政事业性收费、政府性基金、国有资产处置和出租出借收入等，不属于行政单位的收入。

2. 行政单位支出的定义

支出是指行政单位为保障机构正常运转和完成工作任务所发生的资金耗费和损失，包括基本支出和项目支出。

三、行政单位收支管理要求

1. 依法组织收入，分项如实核算

行政单位各项收入应当符合国家规定，按财务管理的要求，分项如实核算。行政单位从财政部门或者上级预算单位取得的项目资金，应当按照批准的项目和用途使用，专款专用、单独核算，并按照规定向同级财政部门或者上级预算单位报告资金使用情况，接受财政部门和上级预算单位的检查监督。项目完成后，行政单位应当向同级财政部门或者上级预算单位报送项目支出决算和使用效果的书面报告。

2. 加强预算约束，重视支出绩效管理

行政单位的支出应当严格执行国家规定的开支范围及标准，建立健全支出管理制度，对节约潜力大、管理薄弱的支出进行重点管理和控制，各项支出由单位财务部门按照批准的预算和有关规定审核办理，厉行节约，制止奢侈浪费，降低行政成本，注重资金使用效益。

3. 实行收支统管，规范政府行为

严格执行管理制度，依法加强各类票据管理，确保票据来源合法、内容真实、使用正确，不得使用虚假票据，同时，将各项收支纳入单位预算，遵循国库集中收付制度的管理要求，严格执行政府采购制度等规定；实行收支统一管理。

第二节　行政单位的收入

一、财政拨款收入

（一）财政拨款收入的核算内容

财政拨款收入属收入类科目，核算行政单位从同级财政部门取得的财政预算资金。财政拨款科目，贷方登记取得收入的增加数，借方登记收入冲回数和年终结转数。平时的贷方余额反映财政拨款收入的实际累计数，年末将本科目本年发生额全部转入"财政拨款结转"科目的贷方，年终结账后，本科目应无余额。

财政拨款收入应当设置"基本支出拨款"和"项目支出拨款"两个明细科目，分别核算行政单位取得用于基本支出和项目支出的财政拨款资金；同时，按照《政府收支分类科目》中"支出功能分类科目"的项级科目进行明细核算；在"基本支出拨款"明细科目下按照"人员经费"和"日常公用经费"进行明细核算，在"项目支出拨款"明细科目下按照具体项目进行明细核算。

行政单位从财政部门或者上级预算单位取得的项目资金，应当按照批准的项目和用途使用，专款专用、单独核算，并按照规定向同级财政部门或者上级预算单位报告资金使用情况，接受财政部门和上级预算单位的检查监督。项目完成后，行政单位应当向同级财政部门或者上级预算单位报送项目支出决算和使用效果的书面报告。

有公共财政预算拨款、政府性基金预算拨款等两种或两种以上财政拨款的行政单位，还应当按照财政拨款的种类分别进行明细核算。

（二）财政拨款收入的账务处理

（1）财政直接支付方式下，行政单位根据收到的"财政直接支付入账通知书"及相关原始凭证，作会计分录：

借：经费支出

　　贷：财政拨款收入

【例 9 - 1】科技局在定点会议供应地召开专题工作会议，会议费 290 000 元，由财政直接支付。

借：经费支出——项目支出——大型会议　　　　　　　290 000

　　贷：财政拨款收入——财政直接支付——项目经费　　　290 000

【例 9 - 2】科技局本年度财政直接支付的会议费错记多记资金 10 000 元直接被财政局收回，科技局作会计分录：

借：财政拨款收入——财政直接支付——项目经费　　　10 000

　　贷：经费支出——项目支出——大型会议　　　　　　10 000

【例 9 - 3】财政局在"金财"工程建设中通过政府采购完成单位内部局域网的改扩建工程，总支出 260 000 元，工程完工，验收合格，款项实行财政直接支付。

借：经费支出——基本支出——公用支出（专用设备购置费）　260 000

　　贷：财政拨款收入——财政直接支付——基本支出拨款　　　260 000

借：固定资产　　　　　　　　　　　　　　　　　260 000

　　贷：资产基金——固定资产　　　　　　　　　　　260 000

【例 9 - 4】年末，单位本年度财政直接支付预算指标数 40 000 000 元，全年财政直接支付实际支出数 39 900 000 元，对两者之间的差额 100 000 元，作会计分录：

借：财政应返还额度——财政直接支付　　　　　　　100 000

　　贷：财政拨款收入　　　　　　　　　　　　　　100 000

（2）财政授权支付方式下，行政单位根据收到的"财政授权支付额度到账通知书"，作会计分录：

借：零余额账户用款额度等

　　贷：财政拨款收入

【例 9 - 5】收到代理银行转来的"财政授权支付额度到账通知书"（盖章），列示本月财政授权支付额度 80 000 元（基本支出拨款）。

借：零余额账户用款额度　　　　　　　　　　　　80 000

　　贷：财政拨款收入——财政授权支付——基本支出拨款　　80 000

【例 9 - 6】向代理行开出 3 张授权支付凭证，分别购买办公用品 500 元，支付水电费 2 500 元，提取现金 3 000 元备用。

借：经费支出——基本支出——公用支出（办公费）　　500

　　　　　　　　　　——公用支出（水电费）　　　2 500

　　库存现金　　　　　　　　　　　　　　　　　3 000

　　贷：零余额账户用款额度　　　　　　　　　　　6 000

【例 9 - 7】年末，单位本年度财政授权支付预算指标数 30 000 000 元，全年财政授权支付额度下达数 29 900 000 元，对两者之间的差额 100 000 元，作会计分录：

借：财政应返还额度——财政授权支付　　　　　　　　　　100 000

　　贷：财政拨款收入　　　　　　　　　　　　　　　　　　　　　100 000

（3）其他方式下，实际收到财政拨款收入时，作会计分录：

借：银行存款等

　　贷：财政拨款收入

【例 9 - 8】 县教委收到财政部门拨款 2 600 000 元，根据预算拨款凭证作会计分录：

借：银行存款　　　　　　　　　　　　　　　　　　　　　2 600 000

　　贷：财政拨款收入　　　　　　　　　　　　　　　　　　　　2 600 000

缴回预算经费时作相反记录。

（4）年末，将本科目本年发生额转入财政拨款结转时，作会计分录：

借：财政拨款收入

　　贷：财政拨款结转

【例 9 - 9】 年终，省教委将全年"财政拨款收入"科目余额 60 000 000 元进行结转。

借：财政拨款收入　　　　　　　　　　　　　　　　　　60 000 000

　　贷：财政拨款结转　　　　　　　　　　　　　　　　　　　60 000 000

二、其他收入

（一）其他收入的核算内容

"其他收入"科目核算行政单位取得的除财政拨款收入以外的其他各项收入，如从非同级财政部门、上级主管部门等取得的用于完成项目或专项任务的资金、库存现金溢余等。行政单位从非同级财政部门、上级主管部门等取得指定转给其他单位，且未纳入本单位预算管理的资金，不通过本科目核算，应当通过"其他应付款"科目核算。

"其他收入"科目应当按照其他收入的类别、来源单位、项目资金和非项目资金进行明细核算。对于项目资金收入，还应当按照具体项目进行明细核算。

"其他收入"科目主要核算行政单位按规定不必上缴财政的零星收入、固定资产出租及变价收入、非独立核算单位有偿服务收入、刊物发行收入、有价证券及银行存款利息收入等。

其他收入属收入类科目，贷方登记取得收入数，借方登记收入冲回数和年终结转数。平时的贷方余额反映其他收入的实际累计数，年终将贷方余额转入"其他资金结转结余"科目。年终结账后，本科目应无余额。

其他收入只是作为财政拨款的补充，行政单位取得其他收入应保证合法性，不准在法律、法规规定之外获取收入。

（二）其他收入的主要账务处理

【例 9 - 10】 以库存现金形式收到废旧物品变价收入 600 元，送存银行。

借：库存现金　　　　　　　　　　　　　　　　　　　　　　600

　　贷：其他收入　　　　　　　　　　　　　　　　　　　　　　　600

借：银行存款　　　　　　　　　　　　　　　　　　　　　　600

  贷：库存现金   600

【例 9 – 11】以库存现金形式收到有偿服务的零星杂项收入 2 000 元。

  借：库存现金   2 000

   贷：其他收入   2 000

【例 9 – 12】年末，将"其他收入"科目本年发生额 2 600 元转入其他资金结转结余。

  借：其他收入   2 600

   贷：其他资金结转结余   2 600

  行政单位依法取得的应当纳入财政预算的罚没收入、行政性收费收入和基金，以及应当缴财政的资金，不属于行政单位的收入，必须及时足额上缴。

【例 9 – 13】外单位租借本单位礼堂，收到租金收入 3 000 元。

  借：银行存款   3 000

   贷：应缴税费   150

    应缴财政款   2 850

第三节 行政单位的支出

一、行政单位支出的分类

  支出是指行政单位为保障机构正常运转和完成工作任务所发生的资金耗费和损失，包括基本支出和项目支出。基本支出是指行政单位为保障机构正常运转和完成日常工作任务发生的支出，包括人员支出和公用支出。项目支出是指行政单位在基本支出之外为完成特定的工作任务发生的支出。

（一）单位支出按管理要求分类

  单位支出按管理要求分为基本支出和项目支出，有利于对不同性质和管理要求的资金实行分类管理。

  1. 基本支出

  基本支出是指行政单位为维持正常运转和完成日常工作任务发生的支出。基本支出是单位支出管理的重要内容，也是行政单位的基本保障。基本支出主要实行定额管理，以便考核比较单位支出水平。

  2. 项目支出

  项目支出是指行政单位为完成专项和特定的工作任务，在基本支出之外发生的支出。项目支出一般是专项会议、专项购置、专项修缮、专项业务费等公用方面的专项经费。项目支出可一次性安排，当年完成；也可以一次性安排，分年完成。项目支出是行政单位在保证经常性支出的基础上，对专项和特定工作任务所安排的专门项目的资金保障，有利于提高效益，但范围不宜过大。

（二）基本支出按开支对象分类

  基本支出按开支对象分为人员支出和公用支出。

1. 人员支出

人员支出是指用于工作人员个人方面的支出，反映单位开支的在职职工和临时聘用人员的各类劳动报酬，包括基本工资、津贴、奖金、社会保障缴费等。

2. 公用支出

公用支出是用于维持单位正常运转的基本消耗，具体是指为了完成行政计划而用于单位执行公务或开展业务活动方面的开支，反映单位购买商品和劳务的支出，包括办公费、印刷费、水电费、邮电费、取暖费、交通费、差旅费、会议费、培训费、招待费、福利费、劳务费、就业补助金、租赁费、物业管理费、维修费、专用材料费、办公设备购置费、专用设备购置费、交通工具购置费、图书资料购置费等。

二、经费支出的列报口径

行政单位是经费的使用单位，各项支出按实际支出数额列报支出。如果使用过程尚未结束就报销，即为"以领代报"，是制度所不允许的。实际支出数列报口径的主要内容有：

（1）发给个人的工资、津贴、补贴和抚恤救济等，根据应支付的金额列支。

（2）购入办公用品和行政用的零星存货，一般按购入数直接列为支出；数量大宗的，应通过存货核算。

（3）购买存货、固定资产、无形资产、政府储备物资和工程结算的款项，按照实际支付的金额列报支出。

（4）按规定提取的工会经费等，按提取数列报支出。

（5）凡应由个人负担的罚款或其他费用，不得由单位支付。

（6）财务制度另有规定的，按财务规定办理。

三、经费支出的核算内容

"经费支出"科目核算行政单位在开展业务活动中发生的各项支出。经费支出是指行政单位在业务活动过程中发生的各项实际支出数，反映用于机构和人员方面的经费。

经费支出属支出类科目，借方登记经费支出的发生数，贷方登记经费支出的收回数或年终冲销转出数。平时的借方余额反映经费实际发生的支出累计数，年终结账后，本科目应无余额。

行政单位收回本年度已列为经费支出的款项，冲减当年的经费支出；收回以前年度已经列为经费支出的支出，应增加上年度经费结余，不得冲减本年度经费支出；收回以前年度已列为支出的非包干的支出，除同级财政部门有特殊规定者外，应缴回同级财政机关。

"经费支出"科目应当分别按照"财政拨款支出"和"其他资金支出""基本支出"和"项目支出"等分类进行明细核算，并按照《政府收支分类科目》中"支出功能分类科目"的项级科目进行明细核算，"基本支出"和"项目支出"明细科目下应当按照《政府收支分类科目》中"支出经济分类科目"的款级科目进行明细核算。同时在"项目支出"明细科目下按照具体项目进行明细核算。

有公共财政预算拨款、政府性基金预算拨款等两种或两种以上财政拨款的行政单位，还应当按照财政拨款的种类分别进行明细核算。

四、经费支出的主要账务处理

（1）计提单位职工薪酬时，按照计算出的金额，作会计分录：

借：经费支出

　　贷：应付职工薪酬

（2）支付外部人员劳务费，作会计分录：

借：经费支出（应当支付的金额）

　　贷：应缴税费（代扣代缴个人所得税的金额）

　　　　财政拨款收入、零余额账户用款额度、银行存款等（扣税后实际支付的金额）

（3）支付购买存货、固定资产、无形资产、政府储备物资和工程结算的款项，按照实际支付的金额，作会计分录：

借：经费支出

　　贷：财政拨款收入、零余额账户用款额度、银行存款等

同时，按照采购或工程结算成本，作会计分录：

借：存货、固定资产、无形资产、在建工程、政府储备物资等

　　贷：资产基金及其明细科目

（4）发生预付账款的，按照实际预付的金额，作会计分录：

借：经费支出

　　贷：财政拨款收入、零余额账户用款额度、银行存款等

同时，作会计分录：

借：预付账款

　　贷：资产基金——预付款项

（5）偿还应付款项时，按照实际偿付的金额，作会计分录：

借：经费支出

　　贷：财政拨款收入、零余额账户用款额度、银行存款等

同时，作会计分录：

借：应付账款、长期应付款

　　贷：待偿债净资产

（6）发生其他各项支出时，按照实际支付的金额，作会计分录：

借：经费支出

　　贷：财政拨款收入、零余额账户用款额度、银行存款等

（7）行政单位因退货等原因发生支出收回的核算。

①属于当年支出收回的，作会计分录：

借：财政拨款收入、零余额账户用款额度、银行存款等

　　贷：经费支出

②属于以前年度支出收回的，作会计分录：

借：财政应返还额度、零余额账户用款额度、银行存款等

　　贷：财政拨款结转、财政拨款结余、其他资金结转结余等

（8）年末，将"经费支出"科目本年发生额分别转入财政拨款结转和其他资金结转结余时，作会计分录：

借：财政拨款结转、其他资金结转结余

　　贷：经费支出

五、经费支出的核算案例

【例9-14】发放本月工资，其中，应付基本工资350 000元，各种津贴和补贴130 000元，退休费46 000元。各种应扣款如下：职工养老保险24 000元，医疗保险9 600元，失业保险24 000元，住房公积金48 000元，个人所得税6 000元。实发工资中250 000元由财政统发，164 400元由单位零余额账户代理银行发放。

借：经费支出——基本支出——人员支出（基本工资）　　　　350 000

　　　　　　　　　——人员支出（津、补贴）　　　　　　　130 000

　　　　　　　　　——对个人和家庭的补助支出　　　　　　46 000

　　贷：应付职工薪酬　　　　　　　　　　　　　　　　　　　　526 000

借：应付职工薪酬　　　　　　　　　　　　　　　　　　526 000

　　贷：财政拨款收入——财政直接支付——基本支出拨款　　　250 000

　　　　零余额账户用款额度　　　　　　　　　　　　　　　　164 400

　　　　其他应付款——养老保险　　　　　　　　　　　　　　　24 000

　　　　　　　　　——医疗保险　　　　　　　　　　　　　　　9 600

　　　　　　　　　——失业保险　　　　　　　　　　　　　　　24 000

　　　　　　　　　——住房公积金　　　　　　　　　　　　　　48 000

　　　　应缴税费——个人所得税　　　　　　　　　　　　　　　6 000

【例9-15】开出授权支付凭证，支付职工个人缴纳的养老保险24 000元、医疗保险9 600元、失业保险24 000元、住房公积金48 000元、个人所得税6 000元。

借：其他应付款——养老保险　　　　　　　　　　　　　24 000

　　　　　　　　——医疗保险　　　　　　　　　　　　　9 600

　　　　　　　　——失业保险　　　　　　　　　　　　　24 000

　　　　　　　　——住房公积金　　　　　　　　　　　　48 000

　　应缴税费——个人所得税　　　　　　　　　　　　　　6 000

　　贷：零余额账户用款额度　　　　　　　　　　　　　　　　111 600

【例9-16】接代理银行通知，支付水电费80 000元，开出授权支付凭证。

借：经费支出——基本支出——公用支出（水电费）　　　80 000

　　贷：零余额账户用款额度　　　　　　　　　　　　　　　　80 000

【例9-17】开出授权支付凭证，通知单位零余额账户代理银行支付单位为职工缴纳的养老保险、医疗保险、失业保险等共计23 000元。

借：经费支出——基本支出——人员支出（社会保障缴费）　23 000

            贷：零余额账户用款额度   23 000

【例 9 – 18】 开出授权支付凭证提取现金，支付取暖费 70 000 元。

      借：库存现金   70 000

            贷：零余额账户用款额度   70 000

      借：经费支出——基本支出——公用支出（取暖费）   70 000

            贷：库存现金   70 000

【例 9 – 19】 经批准，在定点酒店召开大型国际性会议，结算的会议总费用为 880 000 元，由财政直接支付。

      借：经费支出——项目支出——大型会议   880 000

            贷：财政拨款收入——财政直接支付——项目经费   880 000

【例 9 – 20】 经有关部门鉴定和批准，对单位危房及其附属设施进行修缮，总费用 760 000 元，由财政直接支付。

      借：经费支出——项目支出——大型修缮   760 000

            贷：财政拨款收入——财政直接支付——项目经费   760 000

【例 9 – 21】 从上级单位有偿调入 2 辆汽车，总价款 580 000 元，开出授权支付凭证支付。

      借：经费支出——项目支出——交通工具购置费   580 000

            贷：零余额账户用款额度   580 000

      借：固定资产   580 000

            贷：资产基金——固定资产   580 000

【例 9 – 22】 张某出差回来，报销差旅费 2 600 元，原来预借 2 000 元，用现金补付差额。

      借：经费支出——基本支出——公用支出（差旅费）   2 600

            贷：其他应收款   2 000

                  库存现金   600

六、经费支出的管理

经费支出管理的总体要求是：要严格执行政府预算和财务管理制度，认真贯彻适度从紧的财政政策，实行保障与控制相结合的原则，建立健全各项支出管理制度，增强管理的科学性，适应两个根本转变的要求，深化支出管理改革，优化支出结构，提高支出的效益。

1. 建立健全内部管理制度，强化内部支出管理体系

建立健全内部管理制度，即建立健全定额管理制度、支出分析考核制度、纳入预算管理制度等。

强化内部支出管理体系的措施如下：①规范行政单位内部的支出行为；②实行统一核算，计划管理；③完善重大项目的审批程序，实行集体讨论决策方式。

2. 严格按照国家规定的开支范围和开支标准进行开支

开支范围是指根据国家总的方针政策，结合单位工作性质和任务等制定的，须遵照

执行的开支内容。开支标准是在开支范围的基础上，按照勤俭办事的方针，对支出有关项目规定的开支额度。

国家规定的开支范围和标准是行政单位编制预算、执行预算以及考核财经政策、制度落实情况的依据，可使单位财务行为有章可循、有法可依。

3. 合理调整支出结构，保证单位基本支出需要

行政单位必须严格执行批准的预算，在预算执行过程中，清理单位支出范围、项目，对支出的薄弱环节进行重点管理和控制，建立健全各种管理办法。例如，以预算手段、经济手段和行政手段控制人员编制及其经费开支；以责任制、定额、定项管理办法等控制会议经费；以定点维修、统一投保等控制车辆维修经费；以推行零基预算方法，强化预算约束；对大型开支实行政府采购，以竞争机制促进政府支出的节约。通过对节支潜力大的支出项目的控制，调整单位支出结构，保证单位基本支出的资金需要。

4. 严格专项资金管理，坚持专款专用

行政单位对专项资金要坚持专款专用、专项核算、跟踪问效、检查监督的管理办法。专款专用要求专款按规定的用途、范围和内容使用；专项核算要求建立专项支出台账，专项报账，并接受有关部门检查监督。

第四节 行政单位的拨出经费

一、拨出经费的核算内容

"拨出经费"科目核算行政单位向所属单位拨出的纳入单位预算管理的非同级财政拨款资金，如拨给所属单位的专项经费和补助经费等。

拨出经费属支出类科目，应按实际发生数额记账。借方登记转拨经费数，贷方登记收回数或年终冲销转出数。平时的借方余额反映拨出经费累计数。年末，将本科目本年发生额转入"其他资金结转结余"科目。年终结账后，本科目应无余额。

"拨出经费"科目应当分别按照"基本支出"和"项目支出"进行明细核算；还应当按照接受拨出经费的具体单位和款项类别等分别进行明细核算。

二、拨出经费的主要账务处理

【例 9 - 23】某主管单位将基本支出 6 000 000 元、项目支出 12 000 000 元拨付给所属的二级行政单位。

借：拨出经费——基本支出　　　　　　　　　　　　　　6 000 000
　　　　　　——项目支出　　　　　　　　　　　　　12 000 000
　　贷：银行存款　　　　　　　　　　　　　　　　　　　18 000 000

二级单位收到此拨款时，作会计分录：

借：银行存款　　　　　　　　　　　　　　　　　　　18 000 000
　　贷：财政拨款收入——基本支出　　　　　　　　　　　6 000 000
　　　　　　　　　　——项目支出　　　　　　　　　　12 000 000

二级单位向主管单位缴回多拨的资金时，作相反的会计分录。

【例9-24】二级单位本年实际使用支出拨款15 000 000元，其中，项目支出10 000 000元，基本支出5 000 000元。

借：经费支出——基本支出　　　　　　　　　　　　　5 000 000
　　贷：财政拨款收入——基本支出　　　　　　　　　　　　5 000 000
借：经费支出——项目支出　　　　　　　　　　　　10 000 000
　　贷：财政拨款收入——项目支出　　　　　　　　　　　10 000 000

【例9-25】二级单位向基层单位拨出经费3 000 000元，其中，项目支出2 000 000元，基本支出1 000 000元。

借：拨出经费——项目支出　　　　　　　　　　　　2 000 000
　　　　　　　——基本支出　　　　　　　　　　　　1 000 000
　　贷：银行存款　　　　　　　　　　　　　　　　　　3 000 000

二级单位从基层单位收回多余的基本支出拨款或项目经费拨款，作相反的会计分录。

【例9-26】年末，主管单位将"拨出经费"科目本年发生额18 000 000元转入其他资金结转结余。

借：其他资金结转结余　　　　　　　　　　　　18 000 000
　　贷：拨出经费　　　　　　　　　　　　　　　　18 000 000

思考与练习题

某行政单位发生如下现金收支业务，要求据此编制会计分录：

1. 开出财政授权支付凭证，支付电脑小配件购置款700元。

2. 本机关工作人员王欣因公出差预支现金200元。

3. 直接用库存现金320元购买办公用品。

4. 徐某出差归来，报销差旅费1 900元，余款100元以现金形式退回单位财务部门。

5. 购买材料一批，价款93 000元由财政直接支付，通过财政授权支付运杂费2 000元。

6. 从文具公司购买办公用品一批，计价金额6 000元，验收入库，约定3天后付款。

7. 通过政府采购购买计算机40台，价款240 000元，款项由财政直接支付。

8. 购买车辆1台，价款16 000元，车辆购置费1 200元，由财政直接支付。

9. 开出财政授权支付凭证，支付单位水电费3 000元。

10. 用银行存款支付单位电话费8 000元。

11. 上级无偿调入小汽车2辆，原价300 000元，开出财政授权支付凭证支付运输费2 000元，保险费1 600元。

12. 收到废旧物品变价收入600元，送存银行。

13. 发放本月工资，其中，应付基本工资175 000元，各种津贴和补贴65 000元，退休费23 000元。各种应扣款如下：职工养老保险12 000元，医疗保险4 800元，失业保险12 000元，住房公积金24 000元，个人所得税3 000元。实发工资中125 000元由财政统发，82 200 元由单位零余额账户代理银行发放。

14. 开出授权支付凭证，支付职工个人缴纳的养老保险 12 000 元、医疗保险 4 800 元、失业保险 12 000 元、住房公积金 24 000 元、个人所得税 3 000 元。

15. 接代理银行通知，支付取暖费 130 000 元，开出授权支付凭证。

16. 开出授权支付凭证，通知代理银行支付单位外来人员劳务费共计 33 000 元。

17. 开出授权支付凭证提取现金，支付职工困难补助费 97 000 元。

18. 经批准，在定点酒店召开大型会议，会议总费用 60 000 元，由财政直接支付。

19. 经有关部门鉴定和批准，对单位危房及其附属设施进行修缮，总费用 340 000 元，由财政直接支付。

20. 从上级单位有偿调入汽车，总价款 58 000 元，开出授权支付凭证支付。

21. 李某出差回来，报销差旅费 2 600 元，原来预借 3 000 元，余款用现金退回。

22. 年末，将财政拨款收入——基本支出 5 200 000 元、项目支出 860 000 元办理年终转账。

23. 年末，将单位财政拨款安排的基本支出 5 100 000 元、项目支出 840 000 元办理年终转账。

24. 年末，将"拨出经费"科目本年发生额 27 000 元办理年终转账。

25. 年末，将完成项目的财政拨款结转 80 000 000 元办理转账。

26. 年末，按规定上缴财政拨款结转资金 20 000 元。

27. 年末，将最后剩余的财政拨款结转资金 30 000 元办理结转。

第十章

行政单位的净资产

净资产是资产减去负债后的余额。行政单位拥有的净资产反映国家资产的所有权，包括结转和结余。结转资金是指当年预算已执行但未完成，或者因故未执行，下一年度需要按照原用途继续使用的资金。结余资金是指当年预算工作目标已完成，或者因故终止，当年剩余的资金。结转资金在规定使用年限未使用或者未使用完的，视为结余资金。财政拨款结转和结余的管理，应当按照同级财政部门的规定执行。

第一节　财政拨款结转

一、财政拨款结转的科目设置

财政拨款结转属净资产类科目，核算行政单位滚存的财政拨款结转资金，包括基本支出结转、项目支出结转。本科目贷方登记财政拨款结转的增加数，借方登记财政拨款结转的减少数，期末贷方余额反映行政单位滚存的财政拨款结转资金数额。

财政拨款结转科目应当设置"基本支出结转""项目支出结转"两个明细科目；在"基本支出结转"明细科目下按照"人员经费"和"日常公用经费"进行明细核算，在"项目支出结转"明细科目下按照具体项目进行明细核算；本科目还应当按照《政府收支分类科目》中"支出功能分类科目"的项级科目进行明细核算。

有公共财政预算拨款、政府性基金预算拨款等两种或两种以上财政拨款的行政单位，还应当按照财政拨款种类分别进行明细核算。

"财政拨款结转"科目还可以根据管理需要按照财政拨款结转变动原因，设置"收支转账""结余转账""年初余额调整""归集上缴""归集调入""单位内部调剂""剩余结转"等明细科目，进行明细核算。

二、财政拨款结转的主要账务处理

1. 结转本年财政拨款收入和支出

（1）年末，将财政拨款收入本年发生额转入"财政拨款结转"科目，作会计分录：

借：财政拨款收入——基本支出拨款、项目支出拨款及其明细

贷：财政拨款结转——收支转账——基本支出结转、项目支出结转及其明细

（2）年末，将财政拨款支出本年发生额转入"财政拨款结转"科目，作会计分录：

借：财政拨款结转——收支转账——基本支出结转、项目支出结转及其明细

贷：经费支出——财政拨款支出——基本支出、项目支出及其明细

2. 调整以前年度财政拨款结转

因发生差错更正、以前年度支出收回等原因，需要调整财政拨款结转的，按照实际调增财政拨款结转的金额，作会计分录：

借：有关科目

贷：财政拨款结转——年初余额调整

按照实际调减财政拨款结转的金额，作会计分录：

借：财政拨款结转——年初余额调整

贷：有关科目

3. 从其他单位调入财政拨款结余资金

按照规定从其他单位调入财政拨款结余资金时，按照实际调增的额度数额或调入的资金数额，作会计分录：

借：零余额账户用款额度、银行存款等

贷：财政拨款结转——归集调入及其明细

4. 上缴财政拨款结转

按照规定上缴财政拨款结转资金时，按照实际核销的额度数额或上缴的资金数额，作会计分录：

借：财政拨款结转——归集上缴及其明细

贷：财政应返还额度、零余额账户用款额度、银行存款等

5. 单位内部调剂结余资金

经财政部门批准对财政拨款结余资金改变用途，调整用于其他未完成项目等，按照调整的金额，作会计分录：

借：财政拨款结余——单位内部调剂及其明细

贷：财政拨款结转——单位内部调剂及其明细

6. 将完成项目的结转资金转入财政拨款结余

年末完成上述财政拨款收支转账后，对各项目执行情况进行分析，按照有关规定将符合财政拨款结余性质的项目余额转入财政拨款结余，作会计分录：

借：财政拨款结转——结余转账——项目支出结转及其明细

贷：财政拨款结余——结余转账——项目支出结余及其明细

7. 年末冲销有关明细科目余额

年末收支转账后，将"财政拨款结转"科目所属"收支转账""结余转账""年初余额调整""归集上缴""归集调入""单位内部调剂"等明细科目余额转入"剩余结转"明细科目；转账后，"财政拨款结转"科目除"剩余结转"明细科目外，其他明细科目应无余额。

第二节　财政拨款结余

一、财政拨款结余的科目设置

财政拨款结余属净资产类科目，核算行政单位滚存的财政拨款项目支出结余资金。本科目贷方登记财政拨款结余的增加数，借方登记财政拨款结余的减少数；期末贷方余额，反映行政单位滚存的财政拨款结余资金数额。

"财政拨款结余"科目应当按照具体项目、《政府收支分类科目》中"支出功能分类科目"的项级科目等进行明细核算。有公共财政预算拨款、政府性基金预算拨款等两种或两种以上财政拨款的行政单位，还应当按照财政拨款的种类分别进行明细核算。

"财政拨款结余"科目还可以根据管理需要按照财政拨款结余变动原因，设置"结余转账""年初余额调整""归集上缴""单位内部调剂""剩余结余"等明细科目，进行明细核算。

二、财政拨款结余的主要账务处理

1. 调整以前年度财政拨款结余

因发生差错更正、以前年度支出收回等原因，需要调整财政拨款结余的，按照实际调增财政拨款结余的金额，作会计分录：

借：有关科目

　　贷：财政拨款结余——年初余额调整

按照实际调减财政拨款结余的金额，作会计分录：

借：财政拨款结余——年初余额调整

　　贷：有关科目

2. 上缴财政拨款结余

按照规定上缴财政拨款结余时，按照实际核销的额度数额或上缴的资金数额，作会计分录：

借：财政拨款结余——归集上缴及其明细

　　贷：财政应返还额度、零余额账户用款额度、银行存款等

3. 单位内部调剂结余资金

经财政部门批准将本单位完成项目结余资金调整用于基本支出或其他未完成项目支出时，按照批准调剂的金额，作会计分录：

借：财政拨款结余——单位内部调剂及其明细

　　贷：财政拨款结转——单位内部调剂及其明细

4. 将完成项目的结转资金转入财政拨款结余

年末，对财政拨款各项目执行情况进行分析，按照有关规定将符合财政拨款结余性质的项目余额转入"财政拨款结余"科目，作会计分录：

借：财政拨款结转——结余转账——项目支出结转及其明细

贷：财政拨款结余——结余转账——项目支出结余及其明细

5. 年末冲销有关明细科目余额

年末，将"财政拨款结余"科目所属"结余转账""年初余额调整""归集上缴""单位内部调剂"等明细科目余额转入"剩余结余"明细科目；转账后，"财政拨款结余"科目除"剩余结余"明细科目外，其他明细科目应无余额。

第三节　其他资金结转结余

一、其他资金结转结余的科目设置

"其他资金结转结余"科目核算行政单位除财政拨款收支以外的其他各项收支相抵后剩余的滚存资金。本科目期末贷方余额，反映行政单位滚存的各项非财政拨款资金结转结余数额。

"其他资金结转结余"科目应当设置"项目结转"和"非项目结余"明细科目，分别对项目资金和非项目资金进行明细核算。对于项目结转，还应当按照具体项目进行明细核算。

本科目还可以根据管理需要按照其他资金结转结余变动原因，设置"收支转账""年初余额调整""结余调剂""剩余结转结余"等明细科目，进行明细核算。

二、其他资金结转结余的主要账务处理

（一）调整以前年度其他资金结转结余

因发生差错更正、以前年度支出收回等原因，需要调整其他资金结转结余的，按照实际调增的金额，作会计分录：

借：有关科目

　　贷：其他资金结转结余——年初余额调整及其相关明细

按照实际调减的金额，作会计分录：

借：其他资金结转结余——年初余额调整及其相关明细

　　贷：有关科目

（二）结转本年其他资金收入和支出

（1）年末，将其他收入中的项目资金收入本年发生额转入"其他资金结转结余"科目，作会计分录：

借：其他收入及其明细

　　贷：其他资金结转结余——项目结转——收支转账及其明细

将其他收入中的非项目资金收入本年发生额转入"其他资金结转结余"科目，作会计分录：

借：其他收入及其明细

　　贷：其他资金结转结余——非项目结余——收支转账

（2）年末，将其他资金支出中的项目支出本年发生额转入"其他资金结转结余"

科目，作会计分录：

借：其他资金结转结余——项目结转——收支转账及其明细

贷：经费支出——其他资金支出——项目支出及其明细

拨出经费——项目支出及其明细

将其他资金支出中的基本支出本年发生额转入本科目，作会计分录：

借：其他资金结转结余——非项目结余——收支转账

贷：经费支出——其他资金支出——基本支出

拨出经费——基本支出

（三）缴回或转出项目结余

完成其他资金收入和支出结转后，对本年末各项目执行情况进行分析，区分年末已完成项目和尚未完成项目，在此基础上，对完成项目的剩余资金根据不同情况进行账务处理：

（1）需要缴回原项目资金出资单位的，按照缴回的金额，作会计分录：

借：其他资金结转结余——项目结转——结余调剂及其明细

贷：银行存款、其他应付款等

（2）将项目剩余资金留归本单位用于其他非项目用途的，按照剩余的项目资金金额，作会计分录：

借：其他资金结转结余——项目结转——结余调剂及其明细

贷：其他资金结转结余——非项目结余——结余调剂

（四）用非项目资金结余补充项目资金

按照实际补充项目资金的金额，作会计分录：

借：其他资金结转结余——非项目结余——结余调剂

贷：其他资金结转结余——项目结转——结余调剂及其明细

（五）年末冲销有关明细科目余额

年末收支转账后，将"其他资金结转结余"科目所属"收支转账""年初余额调整""结余调剂"等明细科目余额转入"剩余结转结余"明细科目；转账后，"其他资金结转结余"科目除"剩余结转结余"明细科目外，其他明细科目应无余额。

第四节 资产基金

一、资产基金的科目设置

"资产基金"科目核算行政单位的预付账款、存货、固定资产、在建工程、无形资产、政府储备物资、公共基础设施等非货币性资产在净资产中占用的金额。

"资产基金"属净资产类科目。贷方登记资产基金的增加数，借方登记减少数。"资产基金"科目期末贷方余额，反映行政单位非货币性资产在净资产中占用的金额。

"资产基金"科目应当设置"预付款项""存货""固定资产""在建工程""无形资产""政府储备物资""公共基础设施"等明细科目，进行明细核算。

资产基金应当在发生预付账款，取得存货、固定资产、在建工程、无形资产、政府储备物资、公共基础设施时确认。

二、资产基金增加的账务处理

（1）发生预付账款时，按照实际发生的金额，作会计分录：

借：预付账款

　　贷：资产基金——预付款项

同时，按照实际支付的金额，作会计分录：

借：经费支出

　　贷：财政拨款收入、零余额账户用款额度、银行存款等

（2）取得存货、固定资产、在建工程、无形资产、政府储备物资、公共基础设施等资产时，按照取得资产的成本，作会计分录：

借：存货、固定资产、在建工程、无形资产、政府储备物资、公共基础设施

　　贷：资产基金——存货、固定资产、在建工程、无形资产、政府储备物资、
　　　　公共基础设施

同时，按照实际发生的支出，作会计分录：

借：经费支出

　　贷：财政拨款收入、零余额账户用款额度、银行存款等

三、资产基金冲减的账务处理

（1）收到预付账款购买的物资或服务时，应当相应冲减资产基金。按照相应的预付账款金额，作会计分录：

借：资产基金——预付款项

　　贷：预付账款

（2）领用和发出存货、政府储备物资时，应当相应冲减资产基金。领用和发出存货、政府储备物资时，按照领用和发出存货、政府储备物资的成本，作会计分录：

借：资产基金——存货、政府储备物资

　　贷：存货、政府储备物资

（3）计提固定资产折旧、公共基础设施折旧、无形资产摊销时，应当冲减资产基金。计提固定资产折旧、公共基础设施折旧、无形资产摊销时，按照计提的折旧、摊销金额，作会计分录：

借：资产基金——固定资产、公共基础设施、无形资产

　　贷：累计折旧、累计摊销

（4）无偿调出、对外捐赠存货、固定资产、无形资产、政府储备物资、公共基础设施时，应当冲减该资产对应的资产基金。

①无偿调出、对外捐赠存货、政府储备物资时，按照存货、政府储备物资的账面余额，作会计分录：

借：资产基金及其明细

贷：存货、政府储备物资等

②无偿调出、对外捐赠固定资产、公共基础设施、无形资产时，作会计分录：

借：资产基金及其明细（相关资产的账面价值）

累计折旧（已计提折旧）

累计摊销（已计提摊销）

贷：固定资产、公共基础设施、无形资产（相关资产的账面余额）

通过"待处理财产损溢"科目核算的资产处置，有关"资产基金"科目的账务处理参见"待处理财产损溢"科目。

第五节　待偿债净资产

一、待偿债净资产的科目设置

"待偿债净资产"科目核算行政单位因发生应付账款和长期应付款而相应需在净资产中冲减的金额。

"待偿债净资产"科目属净资产类科目，贷方登记资产基金的增加数，借方登记减少数；期末借方余额，反映行政单位因尚未支付的应付账款和长期应付款而需相应冲减净资产的金额。

二、待偿债净资产的主要账务处理

（1）发生应付账款、长期应付款时，按照实际发生的金额，作会计分录：

借：待偿债净资产

贷：应付账款、长期应付款等

（2）偿付应付账款、长期应付款时，按照实际偿付的金额，作会计分录：

借：应付账款、长期应付款等

贷：待偿债净资产

同时，按照实际支付的金额，作会计分录：

借：经费支出

贷：财政拨款收入、零余额账户用款额度、银行存款等

（3）因债权人原因，核销确定无法支付的应付账款、长期应付款时，按照报经批准核销的金额，作会计分录：

借：应付账款、长期应付款

贷：待偿债净资产

思考与练习题

某行政单位12月发生如下会计事项，要求据此编制会计分录：

1. 收到上级拨入经费 1 500 000 元，存入银行。

2. 用银行存款 50 000 元拨给其下属单位。

3. 收到财政部门拨入专项经费 200 000 元，并存入银行。

4. 从银行转拨下属单位专项资金 60 000 元。

5. 收到应缴财政的预算款 80 000 元，存入银行。

6. 收到海外友人赞助资金 500 000 元人民币，存入银行。

7. 以普通支票转账方式购置文件柜、纸、笔、书桌等办公用品，共计 3 000 元。

8. 修缮房屋，按合同规定以转账支票方式支付预付款 60 000 元。

9. 某职工调动工作，领用调遣费 1 500 元，在调入单位凭据报销，实际花销 1 400 元。

10. 收到同级财政机关通过银行拨来的当月经费 200 000 元。

11. 通过银行转拨所属单位经费 50 000 元。

12. 将经费 5 600 元缴回财政机关。

13. 收到财政局拨来专项经费 50 000 元。

14. 将第 13 题专项资金拨款转拨某所属单位 10 000 元。

15. 用第 13 题专项拨款购置某项设备，价款 25 000 元。

16. 收到从财政核拨的预算资金 24 000 元，将其中属于所属单位的预算资金 4 000 元予以转拨。

17. 收到市统计局交来的租场费现金 800 元。

18. 出售废旧物品，取得现金 150 元。

19. 收到银行转来的存款利息 1 500 元。

20. 收到有偿服务收入 500 元。

21. 购买的国库券到期，兑换本金 10 000 元，利息收入为 3 600 元。

22. 总务部门购买办公用品 80 元，办理报销，用现金补足已付出的备用金。

23. 收到银行付款通知，支付上月电话费 820 元。

24. 李华同志因公出差，借差旅费 600 元。

25. 发放本月工资，"工资汇总表"中有关资料如下：

应付工资 180 000 元

应付补助工资 7 000 元

其他工资 20 000 元

应付离退休人员费用 5 000 元

应付工资费用合计 212 000 元

应扣在职人员房租 3 000 元

应扣离退休人员房租 200 元

应扣在职人员水电费 2 500 元

应扣离退休人员水电费 100 元

应扣工资、费用合计 5 800 元

实发金额 206 200 元

26. 本单位现有职工 1 000 人，按每人每月 3 元的标准计提本月福利费 3 000 元。

27. 收到银行付款通知，支付上月行政用水电费 7 900 元。

28. 开出转账支票 1 400 元，购入一批办公用文件柜。

29. 开出转账支票支付门窗维修费 4 000 元。

30. 开出转账支票支付专业资料印刷费 2 400 元。

31. 开出转账支票，拨付所属幼儿园补助费 2 000 元。

32. 用现金 300 元发放职工家属的抚恤费 400 元。

33. 用现金支付职工教育的图书费用 500 元。

34. 李华出差回单位，报销差旅费 540 元，原借 600 元，收回现金 60 元。

35. 经审核确定报销会议费开支 2 500 元，其中通过银行转账支付给招待所的住宿费、会场租赁费、租用车辆交通费 1 600 元，其他开支以现金支付 900 元。

36. 以现金支付单位车辆养路费 1 000 元。

37. 购买卡拉 OK 大奖赛奖品共计 500 元，以现金支付。

38. 购入拖把 20 个，价值共计 100 元，以现金支付。

39. 发放临时工工资 1 500 元，以现金支付。

40. 开出转账支票，支付单位汽车大修理费 1 000 元。

41. 某专项工程用材料 3 000 元，已列为经费支出，应由专项工程支出列支，现收回。

42. 收回以前年度已列为经费支出 1 500 元。

43. 对材料进行盘点时，发现盘盈甲材料 20 千克，单价 20 元/千克，共 400 元；盘亏乙材料 5 千克，单价 6 元/千克，共 30 元。上述盈亏数额已经单位领导批准调整账目。单位会计凭批准的材料盘盈、盘亏表填制记账凭单。

44. 出售多余材料。其中，甲材料成本 250 元，售得现金 280 元；乙材料成本 160 元，售得现金 110 元。

45. 拨给下属单位的经费拨款 150 000 元，开出转账支票付讫。

46. 收回拨给下属单位的经费拨款 15 000 元，款项已存入银行。

47. 年终，将"拨出经费"余额 135 000 元、"其他收入"余额 206 000 元、"财政拨款收入"贷方余额 46 000 元办理转账。

第十一章

行政单位财务报告

行政单位的年度财务报告也称决算报告。年度决算报告的程序和步骤是：年终清理结算和年终结账，编制会计报表，进行财务分析。行政单位的财务报告要在年终清理结算的基础上按照统一规定的格式编报。

第一节　行政单位年终清理结账

一、行政单位的年终清理

行政单位应按规定做好年终清理结算工作，年终清理结算事项如下：

（一）清理核对年度预算拨款

（1）主管会计单位要查清本部门年度预算数、年度中追加追减数，并与财政部门核对；查清核给下属各单位的预算数，并核对相符。基层单位主要查清本单位的预算，并与上级单位核对相符。

（2）核对拨入经费是否与财政或上级单位相符，拨出经费是否与下级单位相符，对照预算，有无欠拨多拨。为了准确反映各项收支，凡属本年度的应拨、应缴款项，应在 12 月 31 日前汇达对方。主管会计单位和二级会计单位对所属各单位的拨款截至 12 月 25 日，逾期一般不再下拨。

（二）清理预算收支款项

清理预算收支款项及其适用科目、方式方法，保证数字准确。

（1）清查核对应缴预算款和应缴财政专户款是否全部入账，全部上缴，有无串户。

（2）清查预算资金的上缴专户是否符合规定，与财政专户的收入数和拨出数是否相符。

（3）经费支出，一律以基层用款单位截至 12 月 31 日的本年实际支出数为准，不得将预拨下年的经费列入本年支出，也不得以上级会计单位的拨款数代替基层会计单位的实际支出数。

（4）清查各项支出是否全部入账，是否符合列报口径，经费支出中的专款支出项目是否已经完成。没有结算的要抓紧结算。

（三）清理往来款项

全面清理暂付款、暂存款等往来款项，做到：一是抓紧结算，做到人欠收回、欠人归还；二是年前确实不能清理结束的，要与对方作一次核对，以保证数字正确。

（四）清理物资财产

对各项物资财产进行清查盘点，发生盘盈、盘亏，要及时查明原因，按规定做出处理，并调整账务，做到账账相符、账实相符。

由于年末会计事务很多，而盘点财产物资又牵涉面较广，所以，要事先计划，提早进行清查工作。

（五）清理货币资金

清理货币资金，就是清理银行存款、现金和零余额账户用款额度，要在轧平账户的基础上，分别与开户行、出纳人员核对清楚，存款要与银行对账单相符，现金要进行实物盘点，做到账实相符。

二、行政单位的年终结账

年终结账是在年终清理结算的基础上进行的，包括年终转账、结清旧账和记入新账。旧账结束和决算编制以后，除了在决算审查中，经财政部门或上级单位批复，需要调整决算或调整旧账者外，一律不得变动旧账的数字。

年终转账时的步骤如下：

（1）将各账户的余额结出，然后按各账户余额编制出年终结账前的"资产负债表"。

（2）根据结账前的科目余额平衡试算表进行年终结转账，填制记账凭单。

【例11-1】年终，将财政拨款收入、经费支出和其他收入办理年终转账。财政拨款收入 11 328 800 元，其中，基本支出拨款 10 098 800 元，项目支出拨款 1 230 000 元（项目全部完工）；经费支出 11 163 743 元，其中，基本支出 9 933 743 元，项目支出 1 230 000 元（项目全部完工）；其他收入 72 900 元。

（1）办理财政拨款结转的有关会计事项，作会计分录：

借：财政拨款收入——基本支出拨款   10 098 800
     ——项目支出拨款   1 230 000
  贷：财政拨款结转   11 328 800
借：财政拨款结转   11 163 743
  贷：经费支出——基本支出   9 933 743
     ——项目支出   1 230 000

（2）转入财政拨款结余，作会计分录：

借：财政拨款结转——结余转账   165 057
  贷：财政拨款结余——结余转账   165 057

（3）转入其他资金结转结余，作会计分录：

借：其他收入   72 900
  贷：其他资金结转结余   72 900

对上述年终结转账项填制 12 月 31 日的记账凭单办理结账冲转，逐笔登记入账后，再结出各账户的余额，根据各账户结账后的余额编制年终决算的"资产负债表"，并进行平衡试算。

第二节　行政单位的财务报表

一、行政单位财务报表的分类

（1）会计报表的表式。行政单位的财务报告要全面反映和控制其工作所需的资金来源和运用情况，包括财务报表和财务情况说明书。财务报表是反映行政单位财务状况和预算执行结果等的书面文件，由会计报表及其附注构成。会计报表包括资产负债表、收入支出表、财政拨款收入支出表等。

（2）行政单位的会计报表按期间分为月度、季度和年度会计报表。行政单位资产负债表、财政拨款收入支出表和附注应当至少按照年度编制，收入支出表应当按照月度和年度编制。

（3）行政单位的会计报表按管理层次分为主管会计单位、二级会计单位和基层会计单位三级会计报表，上级单位要汇总下级单位报表，因此，会计报表分为本级会计报表和汇总会计报表。汇总会计报表是按行政管理级次，将下级会计报表和本级会计报表予以汇总。无论是本级会计报表还是汇总会计报表均按会计报表的基本形式编报。

二、行政单位财务报表的编报要求

（1）行政单位的财务报表应当根据登记完整、核对无误的会计账簿记录和其他有关资料编制，做到数字真实、计算准确、项目齐全、内容完整、说明清楚。任何人不得篡改或者授意、指使、强令他人篡改会计报表的有关数字。

（2）会计报表之间、会计报表各项目之间，凡有对应关系的数字，应当相互一致。本期会计报表与上期会计报表之间有关的数字应当相互衔接。如果不同会计年度会计报表中各项目的内容和核算方法有变更，应当在年度会计报表中加以说明。

（3）行政单位应当根据国家统一会计制度的规定编制并提供真实、完整的会计报表，认真编写会计报表附注及其说明，不得违反规定，随意改变会计制度规定的会计报表格式、编制依据和方法，不得随意改变会计制度规定的会计报表有关数据的会计口径。

（4）行政单位财务报表应当由单位负责人和主管会计工作的负责人、会计机构负责人（会计主管人员）签名并盖章。单位领导人对财务报告的合法性、真实性负法律责任。

（5）各单位应当按照国家规定的期限对外报送财务报告。对外报送的财务报告，应当依次编定页码，加具封面，装订成册，加盖公章。封面上应当注明：单位名称，单位地址，财务报告所属年度、季度、月度，送出日期。如果发现对外报送的财务报告有错误，应当及时办理更正手续。除更正本单位留存的财务报告外，还应同时通知接受财务报告的单位更正。错误较多的，应当重新编报。

（6）根据法律和国家有关规定应当对财务报告进行审计的，财务报告编制单位应当先行委托注册会计师进行审计，并将注册会计师出具的审计报告随同财务报告按照规定的期限报送有关部门。

三、资产负债表

（一）资产负债表的格式

资产负债表是反映行政单位在某一特定日期财务状况的报表。资产负债表应当按照资产、负债和净资产分类、分项列示。

资产负债表以左右分列的方式编制，表式见 11 – 1。左方为资产部类，右方为负债部类，列负债、净资产两类，形成"资产 = 负债 + 净资产"的平衡公式。

行政单位资产负债表的平衡关系如下：

$$资产总计 = 负债 + 净资产$$

$$资产基金 = 预付账款 + 存货 + 固定资产 + 在建工程 + 无形资产$$

$$+ 政府储备物资 + 公共基础设施$$

（二）资产负债表"年初余额"栏数字的填列方法

资产负债表"年初余额"栏内各项数字，应当根据上年年末资产负债表"期末余额"栏内数字填列。如果本年度资产负债表规定的各个项目的名称和内容同上年度不相一致，应对上年年末资产负债表各项目的名称和数字按照本年度的规定进行调整，填入资产负债表"年初余额"栏内。

（三）资产负债表"期末余额"栏各项目的填列方法

（1）"库存现金""银行存款"项目，分别根据"库存现金""银行存款"科目的期末余额减去其中属于受托代理的现金金额、存款金额后的余额填列。

（2）"固定资产"项目，反映行政单位期末各项固定资产的账面价值。本项目应当根据"固定资产"科目的期末余额减去"累计折旧"科目中"固定资产累计折旧"明细科目的期末余额后的金额填列。

"固定资产原价"项目，反映行政单位期末各项固定资产的原价。本项目应当根据"固定资产"科目的期末余额填列。

"固定资产累计折旧"项目，反映行政单位期末各项固定资产的累计折旧金额。本项目应当根据"累计折旧"科目中"固定资产累计折旧"明细科目的期末余额填列。

"公共基础设施""公共基础设施原价""公共基础设施累计折旧""无形资产""无形资产原价""累计摊销"项目的填列方法分别与此相似。

（3）"在建工程"项目，反映行政单位期末除公共基础设施在建工程以外的尚未完工交付使用的在建工程的实际成本。本项目应当根据"在建工程"科目中属于非公共基础设施在建工程的期末余额填列。

"公共基础设施在建工程"项目，反映行政单位期末尚未完工交付使用的公共基础设施在建工程的实际成本。本项目应当根据"在建工程"科目中属于公共基础设施在建工程的期末余额填列。

（4）"受托代理资产"项目，反映行政单位期末受托代理资产的价值。本项目应当根据"受托代理资产"科目的期末余额（扣除其中受托储存管理物资的金额）加上"库存现金""银行存款"科目中属于受托代理资产的现金余额和银行存款余额的合计数填列。

（5）"一年内到期的非流动负债"项目，反映行政单位期末承担的 1 年以内（含 1 年）到偿还期的非流动负债。本项目应当根据"长期应付款"等科目的期末余额分析填列。

（6）"长期应付款"项目，反映行政单位期末承担的偿还期限超过 1 年的应付款项。本项目应当根据"长期应付款"科目的期末余额减去其中 1 年以内（含 1 年）到偿还期的长期应付款金额后的余额填列。

（7）"受托代理负债"项目，反映行政单位期末受托代理负债的金额。本项目应当根据"受托代理负债"科目的期末余额（扣除其中受托储存管理物资对应的金额）填列。

（8）"待偿债净资产"项目，反映行政单位期末因应付账款和长期应付款等负债而相应需在净资产中冲减的金额。本项目应当根据"待偿债净资产"科目的期末借方余额以"－"号填列。

其余项目都应当根据各对应科目的期末余额填列（见表 11－1）。

表 11－1　　　　　　　　　　　　　　资产负债表　　　　　　　　　　会行政 01 表

编制单位：　　　　　　　　　　　　20×× 年 × 月 × 日　　　　　　　　　　单位：元

资产	年初余额	期末余额	负债和净资产	年初余额	期末余额
流动资产：			流动负债：		
库存现金		3 605	应缴财政款		500
银行存款		27 003	应缴税费		2 200
财政应返还额度		1 700 035	应付职工薪酬		87 700
应收账款		1 000	应付账款		59 543
预付账款		30 000	应付政府补贴款		2 000
其他应收款		6 100	其他应付款		41 000
存货		70 000	一年内到期的非流动负债		10 800
流动资产合计		1 837 743	流动负债合计		203 743
固定资产		800 000	非流动负债：		
固定资产原价		896 000	长期应付款		140 000
减：固定资产累计折旧		96 000	受托代理负债		809 543
在建工程		205 000	负债合计		1 153 286
无形资产		100 000			
无形资产原价		197 600			
减：累计摊销		97 600			
待处理财产损溢		9 400	财政拨款结转		9 036 100
政府储备物资		802 000	财政拨款结余		802 000
公共基础设施		9 000 000	其他资金结转结余		70 400
公共基础设施原价		9 870 000	其中：项目结转		7 100
减：公共基础设施累计折旧		870 000	资产基金		11 257 400

续表

资产	年初余额	期末余额	负债和净资产	年初余额	期末余额
公共基础设施在建工程		250 400	待偿债净资产		170 000
受托代理资产		9 384 643	净资产合计		21 235 900
资产总计		22 389 186	负债和净资产总计		22 389 186

单位负责人：　　　　　会计主管：　　　　　复核：　　　　　制表：

（四）按月编制资产负债表的规定

（1）月度资产负债表应在资产部分"银行存款"项目下增加"零余额账户用款额度"项目。

（2）"零余额账户用款额度"项目，反映行政单位期末零余额账户用款额度的金额。本项目应当根据"零余额账户用款额度"科目的期末余额填列。

（3）"财政拨款结转"项目。本项目应当根据"财政拨款结转"科目的期末余额，加上"财政拨款收入"科目本年累计发生额，减去"经费支出——财政拨款支出"科目本年累计发生额后的余额填列。

（4）"其他资金结转结余"项目。本项目应当根据"其他资金结转结余"科目的期末余额，加上"其他收入"科目本年累计发生额，减去"经费支出——其他资金支出"科目本年累计发生额，再减去"拨出经费"科目本年累计发生额后的余额填列。

"项目结转"项目。本项目应当根据"其他资金结转结余"科目中"项目结转"明细科目的期末余额，加上"其他收入"科目中项目收入的本年累计发生额，减去"经费支出——其他资金支出"科目中项目支出本年累计发生额，再减去"拨出经费"科目中项目支出本年累计发生额后的余额填列。

（5）月度资产负债表其他项目的填列方法与年度资产负债表的填列方法相同。

四、收入支出表

（一）收入支出表的格式

收入支出表是反映行政单位在某一会计期间全部预算收支执行结果的报表。收入支出表应当按照收入、支出的构成和结转结余情况分类、分项列示，表式见表 11-2。

表 11-2　　　　　　　　　　　　收入支出表　　　　　　　　会行政 02 表

编制单位：　　　　　　　　　　　20×× 年 12 月　　　　　　　　单位：元

项目	本月数	本年累计数
一、年初各项资金结转结余		9 895 000
（一）年初财政拨款结转结余		9 834 200
1. 财政拨款结转		9 033 000
2. 财政拨款结余		801 200
（二）年初其他资金结转结余		60 800
二、各项资金结转结余调整及变动		500
（一）财政拨款结转结余调整及变动		800

项目	本月数	本年累计数
（二）其他资金结转结余调整及变动		−300
三、收入合计		10 470 800
（一）财政拨款收入		9 897 900
1. 基本支出拨款		97 900
2. 项目支出拨款		9 800 000
（二）其他资金收入		572 900
1. 非项目收入		23 900
2. 项目收入		549 000
四、支出合计		10 458 600
（一）财政拨款支出		9 895 600
1. 基本支出		192 300
2. 项目支出		9 703 300
（二）其他资金支出		563 000
1. 非项目支出		21 100
2. 项目支出		541 900
五、本期收支差额		12 200
（一）财政拨款收支差额		2 300
（二）其他资金收支差额		9 900
六、年末各项资金结转结余		9 908 500
（一）年末财政拨款结转结余		9 838 100
1. 财政拨款结转		9 036 100
2. 财政拨款结余		802 000
（二）年末其他资金结转结余		70 400

单位负责人：　　　　　会计主管：　　　　　复核：　　　　　制表：

（二）收入支出表"本月数"栏的填列

收入支出表"本月数"栏反映各项目的本月实际发生数。在编制年度收入支出表时，应当将本栏改为"上年数"栏，反映上年度各项目的实际发生数；如果本年度收入支出表规定的各个项目的名称和内容同上年度不一致，应对上年度收入支出表各项目的名称和数字按照本年度的规定进行调整，填入本年度收入支出表的"上年数"栏。

收入支出表"本年累计数"栏反映各项目自年初起至报告期末止的累计实际发生数。编制年度收入支出表时，应当将本栏改为"本年数"。

（三）收入支出表"本月数"栏各项目的内容和填列方法

（1）"年初各项资金结转结余"项目及其所属各明细项目，反映行政单位本年初所有资金结转结余的金额。各明细项目应当根据"财政拨款结转""财政拨款结余""其他资金结转结余"及其明细科目的年初余额填列。本项目及其所属各明细项目的数额，应当与上年度收入支出表中"年末各项资金结转结余"中各明细项目的数额相等。

（2）"各项资金结转结余调整及变动"项目及其所属各明细项目，反映行政单位因发生需要调整以前年度各项资金结转结余的事项，以及本年因调入、上缴或交回等导致各项资金结转结余变动的金额。

①"财政拨款结转结余调整及变动"项目，根据"财政拨款结转""财政拨款结余"科目下的"年初余额调整""归集上缴""归集调入"明细科目的本期贷方发生额合计数减去本期借方发生额合计数的差额填列；如为负数，以"-"号填列。

②"其他资金结转结余调整及变动"项目，根据"其他资金结转结余"科目下的"年初余额调整""结余调剂"明细科目的本期贷方发生额合计数减去本期借方发生额合计数的差额填列；如为负数，以"-"号填列。

（3）"年初各项资金结转结余""年末各项资金结转结余"项目及其所属各明细项目，只在编制年度收入支出表时填列，编制月度收入支出表时不填列。

五、财政拨款收入支出表

（一）财政拨款收入支出表的格式

财政拨款收入支出表是反映行政单位在某一会计期间财政拨款收入、支出、结转及结余情况的报表，表式见11-3。

表11-3 财政拨款收入支出表 会行政03表

编制单位： 20××年度 单位：元

项目	年初财政拨款结转结余		调整年初财政拨款结转结余	归集调入或上缴	单位内部调剂		本年财政拨款收入	本年财政拨款支出	年末财政拨款结转结余	
	结转	结余			结转	结余			结转	结余
一、公共财政预算资金	9 033 000	801 200	800				5 497 900	5 495 600	9 036 100	802 000
（一）基本支出							97 900	95 600		
1. 人员经费							50 000	49 000		
2. 日常公用经费							47 900	46 600		
（二）项目支出							5 400 000	5 400 000		
1. ××项目							5 000 000	5 000 000		
2. ××项目							400 000	400 000		
……										
二、政府性基金预算资金							4 400 000	4 400 000		
（一）基本支出										
1. 人员经费										
2. 日常公用经费										
（二）项目支出										
1. ××项目										
2. ××项目										
……										
总计	9 033 000	801 200					9 897 900	9 895 600	9 036 100	802 000

单位负责人： 会计主管： 复核： 制表：

财政拨款收入支出表"项目"栏内各项目，应当根据行政单位取得的财政拨款种类分项设置；其中"项目支出"下，根据每个项目设置；行政单位取得除公共财政预算拨款和政府性基金预算拨款以外的其他财政拨款的，应当按照财政拨款种类增加相应的资金项目及其明细项目。

（二）财政拨款收入支出表各栏及其对应项目的内容和填列方法

（1）"年初财政拨款结转结余"栏中各项目，反映行政单位年初各项财政拨款结转和结余的金额。各项目应当根据"财政拨款结转""财政拨款结余"及其明细科目的年初余额填列。本栏目中各项目的数额，应当与上年度财政拨款收入支出表中"年末财政拨款结转结余"栏中各项目的数额相等。

（2）"调整年初财政拨款结转结余"栏中各项目，反映行政单位对年初财政拨款结转结余的调整金额。各项目应当根据"财政拨款结转""财政拨款结余"科目中"年初余额调整"科目及其所属明细科目的本年发生额填列。如调整减少年初财政拨款结转结余，以"－"号填列。

（3）"归集调入或上缴"栏中各项目，反映行政单位本年取得主管部门归集调入的财政拨款结转结余资金和按规定实际上缴的财政拨款结转结余资金金额。各项目应当根据"财政拨款结转""财政拨款结余"科目中"归集上缴"和"归集调入"科目及其所属明细科目的本年发生额填列。对归集上缴的财政拨款结转结余资金，以"－"号填列。

（4）"单位内部调剂"栏中各项目，反映行政单位本年财政拨款结转结余资金在内部不同项目之间的调剂金额。各项目应当根据"财政拨款结转"和"财政拨款结余"科目中的"单位内部调剂"及其所属明细科目的本年发生额填列。对单位内部调剂减少的财政拨款结转结余项目，以"－"号填列。

（5）"本年财政拨款收入"栏中各项目，反映行政单位本年从同级财政部门取得的各类财政预算拨款金额。各项目应当根据"财政拨款收入"科目及其所属明细科目的本年发生额填列。

（6）"本年财政拨款支出"栏中各项目，反映行政单位本年发生的财政拨款支出金额。各项目应当根据"经费支出"科目及其所属明细科目的本年发生额填列。

（7）"年末财政拨款结转结余"栏中各项目，反映行政单位年末财政拨款结转结余的金额。各项目应当根据"财政拨款结转""财政拨款结余"科目及其所属明细科目的年末余额填列。

六、附表

1. 基本数字表

基本数字表是反映单位的机构设置以及人员、设备等基本状况的报表。它为分析比较单位平均收支、制定定额和开支标准提供依据，表式见 11 −4。

表 11 - 4 　　　　　　　　　　　　**行政单位基本数字表**

20××年×月×日

编制单位：

项目	单位	编制数	实有数			备注
			期末数	累计数	平均数	
一、工资目开支的职工人数	人					
二、由单位开支的离退休人数	人					
三、汽车数	辆					
1. 小轿车	辆					
2. 大客车等	辆					
3. 其他	辆					

2. 其他附表

其他附表是与财务收支情况密切相关的其他有关情况的报表，包括固定资产分类情况表、应缴财政款和应付款分类情况表、其他重点支出项目情况表等。

七、报表附注与说明

（一）报表附注应当披露的内容

附注是指对在会计报表中列示项目的文字描述或明细资料，以及对未能在会计报表中列示项目的说明等。会计报表附注是会计报表的重要组成部分。编制会计报表附注拓展了单位财务信息的内容，打破了三张主要报表内容必须既符合会计要素的定义又要同时满足相关性和可靠性的限制，突破了揭示项目必须用货币加以计量的局限性，充分满足了单位财务报告是为其使用者提供有助于经济决策的信息的要求，增进了会计信息的可理解性，提高了会计信息的可比性。

行政单位的报表附注应当至少披露下列内容：

（1）遵循《行政单位会计制度》的声明；

（2）单位整体财务状况、预算执行情况的说明；

（3）会计报表中列示的重要项目的进一步说明，包括其主要构成、增减变动情况等；

（4）重要资产处置、资产重大损失情况的说明；

（5）以名义金额计量的资产名称、数量等情况，以及以名义金额计量理由的说明；

（6）或有负债情况的说明、1年以上到期负债预计偿还时间和数量的说明；

（7）以前年度结转结余调整情况的说明；

（8）有助于理解和分析会计报表的其他需要说明事项。

（二）财务情况说明书

财务情况说明书，主要说明行政单位本期收入、支出、结转、结余、专项资金使用及资产负债变动等情况，以及影响财务状况变化的重要事项，总结财务管理经验，对存在的问题提出改进意见。

说明包括编制技术说明和报表分析说明两个部分。

编制技术说明主要包括：采用的主要会计处理方法；特殊事项的会计处理方法；会

计处理方法的变更情况、变更原因以及对收支情况和结果的影响等。

报表分析说明一般包括：基本情况；影响预算执行、资金活动的原因；经费支出、资金活动的趋势；管理中存在的问题和改进措施；对上级会计单位工作的意见和建议等。

以上是一般内容。此外，还应根据单位的实际情况实事求是地加以说明。月报可简略一些，季报要重点分析，不要面面俱到，而年报则应作全面的检查分析。

第三节　行政单位的财务分析

一、行政单位财务分析的内容

财务分析是依据会计核算资料和其他有关信息资料，对单位财务活动过程及其结果进行的研究、分析和评价。财务分析的内容包括预算编制与执行情况、收入支出情况、定员定额情况、资产利用情况、人员增减情况、财务管理制度建设情况等。

（1）预算编制情况：是否根据工作内容和安排进行编制；是否符合国家的有关政策和财务制度；是否贯彻"量力而行、量入为出"的原则；预算编制的依据是否正确可靠。

（2）预算执行情况：预算执行情况与工作任务完成的进度是否一致；比较预算收支的完成进度，本期实际支出数与前期是否有特殊变化及不同。

（3）收入支出情况：各项收入的取得是否符合有关规定，是否执行了国家规定的收费标准，应缴收入是否及时足额上缴；各项支出是否按进度进行，是否按规定的标准、用途使用；开支水平和支出结构是否合理。

（4）定员定额情况：单位人员是否控制在国家规定编制以内，各类人员配备及结构是否合理；各项支出定额是否完善，定额执行情况如何等。

（5）资产利用情况：资产配备是否合理；是否利用得当；是否存在资产流失问题。

（6）人员增减情况：分析人员数量、结构、变化情况及其原因；分析人员增减变化对支出的影响及程度。

（7）财务管理制度建设情况：制度是否健全，是否符合国家有关规定和单位实际情况；各项管理措施的落实情况如何。

行政单位应当真实、准确、完整、及时地编制财务报告，认真进行财务分析，并按照规定报送财政部门、主管预算单位和其他有关部门。

二、行政单位财务分析指标

财务分析指标主要有：支出增长率、当年预算支出完成率、人均开支、项目支出占总支出的比率、人员支出占总支出的比率、公用支出占总支出的比率、人均办公使用面积、人车比例等。行政单位可以根据其业务特点，增加财务分析指标。

（1）支出增长率，衡量行政单位支出的增长水平。该指标反映支出增长是否在合理的支出增长幅度内，是否同国民经济和社会发展以及财政收支的增长相协调。计算公式为：

$$支出增长率 = \left(\frac{本期支出总额}{上期支出总额} - 1\right) \times 100\%$$

（2）当年预算支出完成率，衡量行政单位当年支出总预算及分项预算完成的程度。计算公式为：

$$当年预算支出完成率 = \frac{年终执行数}{年初预算 \pm 年中预算调整数} \times 100\%$$

其中，年终执行数不含上年结转和结余支出数。

（3）人均开支，衡量行政单位人均年消耗经费水平。该指标可以用来分析平均支出规模合理性，反映支出定额管理执行结果。计算公式为：

$$人均开支 = \frac{本期支出额}{本期平均在职人员数} \times 100\%$$

$$本期平均在职人员数 = (1月人数 + 2月人数 + \cdots + 12月人数)/12$$

$$本期平均在职人员数 = 期初人数 + \frac{新增人数 \times 工作月数}{12} - \frac{减少人数 \times 减少月数}{12}$$

（4）项目支出占总支出的比率，衡量行政单位的支出结构。该指标可以用来分析专项支出占总支出的比重的变化、变化的原因及其合理性。计算公式为：

$$项目支出比率 = \frac{本期项目支出额}{本期支出总额} \times 100\%$$

（5）人员支出、公用支出占总支出的比率，衡量行政单位的支出结构。计算公式为：

$$人员支出比率 = \frac{本期人员支出额}{本期支出总额} \times 100\%$$

$$公用支出比率 = \frac{本期公用支出额}{本期支出总额} \times 100\%$$

（6）人均办公使用面积，衡量行政单位办公用房配备情况。计算公式为：

$$人均办公使用面积 = \frac{本期末单位办公用房使用面积}{本期末在职人员数}$$

（7）人车比例，衡量行政单位公务用车配备情况。该指标可以用来分析行政单位车辆配备的规模是否执行了有关控制车辆的规定。计算公式为：

$$人车比例 = \frac{本期末在职人员数}{本期末公务用车实有数} : 1$$

第四节　行政单位的划转撤并

一、行政单位划转撤并的含义

（1）划：行政单位因隶属关系改变，在部门、上下级之间划转。

（2）转：行政单位性质发生变化，由行政单位变为企业单位、事业单位或社会团体。

（3）撤：行政单位被撤销。属于行政单位的解散、终止。

（4）并：两个以上的行政单位合并，属于行政单位的重组。

二、行政单位划转撤并的管理

行政单位划转撤并的财务处理，应当在财政部门、主管预算单位等部门的监督指导下进行。

划转撤并的行政单位应当对单位的财产、债权、债务等进行全面清理，编制财产目录和债权、债务清单，编制有关财务报表，提供资产目录以及往来款项清单，评估作价，提出资产作价依据和债权、债务处理办法，办理国有资产的移交、接收、划转等手续，做好资产的移交、接收、划转和管理工作，并妥善处理各项遗留问题。应加强划转期间对资产的管理，防止资产损失和流失。

划转撤并的行政单位的资产经主管预算单位审核并上报财政部门和有关部门批准后，分别按照下列具体规定处理：

（1）行政单位转为事业单位和改变隶属关系，其资产无偿移交，并相应调整、划转经费指标。

（2）行政单位转为企业的，其资产按国有资产管理的有关规定评估作价后，转作企业的国家资本金。

（3）行政单位撤销的，其全部资产由财政部门或者财政部门授权的单位处理。

（4）行政单位合并的，其全部资产移交接收单位或者新组建单位；合并后多余的资产，由财政部门或者财政部门授权的单位处理。

（5）分立的行政单位，其资产按照有关规定移交分立后的行政单位，并相应划转经费指标。

思考与练习题

1. 行政单位年终需要做好哪些清理结算事项？

2. 简述行政单位年终结转的账务处理。

3. 说明行政单位会计报表的种类及其编制方法。

4. 行政单位财务分析指标有哪些？

5. 行政单位基建会计如何并账？

第三篇

事业单位财务与会计

第十二章

事 业 单 位 财 务 会 计 概 论

第一节 事业单位财会规范的范围

一、事业单位会计的界定

事业单位会计是以事业单位实际发生的各项经济业务为对象，核算、反映和监督事业单位年度预算收支计划执行过程及结果的专业会计。

事业单位会计的执行范围主要是各级各类事业单位。接受国家经常性资助的非国有事业单位和社会团体，其他非国有事业单位和社会团体，参照执行。国家对事业单位基本建设投资的财务管理，按照国家有关规定办理。

事业单位是主要以精神产品和各种劳务的形式，以实现社会效益为宗旨，向社会提供生产性或生活性服务的单位。我国的事业单位是指受国家机关领导，一般不具有社会生产职能和国家管理职能，直接或间接为社会主义生产建设和改善人民生活服务的单位。各类事业单位工作任务、业务性质及财务状况不同，主要任务是发展社会主义各项事业。事业单位相对于企业单位而言，它们不以营利为目的，是一些国家机构的分支，一般是以增进社会福利，满足社会文化、教育、科学、卫生等方面需要，提供各种社会服务为直接目的的社会组织。

《事业单位登记管理暂行条例》定义的事业单位是指国家为了社会公益目的，由国家机关举办或者其他组织利用国有资产举办的，从事教育、科技、文化、卫生等活动的社会服务组织。全国事业单位分布在 28 个行业，事业单位按其具体的业务性质大体上分为以下两大类：①科教文卫体、新闻出版、广播影视、信息服务等公共事业单位；②农林牧水气、勘探勘察设计、测绘、地震、交通、环境保护、计划生育、社会福利等公益事业单位。

《关于分类推进事业单位改革的指导意见》将事业单位按照社会功能划分为承担行政职能、从事生产经营活动和从事公益服务三个类别。第一类是"参照公务员"类，承担政府职能的事业单位划入政府序列；第二类是"自收自支"类，从事生产经营活动的事业单位将被推向市场；第三类是"财政补贴"类，即公益性事业单位，将从人事管理、收入分配、社会保险、财税政策和机构编制等方面推进，采取"管办分离"等办法完善治理结构。

根据职责任务、服务对象和资源配置方式等情况，将从事公益服务的事业单位进一步细分为两类：承担义务教育、基础性科研、公共文化、公共卫生及基层的基本医疗服务等基本公益服务，不能或不宜由市场配置资源的，划入公益一类；承担高等教育、非营利医疗等公益服务，可部分由市场配置资源的，划入公益二类。

无论各级各类事业单位资金来源何处，都必须讲求资金使用效果，力争用尽量少的钱，办更多的事，促进事业计划任务的实现。为此，必须加强会计管理。

二、事业单位财务与会计规范的实用性

（一）事业单位通用性财务与会计规范的适用范围

《事业单位财务规则》自 2012 年 4 月 1 日起施行，《事业单位会计准则》《事业单位会计制度》自 2013 年 1 月 1 日起施行。

我国的事业单位属于西方非营利组织范畴，可以分为公立和非公立两类。现行《事业单位财务规则》《事业单位会计制度》适用于公立和非公立事业单位，但民间非营利组织执行财政部颁布的《民间非营利组织会计制度》。具有经营性、实行企业化管理的事业单位则执行企业财务与会计规范。

行业协会、总会及具有行政管理性质的公司应执行《事业单位财务规则》《事业单位会计制度》。行业特点突出、需要制定行业事业单位财务管理办法的，由国务院财政部门会同有关主管部门制定。省、自治区、直辖市人民政府可以结合本地区实际情况制定具体财务管理办法。

（二）事业单位行业性会计规范的适用范围

《事业单位会计制度》《事业单位财务规则》是事业单位财务与会计制度体系中的基本制度，是制定行业财务和会计制度及事业单位内部财务管理办法的依据。

事业单位按各行业分别适用行业的财务规则和会计制度。财政部会同行业主管部门制定医院、计划生育、高校、中小学、科学、文化、文物、广电、体育等事业单位的行业规范，本次修订工作按照"保持原制度框架、与通用规范保持一致、体现行业特点、突出公益属性"的原则进行。例如，《基层医疗卫生机构财务制度》和《基层医疗卫生机构会计制度》自 2011 年 7 月 1 日起施行，《医院财务制度》《医院会计制度》自 2011 年 7 月 1 日起试点实施，自 2012 年 1 月 1 日起在全国执行。

三、事业单位会计核算的特点

1. 资金来源渠道多元化

事业单位会计是各级各类事业单位核算、反映、监督事业发展及其资金资产运行情况的会计。在市场经济环境下，事业单位除完成国家规定的各项事业计划外，还向社会提供一些有偿服务活动，有些事业单位还开展一些生产经营活动。所以，事业单位的资金来源渠道多元化，除财政补助的各项预算经费外，还有单位自行组织的各项收入。

2. 核算对象具有多样性

财政会计只核算预算资金的筹集、分配及执行结果。行政单位会计核算预算资金的领取、使用情况。事业单位会计的核算对象不仅仅限于财政预算资金的领拨、使用情况，还要延伸到上下级之间收支、事业收支、创收、经营资金活动过程及其结果，覆盖

事业单位实际发生的各项经济业务，即事业单位预算和年度财务收支计划执行过程及其结果。

3. 会计结账基础具有双重性

事业单位会计核算内容决定它的结账基础既采用"收付实现制"，又采用"权责发生制"。在同一个事业单位，可同时采用两种会计结账基础：对非成本核算单位的预算资金收付，采用收付实现制作为会计结账基础，一来可以正确反映预算收支执行情况，二来可以落实财政结余，三来能够及时编制会计报表，体现事业效果；对实行成本核算的单位，为了正确核算当期成本费用，计算收益或亏损，满足经济核算要求，采用权责发生制作为会计结账基础。

4. 会计核算内容具有广泛性

事业单位会计核算内容较财政总预算会计、行政单位会计更广，不仅要核算预算收支余超，用以考核事业单位预算资金使用效果，还要核算成本费用、计算收益，以考核实行成本核算或有项目成本费用的核算单位在保证社会效益的前提下提高经营资金的使用效益水平。因此，事业单位会计在五类会计要素中会计科目设置量更多，具有混合性；会计报表种类也更多，如经营支出明细表、净资产变动情况表等，在财政总预算会计、行政单位会计报表中无此表。

四、事业单位收支统管的财务管理体制

目前，我国事业单位实行收支统管的财务预算管理体制。收支统管就是国家财政对事业单位的各项收支全部纳入单位财务预算和会计统一管理、统一核算。采用收支统管的财务预算管理体制的目的如下：

1. 适应市场经济需要，增强单位自我发展能力

在社会主义市场经济条件下，事业单位既要为社会提供各种优质服务，又要面向市场，增强经费自给率，这就要求国家财政打破原来的统收统支格局，赋予事业单位一定的理财自主权。

2. 适应事业单位"收入多渠道、支出捆着花"的实际情况

长期以来，事业单位的收入中财政拨款和单位自行组织的收入分割管理，资金开支范围、内容、核算方式各有不同，这既不利于调动事业单位理财的积极性，也不利于国家财政加强宏观调控，近年来，这种分割的格局事实上已经被打破，逐步形成收支统管、统一核算的新格局。

3. 适应加强预算管理的需要

预算管理必须调动财政和单位两方面的积极性，兼顾两者的利益。"收支统管、统一核算"的办法是兼顾两者利益、加强预算约束的前提，也是定额或者定项补助、收入上缴的基础和依据。如果不实行收支统管，收支则不便于核定甚至无法核定；如果不实行统一核算，收支统管就不可能落到实处。

4. 适应提高资金使用效益的需要

目前，事业单位收入渠道不断拓宽，非财政拨款收入增加，将单位各项收入全部纳入单位预算，统一核算，统一管理，使其他收入的安排使用符合事业发展计划和财政政

策的要求，做到用之合理。

第二节　事业单位预算管理

一、事业单位的预算管理办法

国家对事业单位实行的新的预算管理办法为：核定收支，定额或者定项补助，超支不补、结转和结余按规定使用。

1. 核定收支

事业单位要将全部收入与各项支出统一编列预算，报经主管部门和财政部门核定。主管部门和财政部门根据事业特点、事业发展计划、事业单位财务收支状况以及国家财政政策和财力可能，核定事业单位年度预算收支规模，其中包括财政补助具体数额。

核定收支要求将单位在财政补助收入以外获得的各项收入与财政补助收入一起统筹安排使用，实行收支统一管理，形成一个有机的整体，进而形成一个能够全面反映单位财务收支活动的新型单位预算体系。对事业单位实行核定全部收支，并全部纳入单位预算，有利于加强收入管理，保证支出安排合理，有利于掌握和控制事业单位收支总体规模，保证事业单位各项资金合理有效使用。

2. 定额或者定项补助

这是对非财政补助收入不能满足支出的事业单位实行的办法。定额补助就是根据事业单位收支情况，并按相应标准确定一个总的补助数额，如对高等院校实行生均定额补助等；定项补助则是根据事业单位收支情况，确定对事业单位的某些支出项目进行补助，如对某些事业单位工资支出项目进行补助，或补助大型修缮和设备购置等。具体项目因各事业单位情况不同而有所区别。

财政对事业单位补助的原则是：按照"社会共同需要"确定财政资金对事业单位的补助范围，保证重点与兼顾一般，并结合单位的绩效确定具体补助额。对代表社会共同利益和长远利益、不便于市场调节、无直接经济效益的领域或事务，诸如基础教育、基础研究和社会公益研究事业、地震预测预报、档案管理和计划生育等事业，财政应提供维持其正常发展的经费需要；对那些收入较稳定，又具有较大公益性和福利性的事业单位，财政可根据国家发展事业的政策和单位收支状况拨付一部分经费，以扶持这些事业的发展；对单位收入可以满足基本支出、可以进入市场的事业单位，应与财政在经费上脱钩，财政应逐渐减少补助甚至不补助，并鼓励社会力量兴办这类事业单位。这样，既满足社会需要，又减轻财政负担。财政部门要根据事业单位的不同性质和业务特点，确定财政重点支持范围，并在事业经费总额不断增长的情况下，调整支出结构，加大对社会发展具有前导作用的基础教育、基础科研等事业单位的投入力度。

财政补助的确定方法是：财政部门根据事业特点、事业发展计划和工作任务、国家财政政策和财力水平，并结合单位财务收支状况核定补助标准，不再简单地采用"基数加增长"的分配办法，而要在完善各项支出定额的基础上，逐步推行"零基预算法"，即打破"基数"概念，从零开始、按绩效核定财政补助数额。

对事业单位由拨款改为执行财政补助制度进一步明确了国家与事业单位之间的关系，有利于财政工作方式由被动变为主动，可以充分利用财政分配的杠杆作用；有利于改变国家包办事业的传统观念，体现国家对事业单位的发展政策，便于扭转由财政来平衡单位预算的做法。

3. 收入上缴

一般情况下，事业单位收入数量有限，而且不很稳定，可全部用于本单位事业发展，不实行收入上缴办法。少数因占有较多国家资源或国有资产，得到国家特殊政策，以及收支归集配比不清等原因取得较多非财政补助收入，超出其正常支出较多的事业单位可以实行收入上缴办法。

收入上缴主要有以下两种形式：一种是定额上缴，即在核定预算时确定一个上缴的绝对数额；另一种是按比例上缴，即根据收支情况，确定按收入的一定比例上缴。

收入上缴时间上也可实行两种办法：一种是在预算年度执行过程中，实行按月或按季上缴办法；另一种则是在年终一次性上缴。

由于各地情况差异较大，各事业单位情况也有所不同，具体的上缴办法授权各级财政部门会同主管部门根据当地实际情况确定。

4. 超支不补、结转和结余按规定使用

这是指事业单位预算在经主管部门和财政部门核定以后，事业单位预算要求由单位自求平衡。除特殊因素外，对于其增加的支出，主管部门和财政部门不再追加经费，因增收节支形成的结余，可留归单位继续使用。这意味着今后事业单位要由依靠国家财政平衡预算改为单位自行平衡预算，强化了预算约束性，进一步增强了事业单位的预算管理责任，有利于促进单位积极组织收入，努力节约支出，提高资金使用效益，转变"等、靠、要"的思想观念，逐步形成自我约束、自我完善、自我发展的运行机制。事业单位筹资渠道多元化，结余结转也由各种不同的资金收支差额形成，为了扭转虚报预算、乱用结余的行为，便于及时实现财政宏观调控意图，财政拨款形成的结余结转不再由单位留用，项目规定期限内未完工的收支差额一般结转下年继续专款专用，结转两年的资金做结余，而结余要求按同级财政部门的规定安排使用。

二、事业单位预算及其编制

(一) 事业单位编制预算的原则

1. 政策性原则

这要求正确体现和贯彻国家有关方针、政策和规章制度。

2. 可靠性原则，即稳妥可靠、量入为出、自求收支平衡并略有结余

收入预算要留有余地，对没有把握的收入项目和数额，不能打入收入预算，以避免利用这部分收入安排支出。在收入不能实现的情况下，支出大于收入，收支预算不能平衡。必要的支出预算要打足，不能预留硬缺口，以避免预算核定以后，不断调整支出预算。事业单位不得编制赤字预算。各项支出必须有可靠的资金来源，以前年度收支结余转入的事业基金有余额的，可在余额范围内安排"用于弥补"本年度预算支出超出预算收入的差额。单位收入预算大于支出预算的部分，可作为待定支出项目资金处理，事

业单位在预算执行中需要动用待定支出项目资金的，要另行向主管部门和财政部门报批。对每一收支项目的数字指标要运用科学合理的方法，依据充分确实的资料和收支的规律进行计算，力求各项数据真实准确，不得任意编造。

3. 合理性原则，即统筹兼顾、确保重点、兼顾一般

财政补助收入只能用于安排事业支出，上级补助收入、事业收入和其他收入也可用于安排事业支出，另有规定的除外。对于专项资金安排的支出项目，应作详细说明。事业单位需用非财政补助收入安排自筹基本建设项目的，应按程序立项报批。首先，要落实资金来源，并在保证事业正常支出需要、保持正常预算收支平衡的基础上统筹安排。经财政核定的自筹基建资金纳入基建财务管理。其次，经营收入和经营支出预算应按照配比的原则进行编列。最后，要优先保证两部分重点支出：一是人员工资等刚性支出；二是业务正常运转必不可少的支出，如必要的公务费、业务费和设备购置支出等。

4. 完整性原则

事业单位的各项财务收支均要纳入单位预算，不得打埋伏和在预算之外另留收支项目，不得遗漏，对预算收入表中没有数额的收入项目可以空置。

5. 统一性原则

事业单位要按照国家统一设置的预算表格和统一的口径、程序、计算依据填列有关收支数字指标。

（二）事业单位预算的内容及其编制方法

事业单位的收入预算与支出预算互相依存，不可或缺，共同构成单位预算整体。事业单位应按照财政部门规定的编制要求、程序、预算报表格式编制年度预算（包括预算说明），并按规定的报送时间经主管部门审核汇总后报同级财政部门。

事业单位预算报表包括：事业单位收支预算总表、事业单位事业收入预算明细表、事业单位事业支出预算明细表、事业单位基本数字及补充资料表。主管部门向财政部门汇总报送事业单位预算时使用这些预算报表格式，主管部门向事业单位布置时，可根据本部门管理需要增添内容，但不得影响向财政部汇总报送的预算报表格式。

事业单位编制预算的方法概括起来就是要综合运用基数法、因素分析法、定额法编制事业单位收支预算，使事业单位预算切合实际，有利于操作，切实发挥预算在事业单位财务管理中的积极作用。

1. 收入预算的编制

事业单位收入预算包括财政补助收入、上级补助收入、事业收入、经营收入、附属单位上缴收入和其他收入等，由财政补助收入和非财政补助收入两部分组成。财政补助收入应根据财政部门核定的定额和补助标准编列。非财政补助收入要根据收入分类要求，编列各有关项目收入预算。特别要注意两个方面的问题：

（1）分清收入类别，统一编入预算。根据划分事业收入和经营收入的要求，将事业单位开展专业业务活动及其辅助活动取得的收入应列入事业收入项，将事业单位在专业业务活动及其辅助活动之外开展非独立核算的生产经营活动取得的收入应列入经营收入项。同时，要将事业单位的非财政拨款资金纳入单位预算统一核算、统一管理。

（2）遵循收费标准，合理测算收入。各具体的收入项目，属于明确有收费标准的

项目，应根据有关业务量按标准计算。例如，学校的学杂费收入，应根据入校学生人数，结合国家有关部门制定的收费标准计算；医院的床位收入，应根据预算年度床位计划使用日数，结合国家规定的收费标准计算。没有明确收费标准的项目，则要根据上年执行情况，结合本年度相关因素编列。

2. 支出预算的编制

支出预算包括事业支出、经营支出、对附属单位补助和上缴上级支出等。事业支出和经营支出按支出具体项目划分，又可分为人员支出和公用支出两大部分。事业单位在编制支出预算时，要根据支出划分的有关要求，正确编列各项支出预算。属于开展专业业务活动及其辅助活动发生的支出应列入事业支出项，属于在专业业务活动及其辅助活动之外开展非独立核算的生产经营活动发生的支出应列入经营支出项。同时要注意，事业支出与事业收入不是配比关系，单位各项收入，除经营收入外，都可直接用于事业支出；经营支出与经营收入是配比关系，以正确反映经营收支结果。各项支出具体项目，属于人员支出的，应按有关标准和编制人数等计算编列；属于公用支出的，有支出定额的，要按定额计算编列，没有支出定额的，要根据实际情况测算编列。

（三）事业单位预算的核批

（1）财政部门在收到经主管部门审核汇总的事业单位预算后，应进行审核，对符合预算编制要求的，应在规定的期限内予以批复。财政部门核批事业单位预算一般只核批到部门。具备条件的，也可以直接核批到事业单位。

（2）财政部门在批复事业单位预算时，应按照国家对事业单位的预算管理办法，统一核定事业单位各项收入和支出预算，包括明确核定各项收入指标。在核定事业支出、经营支出、基本建设支出等分类支出数额的情况下，还应核定基本工资、津贴、奖金、社会保障缴费、离休费、退休费、设备购置费、维修费等重点项目的支出数额。基本建设支出具体内容按基建财务规定列报。对非财政补助收入大于支出较多、实行收入上缴办法的事业单位，应核定其上缴上级支出的数额。

（3）财政部门在核定事业单位预算时，根据财政补助定额或定项标准，既可以对事业单位确定一个总的补助数额，也可以针对事业单位某些支出项目（如工资、设备购置和维修支出等）核定补助数额。通常，对共同的支出项目应制定统一的补助定额。在此基础上，对特殊支出项目要根据事业单位的特点，确定不同的补助标准和支持力度，优化财政资金支出结构。

事业单位收入预算应首先用于工资等人员支出以及必不可少的业务和设备购置开支。必须指定支出用途的，财政部门在核批事业单位收支预算时，应予以明确。

（四）事业单位预算的执行

事业单位预算编制和审批程序是"两上两下"。事业单位预算经财政部门和主管部门核批以后，即成为预算执行的依据，事业单位应加强预算执行的管理工作。

1. 加强收入管理

取得的各项收入要及时入账，不得坐支。按规定应上缴财政预算的，要及时足额上缴；应上缴财政专户的资金，也要及时足额缴入财政专户，不能直接作为事业收入使用。主管部门和财政部门对事业单位应缴未缴财政预算和财政专户的资金要督促催缴。

2. 严格控制各项支出

各项支出要严格执行国家有关部门财务规章规定的开支范围和开支标准，不得随意改变资金用途和支出规模。财政补助收入和非税资金收入有指定用途的，应按规定的支出项目开支。

（五）事业单位的预算调整

预算调整是指事业单位预算经主管部门和财政部门批复后，在执行过程中因特殊情况需要增加（减少）收入或者减少（增加）支出，使原批准的预算中收支项目和规模发生变更。经财政部门和主管部门正式批复的事业单位预算，事业单位不得随意进行调整。在执行过程中，确因出现特殊情况，需要调整预算时，按有关规定处理。

1. 涉及财政补助收入追加追减的预算调整

财政补助收入一般不予调整，但也有例外。一是上级下达的事业计划有大的调整，如上级根据国家发展需要，对学校的年度招生计划做了大的调整，对单位财务收支预算影响较大；二是受国家有关政策影响，如国家因整个经济体制改革需要，出台了新的税收、外汇、工资政策或津贴补贴项目，对事业单位财务收支预算产生较大影响。这两种情况都会引起事业单位增支或减收等，事业单位可据此报请主管部门或财政部门追加追减财政补助收入，调整预算。

2. 不涉及财政补助收入变动，只涉及非财政补助收入部分的预算调整

事业单位非财政补助收入增加或减少时可根据预算收支平衡的原则自行调整收支预算，但必须报送主管部门和财政部门备案。

3. 非财政拨款的预算调整

事业单位经财政专户核拨的资金和部分经批准不上缴财政专户管理的资金计入事业收入，其预算调整分为两种类型：一是从财政专户核拨资金的预算调整比照财政补助收入预算调整办法办理；二是经批准不上缴财政专户管理的资金，直接计入事业收入，在预算执行过程中，因收入增加或减少，可以按非财政补助收入预算调整办法，自行调整预算。收入预算调整后，要相应调增或调减支出预算。

第三节　事业单位财会规范的修订

一、事业单位会计制度修订的主要内容

《事业单位会计制度》分总说明、会计科目名称和编号、会计科目使用说明、会计报表格式、财务报表编制说明五大部分，较为全面地规范了事业单位经济业务或者事项的确认、计量、记录和报告。与原制度相比，该制度在会计核算方面的主要改革如下：

1. 资产部分突出强化了资产的计价和入账管理

新制度充分吸收了近年来国库集中支付、政府收支分类、国有资产管理等财政改革相关的会计核算内容，设置"零余额账户用款额度""财政应返还额度"等科目，创新"引入累计折旧""累计摊销""待处置资产损溢"等科目以充分反映事业单位资产的变动情况，明确规定基建（包括新建、改建、扩建、修缮等）数据至少按月并入在建工

程及其他有关科目以有效纳入事业单位会计"大账",这有利于提高事业单位会计信息质量,确保国有资产安全完整。

2. 负债部分突出体现了对负债的分类管理要求

按负债期限、对象、种类等方面的不同,分设短期借款、长期借款、应缴国库款、应缴财政专户款、应付票据等科目。将职工薪酬确认为负债管理并要求根据国家有关规定按照"工资""地方(部门)津贴补贴""社会保险费"等进行明细核算,既体现国家加强对事业单位职工合法权益的保护,又是严肃规范事业单位津贴补贴纪律的核算措施。

3. 净资产部分着力加强了对财政投入资金的会计核算及流向追踪

新设非流动资产基金科目,分明细对事业单位占用的长期投资、固定资产、在建工程、无形资产等非流动资产价值进行核算;增设财政补助结转、财政补助结余两个净资产类科目,对于财政补助结转和结余的形成过程设计了清晰的账务处理流程,规范了结余资金分配的会计核算,对于加强部门预决算管理以及财政资金的科学化精细化管理将发挥重要的基础性作用。

4. 收入和支出部分进一步细化规范了专项资金的核算

事业单位在财政补助收入、事业收入、上级补助收入、附属单位上缴收入等各类收入中如有专项资金收入的,都应按具体项目进行明细核算。事业单位发生事业支出和其他支出时,应在项目支出明细科目下按照《政府收支分类科目》中"支出经济分类"的款级科目进行明细核算,以确保专款专用。

5. 会计报表部分更注重报表信息的实用性和可用性

新制度系统改进了财务报表结构和体系,新增财政补助收入支出表,删去事业、经营支出明细表,报表编制说明对表栏各项目内容和填列方法进行了更详细的规定,以充分反映事业单位一定时期财务状况,更好地满足财务管理、预算管理等多方面的信息需求。

二、行业事业单位财务制度修订的主要内容

1. 调整了制度的适用范围,完善了财务管理体制

随着改革不断深入,一些地方的事业单位已经与行业行政主管部门分开,实行管办分离,为此,行业财务制度均将财务制度的适用范围由"本制度适用于各级政府××行政主管部门所属的各级各类××事业单位的财务活动"修改为"本制度适用于各级各类××事业单位的财务活动";考虑到行业事业单位的财务部门在单位管理和决策等方面的作用均比较薄弱,为进一步加强财务管理,提高财务部门地位,防范财务风险,促进民主理财、科学理财,在行业制度中都强化了财务部门设置、财务人员任职要求和财务部门主要职能和重要作用等。

2. 规范了事业收入分类,加强了资产管理

根据行业事业单位的业务特点和实际情况,调整了事业收入的分类和概念。国有资产管理是事业单位财务管理的重要内容,参考《事业单位财务规则》对资产的分类、固定资产的定义、分类和单位价值标准、对外投资、资产的使用和处置等规定对行业制

度进行了修改。此外，根据各行业特点，对一些资产的分类也进行了适当的调整。

3. 强化了经济核算，健全了财务分析指标体系

为满足部分行业事业单位的管理需要，促进其实现社会效益和经济效益的有机结合，根据《事业单位财务规则》，提出了事业单位应当加强经济核算、具备条件的事业单位可以实行内部成本核算办法等有关要求。结合各行业事业发展和改革的实际情况，为进一步提高文化行业事业单位财务分析能力和水平，增加了部分财务指标和业务指标，删除了个别不能充分反映行业财务和业务情况的指标。

三、事业会计改革的亮点

1. 加强资产管理，提供的会计信息更加完整

（1）创新引入了固定资产累计折旧和无形资产累计摊销。新制度要求事业单位按照事业单位财务规则或制度规定确定是否计提折旧，并规定了"虚提"折旧和摊销的创新性处理方法，即在计提折旧和摊销时冲减非流动资产基金，而非计入支出。这一处理兼顾了预算管理和财务管理双重需要，既不影响事业单位支出的预算口径，又有利于反映资产随着时间推移和使用程度变化发生的价值消耗情况，促进事业单位落实"实物管理与价值管理相结合"的资产管理理念和原则，为事业单位进行内部成本核算提供会计数据支持。

（2）突出强化了资产的计价和入账管理。新制度针对事业单位实务中普遍存在的对于接受捐赠、无偿调入资产计量口径不统一、相关资产不入账等问题，进一步明确了该种情况下资产的计量原则，要求在没有相关凭据、同类或类似资产的市场价格也无法可靠取得的情况下，将所取得的资产按照名义金额入账，并要求在会计报表附注中披露以名义金额计量的资产情况。这些规定有利于提高事业单位会计信息的可比性，有利于促进取得的资产及时入账，通过资产的账实核对手段加强国有资产管理，确保国有资产安全完整。

（3）基建数据并入会计"大账"。原制度下，事业单位的基本建设投资执行《国有建设单位会计制度》，与基本建设相关的资产、负债及收支都只在基建账套中反映，基建账数据长期"游离"于会计"大账"。新制度要求事业单位对于基建投资，在按照基建会计核算规定单独建账、单独核算的同时，将基建账相关数据定期并入单位会计"大账"。这一规定有助于提高事业单位会计信息的完整性，为事业单位全面加强资产负债管理、防范和降低财务风险发挥会计信息支撑作用。

2. 兼顾财政预算和单位管理需要，加强预算与会计的协调

（1）着力加强了对财政投入资金的核算。新制度重新界定了财政补助收入的核算口径，要求在"事业支出"科目下单独对财政补助支出进行明细核算，增设"财政补助结转""财政补助结余"两个净资产类科目，对于财政补助收入、支出情况以及财政补助结转和结余的形成过程设计了清晰的账务处理流程，对于实施部门预决算管理、加强财政资金的科学化、精细化管理将发挥更为重要的基础性作用。

（2）区分财政补助和非财政补助，规范了非财政补助结转、结余及其分配的核算。新制度体现服务财政科学化、精细化管理的要求，严格区分财政补助和非财政补助结转

结余，分别核算和反映其收入、支出、结转和结余，通过设置"非财政补助结转""事业结余""经营结余"等科目，进一步将非财政补助资金区分结转和结余分别核算，并对非财政补助结余的形成及其分配情况设计了科学的账务处理流程，要求各项收支按照政府收支分类科目进行明细核算，这些规定符合"财政拨款结转结余不参与预算单位的结余分配、不转入事业基金""专项资金专款专用"等部门预算管理规定，在财务报表组成中专门增加了"财政补助收入支出表"，所提供的会计信息更为科学精细，有助于进一步规范事业单位的支出和分配行为，促进事业单位健康可持续发展，也有助于财政预算管理、单位财务管理更好地发挥基础性作用。

（3）配套新增了与国库集中支付、政府收支分类、部门预算、国有资产管理等财政改革相关的会计核算内容，实现了会计规范与其他财政法规政策的有机衔接，有利于促进各项财政改革政策的贯彻落实。

新制度将促使事业单位的财务状况、事业成果、预算执行情况得到更为全面、真实、合理的反映，对于提高事业单位会计信息质量、加强财政对事业单位的科学化精细化管理、提升事业单位的财务管理水平、促进事业单位健康可持续发展具有十分重要的意义。

第四节　事业单位的账务组织

一、事业单位通用会计科目的设置

事业单位会计要素包括资产、负债、净资产、收入、支出或者费用。事业单位的业务类型多，行业特点突出，行业事业单位会计制度中的会计科目具有差异性，本书将阐释事业单位通用会计科目（见表12-1）及其运用。

（1）事业单位资产按流动性分为流动资产和非流动资产。流动资产包括货币资金、短期投资、应收及预付款项、存货等。货币资金包括库存现金、银行存款、零余额账户用款额度等。应收及预付款项包括财政应返还额度、应收票据、应收账款、其他应收款等应收款项和预付账款等各项债权。

非流动资产包括长期投资、固定资产、在建工程、无形资产等。事业单位对固定资产计提折旧、对无形资产进行摊销的，由财政部在相关财务会计制度中规定。

（2）事业单位的负债按照流动性，分为流动负债和非流动负债。流动负债包括短期借款、应付及预收款项、应付职工薪酬、应缴款项等。应付及预收款项包括应付票据、应付账款、其他应付款等应付款项和预收账款等各项债务。应缴款项包括应当上缴国库或者财政专户的款项、应缴税费，以及其他按照国家有关规定应当上缴的款项。非流动负债包括长期借款、长期应付款等。

（3）事业单位的收入包括财政补助收入、事业收入、上级补助收入、附属单位上缴收入、经营收入和其他收入等非偿还性资金。

表 12 - 1　　　　　　　　　　　　事业单位通用会计科目

序号	编号	科目名称	序号	编号	科目名称
一、资产类			三、净资产		
1	1001	库存现金	29	3001	事业基金
2	1002	银行存款	30	3101	非流动资产基金
3	1011	零余额账户用款额度		310101	长期投资
4	1101	短期投资		310102	固定资产
5	1201	财政应返还额度		310103	在建工程
	120101	财政直接支付		310104	无形资产
	120102	财政授权支付	31	3201	专用基金
6	1211	应收票据	32	3301	财政补助结转
7	1212	应收账款		330101	基本支出结转
8	1213	预付账款		330102	项目支出结转
9	1215	其他应收款	33	3302	财政补助结余
10	1301	存货	34	3401	非财政补助结转
11	1401	长期投资	35	3402	事业结余
12	1501	固定资产	36	3403	经营结余
13	1502	累计折旧	37	3404	非财政补助结余分配
14	1511	在建工程	四、收入类		
15	1601	无形资产	38	4001	财政补助收入
16	1602	累计摊销	39	4101	事业收入
17	1701	待处置资产损溢	40	4201	上级补助收入
二、负债类			41	4301	附属单位上缴收入
18	2001	短期借款	42	4401	经营收入
19	2101	应缴税费	43	4501	其他收入
20	2102	应缴国库款	五、支出类		
21	2103	应缴财政专户款	44	5001	事业支出
22	2201	应付职工薪酬	45	5101	上缴上级支出
23	2301	应付票据	46	5201	对附属单位补助支出
24	2302	应付账款	47	5301	经营支出
25	2303	预收账款	48	5401	其他支出
26	2305	其他应付款			
27	2401	长期借款			
28	2402	长期应付款			

（4）事业单位的支出或者费用包括事业支出、上缴上级支出、对附属单位补助支出、经营支出和其他支出等资金耗费和损失。事业支出分为基本支出和项目支出。

（5）事业单位的净资产包括基金、结转和结余。基金包括事业基金、非流动资产基金、专用基金；结转和结余是指事业单位年度收入与支出相抵后的余额。结转和结余分财政拨款结转结余、非财政拨款结转结余及其分配。

二、事业单位的会计账簿

事业单位的会计账簿包括总账、各种明细账和日记账。

1. 总账

这是在各种明细账和日记账的基础上总括地反映单位资金活动情况的账簿。事业单位必须根据会计制度的统一规定，结合本单位业务的实际情况设置总账。总账一般采用三栏式账簿，业务量小的单位总分类账可据记账凭单直接逐笔登记。业务量大的单位，可根据编制的总账科目汇总表定期登记。

2. 明细账

种类一般包括各种收入明细账、各种支出明细账、应收预付和应付预收等各种往来资金款项明细账、财产物资明细账、各项专用基金情况的明细账。

3. 日记账

这是按时间顺序反映和控制各种货币资金收、支及余存情况的账簿，由银行存款出纳账和现金出纳账组成，又称出纳账。

三、事业单位的会计报表体系

会计报表是反映事业单位财务状况和收支情况的书面文件。

（一）会计报表按反映内容分为主表和附表

会计报表按反映的经济内容分为资产负债表、收入支出表及其附表、基建投资表、会计报表附注和收支情况说明书等，对有专款收支业务的单位，应根据财政部门或主管部门的要求编报专款资金收支情况表。

（1）资产负债表是反映事业单位在某一特定日期财务状况的报表。资产负债表的项目应当按会计要素的类别分别列示。

（2）收入支出表是反映事业单位在一定期间的收支结余及其分配情况的报表。收入支出表的项目应当按收支的构成和结余分配情况分别列示。

收入支出表的附表主要有事业支出明细表和经营支出明细表。支出明细表的项目应按"政府预算支出科目"列示。在事业支出明细表中，对于用财政拨款和收入安排的支出应按财政部门的规定列示。

（3）基建投资表是反映投入、借入的基本建设资金及其使用情况的报表。

（4）会计报表附注是为帮助理解会计报表的内容而对报表的有关项目等所做的解释，其内容主要包括特殊事项的说明、会计报表中有关重要项目的明细资料、其他有助于理解和分析的资料。

中央各部门、各省、自治区、直辖市财政厅（局）可根据工作需要增设会计报表。事业单位内部管理需要的特殊会计报表，由单位自行规定。

国有事业单位应按制度规定的格式、内容和期限，向财政部门或主管单位报送会计报表。

（二）会计报表按反映范围分为本级报表和汇总报表

会计报表要层层汇总，上级单位要在编制本级会计报表的基础上，根据本级会计报表和经审查过的所属单位会计报表，编制汇总会计报表，并将上下级之间的对应科目数字冲销后，逐级汇总上报。上报上级单位和同级财政部门的会计报表必须经会计主管人员和单位负责人审阅签章并加盖公章。

（三）会计报表按时间分为月报、季报和年报

月报应于月份终了后3日报出；季报应于季度终了后5日报出；年报应按财政部决算通知规定及主管部门要求的格式和期限报出。年报应抄报同级国有资产管理部门。

思考与练习题

1. 简述我国事业单位会计的运用范围。
2. 解释事业单位收支统管体制的内涵。
3. 简述我国事业单位采用的预算管理办法。
4. 说明我国事业单位财务会计新规范的变化。
5. 我国事业单位会计有何特点？

第十三章

事业单位的资产

第一节　事业单位资产的特点

一、事业单位资产的确认

（一）事业单位资产的划分

资产是指事业单位占有或者使用的能以货币计量的经济资源，一般包括各种财产、债券和其他权利，具体划分为流动资产、固定资产、无形资产和长短期投资。

与企业会计不同的是，事业单位会计没有设递延资产。递延资产是指不能全部计入当前损益需要在以后年度分期摊销的费用，企业的开办费就是比较典型的递延资产。事业单位的开办费基本由国家财政支付，而且，事业单位的非营利性特点使这种开办费无须进行摊销。所以，事业单位会计没有将递延资产作为资产的一项内容。

（二）事业单位资产的计量

（1）事业单位的资产应当按照取得时的实际成本进行计量。除国家另有规定外，事业单位不得自行调整其账面价值。应收及预付款项应当按照实际发生额计量。

（2）以支付对价方式取得的资产，应当按照取得资产时支付的现金或者现金等价物的金额，或者按照取得资产时所付出的非货币性资产的评估价值等金额计量。

（3）取得资产时没有支付对价的，其计量金额应当按照有关凭据注明的金额加上相关税费、运输费等确定；没有相关凭据的，其计量金额比照同类或类似资产的市场价格加上相关税费、运输费等确定；没有相关凭据、同类或类似资产的市场价格也无法可靠取得的，所取得的资产应当按照名义金额入账。

二、事业单位的货币资金

1. 库存现金

事业单位的库存现金主要用于事业单位的日常零星开支。现金是流动资产及其他所有资产中最富流动性的一种资产，既可以直接投入流通，发挥货币流通手段的职能；也可以随时支用，发挥货币支付手段的职能；还可以随时存入银行，发挥货币贮藏手段的职能等。现金的这些特性决定了事业单位必须严格遵守国家关于现金管理的各项规定，加强事业单位的现金核算。其核算方式分序时核算和总分类核算两种。

【例13-1】某市中学20××年1月10日发生下列现金收支业务：

    a. 开出现金支票一张，提取现金 2 000 元备用；

    b. 王明因公出差预借差旅费 1 000 元；

    c. 报销办公室购买零星办公用品 200 元；

    d. 李华交来差旅费欠款 100 元。

会计人员根据出纳送来的库存现金日报表及附件，经审核无误后，编制会计分录并登记库存现金日记账（见表 13 - 1）。

    借：库存现金   2 000

        贷：银行存款   2 000

    借：其他应收款——王明   1 000

        贷：库存现金   1 000

    借：事业支出——基本支出——办公费（商品和服务支出）   200

        贷：库存现金   200

    借：库存现金   100

        贷：其他应收款——李华   100

表 13 - 1　　　　　　　　　　　　　库存现金日记账　　　　　　　　　　　　单位：元

20×× 年		凭证号	摘要	收入	付出	结存
月	日					
1	9		承上页	20 645	20 532	113
1	10	现收字第 11 号	提现	2 000		2 113
1	10	现付字第 15 号	王明借差旅费		1 000	1 113
1	10	现付字第 16 号	购办公用品		200	913
1	10	现收字第 12 号	李华交回差旅费	100		1 013
			本日合计	2 100	1 200	

2. 银行存款

事业单位的各种存款是指事业单位存入银行和其他非银行金融机构的存款。

事业单位为了核算存入银行的各种存款的收付及结存情况，应在资产类设置"银行存款"科目。借方登记款项的存入及转入等，贷方登记款项的支出、提取、转出及汇出等，期末借方余额反映事业单位实际存在银行的款项。

【例 13 - 2】 某中学收到开户银行入账通知，县教育局拨来本月份财政补助款 80 000 元。

    借：银行存款   80 000

        贷：财政补助收入   80 000

【例 13 - 3】 某事业单位开出现金支票一张，从银行提取现金 1 000 元备用。

    借：库存现金   1 000

        贷：银行存款   1 000

【例 13 - 4】 某中学开出转账支票一张，支付假期校舍维修款 100 000 元。

借：事业支出——项目支出——维修费（商品和服务支出）　　　　100 000
　　贷：银行存款　　　　　　　　　　　　　　　　　　　　　　　100 000

外币业务参见行政单位会计有关核算，外币汇兑损益列入事业支出或经营支出科目。

三、零余额账户用款额度

零余额账户用款额度是实行财政国库管理制度改革试点单位对财政授权支付资金的有关事项所增设的科目。实行国库支付制度改革的单位的资产类"银行存款"科目，核算内容改变为预算单位的自筹资金收入、以前年度结余和各项往来款项等。

（1）在财政授权支付方式下，收到代理银行盖章的"授权支付到账通知书"时，根据通知书所列数额，作会计分录：

借：零余额账户用款额度
　　贷：财政补助收入

（2）从零余额账户提取现金或按规定支用额度时，作会计分录：

借：库存现金、事业支出等
　　贷：零余额账户用款额度

（3）因购货退回等发生国库授权支付额度退回的，属于以前年度支付的款项，按照退回金额，作会计分录：

借：零余额账户用款额度
　　贷：财政补助结转、财政补助结余、存货等

属于本年度支付的款项，按照退回金额，作会计分录：

借：零余额账户用款额度
　　贷：事业支出、存货等

（4）年度终了，依据代理银行提供的对账单作注销额度的相关账务处理，作会计分录：

借：财政应返还额度——财政授权支付
　　贷：零余额账户用款额度

事业单位本年度财政授权支付预算指标数大于零余额账户用款额度下达数的，根据未下达的用款额度，作会计分录：

借：财政应返还额度——财政授权支付
　　贷：财政补助收入

（5）下年年初，事业单位依据代理银行提供的额度恢复到账通知书作恢复额度的相关账务处理，作会计分录：

借：零余额账户用款额度
　　贷：财政应返还额度——财政授权支付

事业单位收到财政部门批复的上年末未下达零余额账户用款额度的，作会计分录：

借：零余额账户用款额度
　　贷：财政应返还额度——财政授权支付

"零余额账户用款额度"科目期末借方余额，反映事业单位尚未支用的零余额账户用款额度，年末应无余额。

【例13－5】某市中学20××年11月收到代理银行转来的"授权支付到账通知书"，财政部门下达的授权支付用款额度30 000元，并与分月用款计划核对相符。

借：零余额账户用款额度   30 000

  贷：财政补助收入——基本支出   30 000

【例13－6】某事业单位开出现金支票从单位零余额账户提取现金5 000元备用。

借：库存现金   5 000

  贷：零余额账户用款额度   5 000

【例13－7】某事业单位通过单位零余额账户支付一笔差旅费2 500元。

借：事业支出——基本支出——日常公用经费   2 500

  贷：零余额账户用款额度   2 500

【例13－8】年终，某事业单位全年的财政授权支付用款额度为890 000元，已全部下达给代理银行零余额账户，当年该单位实际使用的用款额度为720 000元，尚未使用款项170 000元。

借：财政应返还额度——财政授权支付   170 000

  贷：零余额账户用款额度   170 000

第二节 事业单位的存货

一、存货的分类

存货是指事业单位在开展业务活动及其他活动中为耗用而储存的各种材料、燃料、包装物、各种工器具等低值易耗品、产成品及达不到固定资产标准的用具、装具、动植物等的实际成本。

事业单位的存货金额往往占流动资产的较大比例，并处于经常性的耗用和重置之中，具有明显的流动性特点。只要物品的占有权或者使用权属于事业单位的物品，无论存放在什么地方，都应视为该事业单位的存货；相反，如果物品的占有权或者使用权已经转移，即使这些物品还放置在该事业单位的仓库内，也不能作为该事业单位的存货予以统计。

二、存货的计量方法

（一）取得存货应按实际成本入账

（1）购入的存货，其成本包括购买价款、相关税费、运输费、装卸费、保险费以及其他使得存货达到目前场所和状态所发生的其他支出。事业单位按照税法规定属于增值税一般纳税人的，其购进非自用（如用于生产对外销售的产品）材料所支付的增值税款不计入材料成本。

（2）自行加工的存货，其成本包括耗用的直接材料费用、发生的直接人工费用和按照一定方法分配的与存货加工有关的间接费用。

（3）接受捐赠、无偿调入的存货，其成本按照有关凭据注明的金额加上相关税费、运输费等确定；没有相关凭据的，其成本比照同类或类似存货的市场价格加上相关税费、运输费等确定；没有相关凭据、同类或类似存货的市场价格也无法可靠取得的，该存货按照名义金额（即人民币1元，下同）入账。相关财务制度仅要求进行实物管理的除外。

（二）存货发出的计价方法

存货在发出时，事业单位应当根据实际情况采用先进先出法、加权平均法或者个别计价法确定发出存货的实际成本。计价方法一经确定，不得随意变更。低值易耗品的成本于领用时一次摊销。

三、存货的科目设置

存货科目核算事业单位在开展业务活动及其他活动中为耗用而储存的各种材料、燃料、包装物、低值易耗品及达不到固定资产标准的用具、装具、动植物等的实际成本。

事业单位随买随用的零星办公用品，可以在购进时直接列作支出，不通过"存货"科目核算。

为了核算和监督存货的增减变动和结存情况，应设置"存货"科目。存货科目的借方登记验收入库存货的实际成本，贷方登记发出或结转存货的实际成本；期末借方余额，反映事业单位存货的实际成本。

"存货"科目应当按照存货的种类、规格、保管地点等进行明细核算。

事业单位应当通过明细核算或辅助登记方式，登记取得存货成本的资金来源（区分财政补助资金、非财政专项资金和其他资金）。

发生自行加工存货业务的事业单位，应当在"存货"科目下设置"生产成本"明细科目，归集核算自行加工存货所发生的实际成本（包括耗用的直接材料费用、发生的直接人工费用和分配的间接费用）。

四、存货的账务处理

1. 存货在取得时，应当按照其实际成本入账

（1）购入的存货，其成本包括购买价款、相关税费、运输费、装卸费、保险费以及其他使得存货达到目前场所和状态所发生的其他支出。事业单位按照税法规定属于增值税一般纳税人的，其购进非自用（如用于生产对外销售的产品）材料所支付的增值税款不计入材料成本。

购入的存货验收入库，按确定的成本，作会计分录：

借：存货

　　贷：银行存款、应付账款、财政补助收入、零余额账户用款额度等

【例13-9】单位购入自用的甲材料验收入库，实际支付的含税价格为63 000元，原来预付的账款3 000元直接用于抵冲材料款，余款尚未支付。

借：存货——材料　　　　　　　　　　　　　　　63 000

贷：应付账款	60 000
预付账款——甲材料	3 000

属于增值税一般纳税人的事业单位购入非自用材料的，作会计分录：

借：存货——材料（确定的成本（不含增值税进项税额））

应缴税费——应缴增值税（进项税额）（增值税专用发票注明的增值税额）

贷：银行存款、应付账款等（实际支付或应付的金额）

（2）自行加工的存货，其成本包括耗用的直接材料费用、发生的直接人工费用和按照一定方法分配的与存货加工有关的间接费用。

自行加工的存货在加工过程中发生各种费用时，作会计分录：

借：存货（生产成本）

贷：存货（相关明细科目）、应付职工薪酬、银行存款等

加工完成的存货验收入库，按照所发生的实际成本，作会计分录：

借：存货（相关明细科目）

贷：存货（生产成本）

（3）接受捐赠、无偿调入的存货，其成本按照有关凭据注明的金额加上相关税费、运输费等确定；没有相关凭据的，其成本比照同类或类似存货的市场价格加上相关税费、运输费等确定；没有相关凭据、同类或类似存货的市场价格也无法可靠取得的，该存货按照名义金额（即人民币1元）入账。相关财务制度仅要求进行实物管理的除外。

①接受捐赠、无偿调入的存货验收入库，如果按确定的成本入账，作会计分录：

借：存货（确定的成本）

贷：银行存款等（发生的相关税费、运输费等）

其他收入（差额）

②接受捐赠、无偿调入的存货验收入库，如果按照名义金额（1元）入账，按照名义金额，作会计分录：

借：存货

贷：其他收入

按照发生的相关税费、运输费等，作会计分录：

借：其他支出

贷：银行存款等

2. 存货发出时，计价方法不得随意变更

存货在发出时，应当根据实际情况采用先进先出法、加权平均法或者个别计价法确定发出存货的实际成本。计价方法一经确定，不得随意变更。低值易耗品的成本于领用时一次摊销。

（1）开展业务活动等领用、发出存货，按领用、发出存货的实际成本，作会计分录：

借：事业支出、经营支出等

贷：存货

（2）对外捐赠、无偿调出存货，转入待处置资产时，按照存货的账面余额，作会

计分录：

借：待处置资产损溢

贷：存货

属于增值税一般纳税人的事业单位对外捐赠、无偿调出购进的非自用材料，转入待处置资产时，作会计分录：

借：待处置资产损溢（存货的账面余额与相关增值税进项税额转出

金额的合计金额）

贷：存货（存货的账面余额）

应缴税费——应缴增值税（进项税额转出）（转出的增值税进项税额）

实际捐出、调出存货时，按照"待处置资产损溢"科目的相应余额，作会计分录：

借：其他支出

贷：待处置资产损溢

3. 盘盈、盘亏或报废、毁损存货

事业单位的存货应当定期进行清查盘点，每年至少盘点一次。对于发生的存货盘盈、盘亏或者报废、毁损，应当及时查明原因，按规定报经批准后进行账务处理。

（1）盘盈的存货，按照同类或类似存货的实际成本或市场价格确定入账价值；同类或类似存货的实际成本、市场价格均无法可靠取得的，按照名义金额入账。盘盈的存货，按照确定的入账价值，作会计分录：

借：存货

贷：其他收入

（2）盘亏或者毁损、报废的存货，转入待处置资产时，按照待处置存货的账面余额，作会计分录：

借：待处置资产损溢

贷：存货

属于增值税一般纳税人的事业单位购进的非自用材料发生盘亏或者毁损、报废的，转入待处置资产时，作会计分录：

借：待处置资产损溢（存货的账面余额与相关增值税进项税额转出

金额的合计金额）

贷：存货（存货的账面余额）

应缴税费——应缴增值税（进项税额转出）（转出的增值税进项税额）

报经批准予以处置时，按照"待处置资产损溢"科目的相应余额，作会计分录：

借：其他支出

贷：待处置资产损溢

（3）处置存货过程中所取得的收入、发生的费用，以及处置收入扣除相关处置费用后的净收入的账务处理，参见"待处置资产损溢"科目。

取得收入，作会计分录：

借：银行存款

贷：待处置资产损溢——处置净收入

支付清理费用时，作会计分录：

借：待处置资产损溢——处置净收入

　　贷：银行存款

结转材料清理收支的净收益时，作会计分录：

借：待处置资产损溢——处置净收入

　　贷：应缴国库款

不论是盘盈还是盘亏、是毁损还是报废存货，应在及时查明原因后，按规定报经批准后进行账务处理。通过调整账户记录，使账存数与实存数保持一致，做到账实相符。

五、存货的管理

事业单位必须加强对存货的管理，主要应注意以下几个问题：

1. 明确存货核算的范围

由于各事业单位的业务性质和特点不同，在存货的核算和管理上可以采取不同的方式：存货品种多、数量大、价值较高的事业单位，应对存货进行细类划分，使用存货的有关会计科目进行核算；存货品种少、数量小、价值较低的事业单位，不一定对存货进行细类划分，也不一定使用存货的有关会计科目进行核算，其购入和耗用可以直接列作支出。

2. 健全存货管理制度

事业单位应建立健全存货的购买、验收、进出库、保管、领用等管理制度，明确责任，严格管理，并尽可能降低存货的库存和消耗，保证存货的安全，提高存货的使用效益。

3. 加强对存货的清查盘点工作

存货的清查盘点是指事业单位通过查点数量、测量过磅等方法，确定存货的实际库存数量，并与存货账面数量进行核对，进而确定存货长余或者短缺及其原因的一种方法，也是事业单位财务管理的一项基础性工作。由于在对存货的验收、计量、核算、管理中可能发生的疏漏，以及存货的自然耗损和发生的其他意外事故等原因，有时会发生存货的盘盈或者盘亏，造成存货的账实不符。为了及时发现问题，堵塞漏洞，加强管理，健全制度，最大限度地保证存货的安全和完整，做到账实相符，事业单位必须对存货进行定期或者不定期的清查盘点，进而核实存货的实际库存数，并与存货的账面记录进行核对。对于盘盈、盘亏的存货，应及时查明原因，分清责任，并按照规定的程序报经单位有关部门批准后进行相应的账务处理。

第三节　事业单位的固定资产

一、事业单位固定资产的管理

（一）固定资产的范围

事业单位的固定资产是指事业单位持有的使用期限超过 1 年（不含 1 年）、单位价值在规定标准以上，并在使用过程中基本保持原有物质形态的资产，是事业单位开展业务及其他活动的重要物质条件。单位价值虽未达到规定标准，但使用期限超过 1 年（不含 1 年）的大批同类物资，作为固定资产核算和管理。

固定资产一般分为六类：房屋及构筑物；专用设备；通用设备；文物和陈列品；图书、档案；家具、用具、装具及动植物。

（二）固定资产科目的设置

固定资产属资产类科目，核算事业单位固定资产原价的增减变动情况及其实有数。借方登记购入、调入、盘盈等增加的固定资产价值；贷方登记变卖、报废、盘亏减少的固定资产价值。期末借方余额反映单位所有固定资产价值的总额。"固定资产"科目与净资产类的"非流动资产基金——固定资产"科目是相互对应的科目。

事业单位应根据规定的固定资产标准和分类，结合本单位情况，制定固定资产目录，设置"固定资产登记簿"或"固定资产卡片"，按固定资产类别进行明细核算。

（三）固定资产不同业务的计价

（1）购入、有偿调入的固定资产，其成本包括购买价款或调拨款、相关税费以及固定资产交付使用前所发生的可归属于该项资产的运输费、装卸费、安装调试费和专业人员服务费等。购置车辆，按规定支付的车辆购置附加费计入购价之内。但购置固定资产过程中发生的差旅费不构成入账价值。

以一笔款项购入多项没有单独标价的固定资产，按照各项固定资产同类或类似资产市场价格的比例对总成本进行分配，分别确定各项固定资产的入账成本。

（2）自行建造的固定资产，按照建造过程中实际发生的全部支出记账。为建造固定资产发生的借款利息和有关费用、外币借款的汇兑差额以及在固定资产办理竣工决算之前发生的费用，应当计入固定资产价值；在竣工决算之后发生的，计入当期支出或费用。

（3）在原有固定资产基础上进行改建、扩建、修缮后的固定资产，按照原固定资产账面价值加上改建、扩建、修缮发生的支出，再扣除固定资产拆除部分的账面价值后的金额确定。

（4）以融资租赁租入的固定资产，其成本按照租赁协议或者合同确定的租赁价款、相关税费以及固定资产交付使用前所发生的可归属于该项资产的运输费、途中保险费、安装调试费等确定。

（5）接受捐赠、无偿调入的固定资产，其成本按照有关凭据注明的金额加上相关税费、运输费等确定；没有相关凭据的，其成本比照同类或类似固定资产的市场价格加上相关税费、运输费等确定；没有相关凭据、同类或类似固定资产的市场价格也无法可靠取得的，该固定资产按照名义金额入账。

（6）盘盈的固定资产，按照重置完全价值或名义金额（1元）入账。

（7）已投入使用但尚未办理移交手续的固定资产，可先按估价入账。待确定实际价值后，再进行调整。

（8）投资者投入的固定资产，按照评估或者合同、协议确认的价值计价。

由于事业单位固定资产种类繁多、规格不一，特别是不同类型的事业单位占有和使用相当一部分固定资产的性质差异较大，管理侧重点和要求也各有不同。因此，各主管部门可根据本系统具体情况制定各类固定资产明细目录。

二、固定资产增加的核算

事业单位固定资产的增加方式有：购入、调入固定资产；自行建造或改扩建固定资产；接受捐赠和无偿调入固定资产；融资租赁固定资产；清查盘盈固定资产等。

（一）购入、调入固定资产

（1）购入不需安装的固定资产，按照确定的固定资产成本，作会计分录：

借：固定资产

　　贷：非流动资产基金——固定资产

同时，按照实际支付金额，作会计分录：

借：事业支出、经营支出、专用基金——修购基金等

　　贷：财政补助收入、零余额账户用款额度、银行存款等

（2）购入需要安装的固定资产，先通过"在建工程"科目核算。安装完工交付使用时，作会计分录：

借：固定资产

　　贷：非流动资产基金——固定资产

同时，作会计分录：

借：非流动资产基金——在建工程

　　贷：在建工程

（3）购入固定资产扣留质量保证金的，应当在取得固定资产时，按照确定的成本，作会计分录：

借：固定资产［不需安装］

　　在建工程［需要安装］

　　贷：非流动资产基金——固定资产、在建工程

同时取得固定资产全款发票的，作会计分录：

借：事业支出、经营支出、专用基金——修购基金等（构成资产成本的全部支出金额）

　　贷：财政补助收入、零余额账户用款额度、银行存款等（实际支付金额）

　　　　其他应付款［扣留期在 1 年以内（含 1 年）］（扣留的质量保证金）

　　　　长期应付款［扣留期超过 1 年］（扣留的质量保证金）

质保期满支付质量保证金时，作会计分录：

借：其他应付款、长期应付款

或　借：事业支出、经营支出、专用基金——修购基金等

　　　　贷：财政补助收入、零余额账户用款额度、银行存款等

【例 13－10】用项目经费购置不需安装的设备，收到代理银行盖章的"财政直接支付支出通知书"，列示付款总金额 645 000 元，其中设备运输费 5 000 元。

借：事业支出——项目支出　　　　　　　　　　　　　　　645 000

　　贷：财政补助收入——项目支出——财政直接支付　　　　645 000
　借：固定资产　　　　　　　　　　　　　　　　　645 000
　　贷：非流动资产基金——固定资产　　　　　　　　　　645 000

（二）自行建造固定资产

（1）自行建造的固定资产，通过"在建工程"科目核算，其成本包括建造该项资产至交付使用前所发生的全部必要支出。工程完工交付使用时，按自行建造过程中发生的实际支出，作会计分录：

　借：固定资产
　　贷：非流动资产基金——固定资产

同时，作会计分录：

　借：非流动资产基金——在建工程
　　贷：在建工程

（2）新建完工的固定资产交付使用时，如果尚未办理移交手续即已投入使用的，先按暂估价入账，作会计分录：

　借：固定资产
　　贷：非流动资产基金——固定资产

待办理移交手续后，根据建设单位确定的造价调整其成本，作会计分录：

　借：固定资产
　　贷：非流动资产基金——固定资产

结转在建工程成本时，作会计分录：

　借：非流动资产基金——在建工程
　　贷：在建工程

（三）改扩建固定资产

改扩建固定资产按资金来源和实际发生的支出核算。

（1）改扩建及修缮过程中将固定资产转入在建工程时，作会计分录：

　借：在建工程
　　贷：非流动资产基金——在建工程

同时，作会计分录：

　借：非流动资产基金——固定资产
　　　累计折旧
　　贷：固定资产

（2）按发生的改扩建及修缮实际支出数列支时，作会计分录：

　借：在建工程
　　贷：非流动资产基金——在建工程

同时，作会计分录：

　借：事业支出、经营支出、专用基金——修购基金等
　　贷：财政补助收入、零余额账户用款额度、银行存款等

取得变价收入时应冲转相应的支出账户。

（3）工程完工交付使用时，作会计分录：

借：固定资产

贷：非流动资产基金——固定资产

同时，作会计分录：

借：非流动资产基金——在建工程

贷：在建工程

为维护固定资产正常使用发生的日常修理费用不计入固定资产成本，发生时直接计入当期支出，作会计分录：

借：事业支出、经营支出等

贷：财政补助收入、零余额账户用款额度、银行存款等

【例 13 – 11】自行建造固定资产，发生支出共计 3 790 000 元，工程完工交付使用。

借：固定资产   3 790 000

贷：非流动资产基金——固定资产   3 790 000

同时，作会计分录：

借：非流动资产基金——在建工程   3 790 000

贷：在建工程   3 790 000

（四）接受捐赠和无偿调入固定资产

接受捐赠固定资产是指事业单位接受政府、团体、单位或个人赠与的固定资产。无偿调入固定资产是指事业单位接受政府、上级主管单位等调入的无须支付价款的固定资产。接受捐赠或无偿调入时所发生的相关费用，应当计入固定资产价值。

接受捐赠、无偿调入的固定资产，按照确定的固定资产成本，作会计分录：

借：固定资产［不需安装］

在建工程［需安装］

贷：非流动资产基金——固定资产、在建工程

按照发生的相关税费、运输费等，作会计分录：

借：其他支出

贷：银行存款等

调入需安装的固定资产时，通过"在建工程"科目核算。

（五）融资租赁固定资产

事业单位临时性租用固定资产为经营性租赁，而长期性租用固定资产则为融资性租赁。

（1）以融资租赁租入的固定资产，其成本按照租赁协议或者合同确定的租赁价款、相关税费以及固定资产交付使用前所发生的可归属于该项资产的运输费、途中保险费、安装调试费等确定。作会计分录：

借：固定资产——融资租入固定资产［不需安装］（融资租入固定资产的成本）

在建工程［需安装］（融资租入固定资产的成本）

贷：长期应付款——应付租赁费（租赁协议或者合同确定的租赁价款）

非流动资产基金——固定资产、在建工程（差额）

同时，按照实际支付的相关税费、运输费、途中保险费、安装调试费等，作会计分录：

借：事业支出、经营支出等（如事业支出——项目支出——其他资本性支出）

　　贷：财政补助收入、零余额账户用款额度、银行存款等

（2）定期支付租金时，按照支付的租金金额，作会计分录：

借：事业支出、经营支出等

　　贷：财政补助收入、零余额账户用款额度、银行存款等

同时，作会计分录：

借：长期应付款——应付租赁费

　　贷：非流动资产基金——固定资产

跨年度分期付款购入固定资产的账务处理，参照融资租入固定资产。

（六）固定资产有关后续支出的处理

（1）为增加固定资产使用效能或延长其使用年限而发生的改建、扩建或修缮等后续支出，应当计入固定资产成本，通过"在建工程"科目核算，完工交付使用时转入"固定资产"科目。有关账务处理参见"在建工程"科目。

（2）为维护固定资产的正常使用而发生的日常修理等后续支出，应当计入当期支出但不计入固定资产成本，作会计分录：

借：事业支出、经营支出等

　　贷：财政补助收入、零余额账户用款额度、银行存款等

三、固定资产减少的核算

事业单位固定资产的减少包括正常毁损、报废、出售、对外捐赠、投资转出以及盘亏等。事业单位固定资产毁损、报废、出售等处置过程中取得的收入扣除发生支出后的净额，作为应缴国库款。

（一）待处置固定资产

（1）单位毁损、报废、出售、无偿调出、对外捐赠、投资转出的固定资产，转入待处置资产时，作会计分录：

借：待处置资产损溢——处置资产价值

　　累计折旧

　　贷：固定资产

（2）实际毁损、报废、出售、无偿调出、对外捐赠、投资转出的固定资产进行核销时，按照处置固定资产对应的非流动资产基金，作会计分录：

借：非流动资产基金——固定资产

　　贷：待处置资产损溢——处置资产价值

固定资产的转让是指事业单位闲置或者不适用的固定资产按照有关规定进行产权转让、产权注销的行为。固定资产所有权或者占有、使用权转让分为有偿转让和无偿转让两种。固定资产变价收入是指在固定资产有偿转让范围之列、属于事业单位审批权限范围之内的固定资产变卖价款收入，包括报废固定资产残值变卖价款收入和零星、低值固

定资产变卖价款收入等。

事业单位固定资产报废和转让，一般经本单位负责人批准后核销，大型精密贵重的设备、仪器报废和转让，应当经过有关部门鉴定，报主管部门或者国有资产管理部门、财政部门批准，具体审批权限由财政部门会同国有资产管理部门规定。

（二）用固定资产对外投资

事业单位以固定资产对外投资，按照评估价值加上相关税费作为投资成本，作会计分录：

借：长期投资——长期股权投资
　　贷：非流动资产基金——长期投资

按发生的相关税费，作会计分录：

借：其他支出
　　贷：银行存款
　　　　应缴税费

同时，作会计分录：

借：非流动资产基金——固定资产（投出固定资产对应的非流动资产基金）
　　累计折旧（投出固定资产已计提折旧）
　　贷：固定资产（投出固定资产的账面余额）

四、固定资产清查盘点

事业单位对固定资产应定期或不定期地进行清查盘点，尤其是在年度终了前必须进行一次全面的清查盘点，包括查明固定资产的实有数与账面结存数是否相符，固定资产的保管、使用、维修等情况是否正常等。通过清查盘点，及时发现和堵塞管理中的漏洞，妥善处理和解决出现的各种问题，制定相应的改进措施，保证固定资产的安全和完整，做到固定资产的账实相符。

事业单位在固定资产清查时，对盘盈、盘亏、毁损的固定资产，应查明原因后填制"固定资产盘盈、盘亏报告表"，写出书面报告，按规定程序批准后处理。

（1）盘盈固定资产，按重置价作会计分录：

借：固定资产
　　贷：非流动资产基金——固定资产

盘亏固定资产，按原账面价值作相反的分录。

（2）清理报废、毁损固定资产的残值变价收入和清理费用列入"待处置资产损溢"。固定资产清理中取得收入时，作会计分录：

借：银行存款
　　贷：待处置资产损溢——处置净收入

固定资产清理中发生支出费用时，作会计分录：

借：待处置资产损溢——处置净收入
　　贷：银行存款

结转固定资产清理收支的净收益时，作会计分录：

借：待处置资产损溢——处置净收入
　　贷：应缴国库款

五、固定资产折旧的计提

固定资产折旧是指在固定资产使用寿命内，按照确定的方法对应折旧金额进行系统分摊。事业单位应当按规定确定是否对固定资产计提折旧。不对固定资产计提折旧，不设置"累计折旧"科目。事业单位在对固定资产计提折旧时应当遵守如下管理要求：

1. 计提折旧时限的选择

事业单位应当根据固定资产的性质和实际使用情况，合理确定其折旧年限。省级以上财政部门、主管部门对事业单位固定资产折旧年限做出规定的，从其规定。事业单位固定资产的应折旧金额为其成本，计提固定资产折旧时不考虑预计净残值。事业单位一般应当按月计提固定资产折旧。当月增加的固定资产，当月不提折旧，从下月起计提折旧；当月减少的固定资产，当月照提折旧，从下月起不提折旧。

固定资产提足折旧额的，不再计提折旧；提前报废的固定资产不再补提折旧。提足折旧后的固定资产可以继续使用的，应当继续使用，规范管理。

融资租入的固定资产计提折旧时，采用的折旧政策应当与自有固定资产相一致。能够合理确定租赁期届满时会取得租入固定资产所有权的，应当在租入固定资产尚可使用年限内计提折旧；无法合理确定租赁期届满时能够取得租入固定资产所有权的，应当在租赁期与租入固定资产尚可使用年限两者中较短的期限内计提折旧。

固定资产因改建、扩建或修缮等原因延长其使用年限的，应当按照重新确定的固定资产的成本以及重新确定的折旧年限，重新计算折旧额。

2. 计提固定资产折旧的方法

事业单位固定资产的应折旧金额为其成本，计提固定资产折旧时不考虑预计净残值。事业单位一般应当采用年限平均法或工作量法计提固定资产折旧。

年限平均法也称平均年限法，是指固定资产的应提折旧总额按照预计使用年限平均计提折旧的方法。

工作量法是指固定资产的应提折旧总额按照完工的工作量计算折旧的方法。

3. 固定资产计提折旧的范围

事业单位应当对除下列各项资产以外的其他固定资产计提折旧：①文物和陈列品；②动植物；③图书、档案；④以名义金额计量的固定资产。

4. 固定资产提取折旧的核算

"累计折旧"科目，反映事业单位计提固定资产折旧的增减变化情况。该科目属于"固定资产"科目的备抵科目。该科目贷方登记累计折旧的提取数额，借方登记累计折旧的结转减少数额，平时余额在贷方，反映计提的折旧累计数。"累计折旧"科目应当按照所对应固定资产的类别、项目等进行明细核算。

事业单位按月计提固定资产折旧时，按照应计提折旧金额，作会计分录：
借：非流动资产基金——固定资产
　　贷：累计折旧

固定资产处置时，按照所处置固定资产的账面价值，作会计分录：

借：待处置资产损溢（固定资产的账面价值）

　　累计折旧（已计提折旧）

　　　贷：固定资产（固定资产的账面余额）

【例 13－12】 按程序批准报废因灾害毁损的固定资产一批，账面原价 1 900 000 元，已计提折旧 600 000 元，用库存现金支付清理费用 25 000 元，收到残值变价收入 150 000 元。

转入待处置资产时，作会计分录：

借：待处置资产损溢——处置资产价值　　　　　　　　　　　　1 300 000

　　累计折旧　　　　　　　　　　　　　　　　　　　　　　　　600 000

　　　贷：固定资产　　　　　　　　　　　　　　　　　　　　　　1 900 000

固定资产转出时，作会计分录：

借：非流动资产基金——固定资产　　　　　　　　　　　　　1 300 000

　　　贷：待处置资产损溢——处置资产价值　　　　　　　　　　　1 300 000

清理报废、毁损固定资产的残值变价收入，作会计分录：

借：银行存款　　　　　　　　　　　　　　　　　　　　　　150 000

　　　贷：待处置资产损溢——处置净收入　　　　　　　　　　　　150 000

支付清理费用时，作会计分录：

借：待处置资产损溢——处置净收入　　　　　　　　　　　　25 000

　　　贷：库存现金　　　　　　　　　　　　　　　　　　　　　　25 000

结转净收益时，作会计分录：

借：待处置资产损溢——处置净收入　　　　　　　　　　　　125 000

　　　贷：应缴国库款　　　　　　　　　　　　　　　　　　　　125 000

六、在建工程的核算

（1）"在建工程"科目的设置。"在建工程"科目核算事业单位已经发生必要支出，但尚未完工交付使用的各种建筑（包括新建、改建、扩建、修缮等）和设备安装工程的实际成本。"在建工程"科目应当按照工程性质和具体工程项目等进行明细核算。

（2）基本建设投资会计并账。事业单位的基本建设投资应当按照国家有关规定单独建账、单独核算，同时按照规定至少按月并入"在建工程"科目及其他相关科目反映。事业单位应当在"在建工程"科目下设置"基建工程"明细科目，核算由基建账套并入的在建工程成本。有关基建并账的具体账务处理另行规定。

（3）"在建工程"科目的核算。事业单位"在建工程"科目的核算基本上与行政单位会计"在建工程"部分相同，只是有关业务会计记账对应的科目由行政单位会计的"资产基金——在建工程"改为事业单位会计的"非流动资产基金——在建工程"，与此相似，有关收支也相应调整。

第四节　事业单位的无形资产

一、无形资产的取得

无形资产是指事业单位持有的没有实物形态的可辨认非货币性资产，包括专利权、商标权、著作权、土地使用权、非专利技术等。事业单位购入的不构成相关硬件不可缺少组成部分的应用软件，应当作为无形资产核算。

事业单位取得无形资产的方式有两种：一是取得所有权；二是取得使用权。事业单位无论取得的是无形资产的所有权还是使用权，所发生的支出均计入事业支出。自行开发的无形资产，应当按开发过程中实际发生的支出记账；购入的无形资产，应当按实际成本记账。

（1）外购的无形资产，其成本包括购买价款、相关税费以及可归属于该项资产达到预定用途所发生的其他支出。购入的无形资产，按照确定的无形资产成本，作会计分录：

借：无形资产——专利权
　　贷：非流动资产基金——无形资产

同时，按照实际支付金额，作会计分录：

借：事业支出——项目支出等
　　贷：财政补助收入、零余额账户用款额度、银行存款等

（2）委托软件公司开发软件视同外购无形资产进行处理。支付软件开发费时，按照实际支付金额，作会计分录：

借：事业支出——项目支出等
　　贷：财政补助收入、零余额账户用款额度、银行存款等

软件开发完成交付使用时，按照软件开发费总额，作会计分录：

借：无形资产
　　贷：非流动资产基金——无形资产

（3）自行开发并按法律程序申请取得的无形资产，按照依法取得时发生的注册费、聘请律师费等费用，作会计分录：

借：无形资产——专利权
　　贷：非流动资产基金——无形资产

同时，作会计分录：

借：事业支出——项目支出——非财政补助支出等
　　贷：财政补助收入、零余额账户用款额度、银行存款等

依法取得前所发生的研究开发支出，应于发生时直接计入当期支出，作会计分录：

借：事业支出——基本支出——非财政补助支出等
　　贷：银行存款等

（4）接受捐赠、无偿调入的无形资产，按照确定的无形资产成本，作会计分录：

借：无形资产——非专利技术

　　贷：非流动资产基金——无形资产

按照发生的相关税费等，作会计分录：

借：其他支出

　　贷：银行存款等

（5）无形资产有关后续支出的核算。①为增加无形资产的使用效能而发生的后续支出，如对软件进行升级改造或扩展其功能等所发生的支出，应当计入无形资产的成本，同时列为事业支出。②为维护无形资产的正常使用而发生的后续支出，如对软件进行漏洞修补、技术维护等所发生的支出，应当计入当期支出但不计入无形资产成本，仅列为事业支出。

二、无形资产的摊销

1. 事业单位无形资产摊销的管理要求

（1）严格控制无形资产的摊销范围。事业单位无形资产的应摊销金额是其取得时的成本，以名义金额入账的无形资产不进行摊销。

（2）正确确定无形资产的摊销期。无形资产应在受益期内分期平均摊销，一般采用年限平均法对无形资产进行摊销，计算方法为：

无形资产年摊销额＝无形资产成本÷有效期限

事业单位应当在无形资产取得的当月起，按月计提无形资产摊销，计算方法为：

无形资产月摊销额＝无形资产年摊销额÷12

（3）严格遵守无形资产的摊销原则。法律规定了有效年限的，按照法律规定的有效年限作为摊销年限，如专利权的有效期限为 10～20 年，商标权的有效期限为 10 年；法律没有规定有效年限的，按照相关合同或单位申请书中的受益年限作为摊销年限；法律没有规定有效年限、相关合同或单位申请书也没有规定受益年限的，按照不少于 10 年的期限摊销。

（4）准确计算后续支出增加无形资产成本后的摊销额。因发生后续支出而增加无形资产成本的，应当按照重新确定的无形资产成本，重新计算摊销额。

2. 无形资产摊销的核算

为了核算和监督无形资产进行摊销、转销的情况，事业单位应设置"累计摊销"科目，该科目属于"无形资产"科目的备抵科目，贷方登记对无形资产的摊销数，借方登记累计摊销的转销数，期末贷方余额反映事业单位计提的无形资产摊销累计数。事业单位一般按月对无形资产进行摊销，未摊销余额也应在会计报表中列示。"累计摊销"科目应当按照对应无形资产的类别、项目等进行明细核算。

【例 13－13】某单位接受投资的商标权 600 000 元，分 10 年摊销，每年摊销 60 000 元，各月摊销额为 5 000 元。按月摊销时，作会计分录：

借：非流动资产基金——无形资产　　　　　　　　　　　　　5 000

　　贷：累计摊销　　　　　　　　　　　　　　　　　　　　　5 000

为了提供计算无形资产摊销的资料，单位在更换新账时，不仅要从旧账中抄录无形资产的余额，而且要注意抄录每项无形资产的原值。

三、无形资产的投资转出

事业单位向其他单位投资转出无形资产，分为以已入账无形资产对外投资和以未入账无形资产对外投资两种情况，都在投资时按照评估价值加上相关税费作为投资成本，作会计分录：

借：长期投资——长期股权投资
　　贷：非流动资产基金——长期投资

按发生的相关税费，作会计分录：

借：其他支出
　　贷：银行存款、应缴税费等

同时，作会计分录：

借：非流动资产基金——无形资产（投出无形资产对应的非流动资产基金）
　　累计摊销（已计提摊销）
　　贷：无形资产（投出无形资产的账面余额）

四、无形资产的转让

（1）事业单位可依法转让无形资产，具体有转让所有权、转让使用权两种方式。不论以何种方式转让无形资产取得的收入，除国家另有规定者外，均计入事业收入，作会计分录：

借：银行存款等
　　贷：事业收入、经营收入等

如果转让所有权，无论是转让、无偿调出、对外捐赠无形资产，均按处置无形资产进行账务处理。转让、无偿调出、对外捐赠无形资产，转入待处置资产时，作会计分录：

借：待处置资产损溢——处置资产价值（无形资产的账面价值）
　　累计摊销（已计提摊销）
　　贷：无形资产（无形资产的账面余额）

（2）事业单位将无形资产实际转让、无偿调出、对外捐赠时，按照处置无形资产对应的非流动资产基金，作会计分录：

借：非流动资产基金——无形资产
　　贷：待处置资产损溢——处置资产价值

当无形资产预期不能为事业单位带来服务潜力或经济利益时，应当按规定报经批准后将该无形资产的账面价值予以核销，核销时也按照处置无形资产进行账务处理。

（3）转让无形资产过程中取得价款、发生相关税费时，通过"待处置资产损溢——处置净收入"科目核算，处置收入扣除相关处置费用后的净收入，转入"应缴国库款"科目。

取得价款时，作会计分录：

借：银行存款

    贷：待处置资产损溢——处置净收入

支付相关税费时，作会计分录：

借：待处置资产损溢——处置净收入

    贷：银行存款

结转净收益时，作会计分录：

借：待处置资产损溢——处置净收入

    贷：应缴国库款

第五节　事业单位的对外投资

一、对外投资的类型

1. 对外投资的分类

事业单位对外投资按出资方式分为实物投资（包括固定资产和材料投资）、无形资产投资和货币资金投资。

（1）实物投资。这是指事业单位以建筑物、机器设备、仪器仪表、材料等实物对其他单位进行投资。

（2）无形资产投资。事业单位可以专利权、非专利技术、商标权、著作权、土地使用权、商誉等无形资产对外投资。

（3）货币资金投资。这是指事业单位以货币资金购买债券等有价证券方式对其他单位进行投资。

事业单位对外投资按投资形式分为其他投资和债券投资。其他投资是指事业单位与其他单位共同出资组成合资或者联营实体的对外投资等。债券投资是指事业单位以购买各种债券的形式而进行的对外投资。

事业单位对外投资按投资对象分为对其他企业单位投资和对独立核算的事业单位、生产经营单位投资等。事业单位对外投资不包括对事业单位附属的非独立核算的生产经营单位（如后勤部门、车队和单位食堂等）投资，也不包括对外出租、出借有关资产的行为。

事业单位对外投资按投资期限分为短期投资和长期投资。短期投资是指事业单位依法取得的，持有时间不超过 1 年（含 1 年）的投资。长期投资是指事业单位依法取得的，持有时间超过 1 年（不含 1 年）的股权和债券性质的投资。

2. 对外投资的目的

事业单位对外投资一般是为了取得投资回报。其目的是减轻财政部门的压力，增强事业单位的经济活力，更好地向社会提供服务。事业单位的对外投资要按法律、法规的规定办理，并要经主管部门批准。事业单位主要是从事非营利性的活动，以社会效益为最高准则，其资金来源从总体上看主要依靠财政拨款，对外投资并不构成其经济活动的主要内容。

3. 对外投资的计价

事业单位以货币资金的方式对外投资，按实际支付的款项记账；以实物或无形资产的方式对外投资，应当按评估确认的价值记账；投资期内取得的利息、红利等各项投资收益应当计入当期收入；转让债券取得的价款或债券到期收回的本息与其账面成本的差额，计入当期收支。

二、短期投资的核算

短期投资是指事业单位依法取得的，持有期限不超过1年（含1年）的投资。短期投资在取得时，应按其实际成本作为投资成本，包括购买价款以及税金、手续费等相关税费。短期投资属于流动资产。

短期投资属资产类科目。借方登记实际支付的价款，贷方登记到期收回的本金及出售时收回的成本，期末借方余额反映期末结存的短期投资成本。

事业单位购买短期国债时，应按实际支出的价款，作会计分录：

借：短期投资
　　贷：银行存款

出售或到期收回国债本息时，作会计分录：

借：银行存款
　　贷：短期投资
　　　　其他收入——投资收益

三、长期投资的核算

长期投资是指事业单位依法取得的，持有时间超过1年（不含1年）的股权和债权性质的投资。事业单位的长期投资属于非流动资产，包括长期股权投资和长期债券投资。

（一）长期股权投资

事业单位在取得长期股权投资时，按照实际成本作为投资成本。事业单位的长期股权投资包括货币资金投资、固定资产投资、无形资产投资等。

1. 货币资金投资的核算

以货币资金取得的长期股权投资，按照实际支付的全部价款（包括购买价款以及税金、手续费等相关税费）作为投资成本，作会计分录：

借：长期投资——长期股权投资
　　贷：银行存款等

同时，作会计分录：

借：事业基金
　　贷：非流动资产基金——长期投资

2. 固定资产投资的核算

以固定资产取得的长期股权投资，按评估价值加上相关税费作为投资成本，作会计分录：

借：长期投资——长期股权投资

    贷：非流动资产基金——长期投资

按发生的相关税费，作会计分录：

借：其他支出

    贷：银行存款、应缴税费等

同时，作会计分录：

借：非流动资产基金——固定资产（投出固定资产对应的非流动资产基金）

    累计折旧（投出固定资产已计提折旧）

    贷：固定资产（投出固定资产的账面余额）

3. 无形资产投资的核算

事业单位向其他单位投资转出的无形资产，分为以已入账无形资产对外投资和以未入账无形资产对外投资两种情况。

（1）以已入账无形资产取得长期股权投资。

投资时按照评估价值加上相关税费作为投资成本，作会计分录：

借：长期投资——长期股权投资

    贷：非流动资产基金——长期投资

按发生的相关税费，作会计分录：

借：其他支出

    贷：银行存款、应缴税费等

同时，作会计分录：

借：非流动资产基金——无形资产（投出无形资产对应的非流动资产基金）

    累计摊销（已计提摊销）

    贷：无形资产（投出无形资产的账面余额）

（2）以未入账无形资产取得长期股权投资。

按照评估价值加上相关税费作为投资成本，作会计分录：

借：长期投资——长期股权投资

    贷：非流动资产基金——长期投资

按发生的相关税费，作会计分录：

借：其他支出

    贷：银行存款、应缴税费等

4. 取得投资收益的核算

长期股权投资持有期间，收到利润等投资收益时，按照实际收到的金额，作会计分录：

借：银行存款

    贷：其他收入——投资收益

5. 转让长期投资的核算

当事业单位将长期投资转让，或者因被投资单位破产清算等原因使得长期投资无法收回时，应通过"待处置资产损溢"科目进行核算。

转让长期股权投资，转入待处置资产时，按照待转让长期股权投资的账面余额，作会计分录：

借：待处置资产损溢——处置资产价值

贷：长期投资

实际转让时，按照所转让长期股权投资对应的非流动资产基金，作会计分录：

借：非流动资产基金——长期投资

贷：待处置资产损溢——处置资产价值

转让长期股权投资过程中取得价款、发生相关税费，以及转让价款扣除相关税费后的净收入的账务处理，参见"待处置资产损溢"科目。

6. 核销长期股权投资的核算

因被投资单位破产清算等原因，有确凿证据表明长期股权投资发生损失，按规定报经批准后予以核销。将待核销长期股权投资转入待处置资产时，按照待核销的长期股权投资账面余额，作会计分录：

借：待处置资产损溢

贷：长期投资

报经批准予以核销时，作会计分录：

借：非流动资产基金——长期投资

贷：待处置资产损溢

（二）长期债券投资

事业单位在取得长期债券投资时，应按照其实际成本作为投资成本。实际成本是指支付的全部价款，包括购买价款以及税金、手续费等相关税费。

（1）事业单位以货币资金购入持有期在1年以上的有价证券时，按照实际支付的全部价款，作会计分录：

借：长期投资——长期债券投资

贷：银行存款等

同时，按照投资成本金额，作会计分录：

借：事业基金

贷：非流动资产基金——长期投资

（2）长期债券投资持有期间收到利息时，按照实际收到的金额，作会计分录：

借：银行存款等

贷：其他收入——投资收益

（3）对外转让和到期收回本息，长期债券投资盈余时，作会计分录：

借：银行存款等（实收金额）

贷：长期投资——长期债券投资（本金）

其他收入——投资收益（差额）

长期债券投资损失时，作会计分录：

借：银行存款等（实收金额）

其他收入——投资收益（差额）

贷：长期投资——长期债券投资（本金）

同时，按照长期投资对应的非流动资产基金，作会计分录：

借：非流动资产基金——长期投资

　　　贷：事业基金

事业单位对外投资要按照规定程序报批，以实物、无形资产对外投资的要按规定进行评估。对外投资的原则应当是以不影响本单位完成正常的事业计划为前提，特别是将非经营性资产转作经营性投资活动的，则不能包括财政补助收入、上级补助收入，以及为维持事业正常发展、保证事业计划完成的各项资产。事业单位用国有资产对外投资，资产的国有性质不变。

第六节　事业单位的待结算资产

一、应收票据

（一）应收票据的科目设置

应收票据是指事业单位因开展经营活动销售产品、提供有偿服务等而收到的商业汇票，包括商业承兑汇票和银行承兑汇票。商业汇票是指买者或卖者（或承兑申请人）签发，由承兑人（购买方）承兑，并于到期日向收款人或背书人支付款项的票据。银行承兑汇票是由在承兑银行开立存款账户的存款人出票，向开户银行申请并经银行审查同意承兑的，保证在指定日期无条件支付确定的金额给收款人或持票人的票据。对出票人签发的商业汇票进行承兑是银行基于对出票人资信的认可而给予的信用支持。

应收票据属资产类科目，借方登记收到的商业汇票，贷方登记到期收回或转让给其他单位或未到期办理贴现的商业汇票。期末借方余额，反映事业单位持有的商业汇票票面金额。

"应收票据"科目应当按照开出、承兑商业汇票的单位等进行明细核算。

（二）应收票据的主要账务处理

（1）因销售产品、提供服务等收到商业汇票，作会计分录：

借：应收票据（票面金额）

　　　贷：经营收入等（确认的收入金额）

　　　　　应缴税费——应缴增值税（应缴增值税金额）

（2）持未到期的商业汇票向银行贴现，作会计分录：

借：银行存款（实收金额，即扣除贴现息后的净额）

　　　经营支出等（贴现息）

　　　贷：应收票据（票面金额）

（3）将持有的商业汇票背书转让以取得所需物资时，作会计分录：

借：有关科目（取得物资的成本）

　　　贷：应收票据（票面金额）

如有差额，借记或贷记"银行存款"等科目。

（4）商业汇票到期时，应当分别按以下情况处理：

①收回应收票据，按照实际收到的商业汇票票面金额，作会计分录：

借：银行存款

　　贷：应收票据

②因付款人无力支付票款，收到银行退回的商业承兑汇票、委托收款凭证、未付票款通知书或拒付款证明等，按照商业汇票的票面金额，作会计分录：

借：应收账款

　　贷：应收票据

事业单位应当设置"应收票据备查簿"，逐笔登记每一应收票据的种类、号数、出票日期、到期日、票面金额、交易合同号和付款人、承兑人、背书人姓名或单位名称、背书转让日、贴现日期、贴现率和贴现净额、收款日期、收回金额和退票情况等资料。应收票据到期结清票款或退票后，应当在备查簿内逐笔注销。

二、应收账款

（一）应收账款的科目设置

应收款项是指事业单位因开展经营活动销售产品、提供有偿服务等而应收取的款项。

应收账款属资产类科目，借方登记应收账款的发生数，贷方登记应收账款的收回数。期末借方余额，反映事业单位尚未收回的应收账款。

"应收账款"科目应当按照购货、接受劳务单位（或个人）进行明细核算。

（二）应收账款发生与结算的账务处理

（1）发生应收账款时，作会计分录：

借：应收账款（应收未收金额）

　　贷：经营收入等（确认的收入金额）

　　　　应缴税费——应缴增值税（应缴增值税金额）

（2）收回应收账款时，按照实际收到的金额，作会计记录：

借：银行存款

　　贷：应收账款

三、应收账款核销的账务处理

逾期三年或以上、有确凿证据表明确实无法收回的应收账款，按规定报经批准后予以核销。核销的应收账款应在备查簿中保留登记。

（1）将应收账款转入待处置资产时，按照待核销的应收账款金额，作会计分录：

借：待处置资产损溢

　　贷：应收账款

（2）将待处置的应收账款报经批准予以核销时，作会计分录：

借：其他支出

　　贷：待处置资产损溢

事业单位应收账款如遇到下列情况可确认为坏账：第一，债务人破产或死亡依法清偿后仍无法追回的款项；第二，债务人逾期未履行偿债义务且明显无力偿还的款项。对坏账损失有直接核销法和坏账备抵法两种处理方式。一般事业单位通常采取直接核销法。直接核销法是在坏账实际发生时，作为损失直接计入期间费用。

（3）已核销的应收账款在以后期间收回的，按照实际收回的金额，作会计分录：

借：银行存款等
　　贷：其他收入

四、预付账款

（一）预付账款的科目设置

预付账款是指事业单位按照购货、劳务合同规定预付给供应单位的款项。

预付账款属资产类科目，借方登记预付账款的发生数，贷方登记结算数。期末借方余额，反映事业单位实际预付但尚未结算的款项。"预付账款"科目应当按照供应单位（或个人）进行明细核算。预付款项业务不多的单位也可以将预付的账款直接记入"应收账款"科目的借方，不设"预付账款"科目。

事业单位应当通过明细核算或辅助登记方式，登记预付账款的资金性质（区分财政补助资金、非财政专项资金和其他资金）。

（二）预付账款的主要账务处理

（1）发生预付账款时，按照实际预付的金额，作会计分录：

借：预付账款
　　贷：零余额账户用款额度、财政补助收入、银行存款等

（2）收到所购物资或劳务，作会计分录：

借：存货——材料等（购入物资或劳务的成本）
　　贷：预付账款（预付账款金额）
　　　　零余额账户用款额度、财政补助收入、银行存款等（补付款项）

（3）收到所购固定资产、无形资产的，按照确定的资产成本，作会计分录：

借：固定资产、无形资产
　　贷：非流动资产基金——固定资产、无形资产

同时，作会计分录：

借：事业支出、经营支出等（资产购置支出）
　　贷：预付账款（预付账款金额）
　　　　零余额账户用款额度、财政补助收入、银行存款等（补付款项）

（三）预付账款核销的账务处理

逾期三年或以上、有确凿证据表明因供货单位破产、撤销等原因已无望再收到所购物资，且确实无法收回的预付账款，按规定报经批准后予以核销。核销的预付账款应在备查簿中保留登记。

（1）转入待处置资产时，按照待核销的预付账款金额，作会计分录：

借：待处置资产损溢

　　贷：预付账款

（2）报经批准予以核销时，作会计分录：

借：其他支出

　　贷：待处置资产损溢

（3）已核销预付账款在以后期间收回的，按照实际收回的金额，作会计分录：

借：银行存款等

　　贷：其他收入

【例13－14】某单位事业活动所需甲材料由政府统一采购，将单位自筹资金划到政府采购资金专户，款项金额为300 000元。

借：预付账款——政府采购款　　　　　　　　　　　300 000

　　贷：银行存款　　　　　　　　　　　　　　　　　　　300 000

【例13－15】接〖例13－14〗，甲材料验收入库，材料价款270 000元；收到财政划回的节约资金30 000元。

借：银行存款　　　　　　　　　　　　　　　　　　 30 000

　　存货——甲材料　　　　　　　　　　　　　 270 000

　　　　贷：预付账款——政府采购款　　　　　　　　　　300 000

五、其他应收款

（一）其他应收款的科目设置

　　其他应收款是指事业单位除财政应返还额度、应收票据、应收账款、预付账款以外的其他各项应收及暂付款项，如职工预借的差旅费、拨付给内部有关部门的备用金、应向职工收取的各种垫付款项等。

　　其他应收款属资产类科目。借方登记其他各种应收款项发生数，贷方登记各种应收款收回数据。期末借方余额，反映事业单位尚未收回的其他应收款。

　　"其他应收款"科目应当按照其他应收款的类别以及债务单位（或个人）进行明细核算。

（二）其他应收款的主要账务处理

（1）发生其他各种应收及暂付款项时，作会计分录：

借：其他应收款

　　贷：银行存款、库存现金等

【例13－16】某事业单位职工李某预借差旅费3 000元，作会计分录：

借：其他应收款——李某　　　　　　　　　　　　3 000

　　贷：库存现金　　　　　　　　　　　　　　　　　　3 000

（2）收回或转销其他各种应收及暂付款项时，作会计分录：

借：库存现金、银行存款等

　　贷：其他应收款

（3）事业单位内部实行备用金制度的，有关部门使用备用金以后应当及时到财务部门报销并补足备用金。

财务部门核定并发放备用金时，作会计分录：

借：其他应收款

  贷：库存现金等

备用金报销数和拨补数都不再通过"其他应收款"科目核算，根据报销数用现金补足备用金定额时，作会计分录：

借：有关科目

  贷：库存现金等

（4）逾期三年或以上、有确凿证据表明确实无法收回的其他应收款，按规定报经批准后予以核销。核销的其他应收款应在备查簿中保留登记。

其他应收款转入待处置资产、报经批准予以核销以及已核销其他应收款在以后期间收回等有关事项的会计核算与预付账款核销的账务处理相同。

第七节　事业单位的待处置资产损溢

一、待处置资产损溢的科目设置

待处置资产损溢是指事业单位待处置资产的价值以及处置损溢。与企业待处理财产损溢包括清查财产过程中查明的各种盘盈、盘亏、毁损的价值不同，事业单位资产处置包括资产的出售、出让、转让、对外捐赠、无偿调出、盘亏、报废、毁损以及货币性资产损失核销等。

为了核算和监督待处置资产损溢的转入、核销情况，事业单位应设置"待处置资产损溢"科目。借方登记资产处置时的转入数额，贷方登记报经批准予以核销的数额，期末借方余额反映尚未批准予以核销的数额。年终结账前处理完毕后本科目应无余额。

"待处置资产损溢"科目应当按照待处置资产项目进行明细核算。对于在处置过程中取得相关收入、发生相关费用的处置项目，还应设置"处置资产价值""处置净收入"明细科目，进行明细核算。

二、待处置资产损溢增减的核算

1. 应收及预付账款、长期股权投资、无形资产按规定报经批准予以核销，以及存货、固定资产盘亏或者毁损、报废的核算

以下三种情况出现后，应通过"待处置资产损溢"账户进行核算：事业单位有逾期三年以上、有确凿证据表明无法收回的应收及预付账款；将长期投资转让或者因被投资单位破产清算等原因使得长期投资无法收回；将无形资产实际出售、无偿调出、对外捐赠等。

转入待处置资产时，作会计分录：

借：待处置资产损溢——处置资产价值

  累计摊销［核销无形资产］

  累计折旧［处置固定资产］

　　　　贷：存货、固定资产、应收账款、预付账款、其他应付款、
　　　　　　长期投资、无形资产等

报经批准予以核销时，作会计分录：

　　借：其他支出［存货、应收及预付款项核销］
　　　　非流动资产基金——长期投资、无形资产、固定资产［长期投资、
　　　　无形资产核销、固定资产处置］
　　　　　　贷：待处置资产损溢——处置资产价值

事业单位发生存货、固定资产盘亏、毁损、报废等情景时，由于涉及残值变价收入、保险理赔和过失人赔偿以及相关费用，应通过"待处置财产损溢——处置净收入"明细科目核算。

2. 存货、固定资产、无形资产对外捐赠、无偿调出的核算

对外捐赠、无偿调出存货、固定资产、无形资产，由于不涉及货币资金的收付业务，直接通过"待处置资产损溢"总账科目进行处置，转入待处置资产时，作会计分录：

　　借：待处置资产损溢
　　　　累计折旧、累计摊销［捐赠、调出固定资产、无形资产］
　　　　　　贷：存货、固定资产、无形资产等

实际捐出、调出时，作会计分录：

　　借：其他支出［捐出、调出存货］
　　　　非流动资产基金——固定资产、无形资产［捐出、调出固定资产、无形资产］
　　　　　　贷：待处置资产损溢

3. 长期股权投资、固定资产、无形资产转让（出售）的核算

长期股权投资、固定资产、无形资产转让（出售）时，应通过"待处置资产损溢"科目下的"处置资产价值"和"处置净收入"两个明细科目核算。

转入待处置资产时，作会计分录：

　　借：待处置资产损溢——处置资产价值
　　　　累计折旧、累计摊销［转让固定资产、无形资产］
　　　　　　贷：长期投资、固定资产、无形资产等

实际转让时，作会计分录：

　　借：非流动资产基金——长期投资、固定资产、无形资产
　　　　　　贷：待处置资产损溢——处置资产价值

三、待处置资产发生费用与净收入的核算

下列两种情况下应通过"待处置财产损溢——处置净收入"科目核算：处置毁损、报废存货、固定资产过程中收到残值变价收入、保险理赔和过失人赔偿等，以及发生相关费用；长期股权投资、固定资产、无形资产转让（出售）过程中取得价款、发生相关税费，以及转让价款扣除相关税费后的净收入。

（1）按照实际取得的残值变价收入以及转让价款、保险理赔和过失人赔偿等，作

会计分录：

借：库存现金、银行存款等

　　贷：待处置资产损溢——处置净收入

（2）按照清理资产发生的相关费用，作会计分录：

借：待处置资产损溢——处置净收入

　　贷：库存现金、银行存款等

（3）资产处置完毕，按照处置收入扣除相关处置费用后的净收入，作会计分录：

借：待处置资产损溢——处置净收入

　　贷：应缴国库款

思考与练习题

某事业单位 12 月发生如下会计事项，要求据此编制会计分录：

1. 收到开户银行入账通知，主管单位拨来本月财政补助款 300 000 元。

2. 开出现金支票一张，从银行提取现金 5 000 元备用。

3. 开出转账支票一张，支付假期校舍维修款 700 000 元。

4. 收到单位零余额账户代理银行盖章的"授权支付到账通知书"，列示金额 16 000 元。

5. 从零余额账户提现 1 000 元，按规定签发付款凭证通知代理银行支付购买零星办公用品支出款 500 元。

6. 收到代理银行转来的"财政授权支付入账通知书"，财政部门下达的财政授权支付用款额度 41 000 元，并与分月用款计划核对相符。

7. 单位为小规模纳税人，拟购入甲材料一批，按协议预付定金 2 000 元，签发凭证用单位存款支付。

8. 单位购入的自用甲材料验收入库，实际支付的含税价格为 823 000 元，预付款抵冲材料款，余款尚未支付。

9. 用项目经费购置不需要安装的设备，收到代理银行盖章的"财政直接支付支出通知书"，列示付款总金额 295 000 元，其中设备运输费 1 300 元，调试费 1 200 元。

10. 对专用设备按月提取折旧 800 元。

11. 用修购基金购买日常办公用电脑，价款 35 000 元，用银行存款转账付讫。

12. 自行建造固定资产，发生支出共计 90 000 000 元，工程完工交付使用。

13. 为维护仪器正常使用发生日常修理费 2 800 元，实行财政授权支付。

14. 按程序批准报废因灾害毁损的固定资产一批，账面原价 1 800 000 元，累计计提折旧 1 000 000 元，用银行存款支付清理费用 10 000 元，收到残值变价收入 30 000 元现金。

15. 用银行存款支付委托软件公司开发软件所发生的支出 110 000 元。

16. 本月计算的无形资产摊销额为 3 000 元。

17. 用银行存款购买短期国债，实际支出价款 70 000 元。

18. 用银行存款购买某单位的长期股权，实际支出价款 90 000 元，同时支付人员差旅费800元，计算应该缴纳的有关税费300元。

19. 用现金支付职工徐某预借的差旅费5 000元。

20. 年度终了，依据代理银行提供的对账单，将零余额账户用款额度20 000元注销。

21. 次年初，根据代理银行提供零余额账户用款额度恢复到账通知书，恢复额度20 000元。

22. 次年初，事业单位收到财政部门批复的上年末未下达零余额账户用款额度10 000元。

第十四章

事业单位的负债

负债是指事业单位所承担的能以货币计量，需要以资产或劳务偿付的债务，内容主要包括：借入款项、应付和暂存或预收款项、应缴款项等。

第一节　事业单位的应付和暂存款项

应付和暂存款项是事业单位在结算中发生的一种负债，包括应付票据、应付账款、预收账款、其他应付款、应付职工薪酬、长期应付款等。

一、应付票据

应付票据是指事业单位因购买材料、物资等而开出、承兑的商业汇票，包括银行承兑汇票和商业承兑汇票。

应付票据属负债类科目，贷方登记开出并承兑的商业汇票，借方登记应付票据到期支付的票据款项。期末贷方余额，反映事业单位开出、承兑的尚未到期的商业汇票票面金额。

（一）应付票据的签发及其核算

事业单位开出并承兑的汇票或以汇票抵付货款时，作会计分录：

借：应付账款、存货——材料
　　贷：应付票据

若是开出由银行承兑的商业汇票，对支付给承兑银行的手续费，作会计分录：

借：事业支出、经营支出等
　　贷：银行存款等

（二）应付票据到期偿付的核算

应付票据到期时，事业单位必须按票款足额送存开户行，由开户银行将款项划给收款人。收到开户行支付到期票据款、支付本息通知时，作会计分录：

借：应付票据（票面金额）
　　事业支出、经营支出等（手续费等）
　　贷：银行存款（实付款）

（三）应付票据逾期的核算

如果应付票据到期，单位未能存足票款，开户行将对其予以罚款、罚息。对逾期的应付票据在未签发新票前，将"应付票据"转入"应付账款"等科目，按规定予以处理时，作会计分录：

借：应付票据

事业支出、经营支出等

贷：应付账款［商业承兑汇票］

短期借款［银行承兑汇票］

如果重新签发新票以清偿原票时，再从"应付账款"转入"应付票据"科目。

事业单位应设置"应付票据备查簿"，详细登记每一应付票据的种类、号数、出票日期、到期日、票面金额、交易合同号、收款人姓名或单位名称，以及付款日期和金额等资料。应付票据到期结清票款后，应当在备查簿内逐笔注销。

二、应付账款

应付账款是指事业单位因购买材料、物资等而应付的款项，适用于实行内部成本核算的事业单位。

（一）应付账款的确认

1. 应付账款入账时间的确定

应付账款入账时间的确定应以所有权的转移为发生的标志。但在实际工作中有两种处理方式：一是货物和发票账单同时到达时，应付账款一般待货物验收入库后，再按发票账单登记入账；二是货物和发票账单不同时到达甚至货物已到发票账单要间隔较长时间才能到达时，采用在月份终了再入账的办法。

2. 应付账款记账金额的确定

在购入的资产在形成一笔应付账款时带有现金折扣的情况下，应付账款入账金额的确定有两种方法：

（1）总值法，按发票记载的总金额即不扣除折扣的全部价值入账。

应付账款发生时，按总值作会计分录：

借：存货——材料等

贷：应付账款

若在折扣期内支付货款，享受折扣优惠，作为购入资产成本的减少，作会计分录：

借：应付账款（总值）

贷：银行存款（净值）

存货——材料等（折扣）

若超过折扣期支付货款，未享受折扣优惠，作会计分录：

借：应付账款（总值）

贷：银行存款等（总值）

（2）净值法，按发票上记载的全部应付金额扣除折扣后的净值记账。

应付账款发生时，按净值作会计分录：

借：存货——材料等

贷：应付账款

若在折扣期内支付货款，享受折扣优惠，按净值付款时，作会计分录：

借：应付账款（净值）

　　贷：银行存款等（净值）

若超过折扣期支付货款，未享受折扣优惠，作会计分录：

借：应付账款（净值）

　　存货——材料等（折扣）

　　贷：银行存款（总值）

（二）应付账款的核算

应付账款属负债类科目，贷方登记因购买材料、物资等而应付的款项，借方登记已偿付的应付账款。期末贷方余额，反映事业单位尚未支付的应付账款。"应付账款"科目应当按照债权单位（或个人）进行明细核算。

（1）购入材料、物资等已验收入库但货款尚未支付时，根据应付未付金额，作会计分录：

借：存货——材料等

　　贷：应付账款

（2）偿付应付账款时，按照实际支付的款项金额，作会计分录：

借：应付账款

　　贷：银行存款等

（3）开出、承兑商业汇票抵付应付账款，作会计分录：

借：应付账款

　　贷：应付票据

（4）无法偿付或债权人豁免偿还的应付账款，作会计分录：

借：应付账款

　　贷：其他收入

三、预收账款

预收账款是指事业单位按合同规定预收的款项。预收账款业务不多的单位，也可将预收的账款直接记入"应付账款"科目。

预收账款属负债类科目，贷方登记向购货单位预收的账款和补付的账款，借方反映已结算的账款和退回预收的账款。期末贷方余额，反映事业单位按合同规定预收但尚未实际结算的款项。"预收账款"科目应当按照债权单位（或个人）进行明细核算。

（1）从付款方预收款项时，按照实际预收的金额，作会计分录：

借：银行存款等

　　贷：预收账款

（2）确认有关收入时，作会计分录：

借：预收账款

　　贷：经营收入等

按照付款方补付或退回付款方的金额，借记或贷记"银行存款"等科目。

（3）无法偿付或债权人豁免偿还的预收账款，作会计分录：

借：预收账款
    贷：其他收入

四、其他应付款

其他应付款是指事业单位除应缴税费、应缴国库款、应缴财政专户款、应付职工薪酬、应付票据、应付账款、预收账款之外的其他各项偿还期限在 1 年内（含 1 年）的应付及暂收款项，如存入保证金等。

其他应收款属负债类科目，贷方登记应付未付或暂收款的发生数，借方登记已偿还或转销的应付、暂收款。期末贷方余额，反映事业单位尚未支付的其他应付款。"其他应收款"科目应当按照其他应付款的类别以及债权单位（或个人）进行明细核算。

（1）计算应付的临时租用的固定资产租金，作会计分录：
借：有关支出
    贷：其他应付款——应付租金
（2）发生工作人员逾期未领工资，作会计分录：
借：库存现金
    贷：其他应付款——暂收款
（3）向外单位收取出租物品押金，作会计分录：
借：银行存款等
    贷：其他应付款——存入保证金
（4）支付各种其他应付款项，作会计分录：
借：其他应付款
    贷：银行存款等
（5）无法偿付或债权人豁免偿还的其他应付款项，作会计分录：
借：其他应付款
    贷：其他收入

五、应付职工薪酬

应付职工薪酬是指事业单位按有关规定应付给职工及为职工支付的各种薪酬，包括基本工资、绩效工资、国家统一规定的津贴补贴、社会保险费、住房公积金、其他个人收入等。

应付职工薪酬属负债类科目，贷方登记当期应付职工薪酬数额，借方登记支付职工薪酬、代扣代缴个人所得税、缴纳社会保险费和住房公积金等的数额。期末贷方余额，反映事业单位应付未付的职工薪酬。"应付职工薪酬"科目应当按照"工资（离退休费）""地方（部门）津贴补贴""其他个人收入""社会保险费""住房公积金"等进行明细核算。

（1）计算确认当期应付职工薪酬，作会计分录：
借：事业支出、经营支出等
    贷：应付职工薪酬

（2）向职工支付工资、津贴补贴等薪酬，作会计分录：

借：应付职工薪酬

　　贷：财政补助收入、零余额账户用款额度、银行存款等

（3）按税法规定代扣代缴个人所得税，作会计分录：

借：应付职工薪酬

　　贷：应缴税费——应缴个人所得税

（4）按规定缴纳职工社会保险费、住房公积金以及从应付职工薪酬中支付其他款项，作会计分录：

借：应付职工薪酬

　　贷：财政补助收入、零余额账户用款额度、银行存款等

【例14-1】计算本月应发职工工资总额300 000元。其中有关扣款如下：公积金15 000元，职工养老保险缴费14 000元；个人所得税21 000元。实发放工资补贴等由财政直接支付。

计算工资、津贴补贴等薪酬时，按应发工薪数，作会计分录：

借：事业支出——基本支出　　　　　　　　　　　　　　　300 000

　　贷：应付职工薪酬　　　　　　　　　　　　　　　　　　　300 000

向职工支付工资、津贴补贴等薪酬时，按实发工薪数，作会计分录：

借：应付职工薪酬　　　　　　　　　　　　　　　　　　250 000

　　贷：财政补助收入　　　　　　　　　　　　　　　　　　250 000

按工资、津贴补贴计算个人所得税时，作会计分录：

借：应付职工薪酬　　　　　　　　　　　　　　　　　　21 000

　　贷：应缴税费——应缴个人所得税　　　　　　　　　　　　21 000

按规定缴纳职工社会保险费、住房公积金时，作会计分录：

借：应付职工薪酬——社会保险费　　　　　　　　　　　14 000

　　　　　　　　——住房公积金　　　　　　　　　　　15 000

　　贷：财政补助收入　　　　　　　　　　　　　　　　　　29 000

第二节　事业单位的应缴款项

事业单位的应缴款项包括事业单位收取的应当上缴财政预算的资金（如罚没款、赃款和赃物变价款等）和应当上缴财政专户的资金、应缴税费及其他按照国家有关规定应当上缴的款项，事业单位应当严格按照国家规定执行，及时、足额地上缴，不得无故拖欠、截流和坐支。

一、应缴国库款

（一）应缴国库款的确认及管理

事业单位的应缴国库款是指事业单位按规定应缴入国库的款项（应缴税费除外），主要包括事业单位代收的纳入预算管理的基金、行政性收费或规费、罚没款、追回赃款

赃物变价款、无主财物变价款和其他按预算管理规定应上缴预算的款项。单位取得应缴财政款后，应在规定的时限内及时足额上缴解缴入国库，各单位不得擅自拖欠不交或分成、截留、提留、坐支。

（二）应缴国库款的核算

应缴国库款属负债类科目。贷方登记应缴国库款的增加数，借方登记应缴入国库款的上缴数或减少数，贷方余额表示应缴入国库款的应缴未缴数。期末贷方余额，反映事业单位应缴入国库但尚未缴纳的款项。"应缴国库款"科目应当按照应缴国库的各款项类别进行明细核算。

（1）按规定计算确定或实际取得应缴国库的款项时，作会计分录：

借：银行存款

　　贷：应缴国库款

（2）事业单位处置资产取得的应上缴国库的处置净收入通过"待处置资产损溢——处置净收入"科目核算。

（3）上缴款项时，作会计分录：

借：应缴国库款

　　贷：银行存款

二、应缴财政专户款

应缴财政专户款是指事业单位按规定应缴入财政专户的款项。

应缴财政专户款属负债类科目，贷方登记收到应缴入财政专户资金的实际发生数，借方登记已上缴财政专户的资金。期末贷方余额，反映事业单位应缴入财政专户但尚未缴纳的款项。"应缴财政专户款"科目应当按照应缴财政专户的各款项类别进行明细核算。

取得应缴财政专户的款项时，作会计分录：

借：银行存款等

　　贷：应缴财政专户款

上缴款项时，作相反分录。

三、应缴税费

应缴税费是指事业单位按照税法等规定计算应缴纳的各种税费，包括营业税、增值税、城市维护建设税、教育费附加、车船税、房产税、城镇土地使用税、企业所得税，以及事业单位代扣代缴的个人所得税等。事业单位应缴纳的印花税不需要预提应缴税费，直接通过支出等有关科目核算，不在"应缴税费"科目核算。单位一般在月份终了计算应缴纳的税金。

应缴税费属负债类科目，贷方登记应缴纳的各种税金，借方登记已缴纳的各种税金。期末借方余额，反映事业单位多缴纳的税费金额；期末贷方余额，反映事业单位应缴未缴的税费金额。"应缴税费"科目应当按照应缴纳的税费种类进行明细核算。

（一）应缴增值税

属于增值税一般纳税人的事业单位，其应缴增值税明细账中应设置"进项税额"

"已交税金""销项税额""进项税额转出"等专栏。

（1）购货时，以增值税专用发票上的价、税分别计入购货成本和进项税额，作会计分录：

借：存货——材料（不含税价）

应缴税费——应缴增值税（进项税额）（增值税额）

贷：银行存款、应付账款（含税价）

（2）销售产品或提供劳务，取得经营收入时，作会计分录：

借：银行存款、应收账款、应收票据等（含税价）

贷：经营收入（不含税价）

应缴税费——应缴增值税（销项税额）（增值税额）

发生销货退回，不论是否属于本年度的销售，均应冲减本期经营收入，作相反会计记录。

（3）事业单位缴纳增值税时，以销项税额与进项税额的差额，作会计分录：

借：应缴税费——应缴增值税（已交税金）

贷：银行存款

（4）出口货物向税务机关办理出口退税，退回税金用于抵扣出口货物的进项税额时，作会计分录：

借：银行存款

贷：应缴税费——应交增值税（出口退税）

（二）应缴各种销售税及其附加

销售税包括营业税、城市维护建设税、资源税和教育费附加等，例如按照出售不动产计算应缴的税费，作会计分录：

借：待处置资产损溢——处置净收入

贷：应缴税费

（三）应缴所得税

事业单位将"事业结余""经营结余"转入"非财政补助结余分配"时，按税法规定应该计算应缴企业所得税，作会计分录：

借：非财政补助结余分配

贷：应缴税费——应缴企业所得税

事业单位计算应代扣代缴的个人所得税，作会计分录：

借：应付职工薪酬

贷：应缴税费——应缴个人所得税

（四）应缴房产税等其他税种

事业单位发生房产税、城镇土地使用税、车船税纳税义务的，应在"应缴税费"科目下分别按具体税种进行明细核算。按计税依据计算出应缴纳的税金时，作会计分录：

借：事业支出、经营支出

贷：应缴税费——房产税、城镇土地使用税、车船税

（五）实际缴纳有关税金的核算

借：应缴税费——××税

　　事业支出、经营支出——印花税

　　贷：银行存款

第三节　事业单位的借入款项

事业单位的借入款项是指事业单位从财政部门、上级主管部门、金融机构借入的有偿使用的款项，包括短期借款和长期借款两种，一般不预计利息支出；实际支付利息时，计入当期其他支出。

一、短期借款

短期借款是指事业单位借入的期限在1年内（含1年）的各种借款，属于流动负债。

短期借款属负债类科目。贷方登记借入款项的增加数，借方登记借入款项减少的本金数，期末贷方余额，反映事业单位尚未偿还的短期借款本金。"短期借款"科目应当按照贷款单位和贷款种类进行明细核算。

（1）借入各种短期借款时，按照实际借入的金额，作会计分录：

借：银行存款

　　贷：短期借款

（2）银行承兑汇票到期，本单位无力支付票款的，按照银行承兑汇票的票面金额，作会计分录：

借：应付票据

　　贷：短期借款

（3）归还本金、支付借款利息时，作会计分录：

借：短期借款

　　其他支出

　　贷：银行存款

二、长期借款

长期借款是指事业单位借入的期限超过1年（不含1年）的各种借款，属于非流动负债。

长期借款属负债类科目，贷方登记借入款项的增加数，借方登记借入款项减少的本金数。期末贷方余额，反映事业单位尚未偿还的长期借款本金。"长期借款"科目应当按照贷款单位和贷款种类进行明细核算。对于基建项目借款，还应按具体项目进行明细核算。

（1）事业单位借入各项长期借款时，按实际借入的金额，作会计分录：

借：银行存款

贷：长期借款

（2）归还本金、支付借款利息时：

①为购建固定资产支付的专门借款利息，分别按以下情况处理：

属于工程项目建设期间支付的，计入工程成本，按照支付的利息，作会计分录：

借：在建工程

  贷：非流动资产基金——在建工程

借：其他支出

  贷：银行存款

属于工程项目完工交付使用后支付的，计入当期支出但不计入工程成本，按照支付的利息，作会计分录：

借：其他支出

  贷：银行存款

②其他长期借款利息，按照支付的利息金额，作会计分录：

借：其他支出

  贷：银行存款

（3）归还长期借款时，作会计分录：

借：长期借款

  贷：银行存款

三、长期应付款

长期应付款是指事业单位发生的偿还期限超过1年（不含1年）的应付款项，如以融资租赁租入固定资产的租赁费、跨年度分期付款购入固定资产的价款等。

长期应付款属负债类科目，贷方登记发生的长期应付款，借方登记长期应付款的归还数。期末贷方余额，反映事业单位尚未支付的各种长期应付款。"长期应付款"科目应当按照长期应付款类别以及债权单位（或个人）进行明细核算。

（1）事业单位发生长期应付款时，作会计分录：

借：固定资产、在建工程等

  贷：长期应付款、非流动资产基金等

（2）支付长期应付款时，作会计分录：

借：事业支出、经营支出等

  贷：银行存款等

同时，作会计分录：

借：长期应付款

  贷：非流动资产基金

（3）当长期应付款无法偿付或债权人豁免偿还的长期应付款，作会计分录：

借：长期应付款

  贷：其他收入

思考与练习题

某事业单位 11 月发生如下会计事项，要求据此编制会计分录：

1. 购货时，以增值税专用发票上的价格为 1 000 000 元、增值税进项税额 170 000 元，开具商业汇票，10 日后用银行存款付款。

2. 为某企业提供经营性劳务，收到银行存款 5 000 元，其中按 11% 计算的应缴增值税 550 元。

3. 按国家有关规定，代政府收取行政管理性收费 2 000 元，款项存入银行。

4. 将代政府收取行政管理性收费 2 000 元上缴财政。

5. 用银行存款将在处置资产取得的收入扣除发生的相关费用后的净收入为 3 000 元上缴国库。

6. 开户银行收到存款，按规定属于应该上缴财政专户的资金 1 300 元。

7. 出售不动产，计算应该缴纳的营业税税额 7 600 元。

8. 按税法规定计算应缴企业所得税 20 000 元。

9. 用银行存款上缴营业税 7 600 元、企业所得税 20 000 元。

10. 从银行借入期限为 2 年的借款 5 000 000 元。

11. 签发的 6 个月银行承兑汇票到期，本单位无力支付票款，汇票票面金额 600 000 元。

12. 计算本月应发职工工资总额 800 000 元，其中基本工资 450 000 元、离退休费 130 000 元，津贴补贴 220 000 元。有关扣款如下：住房公积金 64 000 元，职工养老保险缴费 60 000 元；个人所得税 76 000 元。实际发放工资补贴等由财政直接支付。

13. 按税法规定计算应缴纳的车船税 30 000 元。

14. 用银行存款缴纳印花税 10 000 元、车船税 30 000 元。

15. 在工程项目建设期间，支付 5 年期工程建设项目借款的利息 40 000 元。

16. 3 年期研发项目借款 3 600 000 元到期还本付息，利息 100 000 元。

17. 经确认，长期应付款 200 000 元、其他应付款 3 000 元无法偿付或债权人予以豁免偿还。

18. 变价出售设备，设备处置净收入 60 000 元，按规定应该上缴国库。

第十五章

事业单位的收支

第一节　事业单位收支的管理

一、事业单位收支的划分

事业单位的收入是指开展业务活动依法取得的非偿还性资金，包括财政补助收入、上级补助收入、事业收入、经营收入、附属单位缴款、其他收入和基本建设拨款收入等。

事业单位的支出是指事业单位为开展业务活动和其他活动所发生的各项资金耗费及损失、上下级的调拨支出以及用于基本建设项目的开支，包括事业支出、经营支出、对附属单位补助、上缴上级支出、基本建设支出等。

事业单位实行收支统管，即事业单位所有的收支活动都必须归口到单位财务部门，实行统一核算、统一管理，事业单位要规范银行开户，一般而言，事业单位只能开设一个基本账户。

二、事业单位收入的确认与计量

事业单位收入具有非偿还性，即事业单位取得的各项收入是不需要偿还的，可以安排用于开展业务活动及其他活动。事业单位取得的需要偿还的资金应作为"负债"，而不能作为单位的收入处理。

（1）事业单位的收入一般应当在收到款项时予以确认，并按照实际收到的金额进行计量。

（2）采用权责发生制确认的收入，应当在提供服务或者发出存货，同时收讫价款或者取得索取价款的凭据时予以确认，并按照实际收到的金额或者有关凭据注明的金额进行计量；没有凭证可供确认的，参照其市场价格确定。

（3）事业收入一般应按实际收到的价款予以确认；一般纳税人按实收价款扣除销项税额后予以确认；从财政专户获取的资金应该按实际收到的拨款数予以确认或按核定留用比例计算的留用数额确认收入。

（4）财政补助收入、上级补助收入、拨入专款、附属单位缴款、其他收入等，应当在收到款项予以确认。

（5）对于长期项目的收入，应当根据年度完成进度予以确认。当事业单位取得的收入为实物时，应根据有关凭证确认其价值。

三、事业单位收入的特征

1. 依法筹资，确立"大收入"的概念

为改变过去那种单纯反映预算拨款及其支出的传统单位预算管理体系，建立一个能够全面反映单位财务收支活动的新型单位预算管理体系奠定了基础，有利于转换事业单位运行机制，增强事业单位自我发展能力，有利于事业单位统筹安排各项资金，堵塞财务管理上的漏洞，有利于缓解财政资金供需矛盾，减轻财政压力。

事业单位取得收入，必须符合国家有关法律、法规和规章的规定。比如，事业单位必须按照国家有关规定，经过法定程序报批后，方可取得财政补助收入。经营收入的获取也应该按照国家有关规定办理。事业单位要依法办事，保证收入的合法性与合理性，各种收费项目和收费标准必须按规定程序报经国家有关部门批准，对各种收入要取之得当、用之合理，严禁乱收、滥用。各部门、单位在组织收入时，属于行政事业性收费的，要使用省以上（含省）财政部门统一监制的票据。

2. 事业单位收入多元化，依法缴纳税费

事业单位一般不直接从事物质资料生产、交通运输和商品流通的活动，主要任务是围绕党和政府确定的事业发展方针，在精神生产领域组织和开展各项业务活动，需要从财政部门或上级获得补助收入，按国家规定发挥业务优势开展有偿服务活动和生产经营活动获得收入，予以补偿开展非物资生产业务活动的费用消耗。在市场经济条件下，事业单位组织各项收入要按市场经济规律办事，讲求绩效，要充分利用现有条件积极组织收入，有条件的事业单位要按市场经济的客观要求，充分利用现有人、财、物等资源和设备，拓宽服务领域，扩大财源，提高经费自给率，增强自我发展能力。事业单位开展各种组织收入的活动，必须将社会效益放在首位，不能片面追求经济效益，必须有利于事业的发展，有利于丰富人民群众的物质文化生活，有利于社会主义精神文明建设，将社会效益和经济效益有机结合起来。

事业单位收入具有多元化特征，需要正确划分收入，依法缴纳各种税费。事业单位应对事业收入与经营收入、应上缴财政专户资金进行划分。各事业单位根据国家的有关规定和本单位的实际情况，按收入项目提出初步意见，经主管部门审核后报财政部门审批。其中按规定应上缴国库的款项要及时上缴国库，应上缴财政专户的款项要及时上缴财政专户，不能直接作为事业收入处理。对经营服务性收入，应使用税务发票，依法缴纳各项税费。

四、事业单位支出的管理要求

1. 遵守财经纪律，严格执行开支范围和标准

国家颁布的各项财政、财务制度，是支出管理的行为规范，是事业单位安排支出遵循的标准，各事业单位必须认真贯彻执行，不得违反。国家对各项开支范围和开支标准有严格规定的，事业单位应该遵照执行，不得任意扩大或提高；国家没有统一规定开支范围和开支标准的，各事业单位应根据本单位的实际情况做出相应的规定，并报经主管

部门和财政部门备案。严禁安排违反有关制度规定的支出，如有发生，应责令限期改正。

2. 合理使用资金，提高资金使用效率

为了合理使用资金，事业单位对于发生的各项开支应编制支出计划或预算，严格对开支进行管理和控制，对各项开支做到心中有数。在合理使用资金的同时，最大限度地提高资金使用效率，尤其要严格控制社会集团购买力（即单位在市场上购买公用消费性商品的资金），严格遵守国家下达的社会集团购买力控制指标，严防超预算或超计划的不必要支出。

3. 划清各项支出界限，按规定渠道办理支出

事业单位的各种资金有其不同的来源，应当根据其资金来源的性质对口安排使用支出。事业单位要严格按照资金的性质合理、有效地安排支出，保证各项事业的顺利完成。事业单位在安排支出时，要严格划清事业支出与经营支出的界限、本单位支出与上缴上级支出和对附属单位补助支出的界限、个人支出与单位支出的界限等。

事业单位支出有维持性的支出，也有发展性的支出；有行政性的支出，也有专业业务性的支出。事业单位在统筹兼顾的前提下要优先安排各种重点项目、急需项目的资金需求，加强对支出分类的管理，严格区分基本支出和项目支出，科学合理地分配、安排各项支出，提高资金的使用效率。

第二节　事业单位的收入

一、财政补助收入

（一）财政补助收入的科目设置

财政补助收入是指事业单位从同级财政部门取得的各类财政拨款，包括基本支出补助和项目支出补助，但不包括国家对事业单位的基本建设投资。基本建设拨款收入是指国家投资于事业单位用于固定资产新建、改扩建工程的拨款，基本建设拨款收入与支出的财务会计核算按有关制度执行，单独核算。如果收到预拨下年度经费，先作为"其他应付款"核算，下年度再转为收入。

财政补助收入属收入类科目，贷方登记拨入的预算经费数，借方登记缴回经费数和结转数，平时余额在贷方，反映财政补助收入累计数。期末，将"财政补助收入"科目的贷方余额转入"财政补助结转"科目后，"财政补助收入"科目应无余额。

"财政补助收入"科目应当设置"基本支出"和"项目支出"两个明细科目；两个明细科目下按照《政府收支分类科目》中"支出功能分类"的相关科目进行明细核算；同时在"基本支出"明细科目下按照"人员经费"和"日常公用经费"进行明细核算，在"项目支出"明细科目下按照具体项目进行明细核算。

（二）财政补助收入的主要账务处理

（1）财政直接支付方式下，对财政直接支付的支出，事业单位根据财政国库支付执行机构委托代理银行转来的《财政直接支付入账通知书》及原始凭证，按照通知书

中的直接支付入账金额，作会计分录：

借：有关科目

贷：财政补助收入——基本支出或项目支出

年终，根据本年度财政直接支付预算指标数与当年财政直接支付实际支出数的差额，作会计分录：

借：财政应返还额度——财政直接支付

贷：财政补助收入——基本支出或项目支出

（2）财政授权支付方式下，事业单位根据代理银行转来的《授权支付到账通知书》，按照通知书中的授权支付额度，作会计分录：

借：零余额账户用款额度

贷：财政补助收入——基本支出或项目支出

年终，事业单位本年度财政授权支付预算指标数大于零余额账户用款额度下达数的，根据未下达的用款额度，作会计分录：

借：财政应返还额度——财政授权支付

贷：财政补助收入——基本支出或项目支出

（3）其他方式下，实际收到财政补助收入时，按照实际收到的金额，作会计分录：

借：银行存款等

贷：财政补助收入——基本支出或项目支出

（4）因购货退回等发生国库直接支付款项退回的，属于以前年度支付的款项，按照退回金额，作会计分录：

借：财政应返还额度

贷：财政补助结转、财政补助结余、存货等

属于本年度支付的款项，按照退回金额，作会计分录：

借：财政补助收入——基本支出或项目支出

贷：事业支出、存货等

二、上下级收入

（一）上级补助收入

上级补助收入是指事业单位从主管部门和上级单位取得的非财政补助收入，其资金来自事业单位的主管或上级单位自身组织的收入和集中下级单位的收入，而不是财政资金。财政部门从主管部门和上级单位取得的事业经费，只能计入财政补助收入，不能作为上级补助收入处理。

上级补助收入属收入类科目，贷方登记收到补助的金额，借方登记缴回的补助款以及转拨的补助款，平时余额在贷方，表示拨入补助款与转拨补助款的差额。期末，将"上级补助收入"科目的贷方余额全部转入"事业结余"和"非财政补助结转"科目后，"上级补助收入"科目应无余额。

"上级补助收入"科目应当按照发放补助单位、补助项目、《政府收支分类科目》中"支出功能分类"相关科目等进行明细核算。上级补助收入中如有专项资金收入，还应按具体项目进行明细核算。

（二）附属单位缴款

附属单位缴款是指事业单位附属独立核算单位按照有关规定上缴的收入，包括附属的事业单位上缴的收入和附属的企业上缴的利润等。附属单位补偿事业单位在支出中垫支的各种费用，应当相应冲减支出，不能作为上缴收入处理。

事业单位在日常核算时要严格区分"上级补助收入"和"财政补助收入"两者之间的界限。前者是事业单位的主管部门或上级单位用自身组织的收入和集中下级单位的收入拨给事业单位的补助资金，是事业单位取得的财政补助收入之外的收入；后者是财政部门拨付的或者按照预算级次通过主管部门和上级单位转拨给事业单位的预算经费。

附属单位上缴收入属收入类科目。贷方登记附属单位缴款增加数，借方登记附属单位缴款减少退回数以及转销数，平时余额在贷方，反映所属单位缴款的累计数。期末，将"附属单位上缴收入"科目的贷方余额全部转入"事业结余"和"非财政补助结转"科目后，"附属单位上缴收入"科目应无余额。

"附属单位上缴收入"科目应当按照附属单位、缴款项目、《政府收支分类科目》中"支出功能分类"相关科目等进行明细核算。附属单位上缴收入中如有专项资金收入，还应按具体项目进行明细核算。

（三）上级补助收入、附属单位上缴收入的核算

事业单位收到主管部门或上级单位拨入的补助款或下级缴纳的款项时，作会计分录：

　　借：银行存款等
　　　　贷：上级补助收入、附属单位上缴收入

缴回时，作相反的会计分录。

三、事业收入

（一）事业收入的科目设置

事业收入是指事业单位开展专业业务活动及其辅助活动取得的收入。其主要包括：一是主营业务活动和辅助活动取得的收入。主营业务活动是指事业单位根据本单位专业特点所从事或开展的主要业务活动；辅助活动是指与专业业务活动相关、直接为专业业务活动服务的行政管理活动、后勤服务活动及其他有关活动。二是按有关规定从财政专户核拨的资金和部分经核准不上缴财政专户管理的预算资金。按规定应当上缴国库和财政专户的资金在收取时不计入事业收入，而应被作为负债类的应缴款有关科目。事业收入只能用于弥补财政补助收入和上级补助收入在开展专业业务活动及其辅助活动方面的资金不足，不得用于经营活动。

事业收入属收入类科目，贷方登记事业收入的增加数，借方登记事业收入的减少数、冲销数和结转数，平时余额在贷方，反映当年事业收入累计数。期末，将"事业收入"科目的贷方余额全部转入"非财政补助结转"和"事业结余"科目后，"事业收入"科目应无余额。本科目应当按照事业收入类别、项目、《政府收支分类科目》中"支出功能分类"相关科目等进行明细核算。事业收入中如有专项资金收入，还应按具

体项目进行明细核算。

（二）事业收入的核算

1. 采用财政专户返还方式管理的事业收入的核算

（1）收到应上缴财政专户的事业收入时，按照收到的款项金额，作会计分录：

借：银行存款、库存现金等

　　贷：应缴财政专户款

（2）向财政专户上缴款项时，按照实际上缴的款项金额，作会计分录：

借：应缴财政专户款

　　贷：银行存款等

（3）收到从财政专户返还的事业收入时，按照实际收到的返还金额，作会计分录：

借：银行存款等

　　贷：事业收入

2. 其他事业收入的核算

收到事业收入时，按照收到的款项金额，作会计分录：

借：银行存款、库存现金等

　　贷：事业收入

涉及增值税业务的，相关账务处理参照"经营收入"科目。

四、其他收入

其他收入是指事业单位除财政补助收入、事业收入、上级补助收入、附属单位上缴收入、经营收入以外的各项收入，包括投资收益、银行存款利息收入、租金收入、捐赠收入、现金盘盈收入、存货盘盈收入、收回已核销应收及预付款项、无法偿付的应付及预收款项等。

其他收入属收入类科目，贷方登记各项其他收入发生额，借方登记退回数和年终结转数，平时余额在贷方，反映当年其他收入累计数。期末，将"其他收入"的贷方余额转入"事业结余""非财政补助结转"科目后，"其他收入"科目应无余额。

"其他收入"科目应当按照其他收入的类别、《政府收支分类科目》中"支出功能分类"相关科目等进行明细核算。对于事业单位对外投资实现的投资净损益，应单设"投资收益"明细科目进行核算；其他收入中如有专项资金收入（如限定用途的捐赠收入），还应按具体项目进行明细核算。

（1）收到银行存款利息、资产承租人支付租金获取收入、对外投资持有期间收到利息或利润等、接受捐赠现金资产，按实际收到的金额，作会计分录：

借：银行存款等

　　贷：其他收入——投资收益

出售或到期收回国债投资本息，当实收金额小于投资成本时，作会计分录：

借：银行存款等（实收金额）

　　其他收入——投资收益（差额）

　　贷：短期投资、长期投资（出售或收回国债投资的成本）

出售或到期收回国债投资本息，当实收金额大于投资成本时，作会计分录：

借：银行存款等（实收金额）

　　贷：短期投资、长期投资（出售或收回国债投资的成本）

　　　　其他收入——投资收益（差额）

接受捐赠的存货验收入库时，作会计分录：

借：存货（确定的成本）

　　贷：银行存款等（相关税费、运输费等）

　　　　其他收入（差额）

接受捐赠固定资产、无形资产等非流动资产，不通过"其他收入"科目核算。

（2）现金及存货盘盈收入的核算。

①每日现金账款核对中如发现现金溢余，属于无法查明原因的部分，作会计分录：

借：库存现金

　　贷：其他收入

②盘盈的存货，按照确定的入账价值，作会计分录：

借：存货

　　贷：其他收入

（3）已核销应收账款、预付账款、其他应收款在以后期间收回的，按实际收回的金额，作会计分录：

借：银行存款等

　　贷：其他收入

（4）无法偿付或债权人豁免偿还的应付账款、预收账款、其他应付款及长期应付款，作会计分录：

借：应付账款、预收账款、其他应付款、长期应付款等

　　贷：其他收入

五、期末收入科目结转

（1）期末将"财政补助收入"科目本期发生额转入财政补助结转，结账后"财政补助收入"科目应无余额。结账时，作会计分录：

借：财政补助收入

　　贷：财政补助结转

（2）期末，将"事业收入""其他收入""上级补助收入""附属单位上缴收入"科目本期发生额中的专项资金收入结转入非财政补助结转，作会计分录：

借：事业收入、其他收入、上级补助收入、附属单位上缴收入——各专项资金收入

　　贷：非财政补助结转

期末，将"事业收入""其他收入""上级补助收入""附属单位上缴收入"科目本期发生额中的非专项资金收入结转入事业结余，作会计分录：

借：事业收入、其他收入、上级补助收入、附属单位上缴收入——各非专项资金收入

　　贷：事业结余

第三节　事业单位的耗费性支出

事业单位的耗费性支出是指事业单位在开展业务活动过程中实际消耗资金所形成的费用开支。

一、事业支出

事业支出是指事业单位开展专业业务活动及其辅助活动发生的基本支出和项目支出。

事业支出属支出类科目，借方登记支出增加数，贷方登记当年支出收回数和年终转账冲销数。平时余额在借方，反映单位当年事业支出实际累计数。年终，将"事业支出"科目本期发生额分别转入"财政补助结转""非财政补助结转""事业结余"科目后，"事业支出"科目应无余额。

事业单位的"事业支出"科目下应当按照"基本支出""项目支出""财政补助支出""非财政专项资金支出""其他资金支出"等层级进行明细核算，并按照《政府收支分类科目》中"支出功能分类"相关科目进行明细核算；"基本支出"和"项目支出"明细科目下应当按照《政府收支分类科目》中"支出经济分类"的款级科目进行明细核算；同时在"项目支出"明细科目下按照具体项目进行明细核算。

（1）开展专业业务活动及其辅助活动中发生的各项支出，包括计提的薪酬、领用的存货以及其他各项支出，作会计分录：

借：事业支出
　　贷：应付职工薪酬
　　　　存货
　　　　库存现金、银行存款、零余额账户用款额度、财政补助收入等

（2）期末，将"事业支出"科目本期发生额办理结转。

①将"事业支出——财政补助支出"科目本期发生额结转，作会计分录：

借：财政补助结转——基本支出结转、项目支出结转
　　贷：事业支出——财政补助支出——基本支出、项目支出
或　　　事业支出——基本支出、项目支出——财政补助支出

②将"事业支出——非财政专项资金支出"科目本期发生额结转入"非财政补助结转"科目，作会计分录：

借：非财政补助结转
　　贷：事业支出——非财政专项资金支出
或　　　事业支出——项目支出——非财政专项资金支出

③将"事业支出——其他资金支出"科目本期发生额结转入"事业结余"科目，作会计分录：

借：事业结余
　　贷：事业支出——其他资金支出

或　　　　　事业支出——基本支出、项目支出——其他资金支出

二、其他支出

其他支出是指事业单位除事业支出、上缴上级支出、对附属单位补助支出、经营支出以外的各项支出，包括利息支出、捐赠支出、现金盘亏损失、资产处置损失、接受捐赠（调入）非流动资产发生的税费支出等。

"其他支出"科目应当按照其他支出的类别、《政府收支分类科目》中"支出功能分类"相关科目等进行明细核算。其他支出中如有专项资金支出，还应按具体项目进行明细核算。

（1）支付银行借款利息、对外捐赠现金时，作会计分录：

借：其他支出

　　贷：银行存款

（2）对外捐出存货，作会计分录：

借：其他支出

　　贷：待处置资产损溢

对外捐赠固定资产、无形资产等非流动资产，不通过"其他支出"科目核算。

（3）现金盘亏损失和资产处置损失核销的核算：

①每日现金账款核对中如发现现金短缺，属于无法查明原因的部分，报经批准后，作会计分录：

借：其他支出

　　贷：库存现金

②报经批准核销应收及预付款项、处置存货，作会计分录：

借：其他支出

　　贷：待处置资产损溢

（4）接受捐赠、无偿调入非流动资产发生的相关税费、运输费等，作会计分录：

借：其他支出

　　贷：银行存款等

以固定资产、无形资产取得长期股权投资，所发生的相关税费记入"其他支出"科目，具体账务处理参见"长期投资"科目。

（5）期末结账。

①将"其他支出"科目本期发生额中的专项资金支出结转入非财政补助结转，作会计分录：

借：非财政补助结转

　　贷：其他支出——各专项资金支出

②将"其他支出"科目本期发生额中的非专项资金支出结转入事业结余，作会计分录：

借：事业结余

　　贷：其他支出——各非专项资金支出

期末结账后，"其他支出"科目应无余额。

三、上下级调拨支出

上缴上级支出是指事业单位按照财政部门和主管部门的规定上缴上级单位的支出；对附属单位补助支出是指事业单位用财政补助收入之外的收入对附属单位补助发生的支出。"上缴上级支出"和"对附属单位补助支出"科目应当按照收缴款项或接受补助单位、缴款或补助项目、《政府收支分类科目》中"支出功能分类"相关科目等进行明细核算。

（1）按规定将款项上缴上级单位的，按照实际上缴的金额，发生对附属单位补助支出的，按照实际支出的金额，作会计分录：

借：上缴上级支出、对附属单位补助支出

贷：银行存款等

（2）期末，将"上缴上级支出""对附属单位补助支出"科目本期发生额转入事业结余，作会计分录：

借：事业结余

贷：上缴上级支出、对附属单位补助支出

期末结账后，"上缴上级支出""对附属单位补助支出"科目应无余额。

第四节　事业单位的经营收支

一、经营收入

1. 经营收入的范围

经营收入是指事业单位在专业业务活动及其辅助活动之外开展非独立核算经营活动取得的收入，如科研单位的产品（商品）销售收入、经营服务收入、工程承包收入、租赁收入、其他经营收入等。事业单位经营收入必须同时具备以下特征：一是经营活动取得的收入；二是非独立核算的经营活动取得的收入。比如，学校的车队、食堂等后勤单位的财务不实行独立核算，其对社会服务取得的收支报由学校集中进行会计核算，这部分收支应当作为经营收支处理。但学校校办企业要单独设置财会机构或配备财会人员，单独设置账目，单独计算盈亏，属于独立核算的经营活动，校办企业将纯收入的一部分上缴学校，学校收到后应当作为附属单位上缴收入处理，而不能作为经营收入处理。

事业单位应将单位非独立核算经营活动的全部收入（毛收入）而非纯收入纳入单位预算，统一核算、统一管理，以便全面反映经营收入状况，对经营活动全过程实行有效的财务管理。但经营收入按毛收入核算有一定弊端，因为事业单位大部分经营活动都需要进行独立核算，执行企业财务制度，其上缴事业单位的纯收入并不纳入经营收入核算，而是作为"附属单位缴款"处理，只有一些规模较小、不便或无法独立核算的经营活动，其收支活动与主办单位的整个活动在核算上没有完全分开的收入才纳入经营收入，致使经营收支的反映具有不完全性。

2. 经营收入的核算

经营收入属收入类科目，贷方登记实现的生产经营业务销售收入，借方登记发生销售退回时冲减的收入数、发生销售折让和折扣而冲减的收入数以及年终结转到"经营结余"科目的数额。平时余额在贷方反映经营收入的实际累计数。期末，将"经营收入"科目本期发生额全数转入"经营结余"科目后，"经营收入"科目应无余额。

"经营收入"科目应当按照经营活动类别、项目、《政府收支分类科目》中"支出功能分类"相关科目等进行明细核算。

（1）一般事业单位实现经营收入时，按照实际收到或应收的金额，作会计分录：

借：银行存款、应收账款、应收票据等

　　贷：经营收入

发生经营收入退回则作相反的会计分录。

属于增值税小规模纳税人的事业单位实现经营收入，作会计分录：

借：银行存款、应收账款、应收票据等（含税价）

　　贷：经营收入（不含税价）

　　　　应缴税费——应缴增值税（增值税金额）

属于增值税一般纳税人的事业单位实现经营收入，作会计分录：

借：银行存款、应收账款、应收票据等（含税价）

　　贷：经营收入（不含税价）

　　　　应缴税费——应交增值税（销项税额）（增值税金额）

（2）发生销货退回，不论是否属于本年度销售的，都冲减经营收入，作会计分录：

借：经营收入（不含税价）

　　应缴税费——应交增值税（销项税额）（增值税金额）

　　贷：银行存款等（含税价）

二、经营支出

经营支出是指事业单位在专业业务活动及其辅助活动之外开展非独立核算经营活动发生的支出。

经营支出属支出类科目，借方登记经营支出发生数，贷方登记支出收回数和年终冲销数。平时余额在借方，反映经营支出的实际累计数。期末，将"经营支出"科目本期发生额全数转入"经营结余"科目后，"经营支出"科目应无余额。

"经营支出"科目应当按照经营活动类别、项目、《政府收支分类科目》中"支出功能分类"相关科目等进行明细核算。

事业单位开展非独立核算经营活动的，应当正确归集开展经营活动发生的各项费用数；无法直接归集的，应按规定标准或比例合理分摊。事业单位的经营支出与经营收入应当配比。

事业单位发生各项经营支出，包括计提的薪酬、领用或发出的存货以及其他各项支出，作会计分录：

借：经营支出
　　贷：应付职工薪酬等
　　　　存货
　　　　库存现金、银行存款、应缴税费等

三、经营收入和经营支出的年终结转

期末将"经营收入""经营支出"科目本期发生额转入经营结余，作会计分录：
借：经营收入
　　贷：经营结余
借：经营结余
　　贷：经营支出

思考与练习题

某事业单位 12 月发生如下会计事项，要求据此编制会计分录：

1. 收到开户银行通知，上级转拨的财政拨入事业补助经费 700 000 元。
2. 缴回上级单位 5 天前错拨的甲项目非财政补助资金 100 000 元。
3. 开户银行通知收到经营性收入 7 000 元，附属单位上缴 23 000 元款项。
4. 用银行存款归还 2 年期银行贷款，本金 1 000 000 元，借款利息 120 000 元。
5. 存款开户银行收到科技成果项目转让收入 360 000 元。
6. 计算应该缴纳的房产税 20 000 元。
7. 工程项目建设完工已经交付使用，支付 5 年期借款的利息 30 000 元。
8. 购买的办公设备到货并验收合格，按规定程序实行财政直接支付，代理银行"财政直接支付支出单"通知已支付价款 180 000 元。
9. 5 年期研发项目借款 3 600 000 元到期还本付息，利息 100 000 元。
10. 开户银行提供收款凭证，收到上级拨来的补助收入 900 000 元。
11. 开户银行收到附属单位交来的分成收入 330 000 元。
12. 变价出售设备，设备原购买成本 180 000 元，已计提折旧 70 000 元，用银行存款收到处置变价款 54 000 元，支付发生的清理费用 4 000 元，设备处置净收入为 50 000 元，按规定应该上缴国库。
13. 用银行存款购买短期国债，实际支出价款 360 000 元。
14. 购买的短期国债 360 000 元到期收回本息 410 000 元。
15. 出售 2 年前购置的股权本金 200 000 元，售价款 300 000 元，发生相关税费 30 000 元，其中印花税 300 元，所得税按 25% 计算为 25 000 元，佣金 200 元。
16. 购入专利一项，签发支付凭证通知代理行支付价款 260 000 元，依据代理银行转来的"财政授权支付通知单"记账。
17. 年终将"财政补助收入"科目全年发生额 1 500 000 元办理年终结转账项。
18. 年终计算实行国库集中收付制度的财政补助收入结余资金，本年度财政直接支

付预算指标数与当年财政直接支付实际数的差额为 80 000 元，其中基本支出 30 000 元。

19. 年终将"附属单位上缴收入"科目全年发生额 1 500 000 元办理年终结转账项，其中专项资金收入 500 000 元。

20. 年终将"经营支出"科目全年发生额 800 000 元办理年终结转账项。

第十六章

事业单位的净资产

事业单位净资产是资产减去负债的差额，包括事业基金、非流动资产基金、专用基金、财政补助结转、财政补助结余、非财政补助结转、事业结余、经营结余和非财政补助结余分配等，大体概括为基金和结转结余两大类。

第一节　结转结余的划分

一、结转结余的确认

结转结余是指事业单位年度收入与支出相抵后的余额。其中，结转资金是指当年预算已执行但未完成，或者因故未执行，下一年度需要按照原用途继续使用的资金；结余资金是指当年预算工作目标已完成，或者因故终止，当年剩余的资金。结转结余分为财政补助结转结余和非财政补助结转结余（事业结余和经营结余）。

1. 财政补助结转结余

财政补助结转结余是指事业单位各项财政补助收入与其相关的支出相抵后剩余滚存的、须按规定管理和使用的结转和结余资金，分为财政补助结转和财政补助结余两部分。财政补助结转核算事业单位滚存的财政补助结转资金，包括基本支出结转和项目支出结转；财政补助结余核算事业单位滚存的财政补助项目支出结余资金。财政补助结转结余的管理应按同级财政部门的规定执行。

2. 非财政补助结转结余

非财政补助结转结余是指事业单位除财政补助收支以外的各项资金收入与各项支出相抵后的余额，分为非财政补助结转和非财政补助结余两部分。非财政补助结转核算事业单位除财政补助收支以外的各专项资金收入与其相关支出相抵后剩余滚存的、须按规定用途使用的结转资金；非财政补助结余核算事业单位除财政补助收支以外的各非专项资金收入与各非专项资金支出相抵后的余额。

3. 非财政补助结余分配

非财政补助结余分配核算事业单位本年度非财政补助结余分配的情况和结果。非财政补助结余可以按照国家有关规定提取职工福利基金，剩余部分作为事业基金用于弥补以后年度单位收支差额；国家另有规定的，从其规定。

二、财政补助结转

（一）财政补助结转的科目设置

为了核算事业单位滚存的财政补助结转资金的增减情况，事业单位应设置"财政补助结转"科目。财政补助结转属净资产类科目，贷方登记各期结转的财政补助收入，借方登记各期结转的事业支出中的财政补助支出，以及完工项目结转至财政补助结余的资金和按规定上缴财政补助结转资金或注销财政补助结转额度。期末贷方余额，反映事业单位财政补助结转资金数额。

"财政补助结转"科目设置"基本支出结转""项目支出结转"两个明细科目，并在"基本支出结转"明细科目下按照"人员经费""日常公用经费"进行明细核算，在"项目支出结转"明细科目下按照具体项目进行明细核算；"财政补助结转"科目还应按照《政府收支分类科目》中"支出功能分类科目"的相关科目进行明细核算。

以前年度财政补助结转的发生需要调整会计事项，也通过"财政补助结转"科目核算。

（二）财政补助结转的主要账务处理

（1）期末，将财政补助收入结转时，作会计分录：

借：财政补助收入——基本支出、项目支出

　　贷：财政补助结转——基本支出结转、项目支出结转

（2）期末，将事业支出（财政补助支出）结转时，作会计分录：

借：财政补助结转——基本支出结转、项目支出结转

　　贷：事业支出——财政补助支出——基本支出、项目支出

或　　　　　事业支出——基本支出、项目支出——财政补助支出

财政补助收入要用于"基本支出"和"项目支出"两类支出，年末要将财政补助收入与其相关的支出都要转入"财政补助结转"科目，以确认是否存在结余。

"财政补助收入——基本支出"科目余额往往小于其实际支出数，因为财政补助是为了弥补事业单位自己组织的收入难以满足其开展业务活动及其辅助活动的资金需要，不可能产生收入大于支出形成结余。"项目支出"恰恰相反，跨期的项目如果已开始或因故尚未开始，财政对项目拨款数可能大于项目支出数，这部分资金将在以后用于该项目支出，从而将收支相抵后的差额结转至"财政补助结转"科目。

（3）年末，完成上述将财政补助收支结转后，应当对财政补助结转各明细项目执行情况进行分析，按有关规定将符合财政补助结余性质的项目余额转入财政补助结余，作会计分录：

借：财政补助结转——项目支出结转——××项目

　　贷：财政补助结余

对于错转或多转部分进行矫正时作相反的会计分录。

（4）按规定上缴财政补助结转资金或注销财政补助结转额度的，按照实际上缴资金数额或注销的资金额度数额，作会计分录：

借：财政补助结转

　　贷：财政应返还额度、零余额账户用款额度、银行存款等

三、财政补助结余的核算

（一）财政补助结余的科目设置

为了核算事业单位滚存的财政补助项目支出结余资金的增减变化情况，事业单位应设置"财政补助结余"科目。财政补助结余属净资产类科目，贷方登记由"财政补助结转——项目支出结转"科目转入数，借方登记上缴财政补助结余资金或注销财政补助结余额度，期末贷方余额反映事业单位财政补助结余资金数额。"财政补助结余"科目应当按照《政府收支分类科目》中"支出功能分类科目"的相关科目进行明细核算。事业单位发生需要调整以前年度财政补助结余的事项，也通过"财政补助结余"科目核算。

（二）财政补助结余的核算

（1）年末，对财政补助各明细项目执行情况进行分析，按照有关规定将符合财政补助结余性质的项目余额转入财政补助结余，作会计分录：

借：财政补助结转——项目支出结转——××项目

　　贷：财政补助结余

对于错转或多转部分进行矫正时作相反的会计分录。

（2）按规定上缴财政补助结余资金或注销财政补助结余额度的，按照实际上缴资金数额或注销的资金额度数额，作会计分录：

借：财政补助结余

　　贷：财政应返还额度、零余额账户用款额度、银行存款等

取得主管部门归集调入财政补助结余资金或额度的，作相反的会计分录。

第二节　非财政补助结转结余及其分配

一、非财政补助结转结余的科目设置

非财政补助结转是指事业单位除财政补助收支以外的各专项资金收入与其相关支出相抵后剩余滚存的、须按规定用途使用的结转资金。

"非财政补助结转"科目期末贷方余额，反映事业单位非财政补助专项结转资金数额，即事业收入、上级补助收入、附属单位上缴收入和其他收入中的专项资金收入扣除事业支出和其他支出中的非财政专项资金支出后的余额。该余额应区别两种情况进行处理：一是对于未完工项目的非财政专项资金的收支，期末应转入"非财政补助结转"科目；二是对于完工项目的非财政专项资金收支相抵后的剩余资金，除按规定上缴原拨款单位外，留归本单位使用的结转至"事业基金"科目。

其他资金收支和经营活动收支期末应分别结转至"事业结余"和"经营结余"科目，通过"非财政补助结余分配"科目分配后结转至"事业基金"科目。

二、非财政补助结转的核算

为了核算非财政专项资金收入与其相关支出的增减变化及其结转情况，事业单位应设置"非财政补助结转"科目。贷方登记收入取得数，借方登记支出数、完工项目剩余资金按规定缴回拨入单位数或留归本单位使用结转至"事业基金"科目的数额，期末贷方余额反映事业单位非财政补助专项结转资金数额。"非财政补助结转"科目应当按照非财政专项资金的具体项目进行明细核算。事业单位发生需要调整以前年度非财政补助结转的事项，通过"非财政补助结转"科目核算。

（1）期末，将事业收入、上级补助收入、附属单位上缴收入、其他收入本期发生额中的专项资金收入结转入"非财政补助结转"科目，作会计分录：

借：事业收入、上级补助收入、附属单位上缴收入、其他收入——各专项资金收入
　　贷：非财政补助结转

（2）将事业支出、其他支出本期发生额中的非财政专项资金支出结转入"非财政补助结转"科目，作会计分录：

借：非财政补助结转
　　贷：事业支出——非财政专项资金支出（或项目支出——非财政专项
　　　　资金支出）、其他支出——各专项资金支出

（3）年末，完成上述结转后，应当对非财政补助专项结转资金各项目情况进行分析，将已完成项目的项目剩余资金区分以下情况处理：

①已完成项目的项目剩余资金缴回原专项资金拨入单位的，作会计分录：

借：非财政补助结转——××项目
　　贷：银行存款等

②已完成项目的项目剩余资金留归本单位使用的，作会计分录：

借：非财政补助结转——××项目
　　贷：事业基金

三、事业结余的核算

事业结余是指事业单位一定期间除财政补助收支、非财政专项资金收支和经营收支以外各项收支相抵后的余额。

事业结余属净资产类科目，贷方登记相关收入的转入数，借方登记相关支出的转入数。

（1）期末，将有关收支的本期发生额办理结转。

①将事业收入、上级补助收入、附属单位上缴收入、其他收入本期发生额中的非专项资金收入结转入"事业结余"科目，作会计分录：

借：事业收入、上级补助收入、附属单位上缴收入、其他收入——各非专项资金收入
　　贷：事业结余

②将事业支出、其他支出本期发生额中的非财政、非专项资金支出，以及对附属单位补助支出、上缴上级支出的本期发生额结转入"事业结余"科目，作会计分录：

借：事业结余

　　贷：事业支出——其他资金支出（或基本支出、项目支出——其他

　　　　资金支出）、其他支出——各非专项资金支出、对附属单位补助

　　　　支出、上缴上级支出

（2）年末，完成上述有关收支本期发生额结转后，将"事业结余"科目余额结转入"非财政补助结余分配"科目。

"事业结余"科目期末如为贷方余额，反映事业单位自年初至报告期末累计实现的事业结余；如为借方余额，反映事业单位自年初至报告期末累计发生的事业亏损。

"事业结余"科目贷方余额结转时，作会计分录：

借：事业结余

　　贷：非财政补助结余分配

"事业结余"科目借方余额结转时，作相反的会计分录。

年末结账后，"事业结余"科目应无余额。

四、经营结余的核算

经营结余是指事业单位一定期间各项经营收支相抵后余额弥补以前年度经营亏损后的余额。

（1）期末，将经营收支本期发生额结转入"经营结余"科目。

借：经营收入

　　贷：经营结余

借：经营结余

　　贷：经营支出

（2）年末，完成上述结转后，如"经营结余"科目为贷方余额，反映事业单位自年初至报告期末累计实现的经营结余弥补以前年度经营亏损后的经营结余，将"经营结余"科目的贷方余额结转入"非财政补助结余分配"科目，作会计分录：

借：经营结余

　　贷：非财政补助结余分配

如"经营结余"科目为借方余额，反映事业单位截至报告期末累计发生的经营亏损，为经营亏损，不予结转。

年末结账后，"经营结余"科目一般无余额；如为借方结余，反映事业单位累计发生的经营亏损。

五、非财政补助结余分配的核算

"非财政补助结余分配"科目核算事业单位本年度非财政补助结余分配的情况和结果。

（一）非财政补助结余分配的管理要求

1. 如实反映全年收支，正确确定非财政补助结余可分配数额

年终结账前，在分别计算事业结余和经营结余的基础上，正确确定全年非财政补助

结余可分配数额。非财政补助结余分配要严格遵循国家有关规定，可以分配的结余为事业结余和经营结余。非财政补助结转结余不进行结余分配，未完成项目的专项资金结余应结转下年继续用于该项目，已完成项目的专项资金结余应按照拨款人的要求处理，或缴回原拨款单位，或留在事业单位转为事业基金。

2. 合理合规进行非财政补助结余分配

年终，应及时将实现的事业结余和经营结余转入"非财政补助结余分配"科目，应该严格按规定的分配顺序和分配比例进行分配。

（1）应缴所得税。有所得税纳税业务的事业单位，要按照税法的规定，依法计算和缴纳所得税。

（2）提取专用基金。按规定比例从税后结余中计提的职工福利基金。

（3）结转事业基金。将提取职工福利基金后的剩余结余转入事业基金，可用于弥补以后年度的收支差额。

特别需要说明，只有非财政拨款结余可以按照国家有关规定提取职工福利基金，剩余部分作为事业基金。非财政拨款结转按照规定结转下一年度继续使用。

（二）非财政补助结余分配的账务处理

为了核算和监督事业单位当年非财政助结余的分配情况，应设置"非财政补助结余分配"科目。贷方登记年终转入的当年结余数和事业超支的弥补数，借方登记当年结余的分配数和事业超支的结转数。年末，将"非财政补助结余分配"科目余额全数转入"事业基金"科目后，"非财政补助结余分配"科目应无余额。"非财政补助结余分配"账户设置"应缴企业所得税""提取专用基金"等明细账户。

（1）年末，将"事业结余"和"经营结余"科目的贷方余额转入时，作会计分录：

借：事业结余、经营结余

　　贷：非财政补助结余分配

如果"事业结余"科目为借方余额，转入非财政补助结余分配时，作相反的会计记录。

（2）有企业所得税缴纳义务的事业单位计算出应缴纳的企业所得税，作会计分录：

借：非财政补助结余分配——应缴企业所得税

　　贷：应缴税费——应缴企业所得税

（3）按照有关规定提取职工福利基金的，按提取的金额，作会计分录：

借：非财政补助结余分配——提取专用基金

　　贷：专用基金——职工福利基金

（4）年末，按规定完成上述处理后，将"非财政补助结余分配"科目余额结转入事业基金，用于弥补以后年度单位收支差额。

如果"非财政补助结余分配"科目为贷方余额，结转时，作会计分录：

借：非财政补助结余分配——结转事业基金

　　贷：事业基金

如果非财政补助结余分配为借方余额，结转时作相反的会计分录。

第三节　事业单位的基金

一、事业基金的核算

（一）事业基金的功能

事业基金是指事业单位拥有的非限定用途的净资产，主要为非财政补助结余扣除结余分配后滚存的金额，此外，用货币进行长期投资，也影响事业基金增减变化；年末，非财政专项资金的剩余资金留归事业单位使用时，也通过事业基金核算。年终结账后，事业单位发生以前年度会计事项调整或者变更，涉及以前年度非财政补助结余的，一般应直接转入或冲减事业基金。

事业基金如同"蓄水池"，具有平衡预算的功能。如果年度收入大于支出，剩余部分结余可转入事业基金；如果年度支出大于收入，则可以用以前年度的事业基金弥补其差额。事业基金的用途不受特别限制，具有较强的流动性，可直接安排一部分事业基金用于弥补年度收支差额，支持事业活动的开展，也可以补助所属单位，事业基金起着调节单位资金供求平衡的作用。但事业基金不能直接安排各项支出，不得弥补经营亏损，也不得弥补职工福利方面的开支不足。

事业单位应当加强对事业基金的管理，遵循收支平衡的原则，统筹安排、合理使用，支出不得超出基金规模。

（二）事业基金的核算

为了核算和监督事业基金的增减变动及结存情况，事业单位应设置"事业基金"科目。贷方登记事业基金的增加数，借方登记事业基金的减少数。"事业基金科目"期末贷方余额，反映事业单位历年积存的非限定用途净资产的金额。

1. 年末，非财政补助结转、非财政补助结余分配转入形成的事业基金的核算

（1）年末，将"非财政补助结余分配"科目贷方余额转入事业基金，作会计分录：

借：非财政补助结余分配

　　贷：事业基金

如果"非财政补助结余分配"科目为借方余额，转入事业基金时作相反的会计分录。

（2）年末，将留归本单位使用的非财政补助专项（项目已完成）剩余资金转入事业基金，作会计分录：

借：非财政补助结转——××项目

　　贷：事业基金

（3）事业单位如果调整以前年度非财政补助结余的有关事项，一般不再通过有关收支科目，以及"非财政补助结转"科目核算，而是直接通过"事业基金"科目核算。

【例16-1】开户银行收回上年度经营性收入360 000元，通过"事业基金"科目核算。

借：银行存款　　　　　　　　　　　　　　　　　　360 000

贷：事业基金　　　　　　　　　　　　　　　　　　　　　　360 000

2. 以货币资金取得长期股权投资、长期债券投资，由此形成的事业基金的核算

（1）投资时，按照实际支付的全部价款（包括购买价款以及税金、手续费等相关税费）作为投资成本，作会计分录：

借：长期投资——长期股权投资、长期债券投资

贷：银行存款等

同时，按照投资成本金额，作会计分录：

借：事业基金

贷：非流动资产基金——长期投资

（2）收到分红或利息时，作会计分录：

借：银行存款

贷：其他收入——投资收益

（3）到期收回本息或对外转让长期债券投资取得收益时，作会计分录：

借：银行存款

贷：长期投资——长期股权投资、长期债券投资

其他收入——投资收益

对外转让长期债券投资亏损时，作会计分录：

借：银行存款

其他收入——投资收益

贷：长期投资——长期股权投资、长期债券投资

同时，按照收回长期投资对应的非流动资产基金，作会计分录：

借：非流动资产基金——长期投资

贷：事业基金

二、非流动资产基金的核算

（一）非流动资产基金的内容

"非流动资产基金"科目核算事业单位长期投资、固定资产、在建工程、无形资产等非流动资产占用的金额，是"物化"的资金，反映事业单位拥有相关资产的价值。对需要提取折旧的固定资产与需要计提摊销的无形资产而言，反映其净额占用的资金；对不需要计提折旧和摊销的长期投资、无形资产和在建工程而言，反映原始成本投资占用的金额。非流动资产基金是事业单位开展业务活动的必要条件，它直接影响净资产占总资产的比重，反映事业单位业务活动能力的强弱，因此，要加强对非流动资产基金的管理与核算。

（二）非流动资产基金的账务处理

非流动资产基金属净资产类科目，贷方登记非流动资产基金的增加额，借方登记转让、报废、折旧和摊销的非流动资产基金的减少额。期末贷方余额，反映事业单位非流动资产占用的金额。"非流动资产基金"科目应当设置"长期投资""固定资产""在建工程""无形资产"等明细科目，进行明细核算。

（1）非流动资产基金应当在取得长期投资、固定资产、在建工程、无形资产等非流动资产或发生相关支出时予以确认。取得相关资产或发生相关支出时，作会计分录：

借：长期投资、固定资产、在建工程、无形资产等
　　贷：非流动资产基金等

发生相关支出时，作会计分录：

借：事业支出等
　　贷：财政补助收入、零余额账户用款额度、银行存款等

（2）计提固定资产折旧、无形资产摊销时，应当冲减非流动资产基金。

计提固定资产折旧、无形资产摊销时，按照计提的折旧、摊销金额，作会计分录：

借：非流动资产基金——固定资产、无形资产
　　贷：累计折旧、累计摊销

（3）处置长期投资、固定资产、无形资产以及以固定资产、无形资产对外投资时，应当冲销该资产对应的非流动资产基金。

①以固定资产、无形资产对外投资，按照评估价值加上相关税费作为投资成本，作会计分录：

借：长期投资
　　贷：非流动资产基金——长期投资

按发生的相关税费，作会计分录：

借：其他支出
　　贷：银行存款等

同时，作会计分录：

借：非流动资产基金——固定资产、无形资产（投出资产对应的非流动资产基金）
　　累计折旧、累计摊销（投出资产已提折旧、摊销）
　　贷：固定资产、无形资产（投出资产的账面余额）

②出售或以其他方式处置长期投资、固定资产、无形资产，转入待处置资产时，作会计分录：

借：待处置资产损溢
　　累计折旧［处置固定资产］
　　累计摊销［处置无形资产］
　　贷：长期投资、固定资产、无形资产等

实际处置时，作会计分录：

借：非流动资产基金——有关资产
　　贷：待处置资产损溢

三、专用基金的核算

（一）专用基金的特点

1. 按专门规定形成，按比例提取

有的专用基金是按收入的一定比例提取，并列入有关支出而取得的，如修购基金；

有的是根据结余的一定比例提取转入的，如职工福利基金。

2. 有专门用途和使用范围

事业单位各项专用基金都规定了专门的用途。如修购基金，按照财务制度规定，只能用于单位固定资产的修缮和购置，不得用于其他方面。事业单位在使用中要注意划清各项专用基金的界限，不得互相挤占、挪用，严格按照规定的使用范围和办法安排使用，但不能直接列为支出。对于特殊情况下的临时占用，要及时归还。

3. 遵循"先提后用、收支平衡、专款专用"的原则

"先提后用"是指各项专用基金必须遵循规定的来源渠道，在取得资金以后方能安排使用；"收支平衡"是指各项专用基金支出不得超过基金规模；"专款专用"是指各项专用基金都应按规定的用途和使用范围安排开支，保证专用基金合理、合法使用。

（二）专用基金的科目设置

"专用基金"科目核算事业单位按规定提取或者设置的具有专门用途的净资产，主要包括修购基金、职工福利基金等。

专用基金属净资产类科目，贷方登记单位按规定收入、提取或设置的专用基金，借方登记专用基金的使用和冲减数。期末贷方余额，反映事业单位专用基金余额。"专用基金"科目应当按照专用基金的类别进行明细核算。

（三）专用基金的主要会计事项

1. 修购基金的计提与核算

修购基金是指按事业收入和经营收入的一定比例提取，在维修费和设备购置费中列支（各列50%），以及按照其他规定转入（按规定固定资产变价收入应转入修购基金），用于事业单位固定资产更新和维护的资金。由于事业支出和经营支出中的设备购置费和修缮费是分设两个科目的，而修购基金的用途就是用于固定资产的维修和购置，因此，从支出的均衡性出发，在事业支出和经营支出中的设备购置费和修缮费中各列50%，这样既符合支出管理的要求，保证资金足额到位，又可简化提取办法。在实际工作中，一些事业收入和经营收入数额确实很少的事业单位，也可不提取修购基金。实行固定资产折旧的事业单位不提取修购基金。修购基金按规定提取或转入后，应做到以收定支、计划使用，厉行节约，严格控制修购基金的使用，保证用于固定资产的更新和维护，不得挪作他用。

由于修购基金是根据当期事业收入和经营收入的一定比例提取的，其提取公式可用下式表示：

修购基金提取额＝事业收入×提取率＋经营收入×提取率

按照提取金额，作会计分录：

借：事业支出、经营支出

　　贷：专用基金——修购基金

2. 提取职工福利基金

（1）年末以非财政补助结余提取职工福利基金。职工福利基金是指按照非财政补助结余的一定比例提取以及按照其他规定转入，用于单位集体福利设施的建设支出、单位职工食堂的补助支出、单位职工公费医疗支出超支部分按规定由单位负担的费用、单

位后勤部门的补助支出、经批准可开支的单位其他职工基本福利支出。

事业单位在提取职工福利基金时，提取比例要严格按照主管部门和财政部门的规定执行，不得任意提高职工福利基金的提取比例。职工福利基金提取额计算公式如下：

职工福利基金提取额 = 可计提职工福利基金的结余额 × 提取比例

"可计提职工福利基金的结余额"是当年事业结余与经营结余（扣除所得税后的余额）之和。

事业单位的职工福利基金是按当年非财政补助结余的一定比例提取形成的，属于结余分配。年末，事业单位在提取职工福利基金时，按照提取金额，作会计分录：

借：非财政补助结余分配——提取专用基金

　　贷：专用基金——职工福利基金

用职工福利基金安排支出时，要严格按计划开支，坚持量入为出原则，合理、高效地使用，并接受群众的监督。

（2）事业单位除上述专用基金核算的内容外，企业发生的职工福利费支出、拨缴的工会经费、发生的职工教育经费支出，不超过工资、薪金总额14％、2％、2.5％的部分，准予扣除。职工福利费主要用于职工生活困难补助等职工个人福利；职工教育经费主要用于职工个人教育培训等方面的开支，如用于岗位培训、专业技术人员继续教育、职工教育培训管理费等；工会经费主要用于单位为职工服务及工会开展活动的经费开支。

借：事业支出、经营支出

　　贷：专用基金——职工福利费、工会经费、职工教育经费

事业单位应区分职工福利基金与按标准在事业支出和经营支出中列支福利费的界限。前者主要用于集体福利的开支，后者主要用于职工个人方面的开支。

3. 提取、设置其他专用基金

若有按规定提取的其他专用基金，按照提取金额，作会计分录：

借：有关支出、非财政补助结余分配等

　　贷：专用基金

若有按规定设置的其他专用基金，按照实际收到的基金金额，作会计分录：

借：银行存款等

　　贷：专用基金

4. 使用专用基金

按规定使用专用基金时，作会计分录：

借：专用基金

　　贷：银行存款等

使用专用基金形成固定资产的，还应作会计分录：

借：固定资产

　　贷：非流动资产基金——固定资产

思考与练习题

某事业单位 12 月发生下列事项，要求据此编制会计分录：

1. 购买固定资产 9 000 元，发生相关支出 180 元，由财政直接支付。

2. 计提固定资产折旧 3 000 元。

3. 用无形资产对外投资，无形资产账面原价 300 000 元，已提摊销 50 000 元，评估价 200 000 元，发生相关税费 10 000 元，用银行存款付讫。

4. 用银行存款 160 000 元购买股票。

5. 开户银行收到长期股权投资分红 8 000 元。

6. 出售长期债券投资，本金 130 000 元，收到价款 150 000 元。

7. 到期收回长期债券投资，本息 170 000 元，其中利息 20 000 元。

8. 期末，确定财政补助收入对应的事业支出（财政补助支出）为 1 900 000 元，其中项目支出 900 000 元，据此办理结转。

9. 期末，"经营收入""经营支出"科目本期发生额分别为 1 590 000 元、760 000 元，办理账目结转。

10. 期末，将事业收入、上级补助收入、附属单位上缴收入、其他收入各科目本期发生额中的非专项资金收入 2 000 000 元、570 000 元、1 100 000 元、970 000 元转入相应的结余科目。

11. 期末，事业支出、其他支出本期发生额中的非财政、非专项资金支出分别为 1 180 000 元、340 000 元，据此办理账目结转。

12. 期末，对附属单位补助支出、上缴上级支出的本期发生额分别为 980 000 元、680 000 元，据此办理账目结转。

13. 年末，进行财政补助收支结转后，按规定确定为财政补助结余性质的项目余额有 600 000 元，转入财政补助结余。

14. 年末，将 A 项目结余 600 000 元资金额度注销。

15. 年末，单位零余额账户代理行转来通知单，收到主管部门归集调入财政补助结余资金授权支付额度数 77 000 元。

16. 年末，"事业结余""经营结余"科目的贷方余额分别为 6 600 000 元、7 200 000 元，分别转入"非财政补助结余分配"科目。

17. 计算应缴纳的企业所得税 1 800 000 元。

18. 按照有关规定提取职工福利基金 2 400 000 元。

19. 年末，将"非财政补助结余分配"科目贷方余额 9 600 000 元办理结转。

20. 年末，将非财政补助结转中已完成专项的剩余资金 50 000 元按规定留归本单位使用。

第十七章

事业单位的财务报告

第一节　事业单位的年终清理和结账

一、事业单位的年终清理事项

事业单位在年度终了前，应根据财政部门或主管部门的决算编审工作要求，对各项收支账目、往来款项、货币资金和财产物资进行全面的年终清理结算，在此基础上办理年度结账，编报决算。

1. 清理、核对年度预算收支数字和各项缴补款项的数字

检查当期已发生的收入、支出业务的账务是否已处理完毕。没处理完的，要首先将账务处理完毕。年终前，财政部门、上级单位和所属单位之间的全年预算数（包括追加追减和上缴、下划数）以及应上缴、拨补的款项等，都要按规定逐笔进行清理结算。要与上级单位（财政部门）和所属事业单位核对财政补助收入、上级补助收入、附属单位缴款、上缴上级支出、对附属单位补助等数额是否一致。如有出入必须查出原因，进行调整，保证上下级之间按年度预算数、领拨经费和上缴、下拨补助数一致。为了准确反映各项收支数额，凡属于本年度的应拨应缴款项，应当在 12 月 31 日前汇达对方。主管会计单位对所属各单位的拨款一般截止到 12 月 25 日。逾期一般不再下拨。

2. 清理、核对各项收支款项

凡属本年的各项收支都要及时入账。本年的各项应缴预算款、应交税金和应缴财政专户的资金款，要在年终前全部上缴。属于本年的各项支出，要按规定的支出用途如实列报。单位年度支出决算，一律以基层用款单位截至 12 月 31 日的本年实际支出数为准。不得将年终前预拨下年的预算拨款列入本年支出，也不得以上级会计单位的拨款数代替基层会计单位的实际支出数。

3. 清理各项往来款项

年终前应逐笔清理各项往来款项，尽量清理完毕。按照有关规定应转作各项收入或各项支出的往来款项要及时转入各有关账户，编入本年决算。

4. 清理货币资金

事业单位年终要及时与开户银行对账，银行存款账面余额要与银行对账单的余额核对相符。库存现金账面余额要与库存现金实有数核对相符。有价证券账面数额要与实存

的有价证券核对相符。

5. 清理财产物资

年终前，应对各项财产物资进行清理盘点，发生盘盈、盘亏的，要及时查明原因，按规定做出处理，调整账务，做到账实相符、账账相符。

二、事业单位的年终结账

事业单位应在年终清理结算的基础上进行结账。年终结账包括年终转账、结清旧账、记入新账。

1. 年终转账

账目核对无误后，进行年终转账。具体步骤是：首先，计算出各账户借方、贷方的12月份合计数和全年累计数，结出12月末的余额；其次，根据各账户余额，编制结账前的"资产负债表"，并进行试算平衡；最后，经试算平衡无误后，将各类会计要素有关账户余额，按年终冲销转账的办法，有序地填制12月31日记账凭单，对各个收支账户的余额进行年终对冲结转，并计入本年各有关总账和明细账，再编制结账后的"资产负债表"。

2. 结清旧账

在年终转账的基础上，对转账后年终没有余额的账户，结出全年总累计数，然后在下面划双红线，表示本账户全部结清。对年终转账后有余额的账户，将"全年累计数"在"摘要"栏内注明"结转下年"字样；再在下面划双红线，表示年终余额转入新账，结束旧账。

3. 记入新账

根据上年度各账户余额，编制年终决算的"资产负债表"和有关明细表，将表列各账户的年终余额数（不编记账凭证）直接记入新年度相应的各有关账户预留空行的余额栏内，并在"摘要"栏注明"上年结转"字样，以区别新年度发生数。

事业单位决算经财政部门或上级单位审批后，如果经财政部门和上级单位审核后认为需要调整决算数字时，则还需按程序重新结账，作相应调整。

第二节 事业单位的财务报表

一、资产负债表

资产负债表是事业单位在某一特定日期财务状况的报表，其项目按会计科目的类别分别排列，参见表17-1。资产负债表能够反映事业单位在某一时点占有或使用的经济资源、负担债务、净资产等情况的分布和结构，便于了解事业单位财务实力、资产负债变化情况及财务状况的发展趋势。资产负债表根据各科目年终时的期末余额编制，其平衡公式为：

$$资产总计 = 负债 + 净资产$$

表 17 -1　　　　　　　　　　**资产负债表**　　　　　　　　　会事业 01 表

编制单位：　　　　　　　　　　20××年 12 月 31 日　　　　　　　　　　　单位：元

资产	期末余额	年初余额	负债和净资产	期末余额	年初余额
流动资产：			流动负债：		
货币资金		2 850 000	短期借款		10 000
短期投资			应缴税费		8 000
财政应返还额度			应缴国库款		22 000
应收票据		18 000	应缴财政专户款		17 000
应收账款		69 000	应付职工薪酬		27 000
预付账款		55 000	应付票据		18 000
其他应收款		17 000	应付账款		153 000
存货		2 919 000	预收账款		18 000
其他流动资产			其他应付款		12 000
流动资产合计		5 928 000	其他流动负债		73 000
非流动资产：			流动负债合计		358 000
长期投资			非流动负债：		
固定资产		5 131 000	长期借款		
固定资产原价		5 854 000	长期应付款		
减：累计折旧		723 000	非流动负债合计		
在建工程		800 000	负债合计		358 000
无形资产		200 000	净资产：		
无形资产原价		250 000	事业基金		1 443 000
减：累计摊销		50 000	非流动资产基金		6 131 000
待处置资产损溢			专用基金		598 000
非流动资产合计		6 131 000	财政补助结转		158 000
			财政补助结余		440 000
			非财政补助结转		431 000
			非财政补助结余		2 500 000
			1. 事业结余		1 320 000
			2. 经营结余		1 180 000
			净资产合计		11 701
资产总计		12 059 000	负债和净资产总计		12 059 000

单位负责人：　　　　　　　财会负责人：　　　　　　　制表人：　　　　　　　审核人：

【例 17 -1】某事业单位会计账户余额情况见表 17 -2，据此办理年终结转。

表 17 - 2　　　　　　　　　**事业单位会计账户余额表**

20××年12月31日　　　　　　　　　　　　　　　单位：元

账户名称	借方余额	账户名称	贷方余额
库存现金	5 000	应缴税费	229 000
银行存款	282 000	应缴国库款	160 000
财政应返还额度	450 000	应缴财政专户款	140 000
应收票据	253 000	应付职工薪酬	260 000
应收账款	720 000	应付票据	180 000
预付账款	220 000	应付账款	160 000
其他应收款	240 000	预收账款	76 000
存货	1 360 000	其他应付款	4 000
固定资产	2 652 000	非流动资产基金	
累计折旧	-318 000	——固定资产	2 194 000
在建工程	585 000	——在建工程	593 000
无形资产	95 000	——无形资产	71 000
累计摊销	-45 000	财政补助收入	
事业支出		——基本支出	65 000
——基本支出（财政补助支出）	29 000	——项目支出	15 000
——基本支出（非财政补助支出）	137 000	事业收入	
——基本支出（其他资金支出）	82 000	——专项资金收入	736 000
——项目支出（财政补助支出）	23 000	——非专项资金收入	360 000
——项目支出（非财政补助支出）	42 000	上级补助收入	
——项目支出（其他资金支出）	56 000	——专项资金收入	8 000
上缴上级支出	210 000	——非专项资金收入	7 000
对附属单位补助支出	170 000	附属单位上缴收入	
经营支出	380 000	——专项资金收入	370 000
其他支出		——非专项资金收入	110 000
——专项资金支出	21 000	经营收入	1 837 000
——非专项资金支出	59 000	其他收入	
		——专项资金收入	93 000
		——非专项资金收入	40 000
合计	7 708 000	合计	7 708 000

单位负责人：　　　　　财会负责人：　　　　　制表人：　　　　　审核人：

年末结账事项如下：

1. 结转财政补助收支

借：财政补助收入——基本支出　　　　　　　65 000
　　　　　　　　　——项目支出　　　　　　　15 000
　　贷：财政补助结转——基本支出结转　　　　　　65 000
　　　　　　　　　　　——项目支出结转　　　　　　15 000
借：财政补助结转——基本支出结转　　　　　　29 000

| | ——项目支出结转 | 23 000 |

贷：事业支出——基本支出——财政补助支出　29 000

　　　——项目支出——财政补助支出　23 000

2. 结转符合财政补助结余性质的已完工项目

借：财政补助结转——项目支出结转　4 000

　　贷：财政补助结余　4 000

3. 结转非财政补助收支

借：事业收入——××专项资金　736 000

　　上级补助收入——××专项资金　8 000

　　附属单位上缴收入——××专项资金　370 000

　　其他收入——××专项资金　93 000

　　　贷：非财政补助结转——专项资金结转　1 207 000

借：非财政补助结转——××专项资金结转　119 000

　　贷：事业支出——项目支出——非财政专项支出　42 000

　　　　　——项目支出——其他资金支出　56 000

　　　　其他支出——××专项资金　21 000

4. 结转事业结余

借：事业收入——非专项资金收入　360 000

　　上级补助收入——非专项资金收入　7 000

　　附属单位上缴收入——非专项资金收入　110 000

　　其他收入——非专项资金收入　40 000

　　　贷：事业结余　517 000

借：事业结余　658 000

　　贷：事业支出——基本支出——非财政补助支出　137 000

　　　　　　　　　——其他资金支出　82 000

　　　　上缴上级支出　210 000

　　　　对附属单位补助支出　170 000

　　　　其他支出——非专项资金支出　59 000

5. 结转经营结余

借：经营收入　1 837 000

　　贷：经营结余　1 837 000

借：经营结余　380 000

　　贷：经营支出　380 000

6. 将事业结余和经营结余转入结余分配

事业结余 = 1 320 000 + 517 000 − 658 000 = 1 179 000（元）

借：事业结余　1 179 000

　　贷：非财政补助结余分配　1 179 000

经营结余 = 1 180 000 + 1 837 000 − 380 000 = 2 637 000（元）

借：经营结余 2 637 000

　　贷：非财政补助结余分配 2 637 000

7. 按经营结余的25%缴纳企业所得税（假设该事业单位按年度缴纳）

应纳税额 = 2 637 000 × 25% = 659 250（元）

借：非财政补助结余分配——应缴所得税 659 250

　　贷：应缴税费——应缴企业所得税 659 250

8. 按税后结余的20%计提职工福利基金

职工福利基金提取额 = [1 179 000 + (2 637 000 − 659 250)] × 20% = 631 350（元）

借：非财政补助结余分配——提取专用基金 631 350

　　贷：专用基金——职工福利基金 631 250

9. 将净结余结转至事业基金

结余分配结转额 = 1 179 000 + 2 637 000 − 659 250 − 631 350 = 2 525 400（元）

二、收入支出表

收入支出表是反映事业单位在某一会计期间内各项收入、支出和结转结余情况，以及年末非财政补助结余的分配情况，属于动态报表，按收入、支出或者费用的构成和非财政补助结余分配情况分项列示，将本期财政补助结转结余、本期事业结转结余、本期经营结余、弥补以前年度亏损后的经营结余、本年非财政补助结转结余、本年非财政补助结余和转入事业基金等项目分本月数和本年累计数分别列示，见表17-3。

表 17-3　　　　　　　　　　　收入支出表　　　　　　　　　　会事业02表

编制单位：　　　　　　　　　　××年×月　　　　　　　　　　　单位：元

项目	本月数	本年累计数
一、本期财政补助结转结余		
财政补助收入		
减：事业支出（财政补助支出）		
二、本期事业结转结余		
（一）事业类收入		
1. 事业收入		
2. 上级补助收入		
3. 附属单位上缴收入		
4. 其他收入		
其中：捐赠收入		
减：（二）事业类支出		
1. 事业支出（非财政补助支出）		
2. 上缴上级支出		
3. 对附属单位补助支出		
4. 其他支出		

续表

项目	本月数	本年累计数
三、本期经营结余		
经营收入		
减：经营支出		
四、弥补以前年度亏损后的经营结余		
五、本年非财政补助结转结余		
减：非财政补助结转		
六、本年非财政补助结余		
减：应缴企业所得税		
减：提取专用基金		
七、转入事业基金		

单位负责人：　　　　　财会负责人：　　　　　制表人：　　　　　审核人：

收入支出表分为月报和年报两种。本表"本月数"栏反映各项目的本月实际发生数。在编制年度收入支出表时，应当将本栏改为"上年数"栏，反映上年度各项目的实际发生数；如果本年度收入支出表规定的各个项目的名称和内容同上年度不一致，应对上年度收入支出表各项目的名称和数字按照本年度的规定进行调整，填入本年度收入支出表的"上年数"栏。

本表"本年累计数"栏反映各项目自年初起至报告期末止的累计实际发生数。编制年度收入支出表时，应当将本栏改为"本年数"。

本表"本月数"栏各项目的内容和填列方法如下：

（1）本期财政补助结转结余。该项目反映事业单位本期财政补助收入与财政补助支出相抵后的余额。本项目应当按照本表中"财政补助收入"项目金额减去"事业支出（财政补助支出）"项目金额后的余额填列。

（2）本期事业结转结余。该项目反映事业单位本期除财政补助收支、经营收支以外的各项收支相抵后的余额。本项目应当按照本表中"事业类收入"项目金额减去"事业类支出"项目金额后的余额填列；如为负数，以"－"号填列。

（3）本期经营结余。该项目反映事业单位本期经营收支相抵后的余额。本项目应当按照本表中"经营收入"项目金额减去"经营支出"项目金额后的余额填列；如为负数，以"－"号填列。

（4）弥补以前年度亏损后的经营结余。该项目反映事业单位本年度实现的经营结余扣除本年初未弥补经营亏损后的余额。本项目应当根据"经营结余"科目年末转入"非财政补助结余分配"科目前的余额填列；如该年末余额为借方余额，以"－"号填列。

（5）本年非财政补助结转结余。该项目反映事业单位本年除财政补助结转结余之外的结转结余金额。如本表中"弥补以前年度亏损后的经营结余"项目为正数，本项目应当按照本表中"本期事业结转结余""弥补以前年度亏损后的经营结余"项目金额的合计数填列；如为负数，以"－"号填列。如本表中"弥补以前年度亏损后的经营结余"项目为负数，本项目应当按照本表中"本期事业结转结余"项目金额填列；如为负数，以"－"号填列。

（6）本年非财政补助结余。该项目反映事业单位本年除财政补助之外的其他结余金额。本项目应当按照本表中"本年非财政补助结转结余"项目金额减去"非财政补助结转"项目金额后的金额填列；如为负数，以"－"号填列。

（7）转入事业基金。该项目反映事业单位本年按规定转入事业基金的非财政补助结余资金。本项目应当按照本表中"本年非财政补助结余"项目金额减去"应缴企业所得税""提取专用基金"项目金额后的余额填列；如为负数，以"－"号填列。

需要注意的是，收入支出表中的"弥补以前年度亏损后的经营结余"及以下6个项目，只有在编制年度收入支出表时才填列，在编制月度收入支出表时可以不设置。

三、财政补助收入支出表

财政补助收入支出表反映事业单位某一会计年度财政补助收入、支出、结转及结余情况的报表。本表采用表格形式将事业单位本期的各项财政补助收入、支出、结转结余等情况加以反映。通过设置"本年数""上年数"两个栏目反映了年初财政补助结转结余、调整年初财政补助结转结余、本年归集调入财政补助结转结余、本年上缴财政补助结转结余、本年财政补助收入、本年财政补助支出、年末财政补助结转结余等七个项目，见表17－4。

表17－4   **财政补助收入支出表**   会事业03表

编制单位：   ××年度   单位：元

项目	本年数	上年数
一、年初财政补助结转结余		
（一）基本支出结转		
1. 人员经费		
2. 日常公用经费		
（二）项目支出结转		
××项目		
（三）项目支出结余		
二、调整年初财政补助结转结余		
（一）基本支出结转		
1. 人员经费		
2. 日常公用经费		
（二）项目支出结转		
××项目		
（三）项目支出结余		
三、本年归集调入财政补助结转结余		
（一）基本支出结转		
1. 人员经费		
2. 日常公用经费		

项目	本年数	上年数
（二）项目支出结转		
××项目		
（三）项目支出结余		
四、本年上缴财政补助结转结余		
（一）基本支出结转		
1. 人员经费		
2. 日常公用经费		
（二）项目支出结转		
××项目		
（三）项目支出结余		
五、本年财政补助收入		
（一）基本支出		
1. 人员经费		
2. 日常公用经费		
（二）项目支出		
××项目		
六、本年财政补助支出		
（一）基本支出		
1. 人员经费		
2. 日常公用经费		
（二）项目支出		
××项目		
七、年末财政补助结转结余		
（一）基本支出结转		
1. 人员经费		
2. 日常公用经费		
（二）项目支出结转		
××项目		
（三）项目支出结余		

单位负责人：　　　　财会负责人：　　　　制表人：　　　　审核人：

　　表中"上年数"栏内各项数字，应当根据上年度财政补助收入支出表"本年数"栏内数字填列。"本年数"栏各项目的内容和填列方法如下：

　　（1）"年初财政补助结转结余"项目及其所属各明细项目，反映事业单位本年初财政补助结转和结余余额。各项目应当根据上年度财政补助收入支出表中"年末财政补助结转结余"项目及其所属各明细项目"本年数"栏的数字填列。

　　（2）"调整年初财政补助结转结余"项目及其所属各明细项目，反映事业单位因本年发生需要调整以前年度财政补助结转结余的事项，而对年初财政补助结转结余的调整金额。各项目应当根据"财政补助结转""财政补助结余"科目及其所属明细科目的本年发生额分析填列。如调整减少年初财政补助结转结余，以"－"号填列。

（3）"本年归集调入财政补助结转结余"项目及其所属各明细项目，反映事业单位本年度取得主管部门归集调入的财政补助结转结余资金或额度金额。各项目应当根据"财政补助结转""财政补助结余"科目及其所属明细科目的本年发生额分析填列。

（4）"本年上缴财政补助结转结余"项目及其所属各明细项目，反映事业单位本年度按规定实际上缴的财政补助结转结余资金或额度金额。各项目应当根据"财政补助结转""财政补助结余"科目及其所属明细科目的本年发生额分析填列。

（5）"本年财政补助收入"项目及其所属各明细项目，反映事业单位本年度从同级财政部门取得的各类财政拨款金额。各项目应当根据"财政补助收入"科目及其所属明细科目的本年发生额填列。

（6）"本年财政补助支出"项目及其所属各明细项目，反映事业单位本年度发生的财政补助支出金额。各项目应当根据"事业支出"科目所属明细科目本年发生额中的财政补助支出数填列。

（7）"年末财政补助结转结余"项目及其所属各明细项目，反映事业单位截至本年末的财政补助结转和结余余额。各项目应当根据"财政补助结转""财政补助结余"科目及其所属明细科目的年末余额填列。

四、会计报表附注与说明

1. 会计报表附注及其内容

会计报表附注是指对会计报表中列示项目的文字描述或明细资料，以及对未能在会计报表中列示项目的说明等，有助于报表使用者深入了解会计报表的有关内容和项目，是会计报表的有机组成部分。

会计报表附注应包括如下内容：

（1）遵循《事业单位会计准则》《事业单位会计制度》的声明；

（2）单位整体财务状况、业务活动情况的说明；

（3）会计报表中列示的重要项目的进一步说明，包括其主要构成、增减变动情况等；

（4）重要资产处置情况的说明；

（5）重大投资、借款活动的说明；

（6）以名义金额计量的资产名称、数量等情况，以及以名义金额计量理由的说明；

（7）以前年度结转结余调整情况的说明；

（8）有助于理解和分析会计报表需要说明的其他事项。

2. 财务情况说明书

财务情况说明书是事业单位在对一定期间（通常为一个会计年度）内收入及其支出、结转、结余及其分配、资产负债变动、对外投资、资产出租出借、资产处置、固定资产投资、绩效考评的情况，对本期或者下期财务状况发生重大影响的事项，以及需要说明的其他事项进行分析总结的基础上所做的数字和文字的说明。除上述内容外，还应包括以下几个方面：

（1）预算或财务收支计划的完成情况；

（2）预算或财务收支计划执行过程中存在的问题；

（3）收支增减变化的情况和原因；

（4）在改善业务活动的管理、增收节支方面所做的努力和取得的成绩；

（5）目前在收入和支出管理方面存在的问题以及今后改进工作的建议；

（6）结余及其分配情况。

财务情况说明书通过文字和数字的形式明确而具体地揭示了事业单位财务收支活动的全过程及取得的成绩和存在的问题等，因此，它是会计报表使用者了解和评价事业单位财务收支情况、进行有关决策的重要参考资料。

第三节　事业单位的财务分析

一、事业单位财务分析指标

事业单位财务分析是指运用事业计划、财务报表、统计数据和其他有关资料，对一定时期内的单位财务活动过程进行比较、分析和研究，并进行总结，做出正确评价。事业单位会计报表分析评价指标通常包括预算收入和支出完成率、人员支出与公用支出分别占事业支出的比率、人均基本支出、资产负债率等。

1. 预算收入和支出完成率

该指标衡量事业单位收入和支出总预算及分项预算完成的程度。预算收入和支出完成率越高，说明预算执行情况越好，但会受客观环境的影响，应具体情况具体分析。

$$预算收入完成率 = \frac{年终执行数}{年初预算数 \pm 年中预算调整数} \times 100\%$$

式中，年终执行数不含上年结转和结余收入数。

$$预算支出完成率 = \frac{年终执行数}{年初预算数 \pm 年中预算调整数} \times 100\%$$

式中，年终执行数不含上年结转和结余支出数。

2. 人员支出与公用支出分别占事业支出的比率

该指标衡量反映事业单位事业支出结构。从总体上看，人员支出比率不宜过高，否则会减少公用支出，从而导致不利于事业单位发展的结果。

$$人员支出比率 = \frac{人员支出}{事业支出} \times 100\%$$

$$公用支出比率 = \frac{公用支出}{事业支出} \times 100\%$$

3. 人均基本支出

该指标衡量事业单位按照实际在编人数平均的基本支出水平。人均基本支出应根据客观情况变化而有所变化，应保持在一个科学合理的水平上。

$$人均基本支出 = 基本支出 - 离退休人员支出 \div 实际在编人数$$

4. 资产负债率

该指标衡量事业单位利用债权人提供的资金开展业务活动的能力，以及反映债权人提供资金的安全保障程度。事业单位主体性质决定其资产负债率应该保持在一个较低的比例上。

$$资产负债率 = \frac{负债总额}{资产总额} \times 100\%$$

二、财务分析报告

财务分析报告是通过对事业单位财务状况进行分析后所做的书面报告或说明。财务分析报告要客观地对事业单位的财务管理工作做出正确的评价，为本单位改进工作、加强管理提供重要依据。

编写财务分析报告的基本要求是：重点突出、如实反映、客观公正、评价合理、数字准确、文字精练。

财务分析报告撰写的具体内容一般包括：反映基本情况、分析主要问题、总结经验、做出评价和提出建议等措施。

第四节　事业单位财务清算

一、事业单位财务清算的成因

（一）事业单位归属关系调整的方式

（1）划转。划是指事业单位因隶属关系的改变，成建制地在部门之间、上下级之间的划转，属于事业单位行政隶属关系的改变。转有两种情况：一种情况是指事业单位转为企业，属于事业单位性质的改变；另一种情况是指事业单位在财务管理上由事业单位财务管理转为企业财务管理，或者也可以说由执行事业单位财务制度转为执行企业财务制度，属于事业单位财务管理体系的转变，这种单位一般称为"事业单位、企业管理"。

（2）撤销，是指事业单位被宣布撤销，属于事业单位的解散或终止。

（3）合并，是指两个以上事业单位的合并，属于事业单位的改造或重组。

（4）分立，是指事业单位依照有关规定分成两个或两个以上事业单位。

（二）事业单位清算的确定

事业单位发生划转、撤销、合并、分立时，应当进行清算。

事业单位清算是指事业单位在划转、撤销、合并、分立等终止过程中，为终结现存的各种经济关系，对单位的财产进行清查估价、变现，清理债权、债务，处理现有财产的行为。任何单位的终止，都必须进行清算工作。只有通过清算，才能对单位现存的各种财务关系予以了结。事业单位的清算主要是在划转、撤销、合并、分立时发生。事业单位的经济法律关系涉及方方面面，凡涉及经济方面的事务，事业单位终止时都要予以了结，清算就是其中的主要工作。但终止阶段的工作不全是清算工作，例如，清算事业单位要按劳动合同遣散职工、分流人员，对事业单位的领导人依法追究其法律责任等，就不能称之为事业单位清算。

清算工作涉及的主要是事业单位的财务问题。清算工作是事业单位终止阶段的一项法律程序，清算的许多事项甚至清算的工作程序都要由法律来规范。但是清算中资产的清查、债权的收回、债务的偿还、剩余财产的处理等，都是事业单位存续期间财务活动的延伸和继续。因此，事业单位的清算工作除要遵守国家的法律、行政法规和事业单位章程以外，还要遵守国家有关财务工作的基本规定，符合财务活动的一般规律。

（三）事业单位清算的意义

在社会主义市场经济条件下，由于对事业管理体制和事业单位财务管理体制进行改革，事业单位的划转、撤销、合并、分立现象相对增多，客观上要求在财务制度上对划转、撤销、合并、分立的有关财务处理做出相应的规定。事业单位清算具有以下意义：

1. 有利于支持和促进事业管理体制和事业单位财务管理体制改革

比如，在事业管理体制改革中，随着事业结构的调整，必然有几部分事业单位发生划转、撤销、合并、分立的现象；在事业单位财务管理体制改革中，随着财政资金供应范围的规范、必然有部分事业单位要逐步与财政资金供给脱钩，有的转为企业或由事业单位财务管理转为企业财务管理等。这样就必然发生了如何进行清算的问题。因此，正确处理好事业单位划转、撤销、合并、分立中的清算问题，是事业管理体制和事业单位财务管理体制改革健康、平稳运行的一个必要条件。

2. 有利于规范事业单位财务清算行为，保护国有资产的安全与完整

《事业单位财务规则》比较系统、集中、规范地对事业单位清算问题做出了规定，这样就使得事业单位清算不仅有法可依，而且在具体进行清算时，行为也比较统一、规范，对于保护事业单位划转、撤销、合并、分立时的国有资产的安全与完整将起到积极的作用。

二、事业单位清算的组织

（一）事业单位清算的分类

1. 按清算的意愿不同，清算可以分为自愿清算和强制清算

自愿清算是事业单位或其出资者自愿终止事业单位而进行的清算。

强制清算是指由法院或者政府主管机关以命令的形式，强制要求事业单位终止或宣告事业单位终止而进行的清算。

2. 按清算的法律程序不同，清算可以分为普通清算和特别清算

普通清算是指事业单位在清算时，清算事务主要由事业单位自行确定清算人员和清算费用，通常按法律规定的一般程序进行，法院和债权人不直接干预的清算。

特别清算是指不能由事业单位自行组织，而由法院或主管单位出面直接干预并进行监督的清算。

（二）事业单位清算的管理要求

1. 接受有关部门的监督指导

事业单位清算，涉及有关国有资产的处置、事业经费指标的划转、债权和债务的处理等一系列财务处理问题，应当在主管部门和财政部门的监督指导下，对单位的财产、

债权、债务等进行全面清理，编制财产目录和债权、债务清单，提出财产作价依据和债权、债务处理办法，做好国有资产的移交、接收、划转和管理工作，并妥善处理各项遗留问题。

2. 组成清算小组，及时开展清算工作

事业单位因划转撤并等原因而宣布终止，必须按规定组成清算小组，对事业单位的资产、债权、债务等进行全面清算。清算小组应认真履行职责，正确确定清算范围、程序和方法，严格控制清算费用，努力避免财产的毁损和流失，并如实编报资产负债表。

3. 按规定及时开展各项清算工作

在清算完结前，除支付必要的清算费用外，不得以任何方式处理、分配事业单位财产。清算中发生的财产盘盈、盘亏、变卖、无法归还的债务或无法收回的债权，以及清算期间的经营收益或者损失等应计入清算损益。

（三）事业单位清算的事项

进入清算的事业单位应按照有关规定的要求及时开展各项清算工作：

（1）对单位的财产、债权和债务等进行全面清查，核清各项财产、债权和债务的账目，核实各项存货和固定资产的实物存量、对有关财产评估作价，在此基础上编制资产负债表、财产目录和债权、债务清单。

（2）提出债权、债务处理办法。对单位的债权，要积极催收、追索；对单位的债务，要及时、足额偿还。

（3）加强对清算期间的资产管理，防止资产的损失和流失。未经有关部门批准，事业单位不得擅自处置单位的资产。事业单位清算结束后，经主管部门审核并报财政部门批准，其资产分别按照下列办法处理：

①因隶属关系改变，成建制划转的事业单位，全部资产无偿移交，并相应划转经费指标。

②转为企业管理的事业单位，全部资产扣除负债后，转作国家资本金。

③撤销的事业单位，全部资产由主管部门和财政部门核准处理。

④合并的事业单位，全部资产移交接收单位或者新组建单位，合并后多余的资产由主管部门和财政部门核准处理。

⑤分立的事业单位，资产按照有关规定移交分立后的事业单位，并相应划转经费指标。

（4）妥善处理各项遗留问题，提出善后工作方案。如单位有关伤残、离退休和富余人员的安置等，应得到妥善处理、解决。

三、事业单位清算的一般程序

（一）确定清算人

1. 清算人的产生

事业单位终止时，应按国家有关法律和事业单位章程的规定确定清算人。清算人是指在事业单位清算中执行清算事务的人员。事业单位清算的性质不同，清算人的产生方法也不完全一样。清算人的产生方式有以下三种：

（1）法定清算人，即事业单位章程直接规定事业单位财务主管人员为事业单位清算人。由事业单位财务主管人员直接担任清算人有利有弊。其好处是财务主管人员对事业单位情况比较熟悉，有利于清算工作的顺利开展，也便于节约清算时间和清算费用。适用于自愿清算和强制清算。

（2）选任清算人，即根据事业单位章程选出清算人执行清算事务。适用于自愿清算和普通清算。

（3）选派清算人，即由法院根据事业单位债权人或者股东的申请，指派清算人执行清算事务。指派的清算人可以是事业单位财务主管人员、事业单位债权人，也可以是社会专业中介机构的专业人士。适用于特别清算。

2. 清算人的法律地位

一般认为，清算人在执行清算过程中是事业单位的代理人；代行事业单位职权的清算人通过被授权或受托方式取得事业单位资产的管理权，但资产所有权是事业单位的。事业单位资产的处置仍以事业单位身份进行，由此而产生的各项责任仍由事业单位承担。

在普通清算程序中，事业单位的民事法律主体资格在事业单位被最终解散时才予注销，清算人的权限相对较大；在特别清算程序中，清算工作要受法院或主管单位的直接干预，在法院或主管单位认为必要时可随时解任清算人。

3. 清算人的职权

清算人在清算期间行使下列职权：

（1）清理事业单位财产，分别编制资产负债表和财产清单；

（2）通知或者公告债权人；

（3）处理与清算有关的未了结事项；

（4）清缴所欠税款；

（5）清理债权及债务；

（6）处理事业单位清偿债务后的剩余财产；

（7）代表事业单位参与民事诉讼活动。

在特别清算程序中，清算人还可以申请法院对事业单位原负责人的财产进行保全处分，对清算事务进行调查并提出报告，列席债权人会议，提出签订或变更和解协议的建议，执行法院的决议。清算人有权请求报酬，其数额除由法院或主管单位确定的外，应由事业单位决定。清算人的报酬在清算财产中优先支付。

（二）发布清算公告

清算人应在清算事项被确定后通知债权人，并在报纸上公告要求债权人向清算人申报其债权。债权人应当在接到通知书后（未接到通知书的在见公告后），及时向清算人申报其债权。债权人申报其债权时，应当说明债权的有关事项，如债权形成的原因、时间、方式、金额等，并提供相应的证明材料。

清算人对债权人申报的债权要进行审查，查明其真实性、合法性和具体金额。审查无误后造具债权清册。

（三）清理财产

清算人在清理财产前要编制营业终止日的资产负债表，还要对财产进行全面的清查、盘点、作价。清查完成后要编制清查结束日的资产负债表并编造财产目录。清算人对清算事业单位拥有的债权要组织收回，确实不能收回的坏账损失要予以核销。

（四）处理未了结业务

事业单位进入清算后，原则上应终止其正常的业务活动。但在清算前已经发生的业务，如已经签订而未履行的合同、正在进行的项目等，清算人如认为继续执行不会给事业单位带来损失，且在清算期间能够完成的，可以继续执行。否则，清算人可以终止合同，由于终止合同而给合同缔约他方带来的损失，属于合同范围内的，对方有权索偿。清算人应将对方列入事业单位的债权人范围。

（五）清结纳税事宜

清算事业单位在清算前拖欠国家的税款，在清算中有关业务的发生需纳税的，清算所得需要缴纳所得税的，清算人应在支付清算费用、职工工资、社会保障费后的剩余财产中支付。

（六）提出清算报告

清算结束以后，清算人应提出清算报告并造具清算的各种财务账册。清算报告包括清算费用表、债务清偿表等以及必要的文字说明。清算报告经有关机构确认后，应报送登记机关，申请注销登记，经核准后，公告事业单位终止。

四、清算财产的估价方法

按会计制度规定，事业单位的资产是按历史成本入账的，账面价值反映的事业单位财产状况同清算时事业单位的实际财产状况可能会有出入，因而需要重新对财产予以估价。清算财产的估价方法主要有以下几种：

（1）账面价值法，即以财产的账面价值作为其估定价值，适用于实际价值与账面价值没有差别或差别不大的财产。事业单位的现金可以直接以账面价值作为估定价值。与实际市价相差不大的存货、不计利息的应收账款、应收票据、其他应收款等的估价也可用此方法。

（2）重置成本法，即根据目前条件下按市场价格重新购置或建造相同财产所需的开支，再考虑资产的成新率等因素后确定其估定价值，此种方法适用于固定资产的估价。例如，清算事业单位有轿车一辆，目前市场上同型号新车售价加购置费为169 000元，根据该车的行驶里程和技术状况判定其为七成新，则该车的重估价为118 300元。

（3）现行市价法，即以目前市场上有交易记录的相同财产的交易价格为其估定价值。存货、证券、土地使用权等的估价可采用此种方法。在我国，由于市场发育程度较差，市场交易资料的收集不太容易，固定资产、工业产权、专有技术等的估价就不太适用这种方法。

（4）模拟拍卖法，即由清算人聘请有关专业人士、购买过类似财产但不准备在本单位拍卖时购买的厂商按模拟拍卖场所的竞价方法确定其最高价为其估定价值。此种方法适用于事业单位整体出售，以及存货、固定资产、无形资产等的估价。准备购买者不能参加模拟竞价，因为他们往往带有一定的偏见，会影响财产价值的估定。

（5）收益现值法，即通过估算被评估资产的未来预期收益并折算成现值，借以确定被评估资产价值的一种资产评估方法。收益现值法实际上就是对被评估资产未来预期收益进行折现，被评估财产的评估值等于剩余寿命期内各期的收益现值之和。收益现值法适用于事业单位整体出售，以及成套设备、产权和专有技术等资产的估计。

收益现值法评估值的计算公式为：

$$P = \sum_{t=1}^{n} \frac{A_t}{(1+i)^t} = \frac{A_1}{1+i} + \frac{A_2}{(1+i)^2} + \cdots + \frac{A_n}{(1+i)^n}$$

公式中，A_t 为未来第 t 个收益期的预期收益额（财产残值一般忽略不计），n 为收益年期（剩余经济寿命的年限），i 为折现率，t 为收益期，一般以年计。

当 $A = A_1 = A_2 = \cdots = A_n$ 时，即每年收益相同，上述公式则为：

$$P = A \times \left[\frac{1}{1+i} + \frac{1}{(1+i)^2} + \cdots + \frac{1}{(1+i)^n} \right] = A \times \frac{(1+i)^n - 1}{i(1+i)^n}$$

例如，事业单位的一项制造技术预期在未来 5 年每年带来 1 500 000 元收益，折现率为 12%，则该项制造技术的估定价约为 5 430 000 元，计算过程如下：

$$150 \times \frac{(1+12\%)^5 - 1}{12\% \times (1+12\%)^5} = 150 \times \frac{0.76}{12\% \times 1.76} = 150 \times \frac{0.76}{0.21} = 542.86 \text{（万元）}$$

（6）利息加计法，即在票面价值的基础上，加计应计利息作为估定价值。此种方法适用于无交易价格的债券、带息应收票据的估价。例如，清算事业单位持有其他单位的债券面额为 10 000 元，期限 3 年，年息 16%，不计复利，已持有 2 年，则其估定价值为 13 200 元 $[10\,000 \times (1 + 2 \times 16\%)]$。

（7）调查分析法，即通过对调查研究所掌握的数据或资料进行分析估定财产价值的方法。事业单位拥有的其他单位或机构的债权能否收回取决于对方的资信状况。对方有偿债能力，可以其应计金额作为估定价值；对方没有偿债能力，就有可能形成坏账。这些情况只有在调查后才能确定。

（8）脱手价格法，即以清算脱手价格作为财产估定价值的方法。事业单位清算财产要取得公平的交易价格常常比较困难，一是因为清算期有限而阻碍了市场信息的充分获得，除非稀缺物品；二是因为买主常常会在获知其清算后压低价格，因此清算脱手价格往往低于市价。采用这种方法，通常是在市场价格的基础上，根据具体情况打一折扣。例如，清算事业单位某项存货的市场价格为每千克 70 元，为脱手拟优惠 5% 出售，则其估定价值为每千克 66.5 元。

思考与练习题

1. 事业单位年终应该进行清理的事项有哪些？具体有哪些要求？
2. 事业单位年终需要办理结转的账项有哪些？怎样办理？
3. 简要说明事业单位会计报表的种类和填表方法。
4. 简要说明事业单位财务分析指标及其运用。
5. 事业单位终止的方式有几种？具体有哪些要求？
6. 事业单位清算财产可以采用哪些估价方法？

第四篇

财政总预算会计

第十八章

财 政 总 预 算 会 计 概 述

总预算会计是各级政府财政部门对同级政府财政总预算执行和监督管理的财政资金运动进行反映和控制的专业会计。

第一节　财政总预算会计的职责

一、总预算会计的特点

1. 总预算会计只负责财政资金分配的核算

财政部门作为政府专职理财机构，主要业务是向政府部门和单位分配资金，因此，财政总预算会计承担向政府和非营利组织会计单位分配资金的核算工作，而花钱办事、使用资金而发生的现金收支和物资运动的核算工作则由单位会计负责。由此决定总预算会计具有如下特点：一是总预算会计的原始凭证有规范和类型统一的特征；二是总预算会计的科目没有现金、材料和固定资产等。

2. 总预算会计的核算与确认基础

一是财政总预算会计的会计核算一般采用收付实现制，部分经济业务或者事项应当按照规定采用权责发生制核算。总预算会计收入确认的基础是预算资金入库数。二是财政总预算收入以缴入基层国库的预算收入数为准，分库、总库直接收纳的预算收入视同缴入基层国库。三是总预算会计支出列报的数字以财政拨款数加以确认。

在现行财政对行政事业单位的经费实现包干的体制下，总预算会计的列支基础以财政拨款数为准，即实行以拨作支。包括：对单位会计主体各项包干经费以拨款数列支；对基本建设支出按基本建设拨款管理部门的拨款数列支；对需要结算的拨出数，先以拨款数列支，在结算或年终收回余额时冲减原拨出列支数。

此外，属于上下级财政部门之间的转拨资金应单独反映，并实行以拨作支。

总预算会计应当采用借贷记账法记账。

二、总预算会计的基本任务

总预算会计的主要职责是对财政资金进行会计核算，反映预算执行情况，实行会计监督，参与预算管理，合理调度资金。

（1）进行会计核算，处理财政分配的日常核算事务。办理政府财政各项收支、资产负债、资金调拨及往来款项的会计核算工作，反映政府财政预算执行情况和财务状况；及时组织年度财政总决算和行政事业单位决算的编审和汇总工作，进行上下级财政之间的年终结算工作。

（2）严格财政资金收付管理、合理调度财政资金。根据财政收支的特点，组织办理财政资金的收付、调拨，在确保资金安全性、规范性、流动性的前提下，合理调度资金，妥善解决财政资金库存和用款单位需要的矛盾，及时供应资金，提高资金使用效益。

（3）规范账户管理。加强对国库单一账户、财政专户、零余额账户和预算单位银行账户等的管理。

（4）实行会计监督，参与预算管理。通过会计核算，提出预算执行情况分析报告，并对总预算、部门预算和单位预算的执行实施会计监督。同时，协调预算收入征收部门、国家金库、国库集中收付代理银行、财政专户开户银行和其他有关部门之间的业务关系；直接参与预算执行的国库会计、收入征解会计等之间的业务关系，共同做好执行财政预算的核算、反映和监督工作。

（5）组织和指导本地区和下级预算和会计。组织本地区、财政总决算、部门决算编审和汇总工作，各级总预算会计负责制定或审定本级预算会计有关实施细则或补充规定；组织预算会计人员的培训活动；组织检查、辅导单位会计和所属财政会计工作，不断提高政策、业务水平，组织和指导下级政府总会计工作。

（6）做好预算会计的事务管理工作。负责政府财政会计、行政会计和事业会计的基础工作管理，参与政府单位、事业单位会计人员专业技术资格考试、评定及核发会计证工作。

总预算会计工作应按工作任务建立岗位责任制，明确会计人员分工职责，其会计人员不得兼任单位会计，不得经管、收付现金和收缴物资。

（7）总预算会计的核算目标是向会计信息使用者提供政府财政预算执行情况、财务状况等会计信息，反映政府财政受托责任履行情况。

总预算会计的会计信息使用者包括人民代表大会、政府及其有关部门、政府财政部门自身和其他会计信息使用者。

三、总预算会计信息质量要求

1. 客观性

总预算会计应当以实际发生的经济业务或者事项为依据进行会计核算，如实反映各项会计要素的情况和结果，保证会计信息真实可靠，全面反映政府财政的预算执行情况和财务状况等。

2. 相关性

总预算会计提供的会计信息应当与政府财政受托责任履行情况的反映、会计信息使用者的监督、决策和管理需要相关，有助于会计信息使用者对政府财政过去、现在或者未来的情况作出评价或者预测。

3. 及时性

总预算会计对于已经发生的经济业务或者事项，应当及时进行会计核算。

4. 可比性

总预算会计提供的会计信息应当具有可比性。

同一政府财政不同时期发生的相同或者相似的经济业务或者事项，应当采用一致的会计政策，不得随意变更。确需变更的，应当将变更的内容、理由和对政府财政预算执行情况、财务状况的影响在附注中予以说明。不同政府财政发生的相同或者相似的经济业务或者事项，应当采用统一的会计政策，确保不同政府财政的会计信息口径一致、相互可比。

5. 可理解性

总预算会计提供的会计信息应当清晰明了，便于会计信息使用者的理解和使用。

四、总预算会计科目

财政总预算会计科目是各级总预算会计设置总账账户、确定核算内容的依据。按照 2016 年修订后实施的《财政总预算会计制度》的规定，财政总预算会计科目共有 59 个，财政总预算会计科目的具体设置见表 18 - 1。

表 18 - 1　　　　　　　　　　财政总预算会计科目表

序号	科目编号	科目名称	序号	科目编号	科目名称
一、资产类			34	3081	资产基金
1	1001	国库存款		308101	应收地方政府债券转贷款
2	1003	国库现金管理存款		308102	应收主权外债转贷款
3	1004	其他财政存款		308103	股权投资
4	1005	财政零余额账户存款		308104	应收股利
5	1006	有价证券	35	3082	待偿债净资产
6	1007	在途款		308201	应付短期政府债券
7	1011	预拨经费		308202	应付长期政府债券
8	1021	借出款项		308203	借入款项
9	1022	应收股利		308204	应付地方政府债券转贷款
10	1031	与下级往来		308205	应付主权外债转贷款
11	1036	其他应收款		308206	其他负债
12	1041	应收地方政府债券转贷款	四、收入类		
13	1045	应收主权外债转贷款	36	4001	一般公共预算本级收入
14	1071	股权投资	37	4002	政府性基金预算本级收入
15	1081	待发国债	38	4003	国有资本经营预算本级收入
二、负债类			39	4005	财政专户管理资金收入
16	2001	应付短期政府债券	40	4007	专用基金收入
17	2011	应付国库集中支付结余	41	4011	补助收入
18	2012	与上级往来	42	4012	上解收入
19	2015	其他应付款	43	4013	地区间援助收入
20	2017	应付代管资金	44	4021	调入资金
21	2021	应付长期政府债券	45	4031	动用预算稳定调节基金

序号	科目编号	科目名称	序号	科目编号	科目名称
22	2022	借入款项	46	4041	债务收入
23	2026	应付地方政府债券转贷款	47	4042	债务转贷收入
24	2027	应付主权外债转贷款	五、支出类		
25	2045	其他负债	48	5001	一般公共预算本级支出
26	2091	已结报支出	49	5002	政府性基金预算本级支出
三、净资产类			50	5003	国有资本经营预算本级支出
27	3001	一般公共预算结转结余	51	5005	财政专户管理资金支出
28	3002	政府性基金预算结转结余	52	5007	专用基金支出
29	3003	国有资本经营预算结转结余	53	5011	补助支出
30	3005	财政专户管理资金结余	54	5012	上解支出
31	3007	专用基金结余	55	5013	地区间援助支出
32	3031	预算稳定调节基金	56	5021	调出资金
33	3033	预算周转金	57	5031	安排预算稳定调节基金
			58	5041	债务还本支出
			59	5042	债务转贷支出

各级总预算会计必须按以下要求使用会计科目：

（1）各级总预算会计应按制度规定设置会计科目，按科目使用说明使用。对制度中不需要的科目可以不用，不得擅自更改科目名称。

（2）明细科目的设置，除制度已有规定者外，各级总预算会计可根据需要，按《政府收支分类科目》自行设置。

（3）为便于编制会计凭证、登记账簿、查阅账目和实行会计电算化，制度统一规定了会计科目编码。各级总预算会计不得随意变更或打乱科目编码。

（4）总预算会计在填制会计凭证、登记账簿时，应填列会计科目的名称或者同时填列名称和编码，不得只填编码，不填名称。

（5）财政国库支付执行机构会计。财政国库管理制度改革改变了财政对单位的资金支付管理办法，为此，财政部门的国库支付执行机构特需设置"财政零余额账户存款""已结报支出"两个会计总账科目，并设立预算支出明细账。预算支出明细账应当按一般预算支出、基金预算支出的"类""款""项"及预算单位记载。

第二节　财政总预算会计要素

总预算会计应当按照业务或事项的经济特征确定会计要素，会计要素包括资产、负债、净资产、收入和支出。

一、资产

（一）资产的确认

财政总预算会计的资产是政府财政掌管、占有或控制的能以货币计量的经济资源。

总会计核算的资产按照流动性，分为流动资产和非流动资产。流动资产是指预计在 1 年内（含 1 年）变现的资产；非流动资产是指流动资产以外的资产。

财政总预算会计资产应当在取得对其相关的权利，并且能够可靠地进行货币计量时确认。符合资产定义并确认的资产项目，应当列入资产负债表。总会计核算的资产应当按照取得或发生时实际金额进行计量。

（二）资产的内容

财政总预算会计核算的资产具体包括财政存款、有价证券、应收股利、借出款项、暂付及应收款项、预拨经费、应收转贷款和股权投资等。

（1）财政存款是指政府财政部门代表政府管理的国库存款、国库现金管理存款以及其他财政存款等。财政存款的支配权属于同级政府财政部门，并由总会计负责管理，统一在国库或选定的银行开立存款账户，统一收付，不得透支，不得提取现金。

（2）有价证券是指政府财政按照有关规定取得并持有的政府债券。

（3）应收股利是指政府因持有股权投资应当收取的现金股利或利润。

（4）借出款项是指政府财政按照对外借款管理相关规定借给预算单位临时急需，并需按期收回的款项。

（5）暂付及应收款项是指政府财政业务活动中形成的债权，包括与下级往来和其他应收款等。暂付及应收款项应当及时清理结算，不得长期挂账。

（6）预拨经费是指政府财政在年度预算执行中预拨出应在以后各月列支以及会计年度终了前根据"二上"预算预拨出的下年度预算资金。预拨经费（不含预拨下年度预算资金）应在年终前转列支出或清理收回。

（7）应收转贷款是指政府财政将借入的资金转贷给下级政府财政的款项，包括应收地方政府债券转贷款、应收主权外债转贷款等。

（8）股权投资是指政府持有的各类股权投资资产，包括国际金融组织股权投资、投资基金股权投资、国有企业股权投资等。

二、负债

（一）负债的确认

负债是一级政府财政所承担的能以货币计量、需以资产偿付的债务。总会计核算的负债按照流动性，分为流动负债和非流动负债。流动负债是指预计在 1 年内（含 1 年）偿还的负债；非流动负债是指流动负债以外的负债。

财政总预算会计对符合负债定义的债务，应当在对其承担偿还责任，并且能够可靠地进行货币计量时确认。

各种债务应及时结算。属于应付及暂收款以及不明性质的款项应及时清理转账。符合负债定义并确认的负债项目，应当列入资产负债表。政府财政承担或有责任（偿债责任需要通过未来不确定事项的发生或不发生予以证实）的负债，不列入资产负债表，但应当在报表附注中披露。

财政总预算会计核算的各种负债，应当按照承担的相关合同金额或实际发生金额和偿还数额进行计量。

（二）负债的内容

财政总预算会计核算的负债具体包括应付国库集中支付结余、暂收及应付款项、应付政府债券、借入款项、应付转贷款、其他负债、应付代管资金等。

（1）应付国库集中支付结余是指国库集中支付中，按照财政部门批复的部门预算，当年未支而需结转下一年度支付的款项采用权责发生制列支后形成的债务。

（2）暂收及应付款项是指政府财政业务活动中形成的债务，包括与上级往来和其他应付款等。暂收及应付款项应当及时清理结算。

（3）应付政府债券是指政府财政采用发行政府债券方式筹集资金而形成的负债，包括应付短期政府债券和应付长期政府债券。

（4）借入款项是指政府财政部门以政府名义向外国政府、国际金融组织等借入的款项，以及通过经国务院批准的其他方式借款形成的负债。

（5）应付转贷款是指地方政府财政向上级政府财政借入转贷资金而形成的负债，包括应付地方政府债券转贷款和应付主权外债转贷款等。

（6）其他负债是指政府财政因有关政策明确要求其承担支出责任的事项而形成的应付未付款项。

（7）应付代管资金是指政府财政代为管理的，使用权属于被代管主体的资金。

三、收入

（一）财政总预算会计收入的范围

财政总预算会计核算的收入是政府财政为实现政府职能，根据法律法规等所筹集的资金，包括一般公共预算本级收入、政府性基金预算本级收入、国有资本经营预算本级收入、财政专户管理资金收入、专用基金收入、转移性收入、债务收入、债务转贷收入等。

（1）一般公共预算本级收入是指政府财政筹集的纳入本级一般公共预算管理的税收收入和非税收入。

（2）政府性基金预算本级收入是指政府财政筹集的纳入本级政府性基金预算管理的非税收入。

（3）国有资本经营预算本级收入是指政府财政筹集的纳入本级国有资本经营预算管理的非税收入。

（4）财政专户管理资金收入是指政府财政纳入财政专户管理的教育收费等资金收入。

（5）专用基金收入是指政府财政根据法律法规等规定设立的各项专用基金（包括粮食风险基金等）取得的资金收入。

（6）转移性收入是指在各级政府财政之间进行资金调拨以及在本级政府财政不同类型资金之间调剂所形成的收入，包括补助收入、上解收入、调入资金和地区间援助收入等。其中：①补助收入是指上级政府财政按照财政体制规定或因专项需要补助给本级政府财政的款项，包括上级税收返还、转移支付等。②上解收入是指按照财政体制规定由下级政府财政上交给本级政府财政的款项。③调入资金是指政府财政为平衡某类预算收支、从其他类型预算资金及其他渠道调入的资金。④地区间援助收入是指受援方政府财政收到援助方政府财政转来的可统筹使用的各类援助、捐赠等资金收入。

（7）债务收入是指政府财政根据法律法规等规定，通过发行债券、向外国政府和国际金融组织借款等方式筹集的纳入预算管理的资金收入。

（8）债务转贷收入是指本级政府财政收到上级政府财政转贷的债务收入。

（二）财政总预算会计收入金额的确认

一般公共预算本级收入、政府性基金预算本级收入、国有资本经营预算本级收入、财政专户管理资金收入和专用基金收入应当按照实际收到的金额入账。转移性收入应当按照财政体制的规定或实际发生的金额入账。债务收入应当按照实际发行额或借入的金额入账，债务转贷收入应当按照实际收到的转贷金额入账。

已建乡（镇）国库的地区，乡（镇）财政的本级收入以乡（镇）国库收到数为准。县（含县本级）以上各级财政的各项预算收入（含固定收入与共享收入）以缴入基层国库数额为准。

未建乡（镇）国库的地区，乡（镇）财政的本级收入以乡（镇）总会计收到县级财政返回数额为准。

（三）财政总预算会计收入的监管

财政总预算会计应当加强各项收入的管理，严格会计核算手续。对于各项收入的账务处理必须以审核无误的国库入库凭证、预算收入日报表和其他合法凭证为依据。发现错误，应当按照相关规定及时通知有关单位共同更正。

对于已缴入国库和财政专户的收入退库（付），要严格把关，强化监督。凡不属于国家规定的退库（付）项目，一律不得冲退收入。

属于国家规定的退库（付）事项，具体退库（付）程序按财政部的有关规定办理。

四、支出

（一）财政总预算会计支出的构成

支出是政府财政为实现其职能，对财政资金的再分配。总会计核算的支出包括一般公共预算本级支出、政府性基金预算本级支出、国有资本经营预算本级支出、财政专户管理资金支出、专用基金支出、转移性支出、债务还本支出、债务转贷支出等。

（1）一般公共预算本级支出是指政府财政管理的由本级政府使用的列入一般公共预算的支出。

（2）政府性基金预算本级支出是指政府财政管理的由本级政府使用的列入政府性基金预算的支出。

（3）国有资本经营预算本级支出是指政府财政管理的由本级政府使用的列入国有资本经营预算的支出。

（4）财政专户管理资金支出是指政府财政用纳入财政专户管理的教育收费等资金安排的支出。

（5）专用基金支出是指政府财政用专用基金收入安排的支出。

（6）转移性支出是指在各级政府财政之间进行资金调拨以及在本级政府财政不同

类型资金之间调剂所形成的支出，包括补助支出、上解支出、调出资金、地区间援助支出等。

①补助支出是指本级政府财政按财政体制规定或因专项需要补助给下级政府财政的款项，包括对下级的税收返还、转移支付等。

②上解支出是指按照财政体制规定由本级政府财政上交给上级政府财政的款项。

③调出资金是指政府财政为平衡预算收支、从某类资金向其他类型预算调出的资金。

④地区间援助支出是指援助方政府财政安排用于受援方政府财政统筹使用的各类援助、捐赠等资金支出。

（7）债务转贷支出是指本级政府财政向下级政府财政转贷的债务支出。

（8）债务还本支出是指政府财政偿还本级政府承担的债务本金支出。

（二）总预算会计支出列报的口径

一般公共预算本级支出、政府性基金预算本级支出、国有资本经营预算本级支出一般应当按照实际支付的金额入账，年末可采用权责发生制将国库集中支付结余列支入账。从本级预算支出中安排提取的专用基金，按照实际提取金额列支入账。财政专户管理资金支出、专用基金支出应当按照实际支付的金额入账。转移性支出应当按照财政体制的规定或实际发生的金额入账。债务转贷支出应当按照实际转贷的金额入账。债务还本支出应当按照实际偿还的金额入账。

凡属预拨经费的款项，到期转列支出时，应当按以上规定的列报口径转列支出。

对于收回当年已列支出的款项，应冲销当年支出。对于收回以前年度已列支出的款项，除财政部门另有规定外，应冲销当年支出。

（三）总预算会计支出的管理要求

总会计应当加强支出管理，科学预测和调度资金，严格按照批准的年度预算和用款计划办理支出，严格审核拨付申请，严格按预算管理规定和拨付实际列报支出，不得办理无预算、无用款计划、超预算、超用款计划的支出，不得任意调整预算支出科目。

对于各项支出的账务处理必须以审核无误的国库划款清算凭证、资金支付凭证和其他合法凭证为依据。

地方各级财政部门除国库集中支付结余外，不得采用权责发生制列支。权责发生制列支只限于年末采用，平时不得采用。

五、净资产

净资产是指政府财政资产减去负债的差额。财政总预算会计核算的净资产包括一般公共预算结转结余、政府性基金预算结转结余、国有资本经营预算结转结余、财政专户管理资金结余、专用基金结余、预算稳定调节基金、预算周转金、资产基金和待偿债净资产。财政总预算会计的各项结转结余应每年结算一次。

（1）一般公共预算结转结余是指一般公共预算收支的执行结果。

（2）政府性基金预算结转结余是指政府性基金预算收支的执行结果。

（3）国有资本经营预算结转结余是指国有资本经营预算收支的执行结果。

（4）财政专户管理资金结余是指纳入财政专户管理的教育收费等资金收支的执行

结果。

（5）专用基金结余是指专用基金收支的执行结果。

（6）预算稳定调节基金是指政府财政安排用于弥补以后年度预算资金不足的储备资金。

（7）预算周转金是指政府财政为调剂预算年度内季节性收支差额，保证及时用款而设置的库款周转资金。

（8）资产基金是指政府财政持有的债权和股权投资等资产（与其相关的资金收支纳入预算管理）在净资产中占用的金额。

（9）待偿债净资产是指政府财政承担应付短期政府债券、应付长期政府债券、借入款项、应付地方政府债券转贷款、应付主权外债转贷款、其他负债等负债（与其相关的资金收支纳入预算管理）而相应需在净资产中冲减的金额。

第三节　财政总预算会计账务组织

一、财政总预算会计的适用范围

为了规范各级政府财政总预算会计核算，保证会计信息质量，充分发挥总预算会计的职能作用，根据《中华人民共和国会计法》《中华人民共和国预算法》及其他有关法律法规，财政部修订后的新《财政总预算会计制度》自 2016 年 1 月 1 日起施行。此制度适用于中央，省、自治区、直辖市，设区的市、自治州，县、自治县、不设区的市、市辖区，乡、民族乡、镇等各级政府财政部门的总预算会计。社会保险基金预算资金会计核算不适用本制度，财政部有另行规定。

二、财政总预算会计凭证

各级总预算会计的原始凭证比较规范、来源渠道稳定，主要包括：

（1）国库报来的"预算收入日报表""分成收入计算表"及其附件，如缴款书、收入退还书及更正通知书等。

（2）各种拨款和转账收款凭证，如财政库款拨付的预算拨款凭证"回单"和各种银行汇款通知书"回单"、拨款通知书等。

（3）主管部门报来的各种非包干专项拨款支出报表和基建财务管理部门或经办基本建设支出的专业银行报来的基本建设支出月报。

（4）其他足以证明会计事项发生经过的凭证和文件。

各级总预算会计应根据审核无误的原始凭证，归类整理编制记账凭证。

属于预拨经费转列支出、年终结账和更正错误的记账凭证可不附原始凭证，但应经会计主管人员签章。

三、财政总预算会计账簿

财政总预算会计的账簿分为总账和明细账两类。财政总预算会计的明细账根据工作的需要，一般可设以下几种：

（1）各种收入明细账。收入明细账包括一般公共预算本级收入、政府性基金预算本级收入、国有资本经营预算收入、财政专户管理资金收入、专用基金收入、上解收入，补助收入、地区间援助收入、调入资金、动用预算稳定调节基金等各种收入明细账。其中：补助收入、调入资金等，如内容不多的，也可以总账代替；业务量大的，应按财政机关名称、资金性质设置明细账。

（2）预拨经费明细账。按拨款单位和政府预算支出科目的"款""项"设置。

（3）各种支出明细账。支出明细账包括一般公共预算本级支出明细账、政府性基金预算本级支出、国有资本经营预算支出、财政专户管理资金支出、专用基金支出、补助支出、地区间援助支出、调出资金、安排预算稳定调节基金等各种不同支出明细账。其中：上解支出可按财政机关名称设置明细账，如内容简单的，也可用总账代替。

（4）债务有关收支，包括债务收入、债务转贷收入；债务还本支出、债务转贷支出等明细账。

（5）财政存款明细账。可根据不同性质的存款设置明细账，包括国库存款、国库现金管理存款、其他财政存款、财政零余额账户存款、财政零余额账户存款，等等。

（6）政府资产明细账：资产明细账包括有价证券、股权投资、待发国债，等等。

（7）政府债权债务明细账：政府债权明细账包括应收地方政府债券转贷款、应收主权外债转贷款；政府债务明细账包括应付短期政府债券、应付长期政府债券、借入款项、应付地方政府债券转贷款、应付主权外债转贷款、其他负债，等等。

（8）往来待结算款的明细账。往来明细账可根据需要设置，其中：对上、下级财政之间的往来明细账可按财政机关名称设置，包括与下级往来、与上级往来；对单位的往来明细账可按应收或应付款的单位名称设置，包括借出款项、应收股利、其他应收款、应收地方政府债券转贷款、应收主权外债转贷款。应付短期政府债券、应付国库集中支付结余、其他应付款、应付代管资金、应付长期政府债券、借入款项、应付地方政府债券转贷款、应付主权外债转贷款、其他负债，等等。

（9）资产和负债明细账：资产明细账包括有价证券、应收地方政府债券转贷款、应收主权外债转贷款、股权投资、待发国债，等等；负债明细账包括应付短期政府债券、应付长期政府债券、借入款项、应付地方政府债券转贷款、应付主权外债转贷款、其他负债，等等。

（10）净资产明细账。净资产明细账包括一般公共预算结转结余、政府性基金预算结转结余、国有资本经营预算结转结余、财政专户管理资金结余、专用基金结余；预算稳定调节基金、预算周转金、资产基金、待偿债净资产等明细账。

四、财政总预算会计报表

财政总预算会计报表是各级预算收支执行情况及其结果的定期书面报告，是各级政府和上级财政部门了解情况、掌握政策、指导预算、执行工作的重要资料，也是编制下年度预算的基础。

（一）总预算会计报表的编报要求

各级总预算会计报表要做到数字正确，报送及时，内容完整。

（1）各级总预算会计要加强日常会计核算工作，督促有关单位及时记账、结账。所有预算会计单位都应在规定的期限内报出报表，以便主管部门和财政部门及时汇总。

（2）一般公共预算执行情况表、政府性基金预算执行情况表、国有资本经营预算执行情况表应当按旬、月度和年度编制，财政专户管理资金收支情况表和专用基金收支情况表应当按月度和年度编制，收入支出表按月度和年度编制，资产负债表和附注应当至少按年度编制。旬报、月报的报送期限及编报内容应当根据上级政府财政具体要求和本行政区域预算管理的需要办理。

（3）总预算会计应当根据本制度编制并提供真实、完整的会计报表，切实做到账表一致，不得估列代编，弄虚作假。

（4）总预算会计要严格按照统一规定的种类、格式、内容、计算方法和编制口径填制会计报表，以保证全国统一汇总和分析。汇总报表的单位，要把所属单位的报表汇集齐全，防止漏报。

（二）总预算会计报表的编审工作

总预算会计的年报，即各级政府决算，反映着年度预算收支的最终结果。各级总预算会计在财政部门的领导下，参与或具体负责组织下列决算草案的编审工作：

（1）参与组织制定决算草案编审办法。根据上级财政部门的统一要求和本行政区域预算管理的需要，提出年终收支清理、数字编列口径、决算审查和组织领导等具体要求，并对财政结算、结余处理等具体问题规定处理办法。参与组织制定本级单位决算草案编审办法。

（2）参与制发或根据上级财政部门的要求结合本行政区域的具体情况转（制）发本行政区域财政总决算统一表格和本级单位决算统一表格。协同财务部门设计基本数字表及其他附表。

（3）办理全年各项收支、预拨款项、往来款项等会计对账、结账工作。

（4）对下级财政部门和同级单位预算主管部门布置决算草案编审工作，并督促检查、及时汇总报送决算。

（5）审查、汇总所属财政决算草案收支各表，并负责全部决算草案的审查汇总工作。

（6）编写决算说明书，向上级财政部门汇报决算编审工作情况，进行上下级财政之间的财政体制结算以及财政总决算的文件归档工作。

（7）各级财政部门应将汇总编制的本级决算草案及时报本级政府审定。各级财政部门应按照上级财政部门规定的时限和份数，将经本级人民政府审定的本行政区域决算草案逐级及时报送备案。计划单列城市的会计报表和年度财政决算在报送省级财政部门的同时，直接报送财政部。

各级总预算会计必须定期编制和汇总预算会计报表。总会计报表有资产负债表、预算执行情况表、财政周转金收支情况表、财政周转金投放情况表、预算执行情况说明书及其他附表等。其他附表有基本数字表，行政、事业单位收支汇总表以及所附会计报表。

（三）总预算会计表体系

总预算会计报表是反映政府财政预算执行结果和财务状况的书面文件。总预算会计报表包括资产负债表、收入支出表、一般公共预算执行情况表、政府性基金预算执行情况表、国有资本经营预算执行情况表、财政专户管理资金收支情况表、专用基金收支情况表等会计报表和附注。

资产负债表是反映政府财政在某一特定日期财务状况的报表。资产负债表应当按照资产、负债和净资产分类、分项列示。

收入支出表是反映政府财政在某一会计期间各类财政资金收支余情况的报表。收入支出表根据资金性质按照收入、支出、结转结余的构成分类、分项列示。

一般公共预算执行情况表是反映政府财政在某一会计期间一般公共预算收支执行结果的报表，按照《政府收支分类科目》中一般公共预算收支科目列示。

政府性基金预算执行情况表是反映政府财政在某一会计期间政府性基金预算收支执行结果的报表，按照《政府收支分类科目》中政府性基金预算收支科目列示。

国有资本经营预算执行情况表是反映政府财政在某一会计期间国有资本经营预算收支执行结果的报表，按照《政府收支分类科目》中国有资本经营预算收支科目列示。

财政专户管理资金收支情况表是反映政府财政在某一会计期间纳入财政专户管理的财政专户管理资金全部收支情况的报表，按照相关政府收支分类科目列示。

专用基金收支情况表是反映政府财政在某一会计期间专用基金全部收支情况的报表，按照不同类型的专用基金分别列示。

附注是指对在会计报表中列示项目的文字描述或明细资料，以及对未能在会计报表中列示项目的说明。

思考与练习题

1. 简述财政总预算会计具有哪些特点。
2. 简述财政总预算会计核算和确认的基础。
3. 简述财政总预算会计的构成体系。
4. 简述财政总预算会计的基本任务。
5. 简述财政总预算会计明细账的设置。
6. 说明财政总预算会计报表的构成体系。

第十九章

财政总预算会计资产

第一节　财政总预算会计的财政性存款

一、财政性存款的管理

财政性存款是财政部门代表政府所掌管的财政资金。包括国库存款及其他财政存款。财政存款开户一般应预留财政机关公章，机关首长、预算部门负责人和财政总预算会计的印鉴。

财政性存款的支配权属于同级政府财政部门，并由总预算会计负责管理，统一收付。总预算会计在管理财政性存款中，应当遵循以下原则：

（1）集中资金，统一调度。各种应由财政部门掌管的资金，都应纳入总预算会计的存款账户。调度资金，应根据事业进度和资金使用情况，保证满足计划内各项正常支出的需求，并要充分发挥资金效益，把资金用活用好。

（2）严格控制存款开户。财政部门的预算资金除财政部有明确规定者外，一律由总预算会计统一在国库或指定的银行开立存款账户。不得在国家规定之外将预算资金或其他财政资金任意转存其他金融机构。

（3）根据年度预算或季度分月用款计划拨付资金。不得办理超预算、无用款计划的拨款。

（4）转账结算。总预算会计的各种会计凭证不得用以提取现金。

（5）在存款余额内支付，不得透支。

二、国库存款

（一）国库存款的科目设置

国库存款属资产类科目，核算政府财政存放在国库单一账户的款项。借方记国库存款的增加数；贷方记国库存款的减少数。借方余额反映财政国库存款的结存数。国库存款科目可分一般公共预算存款、政府性基金预算存款、国有资本经营预算存款等二级科目进行明细核算，是否要分设二级科目，可根据需要确定。

（二）国库存款的主要账务

（1）收到预算收入时，借记本科目，贷记有关预算收入科目。当日收入数为负数时，以红字记入（采用计算机记账的，用负数反映）。

（2）收到国库存款利息收入时，借记本科目，贷记"一般公共预算本级收入"科目。

（3）收到缴入国库的来源不清的款项时，借记本科目，贷记"其他应付款"等科目。

（4）国库库款减少时，按照实际支付的金额，借记有关科目，贷记本科目。

（三）国库存款增减的核算

【例 19-1】 某市财政国库处总预算会计收到中国人民银行国库报来的"预算收入日报表"等凭证，列明当日共收到财政预算收入 240 000 元，其中：一般公共预算本级收入 150 000 元，政府性基金预算本级收入 70 000 元，国有资本经营预算本级收入 20 000 元；同时收到上级财政补助收入 10 000 元。

借：国库存款——一般公共预算存款　　　　　　　　150 000
　　贷：一般公共预算本级收入　　　　　　　　　　　　150 000
借：国库存款——政府性基金预算存款　　　　　　　70 000
　　贷：政府性基金预算本级收入　　　　　　　　　　　70 000
借：国库存款——国有资本经营预算存款　　　　　　20 000
　　贷：国有资本经营预算本级收入　　　　　　　　　　20 000
借：国库存款　　　　　　　　　　　　　　　　　　10 000
　　贷：补助收入　　　　　　　　　　　　　　　　　　10 000

【例 19-2】 市财政局国库处收到国库集中支付清算回单，列明当日属于一般公共预算本级支出的款项共计 100 000 元，属于政府性基金预算本级支出的款项共计 30 000 元，属于国有资本经营预算支出的款项共计 20 000 元；同时通过财政国库账户向所属下级财政拨付财政补助资金 10 000 元。

借：一般公共预算本级支出　　　　　　　　　　　　100 000
　　政府性基金预算本级支出　　　　　　　　　　　　30 000
　　国有资本经营预算支出　　　　　　　　　　　　　20 000
　　补助支出　　　　　　　　　　　　　　　　　　　10 000
　　贷：国库存款　　　　　　　　　　　　　　　　　160 000

【例 19-3】 收到上级财政拨来一般公共预算补助款 3 500 000 元，根据国库转来有关结算凭证入账。

借：国库存款——一般公共预算存款　　　　　　　3 500 000
　　贷：补助收入　　　　　　　　　　　　　　　　3 500 000

【例 19-4】 某市财政局根据季度分月用款计划签发预算拨款凭证，通知国库将市教委当月的经费办理 100 000 元的库款支付，根据支付凭证回单入账。

借：一般公共预算本级支出　　　　　　　　　　　　100 000
　　贷：国库存款——一般公共预算存款　　　　　　　100 000

财政国库管理制度改革改变了资金支付管理办法，会计核算方法有所调整。

1. 财政直接支付资金的核算

财政总预算会计对通过财政国库支付执行机构直接支付的资金，根据财政国库支付执行机构每日报来的按部门分"类""款""项"汇总的《预算支出结算清单》，与中国人民银行划款凭证核对无误后列报预算支出，会计分录为：

借：一般公共预算本级支出

政府性基金预算本级支出

贷：国库存款

2. 财政授权支付资金的核算

财政总预算会计将各代理银行汇总的预算单位零余额账户授权支付数，与中国人民银行汇总划款凭证及财政国库支付执行机构按部门分"类""款""项"汇总的《预算支出结算清单》核对无误后列报预算支出，会计分录为：

借：一般公共预算本级支出

政府性基金预算本级支出

贷：国库存款

（四）国库存款息费的核算

各级财政机关在中国人民银行的国库存款利息，由中国人民银行直接计付；在商业银行、信用社代理国库的存款利息，由商业银行、信用社于结息日（每季度最后一个月的 20 日）后的次日向中国人民银行报送计息积数，中国人民银行据以计算并及时计付。每季结息日，中国人民银行根据本结息期内各级财政库款的累计积数，按照规定的利率，计算应付各级财政的利息，并于次日向同级财政机关提供有关库款计息凭证等记账依据。代理国库业务的商业银行、信用社收到中国人民银行划付的国库存款利息后，应于次日向同级财政机关提供有关库款利息入账凭证等记账依据。

各级库款按季结息的收入，转增同级财政库款。各级财政机关根据有关库款计息凭证等记账依据，登记国库存款账。库款计息收入纳入各级财政预算，按照一般预算收入统筹安排使用，不得转为账外收入。

【例 19 - 5】收到各级库款利息收入 50 000 元，根据《政府收支分类科目》作会计分录：

借：国库存款——一般公共预算存款　　　　　　　　　　　　　　50 000

　　贷：一般公共预算本级收入——其他收入——利息收入　　　50 000

为加强财政资金管理，降低财政筹资成本，提高财政资金运用效益，顺利推进财政国库管理制度改革，自 2003 年 1 月 1 日起对国库存款开始计付利息，国库存款计付利息利率，按现行中国人民银行规定的单位活期存款利率计付。利率发生调整时，按调整后的利率计付。国库存款利息，分财政级次、按日库款余额（日积数）累计积数计算，按季结算利息。

向代理财政国库集中收付业务的商业银行支付的资金汇划手续费、代理业务费等相关费用通过各级财政预算安排，不与国库存款利息收入挂钩。

【例 19 - 6】某财政机关用于财政国库管理制度改革中资金支付和非税收入收缴的费用支出 21 000 元，根据《政府收支分类科目》作会计分录：

借：一般公共预算本级支出——一般公共服务——财政事务　　21 000

　　贷：国库存款——一般公共预算存款　　　　　　　　　　　　　21 000

中国人民银行各级国库应逐级报送库款结存情况月报表。中国人民银行国库局负责汇总后，应及时向财政部（国库司）提供上月分省的库款结存情况月报表。中国人民银行国库局应在每季末月后的 10 个工作日内，向财政部（国库司）提供分省汇总的国库存款计息金额。各级财政机关发现库款结存数额、库款计息积数、利息计算有误的，应及时通知中国人民银行各级国库办理更正。中国人民银行各级国库应当及时向同级财政机关报送库款结存情况日报表，反馈有关信息，并接受同级财政机关对库款结存情况的查询与监督。

（五）外币存款的核算

有外币收支业务的总预算会计，应按外币的种类设置外币存款明细账。发生外币收支业务时，应根据中国人民银行公布的人民币外汇汇率折合为人民币记账，并登记外国货币金额和折合率。年度终了，应将外币账户余额按照期末国家银行颁布的人民币外汇汇价折合为人民币，作为外币账户期末人民币余额。调整后的各种外币账户人民币余额与原账面余额的差额，作为汇兑损益列入有关支出科目。

【例 19-7】年终，某财政机关计算一般预算资金的美元汇兑损失为 10 000 元，基金预算的英镑汇兑溢出 16 000 元。

借：一般公共预算本级支出   10 000
 贷：国库存款——一般公共预算存款   10 000
借：国库存款——政府性基金预算存款   16 000
 贷：政府性基金预算支出   16 000

三、国库现金管理存款

"国库现金管理存款"科目核算政府财政实行国库现金管理业务存放在商业银行的款项。本科目期末借方余额反映政府财政实行国库现金管理业务持有的存款。

（1）根据国库现金管理的有关规定，将库款转存商业银行时按存入商业银行的金额，记：

借：国库现金管理存款
 贷：国库存款

（2）国库现金管理存款收回国库时，按照实际收回的金额，借记"国库存款"科目，按照原存入商业银行的存款本金金额，贷记本科目，按照两者的差额，贷记"一般公共预算本级收入"科目。

借：国库存款（实收金额）
 贷：国库现金管理存款（本金）
  一般公共预算本级收入（差额）

【例 19-8】中央财政按照国库现金管理的有关规定，将国库存款 8 000 000 元转存商业银行。

借：国库现金管理存款   8 000 000
 贷：国库存款   8 000 000

【例 19-9】中央财政将到期的国库现金管理存款收回国库，本息 8 300 000 元。

借：国库存款   8 300 000
 贷：国库现金管理存款   8 000 000
  一般公共预算本级收入   300 000

四、其他财政存款

(一) 其他财政存款的科目设置

"其他财政存款"科目核算政府财政未列入"国库存款""国库现金管理存款"科目反映的各项存款。本科目应当按照资金性质和存款银行等进行明细核算。

"其他财政存款"属资产类科目,借方登记增加数,贷方登记减少数;借方余额反映其他财政存款的实际结存数,反映政府财政持有的其他财政存款,年终余额结转下年。

(二) 其他财政存款的主要账务处理

(1) 财政专户收到款项时,按照实际收到的金额,借记本科目,贷记有关科目。

(2) 其他财政存款产生的利息收入,除规定作为专户资金收入外,其他利息收入都应缴入国库纳入一般公共预算管理。取得其他财政存款利息收入时,按照实际获得的利息金额,根据以下情况分别处理:

①按规定作为专户资金收入的,记:

借:其他财政存款

　　贷:应付代管资金或有关收入科目

②按规定应缴入国库的,记:

借:其他财政存款

　　贷:其他应付款

将其他财政存款利息收入缴入国库时,记:

借:其他应付款

　　贷:其他财政存款

同时记:

借:国库存款

　　贷:一般公共预算本级收入

(3) 其他财政存款减少时,按照实际支付的金额,记:

借:有关科目

　　贷:其他财政存款

【例 19 – 10】某市财政收到上级财政拨入的粮食风险基金 50 000 元,款项已存入在某商业银行开设的粮食风险基金专户,会计分录为:

借:其他财政存款　　　　　　　　　　　　　　　　　　50 000

　　贷:专用基金收入　　　　　　　　　　　　　　　　　　　50 000

【例 19 – 11】某市财政粮食风险基金专户安排支出 20 000 元,会计分录为:

借:专用基金支出　　　　　　　　　　　　　　　　　　20 000

　　贷:其他财政存款　　　　　　　　　　　　　　　　　　　20 000

【例 19 – 12】某市财政专户存款利息 150 000 元按规定作为专户资金收入,会计分录为:

借:其他财政存款　　　　　　　　　　　　　　　　　　150 000

　　贷:应付代管资金　　　　　　　　　　　　　　　　　　　150 000

【例 19 – 13】某市财政专户存款利息 150 000 元按规定应缴入国库。

财政专户计息时，作会计分录：

借：其他财政存款 150 000
　　贷：其他应付款 150 000

财政专户将利息缴入国库，财政专户和国库分别记：

借：其他应付款 150 000
　　贷：其他财政存款 150 000
借：国库存款 150 000
　　贷：一般公共预算本级收入 150 000

五、有价证券

"有价证券"属于资产类科目，用于核算政府财政按照有关规定取得并持有的有价证券金额，本科目应当按照有价证券种类和资金性质进行明细核算。有价证券科目借方登记库存增加数，贷方登记库存减少数。借方余额为有价证券库存实有数，反映政府财政持有的有价证券金额。

（1）购入有价证券时，按照实际支付的金额，记：

借：有价证券
　　贷：国库存款/其他财政存款等科目

购入有价证券（含债券收款单）应视同货币妥善保管，不能列作支出。

（2）转让或到期兑付有价证券时，按照实际收到的金额，借记"国库存款""其他财政存款"等科目，按照该有价证券的账面余额，贷记本科目，按其差额，贷记"一般公共预算本级收入"等科目。

借：国库存款、其他财政存款等科目（实际收到的金额）
　　贷：有价证券（有价证券的账面余额）
　　　　一般公共预算本级收入等收入科目（差额）

【例 19 – 14】用一般公共预算结转结余 2 000 000 元购买有价证券。

借：有价证券——一般公共预算结转结余购入 2 000 000
　　贷：国库存款——一般公共预算存款 2 000 000

【例 19 – 15】用基金预算结余 800 000 元购买有价证券。

借：有价证券——政府性基金预算结转结余购入 800 000
　　贷：国库存款——政府性基金预算存款 800 000

【例 19 – 16】到期兑付用一般预算结余 1 000 000 元购买的有价证券，获得利息 9 000 元。

借：国库存款——一般公共预算存款 1 009 000
　　贷：有价证券——一般公共预算结转结余购入 1 000 000
　　　　一般公共预算本级收入 9 000

到期兑付用政府性基金预算结转结余购买和兑付有价证券本金和利息的分录同上。

六、在途款

（一）在途款的科目设置

为了按年（月）划期核算预算收支，使年终决算中总预算会计的国库存款与国库的财政库款数额一致，在决算清理期内对涉及上、下年度有关收支业务要进行过渡核算，为此设置"在途款"科目。

"在途款"属于资产类科目。核算决算清理期和库款报解整理期内发生的需要通过本科目过渡处理的属于上年度收入、支出等业务的资金数。预算收入按月划期核算的地区，平时也使用本科目核算。

在途款科目的借方登记在途款的增加数，贷方登记在途款的减少数或冲转数。借方余额反映待冲转数，期末借方余额反映政府财政持有的在途款。本科目的新年度账作相反的分录。

（二）在途款的主要账务处理

（1）收到属于上年度收入时，在上年旧账上作会计分录：

借：在途款

　　贷：有关收入科目

收回属于上年度拨款或支出时，在上年度账务中作会计分录，记：

借：在途款

　　贷：预拨经费或有关支出科目

（2）决算清理期和库款报解整理期内冲转在途款时，在本年新账作会计分录：

借：国库存款

　　贷：在途款

（三）在途款的核算实例

【例19－17】1月3日，根据国库报来的预算收入日报表列示，收到上年度的烟叶税230 000元。

在上年12月31日的旧账上补记：

借：在途款　　　　　　　　　　　　　　　　　　230 000

　　贷：一般公共预算本级收入　　　　　　　　　　　　230 000

在本年1月3日的新账进行冲转：

借：国库存款——一般公共预算存款　　　　　　230 000

　　贷：在途款　　　　　　　　　　　　　　　　　　230 000

第二节　财政国库支付执行机构会计的核算

一、财政零余额账户存款

"财政零余额账户存款"属资产类科目，用于核算财政国库支付执行机构在代理银行办理财政直接支付的业务。本科目贷方记财政国库支付执行机构当天发生直接支付资金数，借方记当天国库单一账户存款划入冲销数；本科目当日资金结算后，余额为零，一般应无余额。财政国库支付执行机构未单设的地区不使用该科目。

（1）财政国库支付执行机构为预算单位直接支付款项时，根据银行支付凭证回执联，按部门分"类""款""项"列报预算支出，作会计分录：

借：有关预算支出科目——财政直接支付

　　贷：财政零余额账户存款

（2）财政国库支付执行机构每日将按部门分"类""款""项"汇总的预算支出结算清单等结算单与中国人民银行国库划款凭证核对无误后，送总会计结算资金，按照结算的金额，作会计分录：

借：财政零余额账户存款

　　贷：已结报支出

财政国库支付执行机构对财政批准下达各预算单位零余额账户的用款额度，不作正式会计分录，但需要备查登记。

【例 19 - 18】某市财政国库支付执行机构发生如下业务：

（1）以财政直接支付方式，通过财政零余额账户支付属于一般公共预算支出的款项 50 000 元。其会计分录为：

借：一般公共预算本级支出　　　　　　　　　　　　　　　　　　　50 000

　　贷：财政零余额账户存款　　　　　　　　　　　　　　　　　　　　　50 000

（2）汇总编制当日"预算支出结算清单"，其中，当日财政直接支付的资金数额为 50 000 元。将"预算支出结算清单"与中国人民银行国库清算划款凭证核对无误后，送财政总预算会计结算资金。其会计分录为：

借：财政零余额账户存款　　　　　　　　　　　　　　　　　　　　50 000

　　贷：已结报支出　　　　　　　　　　　　　　　　　　　　　　　　50 000

二、已结报支出

已结报支出属负债类科目，用于核算政府财政国库支付执行机构已清算的国库集中支付支出数额。本科目年终转账后无余额。财政国库支付执行机构未单设的地区，不使用该科目。

（1）每日汇总清算后，财政国库支付执行机构会计根据有关划款凭证回执联和按部门分"类""款""项"汇总的《预算支出结算清单》，对于财政直接支付，记：

借：财政零余额账户存款

　　贷：已结报支出——财政直接支付

对于财政授权支付，记：

借：一般公共预算本级支出——单位零余额账户额度

　　政府性基金预算本级支出——单位零余额账户额度

　　国有资本经营预算本级支出等科目——单位零余额账户额度

　　贷：已结报支出——财政授权支付

（2）年终，财政国库支付执行机构按照累计结清的支出金额，与有关方面核对一致后转账时，作相反会计分录，即：

借：已结报支出

　　贷：一般公共预算本级支出

　　　　政府性基金预算本级支出

　　　　国有资本经营预算本级支出

【例 19 – 19】年终，某市国库支付中心累计已经结清的一般公共预算本级支出 50 000 000 元、政府性基金预算本级支出 40 000 000 元、国有资本经营预算本级支出 10 000 000 元，与有关方面核对一致后转账。

借：已结报支出　　　　　　　　　　　　　　　　　100 000 000

　　贷：一般公共预算本级支出　　　　　　　　　　　　50 000 000

　　　　政府性基金预算本级支出　　　　　　　　　　　40 000 000

　　　　国有资本经营预算本级支出　　　　　　　　　　10 000 000

第三节　财政总预算会计的待结算资产

一、预拨经费

（一）预拨经费的账务处理

"预拨经费"科目核算政府财政预拨给预算单位尚未列为预算支出的款项。本科目借方余额反映政府财政年末尚未转列支出或尚待收回的预拨经费数。本科目应当按照预拨经费种类、预算单位等进行明细核算。

预拨经费属资产类科目，核算财政部门预拨给行政事业单位、尚未列为预算支出的经费。借方登记经费预拨数，贷方登记收到退回经费数或到期转账列支数。借方余额反映尚未转列支出或尚待收回的预拨经费数。预拨经费应按拨款单位名称设明细账。

（1）拨出款项时，记：

借：预拨经费

　　贷：国库存款

（2）转列支出或收回预拨款项时，记：

借：一般公共预算本级支出

　　政府性基金预算本级支出

　　国库存款等科目

　　贷：预拨经费

预拨经费是用预算资金预拨给用款单位的款项。凡年度预算执行中总预算会计用预算资金预拨出应在以后各期列支的款项以及会计年度终了前预拨给用款单位的下年度经费款，均应作为预拨经费管理。

在对行政单位普遍实行预算包干后，预算支出按财政拨款数列报，财政拨付了经费，就可直接列报支出，但预付给单位的经费，由于财政拨付的不是单位当期的经费，不应在当期列报支出，所以要作为预拨经费处理。

发生预拨经费主要有两种特殊情况：一是交通不便的边远地区，当期汇款不能及时到达，影响单位按时支付，需要上级单位提前在上一个月拨付下一个月的经费；二是上年预拨属于下年预算的经费。如今冬明春水利经费，已列入下年的农田水利计划，但需在今年抓紧准备或施工。在此情况下，往往需提前拨付，但又不能在本年度列为支出。

"预拨经费"在列支前属于债权，财政部门预拨给行政事业单位的经费，不应列作本期总预算支出。凡拨出经费属于本期支出的，不属于预拨经费。预拨经费应及时清理转列支出或收回。一般要求预拨经费（不含预拨下年度经费）应在年终前转列支出或清理收回。

（二）预拨经费的核算实例

【例19-20】 11月，某市财政局以一般公共预算资金预拨给市水利局下年水利建设经费9 000 000元。

借：预拨经费——市水利局　　　　　　　　　　　　9 000 000
　　贷：国库存款——一般公共预算存款　　　　　　　　9 000 000

财政收到预算单位交回拨款时作相反会计分录。

【例19-21】 1月份将上年预拨一般公共预算经费中的8 000 000元转列预算支出，另外的1 000 000元收回。

借：一般公共预算本级支出　　　　　　　　　　　　8 000 000
　　国库存款　　　　　　　　　　　　　　　　　　1 000 000
　　贷：预拨经费　　　　　　　　　　　　　　　　　9 000 000

对行政事业单位拨款应按经费领报关系转拨。凡有上级主管部门的单位，不能作为主管会计单位，直接与各级财政部门发生领报关系。

二、借出款项

"借出款项"科目核算政府财政按照对外借款管理相关规定借给预算单位临时急需的，并需按期收回的款项。本科目期末借方余额反映政府财政借给预算单位尚未收回的款项。本科目应当按照借款单位等进行明细核算。

将款项借出时，按照实际支付的金额，记：

借：借出款项
　　贷：国库存款等科目

收回借款时，按照实际收到的金额做与此相反的会计分录。

【例19-22】 8月15日，市财政局经研究决定，将一般公共预算资金500 000元借给市交通局作为购买设备的紧急用款。

借：借出款项　　　　　　　　　　　　　　　　　　500 000
　　贷：国库存款　　　　　　　　　　　　　　　　　500 000

【例19-23】 9月2日，市财政局收到市交通局归还所借的500 000元预算资金中的200 000元，另外300 000元决定转为抵冲对市科委当月的包干经费拨款。

借：国库存款　　　　　　　　　　　　　　　　　　200 000
　　一般公共预算本级支出　　　　　　　　　　　　　300 000
　　贷：借出款项　　　　　　　　　　　　　　　　　500 000

三、与下级往来

"与下级往来"属于往来性质科目，用于核算本级政府财政与下级政府财政的往来待结算款项。本科目应当按照下级政府财政部门名称、资金性质等设置明细账，进行明细核算。"与下级往来"是与"与上级往来"相对应的科目。

"与下级往来"科目的借方登记借出款数或体制结算中下级财政应上交的收入数；贷方登记借款收回数，或转作补助支出数，或体制结算应补助下级财政数。"与下级往来"的期末借方余额反映下级政府财政欠本级政府财政的款项，期末贷方余额则反映本级政府财政欠下级政府财政的款项。如发生贷方余额，在编制"资产负债表"时应以负数反映。

（1）借给下级政府财政款项时，记：

借：与下级往来

　　贷：国库存款

（2）体制结算中应当由下级政府财政上交的收入数，记：

借：与下级往来

　　贷：上解收入

（3）借款收回、转作补助支出或体制结算应当补助下级政府财政的支出，记：

借：国库存款/补助支出等有关科目

　　贷：与下级往来

（4）发生上解多交应当退回的，按照应当退回的金额，记：

借：上解收入

　　贷：与下级往来

（5）发生补助多补应当退回的，按照应当退回的金额，记：

借：与下级往来

　　贷：补助支出

【例19－24】某省财政局签发付款凭证，通知国库将一般公共预算资金1 000 000元借给所属的甲县财政局。

借：与下级往来——甲县财政局　　　　　　　　　　　　1 000 000

　　贷：国库存款——一般预算存款　　　　　　　　　　　　1 000 000

收到下级财政归还借款或向下级财政借款时，会计分录相反。

【例19－25】年终体制结算中，计算出A区财政应上解未解的预算收入600 000元。

借：与下级往来——A区财政局　　　　　　　　　　　　600 000

　　贷：上解收入——A区财政局　　　　　　　　　　　　　600 000

【例19－26】年终体制结算中，对应拨未拨给下级政府的补助款260 000元作会计分录。

借：补助支出　　　　　　　　　　　　　　　　　　　　260 000

　　贷：与下级往来　　　　　　　　　　　　　　　　　　260 000

【例19－27】将借给下级财政的370 000元借款转作对下级补助款。

借：补助支出   370 000

  贷：与下级往来   370 000

与下级往来应及时清理结算，属于转作补助支出的部分，应在当年结清，其他年末不能结清的余额，结转下年。

四、其他应收款

（一）其他应收款的账务处理

"其他应收款"科目核算政府财政临时发生的其他应收、暂付、垫付款项。项目单位拖欠外国政府和国际金融组织贷款本息和相关费用导致相关政府财政履行担保责任，代偿的贷款本息费，也通过本科目核算。本科目应当按照资金性质、债务单位等进行明细核算。本科目应及时清理结算。年终，原则上应无余额。

（1）发生其他应收款项时，记：

借：其他应收款

  贷：国库存款/其他财政存款等科目

（2）收回或转作预算支出时，记：

借：国库存款/其他财政存款

  有关支出科目

  贷：其他应收款

（3）政府财政对使用外国政府和国际金融组织贷款资金的项目单位履行担保责任，代偿贷款本息费时，记：

借：其他应收款

  贷：国库存款/其他财政存款等科目

政府财政行使追索权，收回项目单位贷款本息费时，记：

借：国库存款/其他财政存款等科目

  贷：其他应收款

政府财政最终未收回项目单位贷款本息费，经核准列支时，记：

借：一般公共预算本级支出等科目

  贷：其他应收款

（二）其他应收款的核算实例

【例 19 - 28】 某市财政对使用国际金融组织贷款资金的 A 项目单位履行担保责任，发生代偿贷款本息 210 000 元，其中本金 200 000 元、利息 10 000 元。

借：其他应收款   210 000

  贷：其他财政存款   200 000

    国库存款   10 000

【例 19 - 29】 〖例 19 - 28〗中的财政行使追索权，收回项目单位贷款本息 210 000 元。

借：其他财政存款   200 000

  国库存款   10 000

  贷：其他应收款   210 000

【例 19 - 30】〖例 19 - 29〗中财政最终未收回项目单位贷款本息费，经核准列入一般公共预算支出。

借：一般公共预算本级支出   210 000

  贷：其他应收款   210 000

第四节 财政总预算会计的股权股利

一、股权投资

（一）股权投资的科目设置

"股权投资"科目核算政府持有的各类股权投资，包括国际金融组织股权投资、投资基金股权投资和企业股权投资等。股权投资一般采用权益法进行核算。本科目期末借方余额反映政府持有的各种股权投资金额。

"股权投资"科目应当按照"国际金融组织股权投资""投资基金股权投资""企业股权投资"设置一级明细科目，在一级明细科目下，可根据管理需要，按照被投资主体进行明细核算。对每一被投资主体还可按"投资成本""收益转增投资""损益调整""其他权益变动"进行明细核算。

（二）股权投资的主要账务处理

1. 国际金融组织股权投资

（1）政府财政代表政府认缴国际金融组织股本时的账务处理。

按认缴国际金融组织股本的实际支付金额，记：

借：一般公共预算本级支出等科目

  贷：国库存款

根据股权投资确认相关资料，按照确定的股权投资成本，记：

借：股权投资

  贷：资产基金——股权投资

（2）从国际金融组织撤出股本时的账务处理。

按照收回的金额，记：

借：国库存款

  贷：一般公共预算本级支出

根据股权投资清算相关资料，按照实际撤出的股本，记：

借：资产基金——股权投资

  贷：股权投资

2. 投资基金股权投资

（1）政府财政对投资基金进行股权投资时，按照实际支付的金额，借记"一般公共预算本级支出"等科目，贷记"国库存款"等科目；根据股权投资确认相关资料，按照实际支付的金额，借记本科目（投资成本），按照确定的在被投资基金中占有的权益金额与实际支付金额的差额，借记或贷记本科目（其他权益变动），按照确定的在被投资基金中占有的权益金额，贷记"资产基金——股权投资"科目。

按照实际支付的金额，记：

借：一般公共预算本级支出等科目

贷：国库存款等科目

根据股权投资确认相关资料，按照实际支付的金额，记：

借：股权投资——投资成本（实付金额）

——其他权益变动（差额）

贷：股权投资——其他权益变动（差额）

资产基金——股权投资（权益金额）

（2）年末，根据政府财政对于在被投资基金当期净利润或净亏损中占有的份额，作如下会计分录。

对于被投资基金当期净利润中占有的份额，记：

借：股权投资——损益调整

贷：资产基金——股权投资

对于被投资基金当期净亏损中占有的份额，记：

借：资产基金——股权投资

贷：股权投资——损益调整

（3）政府财政将归属财政的收益留作基金滚动使用时，记：

借：股权投资——收益转增投资

贷：股权投资——损益调整

（4）被投资基金宣告发放现金股利或利润时，按照应上缴政府财政的部分，记：

借：应收股利

贷：资产基金——应收股利

同时按照相同的金额，记：

借：资产基金——股权投资

贷：股权投资——损益调整

（5）被投资基金发生除净损益以外的其他权益变动时，按照政府财政持股比例计算应享有的部分，作如下会计分录：

权益增加时，记：

借：股权投资——其他权益变动

贷：资产基金——股权投资

或者，权益减少时，记：

借：资产基金——股权投资

贷：股权投资——其他权益变动

（6）投资基金存续期满、清算或政府财政从投资基金退出需收回出资时，政府财政记：

借：国库存款等科目（实际收回的资金）

贷：一般公共预算本级支出等科目（收回的原实际出资部分）

一般公共预算本级收入等科目（超出原实际出资的部分）

根据股权投资清算相关资料，按照因收回股权投资而减少在被投资基金中占有的权益金额，记：

借：资产基金——股权投资

　　贷：股权投资

企业股权投资的账务处理，根据管理条件和管理需要，参照投资基金股权投资的账务处理。

（三）股权投资的核算实例

【例 19－31】某省财政使用一般公共预算资金与社会资本结合创立中小企业发展投资基金，出资 500 000 元，在投资基金中占有的权益金额为 490 000 元，占 2%。

借：一般公共预算本级支出　　　　　　　　　　　　　　500 000

　　贷：国库存款　　　　　　　　　　　　　　　　　　　　　500 000

借：股权投资——投资基金股权投资——投资成本　　　　500 000

　　贷：资产基金——股权投资　　　　　　　　　　　　　　490 000

　　　　股权投资——投资基金股权投资——其他权益变动　10 000

【例 19－32】〖例 19－31〗中假设投资基金当年实现净利润 1 000 000 元，年末进行投资基金损益调整。

借：股权投资——投资基金股权投资——损益调整　　　　20 000

　　贷：资产基金——股权投资　　　　　　　　　　　　　　20 000

【例 19－33】将〖例 19－32〗中的 20 000 元收益留作基金滚动使用。

借：股权投资——投资基金股权投资——收益转增投资　　20 000

　　贷：股权投资——损益调整　　　　　　　　　　　　　　20 000

【例 19－34】〖例 19－33〗中投资基金宣告发放现金股利，拟分配当年净利润的 30%。

借：应收股利　　　　　　　　　　　　　　　　　　　　6 000

　　贷：资产基金——应收股利　　　　　　　　　　　　　　6 000

借：资产基金——股权投资　　　　　　　　　　　　　　6 000

　　贷：股权投资——投资基金股权投资——损益调整　　　　6 000

【例 19－35】假设〖例 19－34〗投资基金存续期满，省财政实际收回资金 550 000 元。

借：国库存款　　　　　　　　　　　　　　　　　　　　550 000

　　贷：一般公共预算本级支出　　　　　　　　　　　　　　550 000

借：资产基金——股权投资　　　　　　　　　　　　　　490 000

　　贷：股权投资——投资基金股权投资　　　　　　　　　　490 000

二、应收股利

（一）应收股利的账务处理

"应收股利"科目核算政府因持有股权投资应当收取的现金股利或利润。本科目期末借方余额反映政府尚未收回的现金股利或利润。本科目应当按照被投资主体进行明细核算。

（1）持有股权投资期间被投资主体宣告发放现金股利或利润的，按应上缴政府财政的部分，记：

借：应收股利

贷：资产基金——应收股利

按照相同的金额，记：

借：资产基金——股权投资

贷：股权投资——损益调整

（2）实际收到现金股利或利润，记：

借：国库存款等科目

贷：有关收入科目

按照相同的金额，记：

借：资产基金——应收股利

贷：应收股利

（二）应收股利的核算实例

【例 19–36】2015 年 5 月 30 日某国有参股企业发布 2015 年利润分配实施公告，公布 2015 年分配现金股利 500 000 元，现金股利发放日为 6 月 10 日。市政府在该企业持有股份比例为 20%。

宣告发放股利时，记：

借：应收股利   500 000

贷：资产基金——应收股利   500 000

借：资产基金——股权投资   500 000

贷：股权投资——国有企业股权投资——损益调整   500 000

实际收到现金股利时，记：

借：国库存款   500 000

贷：国有资本经营预算本级收入   500 000

借：资产基金——应收股利   500 000

贷：应收股利   500 000

第五节　财政总预算会计的债权

一、应收地方政府债券转贷款

（一）应收地方政府债券转贷款的账务处理

"应收地方政府债券转贷款"科目核算本级政府财政转贷给下级政府财政的地方政府债券资金的本金及利息。本科目期末借方余额反映政府财政应收未收的地方政府债券转贷款本金和利息。本科目下应当设置"应收地方政府一般债券转贷款"和"应收地方政府专项债券转贷款"明细科目，其下分别设置"应收本金"和"应收利息"两个明细科目，并按照转贷对象进行明细核算。

（1）向下级政府财政转贷地方政府债券资金时，按照转贷的金额，记：

借：债务转贷支出

　　贷：国库存款

根据债务管理部门转来的相关资料，按照到期应收回的转贷本金金额，记：

借：应收地方政府债券转贷款

　　贷：资产基金——应收地方政府债券转贷款

（2）期末确认地方政府债券转贷款的应收利息时，根据债务管理部门计算出的转贷款本期应收未收利息金额，记：

借：应收地方政府债券转贷款

　　贷：资产基金——应收地方政府债券转贷款

（3）收回下级政府财政偿还的转贷款本息时，按照收回的金额，记：

借：国库存款等科目

　　贷：其他应付款/其他应收款

根据债务管理部门转来的相关资料，按照收回的转贷款本金及已确认的应收利息金额，记：

借：资产基金——应收地方政府债券转贷款

　　贷：应收地方政府债券转贷款

（4）扣缴下级政府财政的转贷款本息时，按照扣缴的金额，记：

借：与下级往来

　　贷：其他应付款/其他应收款

根据债务管理部门转来的相关资料，按照扣缴的转贷款本金及已确认的应收利息金额，记：

借：资产基金——应收地方政府债券转贷款

　　贷：应收地方政府债券转贷款

（二）应收地方政府债券转贷款的核算实例

【例19-37】某省财政向所属某市财政转贷地方政府一般债券资金 60 000 000 元，全部为一般债券。根据债务管理部门资料，到期应收回的一般债券转贷本金金额 200 000 000 元。

借：债务转贷支出——地方政府一般债务转贷支出　　　　60 000 000

　　贷：国库存款　　　　　　　　　　　　　　　　　　60 000 000

借：应收地方政府债券转贷款——应收地方政府一般债券转贷款

　　　　　　　　　　　　　　——应收本金　　　　　 200 000 000

　　贷：资产基金——应收地方政府债券转贷款　　　　200 000 000

【例19-38】月末确认地方政府债券转贷款的应收利息时，根据债务管理部门计算出的转贷款本期应收未收利息金额 200 000 元。

借：应收地方政府债券转贷款——应收地方政府一般债券转贷款

　　　　　　　　　　　　　　——应收利息　　　　　　 200 000

　　贷：资产基金——应收地方政府债券转贷款　　　　　 200 000

【例19-39】债券到期，收回下级政府财政偿还的一般债券转贷款本息 100 240 000

元，其中本金 100 000 000 元，利息 240 000 元。

借：国库存款		100 240 000
贷：其他应收款		100 240 000
借：资产基金——应收地方政府债券转贷款		100 240 000
贷：应收地方政府债券转贷款		
——应收地方政府一般债券转贷款——应收本金		100 000 000
——应收利息		240 000

二、应收主权外债转贷款

（一）应收主权外债转贷款的账务处理

"应收主权外债转贷款"科目核算本级政府财政转贷给下级政府财政的外国政府和国际金融组织贷款等主权外债资金的本金及利息。本科目期末借方余额反映政府财政应收未收的主权外债转贷款本金和利息。本科目下应当设置"应收本金"和"应收利息"两个明细科目，并按照转贷对象进行明细核算。

（1）本级政府财政向下级政府财政转贷主权外债资金，且主权外债最终还款责任由下级政府财政承担的，相关账务处理如下：

①本级政府财政支付转贷资金时，根据转贷资金支付相关资料，记：

借：债务转贷支出

　　贷：其他财政存款

根据债务管理部门转来的相关资料，按照实际持有的债权金额，记：

借：应收主权外债转贷款

　　贷：资产基金——应收主权外债转贷款

②外方将贷款资金直接支付给用款单位或供应商时，本级政府财政根据转贷资金支付相关资料，记：

借：债务转贷支出

　　贷：债务收入／债务转贷收入

根据债务管理部门转来的相关资料，按照实际持有的债权金额，记：

借：应收主权外债转贷款

　　贷：资产基金——应收主权外债转贷款

同时，记：

借：待偿债净资产

　　贷：借入款项／应付主权外债转贷款

（2）期末确认主权外债转贷款的应收利息时，根据债务管理部门计算出转贷款的本期应收未收利息金额，记：

借：应收主权外债转贷款

　　贷：资产基金——应收主权外债转贷款

（3）收回转贷给下级政府财政主权外债的本息时，按照收回的金额，记：

借：其他财政存款

　　贷：其他应付款／其他应收款

根据债务管理部门转来的相关资料，按照实际收回的转贷款本金及已确认的应收利息金额，记：

借：资产基金——应收主权外债转贷款

　　贷：应收主权外债转贷款

（4）扣缴下级政府财政的转贷款本息时，按照扣缴的金额，记：

借：与下级往来

　　贷：其他应付款/其他应收款

根据债务管理部门转来的相关资料，按照扣缴的转贷款本金及已确认的应收利息金额，记：

借：资产基金——应收主权外债转贷款

　　贷：应收主权外债转贷款

（二）应收主权外债转贷款的核算实例

【例 19－40】某省财政向所属 D 市财政支付外国政府借款转贷资金 2 000 000 元，贷款期限 20 年、利率 3%，到期一次性还本付息。该转贷款由 D 市财政承担还款责任、D 市交通运输局使用。

（1）外国政府借款发生转贷，记：

借：债务转贷支出　　　　　　　　　　　　　　　　　　2 000 000

　　贷：其他财政存款　　　　　　　　　　　　　　　　　　2 000 000

借：应收主权外债转贷款——应收本金　　　　　　　　　2 000 000

　　贷：资产基金——应收主权外债转贷款　　　　　　　　2 000 000

（2）如果外方将贷款资金直接支付给了 D 市交通运输局，记：

借：债务转贷支出　　　　　　　　　　　　　　　　　　2 000 000

　　贷：债务收入　　　　　　　　　　　　　　　　　　　2 000 000

借：应收主权外债转贷款——应收本金　　　　　　　　　2 000 000

　　贷：资产基金——应收主权外债转贷款　　　　　　　　2 000 000

借：待偿债净资产——借入款项　　　　　　　　　　　　2 000 000

　　贷：借入款项——应付本金　　　　　　　　　　　　　2 000 000

（3）月末根据债务管理部门计算出转贷款的本期应收未收利息 80 000 元，记：

借：应收主权外债转贷款——应收利息　　　　　　　　　80 000

　　贷：资产基金——应收主权外债转贷款　　　　　　　　80 000

（4）转贷款到期，收回本金 2 000 000 元、利息 800 000 元，记：

借：其他财政存款　　　　　　　　　　　　　　　　　　2 800 000

　　贷：其他应付款　　　　　　　　　　　　　　　　　　2 800 000

借：资产基金——应收主权外债转贷款　　　　　　　　　3 800 000

　　贷：应收主权外债转贷款——应收本金　　　　　　　　2 000 000

　　　　　　　　　　　　　　　——应收利息　　　　　　1 800 000

三、待发国债

"待发国债"属资产类科目，核算为弥补中央财政预算收支差额，中央财政预计发行国债与实际发行国债之间的差额。

年度终了，实际发行国债收入用于债务还本支出后，小于为弥补中央财政预算收支差额中央财政预计发行国债时，按两者的差额，记：

借：待发国债

　　贷：相关科目

年终，实际发行国债收入用于债务还本支出后，大于为弥补中央财政预算收支差额中央财政预计发行国债时，按两者的差额，记：

借：相关科目

　　贷：待发国债

【例 19 – 41】 为了弥补中央财政预算收支差额，中央财政预计发行国债 10 000 000 元。

借：待发国债　　　　　　　　　　　　　　　　　　　　　　　10 000 000

　　贷：应付长期政府债券　　　　　　　　　　　　　　　　　　　　10 000 000

【例 19 – 42】 实际发行国债收入用于债务还本支出后，大于为弥补中央财政预算收支差额中央财政预计发行的国债，差额为 1 000 000 元。

借：应付长期政府债券　　　　　　　　　　　　　　　　　　　1 000 000

　　贷：待发国债　　　　　　　　　　　　　　　　　　　　　　　1 000 000

思考与练习题

（一）思考题

1. 什么是财政总预算会计的资产？包括哪些内容？

2. 什么是财政性存款？财政性存款应遵循哪些管理原则？

3. 什么是国库单一存款制度？国库单一账户体系由哪些账户组成？各账户的用途分别是什么？

4. 什么是财政存款？主要包括哪些内容？如何核算？

5. 什么是有价证券？应当如何核算？

6. 什么是借出款项？其管理的基本要求是什么？应当如何核算？

7. 什么是暂付及应收款项？应当如何核算？

8. 什么是应收转贷款？应当如何核算？

9. 什么是在途款？应当如何核算？

10. 什么是预拨经费？应当如何核算？

11. 什么是股权投资？它包括哪些内容？应当如何核算？

12. 什么是待发国债？应当如何核算？

（二）练习题

1. 某市财政总预算会计发生如下经济业务：

（1）收到中国人民银行国库报来的"预算收入日报表"等凭证，列明当日收到预算收入共计 203 400 元。其中，一般公共预算本级收入 112 000 元，政府性基金预算本级收入 11 400 元，国有资本经营预算本级收入 20 000 元；同时收到上级财政补助收入

60 000 元。

（2）收到国库集中支付清算回单，列明当日支出的款项共计 43 000 元，其中：属于一般公共预算本级支出的款项共计 29 000 元，属于政府性基金预算支出的款项共计 7 900 元，属于国有资本经营预算支出的款项共计 6 100 元；同时通过财政国库账户向所属下级财政拨付财政补助资金 10 000 元。

（3）当日财政国库支付执行机构通过财政直接支付方式从财政零余额账户中支付属于一般公共预算本级支出的款项共计 3 000 元。

（4）收到实行财政专户管理的资金收入共计 3 500 元。同时，通过财政专户向有关单位拨付财政专户管理资金共计 4 000 元。

（5）用一般公共预算结余资金购买中央财政发行的某类国债 50 000 元。

（6）因所属某预算单位特殊情况急需资金，临时借给该预算单位一般公共预算款项 15 000 元。

（7）经研究，将借给某预算单位的 15 000 元款项落实预算，转作一般公共预算本级支出。

（8）在上下级财政资金结算中，应补助所属区财政款项 80 000 元。

（9）向所属区财政转贷地方政府一般债券 5 000 000 元。

（10）收到所属区财政到期偿还的地方政府债券转贷款本金 400 000 元，利息 22 500 元。

（11）向所属区财政转贷外国政府贷款 5 000 000 元。

（12）年末计算出本年应收未收地方政府一般债券转贷款利息 50 000 元。

（13）在国库存款报解整理期内收到属于上年度的一般公共预算本级收入 18 000 元。

（14）预拨某单位下年度工作经费 200 000 元。

（15）使用一般公共预算资金对文化产业基金进行股权投资，实际支付金额 300 000 元，在被投资基金中占有的权益金额 290 000 元。

（16）年末某国有上市公司披露年度财务报告，该公司当年实现净利润 2 000 000 元，宣告发放当年净利润 30% 的现金股利。市政府在该公司拥有 20% 的股权。

要求：根据以上经济业务，为该市财政总预算会计编制有关的会计分录。

2. 某市财政部门 3 月发生如下会计事项，要求据此编制会计分录：

（1）用预算结余资金 1 000 000 元、基金预算结余 500 000 元购入有价证券。

（2）到期兑付上年用一般公共预算结转结余购买的有价证券本金和利息 1 100 000 元，其中利息为 100 000 元；兑付政府性基金预算结余购买的有价证券本息 550 000 元，其中利息为 50 000 元。

（3）整理期内，收到属于上年度的一般公共预算本级固定收入 28 000 元，收到属于上年度的政府性基金预算的本级固定收入 19 000 元；收回上年已列支的一般公共预算本级支出 368 900 元，收到上年已列支的政府性基金预算本级支出 250 034 元。

（4）因救灾急需，按领导指示借给民政局自然灾害救灾款 1 000 000 元。7 天后上述救灾款经研究后，一般公共预算已经落实，转作支出。

（5）市教育局因修理危险校舍，市财政从一般公共预算向其提供紧急借款 200 000

元。12 天后上述款项经研究转作预拨教育经费处理。

（6）经市委领导批准，借给市水利局急需款项 100 000 元，用于该局下属企业的设备改造。23 天后上述款项经批准转作预算支出。

（7）年终结算，所属 T 县财政尚有上解款 500 000 元没有上解，先作往来入账。

（8）收到所属 T 县财政上解其年终结算中欠解的 500 000 元。

（9）经过研究决定，将原借给市教委的 750 000 元借款现转为抵冲对教委当月的一般公共预算经费拨款，根据有关凭证填制记账凭证。

（10）签发预算拨款凭证，通知国库预拨给市水利局明年的一般公共预算经费 500 000 元，根据国库转来的预算拨款回单填制记账凭证。

（11）签发付款通知，将 500 000 元的一般公共预算资金借给市科委紧急周转，根据国库转来的有关凭证填制记账凭证。

（12）签发付款通知，将 500 000 元的一般公共预算资金借给下级财政，根据国库转来的有关凭证填制记账凭证。

（13）收回体育部门缴回多余的预拨事业经费 50 000 元。

（14）按规定预拨民政局下年度经费 300 000 元。

（15）收到国库报来的上年度车辆购置附加费收入 50 000 元，上年已将其作为在途款入账。

（16）用一般公共预算资金向民政局发放紧急借款 100 000 元用于维修危险房屋。

（17）为临时周转，向省财政厅借往来款 50 000 000 元，已由省汇入国库。

（18）从省财政借入一般公共预算调度款 10 000 000 元；10 日后归还此调度款。

（19）根据年终结算对账单，本市财政尚欠拨 M 县财政 36 000 000 元一般公共预算补助款。

（20）将年终结算中欠拨的 897 000 000 元一般公共预算补助款拨付给 M 县。

（21）根据国库报来的预算收入日报表列示，收到市工商局缴来的不明性质的款项 560 000 元。

（22）为临时周转，向所属甲县财政借款 800 000 元，已汇入国库。

（23）体制结算时，本市欠解上级财政款 690 000 元。

（24）从上级财政借入款或体制结算中发生应上交上级财政款项 1 600 000 元。

（25）归还借款、转作上级补助收入时或体制结算中应由上级补给款项 5 000 000 元。

第二十章

财政总预算会计负债

第一节 财政总预算会计待结算的负债

一、其他应付款

(一) 其他应付款的主要账务处理

"其他应付款"科目核算政府财政临时发生的暂收、应付和收到的不明性质款项。税务机关代征入库的社会保险费、项目单位使用并承担还款责任的外国政府和国际金融组织贷款，也通过本科目核算。本科目期末贷方余额反映政府财政尚未结清的其他应付款项，本科目应当按照债权单位或资金来源等进行明细核算。

（1）收到暂存款项时，记：

借：国库存款/其他财政存款等科目

　　贷：其他应付款

（2）将暂存款项清理退还或转作收入时，记：

借：其他应付款

　　贷：国库存款/其他财政存款

　　　　有关收入科目

（3）社会保险费代征入库时，记：

借：国库存款

　　贷：其他应付款

社会保险费国库缴存社保基金财政专户时作相反的会计分录。

（4）收到项目单位承担还款责任的外国政府和国际金融组织贷款资金时，记：

借：其他财政存款

　　贷：其他应付款

付给项目单位时作与此相反的会计分录。

收到项目单位偿还贷款资金时，记：

借：其他财政存款

　　贷：其他应付款

付给外国政府和国际金融组织项目单位还款资金时作与此相反的会计分录。

（二）其他应付款的核算实例

【例20-1】市财政局收到国库报表列示，收到市公安局缴来不明性质的款项80 000元。

　　借：国库存款　　　　　　　　　　　　　　　　　　　　　　80 000

　　　　贷：其他应付款——市公安局　　　　　　　　　　　　　　　　80 000

【例20-2】市公安局缴来的不明性质的款项80 000元中，有30 000元属于误缴款项，当即退还；另外50 000元属于应该缴纳财政的预算资金。

　　借：其他应付款——市公安局　　　　　　　　　　　　　　　　80 000

　　　　贷：国库存款　　　　　　　　　　　　　　　　　　　　　　30 000

　　　　　　一般预算收入　　　　　　　　　　　　　　　　　　　　50 000

二、与上级往来

（一）与上级往来的账务处理

"与上级往来"属往来性质的科目，核算本级政府财政与上级政府财政的往来待结算款项。本科目贷方登记与上级往来的增加数，即向上级财政借款数或体制结算中应补交上级财政款；借方登记归还借款数或上级转作对本级的补助数或体制结算中应由上级补付的款项。本科目应当按照往来款项的类别和项目等进行明细核算。

本科目期末贷方余额反映本级政府财政欠上级政府财政的款项；借方余额反映上级政府财政欠本级政府财政的款项，因此在编制"资产负债表"时，应以负数反映。对"与上级往来"款应及时清理结算，年终未能结清的余额，结转下年。

（1）本级政府财政从上级政府财政借入款或体制结算中发生应上交上级政府财政款项时，作如下账务处理：

①向上级财政借款时，作会计分录：

　　借：国库存款

　　　　贷：与上级往来

归还时作相反会计分录。

②体制结算时，对应补交上级财政款，作会计分录：

　　借：上解支出

　　　　贷：与上级往来

（2）本级政府财政归还借款、转作上级补助收入或体制结算中应由上级补给款项时，作如下账务处理：

①体制结算时，对上级应拨未拨款，作会计分录：

　　借：与上级往来

　　　　贷：补助收入

②将向上级财政的借款转为对本级财政的补助或体制结算中应由上级补给款项时，作会计分录：

　　借：与上级往来

　　　　贷：补助收入

"与上级往来"科目和"与下级往来"科目相互对应。本科目可以总账代明细账。有基金预算往来的地区，可按资金性质分设明细账。

（二）与上级往来的核算实例

【例20－3】某市财政年终体制结算，应上缴省财政资金700 000元。

借：上解支出　　　　　　　　　　　　　　　　700 000
　　贷：与上级往来　　　　　　　　　　　　　　　　700 000

【例20－4】财政年终体制结算，当年省财政欠拨补助款50 000 000元。其会计分录为：

借：与上级往来　　　　　　　　　　　　　　50 000 000
　　贷：补助收入　　　　　　　　　　　　　　　　50 000 000

【例20－5】将向上级财政的借款转为对本级财政的补助或体制结算中应由上级补给款项100 000元，作会计分录：

借：与上级往来　　　　　　　　　　　　　　100 000
　　贷：补助收入　　　　　　　　　　　　　　　　100 000

三、应付代管资金

（一）应付代管资金的账务处理

"应付代管资金"科目核算政府财政代为管理的、使用权属于被代管主体的资金。本科目期末贷方余额反映政府财政尚未支付的代管资金。本科目应当根据管理需要进行相关明细核算。

（1）收到代管资金时，记：
借：其他财政存款等科目
　　贷：应付代管资金
支付代管资金时作与此相反的会计分录。

（2）代管资金产生的利息收入按照相关规定仍属于代管资金的，记：
借：其他财政存款等科目
　　贷：应付代管资金

（二）应付代管资金的核算实例

【例20－6】某市财政专户收到市公安局一笔暂扣款5 000 000元。

借：其他财政存款　　　　　　　　　　　　　5 000 000
　　贷：应付代管资金　　　　　　　　　　　　　　5 000 000

【例20－7】市公安局将暂扣款5 000 000元退还当事人。

借：应付代管资金　　　　　　　　　　　　　5 000 000
　　贷：其他财政存款　　　　　　　　　　　　　　5 000 000

四、应付国库集中支付结余

（一）应付国库集中支付结余的账务处理

"应付国库集中支付结余"科目核算政府财政采用权责发生制列支，预算单位尚未使用的国库集中支付结余资金。本科目期末贷方余额反映政府财政尚未支付的国库集中支付结余。本科目应当根据管理需要，按照政府收支分类科目等进行相应明细核算。

（1）年末，对当年形成的国库集中支付结余采用权责发生制列支时，记：

借：有关支出科目
　　贷：应付国库集中支付结余

（2）以后年度实际支付国库集中支付结余资金时，分以下情况处理：

①按原结转预算科目支出的，记：

借：应付国库集中支付结余
　　贷：国库存款

②调整支出预算科目的，应当按原结转预算科目作冲销处理，记：

借：应付国库集中支付结余
　　贷：有关支出科目

同时，按实际支出预算科目作列支账务处理，记：

借：有关支出科目
　　贷：国库存款

（二）应付国库集中支付结余的核算实例

【例20 – 8】 年末，某市财政经对账确认某预算单位尚未使用的国库集中支付结余资金 5 000 000 元，其中一般公共预算资金 3 000 000 元，政府性基金预算资金 2 000 000 元。

　　借：一般公共预算本级支出　　　　　　　　　　　　　　　　3 000 000
　　　　政府性基金预算本级支出　　　　　　　　　　　　　　　2 000 000
　　　　　贷：应付国库集中支付结余　　　　　　　　　　　　　　　5 000 000

【例20 – 9】 〖例20 – 8〗中下一年度，预算单位实际使用国库集中支付结余资金 400 000 元。其会计分录为：

　　借：应付国库集中支付结余　　　　　　　　　　　　　　　　400 000
　　　　贷：国库存款　　　　　　　　　　　　　　　　　　　　　　400 000

【例20 – 10】 市财政按照存量资金管理规定，收回某预算单位超过两年未使用的国库集中支付结余资金 100 000 元。

　　借：应付国库集中支付结余　　　　　　　　　　　　　　　　100 000
　　　　贷：其他应付款　　　　　　　　　　　　　　　　　　　　　100 000

第二节　财政总预算会计的债务

一、应付短期政府债券

（一）应付短期政府债券的科目设置

"应付短期政府债券"科目核算政府财政部门以政府名义发行的期限不超过 1 年（含 1 年）的国债和地方政府债券的应付本金和利息。本科目期末贷方余额，反映政府财政尚未偿还的短期政府债券本金和利息。

"应付短期政府债券"科目下应设置"应付国债""应付地方政府一般债券""应付地方政府专项债券"等一级明细科目，在一级明细科目下，再分别设置"应付本金""应付利息"明细科目，分别核算政府债券的应付本金和利息。债务管理部门应当设置相应的辅助账，详细记录每期政府债券金额、种类、期限、发行日、到期日、票面利率、偿还本金及付息情况等。

（二）应付短期政府债券的主要账务处理

（1）实际收到短期政府债券发行收入时，作如下账务处理：

借：国库存款（实收金额）

　　有关支出科目（二者之差额）

　　贷：债务收入（债券实际发行额）

　　　　有关支出科目（二者之差额）

根据债券发行确认文件等相关债券管理资料，按照到期应付的短期政府债券本金金额，记：

借：待偿债净资产——应付短期政府债券

　　贷：应付短期政府债券

（2）期末确认短期政府债券的应付利息时，根据债务管理部门计算出的本期应付未付利息金额，记：

借：待偿债净资产——应付短期政府债券

　　贷：应付短期政府债券

（3）实际支付本级政府财政承担的短期政府债券利息时，记：

借：一般公共预算本级支出

　　政府性基金预算本级支出

　　贷：国库存款等科目

实际支付利息金额中属于已确认的应付利息部分，还应根据债券兑付确认文件等相关债券管理资料，记：

借：应付短期政府债券

　　贷：待偿债净资产——应付短期政府债券

（4）实际偿还本级政府财政承担的短期政府债券本金时，记：

借：债务还本支出

　　贷：国库存款等科目

根据债券兑付确认文件等相关债券管理资料，记：

借：应付短期政府债券

　　贷：待偿债净资产——应付短期政府债券

（5）省级财政部门采用定向承销方式发行短期地方政府债券置换存量债务时，根据债权债务确认相关资料，按照置换本级政府存量债务的额度，记：

借：债务还本支出

　　贷：债务收入

根据债务管理部门转来的相关资料，按照置换本级政府存量债务的额度，记：

借：待偿债净资产——应付短期政府债券

    贷：应付短期政府债券

（三）应付短期政府债券的核算实例

【例20-11】中央财政发行1年期国债15 000 000 000元，实际收到发行金额15 000 000 000元，票面利率2.4%，到期一次还本付息。

（1）收到发行收入，记：

借：国库存款   15 000 000 000

    贷：债务收入   15 000 000 000

借：待偿债净资产——应付短期政府债券   15 000 000 000

    贷：应付短期政府债券——应付国债——应付本金   15 000 000 000

（2）每月末确认应付利息：

应付年利息 = 15 000 000 000×2.4% = 360 000 000（元）

每月应付未付利息 = 360 000 000÷12 = 30 000 000（元）

借：待偿债净资产——应付短期政府债券   30 000 000

    贷：应付短期政府债券——应付国债——应付利息   30 000 000

（3）一年期国债到期，还本付息时，实际支付的利息金额36 000 000元中含最后一个月已确认的应付利息30 000 000元，记：

借：待偿债净资产——应付短期政府债券   30 000 000

    贷：应付短期政府债券——应付国债——应付利息   30 000 000

借：债务还本支出   15 000 000 000

    一般公共预算本级支出   360 000 000

    贷：国库存款   15 360 000 000

借：应付短期政府债券——应付国债——应付本金   15 000 000 000

             ——应付国债——应付利息   360 000 000

    贷：待偿债净资产——应付短期政府债券   15 360 000 000

【例20-12】某省财政经省政府批准，采用定向承销方式发行1年期地方政府专项置换债券，实际收到发行金额200 000 000元，置换本级政府存量债务200 000 000元。其会计分录为：

借：债务还本支出   200 000 000

    贷：债务收入   200 000 000

借：待偿债净资产——应付短期政府债券   200 000 000

    贷：应付短期政府债券

             ——应付地方政府专项债券——应付本金   200 000 000

二、应付长期政府债券

（一）应付长期政府债券的科目设置

"应付长期政府债券"科目核算政府财政部门以政府名义发行的期限超过1年的国债和地方政府债券的应付本金和利息。本科目期末贷方余额反映政府财政尚未偿还的长期政府债券本金和利息。

本科目下应当设置"应付国债""应付地方政府一般债券""应付地方政府专项债券"等一级明细科目，在一级明细科目下，再分别设置"应付本金""应付利息"明细科目，分别核算政府债券的应付本金和利息。债务管理部门应当设置相应的辅助账，详细记录每期政府债券金额、种类、期限、发行日、到期日、票面利率、偿还本金及付息情况等。

（二）应付长期政府债券的主要账务处理

（1）实际收到长期政府债券发行收入时，作如下会计分录：

借：国库存款（按照实际收到的金额）

　　有关支出科目（差额）

　　贷：债务收入（债券实际发行额）

　　　　有关支出科目（差额）

根据债券发行确认文件等相关债券管理资料，按照到期应付的长期政府债券本金金额，记：

借：待偿债净资产——应付长期政府债券

　　贷：应付长期政府债券

（2）期末确认长期政府债券的应付利息时，根据债务管理部门计算出的本期应付未付利息金额，记：

借：待偿债净资产——应付长期政府债券

　　贷：应付长期政府债券

（3）实际支付本级政府财政承担的长期政府债券利息时，记：

借：一般公共预算本级支出

　　政府性基金预算本级支出

　　贷：国库存款等科目

实际支付利息金额中属于已确认的应付利息部分，还应根据债券兑付确认文件等相关债券管理资料，记：

借：应付长期政府债券

　　贷：待偿债净资产——应付长期政府债券

（4）实际偿还本级政府财政承担的长期政府债券本金时，记：

借：债务还本支出

　　贷：国库存款等科目

根据债券兑付确认文件等相关债券管理资料，记：

借：应付长期政府债券

　　贷：待偿债净资产——应付长期政府债券

（5）本级政府财政偿还下级政府财政承担的地方政府债券本息时，记：

借：其他应付款/其他应收款

　　贷：国库存款

根据债券兑付确认文件等相关债券管理资料，按照实际偿还的长期政府债券本金及已确认的应付利息金额，记：

    借：应付长期政府债券

        贷：待偿债净资产——应付长期政府债券

（6）省级财政部门采用定向承销方式发行长期地方政府债券置换存量债务时，根据债权债务确认相关资料，按照置换本级政府存量债务的额度，借记"债务还本支出"科目，按照置换下级政府存量债务的额度，借记"债务转贷支出"科目，按照置换存量债务的总额度，贷记"债务收入"科目，即：

    借：债务还本支出

        债务转贷支出

        贷：债务收入

根据债务管理部门转来的相关资料，按照置换存量债务的总额度，记：

    借：待偿债净资产——应付长期政府债券

        贷：应付长期政府债券

同时，按照置换下级政府存量债务额度，记：

    借：应收地方政府债券转贷款

        贷：资产基金——应收地方政府债券转贷款

（三）应付长期政府债券的核算实例

【例20-13】中央财政发行10年期国债30 000 000 000元，实际收到发行金额30 000 000 000元，票面利率4%，分年付息，到期一次还本。

（1）收到发行收入，记：

    借：国库存款   30 000 000 000

        贷：债务收入   30 000 000 000

    借：待偿债净资产——应付长期政府债券   30 000 000 000

        贷：应付长期政府债券——应付国债——应付本金   30 000 000 000

（2）每月末确认应付利息：

应付年利息 = 30 000 000 000 × 4% = 1 200 000 000（元）

每月末应付未付利息 = 1 200 000 000 ÷ 12 = 100 000 000（元）

    借：待偿债净资产——应付长期政府债券   100 000 000

        贷：应付长期政府债券——应付国债——应付利息   100 000 000

（3）每年实际支付利息，记：

    借：一般公共预算本级支出   1 200 000 000

        贷：国库存款   1 200 000 000

    借：应付长期政府债券——应付国债——应付利息   1 200 000 000

        贷：待偿债净资产——应付长期政府债券   1 200 000 000

（4）10年期国债到期还本付息时，实际支付的当年利息1 200 000 000元中含已确认的最后一个月应付利息100 000 000元，记：

    借：待偿债净资产——应付长期政府债券   100 000 000

        贷：应付长期政府债券——应付国债——应付利息   100 000 000

借：债务还本支出   30 000 000 000

   一般公共预算本级支出   1 200 000 000

   贷：国库存款   31 200 000 000

借：应付长期政府债券——应付国债——应付本金   30 000 000 000

       ——应付国债——应付利息   1 200 000 000

   贷：待偿债净资产——应付长期政府债券   31 200 000 000

【例 20 – 14】 某省财政经省政府批准，采用定向承销方式发行 5 年期地方政府专项置换债券，实际收到发行金额 200 000 000 元。其中置换本级政府存量债务的额度 150 000 000 元、置换下级政府存量债务的额度 50 000 000 元。

借：债务还本支出   150 000 000

   债务转贷支出——地方政府专项债务转贷支出   50 000 000

   贷：债务收入   200 000 000

借：待偿债净资产——应付长期政府债券   200 000 000

   贷：应付长期政府债券——应付地方政府专项债券——应付本金

                   200 000 000

借：应收地方政府债券转贷款——应收地方政府专项债券转贷款——应收本金

                   50 000 000

   贷：资产基金——应收地方政府债券转贷款   50 000 000

三、借入款项

（一）借入款项的科目设置

"借入款项"科目核算政府财政部门以政府名义向外国政府和国际金融组织等借入的款项，以及经国务院批准的其他方式借入的款项。本科目期末贷方余额反映本级政府财政尚未偿还的借入款项本金和利息。

"借入款项"科目下应设置"应付本金""应付利息"明细科目，分别对借入款项的应付本金和利息进行明细核算，还应当按照债权人进行明细核算。债务管理部门应当设置相应的辅助账，详细记录每笔借入款项的期限、借入日期、偿还及付息情况等。

（二）借入主权外债的账务处理

（1）本级政府财政收到借入的主权外债资金时，记：

借：其他财政存款

   贷：债务收入

根据债务管理部门转来的相关资料，按照实际承担的债务金额，记：

借：待偿债净资产——借入款项

   贷：借入款项

（2）本级政府财政借入主权外债，且由外方将贷款资金直接支付给用款单位或供应商时，应根据以下情况分别处理：

①本级政府财政承担还款责任，贷款资金由本级政府财政同级部门（单位）使用

的，本级政府财政部门根据贷款资金支付相关资料，记：

借：一般公共预算本级支出等科目

贷：债务收入

根据债务管理部门转来的相关资料，按照实际承担的债务金额，记：

借：待偿债净资产——借入款项

贷：借入款项

②本级政府财政承担还款责任，贷款资金由下级政府财政同级部门（单位）使用的，本级政府财政部门根据贷款资金支付相关资料及预算指标文件，记：

借：补助支出

贷：债务收入

根据债务管理部门转来的相关资料，按照实际承担的债务金额，记：

借：待偿债净资产——借入款项

贷：借入款项

③下级政府财政承担还款责任，贷款资金由下级政府财政同级部门（单位）使用的，本级政府财政部门根据贷款资金支付相关资料，记：

借：债务转贷支出

贷：债务收入

根据债务管理部门转来的相关资料，按照实际承担的债务金额，记：

借：待偿债净资产——借入款项

贷：借入款项

同时，记：

借：应收主权外债转贷款

贷：资产基金——应收主权外债转贷款

（3）期末确认借入主权外债的应付利息时，根据债务管理部门计算出的本期应付未付利息金额，记：

借：待偿债净资产——借入款项

贷：借入款项

（4）偿还本级政府财政承担的借入主权外债本金时，记：

借：债务还本支出

贷：国库存款/其他财政存款等科目

根据债务管理部门转来的相关资料，按照实际偿还的本金金额，记：

借：借入款项

贷：待偿债净资产——借入款项

（5）偿还本级政府财政承担的借入主权外债利息时，记：

借：一般公共预算本级支出等科目

贷：国库存款/其他财政存款等科目

实际偿还利息金额中属于已确认的应付利息部分，还应根据债务管理部门转来的相关资料，记：

借：借入款项

　　贷：待偿债净资产——借入款项

（6）偿还下级政府财政承担的借入主权外债的本息时，记：

借：其他应付款/其他应收款

　　贷：国库存款/其他财政存款等科目

根据债务管理部门转来的相关资料，按照实际偿还的本金及已确认的应付利息金额，记：

借：借入款项

　　贷：待偿债净资产——借入款项

（7）被上级政府财政扣缴借入主权外债的本息时，记：

借：其他应收款

　　贷：与上级往来

根据债务管理部门转来的相关资料，按照实际扣缴的本金及已确认的应付利息金额，记：

借：借入款项

　　贷：待偿债净资产——借入款项

列报支出时，对应由本级政府财政承担的还本支出，记：

借：债务还本支出

　　贷：其他应收款

对应由本级政府财政承担的利息支出，记：

借：一般公共预算本级支出等科目

　　贷：其他应收款

（8）债权人豁免本级政府财政承担偿还责任的借入主权外债本息时，根据债务管理部门转来的相关资料，按照被豁免的本金及已确认的应付利息金额，记：

借：借入款项

　　贷：待偿债净资产——借入款项

债权人豁免下级政府财政承担偿还责任的借入主权外债本息时，根据债务管理部门转来的相关资料，按照被豁免的本金及已确认的应付利息金额，记：

借：借入款项

　　贷：待偿债净资产——借入款项

同时，记：

借：资产基金——应收主权外债转贷款

　　贷：应收主权外债转贷款

其他借入款项账务处理参照借入主权外债业务的账务处理。

（三）借入款项的核算实例

【例 20 – 15】某省财政通过财政部向外国政府借入款项 200 000 000 元，贷款期限 10 年，利率 3%，到期一次还本付息。

（1）收到外国政府借款，记：

借：其他财政存款　　　　　　　　　　　　　　　　200 000 000
　　贷：债务收入　　　　　　　　　　　　　　　　　　200 000 000
借：待偿债净资产——借入款项　　　　　　　　　　200 000 000
　　贷：借入款项——应付本金　　　　　　　　　　　200 000 000

（2）如果外方将贷款直接支付给用款单位时，应根据以下情况分别处理：

①如果省财政承担还款责任，贷款资金由省水利厅使用，记：

借：一般公共预算本级支出　　　　　　　　　　　　200 000 000
　　贷：债务收入　　　　　　　　　　　　　　　　　　200 000 000
借：待偿债净资产——借入款项　　　　　　　　　　200 000 000
　　贷：借入款项——应付本金　　　　　　　　　　　200 000 000

②如果省财政承担还款责任，贷款资金由所属 A 市水利局使用，记：

借：补助支出　　　　　　　　　　　　　　　　　　200 000 000
　　贷：债务收入　　　　　　　　　　　　　　　　　　200 000 000
借：待偿债净资产——借入款项　　　　　　　　　　200 000 000
　　贷：借入款项——应付本金　　　　　　　　　　　200 000 000

③如果由 A 市财政承担还款责任，贷款资金由 A 市水利局使用，记：

借：债务转贷支出　　　　　　　　　　　　　　　　200 000 000
　　贷：债务收入　　　　　　　　　　　　　　　　　　200 000 000
借：待偿债净资产——借入款项　　　　　　　　　　200 000 000
　　贷：借入款项——应付本金　　　　　　　　　　　200 000 000
借：应收主权外债转贷款——应收本金　　　　　　　200 000 000
　　贷：资产基金——应收主权外债转贷款　　　　　　200 000 000

（3）每月末确认借入款项应付利息：

年应付利息 = 200 000 000 × 3% = 6 000 000（元）

月应付未付利息 = 6 000 000 ÷ 12 = 500 000（元）

借：待偿债净资产——借入款项　　　　　　　　　　　500 000
　　贷：借入款项——应付利息　　　　　　　　　　　　500 000

（4）外国政府贷款到期，偿还本金 200 000 000 元，支付利息 60 000 000 元，其中含当月应确认的利息 500 000 元，应根据以下情况分别处理：

①如果省财政承担还款责任，贷款资金由省水利厅使用，其会计分录为：

借：待偿债净资产——借入款项　　　　　　　　　　　500 000
　　贷：借入款项——应付利息　　　　　　　　　　　　500 000
借：一般公共预算本级支出　　　　　　　　　　　 60 000 000
　　债务还本支出　　　　　　　　　　　　　　　200 000 000
　　贷：国库存款　　　　　　　　　　　　　　　　260 000 000
借：借入款项——应付本金　　　　　　　　　　　200 000 000
　　　　　　——应付利息　　　　　　　　　　　 60 000 000
　　贷：待偿债净资产——借入款项　　　　　　　　260 000 000

②如果 A 市财政已经将应偿还本息缴入省财政，省财政偿还 A 市财政承担的本息，其会计分录为：

借：其他应付款　　　　　　　　　　　　　　　　　　　260 000 000
　　贷：其他财政存款　　　　　　　　　　　　　　　　　　　260 000 000
借：借入款项——应付本金　　　　　　　　　　　　　　200 000 000
　　　　　　　——应付利息　　　　　　　　　　　　　　 60 000 000
　　贷：待偿债净资产——借入款项　　　　　　　　　　　　260 000 000

（5）如果外方豁免借款本息，应根据以下情况分别处理：

①如果省级财政承担偿还责任，记：

借：借入款项——应付本金　　　　　　　　　　　　　　200 000 000
　　　　　　　——应付利息　　　　　　　　　　　　　　 60 000 000
　　贷：待偿债净资产——借入款项　　　　　　　　　　　　260 000 000

②如果 A 市财政承担偿还责任，记：

借：借入款项——应付本金　　　　　　　　　　　　　　200 000 000
　　　　　　　——应付利息　　　　　　　　　　　　　　 60 000 000
　　贷：待偿债净资产——借入款项　　　　　　　　　　　　260 000 000
借：资产基金——应收主权外债转贷款　　　　　　　　　260 000 000
　　贷：应收主权外债转贷款——应收本金　　　　　　　　　200 000 000
　　　　　　　　　　　　　　——应收利息　　　　　　　　 60 000 000

四、应付地方政府债券转贷款

（一）应付地方政府债券转贷款的科目设置

"应付地方政府债券转贷款"科目核算地方政府财政从上级政府财政借入的地方政府债券转贷款的本金和利息。本科目期末贷方余额反映本级政府财政尚未偿还的地方政府债券转贷款的本金和利息。

"应付地方政府债券转贷款"科目下应当设置"应付地方政府一般债券转贷款"和"应付地方政府专项债券转贷款"一级明细科目，在一级明细科目下再分别设置"应付本金"和"应付利息"两个明细科目，分别对应付本金和利息进行明细核算。

（二）应付地方政府债券转贷款的主要账务处理

（1）收到上级政府财政转贷的地方政府债券资金时，记：

借：国库存款
　　贷：债务转贷收入

根据债务管理部门转来的相关资料，按照到期应偿还的转贷款本金金额，记：

借：待偿债净资产——应付地方政府债券转贷款
　　贷：应付地方政府债券转贷款

（2）期末确认地方政府债券转贷款的应付利息时，根据债务管理部门计算出的本期应付未付利息金额，记：

借：待偿债净资产——应付地方政府债券转贷款

　　贷：应付地方政府债券转贷款

（3）偿还本级政府财政承担的地方政府债券转贷款本金时，记：

借：债务还本支出

　　贷：国库存款等科目

根据债务管理部门转来的相关资料，按照实际偿还的本金金额，记：

借：应付地方政府债券转贷款

　　贷：待偿债净资产——应付地方政府债券转贷款

（4）偿还本级政府财政承担的地方政府债券转贷款的利息时，记：

借：一般公共预算本级支出

　　政府性基金预算本级支出

　　贷：国库存款等科目

实际支付利息金额中属于已确认的应付利息部分，还应根据债务管理部门转来的相关资料，记：

借：应付地方政府债券转贷款

　　贷：待偿债净资产——应付地方政府债券转贷款

（5）偿还下级政府财政承担的地方政府债券转贷款的本息时，记：

借：其他应付款/其他应收款

　　贷：国库存款等科目

根据债务管理部门转来的相关资料，按照实际偿还的本金及已确认的应付利息金额，记：

借：应付地方政府债券转贷款

　　贷：待偿债净资产——应付地方政府债券转贷款

（6）被上级政府财政扣缴地方政府债券转贷款本息时，记：

借：其他应收款

　　贷：与上级往来

根据债务管理部门转来的相关资料，按照实际扣缴的本金及已确认的应付利息金额，记：

借：应付地方政府债券转贷款

　　贷：待偿债净资产——应付地方政府债券转贷款

列报支出时，对本级政府财政承担的还本支出，记：

借：债务还本支出

　　贷：其他应收款

对本级政府财政承担的利息支出，记：

借：一般公共预算本级支出

　　政府性基金预算本级支出

　　贷：其他应收款

（7）采用定向承销方式发行地方政府债券置换存量债务时，省级以下（不含省级）

财政部门根据上级财政部门提供的债权债务确认相关资料，作如下账务处理：

借：债务还本支出（置换本级政府存量债务的额度）

债务转贷支出（置换下级政府存量债务的额度）

贷：债务转贷收入（置换存量债务的总额度）

按照置换政府存量债务的总额度，记：

借：待偿债净资产——应付地方政府债券转贷款

贷：应付地方政府债券转贷款

同时，按照置换下级政府存量债务额度，记：

借：应收地方政府债券转贷款

贷：资产基金——应收地方政府债券转贷款

（三）应付地方政府债券转贷款的核算实例

【例 20 - 16】 某市财政收到省财政转贷的 3 年期地方政府一般债券 6 000 000 元，票面利率 2.5%，债券分年付息、到期一次还本。

（1）收到转贷的地方政府一般债券资金，记：

借：国库存款　　　　　　　　　　　　　　　　　6 000 000

贷：债务转贷收入——地方政府一般债务转贷收入　　　　6 000 000

借：待偿债净资产——应付地方政府债券转贷款　　　6 000 000

贷：应付地方政府债券转贷款

——应付地方政府一般债券转贷款——应付本金　　6 000 000

（2）每月末确认应付利息，记：

年应付利息 = 6 000 000 × 2.5% = 150 000（元）

月末未付应付利息 = 150 000 ÷ 12 = 12 500（元）

借：待偿债净资产——应付地方政府债券转贷款　　　12 500

贷：应付地方政府债券转贷款——应付地方政府一般债券转贷款

——应付利息　　　　　　　12 500

（3）每年支付利息，记：

借：一般公共预算本级支出　　　　　　　　　　　150 000

贷：国库存款　　　　　　　　　　　　　　　　　150 000

（4）地方政府一般债券转贷款到期，支付本金 6 000 000 元、利息 150 000 元（含最后一个月已确认的应付利息 12 500 元），记：

借：待偿债净资产——应付地方政府债券转贷款　　　12 500

贷：应付地方政府债券转贷款

——应付地方政府一般债券转贷款——应付利息　　12 500

借：债务还本支出　　　　　　　　　　　　　　　6 000 000

一般公共预算本级支出　　　　　　　　　　　150 000

贷：国库存款　　　　　　　　　　　　　　　　　6 150 000

借：应付地方政府债券转贷款——应付地方政府一般债券转贷款

——应付本金　　　　　　　6 000 000

——应付利息		150 000
贷：待偿债净资产——应付地方政府债券转贷款		6 150 000

【例 20－17】某市财政偿还县级财政承担的地方债券转贷款本息 205 000 元，其中本金 200 000 元，利息 5 000 元。

借：其他应付款		205 000
贷：国库存款		205 000
借：应付地方政府债券转贷款		
——应付地方政府一般债券转贷款——应付本金		200 000
——应付利息		5 000
贷：待偿债净资产——应付地方政府债券转贷款		205 000

五、应付主权外债转贷款

（一）应付主权外债转贷款的科目设置

"应付主权外债转贷款"科目核算本级政府财政从上级政府财政借入的主权外债转贷款的本金和利息。本科目期末贷方余额反映本级政府财政尚未偿还的主权外债转贷款本金和利息。

"应付主权外债转贷款"科目下应当设置"应付本金"和"应付利息"两个明细科目，分别对应付本金和利息进行明细核算。

（二）应付主权外债转贷款的主要账务处理

（1）收到上级政府财政转贷的主权外债资金时，记：

借：其他财政存款
　　贷：债务转贷收入

根据债务管理部门转来的相关资料，按照实际承担的债务金额，记：

借：待偿债净资产——应付主权外债转贷款
　　贷：应付主权外债转贷款

（2）从上级政府财政借入主权外债转贷款，且由外方将贷款资金直接支付给用款单位或供应商时，应根据以下情况分别处理：

①本级政府财政承担还款责任，贷款资金由本级政府财政同级部门（单位）使用的，本级政府财政根据贷款资金支付相关资料，记：

借：一般公共预算本级支出等科目
　　贷：债务转贷收入

根据债务管理部门转来的相关资料，按照实际承担的债务金额，记：

借：待偿债净资产——应付主权外债转贷款
　　贷：应付主权外债转贷款

②本级政府财政承担还款责任，贷款资金由下级政府财政同级部门（单位）使用的，本级政府财政部门根据贷款资金支付相关资料及预算指标文件，记：

借：补助支出
　　贷：债务转贷收入

根据债务管理部门转来的相关资料，按照实际承担的债务金额，记：

借：待偿债净资产——应付主权外债转贷款

　　贷：应付主权外债转贷款

③下级政府财政承担还款责任，贷款资金由下级政府财政同级部门（单位）使用的，本级政府财政部门根据贷款资金支付相关资料，记：

借：债务转贷支出

　　贷：债务转贷收入

根据债务管理部门转来的相关资料，按照实际承担的债务金额，记：

借：待偿债净资产——应付主权外债转贷款

　　贷：应付主权外债转贷款

同时，记：

借：应收主权外债转贷款

　　贷：资产基金——应收主权外债转贷款

（3）期末确认主权外债转贷款的应付利息时，按照债务管理部门计算出的本期应付未付利息金额，记：

借：待偿债净资产——应付主权外债转贷款

　　贷：应付主权外债转贷款

（4）偿还本级政府财政承担的借入主权外债转贷款的本金时，记：

借：债务还本支出

　　贷：其他财政存款等科目

根据债务管理部门转来的相关资料，按照实际偿还的本金金额，记：

借：应付主权外债转贷款

　　贷：待偿债净资产——应付主权外债转贷款

（5）偿还本级政府财政承担的借入主权外债转贷款的利息时，记：

借：一般公共预算本级支出等科目

　　贷：其他财政存款等科目

实际偿还利息金额中属于已确认的应付利息部分，还应根据债务管理部门转来的相关资料，记：

借：应付主权外债转贷款

　　贷：待偿债净资产——应付主权外债转贷款

（6）偿还下级政府财政承担的借入主权外债转贷款的本息时，记：

借：其他应付款/其他应收款

　　贷：其他财政存款等科目

根据债务管理部门转来的相关资料，按照实际偿还的本金及已确认的应付利息金额，记：

借：应付主权外债转贷款

　　贷：待偿债净资产——应付主权外债转贷款

（7）被上级政府财政扣缴借入主权外债转贷款的本息时，记：

借：其他应收款

  贷：与上级往来

根据债务管理部门转来的相关资料，按照被扣缴的本金及已确认的应付利息金额，记：

借：应付主权外债转贷款

  贷：待偿债净资产——应付主权外债转贷款

列报支出时，对本级政府财政承担的还本支出，记：

借：债务还本支出

  贷：其他应收款

对本级政府财政承担的利息支出，记：

借：一般公共预算本级支出等科目

  贷：其他应收款

（8）上级政府财政豁免主权外债转贷款本息时，根据以下情况分别处理：

①豁免本级政府财政承担偿还责任的主权外债转贷款本息时，根据债务管理部门转来的相关资料，按照豁免转贷款的本金及已确认的应付利息金额，记：

借：应付主权外债转贷款

  贷：待偿债净资产——应付主权外债转贷款

②豁免下级政府财政承担偿还责任的主权外债转贷款本息时，根据债务管理部门转来的相关资料，按照豁免转贷款的本金及已确认的应付利息金额，记：

借：应付主权外债转贷款

  贷：待偿债净资产——应付主权外债转贷款

同时，记：

借：资产基金——应收主权外债转贷款

  贷：应收主权外债转贷款

（三）应付主权外债转贷款的核算实例

【例20-18】某市财政收到省财政转贷的外国政府贷款2 000 000元，贷款期限3年，利率3%，到期一次还本付息。

（1）收到转贷的外国政府贷款，记：

借：其他财政存款   2 000 000

  贷：债务转贷收入   2 000 000

借：待偿债净资产——应付主权外债转贷款   2 000 000

  贷：应付主权外债转贷款——应付本金   2 000 000

（2）如果外方将转贷款直接支付给市交通运输局时，应根据以下情况分别处理：

①如果市财政承担还款责任，贷款资金由市交通运输局使用，记：

借：一般公共预算本级支出   2 000 000

  贷：债务转贷收入   2 000 000

借：待偿债净资产——应付主权外债转贷款   2 000 000

  贷：应付主权外债转贷款——应付本金   2 000 000

②如果市财政承担还款责任，贷款资金由所属县交通运输局使用，记：

借：补助支出　　　　　　　　　　　　　　　　　　　　　2 000 000
　　贷：债务转贷收入　　　　　　　　　　　　　　　　　　　　　2 000 000
借：待偿债净资产——应付主权外债转贷款　　　　　　　　2 000 000
　　贷：应付主权外债转贷款——应付本金　　　　　　　　　　　　2 000 000

③如果由所属县财政承担还款责任，贷款资金由县交通运输局使用，记：

借：债务转贷支出　　　　　　　　　　　　　　　　　　　2 000 000
　　贷：债务转贷收入　　　　　　　　　　　　　　　　　　　　　2 000 000
借：待偿债净资产——应付主权外债转贷款　　　　　　　　2 000 000
　　贷：应付主权外债转贷款——应付本金　　　　　　　　　　　　2 000 000
借：应收主权外债转贷款——应收本金　　　　　　　　　　2 000 000
　　贷：资产基金——应收主权外债转贷款　　　　　　　　　　　　2 000 000

（3）每月末确认外国政府转贷款应付利息，记：

年应付利息 = 2 000 000 × 3% = 60 000（元）

月末应付未付利息 = 60 000 ÷ 12 = 5 000（元）

借：待偿债净资产——应收主权外债转贷款　　　　　　　　　　5 000
　　贷：应付主权外债转贷款——应付利息　　　　　　　　　　　　　5 000

（4）外国政府转贷款到期，市财政偿还本金 2 000 000 元、利息 180 000 元（含当月应确认的利息 5 000 元），记：

借：待偿债净资产——应收主权外债转贷款　　　　　　　　　　5 000
　　贷：应付主权外债转贷款——应付利息　　　　　　　　　　　　　5 000
借：债务还本支出　　　　　　　　　　　　　　　　　　2 000 000
　　一般公共预算本级支出　　　　　　　　　　　　　　　180 000
　　贷：其他财政存款　　　　　　　　　　　　　　　　　　　2 180 000
借：应付主权外债转贷款——应付本金　　　　　　　　　　2 000 000
　　　　　　　　　　　　——应付利息　　　　　　　　　　180 000
　　贷：待偿债净资产——应付主权外债转贷款　　　　　　　　　2 180 000

【例 20 - 19】〖例 20 - 18〗中市财政偿还县财政承担借入的外国政府转贷款本息，记：

借：其他应付款　　　　　　　　　　　　　　　　　　　2 180 000
　　贷：其他财政存款　　　　　　　　　　　　　　　　　　　2 180 000
借：应付主权外债转贷款——应付本金　　　　　　　　　　2 000 000
　　　　　　　　　　　　——应付利息　　　　　　　　　　180 000
　　贷：待偿债净资产——应付主权外债转贷款　　　　　　　　　2 180 000

六、其他负债

"其他负债"科目核算政府财政因有关政策明确要求其承担支出责任的事项而形成的应付未付款项。本科目贷方余额反映政府财政承担的尚未支付的其他负债余额。"其他负债"科目应当按照债权单位和项目等进行明细核算。

（1）有关政策已明确政府财政承担的支出责任，按照确定应承担的负债金额，记：

借：待偿债净资产

　　贷：其他负债

（2）实际偿还负债时，记：

借：有关支出等科目

　　贷：国库存款等科目

同时，按照相同的金额，记：

借：其他负债

　　贷：待偿债净资产

【例 20-20】某市财政根据有关政策明确政府财政承担的支出责任，确定应承担的负债金额 500 000 元。

借：待偿债净资产——其他负债 　　　　　　　　　　　　　500 000

　　贷：其他负债 　　　　　　　　　　　　　　　　　　　　　500 000

思考与练习题

（一）思考题

1. 什么是财政总预算会计的负债？包括哪些内容？

2. 什么是应付国库集中支付结余？应当如何核算？

3. 什么是暂收及应付款？应当如何核算？

4. 什么是借入款项？应当如何核算？

5. 什么是应付政府债券？应当如何核算？

6. 什么是应付转贷款？应当如何核算？

7. 什么是应付代管资金？应当如何核算？

8. 什么是其他负债？应当如何核算？

（二）练习题

某市财政总预算会计发生如下经济业务：

1. 年末，经对账确认省级预算单位尚未使用的国库集中支付结余资金 500 000 元，其中一般公共预算 200 000 元，政府性基金预算 300 000 元。

2. 根据财政体制结算规定计算出的本级财政应向上级省财政上解的预算款项计 75 500 元。其中，一般公共预算款项 63 300 元，政府性基金预算款项 12 200 元。

3. 根据财政体制结算计算出的本级财政应获得上级省财政补助的一般公共预算款项计 15 200 元。

4. 收到与上级往来的款项 15 200 元。

5. 收到性质不清的预算缴款 65 000 元，列作暂存。

6. 因财政预算资金周转的需要，向上级财政借入一般公共预算款项 30 000 元。

7. 收到上级财政文件，批准将上述借款中的 30 000 元转作对本级的预算补助款。

8. 收到国际货币基金组织贷款 2 000 000 元。

9. 发行 1 年期地方政府一般债券 600 000 000 元，实际收到发行金额 600 000 000 元；5 年期地方政府专项债券 300 000 000 元，实际收到发行金额 300 000 000 元。

10. 地方政府 3 年期的一般债券到期，实际支付本金 5 000 000 元、利息 150 000 元、利息中含最后一个月的已确认的应付利息 12 500 元。

11. 地方政府 6 个月专项债券到期，实际支付本金 1 000 000 元、利息 300 000 元、利息中含最后一个月的已确认的应付利息 25 000 元。

12. 收到某直属单位的代管资金 200 000 元。

根据以上经济业务，为该市财政总预算会计编制有关的会计分录。

第二十一章

财政总预算会计净资产

第一节　财政总会计的预算结转结余

一、一般公共预算结转结余

"一般公共预算结转结余"科目核算政府财政纳入一般公共预算管理的收支相抵形成的结转结余，本科目年终贷方余额反映一般公共预算收支相抵后的滚存结转结余，其主要账务处理如下：

（1）年终转账时，将一般公共预算的有关收入科目贷方余额转入本科目的贷方，会计分录为：

借：一般公共预算本级收入

　　补助收入———一般公共预算补助收入

　　上解收入———一般公共预算上解收入

　　地区间援助收入

　　调入资金———一般公共预算调入资金

　　债务收入———一般债务收入

　　债务转贷收入———地方政府一般债务转贷收入

　　动用预算稳定调节基金

　　贷：一般公共预算结转结余

将一般公共预算的有关支出科目借方余额转入本科目的借方，会计分录为：

借：一般公共预算结转结余

　　贷：一般公共预算本级支出

　　　　上解支出———一般公共预算上解支出

　　　　补助支出———一般公共预算补助支出

　　　　地区间援助支出

　　　　调出资金———一般公共预算调出资金

　　　　安排预算稳定调节基金

　　　　债务转贷支出———地方政府一般债务转贷支出

　　　　债务还本支出———一般债务还本支出

（2）设置和补充预算周转金时，会计分录为：

借：一般公共预算结转结余

　　贷：预算周转金

【例21-1】年底将全年税收收入 50 000 000 元、一般公共预算本级支出 45 000 000 元转入相关结余，有关账务处理如下：

借：一般公共预算本级收入　　　　　　　　　　　　　　　50 000 000

　　贷：一般公共预算结转结余　　　　　　　　　　　　　　　　50 000 000

借：一般公共预算结转结余　　　　　　　　　　　　　　　45 000 000

　　贷：一般公共预算本级支出　　　　　　　　　　　　　　　　45 000 000

【例21-2】某市财政进行年终结算，将全年有关一般预算的各项收入结转"一般公共预算结转结余"。其中：一般公共预算本级收入 30 000 000 元，一般公共预算补助收入 2 000 000 元，一般公共预算上解收入 7 000 000 元，一般公共预算调入资金 1 000 000 元。

借：一般公共预算本级收入　　　　　　　　　　　　　　　30 000 000

　　补助收入——一般公共预算补助收入　　　　　　　　　　2 000 000

　　上解收入——一般公共预算上解收入　　　　　　　　　　7 000 000

　　调入资金——一般公共预算调入资金　　　　　　　　　　1 000 000

　　贷：一般公共预算结转结余　　　　　　　　　　　　　　　　40 000 000

【例21-3】将全年有关预算的各项支出结转"一般公共预算结转结余"。其中：一般公共预算本级支出 29 800 000 元，一般公共预算补助支出 1 800 000 元，一般公共上解支出 7 400 000 元。

借：一般公共预算结转结余　　　　　　　　　　　　　　　39 000 000

　　贷：一般公共预算本级支出　　　　　　　　　　　　　　　　29 800 000

　　　　补助支出——一般公共预算补助支出　　　　　　　　　　1 800 000

　　　　上解支出——一般公共预算上解支出　　　　　　　　　　7 400 000

上年一般公共预算滚存结余为 800 000 元，则本年一般公共预算滚存结余 = 800 000 + 40 000 000 - 39 000 000 = 1 800 000（元）。

【例21-4】财政将本年一般公共预算结转结余的 10% 用于增加预算周转金，会计分录为：

借：一般公共预算结转结余　　　　　　　　　　　　　　　180 000

　　贷：预算周转金　　　　　　　　　　　　　　　　　　　　180 000

二、政府性基金预算结转结余

"政府性基金预算结转结余"科目核算政府财政纳入政府性基金预算管理的收支相抵形成的结转结余。本科目年终贷方余额反映政府性基金预算收支相抵后的滚存结转结余。本科目应当根据管理需要，按照政府性基金的种类进行明细核算。

（1）年终转账时，应将政府性基金预算的有关收入科目贷方余额按照政府性基金种类分别转入本科目下相应明细科目的贷方，会计分录为：

借：政府性基金预算本级收入

　　补助收入——政府性基金预算补助收入

上解收入——政府性基金预算上解收入

调入资金——政府性基金预算调入资金

债务收入——专项债务收入

债务转贷收入——地方政府专项债务转贷收入

　　贷：政府性基金预算结转结余

（2）年终转账时，将政府性基金预算的有关支出科目借方余额按照政府性基金种类分别转入本科目下相应明细科目的借方，会计分录为：

借：政府性基金预算结转结余

　　贷：政府性基金预算本级支出

上解支出——政府性基金预算上解支出

补助支出——政府性基金预算补助支出

调出资金——政府性基金预算调出资金

债务还本支出——专项债务还本支出

债务转贷支出——地方政府专项债务转贷支出

【例 21-5】市财政局年底将民航发展基金收入 120 000 元、民航发展基金支出 100 000 元转入相关结余，有关账务处理如下：

借：政府性基金预算本级收入——民航发展基金收入　　　　　120 000

　　贷：政府性基金预算结转结余——民航发展基金收入　　　　　120 000

借：基金预算结余——民航发展基金收入　　　　　100 000

　　贷：基金预算支出——交通运输支出——民航发展基金支出　　　　　100 000

【例 21-6】年底将重大水利建设基金收入 69 700 000 元、重大水利建设基金支出 69 000 000 元转入相关结余，有关账务处理如下：

借：政府性基金预算本级收入　　　　　69 700 000

　　贷：政府性基金预算结转结余　　　　　69 700 000

借：政府性基金预算结转结余　　　　　69 000 000

　　贷：政府性基金预算本级支出　　　　　69 000 000

【例 21-7】某市财政进行年终结算，将全年有关基金预算的各项收入结转"政府性基金预算结转结余"。其中：政府性基金预算收入 10 000 000 元，政府性预算补助收入 2 500 000 元。

借：政府性基金预算本级收入　　　　　10 000 000

补助收入——政府性基金预算补助收入　　　　　2 500 000

　　贷：政府性基金预算结转结余　　　　　12 500 000

【例 21-8】某市财政进行年终结算，将全年有关基金预算的各项支出结转"政府性基金预算结转结余"，其中：政府性基金预算本级支出 9 000 000 元，补助支出——政府性基金预算补助支出 2 400 000 元，调出资金——政府性基金预算调出资金 1 000 000 元。

借：政府性基金预算结转结余　　　　　12 400 000

　　贷：政府性基金预算本级支出　　　　　9 000 000

补助支出——政府性基金预算补助支出	2 400 000
调出资金——政府性基金预算调出资金	1 000 000

上年政府性基金预算滚存结余为 580 000 元，则本年政府性基金预算滚存结余 = 580 000 + 12 500 000 - 12 400 000 = 680 000（元）。

三、国有资本经营预算结转结余

"国有资本经营预算结转结余"科目核算政府财政纳入国有资本经营预算管理的收支相抵形成的结转结余。本科目年终贷方余额反映国有资本经营预算收支相抵后的滚存结转结余。国有资本经营预算结转结余的主要账务处理如下：

（1）年终转账时，应将国有资本经营预算的有关收入科目贷方余额转入本科目贷方，会计分录为：

借：国有资本经营预算本级收入

　　贷：国有资本经营预算结转

（2）将国有资本经营预算的有关支出科目借方余额转入本科目借方，会计分录为：

借：国有资本经营预算结转结余

　　贷：国有资本经营预算本级支出

　　　　调出资金——国有资本经营预算调出资金

【例 21 - 9】某市财政将年末"国有资本经营预算本级收入"科目贷方余额为 30 000 000 元，"国有资本经营预算本级支出"科目借方余额为 28 000 000 元，进行结转。

借：国有资本经营预算本级收入	30 000 000
贷：国有资本经营预算结余	30 000 000
借：国有资本经营预算结余	28 000 000
贷：国有资本经营预算本级支出	28 000 000

上年国有资本经营预算滚存结余为 500 000 元，则本年国有资本经营预算滚存结余 = 500 000 + 30 000 000 - 28 000 000 = 2 500 000（元）。

第二节　财政总预算会计的专款结余

一、财政专户管理资金结余

"财政专户管理资金结余"科目核算政府财政纳入财政专户管理的教育收费等资金收支相抵后形成的结余。本科目年终贷方余额反映政府财政纳入财政专户管理的资金收支相抵后的滚存结余。本科目应当根据管理需要，按照部门（单位）等进行明细核算。

（1）年终转账时，将财政专户管理资金的有关收入科目贷方余额转入"财政专户管理资金结余"科目贷方，会计分录为：

借：财政专户管理资金收入等科目

　　贷：财政专户管理资金结余

（2）将财政专户管理资金的有关支出科目借方余额转入"财政专户管理资金结余"科目借方，会计分录为：

借：财政专户管理资金结余
　　贷：财政专户管理资金支出等科目

【例 21 – 10】某市财政年末将"财政专户管理资金收入"科目余额为 6 000 000 元，"财政专户管理资金支出"科目余额为 5 800 000 元，进行结转。

借：财政专户管理资金收入　　　　　　　　　　　　　　　　6 000 000
　　贷：财政专户管理资金结余　　　　　　　　　　　　　　　6 000 000
借：财政专户管理资金结余　　　　　　　　　　　　　　　　5 800 000
　　贷：财政专户管理资金支出　　　　　　　　　　　　　　　5 800 000

二、专用基金结余

"专用基金结余"科目核算政府财政管理的专用基金收支相抵形成的结余。本科目年终贷方余额反映政府财政管理的专用基金收支相抵后的滚存结余。本科目应当根据专用基金的种类进行明细核算。

（1）年终转账时，将专用基金的有关收入科目贷方余额转入专用基金结余科目贷方，会计分录为：

借：专用基金收入等科目
　　贷：专用基金结余

（2）将专用基金的有关支出科目借方余额转入专用基金结余科目借方，会计分录为：

借：专用基金结余
　　贷：专用基金支出

【例 21 – 11】某市财政进行年终结算，将全年专用基金收入 5 000 000 元结转专用基金结余。

借：专用基金收入　　　　　　　　　　　　　　　　　　　　5 000 000
　　贷：专用基金结余　　　　　　　　　　　　　　　　　　　5 000 000

【例 21 – 12】某市财政进行年终结算，将全年专用基金支出 4 650 000 元结转专用基金结余。

借：专用基金结余　　　　　　　　　　　　　　　　　　　　4 650 000
　　贷：专用基金支出　　　　　　　　　　　　　　　　　　　4 650 000

上年专用基金滚存结余为 450 000 元，则专用基金结余本年末滚存结余 = 450 000 + 5 000 000 – 4 650 000 = 800 000（元）。

第三节　财政总预算会计的其他净资产

一、预算稳定调节基金

"预算稳定调节基金"科目核算政府财政设置的用于弥补以后年度预算资金不足的

储备资金。本科目期末贷方余额反映预算稳定调节基金的规模。

（1）使用超收收入或一般公共预算结余补充预算稳定调节基金时，记：

借：安排预算稳定调节基金

　　贷：预算稳定调节基金

（2）将预算周转金调入预算稳定调节基金时，记：

借：预算周转金

　　贷：预算稳定调节基金

（3）调用预算稳定调节基金时，记：

借：预算稳定调节基金

　　贷：动用预算稳定调节基金

【例21-13】年度终，某市财政局使用财政超收收入补充预算稳定调节基金200 000元。

借：安排预算稳定调节基金　　　　　　　　　　　　　　200 000

　　贷：预算稳定调节基金　　　　　　　　　　　　　　　　200 000

【例21-14】下一年度，某财政机关为弥补财政短收预算执行收支缺口，调用预算稳定调节基金150 000元。

借：预算稳定调节基金　　　　　　　　　　　　　　　　150 000

　　贷：调入预算稳定调节基金　　　　　　　　　　　　　　150 000

二、预算周转金

（一）预算周转金的设置

"预算周转金"科目核算政府财政设置的用于调剂预算年度内季节性收支差额周转使用的资金。预算周转金应根据《中华人民共和国预算法》要求设置。

各级政府预算周转金一般由本级政府用年度预算净结余资金设置、补充或由上级财政部门拨入。各级政府预算的上年结余，可以在下年用于上年结转项目的支出；有余额的，可以补充预算周转金；再有余额的，可以用于下年必需的预算支出。

预算周转金转作执行年度预算周转之用，不得用于安排财政支出，未经批准，不得随意增加或减少，年终必须保持原数，逐年结转。

预算周转金的数额，应与本级总预算支出数相适应，其额度应当逐步达到本级政府预算支出总额的4%。随着财政收支逐步增大，预算周转金需要逐步增加，本级财政应从本级的结余中逐步补充预算周转金，预算周转金的余额，只能增加，不能减少。

（二）预算周转金的账务处理

预算周转金属净资产类科目，贷方登记设置和补充预算周转金数，借方一般无发生额，期末贷方余额反映预算周转金的实际累计数或规模，年终将其结转到下一年。预算周转金的主要账务处理如下：

（1）设置和补充预算周转金时，记：

借：一般公共预算结转结余

　　贷：预算周转金

（2）将预算周转金调入预算稳定调节基金时，记：

借：预算周转金

　　贷：预算稳定调节基金

（三）预算周转金的核算实例

【例21-15】收到上级财政拨来预算周转金7 600 000元，作会计分录：

借：国库存款　　　　　　　　　　　　　　　　　7 600 000

　　贷：预算周转金　　　　　　　　　　　　　　　　　7 600 000

【例21-16】用一般公共预算结转结余53 000元增设预算周转金，作会计分录：

借：一般公共预算结转结余　　　　　　　　　　　　53 000

　　贷：预算周转金　　　　　　　　　　　　　　　　　53 000

【例21-17】某市财政从上年一般公共预算结余中设置预算周转金500 000元，作会计分录：

借：一般公共预算结转结余　　　　　　　　　　　500 000

　　贷：预算周转金　　　　　　　　　　　　　　　　500 000

【例21-18】某市财政将预算周转金400 000元调入预算稳定调节基金，作会计分录：

借：预算周转金　　　　　　　　　　　　　　　　400 000

　　贷：预算稳定调节基金　　　　　　　　　　　　　400 000

预算周转金存入国库存款之中，不另设存款户。周转动用时，仍作贷记"国库存款"处理，不能贷记"预算周转金"。若"国库存款"余额小于"预算周转金"，即表明"预算周转金"已经动用。

三、资产基金

"资产基金"科目核算政府财政持有的应收地方政府债券转贷款、应收主权外债转贷款、股权投资和应收股利等资产（与其相关的资金收支纳入预算管理）在净资产中占用的金额。

"资产基金"科目下应当设置"应收地方政府债券转贷款""应收主权外债转贷款""股权投资""应收股利"等明细科目，进行明细核算。

资产基金的账务处理参见"应收地方政府债券转贷款""应收主权外债转贷款""股权投资"和"应收股利"等科目的使用说明。

"资产基金"科目期末贷方余额，反映政府财政持有应收地方政府债券转贷款、应收主权外债转贷款、股权投资和应收股利等资产（与其相关的资金收支纳入预算管理）在净资产中占用的金额。

四、待偿债净资产

"待偿债净资产"科目核算政府财政因发生应付政府债券、借入款项、应付地方政府债券转贷款、应付主权外债转贷款、其他负债等负债（与其相关的资金收支纳入预算管理）相应需在净资产中冲减的金额。

"待偿债净资产"科目下应当设置"应付短期政府债券""应付长期政府债券""借入款项""应付地方政府债券转贷款""应付主权外债转贷款""其他负债"等明细科

目，进行明细核算。

待偿债净资产的账务处理参见"应付短期政府债券""应付长期政府债券""借入款项""应付地方政府债券转贷款""应付主权外债转贷款"和"其他负债"等科目的使用。

"待偿债净资产"科目的期末借方余额，反映政府财政承担应付政府债券、借入款项、应付地方政府债券转贷款、应付主权外债转贷款和其他负债等负债（与其相关的资金收支纳入预算管理）而相应需冲减净资产的金额。

思考与练习题

（一）思考题

1. 什么是财政总预算会计的净资产？包括哪些内容？

2. 什么是财政总预算会计的结转结余？包括哪些种类？

3. 什么是一般公共预算结转结余？应当如何核算？

4. 什么是政府性基金预算结转结余？应当如何核算？

5. 什么是国有资本经营预算结转结余？应当如何核算？

6. 什么是财政专户管理资金结余？应当如何核算？

7. 什么是专用基金结余？应当如何核算？

8. 什么是预算稳定调节基金？应当如何核算？

9. 什么是预算周转金？应当如何核算？

10. 什么是资产基金？哪些会计科目的核算与其有关？

11. 什么是待偿债净资产？哪些会计科目的核算与其有关？

（二）练习题

1. 某市财政总预算会计年终进行结账。有关收入和支出类科目的余额资料如表1和表2所示。

表1　　　　　　　　　　　　　收入类科目的贷方余额　　　　　　　　　　　单位：元

一般公共预算本级收入	1 246 000
债务转贷收入	500 000
债务收入	244 000
补助收入——一般公共预算补助收入	732 000
上解收入——一般公共预算上解收入	110 000
调入资金——一般公共预算调入资金	46 000
一般公共预算类收入总计	2 878 000
政府性基金预算本级收入	1 051 200
补助收入——政府性基金预算补助收入	162 800
上解收入——政府性基金预算上解收入	2 400
政府性基金预算类收入总计	1 216 400
国有资本经营预算收入	304 000
国有资本经营预算收入合计	304 000
专用基金收入	52 640
财政专户管理资金收入	179 660

表2   支出类科目的借方余额   单位：元

一般公共预算本级支出	1 550 000
债务还本支出	300 000
债务支出	210 000
补助支出——一般性公共预算补助支出	430 000
上解支出——一般性公共预算上解支出	148 000
安排预算稳定调节资金	196 000
一般公共预算类支出总计	2 834 000
政府性基金预算本级支出	1 152 600
补助支出——政府性基金预算补助支出	4 200
上解支出——政府性基金预算上解支出	5 000
调出资金——政府性基金预算调出资金	46 000
政府性基金预算类支出总计	1 207 800
国有资本经营预算本级支出	298 000
国有资本经营预算支出合计	298 000
专用基金支出	52 360
财政专户管理资金支出	179 100

    根据以上资料，为该市财政总预算会计编制有关年终结账的会计分录。假设上年滚存结转结余均为零，分别计算年终一般公共预算结转结余、政府性基金预算结转结余、国有资本经营预算结转结余、专用基金结余和财政专户管理资金结余的数额。

    2. 某市财政局7月发生如下事项，要求据此编制会计分录：

    （1）收到上级财政拨来预算周转金100 000元。

    （2）用本级财政一般公共预算结余增设预算周转金500 000元。

    （3）经国家批准发行国债，国库实收数700 000元。

    （4）到期归还代发国债的本金和利息8 000 000元，其中本金7 000 000元，利息为1 000 000元。

    （5）年终，将"政府性基金预算本级收入"科目贷方余额600 000元、"政府性基金预算本级支出"科目余额500 000元、"专用基金收入"科目余额2 600 000元，"专用基金支出"科目余额2 500 000元，办理转账。

第二十二章

财政总会计的预算收支

第一节　财政总会计收支的确认

一、收入的确认

（一）收入的含义和类别

收入是指政府财政为实现政府职能，根据法律法规等所筹集的资金。总会计核算的收入包括一般公共预算本级收入、政府性基金预算本级收入、国有资本经营预算本级收入、财政专户管理资金收入、专用基金收入、转移性收入、债务收入、债务转贷收入等。

（二）收入入账金额的确定

（1）一般公共预算本级收入、政府性基金预算本级收入、国有资本经营预算本级收入、财政专户管理资金收入和专用基金收入应当按照实际收到的金额入账。

（2）转移性收入应当按照财政体制的规定或实际发生的金额入账。

（3）债务收入应当按照实际发行额或借入的金额入账，债务转贷收入应当按照实际收到的转贷金额入账。

（4）已建乡（镇）国库的地区，乡（镇）财政的本级收入以乡（镇）国库收到数为准。县（含县本级）以上各级财政的各项预算收入（含固定收入与共享收入）以缴入基层国库数额为准。

（5）未建乡（镇）国库的地区，乡（镇）财政的本级收入以乡（镇）总会计收到县级财政返回数额为准。

（三）收入入账金额的确定

总会计应当加强各项收入的管理，严格会计核算手续。对于各项收入的账务处理必须以审核无误的国库入库凭证、预算收入日报表和其他合法凭证为依据。发现错误，应当按照相关规定及时通知有关单位共同更正。

对于已缴入国库和财政专户的收入退库（付），要严格把关，强化监督。凡不属于国家规定的退库（付）项目，一律不得冲退收入。

属于国家规定的退库（付）事项，具体退库（付）程序按财政部有关规定办理。

二、支出的确认

（一）支出的类别

支出是指政府财政为实现政府职能，对财政资金的分配和使用。总会计核算的支出包括一般公共预算本级支出、政府性基金预算本级支出、国有资本经营预算本级支出、财政专户管理资金支出、专用基金支出、转移性支出、债务还本支出、债务转贷支出等。

（1）一般公共预算本级支出是指政府财政管理的由本级政府使用的列入一般公共预算的支出。

（2）政府性基金预算本级支出是指政府财政管理的由本级政府使用的列入政府性基金预算的支出。

（3）国有资本经营预算本级支出是指政府财政管理的由本级政府使用的列入国有资本经营预算的支出。

（4）财政专户管理资金支出是指政府财政用纳入财政专户管理的教育收费等资金安排的支出。

（5）专用基金支出是指政府财政用专用基金收入安排的支出。

（6）转移性支出是指在各级政府财政之间进行资金调拨以及在本级政府财政不同类型资金之间调剂所形成的支出，包括补助支出、上解支出、调出资金、地区间援助支出等。其中，补助支出是指本级政府财政按财政体制规定或因专项需要补助给下级政府财政的款项，包括对下级的税收返还、转移支付等。上解支出是指按照财政体制规定由本级政府财政上交给上级政府财政的款项。调出资金是指政府财政为平衡预算收支、从某类资金向其他类型预算调出的资金。地区间援助支出是指援助方政府财政安排用于受援方政府财政统筹使用的各类援助、捐赠等资金支出。

（7）债务转贷支出是指本级政府财政向下级政府财政转贷的债务支出。

（8）债务还本支出是指政府财政偿还本级政府承担的债务本金支出。

（二）支出入账金额的确认

一般公共预算本级支出、政府性基金预算本级支出、国有资本经营预算本级支出一般应当按照实际支付的金额入账，年末可采用权责发生制将国库集中支付结余列支入账。从本级预算支出中安排提取的专用基金，按照实际提取金额列支入账。财政专户管理资金支出、专用基金支出应当按照实际支付的金额入账。转移性支出应当按照财政体制的规定或实际发生的金额入账。债务转贷支出应当按照实际转贷的金额入账。债务还本支出应当按照实际偿还的金额入账。

凡是属于预拨经费的款项，到期转列支出时，应当按本条前款规定列报口径转列支出。

对于收回当年已列支出的款项，应冲销当年支出。对于收回以前年度已列支出的款项，除财政部门另有规定外，应冲销当年支出。

（三）支出的管理

总会计应当加强支出管理，科学预测和调度资金，严格按照批准的年度预算和用款计划办理支出，严格审核拨付申请，严格按预算管理规定和拨付实际列报支出，不得办理无预算、无用款计划、超预算、超用款计划的支出，不得任意调整预算支出科目。

对于各项支出的账务处理必须以审核无误的国库划款清算凭证、资金支付凭证和其他合法凭证为依据。

地方各级财政部门除国库集中支付结余外，不得采用权责发生制列支。权责发生制列支只限于年末采用，平时不得采用。

第二节　一般公共预算本级收支

一、一般公共预算本级收支的分级划分

预算收入要通过"财政管理体制"进行划分，在我国目前的分税制财政管理体制下，预算收支分为"固定收支""共享（担）收支"。

固定收入为各级政府的预算收入，分"中央固定收支"和"地方固定收支"。

"共享收入"又称"分成收入"，按各级财政的财力情况，以比例或其他方法进行分配。

地方各级财政之间的一般预算收入的划分，在中央与地方（省、自治区、直辖市）财政的划分范围内，由上一级财政制定本级与下级之间的财政管理体制，按规定划分的方法执行。

【例22-1】某市所属A、B、C三个县，市中心支库于12月1日收到所属各县支库报解各县一般公共预算共享收入，其中：A县共享收入500 000元，上解给市60%，计300 000元；B县共享收入200 000元，上解给市50%，计100 000元；C县共享收入300 000元，上解给市50%，计150 000元。当日，该市直属企事业上缴一般公共预算收入1 000 000元，其中，市属固定收入600 000元，市省共享收入额400 000元，市财政局总预算会计收到市中心支库报来的"预算收入日报表""固定收入日报表"和各县的"分成收入计算日报表"及市级汇总"分成收入计算日报表"等凭证。假定全市（含县）的共享收入向省上解的比例均为60%，根据资料计算应上解给省的预算收入数额和市本级收入分成数额。

市与所属三县的全部预算收入 = 1 000 000 + 500 000 + 200 000 + 300 000 = 2 000 000（元）

市与所属三县的共享收入总额 = 2 000 000 - 600 000 = 1 400 000（元）

全市（含县）上解给省的支出 = 预算收入 × 上解比例 = 1 400 000 × 60% = 840 000（元）

　　其中：市本级共享收入上解省支出 = 400 000 × 60% = 240 000（元）

　　　　　县收入通过市上解省 = (500 000 + 200 000 + 300 000) × 60% = 600 000（元）

县收入上解市 = 300 000 + 100 000 + 150 000 = 550 000（元）

市为县额外承担向省上解的数额 = 600 000 - 550 000 = 50 000（元）= 200 000 × 10% + 300 000 × 10%

全市（含县）获得的分成收入 = 共享收入总额 × 分成比例 = 1 400 000 × 40% = 560 000（元）

　　其中：县级实际分成收入 = 200 000 + 100 000 + 150 000 = 450 000（元）

　　　　　市本级实际分成收入 = 560 000 - 450 000 = 110 000（元）

市本级共享收入按比例分成应该获得的分成收入 = 400 000 × 40% = 160 000（元）

市本级为三个县承担了报解给省的分成收入 = 160 000 - 110 000 = 50 000（元）

其中：市没有为 A 县承担上解省财政分成收入款项

市为 B 县承担了 20 000 元的上解省财政分成收入款项

市为 C 县承担了 30 000 元的上解省财政分成收入款项

市本级实际可支配收入 = 固定收入 + 实际分成收入 = 600 000 + 110 000 = 710 000（元）

二、一般公共预算本级收支的核算

（一）一般公共预算本级收入的科目设置

1. 一般公共预算本级收入的科目设置

"一般公共预算本级收入"属收入类科目，用于核算各级政府财政筹集的纳入本级一般公共预算管理的税收收入和非税收入。本科目应当根据《政府收支分类科目》中"一般公共预算收入科目"规定进行明细核算。

"一般公共预算本级收入"科目的贷方登记从国库报来的预算收入日报表所列示的当日预算收入数，当日收入数为正数时，以蓝字记入，当日收入数为负数时，以红字记入（采用计算机记账的，用负数反映）；借方平时不记录，年终记转账冲销数。本科目平时贷方余额，反映一般公共预算本级收入累计数，年终将本科目贷方余额全数转入"一般公共预算结转结余"科目，结转后，本科目没有余额。

2. 一般公共预算本级收入的主要账务处理

（1）收到款项时，根据当日预算收入日报表所列一般公共预算本级收入数，记：

借：国库存款等科目

　　贷：一般公共预算本级收入

（2）年终转账时，本科目贷方余额全数转入"一般公共预算结转结余"科目，记：

借：一般公共预算本级收入

　　贷：一般公共预算结转结余

3. 一般公共预算本级收入的核算实例

【例 22-2】根据国库报来的预算收入日报表所列当日收到一般预算收入 150 000 元，作会计分录：

借：国库存款　　　　　　　　　　　　　　　　　150 000

　　贷：一般公共预算本级收入　　　　　　　　　　　　150 000

【例 22-3】甲县收到国库报来的预算收入日报表，当日收入共计 1 350 000 元，其中 350 000 元属于县级预算固定收入，其余为共享收入。甲县的预算上解比例为 40%。预算会计应编制的会计分录为：

借：国库存款　　　　　　　　　　　　　　　　1 350 000

　　贷：一般公共预算本级收入　　　　　　　　　　　1 350 000

甲县上解支出 =（1 350 000 - 350 000）× 40% = 400 000（元）

借：上解支出　　　　　　　　　　　　　　　　　400 000

　　贷：国库存款　　　　　　　　　　　　　　　　　400 000

【例 22-4】根据国库报来的预算收入日报表所列当日收到基金收入 750 000 元，作会计分录：

借：国库存款　　　　　　　　　　　　　　　　　　　　　750 000

　　贷：政府性基金预算本级收入　　　　　　　　　　　　　　　 750 000

【例22-5】某市财政收到国库报来的"一般公共预算本级收入日报表"以及所附收入凭证，列示当日一般公共预算本级收入780 000元。

借：国库存款　　　　　　　　　　　　　　　　　　　　　780 000

　　贷：一般公共预算本级收入　　　　　　　　　　　　　　　 780 000

【例22-6】年终，某市财政将"一般公共预算本级收入"科目贷方余额1 754 000元全数转入"一般公共预算结转结余"科目。

借：一般公共预算本级收入　　　　　　　　　　　　　　1 754 000

　　贷：一般公共预算结转结余　　　　　　　　　　　　　　 1 754 000

（二）一般公共预算本级支出

1. 一般公共预算本级支出的科目设置

"一般公共预算本级支出"属支出类科目，用于核算政府财政管理的由本级政府使用的列入一般公共预算的支出。本科目应当根据《政府收支分类科目》中支出功能分类科目设置明细科目。同时，根据管理需要，按照支出经济分类科目、部门等进行明细核算。

"一般公共预算本级支出"科目的借方登记直接支出数和预拨经费转列支出数，贷方登记冲回数和年终转账冲销数。本科目平时借方余额反映一般公共预算本级支出的累计数。年终，本科目借方余额应全数转入"一般公共预算结转结余"科目，结转后，本科目无余额。

2. 一般公共预算本级支出的主要账务处理

（1）实际发生一般公共预算本级支出时，记：

借：一般公共预算本级支出

　　贷：国库存款/其他财政存款等科目

（2）年度终了，对纳入国库集中支付管理的、当年未支而需结转下一年度支付的款项（国库集中支付结余），采用权责发生制确认支出时，记：

借：一般公共预算本级支出

　　贷：应付国库集中支付结余

（3）年终转账时，本科目借方余额应全数转入"一般公共预算结转结余"科目，记：

借：一般公共预算结转结余

　　贷：一般公共预算本级支出

（4）年终，将"一般公共预算本级收入""一般公共预算本级支出"等科目的余额全数转入"一般公共预算结转结余"科目予以冲销。

借：一般公共预算本级收入

　　贷：一般公共预算结转结余

借：一般公共预算结转结余

　　贷：一般公共预算本级支出

3. 一般公共预算本级支出的核算实例

【例22-7】某市财政收到财政国库集中支付清算回单，列明当日属于一般公共预算本级支出的款项共计 160 000 元。

    借：一般公共预算本级支出   160 000

      贷：国库存款   160 000

【例 22 - 8】 年终，某市财政局经对账确认某预算单位尚未使用的国库集中支付结余资金 700 000 元，均为一般公共预算资金。

    借：一般公共预算本级支出   700 000

      贷：应付国库集中支付结余   700 000

【例 22 - 9】 年终，某市财政局将"一般公共预算本级支出"科目的借方余额 9 658 000 元全数转入"一般公共预算结转结余"科目。

    借：一般公共预算结转结余   9 658 000

      贷：一般公共预算本级支出   9 658 000

三、一般公共预算本级收支的核算

（一）采取收付实现制的支出事项及其会计处理方法

财政总预算会计以收付实现制为结账基础，因此，预算支出的一般事项基本采取收付实现制。

（1）总预算会计直接办理预算支出时，作会计分录：

    借：一般公共预算本级支出/政府性基金预算本级支出

      贷：国库存款

预算支出收回时，作相反的会计分录。

（2）将预拨行政事业单位一般预算经费转列支出时，作会计分录：

    借：一般公共预算本级支出/政府性基金预算本级支出

      贷：预拨经费

如果发生预算支出的冲回则作相反的会计分录。

【例 22 - 10】 某省级财政部门收到当地海洋部门征收并缴入国库的海洋工程排污费 500 000 元，有关账务处理如下：

    借：国库存款   500 000

      贷：一般公共预算本级收入——非税收入（类）——专项收入（款）——排污费收入（项）——海洋工程排污费收入（目）   500 000

【例 22 - 11】 某市财政局收到国库报来的收入日报表，表明当日收到烟叶税 2 200 000 元，有关会计处理为：

    借：国库存款   2 200 000

      贷：一般公共预算本级收入——税收收入——烟叶税   2 200 000

【例 22 - 12】 某省级财政部门支付省人大办公费 120 000 元，有关账务处理为：

    借：一般公共预算本级支出——一般公共服务——人大事务——行政运行   120 000

      贷：国库存款   120 000

【例 22 - 13】 某市财政局拨给同级公安局刑事侦查经费 1 300 000 元，有关账务处理如下：

　　借：一般公共预算本级支出——公共安全——公安——刑事侦查

　　　　　　　　　　　　　　　　　　　　　　　1 300 000

　　　　贷：国库存款　　　　　　　　　　　　　1 300 000

　　【例 22 - 14】 某省级财政部门收到当地海洋部门征收并缴入国库的海洋工程排污费500 000 元，有关账务处理为：

　　借：国库存款　　　　　　　　　　　　　　　500 000

　　　　贷：一般公共预算本级收入　　　　　　　500 000

　　【例 22 - 15】 年底将全年税收收入 50 000 000 元、一般公共预算本级支出 45 000 000元转入相关结余，有关账务处理如下：

　　借：一般公共预算本级收入　　　　　　　　50 000 000

　　　　贷：一般公共预算结转结余　　　　　　50 000 000

　　借：一般公共预算结转结余　　　　　　　　45 000 000

　　　　贷：一般公共预算本级支出　　　　　　45 000 000

（二）年终实行权责发生制的事项及其会计处理

　　财政总预算会计核算以收付实现制为主，但个别事项可以采用权责发生制。

　　1. 中央财政总预算会计年终实行权责发生制的特殊事项

　　（1）预算已经安排，由于政策性因素，当年未能实现的支出，是指国债投资项目支出。年初中央财政预算总盘子中已经安排，执行中由于国家计委未能按预算足额下达投资计划等原因，需作结转处理。

　　（2）预算已经安排，由于用款进度等原因，当年未能实现的支出，是指参加国库单一账户试点单位，由于用款进度的原因，年终有一部分资金留在财政总会计账上拨不出去，为了不虚增财政结余，需作结转处理。对于不实行国库单一账户试点的单位，财政总会计不得作结转处理。

　　（3）动支中央预备费安排，因国务院审批较晚，当年未能及时拨付的支出。

　　（4）为平衡预算需要，当年未能实现的支出，是指补充偿债基金支出。为了平衡预算，需要根据当年赤字规模和债务收支情况，确定补充偿债基金的具体数额，作当年支出处理。

　　（5）其他，主要指除上述情况之外，根据国务院领导批示精神，需作结转处理的事项。

　　为了减少随意性，克服人为因素影响，采用权责发生制的事项，仅限于此列示的五种情况，此外的其他任何事项均不得采用权责发生制；仅适用于中央财政，地方各级财政不比照执行。

　　2. 地方财政总预算会计按权责发生制处理事项的范围

　　地方财政总预算会计核算仍然实行收付实现制，仅对地方财政实施财政国库管理制度改革试点形成的年终预算结余资金的财政总预算会计，按规定实行个别事项的权责发生制账务处理。

　　地方财政国库管理制度改革试点单位年终预算结余资金是指各级政府纳入改革试点

的预算单位在预算年度内，按照本级财政部门批复的部门预算，当年尚未支用并按规定应留归预算单位继续使用的资金。

结余资金包括行政事业单位经费结余、政府采购资金结余、留归预算单位使用的项目经费结余、基本建设项目竣工结余和投资包干结余，以及财政财务规章、制度规定的其他结余资金。地方财政部门应当准确核定财政国库管理制度改革试点年终预算结余资金。

尚未实施财政国库管理制度改革的地区和单位，财政总预算会计不得采用权责发生制处理。

3. 财政总预算会计权责发生制处理事项的会计处理方法

由于年终结账前，才能最后确定当年应支未支的数额，中央财政总预算会计采用权责发生制对上述事项进行会计核算时，平时不作账务处理；待年终结账，经确认当年确实无法实现财政拨款，需结转下一年度支出时再作账务处理。地方财政核定年终预算结余后，财政总预算会计根据有关核定结余资金的凭证进行会计核算，作会计分录：

借：一般公共预算本级支出等
　　贷：其他应付款

下年度实际支用付款时，冲抵"其他应付款"科目，作会计分录：

借：其他应付款
　　贷：国库存款等

各地财政部门对采用权责发生制账务处理的有关事项，应当在财政决算报表编报说明中做出专题说明。

四、未设国库的乡财政总预算会计预算收入的核算

未设国库的乡（镇）总预算会计根据征收机关（如税务所）报来的预算收入日报表登记预算收入辅助账，待收到县财政返回收入时，再作收入的账务处理。由于未建立国库的乡（镇）财政，其预算收入都是由县（市）国库收纳并向县（市）财政报送预算收入日报表，成为县（市）财政的预算收入，但乡财政又需作预算收入入账，为避免预算收入重复，对未设国库的乡（镇）财政预算收入，应作如下处理：

（1）县（市）财政根据本县（市）的乡（镇）财政管理体制，与征收机关共同制定"乡（镇）财政预算收入报表"，由征收机关分乡（镇）填报县（市）财政和有关乡（镇）财政各一份。

（2）县（市）财政根据"乡（镇）财政预算收入报表"，审查核对无误后，根据乡（镇）应得数拨款；乡（镇）财政总预算会计根据县（市）财政的拨款通知和审核后的"乡（镇）财政预算收入报表"记账。

县（市）财政收到"乡财政预算收入报表"后，先作预算收入增加，拨款时再按拨款数作会计分录：

借：一般公共预算本级收入——某乡（镇）
　　政府性基金预算本级收入——某乡（镇）
　　　贷：国库存款

乡（镇）财政收到县（市）财政拨单通知时，按实收的拨款数作会计分录：

借：其他财政存款

　　贷：一般公共预算本级收入

　　　　政府性基金预算本级收入

（3）由于编报和审查"乡（镇）预算收入报表"需要一定时间，可能影响乡镇财政支付，县（市）财政可根据实际情况，先作预拨，然后按"乡（镇）预算收入报表"结算。

县（市）财政预拨乡财政预算收入时，作会计分录：

借：与下级往来

　　贷：国库存款

乡（镇）财政收到预拨款时，作会计分录：

借：其他财政存款

　　贷：与上级往来

（4）县（市）财政将审核无误后的"乡（镇）财政预算收入报表"通知乡（镇）财政按"乡（镇）应得数"抵冲预拨数入账。

县（市）财政作会计分录：

借：一般公共预算本级收入

　　政府性基金预算本级收入

　　贷：与下级往来

乡（镇）财政作会计分录：

借：与上级往来

　　贷：一般公共预算本级收入

　　　　政府性基金预算本级收入

第三节　政府性基金本级收支

一、政府性基金预算本级收入

（一）政府性基金预算本级收入的账务处理

"政府性基金预算本级收入"科目核算政府财政筹集的纳入本级政府性基金预算管理的非税收入。本科目应当根据《政府收支分类科目》中"政府性基金预算收入科目"规定进行明细核算。

政府性基金预算本级收入的主要账务处理如下：

（1）收到款项时，根据当日预算收入日报表所列政府性基金预算本级收入数，记：

借：国库存款等科目

　　贷：政府性基金预算本级收入

（2）年终转账时，"政府性基金预算本级收入"科目贷方余额全数转入"政府性基金预算结转结余"科目，记：

借：政府性基金预算本级收入

贷：政府性基金预算结转结余

"政府性基金预算本级收入"科目平时贷方余额反映政府性基金预算本级收入的累计数。年终结转后，"政府性基金预算本级收入"科目无余额。

（二）政府性基金预算本级收入核算实例

【例 22-16】某省级财政部门收到国库报来的基金预算收入日报表，表明当日收到民航发展基金收入 360 000 元，有关账务处理为：

借：国库存款——政府性基金预算存款　　　　　　　　　　　　360 000
　　贷：政府性基金预算本级收入——民航发展基金收入　　　　　360 000

【例 22-17】某市财政局收到国库报来的基金预算收入日报表，表明当日收到铁路建设基金收入为 90 000 元，有关会计处理如下：

借：国库存款——政府性基金预算存款　　　　　　　　　　　　90 000
　　贷：政府性基金预算本级收入——非税收入——铁路建设基金收入 90 000

【例 22-18】年终结账时，将"政府性基金预算本级收入"科目的贷方余额 86 300 000 元全数转入"政府性基金预算结转结余"科目，作会计分录：

借：政府性基金预算本级收入　　　　　　　　　　　　　　　86 300 000
　　贷：政府性基金预算结转结余　　　　　　　　　　　　　　86 300 000

二、政府性基金预算本级支出

（一）政府性基金预算本级支出的账务处理

"政府性基金预算本级支出"科目核算政府财政管理的由本级政府使用的列入政府性基金预算的支出。本科目应当按照《政府收支分类科目》中支出功能分类科目设置明细科目。同时，根据管理需要，按照支出经济分类科目、部门等进行明细核算。

"政府性基金预算本级支出"属支出类科目，贷方登记收入增加数，借方登记收入冲回数和年终转账数，平时借方余额反映政府性基金预算本级支出的累计数，年终转账时将科目的贷方余额全数转入"政府性基金预算结转结余"科目，年终结转后无余额。

（1）实际发生政府性基金预算本级支出时，记：

借：政府性基金预算本级支出
　　贷：国库存款

（2）年度终了，对纳入国库集中支付管理的、当年未支而需结转下一年度支付的款项（国库集中支付结余），采用权责发生制确认支出时，记：

借：政府性基金预算本级支出
　　贷：应付国库集中支付结余

（3）年终转账时，本科目借方余额应全数转入"政府性基金预算结转结余"科目，记：

借：政府性基金预算结转结余
　　贷：政府性基金预算本级支出

（二）政府性基金预算本级支出核算实例

【例 22-19】某市财政局用旅游发展基金收入支付支出 280 000 元，作会计分录：

借：政府性基金预算本级支出——商业服务业等支出

　　　　　　　　　　　——旅游发展基金支出　　　280 000

　　贷：国库存款——政府性基金预算存款　　　　　　280 000

【例22-20】某省级财政部门支付使用水利建设基金收入安排的支出570 000元，作会计分录：

借：政府性基金预算本级支出——农林水支出——水利建设基金支出

　　　　　　　　　　　　　　　　　　　　　570 000

　　贷：国库存款——政府性基金预算存款　　　　　570 000

【例22-21】某市财政局收到财政国库集中支付清算回单，列明当日属于政府性基金预算本级支出的款项共计295 000元，作会计分录：

借：政府性基金预算本级支出　　　　　　　　295 000

　　贷：国库存款　　　　　　　　　　　　　　　295 000

【例22-22】年终，市财政局经对账确认某预算单位尚未使用的国库集中支付结余资金200 000元，均为政府性基金预算资金，作会计分录：

借：政府性基金预算本级支出　　　　　　　　200 000

　　贷：应付国库集中支付结余　　　　　　　　　200 000

【例22-23】年终，市财政局将"政府性基金预算本级支出"科目的借方余额12 057 000元全数转入"政府性基金预算结转结余"科目，作会计分录：

借：政府性基金预算结转结余　　　　　　　12 057 000

　　贷：政府性基金预算本级支出　　　　　　　12 057 000

【例22-24】市财政局年底将国有土地收益基金收入620 000元、国有土地收益基金支出500 000元转入相关结余，作会计分录：

借：政府性基金预算本级收入——国有土地收益基金收入　620 000

　　贷：政府性基金预算结转结余——国有土地收益基金收入　620 000

借：政府性基金预算结转结余——国有土地收益基金收入　500 000

　　贷：政府性基金预算本级支出——国有土地收益基金支出　500 000

第四节　国有资本经营预算收支

一、国有资本经营预算本级收入

（一）国有资本经营预算收入的账务处理

"国有资本经营预算本级收入"属收入类科目，核算政府财政筹集的纳入本级国有资本经营预算管理的非税收入。本科目应当根据《政府收支分类科目》中"国有资本经营预算收入科目"规定进行明细核算。"国有资本经营预算收入"科目的贷方反映取得收入数，借方反映收入冲回数和年终结转数。本科目平时贷方余额，反映当年国有资本经营预算收入累计数。年终转账时，将本科目贷方余额全数转入"国有资本经营预算结余"科目后，本科目余额为零。

国有资本经营预算本级收入的主要账务处理如下：

（1）收到款项时，根据当日预算收入日报表所列国有资本经营预算本级收入数，记：

借：国库存款等科目

    贷：国有资本经营预算本级收入

（2）年终转账时，本科目贷方余额全数转入"国有资本经营预算结转结余"科目，记：

借：国有资本经营预算本级收入

    贷：国有资本经营预算结转结余

"国有资本经营预算本级收入"科目平时贷方余额反映国有资本经营预算本级收入的累计数。年终结转后，本科目无余额。

（二）国有资本经营预算本级收入的核算实例

【例22-25】某市财政收到中国人民银行国库报来的预算收入日报表，其中国有资本经营收入合计1 250 000元，作会计分录：

借：国库存款　　　　　　　　　　　　　　　　　　　1 250 000

    贷：国有资本经营预算本级收入　　　　　　　　　　　1 250 000

【例22-26】年终，市财政将"国有资本经营预算本级收入"科目贷方余额1 250 000元全数转入"国有资本经营预算结转结余"科目，作会计分录：

借：国有资本经营预算本级收入　　　　　　　　　　　1 250 000

    贷：国有资本经营预算结转结余　　　　　　　　　　　1 250 000

二、国有资本经营预算本级支出

（一）国有资本经营预算本级支出的账务处理

"国有资本经营预算本级支出"属支出类科目，核算政府财政管理的由本级政府使用的列入国有资本经营预算的本级支出。借方登记支出发生数，贷方登记支出收回数和年终冲销转账数。

"国有资本经营预算本级支出"科目应当按照《政府收支分类科目》中支出功能分类科目设置明细科目。同时，根据管理需要，按照支出经济分类科目、部门等进行明细核算。

（1）实际发生国有资本经营预算本级支出时，记：

借：国有资本经营预算本级支出

    贷：国库存款

（2）年度终了，对纳入国库集中支付管理的、当年未支而需结转下一年度支付的款项（国库集中支付结余），采用权责发生制确认支出时，记：

借：国有资本经营预算本级支出

    贷：应付国库集中支付结余

（3）年终转账时，"国有资本经营预算本级收入"科目借方余额应全数转入"国有资本经营预算结转结余"科目，记：

借：国有资本经营预算结转结余

    贷：国有资本经营预算本级支出

"国有资本经营预算本级支出"科目平时借方余额反映国有资本经营预算本级支出的累计数。年终结转后,本科目无余额。

（二）国有资本经营预算本级支出的核算实例

【例22-27】某市财政局收到财政国库集中支付清算回单,列明当日属于国有资本经营预算本级支出的款项共计3 000元,作会计分录:

借:国有资本经营预算本级支出   3 000

    贷:国库存款   3 000

【例22-28】年终,某市财政局经对账确认某预算单位尚未使用的国库集中支付结余资金40 000元,均为国有资本经营预算资金,作会计分录:

借:国有资本经营预算本级支出   40 000

    贷:应付国库集中支付结余   40 000

【例22-29】年终,某市财政局将"国有资本经营预算本级支出"科目的借方余额5 000 000元全数转入"国有资本经营预算结转结余"科目,作会计分录:

借:国有资本经营预算结转结余   5 000 000

    贷:国有资本经营预算本级支出   5 000 000

第五节　财政专户管理资金收支

一、财政专户管理资金收入

"财政专户管理资金收入"科目核算政府财政纳入财政专户管理的教育收费等资金收入。本科目应当按照《政府收支分类科目》中收入分类科目规定进行明细核算。同时,根据管理需要,按部门（单位）等进行明细核算。

财政专户管理资金收入的主要账务处理如下:

（1）收到财政专户管理资金时,记:

借:其他财政存款

    贷:财政专户管理资金收入

（2）年终转账时,本科目贷方余额全数转入"财政专户管理资金结余"科目,记:

借:财政专户管理资金收入

    贷:财政专户管理资金结余

"财政专户管理资金收入"科目平时贷方余额反映财政专户管理资金收入的累计数。年终结转后,本科目无余额。

【例22-30】某市财政收到财政专户管理的教育收费收入共计345 000元,作会计分录:

借:其他财政存款   345 000

    贷:财政专户管理资金收入   345 000

【例22-31】年终,"财政专户管理资金收入"总账科目贷方余额为345 000元,将其全数转入"财政专户管理资金结余"总账科目,作会计分录:

借：财政专户管理资金收入   345 000

  贷：财政专户管理资金结余   345 000

二、财政专户管理资金支出

"财政专户管理资金支出"科目核算政府财政用纳入财政专户管理的教育收费等资金安排的支出。本科目应当按照《政府收支分类科目》中支出功能分类科目设置相应的明细科目。同时，根据管理需要，按照支出经济分类科目、部门（单位）等进行明细核算。

财政专户管理资金支出的主要账务处理如下：

（1）发生财政专户管理资金支出时，记：

借：财政专户管理资金支出

  贷：其他财政存款等有关科目

（2）年终转账时，本科目借方余额全数转入"财政专户管理资金结余"科目，记：

借：财政专户管理资金结余

  贷：财政专户管理资金支出

"财政专户管理资金支出"科目平时借方余额反映财政专户管理资金支出的累计数。结转后，本科目无余额。

【例22-32】某市财政局收到财政国库集中支付清算回单，列明当日拨付教育收费271 000元。

借：财政专户管理资金支出   271 000

  贷：其他财政存款   271 000

【例22-33】年终，将"财政专户管理资金支出"科目的借方余额70 000 000元全数转入"财政专户管理资金结余"科目。其会计分录为：

借：财政专户管理资金结余   70 000 000

  贷：财政专户管理资金支出   70 000 000

第六节 专用基金收支

一、专用基金收入

（一）专用基金收入的账务处理

"专用基金收入"属收入类科目，核算政府财政按照法律法规和国务院、财政部规定设置或取得的粮食风险基金等专用基金收入。本科目应当按照专用基金的种类进行明细核算。

"专用基金支出"科目贷方登记收入增加数，借方登记专用基金收入的减少数，平时借方余额反映专用基金支出的累计数。年终转账时，将"专用基金收入"科目余额全部转入"专用基金结余"科目，年终结转后，"专用基金收入"科目应无余额。

（1）通过预算支出安排取得专用基金收入转入财政专户的，记：

借：其他财政存款

　　贷：专用基金收入

同时，记：

借：一般公共预算本级支出等科目

　　贷：国库存款/补助收入等科目

退回专用基金收入时，记：

借：专用基金收入

　　贷：其他财政存款

（2）通过预算支出安排取得专用基金收入仍存在国库的，记：

借：一般公共预算本级支出等科目

　　贷：专用基金收入

（3）年终转账时，本科目贷方余额全数转入"专用基金结余"科目，记：

借：专用基金收入

　　贷：专用基金结余

（二）专用基金收入的核算实例

【例22－34】某市财政从省财政取得粮食风险基金500 000元。

借：其他财政存款　　　　　　　　　　　　　　　　　500 000

　　贷：专用基金收入　　　　　　　　　　　　　　　　　500 000

【例22－35】从本级一般公共预算支出中安排专用基金200 000元。

借：一般公共预算本级支出　　　　　　　　　　　　　200 000

　　贷：国库存款　　　　　　　　　　　　　　　　　　　200 000

借：其他财政存款　　　　　　　　　　　　　　　　　200 000

　　贷：专用基金收入　　　　　　　　　　　　　　　　　200 000

【例22－36】年终，将"专用基金收入"科目贷方余额700 000元全数转入"专用基金结余"科目。

借：专用基金收入　　　　　　　　　　　　　　　　　700 000

　　贷：专用基金结余　　　　　　　　　　　　　　　　　700 000

二、专用基金支出

（一）专用基金支出的账务处理

"专用基金支出"属支出类科目，用于核算政府财政用专用基金收入安排的支出。本科目应当根据专用基金的种类设置明细科目；同时，根据管理需要，按部门等进行明细核算。

"专用基金支出"科目的借方登记支出发生数，贷方登记支出收回数和年终冲销转账数。平时借方余额，反映专用基金支出累计数。年终转账时，将"专用基金支出"科目借方余额全部转入"专用基金结余"科目，转账后"专用基金支出"科目应无余额。

（1）发生专用基金支出时，记：

借：专用基金支出

贷：其他财政存款等有关科目

退回专用基金支出时，作相反的会计分录。

（2）年终转账时，本科目借方余额全数转入"专用基金结余"科目，记：

借：专用基金结余

　　贷：专用基金支出

（二）专用基金收支的核算实例

【例 22－37】从上级财政部门收到粮食风险基金 460 000 元，根据国家规定将基金存在指定银行，会计分录为：

借：其他财政存款　　　　　　　　　　　　　　　460 000

　　贷：专用基金收入——粮食风险基金　　　　　　　　460 000

【例 22－38】经过研究，通过本级一般预算资金安排专用基金 240 000 元粮食风险基金，根据国家规定将基金存在指定银行，会计分录为：

借：一般公共预算本级支出　　　　　　　　　　　240 000

　　贷：国库存款　　　　　　　　　　　　　　　　　240 000

借：其他财政存款　　　　　　　　　　　　　　　240 000

　　贷：专用基金收入——粮食风险基金　　　　　　　　240 000

退回专用基金收入时，作相反的会计分录。

【例 22－39】将粮食风险基金用于粮食库存费用补贴 110 000 元，会计分录为：

借：专用基金支出——粮食风险基金　　　　　　　110 000

　　贷：其他财政存款　　　　　　　　　　　　　　　　110 000

【例 22－40】年终转账时，将"专用基金收入"的科目余额 9 000 000 元、"专用基金支出"科目余额 8 700 000 元办理结转。

借：专用基金收入　　　　　　　　　　　　　　9 000 000

　　贷：专用基金结余　　　　　　　　　　　　　　　9 000 000

借：专用基金结余　　　　　　　　　　　　　　8 700 000

　　贷：专用基金支出　　　　　　　　　　　　　　　8 700 000

第二十三章

转 移 收 支

第一节 补 助 收 支

一、补助收入

(一) 补助收入的账务处理

"补助收入"科目核算上级政府财政按照财政体制规定或因专项需要补助给本级政府财政的款项，包括税收返还、转移支付等。本科目下应当按照不同的资金性质设置"一般公共预算补助收入""政府性基金预算补助收入"等明细科目。

（1）收到上级政府财政拨入的补助款时，记：

借：国库存款/其他财政存款等科目

    贷：补助收入

（2）专项转移支付资金实行特设专户管理的，政府财政应当根据上级政府财政下达的预算文件确认补助收入。

年度当中收到资金时，记：

借：其他财政存款

    贷：与上级往来等科目

年度终了，根据专项转移支付资金预算文件，记：

借：与上级往来

    贷：补助收入

（3）从"与上级往来"科目转入时，记：

借：与上级往来

    贷：补助收入

（4）有主权外债业务的财政部门，贷款资金由本级政府财政同级部门（单位）使用，且贷款的最终还款责任由上级政府财政承担的，本级政府财政部门收到贷款资金时，记：

借：其他财政存款

    贷：补助收入

外方将贷款资金直接支付给供应商或用款单位时，记：

借：一般公共预算本级支出

    贷：补助收入

（5）年终与上级政府财政结算时，根据预算文件，按照尚未收到的补助款金额，记：

借：与上级往来

　　贷：补助收入

退还或核减补助收入时，记：

借：补助收入

　　贷：国库存款/与上级往来等科目

（6）年终转账时，补助收入科目贷方余额应根据不同资金性质分别转入对应的结转结余科目，记：

借：补助收入

　　贷：一般公共预算结转结余/政府性基金预算结转结余等科目

"补助收入"科目平时贷方余额反映补助收入的累计数。年终办理结转后，"补助收入"科目无余额。

（二）补助收入的核算实例

【例23-1】 某市财政收到省财政拨来一般公共预算补助收入200 000元，会计分录为：

借：国库存款　　　　　　　　　　　　　　　　　　　　200 000

　　贷：补助收入——一般公共预算补助收入　　　　　　　　200 000

【例23-2】 年终，根据财政体制结算，计算应得上级省财政的政府性基金预算补助收入500 000元，会计分录为：

借：与上级往来　　　　　　　　　　　　　　　　　　　500 000

　　贷：补助收入——政府性基金预算补助收入　　　　　　　500 000

【例23-3】 年终，将"补助收入"科目贷方余额850 000元（其中，属于一般公共预算的补助收入550 000元，属于政府性基金预算的补助收入300 000元）转入"一般公共预算结转结余""政府性基金预算结转结余"科目，会计分录为：

借：补助收入——一般公共预算补助收入　　　　　　　　550 000

　　贷：一般公共预算结转结余　　　　　　　　　　　　　550 000

借：补助收入——政府性基金预算补助收入　　　　　　　300 000

　　贷：政府性基金预算结转结余　　　　　　　　　　　　300 000

二、补助支出

（一）补助支出的主要账务处理

"补助支出"科目核算本级政府财政按财政体制规定或因专项需要补助给下级政府财政的款项，包括对下级的税收返还、转移支付等。本科目下应当按照不同资金性质设置"一般公共预算补助支出""政府性基金预算补助支出"等明细科目，同时还应当按照补助地区进行明细核算。

（1）发生补助支出或从"与下级往来"科目转入时，记：

借：补助支出

　　贷：国库存款/其他财政存款/与下级往来等科目

（2）专项转移支付资金实行特设专户管理的，本级政府财政应当根据本级政府财政下达的预算文件确认补助支出，记：

借：补助支出

　　贷：国库存款/与下级往来等科目

（3）有主权外债业务的财政部门，贷款资金由下级政府财政同级部门（单位）使用，且贷款最终还款责任由本级政府财政承担的，本级政府财政部门支付贷款资金时，记：

借：补助支出

　　贷：其他财政存款

外方将贷款资金直接支付给用款单位或供应商时，记：

借：补助支出

　　贷：债务收入/债务转贷收入等科目

根据债务管理部门转来的相关外债转贷管理资料，按照实际支付的金额，记：

借：待偿债净资产

　　贷：借入款项/应付主权外债转贷款等科目

（4）年终与下级政府财政结算时，按照尚未拨付的补助金额，记：

借：补助支出

　　贷：与下级往来

退还或核减补助支出时，记：

借：国库存款/与下级往来等科目

　　贷：补助支出

（5）年终转账时，本科目借方余额应根据不同资金性质分别转入对应的结转结余科目，记：

借：一般公共预算结转结余/政府性基金预算结转结余等科目

　　贷：补助支出

"补助支出"科目平时借方余额反映补助支出的累计数。年终结转后，"补助支出"科目无余额。

（二）补助支出的核算实例

【例 23-4】某省财政厅与其下属某市财政年终进行财政体制结算，经计算，省财政应给予所属某市一般公共预算补助款项 150 000 元，会计分录为：

借：补助支出——一般公共预算补助支出　　　　　　　　　　150 000

　　贷：与下级往来　　　　　　　　　　　　　　　　　　　　　　150 000

【例 23-5】某省财政厅通过财政直接支付的方式，拨付一笔资金 450 000 元到所属某市专项转移支付资金专户，会计分录为：

借：补助支出——一般公共预算补助支出　　　　　　　　　　450 000

　　贷：国库存款　　　　　　　　　　　　　　　　　　　　　　　450 000

【例 23-6】年终，某省财政厅"补助支出"总账科目借方余额 1 100 000 元，其中，一般公共预算的补助支出 600 000 元，政府性基金预算补助支出为 500 000 元，分别转入"一般公共预算结转结余"和"政府性基金预算结转结余"科目，会计分录为：

借：一般公共预算结转结余   600 000

  贷：补助支出——一般公共预算补助支出   600 000

借：政府性基金预算结转结余   500 000

  贷：补助支出——政府性基金预算补助支出   500 000

第二节　上解收支

一、上解收入

（一）上解收入的账务处理

"上解收入"科目核算按照体制规定由下级政府财政上交给本级政府财政的款项。本科目下应当按照不同资金性质设置"一般公共预算上解收入""政府性基金预算上解收入"等明细科目。同时，还应当按照上解地区进行明细核算。

（1）收到下级政府财政的上解款时，记：

借：国库存款等科目

  贷：上解收入

（2）年终与下级政府财政结算时，根据预算文件，按照尚未收到的上解款金额，记：

借：与下级往来

  贷：上解收入

退还或核减上解收入时，记：

借：上解收入

  贷：国库存款／与下级往来等科目

（3）年终转账时，"上解收入"科目贷方余额应根据不同资金性质分别转入对应的结转结余科目，记：

借：上解收入

  贷：一般公共预算结转结余／政府性基金预算结转结余等科目

"上解收入"科目平时贷方余额反映上解收入的累计数；年终结转后无余额。

（二）上解收入的核算实例

【例23-7】某市财政收到所属某市一般公共预算上解收入350 000元，会计分录为：

借：国库存款   350 000

  贷：上解收入——一般公共预算上解收入   350 000

【例23-8】某市财政确认应收下级某市财政的政府性基金预算上解收入120 000元，会计分录为：

借：与下级往来   120 000

  贷：上解收入——政府性基金预算上解收入   120 000

【例23-9】年终，某市财政将"上解收入"科目贷方余额470 000元，其中一般预算上解收入350 000元，政府性基金预算上解收入120 000元，按资金性质分别转入"一般公共预算结转结余"和"政府性基金预算结转结余"科目，会计分录为：

借：上解收入——一般公共预算上解收入   350 000

    贷：一般公共预算结转结余   350 000

借：上解收入——政府性基金预算上解收入   120 000

    贷：政府性基金预算结转结余   120 000

二、上解支出

（一）上解支出的主要账务处理

"上解支出"科目核算本级政府财政按照财政体制规定上交给上级政府财政的款项。本科目下应当按照不同资金性质设置"一般公共预算上解支出""政府性基金预算上解支出"等明细科目。

（1）发生上解支出时，记：

借：上解支出

    贷：国库存款/与上级往来等科目

（2）年终与上级政府财政结算时，按照尚未支付的上解金额，记：

借：上解支出

    贷：与上级往来

退还或核减上解支出时，记：

借：国库存款/与上级往来等科目

    贷：上解支出

（3）年终转账时，本科目借方余额应根据不同资金性质分别转入对应的结转结余科目，记：

借：一般公共预算结转结余/政府性基金预算结转结余等科目

    贷：上解支出

"上解支出"科目平时借方余额反映上解支出的累计数，年终结转后无余额。

（二）上解支出的核算实例

【例23－10】某市财政局通过财政国库向省财政上解款项300 000元，会计分录为：

借：上解支出   300 000

    贷：国库存款   300 000

【例23－11】某市财政局年终结算，应上解而未上解款项50 000元，会计分录为：

借：上解支出   50 000

    贷：国库存款   50 000

【例23－12】某市财政局年终，"上解支出"科目借方余额230 000元，其中：一般公共预算上解支出的借方余额150 000元，政府性基金预算上解支出的借方余额80 000元，分别转入"一般公共预算结转结余"和"政府性基金预算结转结余"科目，会计分录为：

借：一般公共预算结转结余   150 000

    贷：上解支出——一般公共预算上解支出   150 000

借：政府性基金预算结转结余   80 000

    贷：上解支出——政府性基金预算上解支出   80 000

第三节　地区间援助收支

一、地区间援助收入

（一）地区间援助收入的账务处理

"地区间援助收入"科目核算受援方政府财政收到援助方政府财政转来的可统筹使用的各类援助、捐赠等资金收入。本科目应当按照援助地区及管理需要进行相应的明细核算。

（1）收到援助方政府财政转来的资金时，记：

借：国库存款

    贷：地区间援助收入

（2）年终转账时，本科目贷方余额全数转入"一般公共预算结转结余"科目，记：

借：地区间援助收入

    贷：一般公共预算结转结余

"地区间援助收入"科目平时贷方余额反映地区间援助收入的累计数。结转后，本科目无余额。

（二）地区间援助收入的核算实例

【例23－13】某市财政收到A市财政转来的可统筹使用的援助资金250 000元，会计分录为：

借：国库存款   250 000

    贷：地区间援助收入   250 000

【例23－14】年终，"地区间援助收入"总账科目贷方余额为250 000元，财政总预算会计将其全数转入"一般公共预算结转结余"总账科目，会计分录为：

借：地区间援助收入   250 000

    贷：一般公共预算结转结余   250 000

二、地区间援助支出

（一）地区间援助支出的账务处理

"地区间援助支出"科目核算援助方政府财政安排用于受援方政府财政统筹使用的各类援助、捐赠等资金支出。本科目应当按照受援地区及管理需要进行相应明细核算。

（1）发生地区间援助支出时，记：

借：地区间援助支出

    贷：国库存款

（2）年终转账时，本科目借方余额全数转入"一般公共预算结转结余"科目，记：

借：一般公共预算结转结余

    贷：地区间援助支出

"地区间援助支出"科目平时借方余额反映地区间援助支出的累计数。年终结转后无余额。

（二）地区间援助支出的核算实例

【例23-15】某市财政通过财政国库向A市财政拨付地区间援助资金2 500 000元，供乙省财政统筹安排使用，以缓解其临时财政困难，会计分录为：

借：地区间援助支出   2 500 000

  贷：国库存款   2 500 000

【例23-16】年终，"地区间援助支出"总账科目借方余额为2 500 000元，将其全数转入"一般公共预算结转结余"科目，会计分录为：

借：一般公共预算结转结余   2 500 000

  贷：地区间援助支出   2 500 000

第四节 调入调出资金

一、调入资金

（一）调入资金的账务处理

"调入资金"科目核算政府财政为平衡某类预算收支、从其他类型预算资金及其他渠道调入的资金。本科目下应当按照不同资金性质设置"一般公共预算调入资金""政府性基金预算调入资金"等明细科目。

（1）从其他类型预算资金及其他渠道调入一般公共预算时，按照调入的资金金额，记：

借：调出资金——政府性基金预算调出资金

      ——国有资本经营预算调出资金

  国库存款等科目

  贷：调入资金（一般公共预算调入资金）

（2）从其他类型预算资金及其他渠道调入政府性基金预算时，按照调入的资金金额，记：

借：调出资金——一般公共预算调出资金

  国库存款等科目

  贷：调入资金（政府性基金预算调入资金）

（3）年终转账时，本科目贷方余额分别转入相应的结转结余科目，记：

借：调入资金

  贷：一般公共预算结转结余/政府性基金预算结转结余等科目

"调入资金"科目平时贷方余额反映调入资金的累计数；年终结转后，无余额。

（二）调入资金的核算实例

【例23-17】某市财政为平衡一般预算，经批准从政府性基金预算结余中调入资金150 000元，会计分录为：

借：调出资金——政府性基金预算调出资金　　　　　　　　　　　　　150 000
　　贷：调入资金——一般公共预算调入资金　　　　　　　　　　　　　　　150 000

【例23-18】年终，将"调入资金——一般公共预算调入资金"科目贷方余额150 000元，转入"一般公共预算结转结余"科目，会计分录为：

借：调入资金——一般公共预算调入资金　　　　　　　　　　　　　　150 000
　　贷：一般公共预算结转结余　　　　　　　　　　　　　　　　　　　　　150 000

二、调出资金

（一）调出资金的账务处理

"调出资金"科目核算政府财政为平衡预算收支、从某类资金向其他类型预算调出的资金。本科目下应当设置"一般公共预算调出资金""政府性基金预算调出资金"和"国有资本经营预算调出资金"等明细科目。

（1）从一般公共预算调出资金时，按照调出的金额，记：

借：调出资金——一般公共预算调出资金
　　贷：调入资金——相关明细科目

（2）从政府性基金预算调出资金时，按照调出的金额，记：

借：调出资金——政府性基金预算调出资金
　　贷：调入资金——相关明细科目

（3）从国有资本经营预算调出资金时，按照调出的金额，记：

借：调出资金——国有资本经营预算调出资金
　　贷：调入资金——相关明细科目

（4）年终转账时，本科目借方余额分别转入相应的结转结余科目，记：

借：一般公共预算结转结余
　　政府性基金预算结转结余
　　国有资本经营预算结转结余等科目
　　贷：调出资金

"调出资金"科目平时借方余额反映调出资金的累计数。结转后，本科目无余额。

（二）调出资金的核算实例

【例23-19】某省财政为了平衡一般公共预算，从政府性基金预算调出资金30 000元，从国有资本经营预算调出资金50 000元，会计分录为：

借：调出资金——政府性基金预算调出资金　　　　　　　　　　　　30 000
　　　　　　　——国有资本经营预算调出资金　　　　　　　　　　　　50 000
　　贷：调入资金——一般公共预算调入资金　　　　　　　　　　　　　　80 000

【例23-20】年终，某省财政"调出资金"科目的借方余额80 000元，有关明细科目借方余额为："一般公共预算调出资金"30 000元、"国有资本经营预算调出资金"50 000元，会计分录为：

借：政府性基金预算结转结余　　　　　　　　　　　　　　　　　　　30 000
　　贷：调出资金——政府性基金预算调出资金　　　　　　　　　　　　　30 000

借：国有资本经营预算结转结余 50 000
　　贷：调出资金——国有资本经营预算调出资金 50 000

第五节　预算稳定调节基金收支

一、动用预算稳定调节基金

"动用预算稳定调节基金"属于收入类科目，用于核算政府财政为弥补本年度预算资金的不足，调用的预算稳定调节基金。其主要账务处理如下：

（1）调用预算稳定调节基金时，记：

借：预算稳定调节基金
　　贷：动用预算稳定调节基金

（2）年终转账时，本科目贷方余额全数转入"一般公共预算结转结余"科目，记：

借：动用预算稳定调节基金
　　贷：一般公共预算结转结余

"动用预算稳定调节基金"科目平时贷方余额反映动用预算稳定调节基金的累计数。年终办理结转后，本科目无余额。

【例23-21】某市财政年终发生财政短收，决定调用预算稳定调节基金35 000元，会计分录为：

借：预算稳定调节基金 35 000
　　贷：动用预算稳定调节基金 35 000

【例23-22】年终，将"动用预算稳定调节基金"科目贷方余额35 000元，转入"一般公共预算结转结余"科目，会计分录为：

借：动用预算稳定调节基金 35 000
　　贷：一般公共预算结转结余 35 000

二、安排预算稳定调节基金

"安排预算稳定调节基金"属于支出类科目，用于核算政府财政按照有关规定安排的预算稳定调节基金。

（1）补充预算稳定调节基金时，记：

借：安排预算稳定调节基金
　　贷：预算稳定调节基金

（2）年终转账时，本科目借方余额全数转入"一般公共预算结转结余"科目，记：

借：一般公共预算结转结余
　　贷：安排预算稳定调节基金

"安排预算稳定调节基金"科目平时借方余额反映安排预算稳定调节基金的累计数。年终办理结转后，本科目无余额。

【例23-23】年终，某市财政使用财政超收收入补充预算稳定调节基金200 000元，会计分录为：

借：安排预算稳定调节基金　　　　　　　　　　　　　　　200 000
　　贷：预算稳定调节基金　　　　　　　　　　　　　　　　　　200 000

【例23－24】年终，某市财政"安排预算稳定调节基金"科目的借方余额200 000元，会计分录为：

借：一般公共预算结转结余　　　　　　　　　　　　　　　200 000
　　贷：安排预算稳定调节基金　　　　　　　　　　　　　　　　200 000

第六节　债　务　收　支

一、债务收入

（一）债务收入的账务处理

"债务收入"科目核算政府财政按照国家法律、国务院规定以发行债券等方式取得的，以及向外国政府、国际金融组织等机构借款取得的纳入预算管理的债务收入。"债务收入"科目应当按照《政府收支分类科目》中"债务收入"科目的规定进行明细核算。

（1）省级以上政府财政收到政府债券发行收入时，作如下会计分录：

借：国库存款（实收金额）
　　有关支出科目（发行收入和发行额的差额）
　　贷：债务收入（政府债券实际发行额）
　　　　有关支出科目（发行收入和发行额的差额）

根据债务管理部门转来的债券发行确认文件等相关资料，按到期应付的政府债券本金金额，记：

借：待偿债净资产——应付短期政府债券
　　　　　　　　　——应付长期政府债券
　　贷：应付短期政府债券/应付长期政府债券等科目

（2）政府财政向外国政府、国际金融组织等机构借款时，按照借入的金额，作如下会计分录：

借：国库存款/其他财政存款等科目
　　贷：债务收入

根据债务管理部门转来的相关资料，按照实际承担的债务金额，记：

借：待偿债净资产——借入款项
　　贷：借入款项

（3）本级政府财政借入主权外债，且由外方将贷款资金直接支付给用款单位或供应商时，应根据以下情况分别处理：

①本级政府财政承担还款责任，贷款资金由本级政府财政同级部门（单位）使用的，本级政府财政根据贷款资金支付相关资料，记：

借：一般公共预算本级支出

　　贷：债务收入

根据债务管理部门转来的相关资料，按照实际承担的债务金额，记：

借：待偿债净资产——借入款项

　　贷：借入款项

②本级政府财政承担还款责任，贷款资金由下级政府财政同级部门（单位）使用的，本级政府财政根据贷款资金支付相关资料及预算指标文件，记：

借：补助支出

　　贷：债务收入

根据债务管理部门转来的相关资料，按照实际承担的债务金额，记：

借：待偿债净资产——借入款项

　　贷：借入款项

③下级政府财政承担还款责任，贷款资金由下级政府财政同级部门（单位）使用的，本级政府财政根据贷款资金支付相关资料，记：

借：债务转贷支出

　　贷：债务收入

根据债务管理部门转来的相关资料，按照实际承担的债务金额，记：

借：待偿债净资产——借入款项

　　贷：借入款项

同时，记：

借：应收主权外债转贷款

　　贷：资产基金——应收主权外债转贷款

（4）年终转账时，"债务收入"科目下"专项债务收入"明细科目的贷方余额应按照对应的政府性基金种类分别转入"政府性基金预算结转结余"相应明细科目，记：

借：债务收入——专项债务收入明细科目

　　贷：政府性基金预算结转结余

"债务收入"科目下其他明细科目的贷方余额全数转入"一般公共预算结转结余"科目，记：

借：债务收入——其他明细科目

　　贷：一般公共预算结转结余

"债务收入"科目平时贷方余额反映债务收入的累计数。年终结转后，"债务收入"科目无余额。

（二）债务收入的核算实例

【例 23 - 25】某省政府财政发行 1 年期国债 5 000 000 000 元，共收到国债发行收入 4 995 000 000 元。

借：国库存款　　　　　　　　　　　　　　　　　　　　　5 000 000 000

　　贷：债务收入　　　　　　　　　　　　　　　　　　　　　　5 000 000 000

借：待偿债净资产——应付短期政府债券　　　　　　　　　　5 000 000 000

　　　贷：应付短期政府债券——应付国债——应付本金　　　　5 000 000 000

　　【例 23 - 26】某省财政向所属 D 市财政支付外国政府借款转贷资金 2 000 000 元，贷款期限 20 年、利率 3%，到期一次还本付息。该转贷款由外方直接支付给了 D 市财政，D 市财政承担还款责任。

　　　借：债务转贷支出　　　　　　　　　　　　　　　　　2 000 000
　　　　　贷：债务收入　　　　　　　　　　　　　　　　　　　2 000 000
　　　借：待偿债净资产——借入款项　　　　　　　　　　　2 000 000
　　　　　贷：借入款项　　　　　　　　　　　　　　　　　　　2 000 000
　　　借：应收主权外债转贷款　　　　　　　　　　　　　　2 000 000
　　　　　贷：资产基金——应收主权外债转贷款　　　　　　　2 000 000

　　【例 23 - 27】年终，"债务收入"总账科目贷方余额为 550 200 000 000 元，财政总预算会计将其全数转入"一般公共预算结转结余"总账科目。

　　　借：债务收入　　　　　　　　　　　　　　　　　550 200 000 000
　　　　　贷：一般公共预算结转结余　　　　　　　　　　550 200 000 000

二、债务还本支出

（一）债务还本支出的账务处理

　　"债务还本支出"科目核算政府财政偿还本级政府财政承担的纳入预算管理的债务本金支出。本科目应当根据《政府收支分类科目》中"债务还本支出"有关规定设置明细科目。

　　（1）偿还本级政府财政承担的政府债券、主权外债等纳入预算管理的债务本金时，记：

　　　借：债务还本支出
　　　　　贷：国库存款/其他财政存款等科目

　　根据债务管理部门转来相关资料，按照实际偿还的本金金额，记：

　　　借：应付短期政府债券/应付长期政府债券/借入款项
　　　　　应付地方政府债券转贷款/应付主权外债转贷款等科目
　　　　　贷：待偿债净资产

　　（2）偿还截至 2014 年 12 月 31 日本级政府财政承担的存量债务本金时，记：

　　　借：债务还本支出
　　　　　贷：国库存款/其他财政存款等科目

　　（3）年终转账时，"债务还本支出"科目下"专项债务还本支出"明细科目的借方余额应按照对应的政府性基金种类分别转入"政府性基金预算结转结余"相应明细科目，记：

　　　借：政府性基金预算结转结余
　　　　　贷：债务还本支出——专项债务还本支出

　　"债务还本支出"科目下其他明细科目的借方余额全数转入"一般公共预算结转结余"科目，记：

借：一般公共预算结转结余

　　贷：债务还本支出——其他明细科目

"债务还本支出"科目平时借方余额反映本级政府财政债务还本支出的累计数。年终结转后，"债务还本支出"科目无余额。

（二）债务还本支出的核算实例

【例23-28】某省财政厅通过财政国库向中央财政上缴由本级政府承担的1年期地方政府债券还本资金共计450 000元。

借：债务还本支出　　　　　　　　　　　　　　　　450 000

　　贷：国库存款　　　　　　　　　　　　　　　　　　450 000

借：应付短期政府债券——应付国债——应付本金　　450 000

　　贷：待偿债净资产——应付短期政府债券　　　　　　450 000

【例23-29】年终，某省财政厅"债务还本支出"总账科目借方余额为800 000元，其中，属于一般债务还本支出450 000元，属于专项债务还本支出350 000元。财政总预算会计将其分别转入"一般公共预算结转结余"和"政府性基金预算结转结余"科目。

借：一般公共预算结转结余　　　　　　　　　　　450 000

　　政府性基金预算结转结余　　　　　　　　　　　350 000

　　贷：债务还本支出　　　　　　　　　　　　　　　800 000

第七节　债务转贷收支

一、债务转贷收入

（一）债务转贷收入的账务处理

"债务转贷收入"科目核算省级以下（不含省级）政府财政收到上级政府财政转贷的债务收入。"债务转贷收入"科目下应当设置"地方政府一般债务转贷收入""地方政府专项债务转贷收入"明细科目。

（1）省级以下（不含省级）政府财政收到地方政府债券转贷收入时，按照实际收到的金额，记：

借：国库存款

　　贷：债务转贷收入

根据债务管理部门转来的相关资料，按照到期应偿还的转贷款本金金额，记：

借：待偿债净资产——应付地方政府债券转贷款

　　贷：应付地方政府债券转贷款

（2）省级以下（不含省级）政府财政收到主权外债转贷收入的账务处理，记：

①本级财政收到主权外债转贷资金时：

借：其他财政存款

　　贷：债务转贷收入

根据债务管理部门转来的相关资料，按照实际承担的债务金额，记：

借：待偿债净资产——应付主权外债转贷款

　　贷：应付主权外债转贷款

②从上级政府财政借入主权外债转贷款，且由外方将贷款资金直接支付给用款单位或供应商时，应根据以下情况分别处理：

a. 本级政府财政承担还款责任，贷款资金由本级政府财政同级部门（单位）使用的，本级政府财政根据贷款资金支付相关资料，记：

借：一般公共预算本级支出

　　贷：债务转贷收入

根据债务管理部门转来的相关资料，按照实际承担的债务金额，记：

借：待偿债净资产——应付主权外债转贷款

　　贷：应付主权外债转贷款

b. 本级政府财政承担还款责任，贷款资金由下级政府财政同级部门（单位）使用的，本级政府财政根据贷款资金支付相关资料及预算文件，记：

借：补助支出

　　贷：债务转贷收入

根据债务管理部门转来的相关资料，按照实际承担的债务金额，记：

借：待偿债净资产——应付主权外债转贷款

　　贷：应付主权外债转贷款

c. 下级政府财政承担还款责任，贷款资金由下级政府财政同级部门（单位）使用的账务处理：

一是本级政府财政根据转贷资金支付相关资料，记：

借：债务转贷支出

　　贷：债务转贷收入

根据债务管理部门转来的相关资料，按照实际承担的债务金额，记：

借：待偿债净资产——应付主权外债转贷款

　　贷：应付主权外债转贷款

同时，记：

借：应收主权外债转贷款

　　贷：资产基金——应收主权外债转贷款

二是下级政府财政根据贷款资金支付相关资料，记：

借：一般公共预算本级支出

　　贷：债务转贷收入

根据债务管理部门转来的相关资料，按照实际承担的债务金额，记：

借：待偿债净资产——应付主权外债转贷款

　　贷：应付主权外债转贷款

（3）年终转账时，"债务转贷收入"科目下"地方政府一般债务转贷收入"明细科目的贷方余额全数转入"一般公共预算结转结余"科目，记：

借：债务转贷收入

　　贷：一般公共预算结转结余

"债务转贷收入"科目下"地方政府专项债务转贷收入"明细科目的贷方余额按照对应的政府性基金种类分别转入"政府性基金预算结转结余"相应明细科目，记：

借：债务转贷收入

　　贷：政府性基金预算结转结余

"债务转贷收入"科目平时贷方余额反映债务转贷收入的累计数。年终结转后，本科目无余额。

（二）债务转贷收入的核算实例

【例23－30】 某市财政收到来省财政的地方政府一般债券转贷收入1 500 000元。

借：国库存款　　　　　　　　　　　　　　　　　　　1 500 000

　　贷：债务转贷收入——地方政府一般债务转贷收入　　　　　1 500 000

借：待偿债净资产——应付地方政府债券转贷款　　　　1 500 000

　　贷：应付地方政府债券转贷款——应付地方政府一般债券转贷款——应付本金

　　　　　　　　　　　　　　　　　　　　　　　　　　　1 500 000

【例23－31】 市财政收到省财政转贷的外国政府贷款2 000 000元，贷款期限3年，利率3%，到期一次还本付息。贷款资金由所属某县交通运输局使用，县财政承担还款责任，外方将转贷款直接支付给由某县交通运输局。

借：债务转贷支出　　　　　　　　　　　　　　　　　2 000 000

　　贷：债务转贷收入　　　　　　　　　　　　　　　　　　2 000 000

借：待偿债净资产——应付主权外债转贷款　　　　　　2 000 000

　　贷：应付主权外债转贷款——应付本金　　　　　　　　　2 000 000

借：应收主权外债转贷款——应收本金　　　　　　　　2 000 000

　　贷：资产基金——应收主权外债转贷款　　　　　　　　　2 000 000

【例23－32】 年终，"债务转贷收入——地方政府一般债务转贷收入"科目的贷方余额为205 000 000元，财政总预算会计将其全数转入"一般公共预算结转结余"科目。

借：债务转贷收入　　　　　　　　　　　　　　　　　205 000 000

　　贷：一般公共预算结转结余　　　　　　　　　　　　　　205 000 000

二、债务转贷支出

（一）债务转贷支出的账务处理

"债务转贷支出"科目核算本级政府财政向下级政府财政转贷的债务支出。本科目下应当设置"地方政府一般债务转贷支出""地方政府专项债务转贷支出"明细科目，同时还应当按照转贷地区进行明细核算。

（1）本级政府财政向下级政府财政转贷地方政府债券资金时，记：

借：债务转贷支出

　　贷：国库存款

根据债务管理部门转来的相关资料，按照到期应收回的转贷款本金金额，记：

借：应收地方政府债券转贷款

　　贷：资产基金——应收地方政府债券转贷款

（2）本级政府财政向下级政府财政转贷主权外债资金，且主权外债最终还款责任由下级政府财政承担的，相关账务处理如下：

①本级政府财政支付转贷资金时，根据转贷资金支付相关资料，记：

借：债务转贷支出

　　贷：其他财政存款

根据债务管理部门转来的相关资料，按照实际持有的债权金额，记：

借：应收主权外债转贷款

　　贷：资产基金——应收主权外债转贷款

②外方将贷款资金直接支付给用款单位或供应商时，本级政府财政根据转贷资金支付相关资料，记：

借：债务转贷支出

　　贷：债务收入/债务转贷收入

根据债务管理部门转来的相关资料，按照实际持有的债权金额，记：

借：应收主权外债转贷款

　　贷：资产基金——应收主权外债转贷款

同时，记：

借：待偿债净资产

　　贷：借入款项/应付主权外债转贷款等科目

（3）年终转账时，"债务转贷支出"科目下"地方政府一般债务转贷支出"明细科目的借方余额全数转入"一般公共预算结转结余"科目，记：

借：一般公共预算结转结余

　　贷：债务转贷支出——地方政府一般债务转贷支出

"债务转贷支出"科目下"地方政府专项债务转贷支出"明细科目的借方余额全数转入"政府性基金预算结转结余"科目，记：

借：政府性基金预算结转结余

　　贷：债务转贷支出——地方政府专项债务转贷支出

"债务转贷支出"科目平时借方余额反映债务转贷支出的累计数，年终结转后无余额。

（二）债务转贷支出的核算实例

【例23-33】某省财政总预算会计向所属市级财政转贷地方政府专项债券资金1 500 000元。

借：债务转贷支出——地方政府专项债务转贷支出　　　　　　1 500 000

　　贷：国库存款　　　　　　1 500 000

借：应收地方政府债券转贷款——应收地方政府专项债券转贷款——应收本金

　　　　　　1 500 000

　　贷：资产基金——应收地方政府债券转贷款　　　　　　1 500 000

【例23－34】某省级财政向所属市级财政转贷外国政府借款2 000 000元，该贷款由市级财政承担偿还责任、市交通运输局使用。

1. 将贷款资金支付给市财政部门

借：债务转贷支出——地方一般债务转贷支出——地方政府向外国政府借款转贷支出

2 000 000

　　贷：其他财政存款　　　　　　　　　　　2 000 000

借：应收主权外债转贷款——应收本金　　　2 000 000

　　贷：资产基金——应收主权外债转贷款　　2 000 000

2. 外方将贷款直接支付给市交通运输局

借：债务转贷支出——地方一般债务转贷支出——地方政府向外国政府借款转贷支出

2 000 000

　　贷：债务收入　　　　　　　　　　　　　2 000 000

借：应收主权外债转贷款——应收本金　　　2 000 000

　　贷：资产基金——应收主权外债转贷款　　2 000 000

借：待偿债净资产——应付主权外债转贷款　2 000 000

　　贷：借入款项——应付本金　　　　　　　2 000 000

【例23－35】年终，省财政"债务转贷支出"账户借方余额为3 500 000元，有关明细科目贷方余额为："地方政府一般债务转贷支出"2 000 000元、"地方政府专项债务转贷支出"1 500 000元。

借：一般公共预算结转结余　　　　　　　　2 000 000

　　政府性基金预算结转结余　　　　　　　1 500 000

　　贷：债务转贷支出——地方一般债务转贷支出　2 000 000

　　　　　　　　　　——地方专项债务转贷支出　1 500 000

思考与练习题

（一）复习题

1. 什么是财政总预算会计的收入？包括哪些内容？

2. 什么是本级预算收入？本级预算收入科目共分设几级？

3. 本级预算收入缴库方式有哪几种？其列报基础是怎样的？

4. 什么是一般公共预算本级收入？如何进行核算？

5. 什么是政府性基金预算本级收入？如何进行核算？

6. 什么是国有资本经营预算本级收入？如何进行核算？

7. 什么是专用基金收入？如何进行核算？

8. 什么是转移性收入？它主要包括哪几项内容？如何进行核算？

9. 什么是债务收入？什么是债务转贷收入？两者有什么相同和不同的地方？如何进行核算？

10. 什么是财政总预算会计的支出？包括哪些内容？

11. 政府预算支出的管理原则有哪些？

12. 在财政国库集中支付方式下，财政预算支出的支付方式有哪几种？

13. 政府预算支出的列报基础是什么？

14. 什么是一般公共预算本级支出？应当如何核算？

15. 什么是政府性基金预算本级支出？应当如何核算？

16. 什么是国有资本经营预算本级支出？应当如何核算？

17. 什么是财政专户管理资金支出？应当如何核算？

18. 什么是专用基金支出？应当如何核算？

19. 与债务相关的支出都包括哪些内容？应当如何核算？

20. 什么是转移性支出？应当如何核算？

（二）练习题

1. 某市财政总预算会计发生如下经济业务：

（1）收到国库报来的预算收入日报表，列示收到一般公共预算本级收入 500 000 元，政府性基金预算本级收入 20 000 元，国有资本经营预算本级收入 100 000 元。

（2）收到纳入财政专户资金管理的教育收费收入 45 400 元。

（3）粮食风险基金财政专户收到省财政拨来粮食风险基金 150 000 元。

（4）收到上级财政拨来的补助款 150 000 元，其中一般公共预算补助 100 000 元、政府性基金预算补助 50 000 元。

（5）收到下级财政上解给本级财政的款项 500 000 元，其中一般公共预算上解 300 000 元，政府性预算上解 200 000 元。

（6）为平衡一般公共预算，从政府性基金预算调入资金 50 000 元、国有资本经营预算调入资金 50 000 元。

（7）收到 A 市政府财政转来的可统筹使用的捐助资金 800 000 元。

（8）年度终了为弥补一般公共预算执行中出现的支出缺口，动用预算稳定调节基金 60 000 元。

（9）收到省财政拨来的地方政府债券转贷资金 20 000 000 元。

要求：根据以上经济业务，为该市财政总预算会计编制有关的会计分录。

2. 某市财政局 9 月发生如下会计事项，要求据此编制会计分录：

（1）根据事业单位的用款计划，拨给事业单位包干经费 4 000 000 元，支付文教部门基金支出 1 000 000 元。

（2）将重大水利建设基金 9 639 000 元拨付水利厅。

（3）国库报来的预算收入日报表列示：一般公共预算本级收入 200 000 元，政府性基金预算本级收入 20 000 元。

（4）某市财政局收到省财政厅拨来的粮食风险基金 600 000 元。

（5）将上述省财政厅拨来的粮食风险专用基金 7 000 000 元退回上级财政。

（6）发生农业部门基金支出 3 000 000 元、商贸部门基金支出 4 000 000 元。

（7）收回当年发生的社会保障基金支出 200 000 元。

（8）将粮食风险基金用于安排专用基金支出 13 200 000 元，收回专用基金支出

200 000 元。

（9）收到市国库日报表，列示省财政厅拨来的一般公共预算补助款 600 000 元，税收返还收入 3 000 000 元，政府性基金预算补助收入 400 000 元。

（10）拨付所属 H 县财政一般公共预算补助款 300 000 元、拨付 T 县财政政府性基金预算补助款 200 000 元。

（11）市财政从政府性基金预算本级收入中调出资金 2 000 000 元，用于平衡预算。

（12）年终从政府性基金预算结转结余中调入 180 000 元资金弥补一般公共预算的赤字。

（13）年终，将"一般公共预算本级收入"科目的贷方余额 900 000 元，"一般公共预算本级支出"科目借方余额 700 000 元，"政府性基金预算本级收入"科目贷方余额 610 000 元，"政府性基金预算本级支出"科目余额 500 000 元，"国有资本经营预算本级收入"科目的贷方余额 6 700 000 元，"国有资本经营预算本级支出"科目的借方余额 5 800 000 元，"专用基金收入"科目余额 3 600 000 元，"专用基金支出"科目余额 3 500 000 元，办理转账。

（14）年终结账前有关收支科目的余额如下：

一般公共预算本级收入 1 200 000 元（贷方）

补助收入 500 000 元（贷方）

上解收入 300 000 元（贷方）

调入资金 400 000 元（贷方）

一般公共预算本级支出 1 600 000 元（借方）

补助支出 300 000 元（借方）

上解支出 200 000 元（借方）

专用基金收入 585 000 元（贷方）

专用基金支出 523 000 元（借方）

国有资本经营预算收入 797 000 元（贷方）

国有资本经营预算支出 647 000 元（借方）

国有资本经营预算调出资金 150 000 元（借方）

国有资本经营预算收入 797 000 元（贷方）

国有资本经营预算支出 647 000 元（借方）

国有资本经营预算调出资金 150 000 元（借方）

财政专户管理资金收入 625 000 元（贷方）

财政专户管理资金支出 620 000 元（借方）

据此办理年终结余和结余分配的转账。

3. 某市财政总预算会计发生如下经济业务：

（1）根据一般公共预算，支付省物价厅办公费 200 000 元。

（2）将之前预拨给省农业厅的教育费 50 000 元列报一般公共预算本级支出。

（3）根据政府性基金预算，支付用地方水利建设基金收入安排的支出 100 000 元，用地方教育附加安排的支出 80 000 元。

（4）根据国有资本经营预算，拨付国有资本经营预算资金500 000元。

（5）用教育收费安排某学校支出750 000元。

（6）从粮食风险基金专户中安排使用粮食风险基金200 000元。

（7）向所属区财政拨付补助款100 000元，其中一般公共预算80 000元、政府性基金预算20 000元。

（8）向省财政上解增值税收入50 000元、政府性基金收入30 000元。

（9）从政府性基金预算资金中调出30 000元用于平衡一般公共预算。

（10）向某自治区政府财政支付可统筹使用的援助资金200 000元。

（11）从财政超收收入中安排预算稳定调节基金300 000元。

（12）偿还5年期地方政府一般债券本金50 000 000元、专项债券本金40 000 000元。

（13）向所属区财政转贷地方政府专项债券资金1 500 000元。

（14）向所属区财政转贷国际金融组织转贷款2 000 000元。

要求：根据以上经济业务，为该市财政总预算会计编制有关的会计分录。

4. 某市财政局8月发生以下业务，要求据此编制会计分录：

（1）收到同级国库报来的"预算收入日报表"，列示预算收入为7 980 000元，基金预算收入6 000 000元。

（2）收到市中心支库报来的本级"预算收入日报表"，列报收到预算收入款809 088元，属于本市财政固定收入。

（3）收到市中心支库报来的属于上年度的"预算收入日报表"，列报预算收入100 000元已收到。该市财政会计在上年已将该笔款项作为"在途款"入账，并记入上年的预算收入。

（4）收到市中心支库报来的"分成收入计算日报表"，列报总收入额为200 000元，市级财政分成60%，省级财政分成40%。

（5）收到市中心支库报来的"预算收入日报表"列报当日的预算收入为−700 000元。

（6）收到市中心支库报来的"预算收入日报表"及所附"收入退换书"，根据政策规定需给某企业税收返还款列报退库120 000元。

（7）将本市地方固定收入车船税50 000元误列为城市维护建设税入账，应予以更正。

（8）将中央预算固定收入200 000元误作为本级财政参与分成的预算收入登记入账，现予以更正。原入账的分成比例为本级分成40%，中央预算分成60%。

（9）按规定直接拨付某建设单位不实行限额管理的基本建设资金800 000元。

（10）将预拨的行政、事业单位经费1 500 000元转列支出。

（11）国库报来下级财政上解收入500 000元。

（12）拨付教育厅教育经费800 000元。

（13）根据核定的预算，总预算会计开出拨款凭证，将挖潜改造资金400 000元拨给市供电局。

（14）国库报来的预算收入日报表列示：一般预算收入3 600 000元，基金收入560 000元。

（15）收到国库报来的预算收入日报表，预算收入 1 500 000 元，根据分成收入日报表计算县留成 600 000 元，上解市财政 900 000 元。

（16）根据市燃料公司报来当月民用生活煤销售数量，一般预算应补价格补贴 3 200 000 元。

（17）根据事业单位的用款计划，拨给事业单位包干经费 800 000 元，文化局 1 000 000 元。

（18）收到国库报来的预算收入日报表和分成收入计算日报表，表中列示下级财政上解的收入 600 000 元，据此填制记账凭单。

（19）国库报来的预算收入日报表和分成收入计算日报表，表中列示，收到本级直属企业缴纳的增值税收入 1 000 000 元；其中上解中央财政 70%，计 700 000 元，据此填制记账凭单。

（20）签发预算拨款凭证，通知国库拨付市公安局当月经费 300 000 元，根据国库转来的预算拨款回单填制记账凭单。

（21）决算清理期内，根据国库报来的预算收入日报表和分成收入计算日报表中列示，收到属于上年度的本级直属企业缴纳的增值税收入 200 000 元；其中上解中央财政 70%，计 140 000 元。

（22）国库报来的预算收入日报表列示，收到本级直属企业缴纳的营业税收入 20 000 元，按财政体制规定作为本级财政固定收入缴纳到本级国库。

（23）签发预算拨款凭证，通知国库将基本建设资金拨付给基本建设管理部门 8 000 000 元，根据国库转来的预算拨款回单填制记账凭单。

（24）签发预算拨款凭证，通知国库拨付市公安局当月经费 300 000 元，预拨市水利局明年的预算经费 500 000 元，根据国库转来的预算拨款回单填制记账凭单。

（25）收到省级财政拨来的税收返还款 600 000 元，根据国库转来的有关凭证填制记账凭单。

（26）通知国库拨付所属下级财政（如区级财政）的税收返还款 30 000 元。

（27）收到市国库日报表，列示省财政厅拨来的预算补助款 950 000 元，税收返还收入 310 000 元。

（28）退回上级错拨的补助 310 000 元。

（29）按体制由国库从下级财政收入中划解到本级财政的款项 500 000 元。

（30）按体制结算后由下级财政直接补交的款项 900 000 元。

（31）退还下级上解的收入 500 000 元。

（32）收到 T 县财政退回财政补助 100 000 元。

（33）按规定应上解上级财政各种专项上解款 2 000 000 元。

（34）根据国库日报表体制上解数为 3 200 000 元。

（35）市上解支出退转了 1 000 000 元。

（36）年终，"一般预算收入"科目的贷方余额 998 000 000 元，"一般预算支出"科目的借方余额 97 600 000 元，"补助收入——一般预算补助"科目的贷方余额 700 000 元，"上解收入"科目贷方余额 610 000 元，"调入资金"科目余额 500 000 元，"补助支出——一般预算补助"科目借方余额 600 000 元，"补助支出——基金预算补助"科目借方余额 400 000 元，"调出资金"科目借方余额 300 000 元，"上解支出"科目借方余额 500 000 元，"债务转贷收入"科目的贷方余额 5 300 000 元，"债务转贷支出"科目的借方余额 5 200 000 元，据此办理年终转账。

第二十四章

财 政 总 预 算 会 计 报 告

第一节 财政总预算会计年终结转账

总预算会计的年报就是各级政府的财政总决算。在年终会计年度结束和编制报表之前，需要进行全面的年终清理结算。

一、年终清理事项

年终，根据工作特殊需要设置一定期限的上年决算清理期。清理期限和清理事项，由省级财政部门根据财政部的要求做出具体规定。政府财政部门应当及时进行年终清理结算。年终清理结算的主要事项如下：

（1）核对年度预算。预算是预算执行和办理会计结算的依据。年终前，总会计应配合预算管理部门将本级政府财政全年预算指标与上、下级政府财政总预算和本级各部门预算进行核对，及时办理预算调整和转移支付事项。本年预算调整和对下转移支付一般截止到 11 月底；各项预算拨款，一般截止到 12 月 25 日。

（2）清理本年预算收支。认真清理本年预算收入，督促征收部门和国家金库年终前如数缴库。应在本年预算支领列报的款项，非特殊原因，应在年终前办理完毕。

清理财政专户管理资金和专用基金收支。凡属应列入本年的收入，应及时催收，并缴入国库或指定财政专户。

（3）组织征收部门和国家金库进行年度对账。

（4）清理核对当年拨款支出。总会计对本级各单位的拨款支出应与单位的拨款收入核对无误。属于应收回的拨款，应及时收回，并按收回数相应冲减预算支出。属于预拨下年度的经费，不得列入当年预算支出。

（5）核实股权、债权和债务。财政部门内部相关资产、债务管理部门应于 12 月 20 日前向总会计提供与股权、债权、债务等核算和反映相关的资料。总会计对股权投资、借出款项、应收股利、应收地方政府债券转贷款、应收主权外债转贷款、借入款项、应付短期政府债券、应付长期政府债券、应付地方政府债券转贷款、应付主权外债转贷款、其他负债等余额应与相关管理部门进行核对，记录不一致的要及时查明原因，按规定调整账务，做到账实相符、账账相符。

（6）清理往来款项。政府财政要认真清理其他应收款、其他应付款等各种往来款项，在年度终了前予以收回或归还。应转作收入或支出的各项款项，要及时转入本年有关收支账。

（7）进行年终财政结算。财政预算管理部门要在年终清理的基础上，于次年元月底前结清上下级政府财政的转移支付收支和往来款项。总会计要按照财政管理体制的规定，根据预算结算单，与年度预算执行过程中已补助和已上解数额进行比较，结合往来款和借垫款情况，计算出全年最后应补或应退数额，填制"年终财政决算结算单"，经核对无误后，作为年终财政结算凭证，据以入账。

各级总预算会计，对年终决算清理期内发生的会计事项，应当划清会计年度。属于清理上年度的会计事项，作会计分录入上年度账；属于新年度的会计事项，作会计分录入新账。要防止错记漏记。

二、年终结算事项

各级财政之间要在年终清理的基础上，结清上下级财政总预算之间的预算调拨收支和往来款项。年终结算的一般程序如下。

1. 审定决算收入总数，计算收入超收、短收数

$$决算收入超（短）数 = 收入决算数 - 收入预算数$$

结果是正数为超收数，负数为短收数。

2. 审定决算支出总数，计算超支数或支出结余数

$$决算支出超（节）支数 = 支出决算数 - 支出预算数$$

3. 审定和结算上解上级支出数，包括体制上解和专项上解

（1）按预算数计算应上解数。

预算确定的应上解数由预算体制决定。如递增上解的地区：

$$应上解数 = 基年上解数 \times (1 + 递增率)^n$$

（注：以基年为第 0 年，以后顺次为第 1，2，3，…，n 年）

（2）计算实际上解数。

$$实际上解数 = 消费税 + 75\% \times 增值税 + 其他实解款$$

（3）计算实际超解数或欠解数。

$$实际上解款欠超数 = 实际上解数 - 应上解数$$

结果为正即是超解数，为负即为欠解数。

4. 计算补助款项

（1）计算应补助数。

应补助数按预算和体制规定确定。如实行补助递减的地区：

$$应补助数 = 基年补助数 \times (1 - 递减率)^n$$

（2）确定实际补助数。

$$实际补助数 = 实际体制补助数 + 实际专项补助数 + 实际税收返还数$$

（3）计算实际补助超欠数，即补助差额。

$$实际超（欠）补助数 = 实际补助数 - 应补助数$$

5. 计算本级财政决算平衡情况

$$收入总计 = 决算收入数 + 上年结余收入 + 补助收入 + 调入资金$$

$$支出总计 = 决算支出数 + 上解支出$$

$$年终滚存结余 = 收入总计 - 支出总计$$

$$年终滚存净结余 = 年终滚存结余 - 结转下年支出$$

6. 进行资金结算，确定上级应退补款

$$上级应退补数 = 上级应补助数 - 上级已补助数 + 本级超解数$$

$$+ 上级向本级借款数 - 本级欠解数$$

结果若为正数，则表示上级应补数；若为负数，则表示本级应退补上级的资金数。

7. 根据上述计算结果，编制财政总决算结算单

表式见表 24-1。

表 24-1 ××年×省财政决算结算单

结算日期：　　　　　　　　　　　年　月　日　　　　　　　　　　　　单位：万元

类别	项目	金额	类别	项目	金额
收入	中央核定预算收入数	14 000	省财政决算平衡情况	一、收入总计	63 572
	决算收入数	14 345		决算收入数	14 345
	超收数	345		上年结余收入	2 149
				中央补助收入	47 078
				调入资金	
支出	中央核定预算支出数	35 000		二、支出总计	61 048
	决算支出数	35 575		决算支出	35 575
	超支数	575		上解中央支出	25 473
				三、年终滚存结余	2 524
上解	省应上解中央款	25 473		结转下年支出	300
				净结余	2 224
补助	中央应补助省款	47 078	资金结算	1. 省向中央借款	4 000
				2. 中央欠省的补助款	23 366
				3. 省多上解中央款	8 527
				最后结算中央应退补数	27 893

8. 根据财政决算结算单填制记账凭单，进行账务处理

（1）对上级欠拨的补助款。

本级财政记：

借：与上级往来

　　贷：补助收入

上级财政记：

借：补助支出

　　贷：与下级往来

（2）对本级超解数。

本级财政记：

借：与上级往来

    贷：上解支出

上级财政记：

借：上解收入

    贷：与下级往来

（3）对本级欠解款数。

本级财政记：

借：上解支出

    贷：与上级往来

上级财政记：

借：与下级往来

    贷：上解收入

（4）对最后结算应补退的款项。

若由上级开出财政拨款凭证。

本级财政记：

借：国库存款

    贷：与上级往来

上级财政记：

借：与下级往来

    贷：国库存款

若由本级开出拨款凭证。

本级财政记：

借：与上级往来

    贷：国库存款

上级财政记：

借：国库存款

    贷：与下级往来

【例24-1】现以"分税制财政体制规定的并轨运行体制"的中央与省级财政为例来说明上下级财政之间年终结算的方法（1995年起中央财政对地方财政取消原递增上解，改为定额上解的办法）。

（1）设上划中央消费税和增值税（以下简称"两税"）440 000 000元（其中消费税40 000 000元），中央下划收入4 500 000元，该省净上划"两税"435 500 000元（44 000-450）（即税收返还基数）。

（2）设该省上划"两税"平时资金返还按实际缴入中央国库"两税"收入的40%划转省金库。

（3）设该省上划"两税"年终决算实际完成492 800 000元，增长12%。

（4）设该省全年向中央财政借款余额为 40 000 000 元（"与上级往来"为贷方余额，"与下级往来"为借方余额）。

（5）设该省原体制定额上解 250 400 000 元，年终结算事项应专项上解 4 330 000 元。

（6）设当年中央财政追加专项拨款 13 100 000 元，年终结算事项补助 6 500 000 元。

（7）设该省当年决算地方财政收入 143 450 000 元，核定的预算收入为 140 000 000 元；决算支出 355 750 000 元，核定的支出预算为 350 000 000 元；上年滚存结余 21 490 000 元；年终决算上级财政批准该省动用结余增设预算周转金 3 000 000 元，形成结转下年的支出。

年终结算事项和程序如下：

（1）计算收入超（短）收数。

决算超收数 = 收入决算数 − 收入预算数 = 14 345 − 14 000 = 345（万元）

（2）计算超支数或支出结余数。

决算超支数 = 支出决算数 − 支出预算数 = 35 575 − 35 000 = 575（万元）

（3）结算上解上级数。

该省应上解数 = 原体制上解数 + 专项结算上解数 = 25 040 + 433 = 25 473（万元）

该省实际上解数 = 消费税 + 75% × 增值税 + 其他实解款 = 4 000 + 40 000 × 75% = 34 000（万元）

该省实际超解数 = 34 000 − 25 473 = 8 527（万元）

（4）计算补助款项。

该省应得补助数 = 税收应返还数 + 中央追加数 + 中央结算补助

= 税收返还定额 + 中央追加数 + 中央结算补助

= 45 118 + 1 310 + 650 = 47 078（万元）

该省实得补助数 = 已返还税收数 + 向中央财政的借款数

= 上划"两税"实际完成数 × 返还比例 + 向中央财政的借款数

= 49 280 × 40% + 4 000 = 19 712 + 4 000 = 23 712（万元）

中央实际欠拨的补助数 = 实际补助数 − 应补助数 = 47 078 − 23 712 = 23 366（万元）

（5）该省财政平衡结果。

收入合计 = 地方财政收入 + 该省应得中央补助收入 + 上年滚存结余

= 14 345 + 47 078 + 2 149 = 63 572（万元）

支出总计 = 决算支出数 + 该省应上解数 = 35 575 + 25 473 = 61 048（万元）

年终滚存结余 = 决算收入数 − 决算支出数 − 增设预算周转金

= 63 572 − 61 048 = 2 524（万元）

年终滚存净结余 = 年终滚存结余 − 增设预算周转金 = 2 224（万元）

（6）资金结算。

最后结算应欠（补）数 = 中央实际欠拨的补助数 + 该省实际超解款数 − 省向中央借款数

= 23 366 + 8 527 − 4 000

= 27 893（万元）（正数为上级欠下级数，负数为应解上级数）

省级财政会计，根据"财政决算结算单"，通过"与上级往来"账户与中央财政办理结算；中央财政会计根据"财政决算结算单"，通过"与下级往来"账户与省级财政办理结算。

①对于省应收未收到财政部补助款 273 660 000 元（47 078 - 19 712）作如下处理。

省财政记：

借：与上级往来   273 660 000

  贷：补助收入   273 660 000

财政部记：

借：补助支出   273 660 000

  贷：与下级往来   273 660 000

②对省超解给财政部的数额 85 270 000 元作如下处理。

省财政记：

借：与上级往来   85 270 000

  贷：上解支出   85 270 000

财政部记：

借：上解收入   85 270 000

  贷：与下级往来   85 270 000

三、年终结账

财政总预算会计年终结账原则上应在预算年度一结束即可办理。但由于国库在年终后还要设置为期十天的库款报解整理期，因此，要在库款报解整理期结束后再办理年终结账。在财政部规定设置年终决算清理期的年度，财政总预算会计年终结账相应延至决算清理期和库款报解整理期结束后进行。

经过年终清理和结算，把各项结算收支记入旧账后，即可办理年终结账。年终结账工作一般分为年终转账、结清旧账和记入新账三个环节，依次作账。

1. 年终转账

计算出各科目 12 月份合计数和全年累计数，结出 12 月末余额，编制结账前的"资产负债表"，再根据收支余额填制记账凭证，将收支分别转入"一般公共预算结转结余""政府性基金预算结转结余""国有资本经营预算结转结余""专用基金结余""财政专户管理资金结余"等科目冲销。

2. 结清旧账

将各个收入和支出科目的借方、贷方结出全年总计数。对年终有余额的科目，在"摘要"栏内注明"结转下年"字样，表示转入新账。

3. 记入新账

根据年终转账后的总账和明细账余额编制年终"资产负债表"和有关明细表（不需填制记账凭证），将表列各科目余额直接记入新年度有关总账和明细账年初余额栏内，并在"摘要"栏注明"上年结转"字样，以区别新年度发生数。

决算经本级人民代表大会常务委员会（或人民代表大会）审查批准后，如需更正原报决算草案收入、支出时，则要相应调整有关账目，重新办理结账事项。

第二节　资产负债表

一、资产负债表的格式

资产负债表是反映政府财政在某一特定日期财务状况的报表。资产负债按照"资产 + 支出 = 负债 + 净资产 + 收入"的平衡公式设置，左方为资产部类，右方为负债部类，两方总计数相等。按照资产、负债和净资产分类、分项列示。资产负债表的一般格式如表 24 - 2 所示。

表 24 - 2　　　　　　　　　　　**资产负债表**　　　　　　　　　会财政 01 表
编制单位：　　　　　　　　　　　　　年　月　日　　　　　　　　　　　单位：元

资产	年初余额	期末余额	负债和净资产	年初余额	期末余额
流动资产：			流动负债：		
国库存款			应付短期政府债券		
国库现金管理存款			应付利息		
其他财政存款			应付国库集中支付结余		
有价证券			与上级往来		
在途款			其他应付款		
预拨经费			应付代管资金		
借出款项			一年内到期的非流动负债		
应收股利			流动负债合计		
应收利息			非流动负债：		
与下级往来			应付长期政府债券		
其他应收款			借入款项		
流动资产合计			应付地方政府债券转贷款		
非流动资产：			应付主权外债转贷款		
应收地方政府债券转贷款			其他负债		
应收主权外债转贷款			非流动负债合计		
股权投资			负债合计		
待发国债			一般公共预算结转结余		
非流动资产合计			政府性基金预算结转结余		
			国有资本经营预算结转结余		
			财政专户管理资金结余		
			专用基金结余		
			预算稳定调节基金		
			预算周转金		
			资产基金		
			减：待偿债净资产		
			净资产合计		
资产总计			负债和净资产总计		

二、资产负债表的编制

（一）本表"年初余额"栏的填列方法

本表"年初余额"栏内各项数字，应当根据上年末资产负债表"期末余额"栏内数字填列。如果本年度资产负债表规定的各个项目的名称和内容同上年度不相一致，应对上年年末资产负债表各项目的名称和数字按照本年度的规定进行调整，填入本表"年初余额"栏内。

（二）本表"期末余额"栏各项目的内容和填列方法

1. 资产类项目

（1）"国库存款"项目，反映政府财政期末存放在国库单一账户的款项金额。本项目应当根据"国库存款"科目的期末余额填列。

（2）"国库现金管理存款"项目，反映政府财政期末实行国库现金管理业务持有的存款金额。本项目应当根据"国库现金管理存款"科目的期末余额填列。

（3）"其他财政存款"项目，反映政府财政期末持有的其他财政存款金额。本项目应当根据"其他财政存款"科目的期末余额填列。

（4）"有价证券"项目，反映政府财政期末持有的有价证券金额。本项目应当根据"有价证券"科目的期末余额填列。

（5）"在途款"项目，反映政府财政期末持有的在途款金额。本项目应当根据"在途款"科目的期末余额填列。

（6）"预拨经费"项目，反映政府财政期末尚未转列支出或尚待收回的预拨经费金额。本项目应当根据"预拨经费"科目的期末余额填列。

（7）"借出款项"项目，反映政府财政期末借给预算单位尚未收回的款项金额。本项目应当根据"借出款项"科目的期末余额填列。

（8）"应收股利"项目，反映政府期末尚未收回的现金股利或利润金额。本项目应当根据"应收股利"科目的期末余额填列。

（9）"应收利息"项目，反映政府财政期末尚未收回应收利息金额。本项目应当根据"应收地方政府债券转贷款"科目和"应收主权外债转贷款"科目下"应收利息"明细科目的期末余额合计数填列。

（10）"与下级往来"项目，正数反映下级政府财政欠本级政府财政的款项金额；负数反映本级政府财政欠下级政府财政的款项金额。本项目应当根据"与下级往来"科目的期末余额填列，期末余额如为借方则以正数填列；如为贷方则以"－"号填列。

（11）"其他应收款"项目，反映政府财政期末尚未收回的其他应收款的金额。本项目应当根据"其他应收款"科目的期末余额填列。

（12）"应收地方政府债券转贷款"项目，反映政府财政期末尚未收回的地方政府债券转贷款的本金金额。本项目应当根据"应收地方政府债券转贷款"科目下"应收本金"明细科目的期末余额填列。

（13）"应收主权外债转贷款"项目，反映政府财政期末尚未收回的主权外债转贷款的本金金额。本项目应当根据"应收主权外债转贷款"科目下的"应收本金"明细科目的期末余额填列。

（14）"股权投资"项目，反映政府期末持有的股权投资的金额。本项目应当根据"股权投资"科目的期末余额填列。

（15）"待发国债"项目，反映中央政府财政期末尚未使用的国债发行额度。本项目应当根据"待发国债"科目的期末余额填列。

2. 负债类项目

（16）"应付短期政府债券"项目，反映政府财政期末尚未偿还的发行期限不超过 1 年（含 1 年）的政府债券的本金金额。本项目应当根据"应付短期政府债券"科目下的"应付本金"明细科目的期末余额填列。

（17）"应付利息"项目，反映政府财政期末尚未支付的应付利息金额。本项目应当根据"应付短期政府债券""借入款项""应付地方政府债券转贷款""应付主权外债转贷款"科目下的"应付利息"明细科目期末余额，以及属于分期付息到期还本的"应付长期政府债券"的"应付利息"明细科目期末余额计算填列。

（18）"应付国库集中支付结余"项目，反映政府财政期末尚未支付的国库集中支付结余金额。本项目应当根据"应付国库集中支付结余"科目的期末余额填列。

（19）"与上级往来"项目，正数反映本级政府财政期末欠上级政府财政的款项金额；负数反映上级政府财政欠本级政府财政的款项金额。本项目应当根据"与上级往来"科目的期末余额填列，如为借方余额则以"－"号填列。

（20）"其他应付款"项目，反映政府财政期末尚未支付的其他应付款的金额。本项目应当根据"其他应付款"科目的期末余额填列。

（21）"应付代管资金"项目，反映政府财政期末尚未支付的代管资金金额。本项目应当根据"应付代管资金"科目的期末余额填列。

（22）"一年内到期的非流动负债"项目，反映政府财政期末承担的 1 年以内（含 1 年）到偿还期的非流动负债。本项目应当根据"应付长期政府债券""借入款项""应付地方政府债券转贷款""应付主权外债转贷款""其他负债"等科目的期末余额及债务管理部门提供的资料分析填列。

（23）"应付长期政府债券"项目，反映政府财政期末承担的偿还期限超过 1 年的长期政府债券的本金金额及到期一次还本付息的长期政府债券的应付利息金额。本项目应当根据"应付长期政府债券"科目的期末余额分析填列。

（24）"应付地方政府债券转贷款"项目，反映政府财政期末承担的偿还期限超过 1 年的地方政府债券转贷款的本金金额。本项目应当根据"应付地方政府债券转贷款"科目下"应付本金"明细科目的期末余额分析填列。

（25）"应付主权外债转贷款"项目，反映政府财政期末承担的偿还期限超过 1 年的主权外债转贷款的本金金额。本项目应当根据"应付主权外债转贷款"科目下"应付本金"明细科目的期末余额分析填列。

（26）"借入款项"项目，反映政府财政期末承担的偿还期限超过 1 年的借入款项的本金金额。本项目应当根据"借入款项"科目下"应付本金"明细科目的期末余额分析填列。

（27）"其他负债"项目，反映政府财政期末承担的偿还期限超过1年的其他负债金额。本项目应当根据"其他负债"科目的期末余额分析填列。

3. 净资产类项目

（28）"一般公共预算结转结余"项目，反映政府财政期末滚存的一般公共预算结转金额。本项目应当根据"一般公共预算结转结余"科目的期末余额填列。

（29）"政府性基金预算结转结余"项目，反映政府财政期末滚存的政府性基金预算结转结余金额。本项目应当根据"政府性基金预算结转结余"科目的期末余额填列。

（30）"国有资本经营预算结转结余"项目，反映政府财政期末滚存的国有资本经营预算结转结余金额。本项目应当根据"国有资本经营预算结转结余"科目的期末余额填列。

（31）"财政专户管理资金结余"项目，反映政府财政期末滚存的财政专户管理资金结余金额。本项目应当根据"财政专户管理资金结余"科目的期末余额填列。

（32）"专用基金结余"项目，反映政府财政期末滚存的专用基金结余金额。本项目应当根据"专用基金结余"科目的期末余额填列。

（33）"预算稳定调节基金"项目，反映政府财政期末预算稳定调节基金的余额。本项目应当根据"预算稳定调节基金"科目的期末余额填列。

（34）"预算周转金"项目，反映政府财政期末预算周转金的余额。本项目应当根据"预算周转金"科目的期末余额填列。

（35）"资产基金"项目，反映政府财政期末持有的应收地方政府债券转贷款、应收主权外债转贷款、股权投资和应收股利等资产在净资产中占用的金额。本项目应当根据"资产基金"科目的期末余额填列。

（36）"待偿债净资产"项目，反映政府财政期末因承担应付短期政府债券、应付长期政府债券、借入款项、应付地方政府债券转贷款、应付主权外债转贷款、其他负债等负债相应需在净资产中冲减的金额。本项目应当根据"待偿债净资产"科目的期末借方余额以"－"号填列。

【例24-2】某政府财政20××年末资产负债类科目余额表见表24-3，收入支出类科目余额表见表24-4。

表24-3　　　　　　　　　　20××年末资产负债类科目余额表　　　　　　　　　单位：元

资产	借方余额	负债和净资产	贷方余额
国库存款	11 430 000	应付短期政府债券	0
国库现金管理存款	630 000	应付利息	260 000
其他财政存款	4 820 000	应付国库集中支付结余	2 980 000
有价证券	0	与上级往来	5 220 000
在途款	1 830 000	其他应付款	910 000
预拨经费	960 000	应付代管资金	0
借出款项	0	应付长期政府债券	0
应收股利	540 000	借入款项	0

资产	借方余额	负债和净资产	贷方余额
应收利息	240 000	应付地方政府债券转贷款	6 000 000
与下级往来	750 000	应付主权外债转贷款	4 000 000
其他应收款	990 000	其他负债	0
应收地方政府债券转贷款	5 000 000	负债合计	19 370 000
应收主权外债转贷款	3 000 000	一般公共预算结转结余	5 500 000
股权投资	1 070 000	政府性基金预算结转结余	3 000 000
待发国债	0	国有资本经营预算结转结余	1 190 000
		财政专户管理资金结余	470 000
		专用基金结余	260 000
		预算稳定调节基金	80 000
		预算周转金	100 000
		资产基金	9 850 000
		减：待偿债净资产	-10 260 000
资产总计	31 260 000	净资产合计	10 190 000

表 24-4　　　　　　　　　**20××年末转账前收入支出类科目余额表**　　　　单位：元

支出	借方余额	收入	贷方余额
一般公共预算本级支出	42 500 000	一般公共预算本级收入	47 200 000
政府性基金预算本级支出	14 700 000	政府性基金预算本级收入	15 800 000
国有资本经营预算本级支出	4 080 000	国有资本经营预算本级收入	4 140 000
补助支出	3 000 000	补助收入	4 500 000
其中：一般公共预算补助支出	1 800 000	其中：一般公共预算补助收入	3 000 000
政府性基金预算补助支出	1 200 000	政府性基金预算补助收入	1 500 000
上解支出	7 500 000	上解收入	2 800 000
其中：一般公共预算上解支出	7 500 000	其中：一般公共预算上解收入	2 800 000
政府性基金预算上解支出	0	政府性基金预算上解收入	0
地区间援助支出	800 000	地区间援助收入	0
调出资金	1 000 000	调入资金	1 000 000
其中：一般公共预算调出资金	0	其中：一般公共预算调入资金	1 000 000
政府性基金预算调出资金	1 000 000	政府性基金预算调入资金	0
国有资本经营预算调出资金	0		
债务还本支出	1 700 000	债务收入	3 200 000
其中：一般债务还本支出	1 000 000	其中：一般债务收入	2 000 000
专项债务还本支出	700 000	专项债务收入	1 200 000
债务转贷支出	1 300 000	债务转贷收入	0
其中：地方政府一般债务转贷支出	900 000	其中：地方政府一般债务转贷收入	0
地方政府专项债务转贷支出	400 000	地方政府专项债务转贷收入	0
安排预算稳定调节基金	500 000	动用预算稳定调节基金	0
财政专户管理资金支出	1 760 000	财政专户管理资金收入	1 810 000
专用基金支出	1 160 000	专用基金收入	1 250 000
合计	80 000 000	合计	81 700 000

根据以上表列信息，办理年终结转账。

（1）将与一般公共预算有关的收支办理结转。

借：一般公共预算本级收入   47 200 000

    补助收入——一般公共预算补助收入   3 000 000

    上解收入——一般公共预算上解收入   2 800 000

    调入资金——一般公共预算调入资金   1 000 000

    债务收入——一般债务收入   2 000 000

    贷：一般公共预算本级支出   42 500 000

        补助支出——一般公共预算补助支出   1 800 000

        上解支出——一般公共预算上解支出   7 500 000

        地区间援助支出   800 000

        债务还本支出——一般债务还本支出   1 000 000

        债务转贷支出——地方政府一般债务转贷支出   900 000

        安排预算稳定调节基金   500 000

        一般公共预算结转结余   1 000 000

（2）将与政府性基金预算有关的收支办理结转。

借：政府性基金预算本级收入   15 800 000

    补助收入——政府性基金预算补助收入   1 500 000

    债务收入——专项债务收入   1 200 000

    贷：政府性基金预算本级支出   14 700 000

        补助支出——政府性基金预算补助支出   1 200 000

        调出资金——政府性基金预算调出资金   1 000 000

        债务还本支出——专项债务还本支出   700 000

        债务转贷支出——地方政府专项债务转贷支出   400 000

        政府性基金预算结转结余   500 000

（3）将与国有资本经营预算有关的收支办理结转。

借：国有资本经营预算本级收入   4 140 000

    贷：国有资本经营预算本级支出   4 080 000

        国有资本经营预算结转结余   60 000

（4）将与财政专户管理资金有关的收支办理结转。

借：财政专户管理资金收入   1 810 000

    贷：财政专户管理资金支出   1 760 000

        财政专户管理资金结余   50 000

（5）将与专用基金有关的收支办理结转。

借：专用基金收入   1 250 000

    贷：专用基金支出   1 160 000

        专用基金结余   90 000

年终结账后的资产负债表见表 24-5。

表 24-5 资产负债表

编制单位：　　　　　　　　　　　　20××年12月31日　　　　　　　　　　　　单位：元

资产	年初余额	期末余额	负债和净资产	年初余额	期末余额
流动资产：			流动负债：		
国库存款		11 430 000	应付短期政府债券		
国库现金管理存款		630 000	应付利息		260 000
其他财政存款		4 820 000	应付国库集中支付结余		2 980 000
有价证券			与上级往来		5 220 000
在途款		1 830 000	其他应付款		910 000
预拨经费		960 000	应付代管资金		
借出款项			一年内到期的非流动负债		
应收股利		540 000	流动负债合计		9 370 000
应收利息		240 000	非流动负债：		
与下级往来		750 000	应付长期政府债券		
其他应收款		990 000	借入款项		
流动资产合计		22 190 000	应付地方政府债券转贷款		6 000 000
非流动资产：			应付主权外债转贷款		4 000 000
应收地方政府债券转贷款		5 000 000	其他负债		
应收主权外债转贷款		3 000 000	非流动负债合计		10 000 000
股权投资		1 070 000	负债合计		19 370 000
待发国债			一般公共预算结转结余		6 500 000
非流动资产合计		9 070 000	政府性基金预算结转结余		3 500 000
			国有资本经营预算结转结余		1 250 000
			财政专户管理资金结余		520 000
			专用基金结余		350 000
			预算稳定调节基金		80 000
			预算周转金		100 000
			资产基金		9 850 000
			减：待偿债净资产		-10 260 000
			净资产合计		11 890 000
资产总计		31 260 000	负债和净资产总计		31 260 000

第三节　收入支出表

一、收入支出表及其格式

收入支出表是反映政府财政在某一会计期间各类财政资金收支余情况的报表。根据资金性质按照收入、支出、结转结余的构成分类、分项列示。收入支出表的一般格式如表 24-6 所示。

表 24 - 6　　　　　　　　　　　　　　　**收入支出表**　　　　　　　　会财政 02 表

编制单位：　　　　　　　　　　　　　　　年　月　　　　　　　　　　　　单位：元

项目	一般公共预算		政府性基金预算		国有资本经营预算		财政专户管理资金		专用基金	
	本月数	本年累计数	本月数	本年累计数	本月数	本年累计数	本月数	本年累计数	本月数	本年累计数
年初结转结余										
收入合计										
本级收入										
其中：来自预算安排的收入	—	—	—	—	—	—	—	—		
补助收入					—	—	—	—	—	—
上解收入					—	—	—	—	—	—
地区间援助收入			—	—	—	—	—	—		
债务收入					—	—				
债务转贷收入					—	—				
动用预算稳定调节基金			—	—	—	—				
调入资金					—	—				
支出合计										
本级支出										
其中：权责发生制列支					—	—	—	—		
预算安排专用基金的支出			—	—	—	—				
补助支出					—	—	—	—		
上解支出					—	—	—	—		
地区间援助支出			—	—	—	—				
债务还本支出					—	—				
债务转贷支出					—	—				
安排预算稳定调节基金			—	—	—	—				
调出资金					—	—				
结余转出										
其中：增设预算周转金			—	—	—	—				
年末结转结余										

注：表中有"—"的部分不必填列。

二、收入支出表的编制

（一）本表"本月数"栏反映各项目的本月实际发生数

在编制年度收入支出表时，应将本栏改为"上年数"栏，反映上年度各项目的实际发生数；如果本年度收入支出表规定的各个项目的名称和内容同上年度不一致，应对上年度收入支出表各项目的名称和数字按照本年度的规定进行调整，填入本年度收入支出表的"上年数"栏。

本表"本年累计数"栏反映各项目自年初起至报告期末止的累计实际发生数。编制年度收入支出表时，应当将本栏改为"本年数"。

（二）本表"本月数"栏各项目的内容和填列方法

（1）"年初结转结余"项目，反映政府财政本年初各类资金结转结余金额。其中，一般公共预算的"年初结转结余"应当根据"一般公共预算结转结余"科目的年初余额填列；政府性基金预算的"年初结转结余"应当根据"政府性基金预算结转结余"科目的年初余额填列；国有资本经营预算的"年初结转结余"应当根据"国有资本经营预算结转结余"科目的年初余额填列；财政专户管理资金的"年初结转结余"应当根据"财政专户管理资金结余"科目的年初余额填列；专用基金的"年初结转结余"应当根据"专用基金结余"科目的年初余额填列。

（2）"收入合计"项目，反映政府财政本期取得的各类资金的收入合计金额。其中，一般公共预算的"收入合计"应当根据属于一般公共预算的"本级收入""补助收入""上解收入""地区间援助收入""债务收入""债务转贷收入""动用预算稳定调节基金"和"调入资金"各行项目金额的合计填列；政府性基金预算的"收入合计"应当根据属于政府性基金预算的"本级收入""补助收入""上解收入""债务收入""债务转贷收入"和"调入资金"各行项目金额的合计填列；国有资本经营预算的"收入合计"应当根据属于国有资本经营预算的"本级收入"项目的金额填列；财政专户管理资金的"收入合计"应当根据属于财政专户管理资金的"本级收入"项目的金额填列；专用基金的"收入合计"应当根据属于专用基金的"本级收入"项目的金额填列。

（3）"本级收入"项目，反映政府财政本期取得的各类资金的本级收入金额。其中，一般公共预算的"本级收入"应当根据"一般公共预算本级收入"科目的本期发生额填列；政府性基金预算的"本级收入"应当根据"政府性基金预算本级收入"科目的本期发生额填列；国有资本经营预算的"本级收入"应当根据"国有资本经营预算本级收入"科目的本期发生额填列；财政专户管理资金的"本级收入"应当根据"财政专户管理资金收入"科目的本期发生额填列；专用基金的"本级收入"应当根据"专用基金收入"科目的本期发生额填列。

（4）"补助收入"项目，反映政府财政本期取得的各类资金的补助收入金额。其中，一般公共预算的"补助收入"应当根据"补助收入"科目下的"一般公共预算补助收入"明细科目的本期发生额填列；政府性基金预算的"补助收入"应当根据"补助收入"科目下的"政府性基金预算补助收入"明细科目的本期发生额填列。

（5）"上解收入"项目，反映政府财政本期取得的各类资金的上解收入金额。其中，一般公共预算的"上解收入"应当根据"上解收入"科目下的"一般公共预算上解收入"明细科目的本期发生额填列；政府性基金预算的"上解收入"应当根据"上解收入"科目下的"政府性基金预算上解收入"明细科目的本期发生额填列。

（6）"地区间援助收入"项目，反映政府财政本期取得的地区间援助收入金额。本项目应当根据"地区间援助收入"科目的本期发生额填列。

（7）"债务收入"项目，反映政府财政本期取得的债务收入金额。其中，一般公共预算的"债务收入"应当根据"债务收入"科目下除"专项债务收入"以外的其他明细科目的本期发生额填列；政府性基金预算的"债务收入"应当根据"债务收入"科目下的"专项债务收入"明细科目的本期发生额填列。

（8）"债务转贷收入"项目，反映政府财政本期取得的债务转贷收入金额。其中，一般公共预算的"债务转贷收入"应当根据"债务转贷收入"科目下"地方政府一般债务转贷收入"明细科目的本期发生额填列；政府性基金预算的"债务转贷收入"应当根据"债务转贷收入"科目下的"地方政府专项债务转贷收入"明细科目的本期发生额填列。

（9）"动用预算稳定调节基金"项目，反映政府财政本期调用的预算稳定调节基金金额。本项目应当根据"动用预算稳定调节基金"科目的本期发生额填列。

（10）"调入资金"项目，反映政府财政本期取得的调入资金金额。其中，一般公共预算的"调入资金"应当根据"调入资金"科目下"一般公共预算调入资金"明细科目的本期发生额填列；政府性基金预算的"调入资金"应当根据"调入资金"科目下"政府性基金预算调入资金"明细科目的本期发生额填列。

（11）"支出合计"项目，反映政府财政本期发生的各类资金的支出合计金额。其中，一般公共预算的"支出合计"应当根据属于一般公共预算的"本级支出""补助支出""上解支出""地区间援助支出""债务还本支出""债务转贷支出""安排预算稳定调节基金"和"调出资金"各行项目金额的合计填列；政府性基金预算的"支出合计"应当根据属于政府性基金预算的"本级支出""补助支出""上解支出""债务还本支出""债务转贷支出"和"调出资金"各行项目金额的合计填列；国有资本经营预算的"支出合计"应当根据属于国有资本经营预算的"本级支出"和"调出资金"项目金额的合计填列；财政专户管理资金的"支出合计"应当根据属于财政专户管理资金的"本级支出"项目的金额填列；专用基金的"支出合计"应当根据属于专用基金的"本级支出"项目的金额填列。

（12）"补助支出"项目，反映政府财政本期发生的各类资金的补助支出金额。其中，一般公共预算的"补助支出"应当根据"补助支出"科目下的"一般公共预算补助支出"明细科目的本期发生额填列；政府性基金预算的"补助支出"应当根据"补助支出"科目下的"政府性基金预算补助支出"明细科目的本期发生额填列。

（13）"上解支出"项目，反映政府财政本期发生的各类资金的上解支出金额。其中，一般公共预算的"上解支出"应当根据"上解支出"科目下的"一般公共预算上解支出"明细科目的本期发生额填列；政府性基金预算的"上解支出"应当根据"上解支出"科目下的"政府性基金预算上解支出"明细科目的本期发生额填列。

（14）"地区间援助支出"项目，反映政府财政本期发生的地区间援助支出金额。本项目应当根据"地区间援助支出"科目的本期发生额填列。

（15）"债务还本支出"项目，反映政府财政本期发生的债务还本支出金额。其中，一般公共预算的"债务还本支出"应当根据"债务还本支出"科目下除"专项债务还本支出"以外的其他明细科目的本期发生额填列；政府性基金预算的"债务还本支出"应当根据"债务还本支出"科目下的"专项债务还本支出"明细科目的本期发生额填列。

（16）"债务转贷支出"项目，反映政府财政本期发生的债务转贷支出金额。其中，一般公共预算的"债务转贷支出"应当根据"债务转贷支出"科目下"地方政府一般债务转贷支出"明细科目的本期发生额填列；政府性基金预算的"债务转贷支出"应当根据"债务转贷支出"科目下的"地方政府专项债务转贷支出"明细科目的本期发生额填列。

（17）"安排预算稳定调节基金"项目，反映政府财政本期安排的预算稳定调节基金金额。本项目根据"安排预算稳定调节基金"科目的本期发生额填列。

（18）"调出资金"项目，反映政府财政本期发生的各类资金的调出资金金额。其中，一般公共预算的"调出资金"应当根据"调出资金"科目下"一般公共预算调出资金"明细科目的本期发生额填列；政府性基金预算的"调出资金"应当根据"调出资金"科目下"政府性基金预算调出资金"明细科目的本期发生额填列；国有资本经营预算的"调出资金"应当根据"调出资金"科目下"国有资本经营预算调出资金"明细科目的本期发生额填列。

（19）"增设预算周转金"项目，反映政府财政本期设置和补充预算周转金的金额。本项目应当根据"预算周转金"科目的本期贷方发生额填列。

（20）"年末结转结余"项目，反映政府财政本年末的各类资金的结转结余金额。其中，一般公共预算的"年末结转结余"应当根据"一般公共预算结转结余"科目的年末余额填列；政府性基金预算的"年末结转结余"应当根据"政府性基金预算结转结余"科目的年末余额填列；国有资本经营预算的"年末结转结余"应当根据"国有资本经营预算结转结余"科目的年末余额填列；财政专户管理资金的"年末结转结余"应当根据"财政专户管理资金结余"科目的年末余额填列；专用基金的"年末结转结余"应当根据"专用基金结余"科目的年末余额填列。

第四节 预算执行情况表

财政总预算会计编制的预算执行情况表是反映各级政府财政年度预算收支执行情况的报表。一般出一般公共预算执行情况表、政府性基金预算执行情况表、国有资本经营预算执行情况表、财政专户管理资金收支情况表、专用基金收支情况表等组成。财政总预算会计编制预算执行情况表年报，要求根据财政部届时制定的有关规定办理。

一、一般公共预算执行情况表及其格式

一般公共预算执行情况表是反映政府财政在某一会计期间一般公共预算收支执行结果的报表，按照《政府收支分类科目》中一般公共预算收支科目列示。一般公共预算执行情况表应当按旬、月度和年度编制。旬报、月报的报送期限及编报内容应当根据上级政府财政具体要求和本行政区域预算管理的需要办理。一般公共预算执行情况表的参考格式如表24-7所示。

表 24 −7　　　　　　　　　　**一般公共预算执行情况表**　　　　　　　　会财政 03 −1 表

编制单位：　　　　　　　　　　　　　　年　月　日　　　　　　　　　　　　　　单位：元

项目	本月（日）数	本年（月）累计数
一般公共预算本级收入		
101 税收收入		
10101 增值税		
1010101 国内增值税		
一般公共预算本级支出		
201 一般公共服务支出		
20101 人大事务		
2010101 行政运行		

一般公共预算执行情况表的编制说明：

（1）"一般公共预算本级收入"项目及所属各明细项目，应当根据"一般公共预算本级收入"科目及所属各明细科目的本期发生额填列。

（2）"一般公共预算本级支出"项目及所属各明细项目，应当根据"一般公共预算本级支出"科目及所属各明细科目的本期发生额填列。

二、政府性基金预算执行情况表及其格式

政府性基金预算执行情况表是反映政府财政在某一会计期间政府性基金预算收支执行结果的报表，按照《政府收支分类科目》中政府性基金预算收支科目列示。政府性基金预算执行情况表应当按旬、月度和年度编制。旬报、月报的报送期限及编报内容应当根据上级政府财政具体要求和本行政区域预算管理的需要办理。政府性基金预算执行情况表的一般格式如表 24 −8 所示。

表 24 −8　　　　　　　　　　**政府性基金预算执行情况表**　　　　　　　　财政 03 −2 表

编制单位：　　　　　　　　　　　　　　年　月（日）数　　　　　　　　　　　　单位：元

项目	本月（日）数	本年（月）累计数
政府性基金预算本级收入		
10301 政府性基金收入		
1030102 农网还贷资金收入		
103010201 中央农网还贷资金收入		
	—	
政府性基金预算本级支出		
206 科学技术支出		
20610 核电站乏燃料处理处置基金支出		
2061001 乏燃料运输		

政府性基金预算执行情况表的编制说明：

（1）"政府性基金预算本级收入"项目及所属各明细项目，应当根据"政府性基金预算本级收入"科目及所属各明细科目的本期发生额填列。

（2）"政府性基金预算本级支出"项目及所属各明细项目，应当根据"政府性基金预算本级支出"科目及所属各明细科目的本期发生额填列。

三、国有资本经营预算执行情况表

国有资本经营预算执行情况表是反映政府财政在某一会计期间国有资本经营预算收支执行结果的报表，按照《政府收支分类科目》中国有资本经营预算收支科目列示，一般格式如表24-9所示。国有资本经营预算执行情况表应当按旬、月度和年度编制。旬报、月报的报送期限及编报内容应当根据上级政府财政具体要求和本行政区域预算管理的需要办理。

表 24-9　国有资本经营预算执行情况表　会财政03-3表

编制单位：　　　年　月　日　　单位：元

项目	本月（日）数	本年（月）累计数
国有资本经营预算本级收入		
10306 国有资本经营收入		
1030601 利润收入		
10306010，3 烟草企业利润收入		
国有资本经营预算本级支出		
208 社会保障和就业支出		
20804 补充全国社会保障基金		
2080451 国有资本经营预算补充社保基金支出		

国有资本经营预算执行情况表的编制说明：

（1）"国有资本经营预算本级收入"项目及所属各明细项目，应当根据"国有资本经营预算本级收入"科目及所属各明细科目的本期发生额填列。

（2）"国有资本经营预算本级支出"项目及所属各明细项目，应当根据"国有资本经营预算本级支出"科目及所属各明细科目的本期发生额填列。

四、财政专户管理资金收支情况表

财政专户管理资金收支情况表是反映政府财政在某一会计期间纳入财政专户管理的财政专户管理资金全部收支情况的报表，按照相关政府收支分类科目列示。财政专户管理资金收支情况表应按月度和年度编制，格式参见表24-10。

表 24 - 10

财政专户管理资金收支情况表

年　月

编制单位：　　　　　　　　　　　　　　　　　　　　　　　　　单位：元

项目	本月数	本年累计数
财政专户管理资金收入		
财政专户管理资金支出		

财政专户管理资金收支情况表的编制说明：

（1）"财政专户管理资金收入"项目及所属各明细项目，应当根据"财政专户管理资金收入"科目及所属各明细科目的本期发生额填列。

（2）"财政专户管理资金支出"项目及所属各明细项目，应当根据"财政专户管理资金支出"科目及所属各明细科目的本期发生额填列。

五、专用基金收支情况表

专用基金收支情况表是反映政府财政在某一会计期间专用基金全部收支情况的报表，按照不同类型的专用基金分别列示，格式如表 24 - 11 所示。专用基金收支情况表应当按月度和年度编制。

表 24 - 11 会财政 05 表

专用基金收支情况表

年　月

编制单位：　　　　　　　　　　　　　　　　　　　　　　　　　单位：元

项目	本月数	本年累计数
专用基金收入		
粮食风险基金		
专用基金支出		
粮食风险基金		

专用基金收支情况表的编制说明：

（1）"专用基金收入"项目及所属各明细项目，应当根据"专用基金收入"科目及所属各明细科目的本期发生额填列。

（2）"专用基金支出"项目及所属各明细项目，应当根据"专用基金支出"科目及所属各明细科目的本期发生额填列。

六、会计报表附注

附注是指对在会计报表中列示项目的文字描述或明细资料，以及对未能在会计报表中列示项目的说明。附注应当至少按年度编制。

财政总预算会计报表附注应当至少披露下列内容：

（1）遵循《财政总预算会计制度》的声明。

（2）本级政府财政预算执行情况和财务状况的说明。

（3）会计报表中列示的重要项目的进一步说明，包括其主要构成、增减变动情况等。

（4）或有负债情况的说明。

（5）有助于理解和分析会计报表的其他需要说明的事项。

第五节　总预算会计报表的汇总

一、资产负债表的汇总

各级总预算会计应编出本级总预算会计的资产负债表，然后与经审核无误的所属下级总预算会计汇总的资产负债表，汇编成本地区财政汇总的资产负债表。

在汇编会计报表时，应将上下级报表中相同项目的数字加总，但对上下级之间对应科目的数字应相互冲销。如应将本级财政的"与下级往来"与下级财政的"与上级往来"、将本级财政的"补助支出"与下级财政的"补助收入"、将本级财政的"上解收入"与下级财政的"上解支出"等核对无误相互冲销，以免重复会总，多计收入。

二、预算执行情况表的汇总

县级以上各级总预算会计，除编报本级总预算会计各类收支明细表外，还应将本级各表与所属下级政府各表汇总，并参与写出预算执行情况说明书。

思考与练习题

（一）思考题

1. 财政总预算会计年终应该办理哪些清理事项？

2. 说明财政总预算会计年终结算的含义及方法。

3. 财政总预算会计需要办理的年终结转账项有哪些？

4. 财政总预算会计报表包括哪些种类？

5. 财政总预算会计报表的编制要求有哪些？

6. 什么是财政总预算会计的资产负债表？如何编制资产负债？

7. 什么是财政总预算会计的收入支出表？如何编制收入支出？

8. 什么是预算执行情况表？预算执行情况表包括哪些？

9. 什么是一般公共预算执行情况表？如何编制一般公共预算执行情况表？

10. 什么是政府性基金预算执行情况表？如何编制政府性基金预算执行情况表？

11. 什么是国有资本经营预算执行情况表？如何编制国有资本经营预算执行情况表？

12. 什么是财政专户管理资金收支情况表？如何编制财政专户管理资金收支情况表？

13. 什么是专用基金收支情况表？如何编制专用基金收支情况表？

14. 财政总预算会计的会计报表附注包括哪些内容？

（二）练习题

某市财政总预算会计年终转账后有关总账科目的余额如下：

1. 资产类科目的借方余额：国库存款 7 500 000 元，其他财政存款 1 400 000 元，国库管理现金存款 900 000 元，有价证券 2 000 000 元，与下级往来 800 000 元，借出款项 900 000 元，其他应收款 2 000 000 元。

2. 负债类科目的贷方余额：其他应付款 200 000 元，与上级往来 400 000 元，借入款项 800 000 元。

3. 净资产类科目的贷方余额：一般公共预算结转结余 6 000 000 元，政府性基金预算结转结余 2 000 000 元，国有资本经营预算结转结余 500 000 元，专用基金结余 1 100 000 元，财政专户管理资金结余 500 000 元，预算周转金 3 000 000 元，预算稳定调节基金 1 000 000 元。

要求：根据以上资料编制年终资产负债表。

第二十五章

税 收 会 计

第一节　税收会计界定

一、税收会计主体与核算对象

1995 年国家税务总局颁发《税收会计核算办法》，1996 年起施行三年后进行了重新修订，并改名为《税收会计制度》。

凡是直接负责税款征收或入库业务的税务机关，都必须严格按规定组织税收会计核算工作。税收会计的核算对象是税收资金及其运动，即税务部门组织征收的各项收入的应征、征收、减免、欠缴、上解、入库和提退等运动的全过程。会计核算对象所涉及的税收业务，都必须在税收业务发生时填制或取得合法的会计原始凭证，并由核算单位各凭证受理部门于填制或收到凭证的次日送交会计机构或会计人员。各核算单位对所有实际发生的并引起税收资金运动的税收业务，都必须如实、及时地进行会计核算。

二、税收会计核算单位

1. 税收会计核算单位

税收会计核算单位按其对税收资金管理任务的不同，分为直接管理税收资金上解的单位（简称"上解单位"）、直接管理税收资金入库的单位（简称"入库单位"）、管理税收资金上解和入库双重业务的单位（简称"双重业务单位"）及管理部分税款上解和部分税款入库的混合业务单位（简称"混合业务单位"）四种。

（1）上解单位，指直接负责税款的征收、上解业务，而不负责与金库核对入库税款和从金库办理税款退库业务的税务机关。它是入库单位的基层核算单位，核算税收资金从应征到上解的过程，为了满足上解单位考核税收收入任务的需要，它还必须将税款的提退也纳入其核算范围，以便提供税款上解净额指标。

（2）入库单位，指直接负责与金库核对入库税款和从金库办理税款退库业务，而不直接负责税款的征收和上解业务的税务机关。它是上解单位和混合业务单位的上级核算单位，它核算税收资金从应征到入库（提退）的全过程。

（3）双重业务单位，指既直接负责税款的征收、上解业务，又直接负责与金库核对入库税款和从金库办理税款退库业务的税务机关。它核算税收资金从应征到入库（提退）的全过程。

（4）混合业务单位，指与乡（镇）金库的设置及其职责相对应，对规定在乡（镇）金库入库的税款，除负责征收业务外，还负责办理在乡（镇）金库的入库和退库业务；对规定在支金库入库的税款，只负责征收和上解业务，而不负责入库和退库业务的税务机关。它是入库单位的基层核算单位，核算税收资金从应征到上解过程及部分税收资金的入库和提退过程。

设置乡金库的地区，可以按混合业务单位组织会计核算，也可以按上解单位组织会计核算，具体按哪种单位组织核算，由各地税务机关自定。

2. 税收会计任职人员管理

各核算单位和汇总单位都必须在有关机构中设置税收会计人员并指定会计主管人员。入库单位和双重业务单位以上各级税务机关均为会计核算汇总单位。

各单位配备的会计人员应当具备会计从业资格、持有会计证，担任会计机构负责人和会计主管人员必须具有国家规定的相应会计任职资格。

会计机构负责人和会计主管人员调动工作或离职，必须事先征得上级税务机关会计机构负责人的同意，并且必须与接管人员办清交接手续。

三、税收会计采用借贷记账法

1. 税收会计记账符号

税收会计以税务机关为会计实体，以税收资金活动为记账主体，采用"借""贷"为记账符号，运用复式记账原理，反映税收资金的运动变化情况。

2. 税收会计科目分类

税收会计科目划分为资金来源和资金占用两大类。它的所有账户分为"借方"和"贷方"，左"借"右"贷"，"借方"记录资金占用的增加和资金来源的减少，"贷方"记录资金占用的减少和资金来源的增加。它的记账规则是，对每项税收业务，都必须按照相等的金额同时记入一个账户的借方和另一账户的贷方，或一个账户的借方（或贷方）和几个账户的贷方（或借方），即"有借必有贷，借贷必相等"。

3. 借贷记账法的平衡公式

所有账户的借方余额（或发生额）合计 = 所有账户的贷方余额（或发生额）合计

或：

所有资金占用账户余额合计 = 所有资金来源账户余额合计

四、税收会计科目

国家税务总局统一规定的总账科目名称、编号、核算内容及其使用方法，各地不得自行变更。如有特殊情况，需要在国家税务总局统一规定的总账科目之外增设其他总账科目，可由省级税务机关统一作出规定。

各地必须按照国家税务总局统一规定的明细科目内容进行明细核算；需要在国家税务总局统一规定的明细科目之外增设其他明细科目，及二级、三级等各层明细科目的具体名称、编号和使用方法由各省级税务机关自行制定。

省级以下各级税务机关必须严格按照国家税务总局和省级税务机关的规定设置和使

用会计科目，不需要的会计科目可以不用，不得随意增减会计科目或改变科目名称、编号、核算内容和使用方法。

根据现行税收制度和税收管理需要，以及国家预算收入科目和国家金库制度，税收会计科目按四种核算单位的业务情况综合设置如表 25 - 1 所示。

表 25 - 1

税收会计科目表

顺序号	编号	总账科目	明细科目
一、		**来源类科目**	
1	101	应征税收	按税种设。
2	109	应征其他收入	按收入种类设。
3	121	多缴税金	
4	191	暂收款	按暂收款性质设二级明细，按户设三级明细。
二、		**占用类科目**	
5	201	待征税收	上解单位、双重业务单位和混合业务单位按户、按税种设；入库单位按上解单位和混合业务单位、按税种设。
6	209	待征其他收入	上解单位、双重业务单位和混合业务单位按户、按收入种类设；入库单位按上解单位和混合业务单位、按收入种类设。
7	211	减免税金	上解单位和混合业务单位按税种和其他收入种类设；双重业务单位和入库单位按税种和其他收入种类、按减免性质设。
8	221	上解税收	按税种设。
9	229	上解其他收入	按收入种类设。
10	231	待解税金	入库单位按各上解单位和混合业务单位设；其他核算单位不设。
11	241	在途税金	入库单位按上解单位和混合业务单位、按税收和其他收入大类设；双重业务单位和混合业务单位按税收和其他收入大类设。
12	251	入库税收	按预算收入科目有关类款项和级次设。
13	259	入库其他收入	按收入种类和级次设。
14	261	入提退税金	上解单位和混合业务单位按税种和其他收入种类设；双重业务单位和入库单位按税种和其他收入种类、按提退性质设。
15	271	待清理呆账税金	上解单位、双重业务单位和混合业务单位按户、按税种和其他收入种类设；入库单位按上解单位和混合业务单位、按税种和其他收入种类设。
16	279	待处理损失税金	
17	281	损失税金核销	按税种和其他收入种类设。
18	291	保管款	按税种和其他收入种类设。

五、税收会计凭证与账簿

（一）税收会计凭证的功能

税收会计凭证是说明税收业务发生情况，明确经济责任，具有法律效力，并据以登记账簿的书面证明文件。

各项税收业务的会计处理，都必须有原始凭证，并据审核无误的原始凭证归类整理填制记账凭证，然后才能根据原始凭证和记账凭证记账。税收会计凭证按其填制程序和用途分为原始凭证和记账凭证两种。

（二）税收会计原始凭证

税收会计原始凭证是记录税收业务发生的最初书面证明。原始凭证必须是证明税收业务已经发生或已经完成的文件，凡是不能证明税收业务已经实际发生或完成的文件，都不能单独作为会计的原始凭证。

税收会计原始凭证按其反映的税收业务内容的不同，分为应征凭证、减免凭证、征解凭证、入库凭证、提退凭证和其他凭证等六大类。

税收会计设置总分类账、明细分类账、日记账、辅助账等几种不同类别的账簿，各账簿的设置和登记方法有别。

六、税收会计报表

税收会计报表是用特定的表式，以会计账簿资料为主要依据，以货币为计量单位，通过一系列的税收指标，集中反映会计报告期内税收资金运动情况的书面报告。

各核算单位必须严格按照规定的时间向其上级税务机关编报各种会计报表。汇总单位应及时对下属核算单位上报的报表进行审核，并将同类报表加以汇总，编报汇总报表。各核算单位和汇总单位应按期向上级税务机关编报如下报表。

（1）税收电旬报。它是以旬为报告期，向其上级税务机关报告本旬内税务机关组织各项税金入库情况的报表。

（2）税收电月报。它是以月为报告期，向其上级税务机关报告各税种、其他收入种类和有关重点品目税款入库和欠税情况的报表。

（3）税收资金平衡表。它是以月、年为报告期，总括反映税收资金运动情况的报表。其中入库单位税收资金平衡表中的"暂收款"和"保管款"科目的余额，按各下属上解单位和混合业务单位编报的税收资金平衡表所列数据汇总填列。

（4）应征税金明细报表。它是以月、年为报告期，按税种及其他收入种类反映本月和期末累计应征税金情况的报表。其中"查补税金"按"应征和入库查补税金登记簿"中的"应征查补税金"累计余额填列。

（5）入库税金明细报表。它是以月、年为报告期，按预算收入科目有关类款项和预算级次详细反映本月和期末入库税金情况的报表。其中"查补税金"按"应征和入库查补税金登记簿"中的"入库查补税金"累计余额填列。

（6）在途税金余额明细报表。它是以月、年为报告期，按税收和其他收入大类反映期末实有在途税金的报表。

（7）欠缴税金明细报表。它是以月、年为报告期，按税种、其他收入种类和欠缴税金类别反映期末实有欠缴税金情况的报表。其中"缓征""往年陈欠"根据"欠缴税金登记簿"相应类别的余额填列；"本年新欠"按"待征"类各税种明细账余额减相应税种的缓征、往年陈欠后的差额填列；入库单位的各类欠缴税金数根据下属上解单位和混合业务单位上报的各类欠缴税金数汇总填列。"增值税留抵税额"按"留抵税额登记簿"的余额填列，入库单位按下属上解单位和混合业务单位上报的增值税留抵税额数汇总填列。

（8）减免税金明细报表。它是以月、年为报告期，按税种及其他收入种类和减免性质反映本月和期末累计减免税金情况的报表。

（9）提退税金明细报表。它是以月、年为报告期，按税种及其他收入种类和提退性质反映本月和期末累计提退税金情况的报表。根据"提退税金"总账和明细账的本月"借方"发生额及本年"借方"累计发生额填列。

（10）呆账税金余额明细报表。它是以月、年为报告期，按税种和其他收入种类反映期末实有呆账税金情况的报表。

各核算单位内部管理所需要的会计报表，由各地自行制定（见表25-2、表25-3）。

表25-2　　　　　　　　　　　　税收资金平衡表

编报机关：　　　　　　　　　　　　　年　月　日　　　　　　　　　　　　金额单位：

资金占用			资金来源		
科目	年初余额	期末余额	科目	年初余额	期末余额
按占用类总账科目列			按来源类总账科目列		
合计			合计		

局长：　　　　　　处（科、股）长：　　　　　　复核：　　　　　　制表：

表25-3　　　　　　　　　　　　应征税金明细报表

编报机关：　　　　　　　　　　　　　年　月　日　　　　　　　　　　　　金额单位：

项目	本月	累计	
		合计	其中：查补税金
按税种和其他收入种类列			

局长：　　　　　　处（科、股）长：　　　　　　复核：　　　　　　制表：

第二节　税收会计原始凭证

一、税收会计原始凭证的类别

税收会计的应征凭证、减免凭证、征解凭证、入库凭证、提退凭证和其他凭证等六大类不同的原始凭证，其具体内容有别。

1. 应征凭证

这是指税务机关用以确定纳税人、扣缴义务人及代征代售单位（人）应缴税金发生情况的证明，是核算应征税金的原始凭证。具体有以下几种：

（1）纳税申报表（当纳税申报表中有减免税款时，该纳税申报表同时也是一种减免凭证）；

（2）代扣代收税款报告；

（3）预缴税款通知单；

（4）企业纳税定额申请核定表或应纳税款核定书；

（5）年（季度）纳税营业额申报核定表或定税清册；

（6）调整定额税款通知书；

（7）核准停业通知书；

（8）申报（缴款）错误更正通知书；

（9）税务处理决定书；

（10）税务行政处罚决定书；

（11）税务行政复议决定书；

（12）审计决定书；

（13）财政监督检查处理（处罚）决定书；

（14）法院判决书；

（15）海关（代征税款）专用缴款书；

（16）各种临时征收凭证（指税务机关在纳税人发生纳税义务的当时，就当即确定其应纳税额，并当即予以征收而填开的各种税收票证，包括临时征收的税收缴款书，税收完税证和印花税票销售结报单等）。

为便于会计记账和票证保管，对此类凭证可要求征收人员或代征单位（人）在结报税款时汇总填制一份"票款结报单"，附上述原始凭证一起报送会计，会计以"票款结报单"作为应征凭证。

2. 减免凭证

这是指按税法规定享受减税、免税的纳税人，在减税、免税期间发生纳税义务后，按税务机关确定的纳税申报期限向税务机关填报的，用以确定其实际享受的减征、免征税额的一种凭证。它是记录减免税金实际发生情况的证明，是减免税金核算的依据。具体种类如下：

（1）征前减免的，其减免凭证即为纳税申报表。凡是某个税种全部免征的纳税人，都应按期单独填报纳税申报表；同一税种部分项目免征，部分项目应纳税款的，可以分别单独填报纳税申报表，也可以合填一份纳税申报表，全额申报应纳税款，应当减免的税款填列在纳税申报表的有关专栏中，作为应纳税款的抵减数；属于减征税款的纳税人，必须全额填报纳税申报表，减征税款部分填列在有关专栏中，作为应纳税款的抵减数。所有减免税款都必须在纳税申报表中注明减免性质。

（2）退库减免的，其减免凭证为办理退库的收入退还书。签发收入退还书时，必须在收入退还书的备注栏注明减免性质。

3. 征解凭证

这是纳税人、扣缴义务人和代征代售单位（人）缴纳税款或办理税款结报和上解时使用的一种凭证。它是核算上解税金、在途税金和待解税金的依据。征解凭证种类如下：

（1）各种税收缴款书报查联及汇总专用缴款书收据联；

（2）各种税收完税证存根联；

（3）税收转账专用完税证存根联或汇总划解税款清单；

（4）罚款收据存根联；

（5）代扣代收税款凭证报查联；

（6）票款结报单；

（7）印花税票销售结报单；

（8）邮寄汇款收款凭证。

上述 8 种征解凭证中，票款结报单、印花税票销售结报单和用于征收临时税款的各种税收缴款书、税收完税证同时也是核算应征税金的原始凭证。对于征收呆账税金的，应在上述各种征解凭证的备注栏注明"征收呆账税金"字样。

4. 入库凭证

这是证明税款已经缴入国库的一种凭证。它是核算入库税金的原始凭证。具体有三种：

（1）各种税收缴款书回执联；

（2）预算收入日报表；

（3）更正通知书。

5. 提退凭证

这是税务机关从已征收或已入库的税款中，办理退税和提成或证明退税和提成时使用的一种凭证。它是记录提退税金发生情况的证明，是核算提退税金的原始凭证。具体有三种：

（1）收入退还书报查联和付账通知联；

（2）小额税款退税凭证存根联；

（3）提退清单。入库单位办理退库后，应及时向上解单位和混合业务单位填发"提退清单"，通知提退情况。

上述提退凭证中，如果所退税款属于减免退税，则该凭证同时也是减免税金核算的原始凭证。

6. 其他凭证

这是指除以上各种凭证外，可以证明税收业务发生或完成的其他各种凭证。主要有纳税保证金收据、发票保证金收据、票款损失报告单、票款损失处理批准文件、损失税金追回及赔偿收据、扣押商品货物财产专用收据、退税（抵税）申请审批确认书、呆账税金审批确认书、法定清算报告、注销欠税批准文件、注销税务登记通知书、拍卖品收购发票、拍卖款汇款收款凭证、拍卖款转账退款凭证、拍卖款现金退款凭证、异地完税凭证、核准延期纳税通知书、催缴税款通知书以及其他各种可以证明税收业务发生的凭证。

上述各种原始凭证，如联数不够，可以用复印件或自制凭证作为会计原始凭证。

二、原始凭证汇总单

为满足入库单位会计核算需要，各上解单位和混合业务单位必须将原始凭证归类整理、按期（最长不得超过十天）编制以下各种原始凭证汇总单一式两份，一份留存；一份及时上报入库单位作为会计核算的原始凭证。

1. 应征凭证汇总单

这是上解单位和混合业务单位根据应征凭证等原始凭证汇总编制的，向入库单位上报应征税金等发生情况的一种原始凭证汇总单，它是入库单位核算应征税金等有关税金的原始凭证。

2. 征前减免凭证汇总单

这是上解单位和混合业务单位根据征前减免凭证汇总编制的，向入库单位上报征前减免税金情况的一种原始凭证汇总单。它是入库单位核算减免税金的原始凭证。

3. 上解凭证汇总单

这是上解单位和混合业务单位根据纳税人、扣缴义务人、代征代售单位（人）和自收现金税款的税务征收人员自行向银行缴纳税款的税收缴款书报查联及汇总专用缴款书收据联等原始凭证汇总编制的，向入库单位上报税款上解等情况的一种原始凭证汇总单。是入库单位核算在途税金等有关税金的原始凭证。

4. 待解凭证汇总单

这是上解单位和混合业务单位根据反映待解税金变化情况的所有原始凭证汇总填制的，用以向入库单位上报待解税金变化情况的一种原始凭证汇总单。它是入库单位核算待解税金的原始凭证。

5. 入库凭证汇总单

这是混合业务单位根据乡（镇）金库直接办理税款入库的各种税收缴款书回执联汇总编制的，向入库单位上报其入库税款情况的一种原始凭证汇总单。是入库单位核算入库税金的一种原始凭证。

6. 退库凭证汇总单

这是混合业务单位根据从乡（镇）金库办理税款退库的收入退还书报查联汇总编制的，向入库单位上报其税款退库情况的一种原始凭证汇总单。它是入库单位核算提退税金的一种原始凭证，如有减免退税，它还是核算减免税金的一种原始凭证。

第三节　会计账簿

一、总分类账的设置和登记

税收会计各核算单位对其所用的总账科目都必须分别设置账页，开设账户。总分类账簿必须将账页固定在一起装订成册，其账页格式采用"借、贷、余"三栏式。可以按记账凭证直接登记，也可以将记账凭证按相同科目加以汇总，编制科目汇总表，然后根据科目汇总表登记（其账簿格式见附件）。

二、明细分类账的设置和登记

税收会计各核算单位都必须按照会计科目中规定的明细核算内容设置明细账。明细账必须根据记账凭证并参考原始凭证或原始凭证汇总单进行登记。它一般使用活页式账簿，其账页格式可采用三栏式和多栏式（可以是发生额分析多栏、借方发生额多栏、贷方发生额多栏）两种。三栏式明细账结构同总分类账相同。多栏式明细账是将某明细科目所属的一级明细科目或二级明细科目，作为该明细科目的发生额，合并在一张账页上进行登记的一种账页（其账簿格式见附件）。

发生额分析多栏的登记方法是：资金来源类科目的贷方发生额用蓝字登记，借方发生额用红字登记；资金占用类科目的借方发生额用蓝字登记，贷方发生额用红字登记。期末结账时，各栏红蓝数字相抵后的差额即为该栏目的余额。

会计科目中规定的分户明细科目，原则上应按每个纳税人、扣缴义务人和代征代售单位（人）设置账户，对每户纳税情况进行序时、逐笔登记，以反映每个纳税人、扣缴义务人和代征代售单位（人）的纳税全貌。但对临时性税收和代征代售、代扣税收可以集中设置账户。其账页格式一般采用三栏式或多栏式。

三、日记账的设置和登记

为了加强对税款和保管款库存现金、存款的监督管理，各上解单位、双重业务单位和混合业务单位都必须在"待解税金""保管款"总账科目下设置现金、存款日记账，以便序时、逐笔记录库存现金和存款的收入、付出和结存。日记账必须使用订本式账簿，由负责现金出纳的税收会计人员根据记账凭证按日逐笔登记，其账页格式采用三栏式（格式见附件）。

四、辅助账的设置和登记

（1）各入库单位和双重业务单位必须设置"应征和入库查补税金登记簿"。登记方法为：根据税务处理决定书、税务行政处罚决定书、税务行政复议决定书、法院判决书、审计决定书、财政监督检查处理（处罚）决定书或应征凭证汇总单的应征查补税金记"应征查补税金"增加数，根据查补税金的税收缴款书回执联和入库凭证汇总单的入库查补税金记"入库查补税金"增加数。

（2）为便于税收收入分析和组织收入工作，各上解单位、双重业务单位和混合业务单位必须在"待征"类科目下设置"欠缴税金登记簿"，分设"缓征"和"往年陈欠"两类，每类按税种设明细，反映欠缴税金构成情况。分上述类别核算时，凡是属于经批准缓征的税款，不管是上年批准缓征，还是当年批准缓征，都记入"缓征"中；除缓征税款外，凡是本年以前各年度的欠税都记入"往年陈欠"中。

其账簿格式可采用"借、贷、余发生额分析"多栏式，按欠缴税金类别设账页，按税种设多栏。登记方法为：批准缓征时，根据批准文件将缓征税款记入"缓征"借方，缓征税款到期或征收时，根据到期或征收的缓征税款记入"缓征"的贷方；发生往年欠税时，将往年欠税记入"往年陈欠"的借方，往年欠税征收或转为呆账税金时，将征收或确认呆账的往年欠税记入"往年陈欠"的贷方。

（3）为满足税收收入分析需要，各上解单位、双重业务单位和混合业务单位必须设置"留抵税额登记簿"，用以核算反映增值税留抵税额情况。

使用计算机核算的单位，其账簿格式可采用"借、贷、余"三栏式，"贷方"登记本期进项抵扣税额和本期动用期初进项抵扣税额，"借方"登记本期实际抵扣税额和本期留抵税额抵顶欠税数，余额在"贷方"，反映期末尚未抵扣完的留抵税额；采用手工核算的单位，其账簿格式由各地根据当地核算条件自定。该登记簿的登记依据是一般纳税人报送的增值税纳税申报表中的相关数据。

（4）其他辅助账应根据各核算单位的具体情况设置，主要有查封（扣押）物品登记簿、入库税金明细登记簿、出口产品退税明细登记簿和提取手续费登记簿等。一般根据原始凭证和有关的征管资料进行登记。

辅助账的具体格式由各核算单位自定。

第四节　税收会计科目的运用

一、资金来源类科目

资金来源类科目包括"应征税收""应征其他收入""多缴税金""暂收款"四个科目，各科目确定了相应的核算内容和使用方法。

1. "应征税收"和"应征其他收入"

这是上解单位、入库单位、双重业务单位和混合业务单位的共用科目。

该科目核算纳税人发生纳税义务后，税务机关应征的税金。包括：①纳税人和扣缴义务人及代征代售单位（人）向税务机关申报、预缴或由税务机关直接核定的应纳税金；②按定期定额方式征收的应纳税金；③不须缴纳，但须向税务机关申请的已发生的征前减免税金；④查补的各种税金、滞纳金和罚款；⑤税务机关征收的临时性零散税金等。当增值税纳税申报进项税额大于销项税额，应征税金为零时，不作账务处理，但以留抵税额抵顶欠税时，应作账务处理。

该科目"贷方"记实际发生的应征税金数和申报无误缴款有误的应退多缴税金数，"借方"记应退还的多缴税金数和抵减应征税金数。即实际发生各项应征税金时，借记"待征"类科目，贷记本类科目；发生应退还的多缴税金时，借记本类科目，贷记"多缴税金"科目；若应退多缴税金属于申报无误缴款有误的多缴税金，还应借记"待征"类科目，贷记本科目；以留抵税额抵顶欠税、定期定额户停业抵减当期定额税款、调低定额抵减当期原定额税款及申报发生错误而多报税款需要抵减原申报数（税款未缴）时，借记本类科目，贷记"待征"类科目。平时余额在"贷方"，表示累计实现的应征税金总量。年终与"上解"类科目、"入库"类科目、"减免税金""提退税金"和"损失税金核销"科目的"借方"余额进行对冲，冲账后的余额与"多缴税金"科目余额之和，表示年终欠缴税金、在途税金、待解税金、待处理损失税金和待清理呆账税金的来源合计数。年终余额应结转下年度继续处理。

2. "多缴税金"

这是上解单位、入库单位、双重业务单位和混合业务单位的共用科目。本科目是"应征"类科目的抵减科目，核算应退还纳税人、扣缴义务人及代征代售单位（人）的多缴税金。①纳税人、扣缴义务人及代征代售单位（人）自行申报或申请并经税务机关核定应退还的多缴税金；②税务机关、审计机关和财政监督机关在税务检查中发现的多缴税金；③税务机关在行政复议中确定的多缴税金；④法院在审理税务案件中判定的多缴税金。本科目不核算减免退税、出口退税。

本科目"贷方"记多缴税金发生数，"借方"记实际抵缴或退还的多缴税金数。即发生应退还的多缴税金时，借记"应征"类科目，贷记本科目；以多缴税金抵减欠税或抵减本期应纳税款时，借记本科目，贷记"待征"类科目；以现金或退库方式退还多缴税金时，借记本科目，贷记"提退税金"科目。余额在"贷方"，表示未抵缴或未退还的多缴税金数。年终余额应结转下年度继续处理。

3. "暂收款"

这是上解单位、双重业务单位和混合业务单位的共用科目。本科目核算按照规定向纳税人收取的预缴纳税保证金、发票保证金和拍卖款。

本科目"贷方"记实际收到的保证金和拍卖款，"借方"记保证金和拍卖款抵缴应纳税款数和退还数。即实际收到保证金和拍卖款时，借记"保管款"科目，贷记本科目；以保证金和拍卖款抵缴应缴税款、退还保证金时，借记本科目，贷记"保管款"科目。余额在"贷方"，表示暂收款未处理数。年终余额应结转下年度继续处理。

二、资金占用类科目

资金占用类科目包括"待征税收""待征其他收入""上解税收""上解其他收入""待解税金""在途税金""入库税收""入库其他收入""提退税金""待清理呆账税金""待处理损失税金""损失税金核销""保管款"等，各科目规定的相应核算内容和使用方法。

1. "待征税收""待征其他收入"

这是上解单位、入库单位、双重业务单位和混合业务单位的共用科目，用于核算应征而未征的税金或其他收入。

该科目"借方"记所有应征税金发生数和申报无误缴款有误的应退多缴税金数及呆账税金收回数，"贷方"记实征税款数和征前减免税金数、实际抵缴的多缴税金数和各种抵减待征税金数以及结转到"待处理损失税金"科目的损失税金数和结转到"待清理呆账税金"科目的欠税数。即发生应征税金时，借记本类科目，贷记"应征"类科目；发生申报无误缴款有误的应退税金时，借记本类科目，贷记"应征"类科目；纳税人、扣缴义务人和代征代售单位（人）直接向银行缴纳税款及税务征收人员自行将自收税款汇缴银行时，借记"上解"类科目（入库单位和双重业务单位借记"在途税金"科目；混合业务单位属于在乡金库入库的税款，也借记"在途税金"科目），贷记本类科目；扣缴义务人、代征代售单位（人）和税务征收人员向会计结报现金税款或以纳税保证金、发票保证金和拍卖款抵缴税款时，借记"待解税金"科目，贷记本类科目；发生征前减免时，借记"减免税金"科目，贷记本类科目；以多缴税金抵减欠税或抵减本期应纳税款时，借记"多缴税金"科目，贷记本类科目；以留抵税额抵顶欠税、定期定额户停业抵减当期定额税款、调低定额抵减当期原定额税款及申报发生错误而多报税款需要抵减原申报数（税款未缴）时，借记"应征"类科目，贷记本类科目；结报前发生损失税金时，借记"待处理损失税金"科目，贷记本类科目；呆账欠税结转时，借记"待清理呆账税金"科目，贷记本类科目；呆账税金收回时，借记本类科目，贷记"待清理呆账税金"科目。余额在"借方"，表示实际欠缴数。年终余额应结转下年度继续处理。

2. "减免税金"

这是上解单位、入库单位、双重业务单位和混合业务单位的共用科目。该科目核算应纳税金发生后减征和免征（包括通过退库方式实施减征和免征）的税金，即实际发生的减免税金。已批准但未发生的减免税金不核算；出口退税不作为减免税金核算；非生产、经营性单位（个人）的征前免征税金不核算；纳税人解散、破产、撤销，经过法定清算仍未收回而依法注销的欠税和按国家规定经批准依法注销的欠税不在本科目核算。

该科目"借方"记实际发生的各种减免税金数（包括各种退库减免），"贷方"平时无发生额。即发生征前减免和以欠税抵顶减免时，借记本科目，贷记"待征"类科目；通过退库减免时，借记本科目，贷记"提退税金"科目。平时余额在"借方"，表示累计减免数。年终按税收和其他收入分类，与相应的"应征"类科目的"贷方"余额结转冲销后无余额。

3. "上解税收""上解其他收入"

这是上解单位和混合业务单位的共用科目。该科目核算纳税人、扣缴义务人、代征代售单位（人）直接缴入和税务机关自行征收后汇总缴入银行的税金或其他收入。混合业务单位属于在乡金库入库的税款缴入银行时，不在本类科目核算，应在"在途税金"科目核算。

该科目"借方"记已经缴入银行的税金，"贷方"记接到入库单位提退清单的退库税金数。即纳税人、扣缴义务人和代征代售单位（人）直接向银行缴纳税款及税务征收人员自行将自收税款汇银行时，借记本类科目，贷记"待征"类科目；税收会计将结报的税款现金或存款汇缴银行时，借记本类科目，贷记"待解税金"科目；收到入库单位转来的提退清单时，借记"提退税金"科目，贷记本类科目。平时余额在"借方"，表示扣除退库数后的累计净上解税金数。年终与相应的"应征"类科目的"贷方"余额进行冲销后无余额。

4. "待解税金"

这是上解单位、入库单位、双重业务单位和混合业务单位的共用科目。本科目核算扣缴义务人、代征代售单位（人）和税务征收人员向会计结报的税款现金或存款。小额退税和损失税款追回及赔偿一律经过本科目进行核算，即小额退税必须由税收会计办理，从库存税款现金中退付；损失税款追回及赔偿也都必须交给税收会计，由税收会计汇总缴库。

本科目"借方"记税款现金和存款增加数，"贷方"记减少数。即会计收到扣缴义务人、代征代售单位（人）和税务征收人员结报现金税款或以纳税保证金、发票保证金和拍卖款抵缴税款时，借记本科目，贷记"待征"类科目；责任人赔偿损失税款和追回损失税款时，借记本科目，贷记"待处理损失税金"科目；税收会计将库存现金或存款汇缴银行时，借记"上解"类科目（入库单位和双重业务单位借记"在途税金"科目；混合业务单位属于在乡金库入库的税款，也借记"在途税金"科目），贷记本科目；从库存现金中办理小额退税时，借记"提退税金"科目，贷记本科目；库存税款现金或存款发生损失时，借记"待处理损失税金"科目，贷记本科目。余额在"借方"，表示税款现金和存款实有数。年终余额应结转下年度继续处理。

5. "在途税金"

这是入库单位、双重业务单位和混合业务单位的共用科目。本科目核算已经缴入银行上解，但尚未到达国库的税金。对于混合业务单位，不管对应多少个乡金库或多少个银行，凡是在乡金库入库的税款，只要税款缴入银行，都得通过"在途税金"科目核算；凡是在支金库入库的税款，缴入银行上解时，不在本科目核算，应在"上解"类科目核算。

本科目"借方"记缴入银行的税款数，"贷方"记已到达国库的税款数。即纳税人、扣缴义务人和代征代售单位（人）直接向银行缴纳税款及税务征收人员自行将自收税款汇缴银行时，借记本科目，贷记"待征"类科目；将库存税款现金或存款汇缴银行时，借记本科目，贷记"待解税金"科目；税款到达国库时，借记"入库"类科目，贷记本科目。平时余额在"借方"，表示在途税金实有数，如果出现"贷方"余额，则表示已入库但尚未收到缴款书报查联或上解凭证汇总单和待解凭证汇总单等征解凭证的税款数。年终决算前，在年度清理期内，应将其余额处理完毕，决算一般无余额，如有余额应结转下年度继续处理。

6. "入库税收""入库其他收入"

这是入库单位、双重业务单位和混合业务单位的共用科目，核算已入库的税金或其他收入。该科目"借方"记已入库的税金数，"贷方"记从国库办理的提退税金数。即税款入库时，借记本类科目，贷记"在途税金"科目；从国库提退税款时，借记"提退税金"科目，贷记本类科目。平时余额在"借方"，表示累计入库数。年终与相应的"应征"类科目的"贷方"余额冲销后无余额。

7. "提退税金"

这是上解单位、入库单位、双重业务单位和混合业务单位的共用科目。本科目核算在自收税款中支付的小额退税和通过退库方式提退的各项税金。包括：①汇算清缴和申报结算的多缴税款退税（含税收政策调整结算退税）；②出口退税；③因误收、误缴而多缴税款的小额退税和退库退税；④减免退税；⑤提退代扣代收手续费和代征手续费。

本科目"借方"记实际退库和小额退税数，"贷方"记退库减免结转到"减免税金"科目数和多缴税款退税冲转"多缴税金"科目数。即发生退库退税时，借记本科目，贷记"入库"类科目（上解单位及混合业务单位在支金库入库的税款贷记"上解"类科目）；若退库税金属于减免退税，还应借记"减免税金"科目，贷记本科目；若退库税金属于多缴退税，还应借记"多缴税金"科目，贷记本科目。发生小额退税时，先借记本科目，贷记"待解税金"科目；然后借记"多缴税金"科目，贷记本科目。平时余额在"借方"，表示累计出口退税数、手续费提退数和其他退税数。年终按税收和其他收入分类，与相应的"应征"类科目"贷方"余额结转冲销后无余额。

8. "待清理呆账税金"

这是上解单位、入库单位、双重业务单位和混合业务单位的共用科目。本科目核算超过三年仍然没有收回的欠税，以及纳税人发生解散、破产、撤销经法定清算后仍未收回准备核销的欠税。其中欠税按日历日期计算，从滞纳之日起，超过三年仍然没有收回时，经基层税务机关核实，并报地（市）级税务机关审批确认为呆账后，根据呆账审批确认书将欠税由"待征"类科目转入本科目核算。

本科目"借方"记批准确认的呆账税金数和纳税人发生解散、破产、撤销经法定清算后仍未收回准备核销的欠税数。"贷方"记纳税人发生解散、破产、撤销并经法定清算后仍未收回而依法注销的欠税数和按国家规定经批准依法注销的欠税数及确认呆账税金后又清理收回的欠税数。即批准确认呆账税金或经法定清算后仍未收回欠税时，借记本科目，贷记"待征"类科目；依法注销欠税时，借记"损失税金核销"科目，贷记本科目；确认的呆账税金以后清理收回时，借记"待征"类科目，贷记本科目。余额在"借方"，表示尚未清理的呆账税金数。年终余额应结转下年度继续处理。

9. "待处理损失税金"

这是上解单位、入库单位、双重业务单位和混合业务单位的共用科目。本科目核算税款征收后，由于各种原因造成损失，需要上报审批等待处理的损失税金。

本科目"借方"记上报审批等待处理的损失税金数，"贷方"记经批准予以核销或追回的损失税金及责任人赔偿的税金数。即税款在结报前发生损失时，借记本科目，贷记"待征"类科目；库存税款现金或存款发生损失时，借记本科目，贷记"待解税金"科目；批准核销损失税金时，借记"损失税金核销"科目，贷记本科目；损失税金追回或赔偿时，借记"待解税金"科目，贷记本科目。余额在"借方"，表示尚未处理的损失税金数。年终余额应结转下年度继续处理。

10. "损失税金核销"

这是上解单位、入库单位、双重业务单位和混合业务单位的共用科目。本科目核算按规定审批权限报经批准同意核销的损失税金和纳税人发生解散、破产、撤销经法定清算仍未收回而依法注销的欠税及按国家规定经批准依法注销的欠税。

本科目"借方"记损失税金批准核销数和欠税依法注销数，"贷方"平时无发生额。即批准核销损失税金时，借记本科目，贷记"待处理损失税金"科目；依法注销欠税时，借记本科目，贷记"待清理呆账税金"科目。平时余额在"借方"，表示累计批准税款核销数和依法注销欠税数。年终按税收和其他收入分类，与相应的"应征"类科目"贷方"余额结转冲销后无余额。

11. "保管款"

这是上解单位、双重业务单位和混合业务单位的共用科目。本科目核算存放在税务机关或金融单位的纳税保证金、发票保证金和拍卖款现金和存款。

本科目"借方"记保管款现金和存款增加数，"贷方"记减少数。即收到保证金和拍卖款时，借记本科目，贷记"暂收款"科目；以保证金和拍卖款抵缴应缴税款、退还保证金时，借记"暂收款"科目，贷记本科目。余额在"借方"，表示保管款现金和存款实有数。年终余额应结转下年度继续处理。

第五节　税收会计主要账务处理

一、上解单位的核算

（1）收到征收组转来某企业增值税纳税申报表，其税款尚未缴纳。根据申报表中的应纳增值税额记：

借：待征税收——××户——增值税
　　贷：应征税收——增值税

（2）收到征收组转来某公司所得税纳税申报表，税款未缴。根据申报表中的应纳所得税额记：

借：待征税收——××户——企业所得税
　　贷：应征税收——企业所得税

（3）收到征收组转来某运输公司车船税纳税申报表及其税收通用缴款书报查联记：

①借：待征税收——××户——车船税
　　　贷：应征税收——车船税
②借：上解税收——车船税
　　　贷：待征税收——××户——车船税

（4）收到征收组转来个体户教育费附加申报核定表或定税清册，根据本期应缴定额教育费附加记：

借：待征其他收入——××户——教育费附加
　　贷：应征其他收入——教育费附加

（5）收到稽查组转来税务处理决定书，通知某商店补缴印花税款及罚款。据决定书应补税款和罚款记：

借：待征税收——××户——印花税
　　贷：应征税收——印花税

（6）某土地管理局向税务机关结报代征土地使用税，其代征税款已由土地管理局自行汇总缴入银行。据票款结报单及其汇总专用缴款书收据联记：

①借：待征税收——代征代扣户——土地使用税
　　　贷：应征税收——土地使用税
②借：上解税收——土地使用税
　　　贷：待征税收——代征代扣户——土地使用税

（7）某服装厂向税务机关申报汇算上年企业所得税，应退还上年多预缴的所得税款，服装厂要求在今年一季度预缴所得税时抵扣。根据申报表应退税额记：

借：应征税收——企业所得税
　　贷：多缴税金

（8）收到该服装厂一季度预缴所得税申报表及退税（抵税）申请审批确认书。根据申报表和确认书记：

①借：待征税收——××户——企业所得税（一季度所得税全额）

贷：应征税收——企业所得税（一季度所得税全额）

②借：多缴税金（实际抵扣额）

贷：待征税收——××户——企业所得税（实际抵扣额）

（9）收到征收组转来"双定"户核准停业通知书，抵减本期原定额增值税和教育费附加，会计已按原定额税款记账。

①根据抵减的增值税额记：

借：应征税收——增值税

贷：待征税收——××户——增值税

②根据抵减的教育费附加记：

借：应征其他收入——教育费附加

贷：待征其他收入——××户——教育费附加

（10）收到征收组转来某玻璃厂增值税预缴税款通知单及预缴税款的税收通用缴款书报查联。按通知单和缴款书记：

借：待征税收——××户——增值税

贷：应征税收——增值税

借：上解税收——增值税

贷：待征税收——××户——增值税

（11）征收组转来该玻璃厂增值税纳税申报表，申报表中本月应纳税额减去本月预缴税额后，还应补缴。按应补税额记：

借：待征税收——××户——增值税（应补税额）

贷：应征税收——增值税（应补税额）

（12）收到征收人员转来某临商纳税保证金，现金存银行。根据纳税保证金收据记：

借：保管款

贷：暂收款——纳税保证金——××临商

（13）收到银行转来某厂消费税缴款书报查联记：

借：上解税收——消费税

贷：待征税收——××户——消费税

（14）会计将库存增值税及其罚款现金汇总缴入银行。据汇总专用缴款书收据联记：

借：上解税收——增值税

贷：待解税金

（15）收到入库单位转来提退清单，其中部分是企业所得税汇算清缴退税，部分是校办工厂减免增值税退税及提取房产税代征手续费，其余均为出口企业退还消费税。据提退清单各栏记：

①借：提退税金——增值税

——消费税

——企业所得税

——房产税

贷：上解税收——增值税

——消费税

——企业所得税

——房产税

②借：减免税金——增值税

贷：提退税金——增值税

③借：多缴税金

贷：提退税金——企业所得税

（16）某征收人员报告其征收的临商增值税现金及完税证丢失，经查实，填制税款损失报告单上报上级税务机关请示处理。据税款损失报告单记：

借：待征税收——临时户——增值税

贷：应征税收——增值税

借：待处理损失税金——增值税

贷：待征税收——临时户——增值税

（17）税务机关库存增值税款现金被盗，经查证，向上级税务机关填报税款损失报告单请示处理。据税款损失报告单记：

借：待处理损失税金——增值税

贷：待解税金

（18）收到上级税务机关转来征收人员丢失营业税款和完税证的批复文件，其中丢失税款部分责令赔偿，部分准予核销。该征收人员交来赔偿款。据批复文件核销数和税款损失赔偿收据的赔偿税款记：

借：损失税金核销——增值税（核销数）

待解税金（赔偿数）

贷：待处理损失税金——增值税

（19）某临商以纳税保证金抵顶其应缴所得税款，余额退还该临商。其账务处理如下：

①根据抵顶税款的税收完税证存根联记：

a. 借：待征税收——临时户——个人所得税

贷：应征税收——个人所得税

b. 借：待解税金

贷：待征税收——临时户——个人所得税

c. 借：暂收款——纳税保证金——××人（抵顶税款额）

贷：保管款（抵顶税款额）

②根据退还保证金记：

借：暂收款——纳税保证金——××人（余额）

　　贷：保管款（余额）

（20）某企业破产，经过法定清算，尚有欠缴营业税未收回来，税务机关根据该企业清算报告办理注销税务登记。根据清算报告及注销税务登记通知书的注销欠税额记：

借：待清理呆账税金——××户——营业税

　　贷：待征税收——××户——营业税

借：损失税金核销——营业税

　　贷：待清理呆账税金——××户——营业税

（21）某厂增值税欠税满三年，经报市税务局审批确认列为呆账税款。据呆账税金审批确认书记：

借：待清理呆账税金——××户——增值税

　　贷：待征税收——××户——增值税

（22）年终决算后，"应征"类科目与"上解"类、"减免税金""提退税金"和"损失税金核销"科目结转冲销。据自制冲销凭证记：

借：应征税收

　　贷：上解税收

　　　　减免税金——税收类

　　　　提退税金——税收类

　　　　损失税金核销——税收类

其他收入类科目的结转冲销账务处理与此相似。

二、混合业务单位的核算

假定混合业务单位对农村个人自行车征收的车船税、屠宰税属于乡级预算固定收入；其他各项收入均为县级预算固定收入及县级以上收入，必须在支金库入库。其账务处理如下：

（1）收到征收人员转来某企业增值税纳税申报表，税款未缴。据申报表记：

借：待征税收——××户——增值税

　　贷：应征税收——增值税

（2）收到代征单位结报临时征收的车船税和屠宰税完税证及税款现金记：

借：待征税收——临时户——车船税或屠宰税

　　贷：应征税收——车船税或屠宰税

借：待解税金

　　贷：待征税收——临时户——车船税或屠宰税

（3）收到银行转来某企业增值税缴款书报查联记：

借：上解税收——增值税

　　贷：待征税收——××户——增值税

（4）收到银行转来某户车船税缴款书报查联记：

借：在途税金——税收

　　贷：待征税收——××户——车船税

（5）会计将车船税和屠宰税现金税款汇总缴入银行。据汇总专用缴款书收据联记：

借：在途税金——税收

　　贷：待解税金

（6）收到乡金库转来增值税、车船税、屠宰税缴款书回执联和预算收入日报表记：

借：入库税收——增值税——县乡共享

　　　　　　——车船税——乡级

　　　　　　——屠宰税——乡级

　　贷：在途税金——税收

（7）收到乡金库转来增值税误收退税收入退还书报查联记：

借：提退税金——增值税

　　贷：入库税收——增值税（县乡共享）

同时记：

借：多缴税金

　　贷：提退税金——增值税

（8）收到入库单位转来提退清单，其中部分是个人所得税减免退税，部分是增值税结算多缴退税。据提退清单各栏记：

借：提退税金——个人所得税或增值税

　　贷：上解税收——个人所得税或增值税

借：减免税金——个人所得税

　　贷：提退税金——个人所得税

借：多缴税金

　　贷：提退税金——增值税

其他税收业务的账务处理与上解单位类同。

三、入库单位的核算

（1）收到某上解单位报来增加应征税金的"应征凭证汇总单"，其中部分是应征消费税，部分是应征文化事业建设费。据汇总单各栏记：

借：待征税收——××上解单位——消费税

　　贷：应征税收——消费税

借：待征其他收入——××上解单位——文化事业建设费

　　贷：应征其他收入——文化事业建设费

（2）收到某混合业务单位报来应征税金减少的"应征凭证汇总单"其中部分属于增值税应征减少，部分是教育费附加应征减少。据汇总单各栏记：

借：应征税收——增值税

　　贷：待征税收——××混合业务单位——增值税

借：应征其他收入——教育费附加

贷：待征其他收入——××混合业务单位——教育费附加

（3）收到某上解单位报来"征前减免凭证汇总单"，其中部分属于减免其他增值税，部分是减免外商投资企业和外国企业所得税。

因征前减免已汇入"应征凭证汇总单"内，入库单位收到上解单位报来的"应征凭证汇总单"时，已对征前减免税金进行过应征税金的账务处理，所以，入库单位收到"征前减免凭证汇单"时，直接记：

借：减免税金——增值税——其他减免

　　　　——外资企业所得税——外资企业减免

　　贷：待征税收——××上解单位——增值税

　　　　　　　　　——外资企业所得税

（4）收到某上解单位报来"应征凭证汇总单"，发生多缴应退增值税，其中部分是缴款错误应退增值税；同时还发生抵缴多缴的增值税。据汇总单记：

①借：应征税收——增值税（应退额）

　　贷：多缴税金（应退额）

②借：待征税收——××上解单位——增值税（缴款错误应退）

　　贷：应征税收——增值税（缴款错误应退）

③借：多缴税金（抵缴额）

　　贷：待征税收——××上解单位——增值税（抵缴额）

（5）收到某混合业务单位报来"上解凭证汇总单"，上解增值税和房产税，其中部分属于呆账增值税收回上解；印花税款发生损失；经清算注销营业税欠税。根据有关栏目分别处理如下：

①按上解数合计记：

借：在途税金——××混合业务单位——税收

　　贷：待征税收——××混合业务单位——增值税

　　　　　　　　　——房产税

②按收回呆账增值税记：

借：待征税收——××混合业务单位——增值税

　　贷：待清理呆账税金——××混合业务单位——增值税

③按税款损失数记：

借：待处理损失税金——印花税

　　贷：待征税收——××混合业务单位——印花税

④按注销欠税记：

借：待清理呆账税金——××混合业务单位——增值税

　　贷：待征税收——××混合业务单位——增值税

借：损失税金核销——增值税

　　贷：待清理呆账现金——××混合业务单位——增值税

（6）收到县支库转来某上解单位所管乡办集体企业缴纳教育费附加的缴款书回执联记：

借：入库其他收入——教育费附加——县级

贷：在途税金——××上解单位——教育费附加

（7）收到某上解单位报来"待解凭证汇总单"，具体内容为：结报屠宰税现金税款，其中部分是追回丢失的屠宰税款；上解增值税款；增值税小额退税和个人所得税库存现金损失。其账务处理如下：

①按结报税款合计数和损失税款追回数记：

借：待解税金——××上解单位

　　贷：待征税收——××上解单位——屠宰税

　　贷：待处理损失税金——屠宰税

②按上解税款数记：

借：在途税金——××上解单位——税收

　　贷：待解税金——××上解单位

③按小额退税数记：

借：提退税金——增值税——误收退税

　　贷：待解税金——××上解单位

同时记：

借：多缴税金

　　贷：提退税金——增值税——误收退税

④按税款损失数记：

借：待处理损失税金——个人所得税

　　贷：待解税金——××上解单位

（8）收到某混合业务单位报来已在乡金库的税款（入库凭证汇总单），其中部分是入库车船税乡级收入。据汇总单记：

借：入库税收——车船税——乡级

　　贷：在途税金——××混合业务单位——税收

（9）上级税务机关批复某上解单位上报的被盗库存增值税现金损失予以核销。据批复文件记：

借：损失税金核销——增值税

　　贷：待处理损失税金——增值税

（10）收到县支库转来减免某民政福利企业县级企业所得税收入退还书报查联和付账通知联记：

借：提退税金——企业所得税——减免退税

　　贷：入库税收——企业所得税——县级

借：减免税金——企业所得税——福利企业减免

　　贷：提退税金——企业所得税——减免退税

（11）收到某混合业务单位报来"退库凭证汇总单"，部分是结算退还多缴县乡共享收入增值税，部分是提退××税代征手续费。据汇总单记：

借：提退税金——增值税——汇算清缴和结算退税

　　　　　　　　——××税——代征代扣手续费

　　贷：入库税收——增值税——县乡共享

　　　　　　　——××税——乡级

　　借：多缴税金

　　　　贷：提退税金——增值税——汇算清缴和结算退税

　　（12）年终决算后，"应征"类科目与"入库"类、"减免税金""提退税金"和"损失税金核销"科目结转冲销。据自制冲销凭证记：

　　借：应征税收

　　　　贷：入库税收

　　　　　　减免税金——税收类

　　　　　　提退税金——税收类

　　　　　　损失税金核销——税收类

　　其他收入类科目的结转冲销账务处理与此类似，不再赘述。

四、双重业务单位的核算

　　（1）收到某企业消费税纳税申报表，税款未缴。据申报表记：

　　借：待征税收——××户——消费税

　　　　贷：应征税收——消费税

　　（2）收到征收人员交来某临商纳税保证金。据纳税保证金收据记：

　　借：保管款

　　　　贷：暂收款——纳税保证金——××人

　　（3）收到某集体公司企业所得税纳税申报表，其应纳税款已经自治区政府批准免予征收。据申报表记：

　　借：待征税收——××户——企业所得税

　　　　贷：应征税收——企业所得税

　　借：减免税金——企业所得税——其他减免

　　　　贷：待征税收——××户——企业所得税

　　（4）收到银行转来某企业增值税缴款书报查联记：

　　借：在途税金——税收

　　　　贷：待征税收——××户——增值税

　　（5）收到区支金库转来上述缴款书回执联记：

　　借：入库税收——增值税——共享收入

　　　　贷：在途税金——税收

　　（6）收到区支金库转来收入退还书，所退税款属于误收县级预算固定收入某税种的税款。据收入退还书报查联和付账通知联记：

　　借：提退税金——某税种——误收退税

　　　　贷：入库税收——某税种——县级

　　借：多缴税款

　　　　贷：提退税金——某税种——误收退税

其他税收业务的账务处理与上解单位或入库单位类同。

思考与练习题

1. 说明税收会计主体和核算对象。
2. 简要回答税收会计的核算单位。
3. 解读税收会计科目的运用。

第二十六章

国 库 会 计

第一节　国库会计概论

一、国库会计管理体系

（一）国库会计核算和管理的依据

国库会计管理法规包括《中华人民共和国会计法》《中华人民共和国中国人民银行法》《中华人民共和国国家金库条例》及其《实施细则》《中国人民银行会计基本制度》《中国人民银行国库资金清算业务处理手续》《国库资金风险管理办法》《待缴库税款收缴管理办法》等国库管理制度工作及其他有关规章制度。

为了配合我国现代化支付系统的运行，适应中央银行会计集中核算的要求，中国人民银行对《中国人民银行关于国库会计核算管理与操作的规定》中的国库会计核算业务操作部分进行修订，制定了《国库会计核算业务操作规程（试行）》，2006 年发布了修订后的《国库会计管理规定》，同时，在国库部门推广使用《国家金库会计核算系统（2.0 版）》，用于支出会计核算的具体操作手续的办理。

（二）国库会计管理的主要任务

（1）组织国库会计核算，真实、准确、及时、完整地记录和反映财政收支情况。

（2）加强国库会计监督，防范国库资金风险，维护国库资金安全。

（3）规范国库会计行为，提高国库会计工作质量与服务水平。

（三）国库会计管理体制

（1）国库会计管理遵循"垂直领导，分级管理"的原则。上级国库对下级国库的会计工作负有组织、检查、指导职责；下级国库对上级国库负责，根据上级国库的要求规范会计行为，并定期报告工作情况。

（2）中国人民银行经理的国库，其国库会计核算纳入中国人民银行会计核算体系，执行《中国人民银行会计基本制度》的各项原则规定，单独核算，自求平衡。

商业银行、信用社代理的国库，其国库会计核算纳入商业银行或信用社会计核算体系。

二、国库会计核算要求

（1）国库应建立健全规范的账簿、报表体系，各项业务的账务处理应符合会计核算手续的要求，坚持及时记账、账表复核、代收他行票据收妥进账、日清月结。禁止以表代账。

（2）国库按照"资金统一清算，收支按库核算"的原则办理多级多库的会计核算业务。

（3）国库按照政府预算收支科目进行预算收支核算，编制预算收支报表。

国库办理国库资金的清算、收纳、退付及库款的支拨等事宜，应正确使用统一规定的会计科目。

中国人民银行经理国库使用中国人民银行统一规定的会计科目。商业银行、信用社代理国库使用的会计科目应根据中国人民银行国库会计科目名称、性质及用途统一确定。

（4）国库会计凭证分为原始凭证和记账凭证。原始凭证包括收入缴库凭证、收入退库凭证、收入更正凭证、库款支付凭证、资金结算凭证、国债凭证等。

记账凭证根据原始凭证制作，对于具备记账凭证基本要素的原始凭证，可以作为记账凭证使用。

国库应按规定审核、制作会计凭证。

（5）国库应按规定管理国债收款单、资金结算凭证等有价单证与重要空白凭证，定期检查账实情况。

（6）中国人民银行国库按会计科目设置总账，根据科目日结单登记借贷方发生额，并结计余额，每日综合平衡。

各级国库按照会计科目及有关规定设置相应的分户账，根据预算收支核算等需要设置相应的登记簿（表）。

（7）国库报表分为会计报表与预算收支报表，按日、月、年编报，格式由总库统一规定。

各级国库应准确、及时、完整地编报各种国库报表。

（8）各级国库要严密会计资料传递、签收手续。国库与会计营业部门、财政、税务、海关、商业银行之间的资金往来业务，凡涉及拨款、退库、申请划款等外来凭证的传递，必须认真审核，双方履行必要的签收手续。

三、国库会计科目表

国库使用的会计科目分为资产类科目、负债类科目、资产负债共同类科目及表外科目，具体见表26－1。

表26－1　　　　　　　　　　国库会计科目表

序号	科目名称	序号	科目名称	序号	科目名称
	一、资产类		三、资产负债共同类科目		表外科目
1	中央预算支出（总库专用）	1	大额支付往来	1	重要空白凭证
2	兑付国家债券本息款	2	小额支付往来	2	有价证券及收款单

序号	科目名称	序号	科目名称	序号	科目名称
	二、负债类	3	支付清算资金往来	3	已兑付国家债券
1	中央预算收入（总库专用）	4	同城票据交换		
2	地方财政库款	5	国库待结算款项		
3	财政预算专项存款	6	行库往来		
4	财政预算外存款	7	国库内部往来		
5	待报解中央预算收入	8	联行往账（总库专用）		
6	待报解地方预算收入	9	联行来账（总库专用）		
7	待报解共享预算收入	10	待结算财政款项 （商业银行、信用社代理 支库、乡镇国库专用）		
8	代收国家债券款（总库专用）				
9	国家债券兑付资金				

中国人民银行国库部门按会计科目设置总账，根据科目日结单登记借贷方发生额，并结计余额，每日综合平衡。各级国库按照国库会计科目设置相应的分户账。

四、国库会计登记簿

各级国库应按预算收支核算、统计分析及国库监管的需要设置以下登记簿（表）：

（1）预算收入登记簿，该登记簿按预算级次、征收机关、预算科目、金额等要素进行登记，可采用磁介质保管。

（2）预算支出登记簿，该登记簿按预算支出科目、金额等要素进行登记，可采用磁介质保管。

（3）预算收入退库登记簿，该登记簿按审批机关、预算级次、预算科目、退库原因、退库金额等要素进行登记，可采用磁介质保管。

（4）国债发行登记簿，这是总库专用的登记簿，该登记簿按债券种类、缴款单位、金额等要素进行登记。

（5）国债兑付本息款登记簿，该登记簿按债券种类、兑付行、本金、利息等要素进行登记，可采用磁介质保管。

（6）国债收款单存根联登记簿，该登记簿按收款单种类、号码、移交金额、兑付情况等要素进行登记。

（7）通讯联网登记簿，该登记簿可用通讯联网对账单代替。

（8）业务量登记表，该登记簿按库逐月登记。

（9）柜面监督登记簿，对预算收入、退库、拨款、报表等业务审查时发现的不合规情况及处理结果在该登记簿逐日、逐笔进行登记。

各级国库还可根据业务需要设置其他登记簿。

第二节 国库会计科目与账户的设置

一、资产

（1）中央预算支出（总库专用）

核算总库办理的财政部核准的中央预算支出。支出增加时记借方，支出缴回时记贷方，余额在借方。

（2）兑付国家债券本息款

核算本行代财政部支付的兑付国家债券本息款项。本行兑付或收到商业银行划付时记借方，辖属行上划或总库与财政部清算资金时记贷方，余额在借方。

二、负债类科目

（一）中央预算收入（总库专用）

核算总库收纳的中央级一般预算收入、基金预算收入、预算收入的退付款项、中央与地方共享收入中央分得部分和中央给地方的预抵税收返还等款项。本科目下按收入种类等分设账户。收入增加时记贷方，退付时记借方，余额在贷方。

（二）财政库款

1. 地方财政库款

核算地方各级财政预算的固定收入、共享收入分得部分、补助收入、专项收入、基金预算收入、地方预算收入退付和地方预算拨款、拨款的缴回、补助支出、专项支出和基金预算支出等款项。本科目下按与预算级次相对应的财政部门和收入、支出等分设账户，收入增加时记贷方，退付、拨款时记借方，余额在贷方。

2. 财政预算专项存款

核算各级财政部门预算资金的专项存款。本科目下按存款类别等分设账户。收入时记贷方，拨付时记借方，余额在贷方。

3. 财政预算外存款

核算各级财政预算外资金的收纳、支拨或上解。存款增加时记贷方，支取存款时记借方，余额在贷方。

（三）待报解收入

1. 待报解中央预算收入

核算国库各分支库当日收纳的、待报解的中央预算收入款项。本科目为过渡性科目。收入时记贷方，报解、退付时记借方。

2. 待报解地方预算收入

核算国库各分支库当日收纳的、未报解的及未结转的地方预算收入款项。本科目为过渡性科目。本科目下按地方预算收入级次分设账户。收入时记贷方，报解、退付时记借方。

3. 待报解共享收入

核算国库各分支库收纳的、待划分的中央与地方、地方与地方共享收入款项。本科目为过渡性科目。本科目下按共享类别分设账户。收入时记贷方，划分、结转、退付时记借方。

（四）代收国家债券款（总库专用）

核算金融机构缴入中国人民银行的国家债券发行款项。

收到国债发行款项时记贷方，转入财政部中央预算收入账户时记借方，余额在贷方。

（五）国家债券兑付资金

核算财政部通过中国人民银行总行拨付商业银行总行凭证式国债还本付息款项、兑付费和拨入中国人民银行系统的国债兑付资金。收到时记贷方，拨付时记借方，余额在贷方。

三、资产负债共同类科目

（一）支付往来有关科目的核算

1. 大额支付往来

核算支付系统发起行和接收行通过大额支付系统办理支付结算的往来款项。年终将本科目余额全额转入"支付清算资金往来"科目，余额为零。

2. 小额支付往来

核算支付系统发起行和接收行通过小额支付往来系统办理支付结算的往来款项。年终将本科目余额全额转入"支付清算资金往来"科目，余额为零。

3. 支付清算资金往来

核算中国人民银行支付系统发起行和接收行通过大额支付系统和小额支付系统办理支付结算的汇差款项。年终，"大额支付往来""小额支付往来"科目余额分别核对正确后，结转至本科目，余额轧差反映并结转下年。

（二）同城票据交换

核算中国人民银行参加同城票据交换提出、提入的票据款项。本科目为过渡性科目。本科目余额双方反映，年末日余额为零。

（三）国库待结算款项

核算国库部门在办理业务过程中发生的临时性、过渡性款项和因预算收入级次不清等原因而待处理的款项。本科目为过渡性科目。

一个国库工作机构内有多级多库的，其内部资金往来款项，也可使用本科目。

本科目下按资金清算方式分设暂收、暂付户；按资金往来方式设往来户。收入时记贷方，划分处理时记借方，余额轧差反映。

（四）往来相关科目的核算

1. 行库往来

核算本行会计部门与国库部门之间的往来款项。会计营业部门与国库部门分别开立对方账户，记账金额相同，方向相反，余额轧差反映。国库部门与会计营业部门并表后，余额为零。

2. 国库内部往来

核算不在同一中国人民银行机构内的支库与管辖国库之间的资金往来款项。本科目余额轧差反映。

支库在本科目下设与管辖国库往来分户账，管辖国库在本科目下按辖属支库分设账户。管辖国库与辖属支库记账金额相同，方向相反，并表后余额为零。

3. 联行往账（总库专用）

核算发报行向收报行划出的联行款项。本科目余额轧差反映。新年度开始，将本科目余额不通过分录直接转入"上年联行往账"科目。

4. 联行来账（总库专用）

核算收报行收到发报行划来的联行款项。余额轧差反映。

收报行收到电子计算中心寄来的对账表与联行来账卡片核对相符的，转入"已核对联行来账"科目；新年度开始，将本科目余额不通过分录直接转入"上年联行来账"科目。

（五）待结算财政款项（商业银行、信用社代理支库、乡镇国库专用）

商业银行、信用社代理支库、乡镇国库在办理国库业务过程中，核算收纳、划分、报解、退付的各级预算收入款项。

商业银行、信用社代理支库、乡镇国库在"待结算财政款项"科目下设置"待报解预算收入专户""待报解中央预算收入""待报解地方预算收入""待报解共享收入"等专户或分户账；"待报解地方预算收入"专户下按预算级次分设"省级""地级""县级"和"乡镇级"分户；"待报解共享收入"专户下分设"中央与地方"和"地方与地方"分户。

四、表外科目

1. 重要空白凭证

中国人民银行国库部门核算行库往来专用凭证、联行报单、支付系统往来凭证、国库资金汇划专用凭证、国库券收款单抄本以及其他重要空白凭证的入库、领用和库存。

调入或领来时记收入，调出或领用时记付出，余额为重要空白凭证的库存数。凭证以每份 1 元的假定价格记账，并登记起讫号码。本科目下按重要空白凭证的种类分设账户。

2. 有价证券及收款单

核算本行的有价证券及收款单。本科目下按有价证券及收款单的种类设分户账，有价证券及收款单按实际金额记载。

移入时记收入，兑付时记付出，余额为有价证券及收款单的结存数。

3. 已兑付国家债券

核算本行对商业银行缴来已兑付的国家债券，以及上缴、销毁的国家债券。本科目下按已兑付国家债券的种类设分户账，按实际金额记载。

收券、入库时记收入，上缴、出库或销毁时记付出，余额为已兑付国家债券的库存数。

第三节　库款收划与报解

一、预算收入收纳的核算

（一）国库收纳和报解的程序

各级国库应准确、及时地收纳各项国家预算收入款项，并根据财政管理体制规定的预算收入级次和上级财政确定的分成留解比例，正确、及时办理各级预算收入的划分和留解。预算收入缴入乡（镇）国库及以上国库均为正式入库。

各级国库以及国库经收处受理征收机关、缴款单位（人）的缴款书后，按下列程序办理预算收入的收纳和报解：

1. 审查凭证

（1）预算级次、预算科目、征收机关和收款国库等要素是否填写清楚；

（2）大小写金额是否相符，字迹有无涂改；

（3）缴款单位名称、账号、开户银行填写是否正确、齐全；

（4）付款联是否加盖印章，印章是否清晰、齐全，与预留印鉴是否相符；

（5）缴款单位存款账户是否有足够的余额。

2. 办理收纳

（1）国库经收处对缴款单位（人）以现金或转账方式缴纳预算收入款项的，需要审查缴款凭证无误后，在缴款书各联加盖有收（转）讫日期的业务印章。第一联收据联退缴款单位（人）；第二联付款凭证联由缴款单位（人）开户行作借方传票，与另填制的"待结算财政款项"科目下的"待报解预算收入专户"的转账贷方传票办理转账。会计分录为：

借：现金

　　××存款——缴款单位（人）

　　　贷：待结算财政款项——待报解××专户

缴款书第三联、第四联、第五联由国库经收处随划款凭证划转国库。

支库、中心支库、分库等地方各级国库对直接收纳的各级预算收入和收到国库经收处划转的预算收入款项的处理手续比照乡（镇）国库办理。

地方各级国库直接收纳预算收入时，对征收机关或缴款单位（人）填写的缴款书，应认真审核，无误后进行清分，按照中央级、省级、地（市）级、县（市、区）级、乡（镇）级等预算固定收入级次和共享收入填制转账借、贷方传票，办理转账，同时登记预算收入登记簿。

（2）分库收到所辖中心支库上报的中央级和省级预算收入通信报表，与资金凭证核对无误后，办理转账。会计分录为：

借：大额支付往来等科目

　　　贷：待报解中央预算收入

　　　　　待报解地方预算收入——省级户

如有误，办理挂账，会计分录为：

借：大额支付往来等科目

贷：国库待结算款项——大额支付往来暂收等户

待查清后及时办理转账，登记预算收入登记簿。会计分录为：

借：国库待结算款项——大额支付往来暂收等户

贷：待报解中央预算收入

待报解地方预算收入——省级户

作退回处理时，会计分录为：

借：国库待结算款项——大额支付往来暂收等科目

贷：大额支付往来等科目

3. 办理预算收入款项报解

（1）每日营业终了，国库经收处以及各级地方国库应将已收纳的缴款书汇总金额与"待结算财政款项"科目"待报解预算收入专户"余额核对一致后，填制"待结算财政款项"科目特种转账借、贷方传票。特种转账借方传票借记"待结算财政款项"下的"待报解预算收入专户"；特种转账贷方传票与另填制的"同城交换划款凭证"或"辖内往来"划款凭证，连同缴款书第三联、第四联、第五联划转国库。会计分录为：

借：待结算财政款项——待报解预算收入专户

贷：存放中央银行款项等科目

（2）支库收到所辖乡（镇）国库上划的预算收入款项，应审查日报表编制是否正确，附件是否齐全，分别按不同级次的预算收入日报表的合计数与特种转账借（贷）方传票金额及划款凭证的金额进行核对。对实行预抵税收返还和总额分成的乡（镇）国库，还须审核预抵税收返还和总额分成的计算是否正确。并办理转账，登记预算收入登记簿。

中国人民银行的会计分录为：

借：同城票据交换

贷：待报解中央预算收入

待报解地方预算收入——××户

代理支库的会计分录为：

借：存放中央银行款项等科目

贷：待结算财政款项——待报解××专户

（3）各级国库收到下级国库以及国库经收处报解预算收入款项时，对划款凭证和所附缴款书第三联、第四联、第五联，应认真核对。除按经收处审查凭证的各项要求进行审查外，还要审查所附缴款书是否加盖了国库经收处的有收（转）讫日期的业务印章等。如发现问题，予以退回。

缴款凭证审核无误后，将缴款书第三联收款凭证加计总数，与当日国库经收处划款凭证的金额核对一致后，办理转账，同时登记预算收入登记簿。

中国人民银行的会计分录为：

借：同城票据交换等科目

贷：待报解中央预算收入
　　待报解共享收入
　　待报解地方预算收入——××户

商业银行或信用社的会计分录为：

借：存放中央银行款项等科目
　　贷：待结算财政款项——待报解××专户

4. 挂账处理

（1）中国人民银行国库部门对已收纳因预算收入级次以及科目不清等原因而待处理的款项，应使用"国库待结算款项"科目挂账。会计分录为：

借：同城票据交换等科目
　　贷：国库待结算款项——同城票据交换暂收户

待查清后及时办理转账，同时登记预算收入登记簿。会计分录为：

借：国库待结算款项——同城票据交换暂收户
　　贷：待报解中央预算收入/待报解共享收入
　　　　或待报解地方预算收入——××户

作退票处理时，会计分录为：

借：国库待结算款项——同城票据交换暂收户
　　贷：同城票据交换等科目

（2）代理国库对已收纳的、但因预算收入级次不清、预算科目不清等业务待处理时的，应在"待结算财政款项"科目下的"待处理款项"户中核算。会计分录为：

借：存放中央银行款项等科目
　　贷：待结算财政款项——待处理款项

待查清后及时办理转账，同时登记预算收入登记簿。会计分录为：

借：待结算财政款项——待处理款项
　　贷：待结算财政款项——待报解××专户

作退票处理时，会计分录为：

借：待结算财政款项——待处理款项
　　贷：存放中央银行款项等科目

二、预算收入的划分

（一）共享收入的划分

根据当日收纳的中央与地方、地方与地方共享收入，按照规定的共享分成比例，编制共享收入分成计算日报表，登记预算收入登记簿。

中国人民银行的会计分录为：

借：待报解共享收入
　　贷：待报解中央预算收入
　　　　待报解地方预算收入——××户

商业银行或信用社的会计分录为：

借：待结算财政款项——待报解共享收入专户
　　贷：待结算财政款项——待报解××专户

（二）预抵税收返还的计算与划转

根据上级财政规定，预抵税收返还比例和有关预算科目，对当日发生额计算出预抵税收返还额，转入本级财政预算收入，同时登记预算收入登记簿。

中国人民银行的会计分录为：
借：待报解中央预算收入
或　　待报解地方预算收入——××户
　　贷：待报解地方预算收入——乡镇级户或县级户

代理支库、乡镇商业银行或信用社的会计分录为：
借：待结算财政款项——待报解××专户
　　贷：待结算财政款项——待报解地方预算收入专户（乡镇级户或县级户）

实行预抵税收返还的县（市、区）支库，须根据上级财政规定的预抵税收返还比例和返还科目当日发生额，计算预抵税收返还额，扣除已返还下级财政的数额后，转入本级财政预算收入，登记预算收入登记簿。

中心支库预抵税收返还的计算与划转比照县支库办理。会计分录为：
借：待报解中央预算收入
或　　待报解地方预算收入——省级户
　　贷：待报解地方预算收入——地级户

（三）县乡各级预算收入的结转入库

（1）实行地方预算收入总额分成体制的各级国库应根据本级财政当日收入总额，按财政体制核定的分成比例，编制地方预算收入总额分成计算日报表一式三份，按规定盖章后，一份留存，一份给同级财政机关，一份随划款凭证报上级国库。结转入库时，中国人民银行的会计分录为：
借：待报解地方预算收入——乡镇级户
　　贷：待报解地方预算收入——县级户
　　　　地方财政库款

商业银行或信用社的会计分录为：
借：待结算财政款项——待报解地方预算收入专户（乡镇级户）
　　贷：待结算财政款项——待报解地方预算收入专户（县级户）
　　　　地方财政库款

（2）未实行地方预算收入总额分成体制的乡（镇）国库，办理乡（镇）级预算收入结转时，中国人民银行的会计分录为：
借：待报解地方预算收入——乡镇级户
　　贷：地方财政库款

商业银行或信用社的会计分录为：
借：待结算财政款项——待报解地方预算收入专户（乡镇级户）
　　贷：地方财政库款

三、预算收入的报解

（1）乡镇国库报解中央级、省级、地级、县级预算收入时，分别编制各级预算收入日报表一式两份，按规定盖章后一份留存，中国人民银行将另一份日报表随特种转账贷方传票上划上级国库，特种转账借方传票作各待报解户的记账依据，会计分录为：

借：待报解中央预算收入（乡镇国库）

或　　待报解地方预算收入（乡镇国库）——××户

　　　贷：待报解中央预算收入（支库）

或　　　　待报解地方预算收入（支库）——××户

代理国库将另一份日报表随划款凭证和特种转账贷方传票上划上级国库，特种转账借方传票作各待报解户的记账依据，会计分录为：

借：待结算财政款项——待报解××专户

　　贷：存放中央银行款项等科目

（2）中国人民银行县级支库报解库款时，应根据当日报解上级国库的各级预算收入款项分级次、逐笔填制特种转账传票和国库资金汇划专用凭证，发起国库内部往来业务，或提出同城票据交换上划资金，其会计分录为：

借：待报解中央预算收入

　　待报解地方预算收入——××户

　　贷：国库内部往来等科目

代理支库的报表信息按照上级国库的要求传送，其资金款项按照商业银行资金结算途径上划。会计分录为：

借：待结算财政款项——待报解××专户

　　贷：存放中央银行款项等科目

（3）中心支库收到支库报解库款的通信文件时，审核的内容如下：①通信文件格式是否正确，要素是否齐全；②通信文件的报表序号是否连贯；③预算收入级次、科目使用等是否正确；④各级预算收入日报表总分金额是否相符；⑤国库资金汇划专用凭证金额与收到的报表合计数是否一致。

审核无误后，办理转账，会计分录为：

借：国库内部往来等科目

　　贷：待报解中央预算收入

　　　　待报解地方预算收入——省级户、地级户

如有误需办理挂账时的会计分录为：

借：国库内部往来等科目

　　贷：国库待结算款项——国库内部往来暂收等户

待查清后及时办理转账，登记预算收入登记簿。会计分录为：

借：国库待结算款项——国库内部往来暂收等户

　　贷：待报解中央预算收入

　　　　待报解地方预算收入——××户

作退回处理时,会计分录为:

借:国库待结算款项——国库内部往来暂收等户

　　贷:国库内部往来等科目

(4)中心支库报解中央级、省级预算收入时,按预算级次分别编制特种转账传票,办理转账。借方传票作有关待报解账户的记账依据,贷方传票凭以发起支付系统往来业务,或提出同城票据交换上划资金,并通过国库会计核算系统纵向网络将数据信息传输到上级国库。会计分录为:

借:待报解中央预算收入

　　待报解地方预算收入——省级户

　　贷:大额支付往来等科目

四、国库经收处和总库收报预算收入的核算

(一)国库经收处收报预算收入

1. 办理收纳

缴款人以转账方式缴纳款项的,国库经收处应在纸质缴款书各联上加盖同一日期的业务转讫印章,收据联退缴款人,付款凭证联由缴款人开户行作借方凭证,与另制作的"待结算财政款项"科目下的"待报解预算收入专户"转账贷方凭证及时办理转账。与国库联网的,国库经收处应将划转成功信息反馈国库,并打印电子缴税付款凭证一式二联,一联据以记账,一联交缴款人。会计分录为:

借:现金或××存款——缴款人

　　贷:待结算财政款项——待报解预算收入专户

缴款人以现金缴纳款项的,国库经收处收妥现金,在纸质缴款书各联上加盖同一日期的现金收讫业务印章后,收据联和存根联退缴款人,付款凭证联作"现金"科目借方凭证附件,与另制作的"待结算财政款项"科目下的"待报解预算收入专户"转账贷方凭证及时办理转账。

2. 办理预算收入款项报解

国库经收处将已收纳的缴款书汇总金额与"待结算财政款项"科目下的"待报解预算收入专户"余额核对一致后,通过大额支付系统或同城票据交换将款项及时汇总或实时逐笔划转国库,或通过小额支付系统将同意付款的小额支付往来借记业务回执发送国库。通过同城票据交换划款的,国库经收处应制作转账借、贷方凭证,其中:借方凭证借记"待结算财政款项"科目下的"待报解预算收入专户",贷方凭证连同纸质缴款书相关联次或电子缴款书信息清单划转国库;通过支付系统划款的,按有关规定办理。会计分录为:

借:待结算财政款项——待报解预算收入专户

　　贷:存放中央银行款项等

(二)总库收纳预算收入

1. 集中缴库的核算

总库收到中央预算收入缴款书第二联、第三联后,应审查缴款书的各项内容是否正

确，缴款单位是否属于集中缴库单位。如发现问题，要及时办理查询。核对无误后，办理转账。会计分录为：

借：同城票据交换等科目

　　贷：待报解中央预算收入

借：待报解中央预算收入

　　贷：中央预算收入

总库收到手工联行报解的中央预算收入时，审核缴款书的各项内容是否正确，如发现问题，要及时查询汇出行。审核无误后，办理转账。会计分录为：

借：联行来账

　　贷：中央预算收入

2. 收到分库上划款项的核算

总库收到支付系统城市处理中心发来的分库上划中央预算收入报表款项支付信息和预算收入日报表，应审核：资金与日报表合计金额是否相符；支付报文的支付交易序号与通信文件中的支付交易序号是否一致；支付报文附言所载通信文名与日报表通信文件是否一致等；通信文件格式是否正确；省号、收报及发报行行号、日期、密押、支付交易序号等要素是否正确、齐全；日报表合计金额与各科目金额合计是否相符；预算收入科目使用是否正确；日报表编号是否正确等。确认无误后，打印支付系统专用凭证，第一联作"待报解中央预算收入"科目记账凭证，第二联作附件，办理转账。会计分录为：

借：大额支付往来

　　贷：待报解中央预算收入

借：待报解中央预算收入

　　贷：中央预算收入

中央预算收入退付日报款项采取手工联行上划时，会计分录为：

借：待报解中央预算收入

　　贷：联行来账

借：中央预算收入

　　贷：待报解中央预算收入

同时按政府预算收入科目，按"省别"记载中央预算收入登记簿。

3. 挂账处理

总库对已收纳的、但预算级次或科目不清的待处理款项作挂账处理。

五、预算收入退付

（一）预算收入的退付要求

国库应严格按照规定的范围、程序和有关政策办理预算收入的退库。

（1）各级预算收入退库的审批权属于同级政府财政部门。中央预算收入、中央和地方共享收入的退库，由财政部或其授权的机构批准。地方预算收入的退库，由地方政府财政部门或其授权的机构批准。

（2）退库应按预算收入的级次办理。中央预算收入退库，从中央级库款中退付；地方各级预算固定收入的退库，从地方各级库款中退付；各种分成收入的退库，按规定的分成比例，分别从相应级次库款中退付。

（3）退库必须按照国家规定退给原缴款单位或个人（以下简称"缴款人"），任何部门、单位和个人不得截留、挪用退库款项。

（4）各级国库在办理退库时，必须有依据。国库应要求有关财政或征收机关提供退库的相关文件依据，缴款人申请退库的，还应要求财政或征收机关提供退库申请书，作为审核退库的原始依据。

（5）退库原则上通过转账办理。如需退付现金时，原收款国库凭财政、征收机关开具的加盖"退付现金"戳记的收入退还书办理退库手续，收款人持书面通知、原完税凭证复印件和有效身份证明到指定银行办理领取现金手续。

（6）外资企业、中外合资企业和其他外籍人员，以外币缴纳税款，因发生多缴或错缴需要退库的，经征收机关审查批准后，在填制收入退还书时，加盖"可退付外币"戳记，国库办理退库手续后，将退库款项划转经收行。经收行按照缴款人取款或转入缴款人账户当天的外汇卖出牌价，折算成外币支付给缴款人或转入缴款人的外币存款账户。

（7）对本级预算收入的退库，如当日退库数大于收入数时，应检查核实本级地方财政库款账户余额是否足以退付，如存款余额不足，不能办理退付。

（二）国库资金办理退库的范围

凡属以下情况之一的，国库一律不予办理退库：

（1）未经财政部授权的机构，要求国库办理中央预算收入、中央与地方共享收入退库的；

（2）下级地方财政部门或其他未经上级财政部门授权的机构，要求国库办理上级地方预算收入或共享收入退库的；

（3）退库款项退给非退库申请单位或申请个人的；

（4）口头或电话通知，要求国库办理退库的；

（5）要求国库办理退库，但不提供必要的相关文件、退库申请书的；

（6）收入退还书要素填写不符合规定的；

（7）其他违反规定要求国库办理退库的。

（三）预算收入退付的核算

（1）国库收到财政及其授权机构的收入退还书及相关文件、资料时，经审查无误，并核实本级财政存款余额足以退付后，在收入退还书第一联回单加盖业务转讫章，退回签发机关；第二联付出凭证作转账传票或转账传票的附件；第三联收款凭证、第四联收账通知作划款凭证附件；第五联报查联随收入日报表送退款的财政机关。

①总库退付中央预算收入时的会计分录为：

借：中央预算收入

　　贷：大额支付往来

或　　　　　同城票据交换

②各分支库退付中央预算固定收入时，中国人民银行的会计分录为：

 借：待报解中央预算收入

   贷：同城票据交换

或   大额支付往来

或   国库内部往来

 代理国库的会计分录为：

 借：待结算财政款项——待报解中央预算收入专户

   贷：存放中央银行款项等科目

③各分支库退付共享收入时，中国人民银行的会计分录为：

 借：待报解共享收入

   贷：同城票据交换

或   大额支付往来

或   国库内部往来

 代理支库的会计分录为：

 借：待结算财政款项——待报解共享收入专户

   贷：存放中央银行款项等科目

④各分支库退付地方预算收入时，中国人民银行的会计分录为：

 借：待报解地方预算收入——××户

   贷：大额支付往来

或   国库内部往来

或   同城票据交换

 代理国库的会计分录为：

 借：待结算财政款项——待报解××专户

   贷：存放中央银行款项等科目

（2）记账。①登记预算收入登记簿（红字）和退库登记簿。②登记分户账。如当日在同一级次、同一预算科目内既有预算收入入库又有预算收入退库的，在登记分户账时，应在借、贷双方分别反映发生额，再结计余额。

（3）编制预算收入日报表时，应根据预算收入登记簿每个科目本日红、蓝字发生额的差额填列，收入数大于退付数用蓝字反映，退付数大于收入数用红字反映。

下级国库退付上级预算收入，当日收入不足退付时应向上级国库划付。中国人民银行的会计分录为：

 借：行库往来/国库内部往来等科目

   贷：待报解中央预算收入

或   待报解地方预算收入——××户

 代理国库的会计分录为：

 借：存放中央银行款项等科目

   贷：待结算财政款项——待报解××专户

（四）预算收入退付退回

（1）国库支付系统发起业务或同城票据交换提出错误退回。

①总库的会计分录为：

借：大额支付往来/同城票据交换

　　贷：大额支付往来/同城票据交换

②中国人民银行各分支库的会计分录为：

借：大额支付往来/国库内部往来/同城票据交换

　　贷：国库待结算款项——同城票据交换暂收户

或　　　　　　　　　　——大额支付暂收户

或　　　　　　　　　　——国库内部往来暂收户

重新划出时，会计分录为：

借：国库待结算款项——同城票据交换暂收户

或　　　　　　　　——大额支付暂收户

或　　　　　　　　——国库内部往来暂收户

　　贷：大额支付往来/国库内部往来/同城票据交换

③代理国库的会计分录为：

借：存放中央银行款项等科目

　　贷：待结算财政款项——待处理款项

重新划出时，会计分录为：

借：待结算财政款项——待处理款项

　　贷：存放中央银行款项等科目

（2）退库凭证错误退回时，国库自制转账传票，并将收入退还书第三联作附件，第四联退回原签发机关，登记预算收入登记簿（蓝字）和预算收入退库登记簿（红字）。

①总库的会计分录为：

借：同城票据交换/大额支付往来

　　贷：待报解中央预算收入

借：待报解中央预算收入

　　贷：中央预算收入

②中国人民银行各分支库的会计分录为：

借：同城票据交换/大额支付往来/国库内部往来

　　贷：待报解中央预算收入/待报解共享收入

或　　　　待报解地方预算收入——××户

③代理国库的会计分录为：

借：存放中央银行款项等科目

　　贷：待结算财政款项——待报解××专户

重新退付时，按正常退库处理。

（五）预算收入退库的上解

预算收入退库与预算收入一起上解，若当日没有预算收入或当日的退库大于收入，会计分录为：

借：行库往来

贷：待报解中央预算收入

待报解地方预算收入——××户

代理国库的会计分录为：

借：存放中央银行款项等科目

贷：待结算财政款项——待报解××专户

（六）预算收入退库的结转入库

预算收入退库与预算收入一起结转入库，若当日没有预算收入或当日的退库大于收入，会计分录为：

借：地方财政库款

贷：待报解地方预算收入——××户

六、预算收入更正

（一）预算收入更正手续

（1）在办理预算收入的收纳、划分、报解、入库和退付时，如有差错，按照"谁的差错谁更正"的原则，由出错方填制更正通知书，送国库办理更正。

缴款书、收入退还书的收（付）款国库、预算级次、预算科目等填写错误，由征收机关填制更正通知书，并附原入（退）库依据，送国库办理更正。

国库在办理收入的收纳、划分、报解、入库和退付时发生的差错，由国库填制更正通知书，经国库会计主管审批后办理更正。

（2）国库在办理更正事项时，应审核原缴款凭证，并在原缴款凭证上注明更正日期。对于无正当理由的更正，国库一律拒绝办理。

（3）对办理预算收入过程中的差错事项，一经发现，应及时逐一办理更正，原则上不得汇总更正。征收机关因特殊原因需要办理汇总更正的，应提供文件依据或书面说明，并附明细更正清单，开具汇总更正通知书。

（4）对于日常对账中发现的预算收入差错，应在发现的当月办理更正，但不得变更过去的账表。对于年度对账中发现的差错，应在整理期内办理更正，逾期国库不再受理。

（5）因体制变化，财政部门、征收机关需要对已经入库的预算收入进行调库处理时，国库应依据更正通知书及有关文件审核无误后办理。

（二）预算收入更正的核算

1. 串科目的处理

在对账过程中发现的预算收入串科目，查明原因后，由出错方填制更正通知书。国库收到更正通知书，由国库经办人员调阅原始凭证，对原列事项进行审核，在原始凭证上注明更正日期，交复核员复核后送会计主管审核，经国库会计主管签章后，用红字冲正原列预算收入登记簿，用蓝字记载调整正确后的预算收入登记簿。

2. 串级次的处理

在对账过程中发现的预算收入串级次，查明原因后，由出错方填制更正通知书，国库部门收到更正通知书，审核无误并经国库会计主管签章同意后，编制记账传票，按反方向记载原列会计分户账，以红字登记预算收入登记簿，用蓝字记载调整正确后相应的会计分户账和预算收入登记簿。

3. 串库的处理

在对账中发现预算收入串库，由发生错误的部门查实后填制更正通知书交国库部门办理。第一联填制部门留存；第二联国库作借方传票附件，以红字登记原列预算收入登记簿；第五联随预算收入日报表交相应征收机关；第三联、第四联随同划款凭证给收款国库，第三联作收入国库贷方传票附件，登记预算收入登记簿，第四联随收入国库的预算收入日报表交相应征收机关。

中国人民银行的会计分录为：

借：待报解中央预算收入/待报解共享收入

或　　　待报解地方预算收入——××户

　　贷：同城票据交换/国库内部往来/大额支付往来

代理国库的会计分录为：

借：待结算财政款项——待报解××专户

　　贷：存放中央银行款项等科目

相应国库收到时，总库的会计分录为：

借：大额支付往来等

　　贷：中央预算收入

中国人民银行各分支库的会计分录为：

借：同城票据交换/国库内部往来/大额支付往来

　　贷：待报解中央预算收入/待报解共享收入

或　　　　待报解地方预算收入——××户

代理国库的会计分录为：

借：存放中央银行款项等科目

　　贷：待结算财政款项——待报解××专户

在同一国库机构内多级多库发生串库的更正，会计分录为：

借：待报解中央预算收入（更正国库）

或　　待报解共享收入（更正国库）

或　　待报解地方预算收入（更正国库）——××户

　　贷：待报解中央预算收入（收入国库）

或　　　　待报解共享收入（收入国库）

或　　　　待报解地方预算收入（收入国库）——××户

4. "免、抵"税调库的处理

国库根据县级以上征收机关提交的"免、抵"税调库通知和相关文件资料，比照同一国库机构内串科目的更正处理，"免、抵"税调增数蓝字记载相关预算收入登记簿，"免、抵"税调减数红字（负数）记载相关预算收入登记簿和蓝字记载相关预算收入退库登记簿。

七、国库存款计息处理

（一）计息范围

在"地方财政库款""财政预算专项存款""财政预算外存款"会计科目内核算的国库存款，以及中央财政在国家金库总库的中央预算收入存款，应结计存款利息。

（二）计息处理

国库存款按照中国人民银行公布的单位活期存款利率按季结息，每季末月的20日为结息日。结息期内如遇利率调整，不分段计息，以结息日挂牌的活期存款利率结计利息。

1. 中国人民银行国库的计息处理

中国人民银行国库应于结息日后第一个工作日上午向同级会计营业部门提供分库别的"国库存款计息积数清单"一式两份，会计营业部门据以计算利息后一份留存，一份退国库部门，并于当日将利息款项划转国库部门。国库对会计营业部门提交的计息凭证与收到款项核对一致后，划款凭证一联作记账依据，通过预算收入报解将利息收入记入"地方财政库款"及相应的中央收入账户，一联交同级财政。同一国库机构内存在多级多库的，应根据划款凭证，通过"国库待结算款项"科目将利息款项暂收后，分库别制作一借多贷"待报解户"转账凭证，并在凭证转账原因栏注明入库预算科目；一式二联的转账贷方凭证一联作记账依据，通过预算收入报解将利息收入记入同级财政库款，一联送同级财政机关作回单。

当地没有会计营业部门的支库，国库存款计息处理通过管辖国库转会计营业部门办理。

2. 代理支库的计息处理

在中国人民银行开立准备金存款账户的代理支库管辖行，应于每结息日后的2个工作日内，汇总计算本行代理支库的国库存款计息积数，制作分库别的明细"国库存款计息积数清单"，送交中国人民银行国库，由中国人民银行国库对计息范围、明细金额、合计金额等内容进行初审，初审通过后送同级会计营业部门。同级会计营业部门复审确认无误后，将汇总的应付利息款项划转至代理支库管辖行准备金存款账户，代理支库管辖行于2个工作日内，将利息分别划转至各代理支库，代理支库应于当日将利息收入收纳、报解入库，并通知同级财政机关。

各代理支库应设置"待转国库存款利息"表外科目，核算按规定的计息范围和利率计算的国库存款利息。计算应付利息时记收方，收到中国人民银行转来的利息时记付方。

3. 代理乡（镇）国库的计息处理

代理乡（镇）国库应于结息日后第一个工作日上午根据已审核确认无误的"国库存款计息积数清单"，制作一式二联转账贷方凭证，并在转账原因栏注明入库预算科目，一联作为记账依据，通过预算收入报解将利息收入记入同级地方财政库款，一联交同级财政。

第四节 库 款 支 拨

一、库款支拨的管理要求

（1）各级国库库款的支拨，必须根据同级财政机关签发的库款支付凭证、银行结算汇兑凭证或代理银行（代理财政性资金支付与清算业务的商业银行）开具的申请划款凭证办理。

（2）各级国库可要求同级财政部门及时提供年度财政预算支出计划，以准确、及时地办理预算拨款业务，确保库款安全。

（3）各级国库收到财政机关的拨款凭证和代理银行申请划款凭证时，应进行严格审核，对不规范或不符合规定的，一律拒绝拨付或清算。

（4）国库对审核无误的库款支付凭证，原则上应在财政机关或代理银行送达的当日将款项划出，最迟不超过下一个工作日。库款支拨只办理转账，不支付现金。

二、库款支拨凭证的处理

国库收到同级财政填制的库款支拨凭证和代理银行填制的申请划款凭证及清单，经审核无误后，办理转账，同时根据支拨凭证或清单登记预算支出登记簿。

1. 预算拨款凭证的处理

预算拨款凭证为一式四联。国库在第一联支款凭证上加盖业务转讫章作国库转账借方传票；第二联收入凭证加盖国库业务专用章，同第三联收款通知作划款凭证附件；第四联回单加盖业务转讫章退财政机关。

2. 银行电汇凭证的处理

银行电汇凭证为一式三联。国库在电汇凭证第一联、第二联加盖业务转讫章后，第一联回单退财政机关；第二联付款凭证作国库转账借方传票；第三联作国库内部往来、支付系统往来业务的依据。

3. 申请划款凭证的处理

申请划款凭证为一式五联。国库在申请划款凭证第一联上加盖业务转讫章后作国库转账借方传票；第二联加盖国库业务专用章作收款单位开户行转账贷方传票；第三联收账通知作划款凭证附件；第四联、第五联加盖业务转讫章交财政机关。

三、库款支拨的账务处理

（一）库款支拨

总库的会计分录为：

借：中央预算支出

　　贷：同城票据交换/大额支付往来

中国人民银行各分支库的会计分录为：

借：地方财政库款/财政预算专项存款

贷：同城票据交换/国库内部往来/大额支付往来

代理国库的会计分录为：

借：地方财政库款

贷：存放中央银行款项等科目

（二）集中支付

国库办理集中支付资金清算业务，应根据财政部门提供的"财政直接支付汇总清算额度通知单"和"财政授权支付汇总清算额度通知单"，分别登记直接支付清算额度登记簿和授权支付清算额度登记簿。

（1）通过大额支付系统或国库内部往来办理集中支付资金清算的，国库收到代理银行发来的申请划款凭证和申请划款汇总清单电子信息后进行审核，审核发现有误的，将电子信息返回代理银行；审核确认无误的，在支付清算额度和同级地方财政库存余额内办理资金清算，打印一式三联申请划款凭证（补充），一联作记账凭证，两联交同级财政（其中一联加盖业务转讫章，一联加盖业务专用章。下同），并发起大额支付往来或国库内部往来业务，同时销记支付清算额度登记簿。会计分录为：

借：地方财政库款等

贷：大额支付往来等

在未取消纸质凭证情况下，国库将代理银行于日终前送来的纸质申请划款凭证与相应电子信息核对，核对有误的，退回代理银行重新填制，核对无误的，将纸质凭证一联作记账凭证，两联交同级财政。

（2）通过小额支付系统办理集中支付资金清算的，国库收到代理银行发来的小额支付往来借记业务包后，审核资金信息和相应的申请划款汇总清单电子信息，审核发现有误的，向代理银行发出小额支付往来拒绝付款借记回执；审核确认无误的，在支付清算额度和同级地方财政库存余额内办理资金清算，打印小额支付往来凭证，一联作记账凭证，两联交同级财政，并发出小额支付往来同意付款借记回执，同时销记支付清算额度登记簿。会计分录为：

借：地方财政库款等

贷：国库待结算款项——小额支付往来待清算户

借：国库待结算款项——小额支付往来待清算户

贷：小额支付往来

（3）通过同城票据交换办理集中支付资金清算的，国库在收到代理银行提交的纸质申请划款凭证后，与相应的纸质申请划款汇总清单或电子信息进行核对，核对有误的，向代理银行发起查询；核对无误的，在支付清算额度和同级地方财政库存余额内办理资金清算，通过同城票据交换将款项划转代理银行，同时销记支付清算额度登记簿。会计分录为：

借：地方财政库款等

贷：同城票据交换

（三）拨款退回

1. 票据提出错误退回的处理

属于国库票据提出错误退回时，中国人民银行国库部门将此款项暂存于"国库待结算款项"科目内，再按正常拨款手续办理拨款。退回时，总库如在当日不能重新划出，会计分录为：

借：大额支付往来/同城票据交换

　　贷：国库待结算款项——待处理户

中国人民银行各分支库的会计分录为：

借：同城票据交换/国库内部往来/大额支付往来

　　贷：国库待结算款项——同城票据交换暂收户等

代理国库将此款项暂存于"待结算财政款项"科目内，再按正常拨款手续办理拨款。退回时的会计分录为：

借：存放中央银行款项等科目

　　贷：待结算财政款项——待处理款项

2. 重新划出的处理

总库于次日的会计分录为：

借：国库待结算款项——待处理户

　　贷：同城票据交换/大额支付往来

中国人民银行各分支库的会计分录为：

借：国库待结算款项——同城票据交换暂收户等

　　贷：同城票据交换/国库内部往来/大额支付往来

商业银行或信用社代理国库的会计分录为：

借：待结算财政款项——待处理款项

　　贷：存放中央银行款项等科目

3. 预算拨款凭证错误退回的处理

因预算拨款凭证错误、代理银行申请退款等原因发生已拨出款项退回的，由国库自制转账传票，并以预算拨款凭证第二联作附件，第三联退回原签发机关，据此记账。

总库的会计分录为：

借：大额支付往来/同城票据交换

　　贷：中央预算支出

中国人民银行各分支库的会计分录为：

借：国库内部往来/大额支付往来/同城票据交换等

　　贷：地方财政库款/财政预算专项存款等

代理国库的会计分录为：

借：存放中央银行款项等科目

　　贷：地方财政库款

同时以红字（负数）登记预算支出登记簿，办理集中支付款项退回业务的还应恢复支付清算额度，登记支付清算额度登记簿。重新支拨时，按正常拨款处理。

4. 已拨出款项退回的处理

因国库自身原因发生已拨出款项退回的，中国人民银行国库的会计分录为：

借：大额支付往来等

贷：国库待结算款项——大额支付往来暂收户等

代理国库的会计分录为：

借：存放中央银行款项等

贷：待结算财政款项——待处理款项

重新划出时，经会计主管审批后办理，中国人民银行国库的会计分录为：

借：国库待结算款项——大额支付往来暂收户等

贷：大额支付往来等

代理国库的会计分录为：

借：待结算财政款项——待处理款项

贷：存放中央银行款项等

第五节 国家债券

国库应按照有关规定，办理国债发行与兑付的核算业务，加强对国债发行收入、兑付款项的审核与监督。

一、国债发行的核算

总库收到金融机构划来的国债发行款项，经审核无误后，办理转账，会计分录为：

借：大额支付往来等

贷：代收国家债券款

每日业务终了，汇总编制转账传票，办理款项入库。其会计分录为：

借：代收国家债券款

贷：中央预算收入

同时登记国债发行登记簿。

二、国债兑付的核算

（一）国债兑付资金的核算

（1）总库收到财政部拨入的国债兑付资金时，会计分录为：

借：中央预算支出

贷：国家债券兑付资金

（2）总库拨往承销银行时，会计分录为：

借：国家债券兑付资金

贷：大额支付往来/同城票据交换

（二）国债收款单兑付的账务处理

1. 单据审核

持券人到中国人民银行办理国债收款单兑付业务时，应填写"××年度单位（个人）购买××债券还本付息清单"（以下简称"兑付清单"）一式三联。连同到期的收款单收据联一并交经办人员。

债权发生变化的，属单位购买的须提供单位介绍信（注明收款单位账号、开户行），属个人购买的，须提供本人身份证或户口簿、收款人账号、开户行。

经办人员应认真审核，经办员审查无误后，按年利率、计息年限计算利息金额，填制兑付清单和特种转账传票，同时加盖经办人员名章，连同国债收款单收据联和存根联一并交复核员。经复核无误后，在收款单收据联和存根联正面加盖"付讫"戳记和复核员名章，同时要求收款单位经手人签章后，将兑付清单第一联留存，第二联退持券人，第三联连同收款单的收据联作特种转账借方传票的附件，存根联作"有价单证及收款单"表外科目付出传票的附件，通过同城票据交换将兑付款项划入持券人在商业银行或信用社开设的账户。

中国人民银行各分支库的会计分录为：

借：兑付国家债券本息款项

贷：同城票据交换等科目

2. 账表处理

经办人员根据兑付单位和个人收款单本金数额，分别填制"有价证券及收款单"表外科目付出传票，同时销记表外科目分户账。

地方各级国库经办人员按不同的债券种类、年度、单位、个人编制"经付××年度个人（单位或其他）国债款项上划报告表"（简称"上划报告表"），作兑付国家债券本息款项凭证的附件，编制兑付国家债券日报表，通过纵向联网系统上划上级国库。

（1）地方国库会计分录为：

借：行库往来/国库内部往来

贷：兑付国家债券本息款

或者记：

借：国库待结算款项——小额支付往来待清算户

贷：兑付国家债券本息款

借：小额支付往来

贷：国库待结算款项——小额支付往来待清算户

（2）总库的会计分录为：

①总库收到分库上划兑付款项时的会计分录为：

借：兑付国家债券本息款

贷：联行来账

或者记：

借：兑付国家债券本息款

贷：国库待结算款项——小额支付往来待清算户

借：国库待结算款项——小额支付往来待清算户

贷：小额支付往来

②总库汇总后结转兑付款项时的会计分录为：

借：中央预算支出

贷：兑付国家债券本息款

3. 委托商业银行办理兑付的账务处理

中国人民银行需委托商业银行办理国债收款单兑付业务时，原则上应指定一家商业银行办理。相应管理办法由分库制定，其账务处理参照此执行。

（三）中国人民银行办理无记名国债兑付账务处理

（1）审核兑付凭证和上划报告表。中国人民银行国库部门收到商业银行或下级中国人民银行兑付无记名国债本息款项借方凭证和上划报告表后，应严格审查下列各项内容：①上划报告表本息合计金额与上划借方凭证的金额是否相符；②利息计算是否正确；③国债实物券是否入库，已兑付国家债券上缴清单（以下简称"上缴清单"）与上划报告表本金数是否一致；④通过联网上划的国家债券兑付日报款项应核对其本金、利息计算是否正确；日报总分是否相符；文件格式是否规范；科目联网代号是否准确。

编制转账传票，将所附的上划报告表作附件，办理转账。

中国人民银行各分支库的会计分录为：

借：兑付国家债券本息款

    贷：行库往来/国库内部往来/同城票据交换

或者记：

借：兑付国家债券本息款

    贷：国库待结算款项——小额支付往来待清算户

借：国库待结算款项——小额支付往来待清算户

    贷：小额支付往来

并按各商业银行和辖区内中国人民银行各分支行，分债券年度、种类登记国家债券兑付登记簿。同时，根据入库清单编制"已兑付国家债券"表外科目收入传票，登记表外科目分户账。

（2）每日营业终了，编制特种转账传票办理款项上划，并按不同债券种类、年度、单位、个人分别编制上划报告表作传票附件，编制国家债券兑付日报表，通过国库会计核算联网系统上报上级国库。

①中国人民银行各分支库的会计分录：

借：行库往来/国库内部往来/同城票据交换

    贷：兑付国家债券本息款

或者记：

借：国库待结算款项——小额支付往来待清算户

    贷：兑付国家债券本息款

借：小额支付往来

    贷：国库待结算款项——小额支付往来清算户

②总库的会计分录：

借：兑付国家债券本息款

    贷：国库待结算款项——小额支付往来待清算户

借：中央预算支出

    贷：兑付国家债券本息款

借：国库待结算款项——小额支付往来待清算户

　　贷：小额支付往来

或者记：

借：兑付国家债券本息款

　　贷：联行来账

借：中央预算支出

　　贷：兑付国家债券本息款

（四）国债兑付结束工作

1. 国债兑付账务清理核对的内容

（1）国债兑付年报表中实物券有关数据与"已兑付国家债券"表外科目有关分户账和登记簿的记载核对相符。

（2）国债兑付年报表中单位（或个人）收款单的有关数据应与"有价证券及收款单"付方累计数额核对相符。

（3）"已兑付国家债券"表外科目余额应与发行库保管的无记名国库券实物核对相符。

2. 国债兑付清理账务的调整

账务清理核对中，当发现账实不符时，应进行账务调整，如发生贷记业务，须向上级国库部门报送相关文字说明。调整款项为借记业务时，其会计处理手续与前述的国债兑付账务处理手续相同。调整款项为贷记业务时的账务处理如下：

（1）中国人民银行各分支库的会计分录：

借：同城票据交换

　　贷：兑付国家债券本息款

上划时的会计分录为：

借：兑付国家债券本息款

　　贷：大额支付往来/国库内部往来

（2）总库调整时的会计分录：

借：大额支付往来

　　贷：兑付国家债券本息款

借：兑付国家债券本息款

　　贷：中央预算支出

（五）国债兑付后的清理销毁

（1）券相符后，由国库部门编制上缴清单一式三份，双方共同盖章后，一份留存凭以销记表外科目账和办理出库手续，同时销记库房保管登记簿；另两份上缴清单连同债券报送上一级中国人民银行，待收到上一级中国人民银行退还的上缴清单一联（代回单）时，作表外科目和库房保管登记簿付出传票的附件。

（2）中国人民银行地市中心支行收到已兑付无记名国债后，其货币金银部门应及时加以清点、验收，待全部账、实核对相符后，不是销毁点行的地市中心支行，应将辖内已兑付无记名国债券送缴销毁点行；作为销毁点行的地市中心支行，货币金银部门应编制"申请销毁××年兑付国家债券报告表"一式三份，按规定盖章后，国库、货币金银部门各留存一份，一份上报上一级中国人民银行国库部门（并附简要文字说明）。

（3）上级国库部门收到"申请销毁××年兑付国家债券报告表"，经审核无误后签署销毁命令（格式参照人民币销毁命令自行印制），销毁点行凭销毁命令办理销毁，上级国库部门和货币金银部门派员监销。

（4）已兑付国债销毁工作原则上一年组织一次。

第六节　期终资金清算与对账处理

一、资金清算

（1）国库应根据支付清算的有关规定，准确、及时、安全地办理国库资金清算业务。

（2）中国人民银行各级国库必须加强对国库资金清算业务的管理，切实防范资金风险；严格保管和使用支付清算往来专用凭证，严密凭证的交接手续；认真落实复核制度、对账制度和查询查复制度，指定专人负责对账与查询查复工作，做到"有疑必查，有查必复，复必详尽，切实处理"。

二、账务核对

（1）各级国库应认真做好各项对账工作，包括：国库与征收机关对账、国库与财政部门对账、国库与代理银行对账、国库与会计营业部门对账、国库与支付清算系统对账、国库与同城清算系统对账、国库上下级之间对账、国库内部对账等。

（2）各级国库应按日、月、年与有关部门对账。对账数字一律精确到角分。财政、征收机关统计入库数额和入库日期，以国库实际收纳数额和入库日期为准。

（3）各级国库与财政的库存对账，应分账户进行；与征收机关的预算收入（包括预算收入退库，下同）对账，应按财政部制定的政府预算收入科目，分级次进行；与征收机关每日、每月的收入对账，原则上只核对征收机关直接征收部分，年度收入对账，除核对征收机关直接征收部分外，还应对全辖汇总数进行核对。

（4）国库与有关部门的对账，可采取现场或非现场的方式进行，也可通过计算机网络进行。

（5）征收机关之间相互代征预算收入的，其对账由代征机关与国库进行。

（6）预算外收支及财政其他收支款项的对账，由各地国库与同级财政协商办理。

三、日终处理

（1）各级国库进行日终处理前，应检查是否全部下载或接收支付系统、同城票据交换系统和国库内部往来的账务信息，并逐一进行核对。若核对不一致时，按支付系统和国库其他往来业务要求办理后再进行日终处理。

（2）每日营业终了，各级国库应编制科目日结单，登记总账，编制国库会计日计表、余额表等，并核对总、分账务，进行综合平衡；同时核对各类收支报表和有关账簿。

（3）每日营业终了，各级国库应按征收机关分别编制各级预算收入日报表各一式两份，盖章后一份留存，一份附缴款书回单联交征收机关；编制同级预算收入日报表、地方预算收入总额分成计算日报表、库存日报表各一式两份，盖章后一份留存，一份送同级财政机关；编制汇总上划的各级预算收入日报表各一份，盖章后留存；总库以下各级国库编制国债兑付日报表一份，盖章后留存；总库编制国债兑付日报表一式两份，盖章后一份留存，一份送财政部。同时，应根据上级国库部门要求报送有关报表。

四、月终处理

（1）国库部门月终营业日全部账务处理完毕后，应进行会计账务月度结转，打印各科目总账和全部分户账，并编制两份国库会计月计表盖章后一份留存，一份送同级会计部门或报上级国库。

（2）每月终了，各级国库应编制月度通信联网对账单，一份留存，一份报上级国库。

（3）每月终了，各级国库应按征收机关编制各级预算收入月报表各一式两份，盖章后交相应的征收机关，征收机关核对完毕并签证盖章，一份留存，一份退回国库；编制同级预算收入月报表、地方预算收入总额分成计算月报表各一式两份，盖章后一份留存，一份交同级财政机关；编制汇总上划的各级预算收入月报表各一份，盖章后留存，并产生通信文件报上级国库；总库以下各级国库应编制国债兑付月报表一份，盖章后留存，并产生通讯文件报上级国库；总库编制国债发行收入月报表和国债兑付月报表各一式两份，盖章后一份留存，一份送财政部。同时，应根据上级国库部门要求报送有关报表。

五、年终决算

（1）国库会计年终决算日为 12 月 31 日，各级国库应按规定完成当日的全部账务处理。全年账务结束后，编制会计决算报表，办理新旧年度会计账务结转工作。

年终会计决算日，各级国库必须在各资金清算系统结束前将提出业务全部划转。除做好月终各项工作外，检查有关过渡性科目余额是否为零，如有余额，应查明原因，并及时清理后进行年终处理。

（2）年度终了，国库部门年终营业日和 12 月全部账务处理完毕后，应进行新旧年度会计账务结转，编制会计年度决算等有关会计报表一式两份，盖章后一份留存，一份送同级会计部门或报上级国库部门。

（3）年度终了，总库以下各级国库应编制国债兑付年报表两份，盖章后一份留存，一份报上级国库；总库编制国债发行收入年报表和国债兑付年报表各一式两份，盖章后一份留存，一份送财政部。

（4）年度终了后，各级国库可根据本地实际情况，设置 1～10 天库款报解整理期。国库经收处于 12 月 31 日以前所收款项，应在整理期内划缴国库，国库应按要求列入当年决算。

库款报解整理期结束后，各级国库应按要求编制预算收支年度决算报表，做好核对、签证、上报和数据备份等工作。

整理期结束后，各级国库应按征收机关编制各级预算收入年报表一式两份，盖章后交相应的征收机关，征收机关核对完毕并签证盖章，一份留存，一份退回国库。待国库与征收机关全部核对无误后，编制国库年度决算报表，包括各级预算收入年报表、地方预算收入总额分成计算年报表等，并按有关规定要求分别报送相关部门。

（5）国债兑付期结束后，各级国库应及时做好国债兑付账务、实物的清理核对工作，做到账账、账实相符，编制国债兑付结束报告表。

各级国库应根据要求编制国债兑付结束报告表，以及决算说明书等报上级国库。

（6）国库年度决算报表、相关统计报表的对应关系须核对一致。

思考与练习题

1. 说明国库会计管理体制。
2. 简要回答国库会计核算的要求。
3. 解读国库会计科目的运用。
4. 说明国库会计期终资金清算和对账处理方法。

第二十七章

社会保险基金会计

第一节 社会保险基金会计概述

一、社会保险基金会计的界定

(一) 社会保险基金会计的主体和对象

社会保险基金会计社会保险基金经办机构（简称"经办机构"）对负责经办的社会保险基金进行核算和管理的专门会计。

社会保险基金是指为了保障参保对象的权益和社会保险待遇，根据国家法律法规规定，由单位和个人缴纳、政府补助以及通过其他合法方式筹集的专项资金，包括在中华人民共和国境内依据《中华人民共和国社会保险法》建立的企业职工基本养老保险基金（简称"职工养老保险基金"）、城乡居民基本养老保险基金（简称"居民养老保险基金"）、机关事业单位基本养老保险基金（简称"机关事业养老保险基金"）、职工基本医疗保险基金（简称"职工医疗保险基金"）、城乡居民基本医疗保险基金（简称"居民医疗保险基金"，包括城镇居民基本医疗保险基金、新型农村合作医疗基金、合并实施的城乡居民医疗保险基金）、工伤保险基金、失业保险基金、生育保险基金（生育保险与职工医疗保险合并实施的统筹地区，不再单列生育保险基金）等基金。

(二) 社会保险基金会计核算方式

（1）社会保险基金应当作为独立的会计主体进行核算。社会保险基金独立于经办机构的自有资产及其管理的其他资产，实行专款专用。

（2）社会保险基金会计按险种分账核算。经办机构应当将经办的各类社会保险基金按照险种分别建账、分账核算，专款专用，自求平衡，不得相互挤占和调剂。经办机构在对社会保险基金进行会计核算时，应当区分基金险种，按照规定设置和使用会计科目、编制会计凭证、登记会计账簿。

（3）社会保险基金会计基础。社会保险基金的会计核算一般采用收付实现制，部分业务或者事项的核算应当按照本制度的规定采取权责发生制。

（4）社会保险基金的会计要素包括资产、负债、净资产、收入和支出。

二、社会保险基金收支

（一）基金收支的内容构成

1. 基金收入

基金收入包括：社会保险费收入、利息收入、财政补贴收入、转移收入、上级补助收入、下级上解收入、其他收入。

（1）社会保险费收入是指缴费单位和缴费个人按缴费基数的一定比例分别缴纳的基本养老保险费、失业保险费、基本医疗保险费等收入。

（2）利息收入是指用社会保险基金购买国家债券或存入银行所取得的利息收入。

（3）财政补贴收入是指同级财政给予基金的补贴收入。

（4）转移收入是指保险对象跨统筹地区流动而划入的基金收入。

（5）上级补助收入是指下级经办机构接收上级经办机构拨付的补助收入。

（6）下级上解收入是指上级经办机构接收下级经办机构上解的基金收入。

（7）其他收入是指滞纳金及其他经财政部门核准的收入。

上述基金收入项目按规定分别形成基本养老保险基金、失业保险基金和基本医疗保险基金等。

2. 基金支出

基金支出包括：社会保险待遇支出、转移支出、补助下级支出、上解上级支出、其他支出。

（1）社会保险待遇支出是指按规定支付给社会保险对象的基本养老保险待遇支出、失业保险待遇支出和基本医疗保险待遇支出等。

（2）转移支出是指社会保险对象跨统筹地区流动而转出的基金支出。

（3）补助下级支出是指上级经办机构拨付给下级经办机构的补助支出。

（4）上解上级支出是指下级经办机构上解上级经办机构的支出。

（5）其他支出是指经财政部门核准开支的其他非社会保险待遇性质的支出。

上述基金支出项目按规定分别构成基本养老保险基金支出、失业保险基金支出和基本医疗保险基金支出等。

（二）基本医疗保险基金收支

1. 基本医疗保险基金收入

基本医疗保险基金收入按规定分别记入基本医疗保险统筹基金和医疗保险个人账户基金。基本医疗保险统筹基金和医疗保险个人账户基金要划分各自的支付范围，不得相互挤占。

（1）基本医疗保险统筹基金收入包括按规定应记入统筹账户的缴费单位缴纳的基本医疗保险费收入、统筹账户基金利息收入、财政补贴收入、上级补助收入、下级上解收入、其他收入。

（2）医疗保险个人账户基金收入包括按规定应记入个人账户的缴费单位缴纳的基本医疗保险费收入、缴费个人缴纳的基本医疗保险费收入、个人账户利息收入、转移收入等。

2. 基本医疗保险待遇支出

基本医疗保险待遇支出项目按规定分别形成社会统筹医疗保险待遇支出和个人账户医疗保险待遇支出。

（1）社会统筹医疗保险待遇支出是指按规定在基本医疗保险统筹基金支出范围以内，并在起付标准以上、最高支出限额以下由基本医疗保险统筹基金支付的医疗费支出。

（2）个人账户医疗保险待遇支出是指按国家规定由医疗保险个人账户基金开支的医疗费支出。

基本医疗保险基金的补助下级支出、上解上级支出和其他支出在统筹账户中列支，转移支出在个人账户中列支。

（三）基本养老保险待遇支出

基本养老保险待遇支出包括：基本养老金、医疗补助金、丧葬抚恤补助费。

1. 基本养老金

基本养老金包括基础性养老金、个人账户养老金、过渡性养老金和支付给《国务院关于建立统一的企业职工养老保险制度的决定》（以下简称《决定》）实施前已经离休、退休和退职人员的离休金、退休金、退职金、补贴。

基础性养老金是指按各省、自治区、直辖市或地（市）上年度职工月平均工资的20%支付给《决定》实施后按照统一的企业基本养老保险制度计发待遇的退休人员的基本养老金。

个人账户养老金是指按缴费个人的个人账户储存额除以120，支付给按照统一的企业职工基本养老保险制度计发待遇的退休人员的基本养老金，以及一次性支付给个人的个人账户储存额。

过渡性养老金是指按规定支付给按照统一的企业职工基本养老保险制度计发待遇且在《决定》实施前参加工作、实施后退休的人员除基础性养老金和个人账户养老金以外的基本养老金。

离休金、退休金、退职金、补贴是指按规定支付给《决定》实施前已经离休、退休、退职人员的生活费用和各种生活补贴、物价补贴等。

2. 医疗补助金

这是指按规定支付给未实行医疗保险地区已纳入基本养老保险基金开支范围的离休、退休、退职人员的医疗费用。

3. 丧葬抚恤补助费

这是指用于已纳入基本养老保险基金开支范围的离休、退休、退职人员死亡丧葬补助费用及其供养直系亲属的抚恤和生活补助费用。

（四）失业保险待遇支出

失业保险待遇支出项目包括失业保险金、医疗补助金、丧葬抚恤补助费、职业培训和职业介绍补贴、国有企业下岗职工基本生活保障补助和其他费用。

（1）失业保险金是指支付给失业人员在失业期间的基本生活费用。

（2）医疗补助金是指按规定支付给失业人员在领取失业保险金期间的医疗费用。

（3）丧葬抚恤补助费是指按规定支付给在领取失业保险金期间死亡的失业人员的丧葬补助费用及由供养的配偶、直系亲属的抚恤金。

（4）职业培训和职业介绍补贴是指按规定支付给失业人员在领取失业保险金期间接受职业培训、职业介绍的补贴。

（5）国有企业下岗职工基本生活保障补助是指从失业保险基金中调剂用于进入企业再就业服务中心的国有企业下岗职工基本生活保障的支出。

（6）其他费用包括农民合同制工人一次性生活补助金及国家规定的其他费用。农民合同制工人生活补助金，是一次性支付给合同期满不再续订或者提前解除劳动合同的农民合同制工人的生活补助费。

三、社会保险基金结余

1. 基金结余的运用

基金结余是指基金收支相抵后的期末余额。基金结余除根据财政部门和劳动保障部门商定的、最高不超过国家规定预留的支付费用外，全部用于购买国家发行的特种定向债券和其他种类的国家债券。任何地区、部门、单位和个人不得动用基金结余进行其他任何形式的直接或间接投资。

2. 基金缺口的处理

基金当年入不敷出时，按下列顺序解决：

（1）动用历年滚存结余中的存款；

（2）存款不足以保证支付需求的，可转让或提前变现用基金购买的国家债券，具体办法由财政部另行制定；

（3）转让或兑付国家债券仍不能保证支付需求时，建立了基金调剂金的地区，由上级经办机构调剂；

（4）调剂后仍存在不足的，由同级财政部门给予适当支持；

（5）在财政给予支持的同时，根据需要按国务院有关规定报批后调整缴费比例。

3. 基本医疗保险基金结余的管理

基本医疗保险基金的结余包括基本医疗保险统筹基金结余和医疗保险个人账户基金结余基本医疗保险基金在申请调整缴费比例之前也可经同级财政部门审核并报政府批准后，在国家规定的范围内，调整缴费单位缴纳的基本医疗保险费划入基本医疗保险统筹基金与医疗保险个人账户基金之间的比例。

四、社会保险基金的账户管理

社会保险基金。社会保险基金（简称"基金"）是指为了保障保险对象的社会保险待遇，按照国家法律、法规，由缴费单位和缴费个人分别按缴费基数的一定比例缴纳以及通过其他合法方式筹集的专项资金。

（一）基金收入户

实行经办机构征收社会保险费的地区，经办机构可以根据工作需要在同级财政和劳动保障部门共同认定的国有商业银行设立社会保险基金收入户（简称"收入户"）。实行税务机关征收社会保险费的地区，不设收入户。

收入户的主要用途是：暂存由经办机构征收的社会保险费收入；暂存下级经办机构上解或上级经办机构下拨的基金收入；暂存该账户的利息收入以及其他收入等。收入户除向财政专户划转基金外，不得发生其他支付业务。收入户月末无余额。

（二）财政专户

（1）财政专户的开设。基金纳入单独的社会保障基金财政专户（简称"财政专户"），实现"收支两条线"管理，专款专用，任何地区、部门、单位和个人均不得挤占、挪用，也不得用于平衡财政预算。财政专户是财政部门按照国务院有关规定设立的社会保险基金专用计息账户，在同级财政部门和劳动保障部门共同认定的国有商业银行开设。

税务机关或经办机构要定期或定额将征集的基金缴存财政专户。具体时间或额度由各省、自治区、直辖市自定。缴存时，须填制银行制发的进账单或划款凭证（一式多联），并填写收入项目和具体金额。各有关部门或机构凭该凭证记账。未按规定执行的，财政部门委托各开户银行于月末将全部基金收入划入财政专户。

（2）财政专户的主要用途。接收税务机关或经办机构转入的社会保险费收入；接收税务机关或收入户暂存的利息收入及其他收入；接收基金购买国家债券兑付的本息收入、该账户资金形成的利息收入以及支出户转入的利息收入等；接收财政补贴收入；接收上级财政专户划拨或下级财政专户上解的基金；根据经办机构的用款计划，向支出户拨付基金；购买国家债券；向上级或下级财政专户划拨基金。

财政专户发生的利息收入直接记入财政专户，支出户的利息收入从支出户定期转入财政专户。

财政部门凭银行出具的原始凭证记账，同时，财政部门要出具财政专户缴拨凭证，并附加盖专用印章的原始凭证复印件，交经办机构记账和备查。

（3）财政补贴收入由国库直接划入财政专户。财政部门凭国库出具的拨款单记账，同时，财政部门要出具财政专户缴拨凭证，并附加盖专用印章的原始凭证复印件，交经办机构记账和备查。

（4）根据国务院批准或经财政部、劳动保障部决定从原行业统筹单位上缴中央财政专户结余中的补助地方基金，由中央财政专户直接拨付到省（自治区、直辖市）财政专户。各省、自治区、直辖市财政部门在收入款项时，要填制财政专户缴拨凭证，交经办机构记账和备查。

（5）经办机构设立收入户的地区，在发生基金下拨业务时，根据经办机构的缴拨计划，财政部门应将基金从财政专户拨入同级经办机构的支出户，经下级经办机构收入户进入下级财政专户；在发生基金上缴业务时，财政部门应根据经办机构的缴拨计划，将基金从财政专户划入同级经办机构支出户，经上级经办机构收入户进入上级财政专户。

不设收入户的地区，在发生基金的上下级缴拨业务时，财政部门应根据经办机构的缴拨计划，将基金从上级财政专户直接拨入下级财政专户或从下级财政专户直接上解入上级财政专户。财政部门和经办机构凭财政专户缴拨凭证记账。

（6）失业保险基金按规定调剂用于国有企业下岗职工基本生活保障和再就业的资

金，由劳动保障部门提出用款计划，财政部门审核后，及时填制财政专户缴拨凭证，从同级财政专户内的失业保险基金账户直接划入国有企业下岗职工基本生活保障和再就业资金账户。财政部门和经办机构凭财政专户缴拨凭证记账。

（7）财政部门应根据劳动保障部门提出的意见，在双方共同协商的基础上，及时将基金按规定用于购买国家债券或转存定期存款。

财政部门凭银行出具的原始凭证记账，同时，财政部门要出具财政专户缴拨凭证，并附加盖专用印章的原始凭证复印件，交经办机构记账和备查。

经财政部、劳动保障部共同研究确定的特种定向债券计划，要保证完成。

（三）基金支出户

经办机构在同级财政部门和劳动保障部门共同认定的国有商业银行设立社会保险基金支出户（简称"支出户"）。

支出户的主要用途是：接收财政专户拨入的基金；暂存社会保险支付费用及该账户的利息收入；支付基金支出款项；划拨该账户资金利息收入到财政专户；上解上级经办机构基金或下拨下级经办机构基金。支出户除接收财政专户拨付的基金及该账户的利息收入外，不得发生其他收入业务。

经办机构要根据财政部门核定的基金年度预算及月度收支计划，按月填写财政部门统一印制的用款申请书，并注明支出项目，加盖本单位用款专用章，在规定的时间内报送同级财政部门。对不符合规定的凭证和用款手续的，财政部门有权责成经办机构予以纠正。财政部门对用款申请审核无误后，应在规定的时间内将基金从财政专户拨入支出户。具体时间由各省、自治区、直辖市自定。

财政专户、收入户和支出户在同一国有商业银行只能各开设一个账户。

五、社会保险基金的资产与负债

（一）资产的构成和管理要求

资产包括基金运行过程中形成的现金、银行存款（含收入户存款、财政专户存款、支出户存款）、债券投资、暂付款项等。

经办机构和税务机关应认真做好现金的保管、押运、管理工作，建立健全现金的内部控制制度。现金的收付和管理，要严格遵守国务院发布的《现金管理暂行条例》。

经办机构应及时办理基金存储手续，按月和开户银行对账，同时，要做到经办机构、税务机关、财政部门定期相互对账，保证账账、账款相符。

用基金购买的国家债券应视同货币资金，由财政部门商劳动保障部门委托开户银行代为妥善保管，确保账实相符。

暂付款项应定期清理，及时收回。

（二）负债的管理要求

负债是指基金运行过程中形成的各种借入款项和暂收款项等。借入款项和暂收款项应定期清理，及时偿付。因债权人等特殊原因确定无法偿付的，经财政部门批准后并入基金的其他收入。

六、社会保险基金会计科目

社会保险基金会计科目名称和编号如表 27-1 所示，表中其中标 * 号的为险种的专用科目。

表 27-1　　　　　　　　　　　社会保险基金会计科目名称和编码

序号	编码	科目名称	序号	编码	科目名称	序号	编码	科目名称
一、资产类			四、收入类			五、支出类		
1	1001	库存现金	14	4001	保险缴费收入	25	5001	保险待遇支出
2	1002	收入户存款	15	4002	财政补贴收入	26	5101	居民大病保险支出 *
3	1003	财政专户存款	16	4003	集体补助收入 *	27	5102	劳动能力鉴定支出 *
4	1004	支出户存款	17	4004	利息收入	28	5103	工伤预防费用支出 *
5	1005	国库存款	18	4005	委托投资收益 *	29	5104	稳定岗位补贴支出 *
6	1101	应收款	19	4101	转移收入	30	5201	转移支出
7	1201	债券投资	20	4201	上级补助收入	31	5301	上解上级支出
8	1202	委托投资 *	21	4202	下级上解收入	32	5302	补助下级支出
二、负债类			22	4301	其他收入	33	5901	其他支出
9	2001	应付款	23	4401	待转保险缴费收入 *			
10	2101	借入款项	24	4402	待转利息收入 *			
三、净资产类								
11	3001	一般基金结余						
12	3101	风险基金结余 *						
13	3201	储备金结余 *						

注："集体补助收入"是居民养老保险基金专用科目。"委托投资""委托投资收益"是职工、居民、机关事业养老保险基金省级经办机构专用科目。"稳定岗位补贴支出"是失业保险基金专用科目。"待转保险缴费收入""待转利息收入""居民大病保险支出"为职工医疗保险基金专用科目。"储备金结余""劳动能力鉴定支出""工伤预防费用支出"为工伤保险基金专用科目。"风险基金结余"是提取风险基金的新型农村合作医疗基金专用科目。

第二节　资产的核算

一、库存现金

1. "库存现金"的科目设置

"库存现金"核算社会保险基金的库存现金。从银行账户提取现金，按照实际提取的金额，借记本科目，贷记"支出户存款"等科目。支出现金，按照实际支出的金额，借记"保险待遇支出"等科目，贷记本科目。

本科目应当设置"库存现金日记账"，由出纳人员根据收付款凭证，按照业务发生顺序逐笔登记。每日终了，应当计算当日的现金收入合计数、现金支出合计数和结余数，并将结余数与实际库存数进行核对，做到账款相符。本科目期末借方余额，反映社会保险基金的库存现金余额。

2. "库存现金"的账务核算

（1）收到缴费单位或个人以现金方式交来的失业保险费，作会计分录：

借：库存现金

　　贷：保险缴费收入——失业保险费

（2）将现金存入银行，作会计分录：

借：收入户存款（按规定经办机构设置收入户的）

　　财政专户存款（按规定经办机构不设收入户的）

　　　　贷：库存现金

（3）从银行提取现金，作会计分录：

借：库存现金

　　贷：支出户存款

（4）以现金支付保险基金时，作会计分录：

借：保险待遇支出

　　居民大病保险支出

　　劳动能力鉴定支出

　　工伤预防费用支出

　　稳定岗位补贴支出

　　　　贷：库存现金

二、收入户存款

"收入户存款"科目核算社会保险基金按规定存入商业银行收入户的款项。实行税务机关征收失业保险费的地区，以及按规定经办机构不设收入户的，收到的失业保险基金各项收入直接划入财政专户，不通过本科目核算。收入户除向同级财政部门在国有商业银行设立的财政专户划转资金外，不得发生其他支付业务。

（1）收入户存款增加，会计分录为：

借：收入户存款或库存现金

　　贷：保险缴费收入（经办机构实际征收到的保险费）

　　　　下级上解收入（实收下级经办机构上解的基金收入金额）

　　　　上级补助收入（实收上级经办机构下拨的基金收入金额）

　　　　利息收入（实际收到收入存款户的利息金额）

　　　　其他收入（实际收到滞纳金、违约等其他收入金额）

（2）收到参保对象跨统筹地区或跨制度流动而划入的基金收入，按照实际收到的金额，记：

借：收入户存款

　　贷：转移收入

（3）原渠道退回当年保险费收入、转移收入等，按实际退回金额作相反的会计分录：

借：保险缴费收入/转移收入等科目

贷：收入户存款

（4）不设财政专户地区的经办机构向上级经办机构缴拨基金，按照实际缴拨的金额，作如下会计分录：

借：上解上级支出

贷：收入户存款

（5）"收入户存款"科目月末余额必须按规定划入财政专户，划转后，"收入户存款"科目月末无余额。将上述款项按期划入同级财政部门在国有商业银行设立的财政专户时，按照实际划转的金额，作如下会计分录：

借：财政专户存款

贷：收入户存款

"收入户存款"科目应按开户银行设置"收入户存款日记账"，由出纳人员根据收付款凭证，按照业务的发生顺序逐笔登记，每日终了应结出余额。"收入户存款日记账"应定期与"银行对账单"核对，至少每月核对一次。月份终了，收入户存款账面结余与银行对账单余额之间如有差额，必须逐笔查明原因进行处理，并应按月编制"银行收入户存款余额调节表"，调节相符。

三、支出户存款

"支出户存款"科目核算社会保险基金按规定存入支出户的款项。本科目期末借方余额，反映社会保险基金支出户存款余额。

（1）接收财政专户划拨的基金，按照实际划入的金额，作如下会计分录：

借：支出户存款

贷：财政专户存款

（2）收到支出户存款利息，按照实际收到的金额，作如下会计分录：

借：支出户存款

贷：利息收入

划拨支出户利息到财政专户，按照实际划拨的金额，作如下会计分录：

借：财政专户存款

贷：支出户存款

（3）按规定支付社会保险待遇支出，按照实际支付的金额，作如下会计分录：

借：社会保险待遇支出

贷：支出户存款

（4）支付因参保人跨统筹地区或跨制度流动而转出的基金，按照实际转出的金额，作如下会计分录：

借：转移支出

贷：支出户存款

（5）发生上解上级支出、补助下级支出，按照实际转出的金额，作如下会计分录：

借：上解上级支出/补助下级支出

贷：支出户存款

（6）收到原渠道退回当年支付资金，按照实际收到的金额，作如下会计分录：

借：支出户存款
　　贷：保险待遇支出等相关科目

（7）将委托投资基金归集到上级经办机构，按照实际转出的金额，作如下会计分录：

借：应收款——委托投资（本金）
　　贷：支出户存款

本科目应当按开户银行设置"支出户存款日记账"，由出纳人员根据收付款凭证，按照业务发生顺序逐笔登记；每日终了，应当结出余额。"支出户存款日记账"应当定期与"银行对账单"核对，至少每月核对一次。月度终了，支出户存款账面余额与银行对账单余额之间如有差额，应当逐笔查明原因进行处理，并按月编制"银行支出户存款余额调节表"，调节相符。

四、财政专户存款

"财政专户存款"科目社会保险基金按规定存入商业银行财政专户的款项。本科目期末借方余额，反映社会保险基金财政专户存款余额。本科目可以根据实际情况设置"活期存款""定期存款"等明细科目。

（1）按规定将收入户存款的资金划入财政专户时，按照实际划入的金额，作会计分录：

借：财政专户存款
　　贷：收入户存款

根据经审定的用款计划，从财政专户向支出户划拨基金，按照实际划拨的金额作与此相反的分录。

（2）收到税务机关将征收的社会保险费划入财政专户或国库时，按照实际划入金额，作会计分录：

借：财政专户存款
　　贷：国库存款

经办机构不设收入户的，收到的保险费，作会计分录：

借：财政专户存款
　　贷：保险缴费收入

（3）收到税务机关、收入户、支出户缴入的利息收入，按实际收到的金额，作会计分录：

借：财政专户存款
　　贷：国库存款/收入户存款/支出户存款

（4）收到财政专户存款的基金利息，作如下会计分录：

借：财政专户存款（实际收金额）
　　贷：利息收入（归属本级经办机构经办的利息）
　　　　应付款——下级归集委托投资（利息）（归属下级经办机构经办的利息）

（5）职工、居民、机关事业养老保险基金经办机构向上级经办机构归集委托投资基金，按实际划出的金额，作如下会计分录：

借：应收款——委托投资（本金）
　　贷：财政专户存款

职工、居民、机关事业养老保险基金经办机构收到下级经办机构归集的委托投资基金，按照实际收到的金额，作如下会计分录：

借：财政专户存款
　　贷：应付款——下级归集委托投资（本金）

（6）职工、居民、机关事业养老保险基金的省级经办机构按相关规定和委托投资合同约定，向受托机构划拨委托投资资金，按照实际划出的金额，作如下会计分录：

借：委托投资——本金
　　贷：财政专户存款

职工、居民、机关事业养老保险基金的省级经办机构收回委托投资的本金和投资收益，作如下会计分录：

借：财政专户存款（实际收回的金额）
　　贷：委托投资——本金（应收回的委托投资基金本金）
　　　　贷记或借记："委托投资——投资收益"科目（差额）

（7）职工、居民、机关事业养老保险基金经办机构向下级经办机构返还归集的委托投资基金本金、利息和投资收益，作如下会计分录：

借：应付款——下级归集委托投资（本金）（应返还的委托投资基金本金）
　　　　　　——下级归集委托投资（利息）（应返还的委托投资基金存款利息）
借记或贷记：应付款——下级归集委托投资（投资收益）（两者差额）
　　　　　　贷：财政专户存款（实际划出的金额）

（8）职工、居民、机关事业养老保险基金经办机构收回归集到上级经办机构的委托投资基金本金、利息和投资收益，作如下会计分录：

借：财政专户存款（实际收回的金额）
　　贷：应收款——委托投资（本金）（应收回的委托投资基金本金）
　　　　　　　——委托投资（利息）（应收回的委托投资基金存款利息）
　　贷记或借记：应收款——委托投资（投资收益）

按照实际收回的金额与应收回的委托投资基金本金和利息之间的差额，贷记或借记"应收款——委托投资（投资收益）"科目。

（9）收到财政补贴收入，按照实际收到的金额，作如下会计分录：

借：财政专户存款
　　贷：财政补贴收入

（10）不设立收入户的地区，财政专户直接接收保险缴费收入、参保对象跨统筹地区或跨制度流动而划入的基金、上级下拨的基金或下级上缴的基金，按实际收到的金额，作如下会计分录：

借：财政专户存款

贷：保险缴费收入/转移收入/上级补助收入/下级上解收入

（11）参保对象跨统筹地区或跨制度流动由财政专户划出基金，按照实际划出金额，作如下会计分录：

借：转移支出

　　贷：财政专户存款

（12）由财政专户向上级经办机构上解基金及向下级经办划拨基金，按照实际缴拨金额，作如下会计分录：

借：上解上级支出/补助下级支出

　　贷：财政专户存款

（13）根据经审定的用款计划，从财政专户向支出户划拨基金，按照实际划拨的金额，作如下会计分录：

借：支出户存款

　　贷：财政专户存款

本科目应当按照开户银行设置"财政专户存款日记账"，由出纳根据财政部门转来的财政专户收付款凭证，按照业务发生顺序逐笔登记；每日终了，应当结出余额。"财政专户存款日记账"应当定期与财政部门核对，至少每月核对一次。月度终了，财政专户存款账面余额与财政部门对账单余额之间如有差额，应当逐笔查明原因进行处理，并按月编制"财政专户存款余额调节表"，调节相符。

五、国库存款

"国库存款"科目核算税务机关征收的存入国库、还未转入财政专户的社会保险费款项。本科目期末借方余额，反映税务机关征收的存入国库、尚未转入财政专户的社会保险费余额。

（1）税务机关将征收的社会保险费存入国库，经办机构应当根据税务机关转来的社会保险费征收专用票据金额，作如下会计分录：

借：国库存款

　　贷：保险缴费收入

（2）按规定将国库存款转入财政专户，根据财政部门收款后开具的财政专户缴拨凭证和加盖专用印章的国库出具的拨款单复印件金额，作如下会计分录：

借：财政专户存款

　　贷：国库存款

六、应收款

"应收款"科目核算社会保险基金业务活动中形成的各类应收款项，包括各类预拨、先行支付款项等。职工、居民、机关事业养老保险基金经办机构向上级经办机构归集的委托投资基金，居民医疗保险基金跨省异地就医的预付和结算资金，也都通过本科目核算。本科目期末借方余额，反映社会保险基金尚未结清的应收款项。

本科目应当按照应收款种类和对方单位或个人进行明细核算。对于职工、居民、机关事业养老保险基金经办机构向上级经办机构归集的委托投资基金，应当在本科目下设置"委托投资"一级明细科目，并在该明细科目下设置"本金""利息""投资收益"二级明细科目，分别核算向上级经办机构归集的委托投资基金的本金、委托投资基金确认的存款利息收入和投资收益。

（1）职工、居民、机关事业养老保险基金经办机构将委托投资基金归集到上级经办机构，按照实际划出的金额，作如下会计分录：

借：应收款——委托投资（本金）

贷：财政专户存款等科目

根据上级经办机构有关委托投资基金存款利息收入的相关通知确认委托投资基金产生的存款利息，作如下会计分录：

借：应收款——委托投资（利息）

贷：利息收入

根据上级经办机构有关委托投资基金投资收益的相关通知确认委托投资基金形成的投资收益或投资损失，借记或贷记"应收款——委托投资（投资收益）"科目，贷记或借记"委托投资收益"科目。

收到上级经办机构划回的委托投资基金本金、利息和投资收益，按照实际收到的金额，借记"财政专户存款"等科目，按应收回的委托投资基金本金金额，贷记"应收款——委托投资（本金）"科目，按应收回的委托投资基金存款利息，贷记"应收款——委托投资（利息）"科目，按照实际收回的金额与应收回的委托投资基金本金和利息之间的差额，贷记或借记"应收款——委托投资（投资收益）"科目。

（2）支付各类预付、预拨等款项，按照实际支付的金额，作如下会计分录：

借：应收款

贷：支出户存款/财政专户存款

收回、结算各类预付、预拨等款项，按照实际收回或结算的金额，作如下会计分录：

借：收入户存款/财政专户存款

保险待遇支出（居民医疗保险基金异地就医结算）等科目

贷：应收款

（3）因债务人等特殊原因确实无法收回的应收款，按照报经批准后列作其他支出的金额，作如下会计分录：

借：其他支出

贷：应收款

七、债券投资

"债券投资"科目核算按规定用社会保险基金购入的国家债券。"债券投资"科目应按国家债券的种类设置明细账，进行明细核算。"债券投资"科目期末借方余额，反映社会保险基金持有的国家债券成本。

（1）按规定用失业保险基金购买国家债券，按实际支付的金额（包括购买价款以及税金、手续费等相关税费），作如下会计分录：

借：债券投资
　　贷：财政专户存款

（2）国家债券到期收回本息或按规定转让时，作如下会计分录：

借：财政专户存款（实际收到的金额）
　　贷：债券投资（债券账面价值）
　　　　利息收入（利息）

八、委托投资

"委托投资"科目核算职工、居民、机关事业养老保险基金的省级经办机构按有关管理规定及委托投资合同约定划拨受托机构的委托投资基金本金，以及委托投资基金形成的投资收益或投资损失。本科目期末借方余额，反映职工、居民、机关事业养老保险基金省级经办机构委托投资基金的本金及投资收益或投资损失余额。

省级经办机构应当严格按照社会保险基金有关管理规定办理受托财产托管账户相关业务。

"委托投资"科目应当设置"本金""投资收益"两个一级明细科目，并按照受托机构进行二级明细核算。

（1）从财政专户向受托机构划拨委托投资资金，按照实际划转的金额，作如下会计分录：

借：委托投资——本金
　　贷：财政专户存款

（2）收到受托机构提供的关于委托投资资金投资收益的相关通知，按照应确认的投资收益或投资损失金额，借记或贷记"委托投资——投资收益"科目，按照省级经办机构本级委托投资基金形成的投资收益或投资损失，贷记或借记"委托投资收益"科目，按照下级经办机构归集的委托投资基金形成的投资收益或投资损失，贷记或借记"应付款——下级归集委托投资（投资收益）"科目。

（3）收回委托投资基金的本金和投资收益，按照实际转入的金额，借记"财政专户存款"科目，按应收回的委托投资本金金额，贷记"委托投资——本金"科目，按照实际收回的金额与应收回的委托投资基金本金之间的差额，贷记或借记"委托投资——投资收益"科目。

（4）将已确认的委托投资收益转作委托投资本金，按照实际划转的金额，作如下会计分录：

借：委托投资——本金
　　贷：委托投资——投资收益

第三节 负债的核算

一、应付款

"应付款"科目核算社会保险基金业务活动中形成的各类应付款项。职工、居民、机关事业养老保险基金经办机构收到下级经办机构归集的委托投资基金，居民医疗保险基金跨省异地就医的预收和结算资金，也通过本科目核算。本科目期末贷方余额，反映社会保险基金尚未偿付或结清的应付款。

"应付款"科目应当按照应收款的种类和对方单位或个人进行明细核算。对于职工、居民、机关事业养老保险基金经办机构收到下级经办机构归集的委托投资基金，应当在本科目下设置"下级归集委托投资"一级明细科目，并在该明细科目下设置"本金""利息""投资收益"三个二级明细科目，分别核算下级经办机构归集的委托投资基金本金及其产生的存款利息和投资收益。

对于预收的用人单位和个人预缴的保险费，应当在本科目下设置"预收保险费"明细科目核算。

（1）职工、居民、机关事业养老保险基金经办机构收到下级经办机构归集的委托投资基金，按照实际收到的金额，借记"财政专户存款"等科目，贷记"应付款——下级归集委托投资（本金）"科目。

省级经办机构收到下级经办机构归集的委托投资基金所产生的存款利息收入，根据实际收到的金额，作如下会计分录：

借：财政专户存款
　　贷：应付款——下级归集委托投资（利息）

省级经办机构收到受托机构提供的委托投资资金投资收益确认通知，按照应确认的投资收益或投资损失金额，借记或贷记"委托投资——投资收益"科目，按照省级经办机构本级委托投资基金形成的投资收益或投资损失金额，贷记或借记"委托投资收益"科目，按照下级经办机构归集的委托投资基金形成的投资收益或投资损失金额，贷记或借记"应付款——下级归集委托投资（投资收益）"科目。

非省级经办机构收到委托投资基金的存款利息收入通知，按照确认的总金额，借记"应收款——委托投资（利息）"科目，按照经办机构本级委托投资基金产生的利息收入，贷记"利息收入"科目，按照下级经办机构归集的委托投资基金产生的利息收入，贷记"应付款——下级归集委托投资（利息）"科目。

非省级经办机构收到委托投资基金的投资收益通知，按照应确认的投资收益或投资损失总金额，借记或贷记"应收款——委托投资（投资收益）"科目，按照经办机构本级委托投资基金形成的投资收益或投资损失，贷记或借记"委托投资收益"科目，按照下级经办机构归集的委托投资基金形成的投资收益或投资损失，贷记或借记"应付款——下级归集委托投资（投资收益）"科目。

向下级经办机构返还归集的委托投资基金本金、利息和投资收益，按照应返还委托投资基金本金的金额，借记"应付款——下级归集委托投资（本金）"科目，按照应返还委托投资基金的存款利息，借记"应付款——下级归集委托投资（利息）"科目，按照实际返还金额与应返还的委托投资基金本金和利息之间的差额，借记或贷记"应付款——下级归集委托投资（投资收益）"科目，按照实际划出的金额，贷记"财政专户存款"科目。

（2）收到用人单位和个人预缴的社会保险费，按照实际收到的金额，作如下会计分录：

借：收入户存款/国库存款等科目
　　贷：应付款

在社会保险费实际应缴的会计期间，按征缴部门核定当期应缴保险费金额，作如下会计分录：

借：应付款
　　贷：保险缴费收入

（3）发生预收及其他应付款项，按照实际收到或发生的金额，作如下会计分录：

借：收入户存款/财政专户存款等科目
　　贷：应付款

偿付或结清应付款项，按照实际偿付或结清的金额，作如下会计分录：

借：应付款
　　贷：支出户存款/财政专户存款等科目

（4）因债权人等特殊原因确实无法偿付的应付款项，按照报经批准后确认为其他收入的金额，作如下会计分录：

借：应付款
　　贷：其他收入

二、借入款项

"借入款项"科目核算社会保险基金运行过程中形成的借入款项，本科目应当按照临时借款对方单位或个人进行明细核算。本科目期末贷方余额，反映社会保险基金尚未偿付的借入款项。

（1）借入款项时，按实际收到的金额，作如下会计分录：

借：收入户存款等科目
　　贷：借入款项

（2）归还借款本息时，作如下会计分录：

借：借入款项（实付的本金金额）
　　其他支出（实际支付的利息）
　　贷：支出户存款等科目（实际支付的本息合计金额）

（3）因债权人等特殊原因确实无法偿付的，按照报经批准后确认为其他收入的金额，作如下会计分录：

借：借入款项
　　贷：其他收入

第四节　净资产的核算

一、一般基金结余

"一般基金结余"科目核算社会保险基金历年累积的基金收支相抵后的除风险基金、储备金等特定用途基金外的结余。本科目期末贷方余额，反映期末除风险基金、储备金等特定用途基金外的基金结余。

对于职工医疗保险基金，应当在本科目下设置"统筹基金""个人账户基金"两个一级明细科目。对于新型农村合作医疗基金，在设置家庭账户的统筹地区，应当在本科目下设置"统筹基金""家庭账户基金"两个一级明细科目。

（1）居民医疗保险基金根据合同约定，因商业保险机构承办大病保险出现超过合同约定盈余而收到商业保险机构的盈余返还时，按照实际收到的金额，借记"收入户存""财政专户存款"等科目，贷记"一般基金结余""一般基金结余——统筹基金"（适用于新型农村合作医疗基金）科目。

借：收入户存/财政专户存款等科目
　　贷：一般基金结余
　　　　一般基金结余——统筹基金（适用于新型农村合作医疗基金）

居民医疗保险基金根据合同约定，因基本医疗保险政策调整等政策性原因使商业保险机构承办大病保险发生亏损而向商业保险机构进行补偿时，按照实际支付的金额，借记"一般基金结余""一般基金结余——统筹基金"（适用于未计提风险基金的新型农村合作医疗基金）"风险基金结余"科目（适用于提取风险基金的新型农村合作医疗基金），贷记"支出户存款""财政专户存款"等科目。

借：一般基金结余
　　一般基金结余——统筹基金（适用于未计提风险基金的新农合医疗基金）
　　风险基金结余（适用于提取风险基金的新型农村合作医疗基金）
　　　　贷：支出户存款/财政专户存款等科目

（2）期末，将各收入类科目本期发生额转入本科目，作如下会计分录：

借：收入类科目
　　　　贷：一般基金结余

如"委托投资收益"科目结转前为借方余额，则记：

借：一般基金结余
　　　　贷：委托投资收益

对于职工医疗保险基金，应当将"财政补贴收入"科目本期贷方发生额以及"保险缴费收入""利息收入""上级补助收入""下级上解收入""其他收入"科目所属"统筹账户"明细科目的本期贷方发生额转入"一般基金结余——统筹基金"科目，借记"财政补贴收入""保险缴费收入——统筹账户""利息收入——统筹账户""上级补助收入——统筹账户""下级上解收入——统筹账户""其他收入——统筹账户"科目，贷记"一般基金结余——统筹基金"科目；将"转移收入"科目本期贷方发生额以及"保险缴费收入""利息收入""上级补助收入""下级上解收入""其他收入"科目所属"个人账户"明细科目的本期贷方发生额转入"一般基金结余——个人账户基金"科目，借记"转移收入""保险缴费收入——个人账户""利息收入——个人账户""上级补助收入——个人账户""下级上解收入——个人账户""其他收入——个人账户"科目，贷记"一般基金结余——个人账户基金"科目。

对于新型农村合作医疗基金，在设置家庭账户的统筹地区，应当按照新农合统筹补偿方案的要求，将各收入科目本期贷方发生额中归属统筹账户的金额转入"一般基金结余——统筹基金"科目，借记相关收入科目，贷记"一般基金结余——统筹基金"科目；将各收入科目贷方发生额中归属于家庭账户的金额转入"一般基金结余——家庭账户基金"科目，借记相关收入科目，贷记"一般基金结余——家庭账户基金"科目。

（3）期末，将各支出类科目本期发生额转入本科目，作如下会计分录：

借：一般基金结余

　　贷：支出类科目

对于职工医疗保险基金，应当将"保险待遇支出""补助下级支出""上解上级支出""其他支出"科目所属"统筹账户"明细科目的借方发生额转入"一般基金结余——统筹基金"科目，借记"一般基金结余——统筹基金"科目，贷记"保险待遇支出——统筹账户""补助下级支出——统筹账户""上解上级支出——统筹账户""其他支出——统筹账户"科目；将"转移支出"科目本期借方发生额以及"保险待遇支出""补助下级支出""上解上级支出""其他支出"科目所属"个人账户"明细科目的借方发生额转入"一般基金结余——个人账户基金"科目，借记"一般基金结余——个人账户基金"科目，贷记"转移支出""保险待遇支出——个人账户""补助下级支出——个人账户""上解上级支出——个人账户""其他支出——个人账户"科目。

对于新型农村合作医疗基金，应当将各支出科目本期借方发生额中归属统筹账户的金额转入"一般基金结余——统筹基金"科目，借记"一般基金结余——统筹基金"科目，贷记相关支出科目；将各支出科目本期借方发生额中归属于家庭账户的金额转入"一般基金结余——家庭账户基金"科目，借记"一般基金结余——家庭账户基金"科目，贷记相关支出科目。

（4）新型农村合作医疗统筹地区提取风险基金，按照提取的金额，作如下会计分录：

借：一般基金结余

　　贷：风险基金结余

风险基金转入一般基金结余时，按照实际划转金额，作如下会计分录：

借：风险基金结余

　　贷：一般基金结余

（5）工伤保险基金提取储备金，按照提取的金额，作如下会计分录：

借：一般基金结余

　　贷：储备金结余

储备金转入一般基金结余时，按照实际划转金额，作如下会计分录：

借：储备金结余

　　贷：一般基金结余

二、风险基金结余

"风险基金结余"科目核算新型农村合作医疗基金提取的风险基金。本科目期末贷方余额，反映新型农村合作医疗基金历年提取积存的风险基金结余。

（1）提取风险基金，按照提取的金额，作如下会计分录：

借：一般基金结余

　　贷：风险基金结余

（2）风险基金转入一般基金结余时，按实际划转金额，作如下会计分录：

借：风险基金结余

　　贷：一般基金结余

三、储备金结余

"储备金结余"科目核算工伤保险基金按照规定留存提取的储备金。本科目期末贷方余额，反映工伤保险基金历年提取积存的储备金结余。

（1）提取储备金，按照提取的金额，作如下会计分录：

借：一般基金结余

　　贷：储备金结余

（2）储备金转入一般基金结余时，按照实际划转金额，作如下会计分录：

借：储备金结余

　　贷：一般基金结余

第五节　收入的核算

一、保险缴费收入

"保险缴费收入"科目核算各险种社会保险基金的用人单位和个人按规定缴纳的保险费收入，以及其他资金（含财政资金）代参保对象缴纳的社会保险费收入。

"保险缴费收入"科目应当按照各险种社会保险基金相关管理和财务制度规定设置明细科目。对于职工医疗保险基金，应当在本科目下设置"统筹账户""个人账户"明细科目，分别核算记入职工医疗保险基金统筹账户和个人账户的保险费收入。

（1）收到用人单位或个人缴纳的保险费，按照实际收到的金额，作如下会计分录：

借：收入户存款/国库存款/财政专户存款

　　贷：保险缴费收入/应付款

（2）对于用人单位和个人预缴的社会保险费，在社会保险费实际应缴的会计期间，按征缴部门核定当期应缴保险费金额，作如下会计分录：

借：应付款

贷：保险缴费收入

（3）原渠道退还本年保险缴费收入，按照退还的金额，作如下会计分录：

借：保险缴费收入

贷：收入户存款

（4）期末，将本科目本期发生额转入"一般基金结余"科目，作如下会计分录：

借：保险缴费收入

贷：一般基金结余

对于职工医疗保险基金，应当将本科目"统筹账户""个人账户"明细科目贷方发生额分别转入"一般基金结余"科目下"统筹基金""个人账户基金"明细科目，借记"保险缴费收入——统筹账户""保险缴费收入——个人账户"科目，贷记"一般基金结余——统筹基金""一般基金结余——个人账户基金"科目。

二、财政补贴收入

"财政补贴收入"科目核算财政给予社会保险基金的补助、对参保人员的缴费补贴、对参保对象的待遇支出补助。"财政补贴收入"科目应当按照各险种社会保险基金相关管理和财务制度的规定，设置明细科目，可设置"上级财政补贴"和"本级财政补贴"一级明细科目，在"上级财政补贴"一级明细科目下设置"中央财政补贴""省级财政补贴"和"市级财政补贴"二级明细科目，在"本级财政补贴"一级明细科目下设置"省级财政补贴""市级财政补贴"和"县级财政补贴"二级明细科目。

（1）收到财政补贴时，按照实际收到的金额，作如下会计分录：

借：财政专户存款

贷：财政补贴收入

（2）期末，将本科目本期发生额转入"一般基金结余"科目，作如下会计分录：

借：财政补贴收入

贷：一般基金结余

对于职工医疗保险基金，应当将本科目贷方发生额转入"一般基金结余"科目下"统筹基金"明细科目，作如下会计分录：

借：财政补贴收入

贷：一般基金结余——统筹基金

三、集体补助收入

"集体补助收入"科目核算村（社区）等集体经济组织对居民养老保险基金参保人的补助收入。

（1）收到集体补助收入时，按照实际收到的金额，作如下会计分录：

借：收入户存款等科目

贷：集体补助收入

（2）期末，将本科目本期发生转入"一般基金结余"科目，作如下会计分录：

借：集体补助收入

　　贷：一般基金结余

四、利息收入

"利息收入"科目核算社会保险基金的收入户、财政专户、支出户及职工、居民、机关事业养老保险基金归集到上级经办机构的委托投资基金取得的存款利息收入，以及社会保险基金购买国家债券取得的利息收入。

"利息收入"科目应当按照利息种类进行明细核算。对于职工医疗保险基金，应当在本科目下设置"统筹账户""个人账户"明细科目，分别核算记入职工医疗保险基金统筹账户和个人账户的利息收入。

（1）收到收入户、支出户、财政专户存款利息，按照实际收到的利息金额，作如下会计分录：

借：收入户存款/支出户存款/财政专户存款

　　贷：利息收入

（2）职工、居民、机关事业养老保险基金非省级经办机构确认归集到上级经办机构的委托投资基金产生的存款利息收入，作如下会计分录：

借：应收款——委托投资（利息）

　　贷：利息收入

（3）收到购买的国家债券利息，按照实际收到的利息金额，作如下会计分录：

借：财政专户存款

　　贷：利息收入

（4）期末，将本科目本期发生额转入"一般基金结余"科目，作如下会计分录：

借：利息收入

　　贷：一般基金结余

对于职工医疗保险基金，应当将本科目"统筹账户""个人账户"明细科目贷方发生额分别转入"一般基金结余"科目下"统筹基金""个人账户基金"明细科目，会计分录为：

借：利息收入——统筹账户

　　　　　　——个人账户

　　贷：一般基金结余——统筹基金

　　　　　　　　　——个人账户基金

五、委托投资收益

"委托投资收益"科目核算职工、居民、机关事业养老保险基金按照国家有关规定，直接（省级经办机构）或间接（非省级经办机构）委托国家授权的投资管理机构进行投资运营所取得的净收益或发生的净损失。

（1）省级经办机构收到受托机构提供的委托投资资金投资收益确认通知，按照应当确认的投资收益或投资损失总金额，借记或贷记"委托投资——投资收益"科目，按照省级经办机构本级委托投资资金形成的投资收益或投资损失，贷记或借记本科目，按照下级经办机构归集的委托投资资金形成的投资收益或投资损失，贷记或借记"应付款——下级归集委托投资（投资收益）"科目，会计分录处理如下：

获得投资收益，记：

借：委托投资——投资收益（应确认的投资收益总额）
　　贷：委托投资收益（本级委托投资的投资收益）
　　　　应付款——下级归集委托投资（投资收益）（下级经办机构投资收益）

对投资形成的损失，作相反的会计分录，记：

借：委托投资收益（本级委托投资的损失）
　　应付款——下级归集委托投资（投资收益）（下级经办机构投资损失）
　　贷：委托投资——投资收益（应确认的投资损失总金额）

（2）非省级经办机构收到上级经办机构有关委托投资基金投资收益的相关通知，按照应确认的投资收益或投资损失金额，借记或贷记"应收款——委托投资（投资收益）"科目，贷记或借记本科目。

对投资收益额，作如下会计分录：

借：应收款——委托投资（投资收益）
　　贷：委托投资收益

对投资损失金额，作如下会计分录：

借：委托投资收益
　　贷：应收款——委托投资（投资收益）

（3）期末，将本科目本期发生额合计数转入"一般基金结余"科目，借记或贷记本科目，贷记或借记"一般基金结余"科目。

如果委托投资收益科目本期发生额合计数为贷方余额，即取得的投资收益，作如下会计分录：

借：委托投资收益
　　贷：一般基金结余

如果委托投资收益科目本期发生额合计数为借方余额，即投资损失，则作如下相反的会计分录：

借：一般基金结余
　　贷：委托投资收益

六、转移收入

"转移收入"科目核算因参保人员跨统筹地区或跨制度流动而划入的基金收入。

（1）因参保人员跨统筹地区或跨制度流动而划入的基金，按照实际转入的金额，作如下会计分录：

借：收入户存款等科目
　　贷：转移收入

原渠道退回本年转移收入时，按照退回金额，记：

借：转移收入

　　贷：收入户存款/财政专户存款

（2）期末，将本科目本期发生额转入"一般基金结余"科目，作如下会计分录：

借：转移收入

　　贷：一般基金结余

对于职工医疗保险基金，应当将本科目贷方发生额转入"一般基金结余"科目下"个人账户基金"明细科目，作如下会计分录：

借：转移收入

　　贷：一般基金结余——个人账户基金

七、上级补助收入

"上级补助收入"科目核算下级经办机构接收上级经办机构拨付的基金补助收入。对于职工医疗保险基金，应当在本科目下设置"统筹账户""个人账户"明细科目，分别核算记入职工医疗保险基金统筹账户和个人账户的上级补助收入。

（1）收到上级经办机构拨付的补助资金，按照实际收到的金额，作如下会计分录：

借：收入户存款/财政专户存款

　　贷：上级补助收入

（2）期末，将本科目本期发生额转入"一般基金结余"科目，作如下会计分录：

借：上级补助收入

　　贷：一般基金结余

对于职工医疗保险基金，应当将本科目"统筹账户""个人账户"明细科目贷方发生额分别转入"一般基金结余"科目下"统筹基金""个人账户基金"明细科目，会计分录如下：

借：上级补助收入——统筹账户

　　　　　　——个人账户

　　贷：一般基金结余——统筹基金

　　　　　　——个人账户基金

八、下级上解收入

"下级上解收入"科目核算上级经办机构接收下级经办机构上解的基金收入。对于职工医疗保险基金，应当在本科目下设置"统筹账户""个人账户"明细科目，分别核算记入职工医疗保险基金统筹账户和个人账户的下级上解收入。

（1）收到下级经办机构上解的基金，按照实际收到的金额，作如下会计分录：

借：收入户存款/财政专户存款

　　贷：下级上解收入

（2）期末，将本科目本期发生额转入"一般基金结余"科目，作如下会计分录：

借：下级上解收入

贷：一般基金结余

对于职工医疗保险基金，应当将本科目"统筹账户""个人账户"明细科目贷方发生额分别转入"一般基金结余"科目下"统筹基金""个人账户基金"明细科目，借记"下级上解收入——统筹账户""下级上解收入——个人账户"科目，贷记"一般基金结余——统筹基金""一般基金结余——个人账户基金"科目。

九、其他收入

"其他收入"科目核算社会保险基金取得的滞纳金、违约金、跨年度退回或追回的社会保险待遇、公益慈善等社会经济组织和个人捐助以及其他经统筹地区财政部门核准的收入。职工养老保险基金以其保险待遇支出抵扣的参保人重复领取的居民养老保险基金保险待遇支出，作为其他收入核算。

对于职工医疗保险基金，应当在本科目下设置"统筹账户""个人账户"明细科目，分别核算记入职工医疗保险基金统筹账户和个人账户的其他收入。

（1）取得滞纳金、违约金、跨年度退回或追回的社会保险待遇、公益慈善等社会经济组织和个人捐助等收入时，按照实际收到的金额，作如下会计分录：

借：收入户存款/财政专户存款等科目

贷：其他收入

（2）职工养老保险基金以其保险待遇支出抵扣参保人重复领取的居民养老保险基金保险待遇支出，按照实际抵扣的金额，作如下会计分录：

借：保险待遇支出

贷：其他收入

（3）对于债权人因特殊原因确实无法偿付的应付款项，按照报经批准后确认为其他收入的金额，作如下会计分录：

借：应付款

贷：其他收入

（4）期末，将本科目本期发生额转入"一般基金结余"科目，作如下会计分录：

借：其他收入

贷：一般基金结余

对于职工医疗保险基金，应当将本科目"统筹账户""个人账户"明细科目贷方发生额分别转入"一般基金结余"科目下"统筹基金""个人账户基金"明细科目，借记"其他收入——统筹账户""其他收入——个人账户"科目，贷记"一般基金结余——统筹基金""一般基金结余——个人账户基金"科目。

十、待转保险缴费收入

"待转保险缴费收入"科目核算职工医疗保险基金收到的尚未确定归属于统筹账户或个人账户的保险缴费收入。

（1）收到保险缴费收入时尚未确定归属于统筹账户或个人账户，按照实际收到的金额，作如下会计分录：

借：收入户存款/国库存款等科目

　　贷：待转保险缴费收入

（2）确定待转保险缴费收入归属后，作如下会计分录：

借：待转保险缴费收入（确定归属的总金额）

　　贷：保险缴费收入——统筹账户（应记入统筹账户的金额）

　　　　　　　　　　——个人账户（应记入个人账户的金额）

（3）年末，按规定将本科目余额，按照经验比例划分于统筹账户和个人账户，作如下会计分录：

借：待转保险缴费收入（本科目余额）

　　贷：保险缴费收入——统筹账户（记入统筹账户的金额）

　　　　　　　　　　——个人账户（记入个人账户基金的金额）

上年年末按经验比例划分于统筹账户和个人账户的待转保险缴费收入在本年确定其划分比例时，应当按照确定的应记入"保险缴费收入——统筹账户"科目的金额大于或小于上年年末按经验比例已记入"保险缴费收入——统筹账户"科目的金额的部分，借记或贷记"一般基金结余——个人账户基金"科目，贷记或借记"一般基金结余——统筹基金"科目。

本科目月末贷方余额，反映自年初至本月末尚未确定归属于职工医疗保险基金统筹账户和个人账户的保险缴费收入。

十一、待转利息收入

"待转利息收入"科目核算职工医疗保险基金收到的尚未确定归属于统筹账户或个人账户的利息收入。

（1）收到利息收入时尚未确定归属于统筹账户或个人账户，按实际收到的金额，作如下会计分录：

借：收入户存款/财政专户存款/支出户

　　贷：待转利息收入

（2）确定待转利息收入归属后，作如下会计分录：

按确定归属的总金额，借记本科目，按应记入统筹账户的金额，贷记"保险缴费收入——统筹账户"科目，按应记入个人账户的金额，贷记"保险缴费收入——个人账户"科目。

借：待转保险缴费收入（确定归属的利息总金额）

　　贷：保险缴费收入——统筹账户（记入统筹账户的利息额）

　　　　　　　　　　——个人账户（记入个人账户基金的利息额）

（3）年末，按规定将本科目余额，按照经验比例划分于统筹账户和个人账户，作如下会计分录：

借：待转利息收入

　　贷：利息收入——统筹账户

　　　　　　　　——个人账户

上年年末按经验比例划分于统筹账户和个人账户的待转利息收入在本年确定其划分比例时，应当按照确定的应记入"利息收入——统筹账户"科目的金额大于或小于上年年末按经验比例已记入"利息收入——统筹账户"科目的金额的部分，借记或贷记"一般基金结余——个人账户基金"科目，贷记或借记"一般基金结余——统筹基金"科目。

本科目月末贷方余额，反映自年初至本月末尚未确定归属于职工医疗保险基金统筹账户和个人账户的利息收入。

年度终了，"保险缴费收入""财政补贴收入""集体补助收入""利息收入""委托投资收益""转移收入""上级补助收入""下级上解收入""其他收入""待转保险缴费收入""待转利息收入"科目结账后，应无余额。

第六节　支出的核算

一、保险待遇支出

（一）"保险待遇支出"科目设置

"保险待遇支出"科目核算各险种社会保险基金按规定支付给社会保险对象的待遇支出，包括为特定人群缴纳社会保险费形成的支出。

"保险待遇支出"科目应当按照各险种社会保险基金相关管理和财务制度规定设置明细科目。

（1）对于职工养老保险基金，应当在本科目下设置"基本养老金""医疗补助金""丧葬补助金和抚恤金""病残津贴"等一级明细科目。

在"基本养老金"一级明细科目下根据支出性质设置"基础养老金""个人账户养老金""过渡性养老金""离休金""退休金""退职金""补贴"等二级明细科目。

在"个人账户养老金"二级明细科目下设置"按月支出"和"一次性支出"明细科目。

（2）对于居民养老保险基金，应当在本科目下设置"基础养老金""个人账户养老金""丧葬补助金"等一级明细科目。

在"个人账户养老金"一级明细科目下设置"按月支出"和"一次性支出"二级明细科目。

（3）对于机关事业养老保险基金，应当在本科目下设置"基本养老金""丧葬补助金和抚恤金"和"病残津贴"等一级明细科目。

在"基本养老金"一级明细科目下根据支出性质设置"基础养老金""个人账户养老金""过渡性养老金""退休金""退职金""补贴""补差资金"等二级明细科目。

在"个人账户养老金"二级明细科目下设置"按月支出"和"一次性支出"明细科目。

（4）对于职工医疗保险基金，应当在本科目下设置"统筹基金""个人账户基金"一级明细科目。

在"统筹基金"一级明细科目下设置"住院费用""门诊大病费用"和"门诊统筹费用"等二级明细科目；生育保险与职工医疗保险合并实施的统筹地区，还应当在"统筹基金"一级明细科目下设置"生育医疗费用"和"生育津贴"等二级明细科目。在"个人账户基金"一级明细科目下设置"门诊费用""住院费用"和"药店医药费用"等二级明细科目。

（5）对于居民医疗保险基金，应当在本科目下设置"住院费用""门诊费用"等一级明细科目。

对于新型农村合作医疗基金，在设置家庭账户的统筹地区，应当在本科目下设置"统筹账户""家庭账户"两个一级明细科目。在"统筹账户"一级明细科目下可设置"住院费用""门诊费用""其他费用"等二级明细科目。

（6）对于工伤保险基金，应当在本科目下设置"工伤医疗待遇支出""伤残待遇支出""工亡待遇支出"等一级明细科目。

（7）对于失业保险基金，应当在本科目下设置"失业保险金""基本医疗保险费""丧葬补助金和抚恤金""职业培训和职业介绍补贴支出""其他费用"等一级明细科目，"其他费用"明细科目核算包括农民合同制工人一次性生活补助金和价格临时补贴支出及国家规定的其他费用。

（8）对于生育保险基金，应当在本科目下设置"生育医疗费用""生育津贴"等一级明细科目。

（二）保险待遇支出的主要账务处理

（1）按规定支付社会保险待遇时，按照实际支付的金额，作如下会计分录：

借：保险待遇支出
　　贷：支出户存款

（2）退回或追回本年社会保险待遇，按照实际收回的金额，借记"收入户存款""支出户存款"等科目，贷记"保险待遇支出"科目。

（3）职工养老保险基金以其保险待遇支出抵扣参保人重复领取的居民养老保险基金保险待遇支出，按照实际抵扣的金额，作如下会计分录：

借：保险待遇支出
　　贷：其他收入

（4）期末，将本科目本期发生额转入"一般基金结余"科目，作如下会计分录：

借：一般基金结余
　　贷：保险待遇支出

对于职工医疗保险基金，应当将本科目"统筹账户""个人账户"明细科目借方发生额分别转入"一般基金结余"科目下"统筹基金""个人账户基金"明细科目，借记"一般基金结余——统筹基金""一般基金结余——个人账户基金"科目，贷记"保险待遇支出——统筹账户""保险待遇支出——个人账户"科目。

对于新型农村合作医疗基金，在设置家庭账户的统筹地区，应当将本科目"统筹账户""家庭账户"明细科目借方发生额分别转入"一般基金结余"科目下"统筹基金""家庭账户基金"明细科目，借记"一般基金结余——统筹基金""一般基金结余——家庭账户基金"科目，贷记"保险待遇支出——统筹账户""保险待遇支出——家庭账户"科目。

二、居民大病保险支出

"居民大病保险支出"科目核算居民医疗保险基金向商业保险机构购买大病保险的支出。

（1）向商业保险机构购买大病保险时，按照实际支付的金额，作如下会计分录：

借：居民大病保险支出

　　贷：财政专户存款等科目

（2）期末，将本科目本期发生额转入"一般基金结余"科目，作如下会计分录：

借：一般基金结余

　　贷：居民大病保险支出

对于新型农村合作医疗基金，应当将本科目借方发生额转入"一般基金结余——统筹基金"科目，作如下会计分录：

借：一般基金结余——统筹基金

　　贷：居民大病保险支出

三、劳动能力鉴定支出

"劳动能力鉴定支出"科目核算工伤保险基金支付的劳动能力鉴定支出。

（1）支付劳动能力鉴定支出时，按实际支付的金额，作如下会计分录：

借：劳动能力鉴定支出

　　贷：支出户存款等科目

（2）期末，将本科目本期发生额转入"一般基金结余"科目，作如下会计分录：

借：一般基金结余

　　贷：劳动能力鉴定支出

四、工伤预防费用支出

"工伤预防费用支出"科目核算工伤保险基金用于工伤预防的宣传、培训等方面的支出。

（1）支付工伤预防费用时，按实际支付的金额，作如下会计分录：

借：工伤预防费用支出

　　贷：支出户存款等科目

（2）期末，将本科目本期发生额转入"一般基金结余"科目，作如下会计分录：

借：一般基金结余

　　贷：工伤预防费用支出

五、稳定岗位补贴支出

"稳定岗位补贴支出"科目核算失业保险基金按规定对稳定岗位的用人单位给予的补贴支出。

（1）支付稳定岗位补贴支出时，按实际支付的金额，作如下会计分录：

借：稳定岗位补贴支出

　　贷：支出户存款等科目

（2）期末，将本科目本期发生额转入"一般基金结余"科目，作如下会计分录：

借：一般基金结余

　　贷：稳定岗位补贴支出

六、转移支出

"转移支出"科目核算因参保对象跨统筹地区或跨制度流动而划出的基金。

（1）因参保人员跨统筹地区或跨制度流动而划出的基金，按实际转出的金额，作如下会计分录：

借：转移支出

　　贷：支出户存款等科目

（2）期末，将本科目本期发生额转入"一般基金结余"科目，作如下会计分录：

借：一般基金结余

　　贷：转移支出

对于职工医疗保险基金，应当将本科目借方发生额转入"一般基金结余"科目下"个人账户基金"明细科目，借记"一般基金结余——个人账户基金"科目，贷记本科目。

七、上解上级支出

"上解上级支出"科目核算下级经办机构上解上级经办机构的基金支出。对于职工医疗保险基金，应当在本科目下设置"统筹账户""个人账户"一级明细科目，分别核算记入职工医疗保险基金统筹账户和个人账户的上解上级支出。

（1）向上级经办机构上解基金的支出，按照实际支付的金额，作如下会计分录：

借：上解上级支出

　　贷：收入户存款/支出户存款/财政专户存款

（2）期末，将本科目本期发生额转入"一般基金结余"科目，作如下会计分录：

借：一般基金结余

　　贷：上解上级支出

对于职工医疗保险基金，应当将本科目"统筹账户""个人账户"明细科目借方发生额分别转入"一般基金结余"科目下"统筹基金""个人账户基金"明细科目，借记"一般基金结余——统筹基金""一般基金结余——个人账户基金"科目，贷记"上解上级支出——统筹账户""上解上级支出——个人账户"科目。

八、补助下级支出

"补助下级支出"科目核算上级经办机构拨付给下级经办机构的基金支出。对于职工医疗保险基金，应当在本科目下设置"统筹账户""个人账户"一级明细科目，分别核算记入职工医疗保险基金统筹账户和个人账户的补助下级支出。

（1）向下级经办机构拨付补助支出，按照实际支付的金额，作如下会计分录：

借：上解上级支出

　　贷：支出户存款/财政专户存款

（2）期末，将本科目本期发生额转入"一般基金结余"科目，作如下会计分录：

借：一般基金结余

　　贷：上解上级支出

对于职工医疗保险基金，应当将本科目"统筹账户""个人账户"明细科目借方发生额分别转入"一般基金结余"科目下"统筹基金""个人账户基金"明细科目，借记"一般基金结余——统筹基金""一般基金结余——个人账户基金"科目，贷记"补助下级支出——统筹账户""补助下级支出——个人账户"科目。

九、其他支出

"其他支出"科目核算经国务院批准或国务院授权省级人民政府批准开支的其他非社会保险待遇性质的支出。对于职工医疗保险基金，应当在本科目下设置"统筹账户""个人账户"一级明细科目，分别核算记入职工医疗保险基金统筹账户和个人账户的其他支出。

（1）发生其他支出，按照报经批准后列作其他支出的金额，作如下会计分录：

借：其他支出

　　贷：相关科目

（2）期末，将本科目本期发生额转入"一般基金结余"科目，作如下会计分录：

借：一般基金结余

　　贷：其他支出

对于职工医疗保险基金，应当将本科目"统筹账户""个人账户"明细科目借方发生额分别转入"一般基金结余"科目下"统筹基金""个人账户基金"明细科目，借记"一般基金结余——统筹基金""一般基金结余——个人账户基金"科目，贷记"其他支出——统筹账户""其他支出——个人账户"科目。

年度终了，"保险待遇支出""居民大病保险支出""劳动能力鉴定支出""工伤预防费用支出""稳定岗位补贴支出""转移支出""上解上级支出""补助下级支出""其他支出"等各支出科目办理结账后，应无期末余额。

第七节　财务会计报表

一、财务报表的类别

年度终了后，经办机构应根据财政部门规定的表式、时间和要求编制年度基金财务报告。财务报告包括资产负债表、收支表、有关附表以及财务情况说明书（见表27-2）。

财务情况说明书主要说明和分析基金的财务收支及管理情况，对本期或下期财务状况发生重大影响的事项以及其他需要说明的事项。经办机构可以根据业务工作需要增加基金当年结余率、社会保险费实际收缴率等有关财务分析指标。

经办机构应当根据规定，按险种分别编制社会保险基金财务报表。社会保险基金财务报表包括资产负债表、收支表、保险缴费收入与待遇支出明细表附表及附注。附注是对资产负债表、收支表、附表中列示项目的文字描述或明细资料，以及对未能在上述报表中列示项目的说明等。附注由经办机构根据统筹地区具体要求和管理需要编制。

职工医疗保险基金还需要编制职工医疗保险基金统筹账户收支表和个人账户收支表两张附表。

新型农村合作医疗基金在设置家庭账户的统筹地区，还需要编制新型农村合作医疗基金收支附表。

社会保险基金财务报表应当分为月度财务报表、年度财务报表，应当根据登记完整、核对无误的账簿记录和其他有关资料编制，做到数字真实、计算准确、手续完备、内容完整、编报及时。

表 27 – 2 社会保险基金会计的财务报表类别

编号	财务报表名称	编制期
会社保 01 表	资产负债表	月报、年报
会社保 02 表	收支表	月报、年报
会社保 02 表附表 1	保险缴费收入与待遇支出明细表	月报、年报
会社保 02 表附表 2	职工医疗保险基金统筹账户收支表	月报、年报
会社保 02 表附表 3	职工医疗保险基金个人账户收支表	月报、年报
会社保 02 表附表 2	新型农村合作医疗基金收支附表	月报、年报

二、资产负债表的编报

资产负债表反映某一会计期间末（月末、年末）特定险种社会保险基金全部资产、负债及净资产的构成情况，格式参见表 27 – 3。

表 27 – 3 资产负债表

社保险种： 会社保 01 表

编制单位： 年 月 日 单位：元

资产	年初余额	期末余额	负债和净资产	年初余额	期末余额
一、资产：			二、负债：		
库存现金			应付款		
收入户存款			借入款项		
财政专户存款			负债合计		
支出户存款			三、净资产：		
国库存款					

续表

资产	年初余额	期末余额	负债和净资产	年初余额	期末余额
应收款			一般基金结余		
债券投资			统筹基金 *		
委托投资 *			个人账户基金 *		
			待转基金 *		
			家庭账户基金 *		
			风险基金结余 *		
			储备金结余 *		
			净资产合计		
资产总计			负债与净资产总计		

注：＊标注项目为特定险种社会保险基金资产负债表专用项目。其中："委托投资"为职工、居民、机关事业养老保险基金省级经办机构资产负债表专用项目；职工医疗保险基金资产负债表应当在"一般基金结余"项目下列示"统筹基金""个人账户基金""待转基金"三个项目，"待转基金"项目在年度资产负债表中不列示；提取风险基金的新型农村合作医疗基金资产负债表应当列示"风险基金结余"项目，在设置家庭账户的统筹地区，还应当在"一般基金结余"项目下列示"统筹基金""家庭账户基金"两个项目；"储备金结余"项目为工伤保险基金资产负债表专用项目。以上专用项目，非适用险种社会保险基金资产负债表无须列示。

1. 本表"年初余额"栏各项目，应当根据上年年度资产负债表"期末余额"栏各相应项目数字填列。

2. 本表"期末余额"栏各项目，其内容和填列方法如下：

（1）"库存现金"项目，反映期末库存现金余额。本项目应当根据"库存现金"科目期末借方余额填列。

（2）"收入户存款"项目，反映期末收入户存款余额。本项目应当根据"收入户存款"科目期末借方余额填列。本项目"年初余额"栏应为零，年度资产负债表本项目"期末余额"栏应为零。

（3）"财政专户存款"项目，反映期末财政专户存款余额。本项目应当根据"财政专户存款"科目期末借方余额填列。

（4）"支出户存款"项目，反映期末支出户存款余额。本项目应当根据"支出户存款"科目期末借方余额填列。

（5）"国库存款"项目，反映期末税务机关征收的存入国库、尚未转入财政专户的社会保险费余额。本项目应当根据"国库存款"科目期末借方余额填列。

（6）"应收款"项目，反映期末尚未结清的应收款项。本项目应当根据"应收款"科目期末借方余额填列。

（7）"债券投资"项目，反映期末已购入的国家债券的账面余额。本项目应当根据"债券投资"科目期末借方余额填列。

（8）"委托投资"项目，反映期末职工、居民、机关事业养老保险基金省级经办机构委托投资基金的本金及投资收益余额。本项目应当根据"委托投资"科目期末借方余额填列。

（9）"应付款"项目，反映期末尚未偿付或结清的应付款项。本项目应当根据"应付款"科目期末贷方余额填列。

（10）"借入款项"项目，反映期末尚未偿付的借入款项。本项目应当根据"借入款项"科目期末贷方余额填列。

（11）"一般基金结余"项目，反映期末社会保险基金历年累积的基金收支相抵后的除风险基金、储备金等特定用途基金外的结余。本项目应当根据"一般基金结余"科目期末贷方余额填列。

（12）"统筹基金"项目，反映期末职工医疗保险基金或新型农村合作医疗基金的统筹账户基金结余。本项目应当根据"一般基金结余——统筹基金"科目期末贷方余额填列。

（13）"个人账户基金"项目，反映期末职工医疗保险基金个人账户基金结余。本项目应当根据"一般基金结余——个人账户基金"科目期末贷方余额填列。

（14）"待转基金"项目，反映期末职工医疗保险基金尚未确定归属于统筹账户或个人账户的保险缴费收入和利息收入总额。本项目应当根据"待转保险缴费收入""待转利息收入"科目期末贷方余额合计填列。本项目在年度资产负债表中不列示。

（15）"家庭账户基金"项目，反映期末在设置家庭账户的统筹地区的新型农村合作医疗基金家庭账户基金结余。本项目应当根据"一般基金结余——个人账户基金"科目期末贷方余额填列。

（16）"风险基金结余"项目，反映期末新型农村合作医疗统筹地区已提取的风险基金余额。本项目应当根据"风险基金结余"科目期末贷方余额填列。

（17）"储备金结余"项目，反映期末工伤保险基金已提取的储备金余额。本项目应当根据"储备金结余"科目期末贷方余额填列。

三、收支表

收支表反映某一会计期间（月度、年度）特定险种社会保险基金所有收入、支出以及本期收入、支出相抵后的基金结余情况，格式参见表27-4。

表27-4　　　　　　　　　　　　　　**收支表**

社保险种：　　　　　　　　　　　　　　　　　　　　　　　　会社保02表

编制单位：　　　　　　　　　　　年　月　　　　　　　　　　　单位：元

项目	本月数	本年累计数
一、基金收入		
保险缴费收入		
财政补贴收入		
集体补助收入*		
利息收入		
委托投资收益*		
转移收入		
上级补助收入		
下级上解收入		
其他收入		

续表

项目	本月数	本年累计数
待转保险缴费收入 *		
待转利息收入 *		
二、基金支出		
保险待遇支出		
居民大病保险支出 *		
劳动能力鉴定支出 *		
工伤预防费用支出 *		
稳定岗位补贴支出 *		
转移支出		
上解上级支出		
补助下级支出		
其他支出		
三、本期基金结余		

注：* 标注项目为特定险种社会保险基金收支表专用项目。其中："集体补助收入"为居民养老保险基金收支表专用项目；"委托投资收益"为职工、居民、机关事业养老保险基金收支表专用项目；"待转保险缴费收入""待转利息收入"为职工医疗保险基金收支表专用项目，在年度收支表中不列示；"居民大病保险支出"为居民医疗保险基金收支表专用项目；"劳动能力鉴定支出""工伤预防费用支出"为工伤保险基金收支表专用项目；"稳定岗位补贴支出"为失业保险基金收支表专用项目。以上专用项目，非适用险种社会保险基金收支表无须列示。

（1）收支表"本月数"栏反映各项目的本月发生数，其内容和填列方法如下：

①"基金收入"项目，反映本月社会保险基金收入总额。本项目应当根据本表"保险缴费收入""财政补贴收入""集体补助收入""利息收入""委托投资收益""转移收入""上级补助收入""下级上解收入""其他收入""待转保险缴费收入""待转利息收入"等项目金额加总计算填列。

②"保险缴费收入"项目，反映本月保险缴费收入总额。本项目应当根据"保险缴费收入"科目本月贷方发生额填列。

③"财政补贴收入"项目，反映本月收到的财政补贴收入总额。本项目应当根据"财政补贴收入"科目本月贷方发生额填列。

④"集体补助收入"项目，反映本月居民养老保险基金收到的村（社区）等集体经济组织的补助收入总额。本项目应当根据"集体补助收入"科目本月贷方发生额填列。

⑤"利息收入"项目，反映收入户、财政专户、支出户及职工、居民、机关事业养老保险基金归集到上级经办机构的委托投资基金取得的银行存款利息收入以及社会保险基金购买国家债券取得的利息收入。本项目应当根据"利息收入"科目本月贷方发生额填列。

⑥"委托投资收益"项目，反映本月职工、居民、机关事业养老保险基金按照国家有关规定直接（省级经办机构）或间接（非省级经办机构）委托国家授权的投资管理机构进行投资运营所取得的净收益或发生的净损失。本项目应当根据"委托投资收益"科目本月确认的投资收益扣除投资损失后的差额填列。

⑦ "转移收入"项目，反映本月因参保人员跨统筹地区或跨制度流动而划入的收入总额。本项目应当根据"转移收入"科目本月贷方发生额填列。

⑧ "上级补助收入"项目，反映本月收到的上级补助收入总额。本项目应当根据"上级补助收入"科目本月贷方发生额填列。

⑨ "下级上解收入"项目，反映本月收到的下级经办机构上解收入总额。本项目应当根据"下级上解收入"科目本月贷方发生额填列。

⑩ "其他收入"项目，反映本月取得的其他收入总额。本项目应当根据"其他收入"科目本月贷方发生额填列。

⑪ "待转保险缴费收入"项目，反映本月职工医疗保险基金收到的尚未确定归属于统筹账户或个人账户的保险缴费收入总额。本项目应当根据"待转保险缴费收入"科目本月贷方余额填列。

⑫ "待转利息收入"项目，反映本月职工医疗保险基金收到的尚未确定归属于统筹账户或个人账户的利息收入总额。本项目应当根据"待转利息收入"科目本月贷方余额填列。

⑬ "基金支出"项目，反映本月社会保险基金支出总额。本项目应当根据本表"保险待遇支出""居民大病保险支出""劳动能力鉴定支出""工伤预防费用支出""稳定岗位补贴支出""转移支出""补助下级支出""上解上级支出""其他支出"等项目金额加总计算填列。

⑭ "保险待遇支出"项目，反映本月按规定支付的保险待遇支出总额。本项目应当根据"保险待遇支出"科目本月借方发生额填列。

⑮ "居民大病保险支出"项目，反映本月居民医疗保险基金向商业保险机构购买大病保险的支出总额。本项目应当根据"居民大病保险支出"科目本月借方发生额填列。

⑯ "劳动能力鉴定支出"项目，反映本月工伤保险基金支付的劳动能力鉴定支出总额。本项目应当根据"劳动能力鉴定支出"科目本月借方发生额填列。

⑰ "工伤预防费用支出"项目，反映本月工伤保险基金支出的工伤预防费用总额。本项目应当根据"工伤预防费用支出"科目本月借方发生额填列。

⑱ "稳定岗位补贴支出"项目，反映本月失业保险基金支付的稳定岗位补贴总额。本项目应当根据"稳定岗位补贴支出"科目本月借方发生额填列。

⑲ "转移支出"项目，反映本月因参保人员跨统筹地区或跨制度流动而划出的基金总额。本项目应当根据"转移支出"科目本月借方发生额填列。

⑳ "上解上级支出"项目，反映本月上解上级经办机构的支出总额。本项目应当根据"上解上级支出"科目本月借方发生额填列。

㉑ "补助下级支出"项目，反映本月拨付给下级经办机构的补助支出总额。本项目应当根据"补助下级支出"科目本月借方发生额填列。

㉒ "其他支出"项目，反映本月发生经国务院批准或国务院授权省级人民政府批准开支的其他非社会保险待遇性质的支出总额。本项目应当根据"其他支出"科目本月借方发生额填列。

㉓ "本期基金结余"项目，反映本月社会保险基金总收入扣除总支出后的结余。本项目应当根据本表"基金收入"项目金额减去"基金支出"项目金额后的差额填列。

（2）本表"本年累计数"栏反映各项目自年初起至本会计期间末止的累计发生数。

（3）编制年度收支表时，将"本月数"栏改为"本年数"栏，将"本年累计数"栏改为"上年数"栏，"本年数"栏各项目填列本年度相应项目的累计发生数，"上年数"栏各项目应当根据上年度收支表"本年数"栏相应项目数字填列。

四、保险缴费收入与待遇支出明细表

保险缴费收入与待遇支出明细表分别按社保险种编制不同内容的明细表，社保险种包括职工养老保险、居民养老保险、机关事业养老保险、职工医疗保险、居民养老医疗保险、城镇居民医疗保险金、新型农村合作医疗、工伤保险、失业保险、生育保险，全部属于会社保02表附表1，以职工养老保险的保险缴费收入与待遇支出明细表为例加以说明。保险缴费收入与待遇支出明细表反映某一会计期间（月度、年度）特定社会保险基金保险缴费收入和保险待遇支出明细情况，格式参见表27-5。

表27-5　　　　　　　　保险缴费收入与待遇支出明细表

社保险种：职工养老保险　　　　　　　　　　　　　　　　会社保02表附表1
编制单位：　　　　　　　　　　年　月　　　　　　　　　　单位：元

项目	本月数	本年累计数
一、保险缴费收入		
二、保险待遇支出		
（一）基本养老金		
1. 基础养老金		
2. 个人账户养老金		
（1）按月支付		
（2）一次性支付		
3. 过渡性养老金		
4. 离休金		
5. 退休金		
6. 退职金		
7. 补贴		
（二）医疗补助金		
（三）丧葬补助金和抚恤金		
（四）病残津贴		

（1）本表"本月数"栏反映各项目的本月发生数，其内容和填列方法如下：

① "保险缴费收入"项目反映本月保险缴费收入总额，根据本月"保险缴费收入"科目的贷方发生额填列。对于职工医疗保险基金，"保险缴费收入"项目下"统筹账户""个人账户"项目根据"保险缴费收入"科目下对应明细科目的本月贷方发生额填列。

②"保险待遇支出"项目反映本月保险待遇支出总额，根据本月"保险待遇支出"科目的借方发生额填列。"保险待遇支出"项目下各明细项目根据各险种社会保险基金"保险待遇支出"科目下对应明细科目的本月借方发生额填列。

（2）本表"本年累计数"栏反映各项目自年初起至本会计期间末止的累计发生数。

（3）编制年度保险缴费收入与待遇支出明细表时，将"本月数"栏改为"本年数"栏，将"本年累计数"栏改为"上年数"栏，"本年数"栏各项目填列本年度相应项目的累计发生数，"上年数"栏各项目应当根据上年度保险缴费收入与待遇支出明细表"本年数"栏相应项目数字填列。

五、职工医疗保险基金统筹账户收支表

职工医疗保险基金统筹账户收支表反映某一会计期间（月度、年度）职工医疗保险基金记入统筹账户的收入、支出、结余情况，格式参见表27-6。

表 27-6　　　　　　　　　　职工医疗保险基金统筹账户收支表　　　　　会社保 02 表附表 2

编制单位：　　　　　　　　　　　　　年　月　　　　　　　　　　　　　　单位：元

项目	本月数	本年累计数
一、基金收入		
（一）保险缴费收入		
（二）财政补贴收入		
（三）利息收入		
（四）上级补助收入		
（五）下级上解收入		
（六）其他收入		
二、基金支出		
（一）保险待遇支出		
1. 住院费用		
2. 门诊大病		
3. 门诊统筹费用		
4. 生育医疗费用*		
5. 生育津贴*		
（二）上解上级支出		
（三）补助下级支出		
（四）其他支出		
三、本期基金结余		

注：＊代表"生育医疗费用"和"生育津贴"为生育保险与职工医疗保险合并实施的统筹地区职工医疗保险基金统筹账户收支表专用项目。

（1）职工医疗保险基金统筹账户收支表中"本月数"栏反映各项目的本月发生数，其内容和填列方法如下：

①"基金收入"项目反映本月职工医疗保险基金统筹账户的收入总额，根据本表

"保险缴费收入""财政补贴收入""利息收入""上级补助收入""下级上解收入""其他收入"项目金额加总计算填列。

②"保险缴费收入"项目，反映本月记入职工医疗保险基金统筹账户的保险缴费收入总额。本项目应当根据"保险缴费收入——统筹账户"科目本月贷方发生额填列。

③"财政补贴收入"项目，反映本月职工医疗保险基金取得的财政补贴收入总额。本项目应当根据"财政补贴收入"科目本月贷方发生额填列。

④"利息收入"项目，反映本月记入职工医疗保险基金统筹账户的利息收入总额。本项目应当根据"利息收入——统筹账户"科目本月贷方发生额填列。

⑤"上级补助收入"项目，反映本月记入职工医疗保险基金统筹账户的上级补助收入总额。本项目应当根据"上级补助收入——统筹账户"科目本月贷方发生额填列。

⑥"下级上解收入"项目，反映本月记入职工医疗保险基金统筹账户的下级上解收入总额。本项目应当根据"下级上解收入——统筹账户"科目本月贷方发生额填列。

⑦"其他收入"项目，反映本月记入职工医疗保险基金统筹账户的其他收入总额。本项目应当根据"其他收入——统筹账户"科目本月贷方发生额填列。

⑧"基金支出"项目反映本月职工医疗保险基金统筹账户的支出总额，根据本表"保险待遇支出""补助下级支出""上解上级支出""其他支出"项目金额加总计算填列。

⑨"保险待遇支出"项目反映本月记入职工医疗保险基金统筹账户的保险待遇支出总额，根据"保险待遇支出——统筹账户"科目本月借方发生额填列。

"住院费用""门诊大病""门诊统筹费用"项目分别根据"保险待遇支出——统筹账户"科目下对应明细科目的本月借方发生额填列。

生育保险与职工医疗保险合并实施统筹地区，"生育医疗费用""生育津贴"项目分别根据"保险待遇支出——统筹账户"科目下对应明细科目的本月借方发生额填列。

⑩"上解上级支出"项目，反映本月记入职工医疗保险基金统筹账户的上解上级支出总额。本项目应当根据"上解上级支出——统筹账户"科目本月借方发生额填列。

⑪"补助下级支出"项目，反映本月记入职工医疗保险基金统筹账户的补助下级支出总额。本项目应当根据"补助下级支出——统筹账户"科目本月借方发生额填列。

⑫"其他支出"项目，反映本月记入职工医疗保险基金统筹账户的其他支出总额。本项目应当根据"其他支出——统筹账户"科目本月借方发生额填列。

⑬"本期基金结余"项目，反映本月职工医疗保险基金统筹账户总收入扣除总支出后的结余。本项目应当根据本表"基金收入"项目金额减去"基金支出"项目金额后的差额填列。

（2）表中"本年累计数"栏反映各项目自年初起至本会计期间末止的累计发生数。

（3）编制年度职工医疗保险基金统筹账户收支表时，将"本月数"栏改为"本年数"栏，将"本年累计数"栏改为"上年数"栏，"本年数"栏各项目填列本年度相应项目的累计发生数，"上年数"栏各项目应当根据上年度职工医疗保险基金统筹账户收支表"本年数"栏相应项目数字填列。

六、职工医疗保险基金个人账户收支表

职工医疗保险基金个人账户收支表反映某一会计期间（月度、年度）职工医疗保险基金记入个人账户的收入、支出、结余情况，格式参见表27－7。

表27－7　　　　　　　　　**职工医疗保险基金个人账户收支表**　　　　　会社保02表附表3

编制单位：　　　　　　　　　　　　　　年　月　　　　　　　　　　　　　　单位：元

项目	本月数	本年累计数
一、基金收入		
（一）保险缴费收入		
（二）利息收入		
（三）转移收入		
（四）上级补助收入		
（五）下级上解收入		
（六）其他收入		
二、基金支出		
（一）保险待遇支出		
1. 住院费用		
2. 门诊费用		
3. 药店医药费用		
（二）转移支出		
（三）补助下级支出		
（四）上解上级支出		
（五）其他支出		
三、本期基金结余		

（1）职工医疗保险基金个人账户收支表"本月数"栏反映各项目的本月发生数，其内容和填列方法如下：

①"基金收入"项目反映本月职工医疗保险基金个人账户的收入总额，根据本表"保险缴费收入""利息收入""转移收入""上级补助收入""下级上解收入""其他收入"项目金额加总计算填列。

②"保险缴费收入"项目，反映本月记入职工医疗保险基金个人账户的保险缴费收入总额。本项目应当根据"保险缴费收入——个人账户"科目本月贷方发生额填列。

③"利息收入"项目，反映本月记入职工医疗保险基金个人账户的利息收入总额。本项目应当根据"利息收入——个人账户"科目本月贷方发生额填列。

④"转移收入"项目，反映本月职工医疗保险基金的转移收入总额。本项目应当根据"转移收入"科目本月贷方发生额填列。

⑤"上级补助收入"项目，反映本月记入职工医疗保险基金个人账户的上级补助收入总额。本项目应当根据"上级补助收入——个人账户"科目本月贷方发生额填列。

⑥"下级上解收入"项目，反映本月记入职工医疗保险基金个人账户的下级上解

收入总额。本项目应当根据"下级上解收入——个人账户"科目本月贷方发生额填列。

⑦"其他收入"项目，反映本月记入职工医疗保险基金个人账户的其他收入总额。本项目应当根据"其他收入——个人账户"科目本月贷方发生额填列。

⑧"基金支出"项目反映本月职工医疗保险基金个人账户的支出总额，根据本表"保险待遇支出""转移支出""上解上级支出""补助下级支出""其他支出"项目金额加总计算填列。

⑨"保险待遇支出"项目，反映本月记入职工医疗保险基金个人账户的保险待遇支出总额。本项目应当根据"保险待遇支出——个人账户"科目本月借方发生额填列。

"住院费用""门诊费用""药店医药费用"项目分别根据"保险待遇支出——个人账户"科目下对应明细科目的本月借方发生额填列。

⑩"转移支出"项目，反映本月职工医疗保险基金发生的转移支出总额。本项目应当根据"转移支出"科目本月借方发生额填列。

⑪"补助下级支出"项目，反映本月记入职工医疗保险基金个人账户的补助下级支出总额。本项目应当根据"补助下级支出——个人账户"科目本月借方发生额填列。

⑫"上解上级支出"项目，反映本月记入职工医疗保险基金个人账户的上解上级支出总额。本项目应当根据"上解上级支出——个人账户"科目本月借方发生额填列。

⑬"其他支出"项目，反映本月记入职工医疗保险基金个人账户的其他支出总额。本项目应当根据"其他支出——个人账户"科目本月贷方发生额填列。

⑭"本期基金结余"项目，反映本月职工医疗保险基金个人账户总收入扣除总支出后的结余。本项目应当根据本表"基金收入"项目金额减去"基金支出"项目金额后的差额填列。

（2）表中"本年累计数"栏反映各项目自年初起至本会计期间末止的累计发生数。

（3）编制年度职工医疗保险基金个人账户收支表时，将"本月数"栏改为"本年数"栏，将"本年累计数"栏改为"上年数"栏，"本年数"栏各项目填列本年度相应项目的累计发生数，"上年数"栏各项目应当根据上年度职工医疗保险基金个人账户收支表"本年数"栏相应项目数字填列。

七、新型农村合作医疗基金收支附表

新型农村合作医疗基金收支附表反映某一会计期间（月度、年度），在设置家庭账户的统筹地区，新型农村合作医疗基金统筹账户和家庭账户的收入、支出、结余情况，格式参见表 27-8。

表 27-8 　　　　　　　　　**新型农村合作医疗基金收支附表** 　　　　　会社保 02 表附表 2

编制单位：　　　　　　　　　　　　　　年　月　　　　　　　　　　　　单位：元

项目	本月数	本年累计数
一、基金收入		
（一）统筹账户		
（二）家庭账户		

项目	本月数	本年累计数
二、基金支出		
（一）统筹账户		
（二）家庭账户		
三、本期基金结余		
（一）统筹账户基金		
（二）家庭账户基金		

（1）新型农村合作医疗基金收支附表中"本月数"栏反映各项目的本月发生数，其内容和填列方法如下：

①"基金收入"项目反映本月新型农村合作医疗基金收入总额。本项目应当根据本项目下"统筹账户""家庭账户"项目金额加总计算填列。

②"统筹账户"项目反映本月记入新型农村合作医疗基金统筹账户的收入总额。本项目应当根据本月末收入类科目转入"一般基金结余——统筹基金"科目贷方的发生额总额填列。

③"家庭账户"项目反映本月记入新型农村合作医疗基金家庭账户的收入总额。本项目应当根据本月末收入类科目转入"一般基金结余——家庭账户基金"科目贷方的发生额总额填列。

④"基金支出"项目反映本月新型农村合作医疗基金支出总额。本项目应当根据本项目下"统筹账户""家庭账户"项目金额加总计算填列。

⑤"统筹账户"项目反映本月记入新型农村合作医疗基金统筹账户的支出总额。本项目应当根据本月支出类科目转入"一般基金结余——统筹账户基金"科目借方的发生额总额填列。

⑥"家庭账户"项目反映本月记入新型农村合作医疗基金家庭账户的支出总额，本项目应当根据本月支出类科目转入"一般基金结余——家庭账户基金"科目借方的发生额总额填列。

⑦"本期基金结余"项目反映本月新型农村合作医疗基金总收入扣除总支出后的结余，本项目应当根据本表"基金收入"项目金额减去"基金支出"项目金额后的差额填列。

⑧"统筹账户基金"项目反映本月新型农村合作医疗基金统筹账户还未提取和转入风险基金时的基金结余，本项目应当根据本表"基金收入"项目下"统筹账户"项目金额减去"基金支出"项目下"统筹账户"项目金额后的差额填列。

⑨"家庭账户基金"项目反映本月新型农村合作医疗基金家庭账户基金结余，本项目应当根据本表"基金收入"项目下"家庭账户"项目金额减去"基金支出"项目下"家庭账户"项目金额后的差额填列。

（2）表中"本年累计数"栏反映各项目自年初起至本会计期间末止的累计发生数。

（3）编制年度新型农村合作医疗基金收支附表时，将"本月数"栏改为"本年数"

栏，将"本年累计数"栏改为"上年数"栏，"本年数"栏各项目填列本年度相应项目的累计发生数，"上年数"栏各项目应当根据上年度新型农村合作医疗基金收支附表"本年数"栏相应项目数字填列。

思考与练习题

某保险经办机构办理保险基金，6月发生如下事项，要求据此编制会计分录：

1. 收到个人缴来的失业保险费3 000元。

2. 将现金3 000元存入经办机构设置的银行账户。

3. 以现金支付失业保险基金30 000元。

4. 收到下级经办机构上解250 000元、上级补助收入450 000元资金，增加收入户存款。

5. 用支出户存款上解上级经办机构失业保险基金250 000元。

6. 用财政专户存款150 000元补助下级经办机构失业保险基金。

7. 收入户存款收到利息30 000元，失业保险缴费滞纳金20 000元，支出户存款利息10 000元。

8. 月末按规定将"收入户存款"科目余额800 000元划入同级财政部门在国有商业银行设立的财政专户。

9. 支出户接收财政专户拨付的资金1 000 000元。

10. 划拨支出户利息收入10 000元到财政专户。

11. 用支出户存款支付失业保险基金支出款项670 000元。

12. 财政专户收到税务机关征收的失业保险费380 000元。

13. 经办机构不设收入户的，收到的失业保险费150 000元直接交入财政专户。

14. 国家债券到期收回本息650 000元，其中利息50 000元。

15. 收到财政补贴收入270 000元。

16. 借入款项120 000元。

17. 归还120 000元借款，本息共计122 000元。

18. 发生暂付款600元。

19. 以现金收到某单位的往来结算款300元。

20. 期末，应将"失业保险费收入"科目贷方余额87 000 000元办理结转。

21. 按规定用失业保险基金购买国家债券，实际支付价款650 000元。

22. 期末，"失业保险金支出""补助下级支出"科目借方余额分别为83 000 000元、3 000 000元，办理结转。

第二十八章

住房公积金会计

第一节　住房公积金会计概要

一、住房公积金会计适用范围

住房公积金会计适用于中华人民共和国境内住房公积金管理中心（以下简称"住房公积金中心"）管理的住房公积金。

住房公积金中心的自身业务应与住房公积金业务分账核算，住房公积金中心自身业务的会计核算，执行《事业单位会计制度》。

二、住房公积金会计科目

住房公积金会计科目见表 28 - 1。

表 28 - 1　　　　　　　　　　　　　住房公积金会计科目

顺序号	编号	会计科目名称
		（一）资产类
1	101	住房公积金存款
2	102	增值收益存款
3	111	应收利息
4	121	委托贷款
5	122	逾期贷款
6	124	国家债券
		（二）负债券
7	201	住房公积金
8	211	应付利息
9	214	专项应付款
		（三）净资产类
10	301	贷款风险准备
11	311	增值收益

顺序号	编号	会计科目名称
12	321	增值收益分配
		（四）收支类
13	401	业务收入
14	411	业务支出

第二节　资产的核算

一、住房公积金存款

住房公积金存款，资产类科目，核算按规定存入受委托银行住房公积金专户的款项。

（1）将款项存入受委托银行住房公积金专户，会计分录为：

借：住房公积金存款

　　贷：有关科目

（2）提取和支付住房公积金专户的款项，会计分录为：

借：有关科目

　　贷：住房公积金存款

（3）收到银行转达来的住房公积金专户利息收入，会计分录为：

借：住房公积金存款

　　贷：业务收入——住房公积金利息收入

住房公积金存款科目应设置"住房公积金存款日记账"，由出纳人员根据收付款凭证，按照业务的发生顺序逐笔登记，每日终了应结出余额。"住房公积金存款日记账"，应定期与"银行对账单"核对，至少每月核对一次。月份终了，银行存款账面结余与银行对账单余额之间如有差额，必须逐笔查明原因进行处理，并应按月编制"住房公积金存款余额调节表"，调节相符。

住房公积金存款科目期末借方余额，反映实际存在受委托银行住房公积金专户的款项。

二、增值收益存款

增值收益存款，资产类科目，核算按规定存入受委托银行增值收益专户的款项。

（1）收到银行转来的住房公积金增值收益专户利息收入，会计分录为：

借：增值收益存款

　　贷：业务收入——增值收益利息收入

（2）实际上缴财政部门的住房公积金中心管理费用、城市廉租住房建设补充资金，会计分录为：

借：专项应付款

　　贷：增值收益存款

（3）期末（季末或年末，下同），按规定将除住房公积金增值收益专户利息收入之外的各项业务收入与业务支出的差额，自银行住房公积金专户转入增值收益专户，会计分录为：

借：增值收益存款

贷：住房公积金存款

增值收益存款科目应设置"增值收益存款日记账"，由出纳人员根据收付款凭证，按照业务的发生顺序逐笔登记，每日终了应结出余额。"增值收益存款日记账"应定期与"银行对账单"核对，至少每月核对一次。月份终了，银行存款账面结余与银行对账单余额之间如有差额，必须逐笔查明原因进行处理，并应按月编制"增值收益存款余额调节表"，调节相符。

增值收益存款科目期末借方余额，反映实际存在受委托银行增值收益专户的款项。

三、应收利息

应收利息，资产类科目，核算住房公积金运作过程中发生的各项应收未收的利息，如委托贷款发生的应收利息。应收利息科目应按债务人设置明细账。应收利息科目期末借方余额，反映尚未收回的利息。

（1）期末，计算当期尚未收到的委托贷款利息，会计分录为：

借：应收利息

贷：业务收入——委托贷款利息收入

实际收回利息时，会计分录为：

借：住房公积金存款

贷：应收利息

（2）按规定程序经批准核销的住房公积金呆账贷款，冲销提取的贷款风险准备，会计分录为：

借：贷款风险准备

贷：应收利息、逾期贷款

同时，会计分录为：

借：住房公积金存款

贷：增值收益存款

核销的贷款以后又收回，按收回的住房公积金贷款本金和利息，会计分录为：

借：住房公积金存款

贷：贷款风险准备

同时，会计分录为：

借：增值收益存款

贷：住房公积金存款

四、委托贷款

（一）委托贷款的科目设置

委托贷款，资产类科目，核算按规定在受委托银行办理职工住房公积金委托贷款的款项。已超过借款合同约定期限尚未归还的委托贷款，不在委托贷款科目核算，应在"逾期贷款"科目核算。委托贷款科目按贷款职工名称设置明细账。

委托贷款科目期末借方余额，反映实际发生的、在借款合同约定期限内尚未归还的住房公积金委托贷款。

对借款人申请住房公积金贷款而提供的担保，应建立备查簿，详细登记担保的形式（抵押、质押等形式）、担保金额等情况。

（二）委托贷款科目的核算

（1）按规定向购买、建造、翻建、大修自住住房的职工发放住房公积金贷款，会计分录为：

借：委托贷款
    贷：住房公积金存款

收回住房公积金贷款时，会计分录为：

借：住房公积金存款（本息合计）
    贷：委托贷款（本金）
        应收利息（已计利息）
        业务收入——委托贷款利息收入（未计利息）

（2）对于借款合同约定到期（含展期后到期）未归还的委托贷款，应转作逾期贷款处理，自委托贷款科目转入"逾期贷款"科目，会计分录为：

借：逾期贷款
    贷：委托贷款

五、逾期贷款

逾期贷款，资产类科目，用于核算借款合同约定到期（含展期后到期）未归还的委托贷款。

（1）对于借款合同约定到期（含展期后到期）未归还的委托贷款，应转作逾期贷款处理，自"委托贷款"科目转入逾期贷款科目，会计分录为：

借：逾期贷款
    贷：委托贷款

收回逾期贷款，会计分录为：

借：住房公积金存款
    贷：逾期贷款
        应收利息

（2）按规定程序经批准核销的住房公积金呆账贷款，冲销提取的贷款风险准备，会计分录为：

借：贷款风险准备
    贷：逾期贷款
        应收利息

同时，会计分录为：

借：住房公积金存款

　　贷：增值收益存款

（3）核销的贷款以后又收回，按收回的住房公积金贷款本金和利息，会计分录为：

借：住房公积金存款

　　贷：贷款风险准备

同时，会计分录为：

借：增值收益存款

　　贷：住房公积金存款

逾期贷款科目应按贷款职工名称设置明细账。逾期贷款科目期末借方余额，反映已超过借款合同约定期限但尚未归还的住房公积金贷款。

六、国家债券

国家债券，资产类科目，核算按规定用住房公积金购买的国家债券。国家债券科目应按国家债券的品种设置明细账。国家债券科目期末借方余额，反映持有的国家债券价值。

（1）按规定用住房公积金购买国家债券，按实际支付的价款，会计分录为：

借：国家债券

　　贷：住房公积金存款

（2）国家债券到期收回本息或按规定转让时，会计分录为：

借：住房公积金存款（实收金额）

　　贷：国家债券（按债券账面价值）

　　　　业务收入——国家债券利息收入（差额）

购买的国家债券应视同货币资金妥善保管，并建立备查簿详细登记国家债券的金额、期限、利率、到期收回等情况。

第三节　负债的核算

一、住房公积金

住房公积金，负债类科目，核算住房公积金的归集、结息和支付等情况。住房公积金科目应按缴存单位和职工个人设置明细账。住房公积金科目期末贷方余额，反映职工住房公积金账户存储余额。

1. 住房公积金科目的贷方核算住房公积金的归集和结息情况的核算

（1）收到单位和职工个人缴存的住房公积金，会计分录为：

借：住房公积金存款

　　贷：住房公积金

（2）按规定给职工住房公积金账户进行年度结息，会计分录为：

借：应付利息（已提利息）

　　业务支出——住房公积金利息支出（未提利息）

贷：住房公积金（应计利息）

（3）职工在住房公积金中心管辖范围内调动工作，在"住房公积金"科目有关明细科目之间进行转账，会计分录为：

借：住房公积金（调出单位）

　　贷：住房公积金（调入单位）

2. 住房公积金科目的借方核算职工住房公积金账户内存储余额的提取情况，其核算内容如下

（1）职工因购买、建造、翻建、大修自住住房而提取职工住房公积金账户内的存储余额，会计分录为：

借：住房公积金

　　贷：住房公积金存款

（2）职工因偿还购房贷款本息、房租超出家庭工资收入的规定比例而提取职工住房公积金账户内的存储余额，会计分录为：

借：住房公积金

　　贷：住房公积金存款

（3）职工因离退休、完全丧失劳动能力并与单位终止劳动关系、户口迁出所在的市、县或者出境定居等原因而提取职工住房公积金账户，会计分录为：

借：住房公积金（职工个人账户结余数额）

　　应付利息（已提利息）

　　业务支出——住房公积金利息支出（未提利息）

　　　　贷：住房公积金存款（实际支付金额）

（4）死亡或者被宣告死亡的职工，由其继承人、受遗赠与人提取职工住房公积金账户内的存储余额，会计分录为：

借：住房公积金（职工个人账户结余数额）

　　应付利息（已提利息）

　　利息支出（未提利息）

　　　　贷：住房公积金存款（实际支付金额）

死亡或者被宣告死亡的职工，无继承人也无受遗赠人的，应将职工住房公积金账户内的存储余额转入业务收入，会计分录为：

借：住房公积金

　　贷：业务收入——其他收入

3. 住房公积金科目有关辅助账户的设置

（1）为了分析、掌握住房公积金的欠缴情况，住房公积金中心可设置"住房公积金应缴存额"备查簿，详细登记应缴存住房公积金的有关情况。

（2）为了了解、掌握职工住房公积金账户内存储余额的提取情况，住房公积金中心可设置"住房公积金账户提取情况"备查簿，详细登记因职工购买、建造、翻建、大修自住住房；离退休；完全丧失劳动能力，并与单位终止劳动关系；户口迁出所在的市、县或者出境定居；偿还购房贷款本息；房租超出家庭工资收入的规定比例等原因而

提取职工住房公积金账户内存储余额的情况。

4. 住房公积金中心应向缴存单位及时提供单位住房公积金的存储余额，按期与缴存单位核对住房公积金账户内的余额

二、应付利息

应付利息，负债类科目，核算住房公积金运作过程中发生的应付未付的利息，如计提的职工住房公积金账户利息。住房公积金科目期末贷方余额，反映应付未付的利息。

（1）期末计提职工住房公积金账户利息时，会计分录为：

借：业务支出——住房公积金利息支出

　　贷：应付利息

（2）按规定给职工公积金账户进行年度结息时，会计分录为：

借：应付利息（已提利息）

　　业务支出——住房公积金利息支出（应计利息扣除已提利息的差额）

　　贷：住房公积金（应计利息）

三、专项应付款

（一）专项应付款的科目设置

专项应付款，负债类科目，核算应交财政部门的住房公积金中心管理费用和城市廉租住房建设补充资金。

专项应付款科目应设置住房公积金中心管理费用、城市廉租住房建设补充资金两个明细科目。

专项应付款科目期末贷方余额，反映尚未上交财政部门的住房公积金中心管理费用、城市廉租住房建设补充资金。

（二）专项应付款的账务处理

（1）按规定从住房公积金增值收益中提取的住房公积金中心管理费用，会计分录为：

借：增值收益分配——提取公积金中心管理费用

　　贷：专项应付款

（2）住房公积金增值收益在扣除贷款风险准备金和公积金中心管理费用后的余额，作为城市廉租住房建设补充资金，会计分录为：

借：增值收益分配——城市廉租住房建设补充资金

　　贷：专项应付款

（3）实际上交财政部门的住房公积金中心管理费用、城市廉租住房建设补充资金，会计分录为：

借：专项应付款

　　贷：增值收益存款

第四节　净资产的核算

一、贷款风险准备

贷款风险准备，净资产科目，核算按规定提取的住房公积金贷款风险准备。贷款风险准备科目期末贷方余额，反映已提取的住房公积金贷款风险准备。

（1）对于委托贷款，应于年度终了按规定提取住房公积金贷款风险准备。提取贷款风险准备时，会计分录为：

借：增值收益分配——提取贷款风险准备

　　贷：贷款风险准备

（2）对于不能收回的逾期贷款应查明原因，追究责任。对确实无法收回的，按规定程序经批准作为呆账贷款，冲销提取的贷款风险准备，会计分录为：

借：贷款风险准备

　　贷：逾期贷款

　　　　应收利息

同时，作会计分录为：

借：住房公积金存款

　　贷：增值收益存款

（3）已确认并转销的呆账贷款，如果以后又收回，按实际收回的本金和利息，会计分录为：借记"住房公积金存款"科目，贷记"贷款风险准备"科目，同时，作会计分录为：借记"增值收益存款"科目，贷记"住房公积金存款"科目。

二、增值收益

增值收益，净资产科目，核算住房公积金各项收入与各项支出的差额，即实现的住房公积金增值收益。

（一）期末，结转业务收支科目

（1）将"业务收入"科目贷方余额转入增值收益科目，会计分录为：

借：业务收入

　　贷：增值收益

（2）将"业务支出"科目借方余额转入增值收益科目，会计分录为：

借：增值收益

　　贷：业务支出

（3）同时，将各项业务收入与业务支出的差额，自银行住房公积金专户转入增值收益专户，会计分录为：

借：增值收益存款

　　贷：住房公积金存款

（二）年终将增值收益科目余额全数办理结转，结转后，增值收益科目无余额

年终，应将增值收益科目贷方余额转入"增值收益分配"科目，会计分录为：

借：增值收益

　　贷：增值收益分配——待分配增值收益

年终，增值收益科目如为借方余额作相反会计分录。

三、增值收益分配

增值收益分配，净资产科目，核算住房公积金增值收益的分配情况。

增值收益分配科目应设置提取贷款风险准备、提取公积金中心管理费用、城市廉租住房建设补充资金、待分配增值收益四个明细科目：

年度终了，增值收益分配科目的账务处理如下：

（1）将"增值收益"科目贷方余额转入增值收益分配科目，作为待分配的增值收益，会计分录为：

借：增值收益

　　贷：增值收益分配

如果"增值收益"科目为借方余额，则作相反会计分录。

（2）增值收益应按下列顺序进行分配：

①按规定从增值收益中提取住房公积金贷款风险准备，按提取贷款风险准备作会计分录为：

借：增值收益分配

　　贷：贷款风险准备

②按规定从增值收益中提取应上缴财政部门的住房公积金中心管理费用，按提取公积金中心管理费用作会计分录为：

借：增值收益分配

　　贷：专项应付款

③增值收益扣除贷款风险准备和上缴财政部门管理费用后的余额，作为城市廉租住房建设补充资金，会计分录为：

借：增值收益分配

　　贷：专项应付款

（3）将"增值收益分配"科目所属"提取贷款风险准备""提取公积金中心管理费用""城市廉租住房建设补充资金"明细科目的余额转入增值收益分配科目所属"待分配增值收益"明细科目，会计分录为：

借：增值收益分配（待分配增值收益）

　　贷：增值收益分配——提取贷款风险准备

　　　　　　　　　　——提取公积金中心管理费用

　　　　　　　　　　——城市廉租住房建设补充资金

增值收益分配科目年末一般无余额，如有借方余额，反映未弥补的损失。

第五节　业务收支的核算

一、业务收入的核算

（一）业务收入的科目设置

业务收入科目核算住房公积金的业务收入。本科目应设置以下五个明细科目：

（1）住房公积金利息收入。

（2）增值收益利息收入。

（3）委托贷款利息收入。

（4）国家债券利息收入。

（5）其他收入。

（二）业务收入的账务处理

住房公积金运作过程中实现的各项业务收入，作如下账务处理：

（1）收到委托银行转来的住房公积金专户存款利息收入，记：

借：住房公积金存款

　　贷：业务收入——住房公积金利息收入

（2）收到银行转来的住房公积金增值收益专户存款利息收入，记：

借：增值收益存款

　　贷：业务收入——增值收益利息收入

（3）期末计算当期应收未收的委托贷款利息，记：

借：应收利息

　　贷：业务收入——委托贷款利息收入

收回住房公积金委托贷款，记：

借：住房公积金存款（本息合计）

　　贷：委托贷款（本金）

　　　　应收利息（已计利息）

　　　　业务收入——委托贷款利息收入（未计利息）

（4）国家债券到期收回或按规定转让时，记：

借：住房公积金存款（实际收到的金额）

　　贷：国家债券（债券账面价值）

　　　　业务收入——国家债券利息收入（差额）

（5）收到住房公积金逾期贷款的罚息收入，以及逾期不办理住房公积金的罚款收入，记：

借：住房公积金存款

　　贷：业务收入——其他收入

死亡或者被宣告死亡的职工，无继承人也无受遗赠人的，应将职工住房公积金账户内的存储余额转入本科目，记：

借：住房公积金

　　贷：业务收入——其他收入

（6）期末，应将本科目余额全部转入"增值收益"科目，记：

借：业务收入

　　贷：增值收益

期末办理结转后，业务收入科目应无余额。

二、业务支出的核算

（一）业务支出的科目设置

业务支出科目核算住房公积金的业务支出，包括按国家规定给职工住房公积金账户计算的利息、住房公积金中心按照规定支付给受委托银行的住房公积金归集手续费和委托贷款手续费。

业务支出科目应设置住房公积金利息支出、住房公积金归集手续费支出、委托贷款手续费支出三个明细科目。

（二）业务支出的财务处理

住房公积金运作过程中发生的各项业务支出，作如下财务处理：

（1）期末，计提职工住房公积金账户利息时，记：

借：业务支出——住房公积金利息支出

　　贷：应付利息

按规定给职工住房公积金账户进行年度结息时，记：

借：业务支出——住房公积金利息支出

　　应付利息

　　贷：住房公积金

（2）按照规定支付给受委托银行的住房公积金归集手续费，记：

借：业务支出——住房公积金归集手续费支出

　　贷：住房公积金存款

（3）按照规定支付给受委托银行的住房公积金委托贷款手续费，记：

借：业务支出——委托贷款手续费支出

　　贷：住房公积金存款

（4）期末，应将业务支出科目的借方余额全部转入"增值收益"科目，结转后，业务支出科目应无余额，会计分录为：

借：增值收益

　　贷：业务支出

第六节　住房公积金会计报表

一、会计报表的编报

（一）住房公积金会计报表的种类

住房公积金中心应按规定编制和提供住房公积金财务会计报表和报告。住房公积金中心应编制的报表种类见表28－2。

表28－2　　　　　　　　　　住房公积金中心编制报表种类

报表编号	报表名称	编报期
会住房01表	资产负债表	季报、年报
会住房02表	增值收益表	季报、年报
会住房02表附表1	增值收益分配表	季报

住房公积金中心对外提供的住房公积金会计报表包括资产负债表、增值收益表和有关附表。

（二）住房公积金会计报表编报要求

住房公积金中心应按以下规定编制和提供住房公积金财务会计报告：

（1）住房公积金中心应当按照规定编制和提供合法、真实和公允的住房公积金财务会计报告。

（2）住房公积金财务会计报告由会计报表、会计报表附注和财务情况说明书组成。住房公积金中心对外提供的住房公积金财务会计报告的内容、会计报表种类和格式等，由本办法规定；住房公积金中心对住房公积金进行内部管理需要的会计报表由住房公积金中心自行规定。

（3）住房公积金会计报表必须做到数字真实、内容完整、说明清楚、手续齐备、编报及时；并报送同级财政部门和住房委员会。

季度会计报表应于季度终了后10日内报出，年度会计报表应于年度终了后30日内报出。

二、资产负债表

资产负债表反映住房公积金季末、年末全部资产、负债及净资产的构成情况。

（一）资产负债表的年初数

资产负债表"年初数"栏各项数字，应根据上年末资产负债表"期末数"所列数字填列。如果本年度资产负债表规定的各个项目名称和内容与上年度不相一致，应对上年年末资产负债表各项目的名称和数字按照本年度的规定进行调整，填入资产负债表"年初数"栏内。

（二）资产负债表各项目的内容和填列方法（见表28－3）

（1）"住房公积金存款"项目，反映期末住房公积金存款余额。本项目应根据"住房公积金存款"科目期末余额填列。

（2）"增值收益存款"项目，反映期末住房公积金增值收益存款余额。本项目应根据"增值收益存款"科目期末余额填列。

（3）"应收利息"项目，反映期末应收未收的利息。本项目应根据"应收利息"科目期末余额填列。

（4）"委托贷款"项目，反映期末住房公积金委托贷款的余额。本项目应根据"委托贷款"科目期末余额填列。

（5）"逾期贷款"项目，反映期末住房公积金逾期贷款的余额。本项目应根据"逾期贷款"科目期末余额填列。

（6）"国家债券"项目，反映期末持有的国家债券价值，本项目应根据"国家债券"科目期末余额填列。

（7）"住房公积金"项目，反映期末职工住房公积金账户存储余额。本项目应根据"住房公积金"科目期末余额填列。

（8）"应付利息"项目，反映期末应付未付的利息。本项目应根据"应付利息"科目期末余额填列。

（9）"专项应付款"项目，反映期末尚未上缴财政部门的住房公积金中心管理费用、城市廉租住房建设补充资金。本项目应根据"专项应付款"科目期末余额填列，其中"城市廉租住房建设补充资金"应在本项目下单独反映。

（10）"贷款风险准备"项目，反映提取的住房公积金贷款风险准备余额。本项目应根据"贷款风险准备"科目期末余额填列。

（11）"待分配增值收益"项目，反映年度中间形成的等待分配的住房公积金增值收益，以及以前年度未弥补的损失。本项目应根据"增值收益""增值收益分配"科目的记录分析填列。

表 28 - 3   资产负债表   会住房 01 表

编制单位：   年 月 日   单位：元

项目	行次	年初数	期末数	项目	行次	年初数	期末数
资产：				负债：			
住房公积金存款	1			住房公积金	16		
增值收益存款	2			应付利息	19		
应收利息	5			专项应付款	22		
委托贷款	8			其中：城市廉租住房建设补充资金	23		
逾期贷款	9			负债合计	24		
国家债券	12			净资产：			
				贷款风险准备	27		
				待分配增值收益	29		
				净资产合计			
资产总计	15			负债及净资产总计	30		

附注：职工住房公积金账户储存余额的提取情况：

（1）购买、建造、翻建、大修自住住房 ____ 元；

（2）离退、退休 ____ 元；

（3）完全丧失劳动能力，并与单位终止劳动关系 ____ 元；

（4）户口迁出所在市、县或出境定居 ____ 元；

（5）偿还购房贷款本息 ____ 元；

（6）房租超出家庭工资收入的规定比例 ____ 元；

（7）其他 ____ 元。

三、增值收益表

（一）增值收益表格式

增值收益表反映住房公积金在季度、年度内实现的增值收益，格式见表28－4。

表 28－4 　　　　　　　　　　增值收益表　　　　　　　　　　会住房02表

编制单位：　　　　　　　　　　年　月　日　　　　　　　　　　单位：元

项目	行次	本期数	本年累计数
一、业务收入	1		
1. 住房公积金利息收入	2		
2. 增值收益利息收入	3		
3. 委托贷款利息收入	4		
4. 国家债券利息收入	5		
5. 其他收入	10		
二、业务支出	11		
1. 住房公积金利息支出	12		
2. 住房公积金归集手续费支出	13		
3. 委托贷款手续费支出	14		
三、增值收益（损失以"－"号表示）	17		

（二）增值收益表的编制

（1）增值收益表中"本期数"栏反映各项目的本期实际发生数，在编报年度会计报表时，将"本期数"栏改成"上年累计数"栏，填列上年全年累计实际发生数。

增值收益表中"本年累计数"栏反映各项目自年初起至本月末止的累计实际发生数。

（2）增值收益表中"本期数"栏各项目的内容及填列方法：

①"业务收入"项目，反映住房公积金运作过程中形成的各项业务收入。本项目应根据"业务收入"科目的贷方发生额填列。在本项目下的"住房公积金利息收入""增值收益利息收入""委托贷款利息收入""国家债券利息收入"和"其他收入"项目，应根据"业务收入"科目所属有关明细科目的贷方发生额分别填列。

②"业务支出"项目，反映住房公积金运作过程中的各项业务支出。本项目应根据"业务支出"科目借方发生额填列。在本项目下的"住房公积金利息支出""住房公

积金归集手续费支出""委托贷款手续费支出"项目，应根据"业务支出"科目所属有关明细科目的借方发生额分别填列。

③"增值收益"项目，反映住房公积金运作过程中各项业务收入与各项业务支出的差额。本项目等于"业务收入"项目的金额减去"业务支出"项目的金额后的差额。

四、增值收益分配表

（一）增值收益分配表的格式

增值收益分配表反映住房公积金增值收益的分配情况，格式见表 28 – 5。

表 28 – 5   增值收益分配表   会住房 02 表附表 1

编制单位：   年度   单位：元

项目	行次	本年实际	上年实际
一、增值收益	1		
加：年初未弥补损失（以"－"号表示）	2		
二、可供分配的增值收益	5		
减：提取贷款风险准备	6		
提取公积金中心管理费用	7		
城市廉租住房建设补充资金	8		
三、年末未弥补损失（以"－"号表示）	10		

（二）增值收益分配表的编制

（1）增值收益分配表"本年实际"栏，根据"增值收益""增值收益分配"科目及其所属明细科目的记录分析填列。"上年实际"栏，根据上年"增值收益分配表"填列。如果上年度增值收益分配表与本年度增值收益分配表的项目名称和内容不一致，应对上年度报表项目的名称和数字按本年度的规定进行调整，填入本表"上年实际"栏。

（2）增值收益分配表各项目的内容及填列方法：

①"增值收益"项目，反映住房公积金运作过程中实现的增值收益。如为损失以"－"号表示。本项目的数字应与"增值收益表""本年累计数"栏的"增值收益"项目一致。

②"年初未弥补亏损"项目，反映住房公积金年初未弥补损失，应以"－"号表示。

③"提取贷款风险准备"项目，反映按规定提取的住房公积金贷款风险准备。本项目应根据"增值收益分配——提取贷款风险准备"科目的记录分析填列。

④"提取公积金中心管理费用"项目，反映按规定提取的住房公积金中心管理费用。本项目应根据"增值收益分配——提取公积金中心管理费用"科目的记录分析填列。

⑤"城市廉租住房建设补充资金"项目，反映住房公积金增值收益在扣除贷款风险准备和公积金中心管理费用后形成的城市廉租住房建设补充资金。本项目应根据"增值收益分配——城市廉租住房建设补充资金"科目的记录分析填列。

⑥ "年末未弥补损失"项目，反映住房公积金年末未弥补的损失，应以"－"号表示。

思考与练习题

1. 说明住房公积金会计核算的主体和对象。
2. 解释住房公积金会计科目的运用。

第二十九章

财政专户会计

第一节　社会保障基金财政专户会计

一、财政专户会计核算的范围和基础

社会保障基金财政专户会计（简称"财政专户会计"）是用于各级财政部门社会保障基金财政专户资金进行核算和管理的会计。纳入财政专户管理的工伤保险基金、生育保险基金等其他基金性质的社会保障资金，纳入财政专户管理的其他非基金性质的社会保障资金，参照执行，因此社会保障基金财政专户会计简称为"财政专户会计"。

财政专户会计核算采用收付实现制。

二、财政专户会计核算的基本任务

财政专户会计核算的基本任务是核算和反映纳入财政专户管理的社会保障资金的收支活动，监督社会保障资金收支计划管理和执行情况。具体包括：

（1）办理社会保障资金日常缴存、拨付及往来款项的会计核算，做到账目清楚，内容真实，数字准确。

（2）反映社会保障资金收支计划执行情况、汇总编报年度社会保障资金收支计划、决算、财政专户会计报表等。

（3）监督部门和单位社会保障资金收支计划执行情况，合理安排社会保障资金。监督部门和单位及时、足额将社会保障资金缴存财政专户，按批准的社会保障资金收支计划，及时核拨资金。

三、财政专户会计的凭证与账簿

（1）财政专户会计使用的会计凭证分为"原始凭证"和"记账凭证"。原始凭证主要包括：缴款单、拨款单、请款部门或单位的用款申请书、有关银行票据等。记账凭单应按照会计事项发生的日期，顺序整理制单记账。

财政专户缴拨资金时，应选择相应的银行结算方式，并按中国人民银行规定的结算办法执行。

（2）记账凭单要根据会计事项的性质填写摘要、科目名称、金额和所附原始单据的张数，经有关人员复核盖章。对因无原始凭证而由会计人员自制的凭单，须经会计主

管人员签章后方能生效。

（3）财政专户会计必须对各种原始凭证认真审查，据实填制记账凭单。记账凭单每月应按顺序号整理，连同所附的原始凭证加上封面，装订成册，妥善保管。

（4）财政专户会计账簿是指以会计凭证为依据，运用会计账户，全面系统、连续地记录财政专户内各项资金活动的簿籍，是反映和监督财政专户内资金收入、支出、结余款项的核算工具。财政专户会计账簿应设置总账和明细账。

四、财政专户会计科目的设置

财政专户会计科目按资产、负债、净资产、收入、支出五类会计要素设置，具体科目名称见表29-1。

表29-1 财政专户会计科目表

序号	编码	科目名称	序号	编码	科目名称
一、资产类			9	303	基本医疗保险基金结余
1	101	银行存款	10	310	基本生活保障资金结余
2	102	债券投资	四、收入类		
3	105	暂付款	11	401	基本养老保险基金收入
4	106	借出款项	12	402	失业保险基金收入
二、负债类			13	403	基本医疗保险基金收入
5	201	暂收款	14	410	基本生活保障资金收入
6	202	借入款项	五、支出类		
三、净资产类			15	501	基本养老保险基金支出
7	301	基本养老保险基金结余	16	502	失业保险基金支出
8	302	失业保险基金结余	17	503	基本医疗保险基金支出
			18	510	基本生活保障资金支出

第二节　财政专户会计的核算

一、资产的核算

（一）银行存款

银行存款，属资产类科目，核算财政部门在国有商业银行开设的财政专户中各项社会保障资金的存款数。期末借方余额，反映期末财政专户银行存款结存数。"银行存款"科目应按资金种类及存款种类设置明细科目。

（1）财政专户收到转入款项时，作会计分录：

借：银行存款

　　贷：有关收入科目

（2）财政专户按财政部门批准的资金收支计划拨付或划转资金时，作会计分录：

借：相关支出科目

　　　贷：银行存款

"银行存款"科目应按开户银行设置"银行存款日记账"，由出纳人员根据收付款凭证，按照业务发生的顺序逐笔登记，每日终了应结出余额。

（二）债券投资

债券投资，属资产类科目，核算按规定用社会保险基金购买的国家债券。期末借方余额，反映期末尚未兑付或转让的国家债券的成本。"债券投资"科目按险种和国家债券的种类设置明细科目。

（1）按规定用社会保险基金购买国家债券时，按照实际拨付的金额，作会计分录：

借：债券投资

　　　贷：银行存款

（2）国家债券兑付收回本息或按规定转让时，作会计分录：

借：银行存款（实收金额）

　　　贷：债券投资（债券实际成本）

　　　　　基本养老保险基金收入——利息收入（利息或收益）

　　　　　失业保险基金收入——利息收入

　　　　　基本医疗保险基金收入——利息收入

（三）暂付款

暂付款，属资产类科目，核算财政专户资金收支活动过程中形成的各种暂付款项。期末借方余额，反映期末尚未收回的暂付款。"暂付款"科目应按资金种类和收款单位设置明细科目。

发生暂付款项时，作会计分录：

借：暂付款

　　　贷：银行存款

收回款项时作与此相反的会计记录。

（四）借出款项

借出款项，属资产类科目，核算财政专户资金收支活动过程中形成的各种借出款项。期末借方余额，反映期末尚未收回的借出款项。本科目应按资金种类和借款单位设置明细科目。

（1）发生借出款项时，作会计分录：

借：借出款项

　　　贷：银行存款

（2）收回款项时，作会计分录：

借：银行存款

　　　贷：借出款项（本金）

　　　　　基本养老保险基金收入——利息收入

　　　　　失业保险基金收入——利息收入

　　　　　基本医疗保险基金收入——利息收入

二、负债的核算

（一）暂收款

暂收款，属负债类科目，核算财政专户收到不能确定资金性质及上缴单位的资金。期末贷方余额反映期末财政专户内尚存的仍未确定资金性质或上缴单位的款项。"暂收款"科目应按相关部门和单位设置明细科目。

发生暂收款项时，作会计分录：

借：银行存款

　　贷：暂收款

查明收到资金的性质或上缴单位后，应及时记入相应科目，冲减"暂收款"科目。

（二）借入款项

借入款项，属负债类科目，核算财政专户从上级财政专户、上级主管部门、金融机构借入的有偿使用的款项。期末贷方余额为借入尚未偿还的借入款项。本科目应按资金种类及借款单位设置明细科目。

借入款项时，作会计分录：

借：银行存款

　　贷：借入款项

归还时，借款利息作支出，作会计分录：

借：借入款项（本金）

　　基本养老保险基金支出——其他支出

　　失业保险基金支出——其他支出

　　基本医疗保险基金支出——其他支出

　　贷：银行存款

三、净资产的核算

（一）基本养老保险基金结余

基本养老保险基金结余，属净资产类科目，核算财政专户内基本养老保险基金收支相抵后的结余。期末余额为财政专户内历年积存的基本养老保险基金结余，转入下年新增本科目。

期末，将"基本养老保险基金收入"的贷方余额、"基本养老保险基金支出"的借方余额转入本科目，作会计分录：

借：基本养老保险基金收入

　　贷：基本养老保险基金结余

借：基本养老保险基金结余

　　贷：基本养老保险基金支出

（二）失业保险基金结余

"失业保险基金结余"科目核算财政专户内失业保险基金收支相抵后的结余。期末余额为财政专户内历年积存的失业保险基金结余，转入下年新增"失业保险基金结余"

科目。

期末，将"失业保险基金收入"的贷方余额、"失业保险基金支出"的借方余额转入"失业保险基金结余"科目，作会计分录：

借：失业保险基金收入：

　　贷：失业保险基金结余

借：失业保险基金结余

　　贷：失业保险基金支出

（三）基本医疗保险基金结余

"基本医疗保险基金结余"科目核算财政专户内基本医疗保险基金收支相抵后的结余。期末余额为财政专户的历年积存的基本医疗保险基金结余，转入下年新增"基本医疗保险基金结余"科目。

期末，将"基本医疗保险基金收入"的贷方余额、"基本医疗保险基金支出"的借方余额转入"基本医疗保险基金结余"科目，作会计分录：

借：基本医疗保险基金收入

　　贷：基本医疗保险基金结余

借：基本医疗保险基金结余

　　贷：基本医疗保险基金支出

（四）基本生活保障资金结余

"基本生活保障资金结余"科目核算财政专户内国有企业下岗职工基本生活保障和再就业资金收支相抵后的结余。期末余额为财政专户内历年积存的国有企业下岗职工基本生活保障和再就业资金结余，转入下年新增"基本生活保障资金结余"科目。

期末，将"基本生活保障资金收入"的贷方余额、"基本生活保障资金支出"科目的借方余额转入本科目，作会计分录：

借：基本生活保障资金收入

　　贷：基本生活保障资金结余

借：基本生活保障资金结余

　　贷：基本生活保障资金支出

"基本养老保险基金结余""失业保险基金结余""基本医疗保险基金结余""基本生活保障资金结余"等科目应分别按开户银行设置明细科目。

四、收入的核算

（一）基本养老保险基金收入

"基本养老保险基金收入"科目核算税务机关或社会保险经办机构缴存的、基金出现入不敷出时财政补助的以及下级通过财政专户上解或上级通过财政专户下拨的基本养老保险基金收入。

（1）接收税务机关或经办机构征收的基本养老保险费收入及收入户转入的基本养老保险费收入时，作会计分录：

借：银行存款

贷：基本养老保险基金收入——基本养老保险费收入

（2）接收税务机关或收入户暂存的基本养老保险基金利息收入时，作会计分录：

借：银行存款

贷：基本养老保险基金收入——利息收入

（3）接收基本养老保险基金购买国家债券兑付或转让的本息收入时，作会计分录：

借：银行存款

贷：债券投资（债券购入成本）

基本养老保险基金收入——利息收入（利息或收益）

（4）接收财政专户形成及支出户转入的利息收入时，作会计分录：

借：银行存款

贷：基本养老保险基金收入——利息收入

（5）接收对基本养老保险基金的财政补贴收入时，作会计分录：

借：银行存款

贷：基本养老保险基金收入——财政补贴收入

（6）接收基本养老保险基金转移收入时，作会计分录：

借：银行存款

贷：基本养老保险基金收入——转移收入

（7）接收上级财政专户划拨或下级财政专户上解的基本养老保险基金时，作会计分录：

借：银行存款

贷：基本养老保险基金收入——上级补助收入

——下级上解收入

（8）接收基本养老保险基金其他收入时，作会计分录：

借：银行存款

贷：基本养老保险基金收入——其他收入

（9）"基本养老保险基金收入"科目贷方余额反映税务机关或社会保险经办机构累计上缴的基本养老保险基金收入总额。年终，"基本养老保险基金收入"科目贷方余额转入"基本养老保险基金结余"科目的贷方，"基本养老保险基金收入"科目年末无余额。

借：基本养老保险基金收入

贷：基本养老保险基金结余

"基本养老保险基金收入"科目应按资金来源设置明细科目，包括基本养老保险费收入、利息收入、财政补贴收入、转移收入、上级补助收入、下级上解收入和其他收入等。

（二）失业保险基金收入

"失业保险基金收入"科目核算税务机关或社会保险经办机构缴存的、基金出现入不敷出时财政补助以及下级通过财政专户上解或上级通过财政专户下拨的失业保险基金收入。

（1）接收税务机关或经办机构征收的失业保险费收入及收入户转入的失业保险费收入时，作会计分录：

借：银行存款

　　贷：失业保险基金收入——失业保险费收入

（2）接收税务机关或收入户暂存的失业保险基金利息收入时，作会计分录：

借：银行存款

　　贷：失业保险基金收入——利息收入

（3）接收失业保险基金购买国家债券兑付或转让的本息收入时，作会计分录：

借：银行存款

　　贷：债券投资（债券购入成本）

　　　　失业保险基金收入——利息收入（利息或收益）

（4）接收财政专户形成及支出户转入的利息收入时，作会计分录：

借：银行存款

　　贷：失业保险基金收入——利息收入

（5）接收对失业保险基金的财政补贴收入时，作会计分录：

借：银行存款

　　贷：失业保险基金收入——财政补贴收入

（6）接收失业保险基金转移收入时，作会计分录：

借：银行存款

　　贷：失业保险基金收入——转移收入

（7）接收上级财政专户划拨或下级财政专户上解的失业保险基金时，作会计分录：

借：银行存款

　　贷：失业保险基金收入——上级补助收入

　　　　　　　　　　　　——下级上解收入

（8）接收失业保险基金其他收入时，作会计分录：

借：银行存款

　　贷：失业保险基金收入——其他收入

（9）"失业保险基金收入"科目贷方余额反映税务机关或社会保险经办机构累计上缴的失业保险基金收入总额。年终，"失业保险基金收入"科目贷方余额转入"失业保险基金结余"科目的贷方，"失业保险基金收入"科目年末无余额。

借：失业保险基金收入

　　贷：失业保险基金结余

"失业保险基金收入"科目应按资金来源设置明细科目，包括失业保险费收入、利息收入、财政补贴收入、转移收入、上级补助收入、下级上解收入和其他收入等。

（三）基本医疗保险基金收入

"基本医疗保险基金收入"科目核算税务机关或社会保险经办机构缴存的、基金出现入不敷出时财政补助的以及下级通过财政专户上解或上级通过财政专户下拨的基本医疗保险基金收入。

（1）接收税务机关或经办机构征收的基本医疗保险费收入及收入户转入的基本医疗保险费收入时，作会计分录：

借：银行存款

贷：基本医疗保险基金收入——基本医疗保险费收入

（2）接收税务机关或收入户暂存的基本医疗保险基金利息收入时，作会计分录：

借：银行存款

贷：基本医疗保险基金收入——利息收入

（3）接收基本医疗保险基金购买国家债券兑付的本息收入时，作会计分录：

借：银行存款

贷：债券投资（债券购入成本）

基本医疗保险基金收入——利息收入（利息或收益）

（4）接收财政专户形成及支出户转入的利息收入时，作会计分录：

借：银行存款

贷：基本医疗保险基金收入——利息收入

（5）接收对基本医疗保险基金的财政补贴收入时，作会计分录：

借：银行存款

贷：基本医疗保险基金收入——财政补贴收入

（6）接收基本医疗保险基金转移收入时，作会计分录：

借：银行存款

贷：基本医疗保险基金收入——转移收入

（7）接收上级财政专户划拨或下级财政专户上解的基本医疗保险基金时，作会计分录：

借：银行存款

贷：基本医疗保险基金收入——上级补助收入

——下级上解收入

（8）接收基本医疗保险基金其他收入时，作会计分录：

借：银行存款

贷：基本医疗保险基金收入——其他收入

（9）"基本医疗保险基金收入"科目贷方余额反映税务机关或社会保险经办机构累计上缴的基本医疗保险基金收入总额。年终，"基本医疗保险基金收入"科目贷方余额转入"基本医疗保险基金结余"科目的贷方，"基本医疗保险基金收入"科目年末无余额。

借：基本医疗保险基金收入

贷：基本医疗保险基金结余

"基本医疗保险基金收入"科目应按资金来源设置明细科目，包括基本医疗保险费收入、利息收入、财政补贴收入、转移收入、上级补助收入、下级上解收入和其他收入等。

（四）基本生活保障资金收入

"基本生活保障资金收入"科目核算财政预算拨付和经社会筹集（含上级财政专户补助部分）后划入的国有企业下岗职工基本生活保障和再就业资金。

（1）收到同级财政预算拨付划入和经社会筹集（含上级财政专户补助部分）后划入的国有企业下岗职工基本生活保障和再就业资金时，作会计分录：

借：银行存款

　　贷：基本生活保障资金收入——预算补助

　　　　　　　　　　　　——社会筹集

（2）接收财政专户内国有企业下岗职工基本生活保障和再就业资金形成的利息收入时，作会计分录：

借：银行存款

　　贷：基本生活保障资金收入——利息收入

（3）"基本生活保障资金收入"科目贷方余额反映累计收到的国有企业下岗职工基本生活保障和再就业资金总额。年终，"基本生活保障资金收入"科目的贷方余额转入"基本生活保障资金结余"科目的贷方，"基本生活保障资金收入"科目年末无余额。

借：基本生活保障资金收入

　　贷：基本生活保障资金结余

"基本生活保障资金收入"科目应按资金来源渠道设置明细科目，包括预算补助、其他补助、社会筹集、利息收入等。

五、支出的核算

（一）基本养老保险基金支出

"基本养老保险基金支出"科目核算从财政专户拨给社会保险经办机构支出户用于支付基本养老保险待遇支出、转移支出、补助下级或上解上级支出、其他支出等方面的支出。

（1）根据经办机构的用款计划向经办机构支出户拨付基本养老保险待遇支出时，作会计分录：

借：基本养老保险基金支出——基本养老保险待遇支出

　　贷：银行存款

（2）发生基本养老保险基金转移支出时，作会计分录：

借：基木养老保险基金支出——转移支出

　　贷：银行存款

（3）向上级财政专户或下级财政专户划拨基本养老保险基金时，作会计分录：

借：基本养老保险基金支出——上解上级支出

　　　　　　　　　　　　——补助下级支出

　　贷：银行存款

（4）基本养老保险基金发生经财政部门核准开支的其他非基本养老保险待遇性质的支出时，作会计分录：

借：基本养老保险基金支出——其他支出

　　贷：银行存款

（5）年终，"基本养老保险基金支出"科目借方余额转入"基本养老保险基金结余"科目的借方，结转后，"基本养老保险基金支出"科目年末无余额。

借：基本养老保险基金结余

贷：基本养老保险基金支出

"基本养老保险基金支出"科目应按支出项目设置明细科目，包括基本养老保险待遇支出、转移支出、补助下级支出、上解上级支出和其他支出等。

（二）失业保险基金支出

"失业保险基金支出"科目核算从财政专户拨给社会保险经办机构支出户用于支付失业保险待遇支出、划出用于国有企业下岗职工基本生活保障和再就业、转移支出、补助下级或上解上级支出、其他支出等方面的支出。

（1）根据经办机构的用款计划向经办机构支出户拨付失业保险待遇支出时，作会计分录：

借：失业保险基金支出——失业保险待遇支出
　　贷：银行存款

（2）从失业保险基金划出部分资金用于国有企业下岗职工基本生活保障和再就业时，作会计分录：

借：失业保险基金支出——失业保险待遇支出
　　贷：银行存款

（3）发生失业保险基金转移支出时，作会计分录：

借：失业保险基金支出——转移支出
　　贷：银行存款

（4）向上级财政专户或下级财政专户划拨失业保险基金时，作会计分录：

借：失业保险基金支出——上解上级支出
　　　　　　　　　　——补助下级支出
　　贷：银行存款

（5）失业保险基金发生经财政部门核准开支的其他非失业保险待遇性质的支出时，作会计分录：

借：失业保险基金——其他支出
　　贷：银行存款

（6）年终，"失业保险基金支出"科目借方余额转入"失业保险基金结余"科目的借方，"失业保险基金支出"科目年末无余额。

借：失业保险基金结余
　　贷：失业保险基金支出

"失业保险基金支出"科目应按支出项目设置明细科目，包括失业保险待遇支出、转移支出、补助下级支出、上解上级支出和其他支出等。

（三）基本医疗保险基金支出

"基本医疗保险基金支出"科目核算从财政专户拨给社会保险经办机构基本医疗保险基金支出户用于支付基本医疗保险待遇支出、转移支出、补助下级或上解上级支出、其他支出等方面的支出。

（1）根据经办机构的用款计划向经办机构支出户拨付基本医疗保险待遇支出时，作会计分录：

借：基本医疗保险基金支出——基本医疗保险待遇支出

　　贷：银行存款

（2）发生基本医疗保险基金转移支出时，作会计分录：

借：基本医疗保险基金支出——转移支出

　　贷：银行存款

（3）向上级财政专户或下级财政专户划拨基本医疗保险基金时，作会计分录：

借：基本医疗保险基金支出——上解上级支出

　　　　　　　　　　　　　——补助下级支出

　　贷：银行存款

（4）基本医疗保险基金发生经财政部门核准开支的其他非基本医疗保险待遇性质的支出时，作会计分录：

借：基本医疗保险基金——其他支出

　　贷：银行存款

（5）年终，"基本医疗保险基金支出"科目借方余额转入"基本医疗保险基金结余"科目的借方，"基本医疗保险基金支出"科目年末无余额。

借：基本医疗保险基金结余

　　贷：基本医疗保险基金支出

"基本医疗保险基金支出"科目应按支出项目设置明细科目，包括基本医疗保险待遇支出、转移支出、补助下级支出、上解上级支出和其他支出等。

（四）基本生活保障资金支出

"基本生活保障资金支出"科目核算拨给国有企业再就业服务中心及社会保险经办机构、下级财政专户用于为国有企业下岗职工发放基本生活费和代缴社会保险费的各项支出。

（1）拨出资金时，作会计分录：

借：基本生活保障资金支出

　　贷：银行存款

（2）年终，"基本生活保障资金支出"科目借方余额转入"基本生活保障资金结余"科目的借方，结转后，"基本生活保障资金支出"科目年末无余额。

借：基本生活保障资金结余

　　贷：基本生活保障资金支出

"基本生活保障资金支出"科目应按支出项目设置明细科目，包括发放基本生活费、代缴养老保险费、失业保险费、医疗保险费、补助下级支出等。

第三节　会计结算清算与报表

一、财政专户会计结算清算

财政专户会计应定期、及时地进行会计结账，结算期限为每月一次。财政专户会计在会计年度结束前，应当全面进行年终清理结算。年终清理结算的主要事项如下：

（1）年度终了前，核对年度社会保障资金收支计划执行情况。财政专户会计应将本级社会保障资金收支总计划执行数与部门和单位缴存财政专户实际数核对清楚。

（2）清理本年社会保障资金收支。属于本年度的社会保障资金收入，年终前必须缴存财政专户。

二、财政专户会计账目的核对

（1）财政专户会计对有关单位的各项拨款支出，应当与有关单位进行核对。由于有关单位支出预算编制大，而造成有关单位社会保障资金支出户本年资金大量沉淀的，应在清算期内收回。收回的资金应相应冲减本年社会保障资金支出。

（2）与缴款部门和单位、开户银行对账。年度终了后，及时与社会保险经办机构、税务机关及开户银行等有关单位核对社会保险基金收支账目，与国有企业再就业服务中心等有关单位核对国有企业下岗职工基本生活保障和再就业资金收支账目，发现问题，及时处理。

（3）清理往来款项。财政专户的暂付款、暂存款等各项往来款项，要在年度终了前认真清理结算。应转作各项收入或各项支出的款项，要及时转入本年有关收支账户。

三、财政专户会计的年终结账

经过年终清理和结算，把各项结算收支记入旧账后，即可办理年终结账。年终结账工作一般分为结清旧账和记入新账两个环节，依次作账。

（1）结清旧账。将各项收入和支出账户的借方、贷方结出全年累计数，然后在下面划双红线，表示本账户全部结清。对年终有余额的账户，在"摘要"栏内注明"结转下年"字样，表示转入新账。

（2）记入新账。将各账户上年余额直接记入新年度有关总账和明细账各账户预留空行的余额栏内，并在"摘要"栏注明"上年结转"字样，以区别新年度发生数。

四、财政专户会计报表

财政专户会计报表是财政专户资金收支计划执行情况及结果的定期书面报告，是各级政府和上级财政部门了解情况、掌握政策、指导社会保障资金财政专户管理工作的重要资料，也是编制下年度社会保障资金收支计划的基础。

财政专户会计报表主要包括：资产负债表、收支表及财务情况说明书，报表格式参见表29-2、表29-3。

表29-2 　　　　　　　　　　　　　**财政专户资产负债表**

编制单位：　　　　　　　　　　　　　年　月　日

项目	行次	期初数	期末数
一、资产类合计			
1. 银行存款			

续表

项目	行次	期初数	期末数
其中：定期存款			
2. 债券投资			
3. 暂付款			
4. 借出款项			
二、负债类合计			
1. 借入款项			
2. 暂收款			
三、净资产类合计			
1. 基本养老保险基金结余			
2. 失业保险基金结余			
3. 基本医疗保险基金结余			
其中：统筹账户基金			
个人账户基金			
4. 基本生活保障资金结余			
……			

单位负责人：　　　　　　财会负责人：　　　　　　制表人：　　　　　　审核人：

表 29-3　　　　　　　　　　　　**财政专户资金收支表**

编制单位：　　　　　　　　　　　　　年　月　日

项目	行次	本期数	累计数
一、收入类合计			
1. 基本养老保险基金收入			
其中：上级补助收入			
下级上解收入			
财政补贴收入			
2. 失业保险基金收入			
其中：上级补助收入			
下级上解收入			
财政补贴收入			
3. 基本医疗保险基金收入			
其中：上级补助收入			
下级上解收入			
财政补贴收入			
4. 基本生活保障资金收入			
其中：财政安排			
社会筹集			
二、支出类合计			
1. 基本养老保险基金支出			
其中：补助下级支出			

续表

项目	行次	本期数	累计数
上解上级支出			
2. 失业保险基金支出			
其中：补助下级支出			
上解上级支出			
3. 基本医疗保险基金支出			
其中：补助下级支出			
上解上级支出			
4. 基本生活保障资金支出			
其中：基本生活费			
代缴社会保险费			
三、结余类合计			
1. 基本养老保险基金结余			
2. 失业保险基金结余			
3. 基本医疗保险基金结余			
4. 基本生活保障资金结余			

单位负责人：　　　　　财会负责人：　　　　　制表人：　　　　　审核人：

　　财政专户会计要严格按照统一规定的报表种类、格式、内容、方法定期编制和汇总填列财政专户会计报表，做到内容完整、数字准确、报送及时。需要汇总报表的部门和单位，应按汇编范围汇总，防止漏报。

　　财政专户会计应将汇总编制的本级决算草案及时报本级政府审定，并将经本级政府审定的本行政区域的财政专户资金决算上报上级财政部门备案。

思考与练习题

某财政部门开设的财政专户3月发生如下会计事项，要求据此编制会计分录：

1. 接收税务机关或征收的基本养老保险费收入600 000元。

2. 接收经办机构收入户暂存的基本养老保险基金利息收入30 000元，支出户转入的利息收入20 000元，财政专户形成的利息收入50 000元。

3. 接收对基本养老保险基金的财政补贴收入360 000元。

4. 接收基本养老保险基金转移收入230 000元。

5. 接收上级财政专户划拨的基本养老保险基金1 000 000元，下级财政专户上解的基本养老保险基金800 000元。

6. 接收基本养老保险基金其他收入16 000元。

7. 按规定用基本养老保险基金购买国家债券时，实际拨付的金额为6 300 000元。

8. 国家债券兑付收回本息6 900 000元，其中利息为60 000元。

9. 发生暂付款5 000元、借出款项30 000元。

10. 收回借出款项30 000元，获取利息2 000元。

11. 发生暂收款 6 000 元、借入款项 180 000 元。

12. 归还 180 000 元借款，支付利息 900 元。

13. 根据经办机构的用款计划向经办机构支出户拨付基本养老保险待遇支出 600 000 元。

14. 发生基本养老保险基金转移支出的会计分录。

15. 向上级财政专户划拨基本养老保险基金 200 000 元，向下级财政专户划拨基本养老保险基金 360 000 元。

16. 经财政部门核准开支的其他非基本养老保险待遇性质的支出 100 000 元。

17. 期末，将"基本养老保险基金收入"的贷方余额 97 000 000 元、"基本养老保险基金支出"的借方余额 8 600 000 元办理结转。